Wachgeküsst
20 Jahre neue Kulturpolitik des Bundes 1998——2018

Hg. v. Olaf Zimmermann

Wachgeküsst
20 Jahre neue Kulturpolitik
des Bundes 1998—2018

1. Auflage, Berlin, Oktober 2018

Deutscher Kulturrat e.V.
Taubenstraße 1, 10117 Berlin
Telefon: 030.226 05 28-0
Fax: 030.226 05 28-11
post@kulturrat.de
www.kulturrat.de

Herausgeber: Olaf Zimmermann
Redaktion: Gabriele Schulz
Gestaltung: 4S, Berlin
Druck: DCM, Meckenheim

Die Publikation wird gefördert aus Mitteln
Der Beauftragten der Bundesregierung
für Kultur und Medien auf Beschluss des
Deutschen Bundestages.

Die Deutsche Nationalbibliothek verzeichnet
diese Publikation in der Deutschen Nationalbibliografie; detaillierte bibliografische Daten
sind im Internet unter www.dnb.de abrufbar.

ISBN 978-3-947308-10-1

Wachgeküsst

Inhalt

1. Einleitung

004
—
005

Olaf Zimmermann
015 Aufbruch zu neuen Ufern oder wie die Bundeskulturpolitik sichtbar wurde

2. Die Kulturstaatsminister im Gespräch

Michael Naumann
101 Natürlich hatte ich auch Lieblingsprojekte

Julian Nida-Rümelin
108 Die Kulturpolitik des Bundes als Ordnungspolitik

Christina Weiss
115 Einsatz für Spielräume der Künste

Bernd Neumann
122 Ich hatte Interesse an diesem Amt

Monika Grütters
128 Kredit erarbeiten und Taten folgen lassen

3. Türöffner —— Bundeskulturpolitik vor 1998

Gerhart R. Baum
137 Die sichtbare Verantwortung des Bundes ist in Jahrzehnten gewachsen

Wolfgang Thierse
139 BKM als leicht verspätete Folge der Wiedervereinigung

Hans-Joachim Otto
142 Kultur von allen!

Oliver Scheytt
144 Zur verfassungsrechtlichen Verankerung der Bundeskulturpolitik in Art. 35 des Einigungsvertrages

Matthias Theodor Vogt
153 Seid umschlungen, Milliarden!

Klaus-Dieter Lehmann
159 Vereinigung von Kultureinrichtungen

4. Vom Rhein an die Spree — Sichtbarer Aufbruch der Bundeskulturpolitik

006
———
007

Knut Nevermann
167 Rückblick auf eine Geburt

Günter Winands
173 Von den Anfängen der BKM bis heute – Schlaglichter einer kulturpolitischen Erfolgsgeschichte

Monika Griefahn
180 Eine spannende Zeit

Claudia Roth
185 Grundzutat, nicht Sahnehäubchen

Gitta Connemann
187 Kompass für die Kulturpolitik: Enquête-Bericht Kultur

Günter Winands
191 Systematisierung der Kulturförderung 2001 bis 2006

Regine Möbius
200 Erfahrung braucht Offenheit – Erwartungen an ein noch junges Amt

Norbert Sievers
203 Kontrolle ist gut, Vertrauen ist besser. Zum Verhältnis Gesellschaft und Staat

5. Gesetzgebung für Kunst und Kultur

Isabel Tillmann
213 Seinen Platz finden –
Die BKM in der Ressortabstimmung

Rupert Graf Strachwitz
218 Stiftungen am Beginn einer
Bundeskulturpolitik?

Katharina Görder
223 Die Künstlersozialversicherung –
eine klare Abstimmung mit den Füßen

Robert Staats
231 20 Jahre Baustelle Urheberrecht

Gerhard Pfennig
237 Reform des Urhebervertragsrechts

Gabriele Beger
243 Ein Plädoyer für Gemeinsamkeit

Frithjof Berger & Melanie List
249 Kulturgutschutz –
Zwei Jahrzehnte Lernprozess!

Jan Ole Püschel
254 20 Jahre roter Teppich für den Film

6. Kulturförderpolitik

Hortensia Völckers & Alexander Farenholtz
261 Zukunftslabor Kulturstiftung des Bundes

Hans Gerhard Hannesen
266 Die Akademie der Künste auf dem Weg
in die Trägerschaft des Bundes

Hermann Parzinger
273 Stiftung Preußischer Kulturbesitz –
Herkunft und Zukunft

Hartmut Dorgerloh
279 Humboldt Forum – In der Mitte
der Hauptstadt für die Welt

Günther Schauerte & Frank Frischmuth
285 Wissen für alle – Aktueller Stand und Perspektiven
der Deutschen Digitalen Bibliothek

Charlotte Sieben
293 Kultur 3.0 – die Kulturveranstaltungen
des Bundes in Berlin

Sigrid Bias-Engels
298 Jubiläen – Wegmarken der Geschichte

Stefan Rhein
303 So viel Reformation war nie!

Martin Maria Krüger
308 Musikfonds zur Förderung zeitgenössischer Musik

Barbara Seifen
311 Die Förderung von Denkmalschutz und
Denkmalpflege als gemeinsame Aufgabe

7. Kulturwirtschaft — Tradition und Innovation

Jan Ole Püschel
319 Traditionsreiche Branchen

Heike Raab
323 Medien sind mehr als Radio, TV und der Rundfunkbeitrag

Jan-Ole Püschel
327 Welt am Draht – Medienpolitik des Bundes in Zeiten der Konvergenz

Dieter Gorny
333 Initiative Musik – Dialogplattform und kulturelle Infrastruktur für Rock, Pop & Jazz

Felix Falk
339 Computerspiele und die Kulturpolitik des Bundes

8. Erinnerungskultur — Erinnerungspolitik

Maria Bering
347 Erinnerung als Grundlage für Zukunft

Matthias Weber
353 Vielstimmigkeit europäischer Erinnerungen

Uwe Neumärker
359 Denkmal für die ermordeten Juden Europas

Gilbert Lupfer
364 20 Jahre BKM – 20 Jahre Provenienzforschung

Barbara Schneider-Kempf
369 Zwei 20. Geburtstage, eng miteinander verzahnt

9. Politik für Vielfalt und Diversität

Kathrin Hahne
377 Im Spannungsfeld von Vielfalt und Einheit

Christian Höppner
384 Kulturelle Vielfalt – verankert in der DNA unseres Landes

Susanne Keuchel
390 Inklusion und Kulturpolitik

Max Fuchs
393 Kulturelle Bildung und Kulturpolitik

10. Innen und Außen — Außen und Innen

Michelle Müntefering
399 Acht gute Gründe, warum BKM eine ausgezeichnete Idee war

Wolfgang Schneider
402 Außenkulturpolitik in der Veränderung

Karl Jüsten
408 20 Jahre BKM – Die Deutsche Welle heute mit neuer Wertschätzung

11. Gegenüber —— Das Parlament

Elisabeth Motschmann
415   Es gibt viele gute Gründe zum Gratulieren

Martin Rabanus
417   Ohne die SPD kein BKM

Marc Jongen
420   Der Kuss der Ideologie

Hartmut Ebbing
422   Eine kritische Perspektive auf 20 Jahre Bundeskulturpolitik

Simone Barrientos
424   Der Gestaltungswille ist sichtbar

Erhard Grundl
426   Für die Freiheit der Kunst

12. Spannungvoll —— BKM und die Länder

Udo Michallik
429   Kulturförderung in Deutschland

Carsten Brosda
431   Gemeinsame Verantwortung

Benjamin-Immanuel Hoff
433   Die Länder haben Spielräume gelassen

Isabel Pfeiffer-Poensgen
436   Kräftespiel der föderalen Ebenen

Markus Hilgert
439   Kultur ist Vielfalt

13. Die Kommunen — Im Zentrum des Kulturgeschehens

Klaus Hebborn
443 20 Jahre BKM – Rückblick und Ausblick aus kommunaler Sicht

Uwe Lübking
446 Kooperativer Kulturföderalismus ist ein Erfolgsmodell

Jörg Freese
449 Ländlicher Raum im Fokus der Bundeskulturpolitik?

14. Kultur und Religion — Religion und Kultur

Johann Hinrich Claussen
453 Über die Grenzen der eigenen Institution hinaus

Johannes Jakob Koch
455 Kultur + Kultus = Kirchenkulturpolitik

Aiman Mazyek
459 Ein weltoffenes Land, das den Dialog schätzt

Anhang

463 Autorinnen und Autoren

483 Personenregister

1.

Einleitung

Wachgeküsst 20 Jahre
neue Kulturpolitik
des Bundes
1998——2018

Olaf Zimmermann
Aufbruch zu neuen Ufern oder wie die Bundeskulturpolitik sichtbar wurde

Prolog

1998 noch in der alten Bundeshauptstadt, ich war gerade ein Jahr Geschäftsführer des Deutschen Kulturrates, schrieb ich in der März-Ausgabe des Informationsdienstes »aktuell« des Deutschen Kulturrates: »Die Wiedereinsetzung des ›Unterausschusses Kultur‹ ist die Grundbedingung für eine zukunftsfähige gesamtstaatliche Kulturpolitik, aber auch die Berufung eines ›Bundeskulturbeauftragten‹ sollte, so meine ich, kein Tabu sein!«[1] Ein Sturm der Entrüstung fegte damals über mich, heute würde man das einen Shitstorm nennen. Besonders erinnere ich mich an einen Anruf aus dem Bundeskanzleramt. Der Staatsminister für besondere Aufgaben bei Bundeskanzler Helmut Kohl, Anton Pfeifer, rief mich mit drohender Stimme an, ob ich denn wisse, was ich da gefordert habe. Er schicke mir gleich seinen Fahrer mit einem Grundgesetz vorbei, damit ich dort nachlesen könne, wie unsinnig der Vorschlag sei. Es war mein erster Anruf aus dem Bundeskanzleramt und mir standen die Schweißperlen auf der Stirn. Aber ich wusste auch, das ist endlich ein Thema, für das es sich zu kämpfen lohnt. Das war vor 20 Jahren!

Neue »Neue Kulturpolitik«

Die in den 1970er Jahren begründete »neue Kulturpolitik« nahm die Impulse von Hermann Glaser, Hilmar Hoffmann, Dieter Sauberzweig und anderen auf und begründete eine Kulturpolitik, die sich an breite Schichten der Bevölkerung richtete,

---

[1] Zitiert nach: Zimmermann, O./Schulz, G. (Hg.): Positionen und Diskussionen zur Kulturpolitik: Nachdruck »Deutscher Kulturrat · aktuell«; 1997–1999, Bonn; Berlin 2000, S. 141

die die Zivilgesellschaft stärken sollte und Kultur aus dem Elfenbeinturm holte. Der Titel eines von Hilmar Hoffmann verfassten Buches »Kultur für alle«[1] (1979) steht für diese Impulse und trägt bis heute, wenn es darum geht zu beschreiben, wie möglichst viele Menschen mit Kunst, Kultur und kultureller Bildung in Kontakt gebracht werden können. Es handelt sich um eine Kulturpolitik, die vor allem von den Kommunen aus gedacht wurde und die Gestaltung der Kulturpolitik vor Ort in den Mittelpunkt stellte. Es ging um eine Kulturentwicklung im Diskurs mit der Bürgerschaft, um die Umnutzung von damals durch die Wirtschaftskrise im Westen Deutschlands in großer Anzahl entstandenen Industriebrachen zu Kulturorten, um neue Formen der Kulturvermittlung und um ein verändertes Verständnis von Kultureinrichtungen.

Die »neue Kulturpolitik« steht im Kontext weltweiter Debatten um die Rolle von Kunst und Kultur in der Gesellschaft. Zu nennen ist etwa die Internationale Konferenz über Kulturpolitik in Europa in Helsinki im Jahr 1972, die Erklärung des Deutschen Städtetags »Bildung und Kultur als Element der Stadtentwicklung« aus dem Jahr 1973, die Prinzipien der Konferenz der Europäischen Kulturminister aus dem Jahr 1976, die Erklärung von Mexiko über Kulturpolitik aus dem Jahr 1982, die Vereinbarung der KSZE-Teilnehmerstaaten in Krakau im Jahr 1991 und weitere Erklärungen und Dokumente.[2]

Und sie steht im Zusammenhang mit einem politischen Verständnis im Kunstbetrieb. Künstlerinnen und Künstler mischten sich ein. Verstanden ihr Werk explizit als politisch. Wollten mit ihrer Kunst politisch wirken. Die Rede von Heinrich Böll Mitte 1969 zum »Ende der Bescheidenheit« bei der Gründungsversammlung des Verbands deutscher Schriftsteller (VS) in Köln gehört zu den wichtigen Dokumenten dieser Zeit, in denen das Selbstverständnis von Künstlern zum Ausdruck kommt.

Und der Bund? Selbstverständlich gab es auch vor der Etablierung der Behörde Der Beauftragten der Bundesregierung für Kultur und Medien (im Folgenden BKM) eine Bundeskulturpolitik. Für die Bundeskulturförderung war vornehmlich das Bundesministerium des Innern (im Folgenden BMI) mit seiner Abteilung K, wie Kultur, zuständig. Hier war u. a. die Förderung von Kultureinrichtungen und -institutionen mit gesamtstaatlicher Bedeutung verortet. Aber auch andere Bundesministerien trugen kulturpolitische Verantwortung oder förderten Kunst, Kultur oder kulturelle Bildung.

---

[1] Hoffmann, H.: Kultur für alle. Frankfurt a. M. 1979
[2] Eine Zusammenstellung ausgewählter Dokumente zu 20 Jahren Neue Kulturpolitik hat Thomas Röbke vorgelegt. Röbke, T. (Hg.): 20 Jahre Neue Kulturpolitik. Erklärungen und Dokumente 1972–1992, Hagen 1993

Zu denken ist etwa an:
— das Bundesbildungsministerium mit seinen Programmen und Fördervorhaben zur kulturellen Bildung, hier wurde beispielsweise mit der »Konzeption Kulturelle Bildung« des Deutschen Kulturrates[1] ein grundlegendes Projekt gefördert, in dem die außerschulische kulturelle Bildungslandschaft von der frühkindlichen Bildung bis hin zur Kulturarbeit der Gewerkschaften oder der Kirchen vermessen wurde,
— das Bundesfamilienministerium mit seiner Zuständigkeit für die kulturelle Kinder- und Jugendbildung entlang des Kinder- und Jugendplans oder auch für die Förderung von Frauen im Kultur- und Medienbetrieb,
— das Bundesjustizministerium, das u. a. für das Urheber- und Verlagsrecht zuständig war und weiterhin ist,
— das Bundesarbeitsministerium, in dessen Zuständigkeit beispielsweise die Künstlersozialversicherung lag und nach wie vor liegt,
— das Auswärtige Amt mit seiner Verantwortung für die Auswärtige Kultur- und Bildungspolitik.

Zu nennen ist ebenso ein Ministerium wie das Bundesministerium für innerdeutsche Beziehungen, das seit der Vereinigung der beiden deutschen Staaten der Vergangenheit angehört, aber zur Zeit der Teilung wichtige Kulturförderaufgaben übernahm.

Und nicht zu vergessen, das Bundeskanzleramt. Ehemalige Mitarbeiter des Bundeskanzleramts bedauern in persönlichen Gesprächen, dass insbesondere das kulturpolitische Vermächtnis Helmut Kohls, das über den Bau von Kultureinrichtungen wie den Bau des Hauses der Geschichte oder der Bundeskunsthalle hinausgeht, zu wenig gewürdigt wird.[2]

War die Etablierung des BKM also »alter Wein in neuen Schläuchen«? War es eine konsequente Fortführung einer selbstbewussteren Bundeskulturpolitik nach der Vereinigung der beiden deutschen Staaten 1990? War es der institutionelle Umbruch von der Bonner in die Berliner Republik? Oder war es ein Teil eines überfälligen Modernisierungsprozesses oder einer Reformagenda, mit der die SPD und Bündnis 90/Die Grünen im Jahr 1998 um Wählerstimmen warben und die Bundestagswahl gewannen? War es der Beginn einer neuen »Neuen Kulturpolitik«, wie ich es in einem Aufsatz Ende der 1990er Jahre geschrieben habe?

---
[1] Deutscher Kulturrat (Hg.): Konzeption Kulturelle Bildung. Bonn 1987 sowie Deutscher Kulturrat (Hg.): Konzeption Kulturelle Bildung. 2 Bände. Essen 1994
[2] Einen Überblick hierzu bietet der Aufsatz: Pfeifer, A.: Die Kulturpolitik der Bundesregierung unter Helmut Kohl im Zeichen der deutschen und europäischen Einigung. In: Historisch-politische Mitteilungen 12/2005. S. 241–259 sowie Lammert, N.: Die Kulturpolitik nach 1982. In: Historisch-politische Mitteilungen 12/2005. S. 235–239 oder auch Schneider, O.: Kulturpolitische Schwerpunkte der 80er Jahre. In: Historisch-politische Mitteilungen 12/2005. S. 261–272. Knapp fasst Bergsdorf die Kulturpolitik der Ära Kohl zusammen in: Bergsdorf, W.: Nachhaltigkeit. Zur Kulturpolitik von Helmut Kohl. In: Die Politische Meinung 1/2013, S. 81–84

Eines ist klar, im BKM wurde nicht bei »Null« angefangen. Im Folgenden werden die Entwicklung der Bundeskulturpolitik und anlässlich des 20. Geburtstages des BKM insbesondere die Rolle des BKM in der Kulturpolitik der letzten 20 Jahre nachgezeichnet. Dabei wird nicht der Anspruch auf Vollständigkeit erhoben, sondern auf einzelne besonders prägnante Ereignisse oder Entwicklungen abgestellt. Auf die Zeit vor der Gründung des BKM wird eingangs kursorisch eingegangen. Dabei wird die alte Bundesrepublik in den Mittelpunkt gerückt und die Kulturpolitik der DDR außer Acht gelassen. Dies vor allem deshalb, weil 1990 die neu gegründeten Länder Brandenburg, Mecklenburg-Vorpommern, Sachsen, Sachsen-Anhalt und Thüringen der Bundesrepublik beigetreten sind, was zur Folge hatte, dass in den neuen Ländern die gleichen kulturpolitischen Spielregeln galten wie in den alten, also den neu gegründeten Ländern die Verantwortung für ihre Kulturpolitik in der föderalen Bundesrepublik zugewiesen wurde. Dort wo die »Neuen Länder« diese Aufgabe nicht leisten konnten, wurde mit der Übergangsfinanzierung des Bundes zur Sicherung der kulturellen Infrastruktur in den neuen Ländern reagiert.

Die Schatten der Vergangenheit

Wenn von deutscher Kulturpolitik die Rede ist, wird zumeist in gleichem Atemzug die Bedeutung der Länder genannt. Deutschland ist als Nationalstaat im Vergleich zu anderen westeuropäischen Ländern eine verspätete Nation. Viele deutsche Staaten wetteiferten noch im 19. Jahrhundert um die Vorrangstellung untereinander und die Kultur war auch für die kleineren unter ihnen eine der Möglichkeiten Größe zu zeigen. Auch nach der Reichsgründung 1871 hatten die kulturellen Unterschiede im Deutschen Reich eine wichtige Bedeutung.[1]

In Deutschland besteht eine bemerkenswerte Dichte an Kultureinrichtungen auch im ländlichen Raum. Ein überragendes kulturelles Zentrum gab und gibt es nicht. Auch wenn Berlin während der Weimarer Republik und nach der deutschen Wiedervereinigung eine herausgehobene Rolle spielt. Dennoch ist die kulturelle Bedeutung Berlins als Hauptstadt eines föderalen Staates beispielsweise nicht mit der von Paris als Hauptstadt eines gewachsenen Zentralstaats zu vergleichen. Die Bedingungen für die Bundeskulturpolitik nach 1949 sind also im Kontext eines starken Föderalismus zu sehen, dessen Wurzeln lange zurückreichen.

In der Weimarer Verfassung vom 11. August 1919[2] wird dem Reich die Gesetzgebung für das Presse-, Vereins- und Versammlungswesen (Art. 7 Abs. 6) sowie das Theater- und Lichtspielwesen (Art. 7 Abs. 20) zugewiesen. Weiter kann das Reich gemäß Art. 10 Abs. 2 u. a. Grundsätze für das wissenschaftliche Bibliothekswesen bestimmen. Art. 118 sichert zu, dass keine Zensur stattfindet. Es können allerdings gesonderte Bestimmungen für das Lichtspielwesen getroffen werden

---

[1] Zu denken ist in diesem Zusammenhang u. a. an den Kulturkampf im Kaiserreich.
[2] Jura Universität Würzburg, Verfassungstexte → https://bit.ly/2NhV4b9

sowie Maßnahmen zur Bekämpfung von Schund- und Schmutzliteratur sowie zum Jugendschutz bei öffentlichen Schaustellungen. In Art. 142 wird zum einen die Kunst- und Wissenschaftsfreiheit gesichert und zum anderen die Kulturpflege verankert. Es heißt »Die Kunst, die Wissenschaft und ihre Lehre sind frei. Der Staat gewährt ihnen Schutz und nimmt an ihrer Pflege teil.« und weiter wird in Art. 150 der Weimarer Verfassung ausgeführt »Die Denkmäler der Kunst, der Geschichte und der Natur sowie die Landschaft genießen den Schutz und die Pflege des Staates. Es ist Sache des Reiches, die Abwanderung deutschen Kunstbesitzes in das Ausland zu verhüten.« In Art. 158 schließlich wird das Recht der Urheber, Künstler und Erfinder auf den Schutz und die Fürsorge des Reiches verankert.

Das Grundgesetz des Bundesrepublik Deutschland von 1949 knüpft an verschiedene Artikel der Weimarer Verfassung an. In einigen Punkten wurde allerdings die Zuständigkeit stärker den Ländern zugewiesen. Es war also nicht allein die gewachsene Kulturverantwortung der Länder, die einer selbstbewussten Bundeskulturpolitik in der jungen Bundesrepublik im Wege stand. Vielmehr war es nach dem schmerzhaften Ende der Weimarer Republik, die NS-Kulturpolitik mit ihrer erfolgreichen Indienstnahme von Kunst und Kultur für Propaganda, mit der Verfolgung missliebiger, besonders jüdischer Künstler, mit der Abschaffung von Kunst- und Pressefreiheit und anderem mehr ein Hindernis für eine starke Bundeskulturpolitik. Zu sehr hatten sich viele Künstler und andere Kulturverantwortliche in den Dienst nehmen lassen. Zu sehr hatten sie sich angepasst und sich einer der sieben Kammern der Reichskulturkammer (Reichsschrifttumskammer, Reichsfilmkammer, Reichsmusikkammer, Reichstheaterkammer, Reichspressekammer, Reichsrundfunkkammer, Reichskammer der bildenden Künste) angeschlossen, um weiterhin publizieren, auftreten, ausstellen usw. zu können. Zu sehr hatten sie sich beteiligt an den Raubzügen von Kunst in den von der Wehrmacht besetzten Ländern. Zu sehr hatten sie profitiert von der Arisierung auch im Kulturbereich und die Not jüdischer Kollegen schamlos ausgenutzt.

Die Reichskulturkammer diente der Gleichschaltung im Kulturbereich. Daraus folgte, dass Zusammenschlüsse, wie z. B. der Deutsche Bühnenverein, aufgelöst wurden oder in der Reichskulturkammer aufgingen. Die Reichskulturkammer war zugleich zuständig für die sozialen und wirtschaftlichen Belange ihrer Mitglieder. Wie sich dies auswirkte, zeigt z. B. Albrecht Dümling in der Festschrift zum 100-jährigen Bestehen der GEMA. Er schont die Jubilarin nicht, sondern arbeitet die Gleichstellung der Vorläufergesellschaften der GEMA den Übergang der STAGMA[1] zur GEMA, der auch auf personeller Kontinuität beruhte, auf.[2]

---

[1] Die STAGMA war die »Staatlich genehmigte Gesellschaft zur Verwertung musikalischer Urheberrechte«. In ihr wurden zuvor konkurrierende Verwertungsgesellschaften aus dem musikalischen Bereich zusammengefasst. Sie unterstand dem Reichspropagandaministerium und übernahm dessen judenfeindliche Politik. Kreile, R. (Hg.)/Dümling, A.: Musik hat ihren Wert: 100 Jahre musikalische Verwertungsgesellschaft in Deutschland. Regensburg 2003

[2] Eine umfassende Aufarbeitung der Rolle von Kulturverbänden in der NS-Kulturarbeit ist noch ein Desiderat der historischen Kulturpolitikforschung.

1. —— Einleitung

Die ideologische Vereinnahmung des Kulturbereichs und die teils willfährige Eingliederung von Kulturorganisationen in NS-Organisationen führten nach 1949 in Westdeutschland zu starken Vorbehalten gegenüber zentralen Strukturen im Kulturbereich. Die späte Gründung des Deutschen Kulturrates als Dachverband der Bundeskulturverbände im Jahr 1981 ist auch ein Ergebnis der Vorbehalte aus dem Kulturbereich selbst gegenüber Strukturen auf Bundesebene.[1] Wenn jemand gegen eine Stärkung der Bundeskulturpolitik etwas einwenden oder gar polemisieren wollte, musste er nur den Begriff »Reichskulturkammer« fallen lassen und er konnte sich vieler Mitstreiter sicher sein.

Auf die Wirkungen der NS-Kulturpolitik bezieht sich auch die Kultusministerkonferenz in ihrer Entschließung zu »Kulturhoheit – Bund und Länder« vom 30. Oktober 1948. Dort ist zu lesen:

1. »Die Ständige Konferenz der Kultusminister stellt fest, daß das Bonner Grundgesetz die Kulturhoheit der Länder innerhalb der Bundesrepublik Deutschland staatsrechtlich anerkennt.
2. Die Ständige Konferenz der Kultusminister ist davon überzeugt, daß die totalitäre und zentralistische Kulturpolitik der jüngsten Vergangenheit die verhängnisvolle Verwirrung und Knechtung des Geistes und die Anfälligkeit vieler Deutscher gegenüber dem Ungeist mitverschuldet hat. Sie sieht deshalb in der Verpflichtung und Gebundenheit an die landsmannschaftliche und geschichtlich gewordene Eigenständigkeit sowie an die Mannigfaltigkeit der sozialen Gegebenheiten die Gewähr für die innere Gesundung des deutschen Volkes und für das organische Wachstum einer von ihm selbst getragenen Kultur. Diesem Ziel sollen staatliche Organe und behördliche Einrichtungen in gemeinsamer Verantwortung mit freischaffenden Kulturkräften und Gemeinschaften dienen.
3. Aus dieser Erkenntnis und Verantwortung haben die Kultusminister der deutschen Länder seit der Neugliederung Deutschlands in vierjähriger Arbeit zusammengewirkt, um die geistige Einheit Deutschlands in innerer Freiheit von den Ländern her neu zu schaffen. Schule und Erziehung, Wissenschaft und Forschung, Kunstpflege und Volksbildung sind trotz innerer und äußerer Hemmnisse aufgebaut und gefördert worden.
5. Die Ständige Konferenz der Kultusminister ist daher aus staatspolitischen und kulturgeschichtlichen Gründen das einzig zuständige und verantwortliche Organ für die Kulturpolitik der Länder, soweit es sich um Angelegenheiten handelt, die mehrere oder alle Länder betreffen und von überragender Bedeutung sind.

---

[1] Vergleichbare Dachverbände wie der Deutsche Sportbund, der Vorläufer des Deutschen Olympischen Sportbunds, und der Deutsche Naturschutzring wurden im Jahr 1950 gegründet.

6. Die Ständige Konferenz der Kultusminister wird darauf hinwirken, daß die Kulturhoheit der Länder bei allen Maßnahmen der Bundesorgane und der Bundesbehörden gewahrt bleibt, und darüber wachen, daß ihre kulturpolitische Arbeit keine Einschränkung erfährt.«[1]

Dieses Dokument spiegelt das Selbstbewusstsein der Länder in kulturpolitischen Fragen wider. Es wird darauf rekurriert, dass die Anfänge der Ständigen Konferenz der Kultusminister (im Folgenden KMK) auf eine Zeit vor der Gründung der Bundesrepublik Deutschland zurückgehen. Damit wird an ein Bild von Deutschland als einer im Kulturellen geeinten Nation erinnert, das in die Zeit vor der Reichsgründung 1871 zurückreicht. Dieser historische Verweis wird noch verstärkt durch die Aussage, dass die zentralistische und totalitäre Kulturpolitik eine Mitschuld daran trage, dass die Deutschen schuldig wurden. Eine Aussage, die es sich lohnt, länger wirken zu lassen. Gerade auch weil im Kulturbereich vielerorten und bis heute keine ausreichende Auseinandersetzung mit der NS-Kulturpolitik stattfand. Dies zeigt sich u. a. auch im Umgang mit NS-verfolgungsbedingt entzogenem Kulturgut oder auch einer kritischen Auseinandersetzung mit den Leitungen während der NS-Zeit sowohl von Kultureinrichtungen als auch Kulturverbänden, die teilweise noch aussteht.

Aber nicht nur in der Kultur-, sondern auch in der Medienpolitik sollten die Länder in der neu gegründeten Bundesrepublik das Sagen bekommen. Die Alliierten, insbesondere die Briten, setzten auf einen staatsfernen Rundfunk. In der NS-Zeit war der Rundfunk zu propagandistischen Zwecken missbraucht worden. Dem sollte nach dem Willen der Briten durch einen staatsfern organisierten und von der Öffentlichkeit kontrollierten öffentlich-rechtlichen Rundfunk entgegengetreten werden.[2] Als Beispiel diente die British Broadcasting Corporation (BBC). Der Rundfunk sollte zur Demokratisierung und der Herausbildung einer kritischen Öffentlichkeit beitragen. Der erste öffentlich-rechtliche Sender war der Nordwestdeutsche Rundfunk (NWDR)[3], dessen Sendegebiet die gesamte britische Besatzungszone abdeckte. Im Jahr 1950 gründete sich die ARD als Zusammenschluss der öffentlich-rechtlichen Sender Bayerischer Rundfunk (BR), Hessischer Rundfunk (HR), Radio Bremen (RB), Süddeutscher Rundfunk (SDR), Südwestfunk (SWF) und Nordwestdeutscher Rundfunk (NWDR).[4]

---

1 Zitiert nach: Deutscher Kulturrat (Hg.): Nach 40 Jahren – ein bißchen weise? Protokoll des kulturpolitischen Kongresses des Deutschen Kulturrates im Oktober 1989 mit einer Auswahldokumentation 40 Jahre Kulturpolitik in der Bundesrepublik Deutschland. Bonn 1991, S. 155
2 Einen kurzen Überblick zu den Intentionen der Briten liefert Hans-Ulrich Wagner im ersten Dossier des Deutschen Kulturrates zum öffentlich-rechtlichen Rundfunk. Wagner, H.-U.: Eine »harte Nuss« als Geschenk. Das Ringen um den neuen »öffentlich-rechtlichen« Rundfunk. In: Dossier Öffentlich-rechtlicher Rundfunk. Beilage zu Politik & Kultur 5/2008
3 Aus dem NWDR gingen NDR mit den Sendegebieten Hamburg, Niedersachsen, Schleswig-Holstein und nach der Vereinigung der beiden deutschen Staaten auch Mecklenburg-Vorpommern sowie der WDR mit dem Sendegebiet Nordrhein-Westfalen hervor.
4 Im Jahr 1998 fusionierten SDR und SWF zum Südwestdeutschen Rundfunk (SWR).

Im sogenannten 1. Rundfunkurteil des Bundesverfassungsgerichts vom 28. Februar 1961 wurde die Zuständigkeit der Länder für die Rundfunkpolitik bestätigt. Vorausgegangen waren dem Urteil der Versuch der CDU-geführten Bundesregierung neben den bestehenden Landesrundfunkanstalten einen zweiten Bundessender als Fernsehsender[1] zu etablieren. Gegen dieses Vorhaben legten die SPD-geführten Länder Hamburg und Hessen Verfassungsbeschwerde ein, der stattgegeben wurde. Das Bundesverfassungsgericht kam zu dem Schluss, dass der Bund mit der Gründung der Deutschland-Fernsehen GmbH gegen die grundgesetzlich festgelegten Kompetenzen zwischen Bund und Ländern verstößt. Weiter wird in dem Urteil auf die staatsferne Organisation des öffentlich-rechtlichen Rundfunks Bezug genommen. Das Zweite Deutsche Fernsehen (ZDF) wurde schließlich per Staatsvertrag der Länder, ohne Einbeziehung des Bundes, gegründet und nahm am 1. April 1963 seinen Sendebetrieb auf.

Das 1. Rundfunkurteil war auch für weitere Rechtsprechung in Fragen der Zuständigkeitsverteilung zwischen Ländern und Bund stilbildend. Zugleich muss gesehen werden, dass dieses Urteil vor dem Hintergrund der Frequenzknappheit und hoher Kosten für die Rundfunkverbreitung gefällt wurde. Zumindest die Frage der Frequenzknappheit gehört heute angesichts der Vervielfältigung von Verbreitungswegen und der digitalen Zukunft der Vergangenheit an. Nichtsdestotrotz ist die Frage der Zuständigkeit von Bund und Ländern in rundfunk- bzw. medienpolitischen Fragen angesichts der Konvergenz der Medien von hoher Aktualität und Brisanz.

Im Grundgesetz[2] wird in Art. 5 die Meinungs- und Pressefreiheit sowie die Kunst- und Wissenschaftsfreiheit garantiert. Anders als in der Weimarer Verfassung fehlt das explizite Bekenntnis, dass der Staat Kunst und Wissenschaft schützt und pflegt – also das sogenannte Staatsziel Kultur. Die Verankerung eines Staatsziels Kultur im Grundgesetz war seither mehrfach Gegenstand kulturpolitischer Debatten und Überlegungen. Zuletzt fand eine eingehende Befassung mit dem Staatsziel Kultur im Rahmen der Enquête-Kommission des Deutschen Bundestags »Kultur in Deutschland« statt. In ihrem Zwischenbericht (Bundestagsdrucksache 15/5560)[3] zeichnet die Enquête-Kommission die verfassungsrechtliche Debatte um das Staatsziel Kultur von der Sachverständigenkommission »Staatszielbestimmungen/Gesetzgebungsaufträge« über die Debatten in Folge des Einigungsvertrags bis hin zu den von der Enquête-Kommission selbst in Auftrag gegebenen Sachverständigengutachten nach. Ebenso werden die in den Landesverfassungen getroffenen Bestimmungen zum Staatsziel Kultur wie auch

---

[1] Die Vorbereitungen für einen solchen Sender erfolgten im Jahr 1958 mit der Gründung der Freies Fernsehen GmbH. Sie sollte die Inhalte für einen bundesweiten Fernsehsender liefern. An der Freies Fernsehen GmbH war der Bund beteiligt. Im Jahr 1960 erfolgte die Gründung der Deutschland Fernsehen-GmbH. Sie sollte den Ländern die Gelegenheit geben, sich zu beteiligen. Abstimmungen zur Deutschland-Fernsehen-GmbH fanden zuerst zwischen dem Bund und unionsgeführten Ländern statt.

[2] → https://bit.ly/2Dsb6Le

[3] → https://bit.ly/2xyRHCS

die Staatszielbestimmungen ausgewählter EU-Mitgliedsstaaten dargestellt. In der von mir herausgegebenen Zeitung Politik & Kultur wurde eingehend das Für und Wider des Staatsziels Kultur im Grundgesetz debattiert. In dem Buch »Wertedebatte: Von Leitkultur bis kulturelle Integration«[1] sind ausgewählte Artikel zu diesem Thema zusammengeführt.

Die Mitglieder der Enquête-Kommission, zu denen auch ich zählte, hatten sich in ihrem Zwischenbericht einstimmig für die Ergänzung des Grundgesetzes um einen Art. 20b GG mit dem Wortlaut »Der Staat schützt und fördert die Kultur.« ausgesprochen. Der genannte Zwischenbericht wurde zusammen mit dem Schlussbericht der Enquête-Kommission (Bundestagsdrucksache 16/7000)[2] im Plenum des Deutschen Bundestags am 13. Dezember 2007 debattiert (Plenarprotokoll 16/133)[3]. In dieser Debatte wurde noch einmal ausdrücklich für das Staatsziel Kultur im Grundgesetz plädiert.

Der Deutsche Kulturrat hat sich als Spitzenverband der Bundeskulturverbände wiederholt für das Staatsziel im Grundgesetz ausgesprochen und die im Deutschen Bundestag vertretenen Parteien aufgefordert, dem einstimmigen Votum der Enquête-Kommission des Deutschen Bundestags »Kultur in Deutschland« zu entsprechen und Art. 20 GG um einen Abschnitt b mit dem Wortlaut »Der Staat schützt und fördert die Kultur« zu ergänzen.[4]

Hinsichtlich der Gesetzgebung des Bundes auf dem Gebiet der Kultur sind sowohl die Zuständigkeit des Bundes für die Presse als auch für Theater- und Lichtspielwesen aus der Weimarer Verfassung nicht in das Grundgesetz übernommen worden. Hier wurden Lehren aus der NS-Zeit gezogen.

Die ausschließliche Zuständigkeit hat der Bund in kulturpolitischen Fragen im Bereich der Telekommunikation[5], im gewerblichen Rechtsschutz, dem Urheberrecht und dem Verlagsrecht sowie seit den Grundgesetzänderungen in Folge der Föderalismuskommission aus dem Jahr 2006 für den Schutz deutschen Kulturguts gegen Abwanderung ins Ausland (Art. 73 GG). In Art. 22 Abs. 1 ist festgelegt, dass die Repräsentation in der Hauptstadt Aufgabe des Bundes ist. Ebenso zählt die Auswärtige Kultur- und Bildungspolitik zu den Bundesaufgaben, denn in Art. 32 Abs. 1 ist festgelegt, dass die Pflege der Beziehungen zu auswärtigen

---

[1] Zimmermann, O./Geißler, T. (Hg.): Wertedebatte: Von Leitkultur bis kulturelle Integration. Berlin 2018
[2] → https://bit.ly/2IcjVHM
[3] → https://bit.ly/2zpNRNG
[4] Erstmals wurde diese Forderung am 09.04.2008 in der Stellungnahme »Kultur-Enquête: Staatsverständnis, Staatsziel Kultur und öffentliche Kulturfinanzierung. Stellungnahme des Deutschen Kulturrates zu den übergreifenden Fragestellungen im Schlussbericht der Enquête-Kommission »Kultur in Deutschland« erhoben → https://bit.ly/2xdjKry
danach u. a. »Halbzeit der Legislaturperiode: Was steht an? Sechs kulturpolitische Forderungen des Deutschen Kulturrates an den Deutschen Bundestag und die Bundesregierung für die zweite Hälfte der Wahlperiode« → https://bit.ly/2QxPsaN
sowie zuletzt: »Deutscher Kulturrat: Forderungen zur Bundestagswahl 2017. Kulturpolitik für die 19. Legislaturperiode (2017–2021)« → https://bit.ly/2t3O6wi
[5] Angesichts der Konvergenz der Medien reicht das Telekommunikationsrecht in das Medienrecht hinein, sodass sich hieraus Verschränkungen beider Rechtsgebiete ergeben.

Staaten Sache des Bundes ist. Die konkurrierende Gesetzgebung[1] erstreckt sich u. a. auf das Arbeitsrecht und die Sozialversicherung einschließlich der Arbeitslosenversicherung (Art. 74 GG). Insofern hatte und hat der Bund unbestritten kulturpolitische Kompetenzen, was die Gestaltung der Rahmenbedingungen für Kunst und Kultur betrifft.

Herausforderung Deutsche Einheit

Vom 3. bis 5. Oktober 1989 veranstaltete der Deutsche Kulturrat den Kongress »Nach 40 Jahren – ein bißchen weise? Kulturpolitischer Kongreß des Deutschen Kulturrates« – selbstverständlich in Bonn. Dieser Kongress war ein Teil der 40-Jahre-Feier der Bundesrepublik Deutschland und Bundesinnenminister Wolfgang Schäuble unterstrich in seiner Eingangsansprache »Dem Deutschen Kulturrat bin ich dankbar, daß er die Idee eines solchen Kongresses aufgegriffen und in eigener Verantwortung realisiert hat. Kultur kann und darf in einer freiheitlichen Demokratie keine staatliche Veranstaltung sein. Es ist daher konsequent, wenn dieser Kongreß nicht von der öffentlichen Hand, sondern unabhängig von ihr veranstaltet wird.«[2] Und weiter: »Erinnern wir vor allem daran, daß wir 1945 praktisch wieder bei Null anfangen mußten. Die kulturelle Vielfalt der Weimarer Republik war dahin, ihre Träger verfolgt, verfemt, ermordet. Vergleichsweise wenige kehrten aus der inneren und äußeren Emigration zurück. Die kulturelle Infrastruktur war in hohem Maße zerstört, auch die organisatorischen Gefüge waren weitgehend zerrissen. Es waren Jahre des Wiederaufbaus erforderlich, um wieder Boden unter den Füßen zu gewinnen.

Bei alledem wurde die Haltung des Staates gegenüber der Kultur über lange Zeit durch besondere Zurückhaltung geprägt. Der Mißbrauch von Kunst und Kultur durch das NS-Regime ließen es als selbstverständlich erscheinen, die Unabhängigkeit und die Freiheit vom Staat zu betonen. In Art. 5 Abs. 3 Grundgesetz fand dieses Freiheitsrecht der Kunst sichtbar und verfassungskräftig abgesichert Ausdruck.

Erst allmählich, im Grunde nach der Phase des Wiederaufbaus trat daneben eine neue Erkenntnis. Daß Unabhängigkeit und Freiheit von Kunst und Kultur auch durch den Staat, nämlich durch die Schaffung angemessener Rahmenbedingungen, durch finanzielle Förderung, möglich, ja notwendig ist. Ein Meilenstein war hier die Ihnen sicherlich bekannte Entscheidung des Bundesverfassungsgerichts zur Verfassungsnorm des Art. 5 Abs. 3 vom 5. März 1974, wo es heißt: ›Als objektive Wertentscheidung für die Freiheit der Kunst stellt sie

---

1 Von konkurrierender Gesetzgebung wird gesprochen, wenn die Länder die Gesetzgebungsbefugnis haben, solange und soweit der Bund von seiner Gesetzgebungskompetenz nicht durch Gesetz Gebrauch macht. Auf bestimmten Gebieten, wie z. B. der Herstellung gleichwertiger Lebensverhältnisse, hat der Bund das Gesetzgebungsrecht. → www.bundestag.de

2 Schäuble, W.: Mehr Raum für Kultur. In: Deutscher Kulturrat (Hg.): Nach 40 Jahren – ein bißchen weise? a. a. O., S. 23

dem modernen Staat, der sich im Sinne einer Staatszielbestimmung auch als Kulturstaat versteht, zugleich die Aufgabe, ein freiheitliches Kunstleben zu erhalten und zu fördern.‹ In diesen Zusammenhang gehören z. B. der Künstlerbericht der Bundesregierung vom Januar 1975, die Anhörung der Künstlerverbände und der hieran anschließende Maßnahmenkatalog zur Verbesserung der beruflichen und sozialen Lage der Künstler und Publizisten vom Juni 1976, der auf breite Zustimmung stieß.«[1]

Dieses Zitat bringt das Kulturstaatsverständnis der alten Bundesrepublik und das kulturpolitische Handeln der damaligen CDU-geführten Bundesregierung auf den Punkt. Es fasst noch einmal zusammen, dass nach der Indienstnahme von Kultur während des NS-Regimes Kultur staatsfern sein muss. Der Staat hat gleichwohl die Aufgabe, Rahmenbedingungen für Kunst und Kultur zu schaffen. Schäuble nannte daher als wichtige anstehende kulturpolitische Aufgaben ein verbessertes Stiftungssteuerrecht sowie weitere Maßnahmen für ein kulturfreundliches Steuerrecht. Mit Blick auf Europa sagte Schäuble: »Es wird vielmehr darauf ankommen, bei allen künftigen Schritten im Auge zu behalten, daß Kulturgüter ihre Besonderheiten haben und nicht automatisch mit Wirtschaftsgütern gleichzusetzen sind. Hier hat sich auch bereits, wenn ich das richtig sehe, sowohl bei den Mitgliedsstaaten wie bei der Kommission in Brüssel ein Problembewußtsein entwickelt. Keiner will offenbar über den gemeinsamen Binnenmarkt die kulturelle Vielfalt in Europa, die kulturelle Identität der Mitgliedsstaaten hinwegharmonisieren.«[2] Kluge nach vorne weisende Worte, die an Aktualität nichts eingebüßt haben.

Mit Blick auf die Repräsentanz der Bundesrepublik bei internationalen Kulturkonferenzen führte Hanna-Renate Laurin, seinerzeit bereits Berliner Kultursenatorin a. D. beim genannten Kongress aus: »Auch bei den Weltkulturkonferenzen gibt es immer eine abenteuerliche Frage um die Zuständigkeiten. Als Frau Hamm-Brücher den Bund und ich die Länder vertrat, haben die beiden Damen das kooperativ und nicht konkurrenzmäßig gelöst, womit wir gezeigt haben, daß es geht. Jeder steht bei der Zuständigkeit auf, die er hat und nicht immer bei der des anderen.«[3]

Die Zuständigkeiten waren also klar verteilt. Der Bund gestaltet die Rahmenbedingungen, fördert bei gesamtstaatlicher Bedeutung, die Länder haben ihre Kulturhoheit und auf internationalem Parkett tritt man am liebsten im Doppelpack auf. Wohl niemand hat Anfang Oktober 1989 daran gedacht, dass fast auf den Tag genau ein Jahr später fünf neu gegründete Länder der Bundesrepublik Deutschland beitreten. Sowohl die DDR als auch die alte Bundesrepublik wollten mit ihren 40-Jahr-Feiern doch vor allem den Erfolg dokumentieren und belegen, dass sie jeweils das »bessere« Deutschland sind. Zwar wurde vonseiten der Bun-

---

[1] Ebd. S. 23 f.; Hervorhebungen im Original
[2] Ebd. S. 28
[3] Laurin, H.-R.: Statement. In: Deutscher Kulturrat (Hg.): Nach 40 Jahren – ein bißchen weise? a. a. O., S. 44

1. —— Einleitung

desrepublik immer noch die Fahne der angestrebten Wiedervereinigung hochgehalten, doch Jahrzehnte Westbindung und das Bekenntnis zu einem einigen Europa, für das insbesondere der amtierende Bundeskanzler Helmut Kohl stand, ließen die Wiedervereinigung gefühlt in weite Ferne rücken.

Und dann, erst die Rufe »Die Mauer muss weg« und schließlich über »Wir sind das Volk« zu »Wir sind ein Volk«. Innerhalb kürzester Zeit fanden alte Gewissheiten, alte Zuständigkeiten, alte Strukturen ein Ende.

In der Kulturpolitik trafen über 40 Jahre gewachsene Strukturen aufeinander, die nicht kompatibel waren. Das hatte vor allem für die Künstlerinnen und Künstler, die Kultureinrichtungen und die Kulturverantwortlichen in Ostdeutschland Auswirkungen. Für manche, wie z. B. die Schriftstellerin Regine Möbius, löste sich ein Stau.[1] Andere wie der bildende Künstler Johannes Heisig mussten feststellen, dass ihre Werke, in dem Moment, in dem sie keine »Ostkünstler« mehr waren, auf weniger Interesse stießen.[2] Jahre später stellten andere wie z. B. der Geschäftsführer des Progress-Filmverleihs, Jürgen Haase, fest, dass es um das kulturelle Erbe der DDR geht.[3] Wieder andere wie Christoph Links setzen sich mit dem Schicksal der DDR-Verlage auseinander und zeigen die Schwierigkeiten, sich am Markt zu platzieren, auf.[4]

Bundesinnenminister Wolfgang Schäuble gehörte zu den Verhandlern des Einigungsvertrags, der in Art. 35 gesonderte Bestimmungen zu Kultur enthält. Es steht dort:

1. »In den Jahren der Teilung waren Kunst und Kultur – trotz unterschiedlicher Entwicklung der beiden Staaten in Deutschland – eine Grundlage der fortbestehenden Einheit der deutschen Nation. Sie leisten im Proceß der staatlichen Einheit der Deutschen auf dem Weg zur europäischen Einigung einen eigenständigen und unverzichtbaren Beitrag. Stellung und Ansehen eines vereinten Deutschlands in der Welt hängen außer von seinem politischen Gewicht und seiner wirtschaftlichen Leistungskraft ebenso von seiner Bedeutung als Kulturstaat ab. Vorrangiges Ziel der Auswärtigen Kulturpolitik ist der Kulturaustausch auf der Grundlage partnerschaftlicher Zusammenarbeit.
2. Die kulturelle Substanz in dem in Art. 3 genannten Gebiet darf keinen Schaden nehmen.
3. Die Erfüllung der kulturellen Aufgaben einschließlich ihrer Finanzierung ist zu sichern, wobei Schutz und Förderung von Kultur und Kunst den neuen Ländern und Kommunen entsprechend der Zuständigkeitsverteilung des Grundgesetzes obliegen.

---

[1] Möbius, R.: Ein Stau löste sich. In: Politik & Kultur 2/2009, S. 3
[2] Johannes Heisig im Gespräch mit Stefanie Ernst: Kunst machen als Selbstbehauptung. In: Politik & Kultur 3/2009, S. 37
[3] Jürgen Haase im Gespräch mit Stefanie Ernst: Kulturelles Erbe der DDR muss lebendig bleiben. In: Politik & Kultur 2/2009, S. 4
[4] Links, C.: Das Schicksal der DDR-Verlage. In: Politik & Kultur 3/2009, S. 38

4. Die bisher zentral geleiteten kulturellen Einrichtungen gehen in die Trägerschaft der Länder oder Kommunen über, in denen sie gelegen sind. Eine Mitfinanzierung durch den Bund wird in Ausnahmefällen, insbesondere im Land Berlin, nicht ausgeschlossen.
5. Die durch die Nachkriegsereignisse getrennten Teile der ehemals staatlichen preußischen Sammlungen (unter anderem Staatliche Museen, Staatsbibliotheken, Geheimes Staatsarchiv, Ibero-Amerikanisches Institut, Staatliches Institut für Musikforschung) sind in Berlin wieder zusammenzuführen. Die Stiftung Preußischer Kulturbesitz übernimmt die vorläufige Trägerschaft. Auch für die künftige Regelung ist eine umfassende Trägerschaft für die ehemals staatlichen preußischen Sammlungen in Berlin zu finden.
6. Der Kulturfonds wird zur Förderung von Kultur, Kunst und Künstlern übergangsweise bis zum 31. Dezember 1994 in dem in Art. 3 genannten Gebiet weitergeführt. Eine Mitfinanzierung durch den Bund im Rahmen der Zuständigkeitsverteilung des Grundgesetzes wird nicht ausgeschlossen. Über eine Nachfolgeeinrichtung ist im Rahmen der Verhandlungen über den Beitritt der Länder der in Art. 1 Abs. 1 genannten Länder zur Kulturstiftung der Länder zu verhandeln.
7. Zum Ausgleich der Auswirkungen der Teilung Deutschlands kann der Bund übergangsweise zur Förderung der kulturellen Infrastruktur einzelne kulturelle Maßnahmen und Einrichtungen in dem in Art. 3 genannten Gebiet mitfinanzieren.«[1]

Art. 35 und hier insbesondere Abs. 2 und Abs. 7 boten die Grundlage für das finanzielle Engagement des Bundes für die Kultur in den neuen Ländern. In den Jahren 1991 bis 1993 wurden rund drei Milliarden DM allein aus Kulturmitteln für die Übergangsfinanzierung zur Verfügung gestellt. Dazu zählten das Substanzerhaltungsprogramm und das Infrastrukturprogramm. Die Übergangsfinanzierung zielte auf den Umbau von Kultureinrichtungen ebenso wie die Neuausrichtung ab. Einige Kultureinrichtungen wie z. B. die Stiftung Weimarer Klassik, die Stiftung Bauhaus in Dessau oder auch die Gedenkstätte Buchenwald wurden als Kultureinrichtungen von bundesstaatlicher Bedeutung in die Kulturförderung des Bundes einbezogen. Das Denkmalschutzsonderprogramm galt für die Jahre 1991 bis 1993. Es sollte dabei helfen, Kulturdenkmäler zu sichern, zu erhalten und zu restaurieren. Hieran schloss sich 1995 das Denkmalschutzsonderprogramm »Dach und Fach« an, bei dem es vor allem darum ging, Baudenkmäler mit regionaler Bedeutung zu sichern. Darüber hinaus wurden Mittel für die gesamtstaatliche Repräsentation in Berlin zur Verfügung gestellt, die 1993 in den Hauptstadtvertrag mündeten, der auch dazu dienen sollte, die freie Szene in Berlin zu unterstützen und experimentelle Kunst zu ermöglichen. Das Bundesministerium für Bildung und Wissenschaft, heute Bildungsministerium für Bildung und Forschung, stellte im Rahmen des Qualifizierungsprogramms Mittel zur Verfügung,

---

[1] Vertrag zwischen der Bundesrepublik Deutschland und der Deutschen Demokratischen Republik über die Herstellung der Einheit Deutschlands (Einigungsvertrag), 31.08.1990 → https://bit.ly/2NrAw09

die sich u. a. auch an den Kulturbereich richteten. Ein Beispiel hierfür ist der beim Deutschen Kulturrat angesiedelte Qualifizierungsfonds Kultur, der darauf abzielte, Akteure aus dem Kultur- und Medienbereich für die neuen Formen der Finanzierung oder die Marktbedingungen zu qualifizieren. Das Familienministerium stellte Mittel für den Aufbau Freier Träger zur Verfügung, die dazu dienen sollten, Vereine und Verbände in den neuen Ländern zu transformieren bzw. aufzubauen. Auch Kulturorganisationen bzw. Vereine der kulturellen Bildung konnten hieran partizipieren. Die Bundesvereinigung Kulturelle Kinder- und Jugendbildung war hier involviert und stellte ihre Expertise zur Verfügung.

Das starke Engagement des Bundes in den neuen Ländern hätte eigentlich nach einer Neuverteilung der kulturpolitischen Kompetenzen zwischen Bund und Ländern gerufen. Anton Pfeifer [1] schreibt 2005 rückblickend, dass es mit Blick auf die Sache, um die es ging, nicht sachdienlich gewesen wäre, eine solche Kompetenzdiskussion zu führen. Vordringlicher war zu handeln, dies auch vor dem Hintergrund, dass Bundestag und Bundesrat einen gemeinsamen Ausschuss eingesetzt hatten, der Vorschläge für Grundgesetzänderungen erarbeiten sollte.[2] In dieser gemeinsamen Kommission wurde sich neben anderen Themen auch mit dem Staatsziel Kultur befasst.

Kulturpolitik der Ära Kohl

Anders als in SPD-Wahlkämpfen, speziell in Wahlkämpfen von Willy Brandt, gehörten Künstler oder Kulturakteure im weiteren Sinne eher nicht zu Wahlkampfunterstützern der CDU im Allgemeinen[3] und von Helmut Kohl im Besonderen. Im Gegenteil, gerade in den Anfangsjahren seiner Kanzlerschaft erntete Helmut Kohl ob seines Pfälzer Idioms und seines Auftretens vielfach Spott und Häme aus dem Kultur- und Medienbereich.

Dennoch gehören die Kultur- und Medienpolitik zu den Politikfeldern, die Helmut Kohl in seiner Regierungserklärung vom 13. Oktober 1983 explizit und implizit anspricht. Zuerst erwähnt er in der Regierungserklärung die Bedeutung der Kultur mit Blick auf den europäischen Einigungsprozess. Die Intensivierung der Kulturbeziehungen sollte den europäischen Einigungsprozess und die Verständigung vorantreiben. So sagte Kohl »Wir wollen neue Wege zur Einigung Europas öffnen. Die europäische Idee hat Versöhnung über die Grenzen hinweg geschaffen und den Grundstein für eine dauerhafte Friedensordnung in Euro-

---

[1] Anton Pfeifer gehörte von 1969 bis 2002 dem Deutschen Bundestag an. Er war von 1982 bis 1987 Parlamentarischer Staatssekretär im Bundesministerium für Bildung und Wissenschaft, von 1987 bis 1990 Parlamentarischer Staatssekretär im Bundesministerium für Jugend, Familie, Frauen und Gesundheit sowie von 1990 bis 1998 Staatsminister beim Bundeskanzler. In letzter Funktion war er insbesondere für Kultur verantwortlich und hatte eine Koordinierungsfunktion für die Kulturressorts der verschiedenen Bundesministerien.
[2] Anton Pfeifer a. a. O., S. 247
[3] Eine Ausnahme hiervon bildete der Bundestagswahlkampf 2017. Hier hatte die CDU eine Unterstützerwebsite für Angela Merkel, auf der auch Künstler der Kanzlerkandidatin ihre Unterstützung aussprachen.

pa gelegt. Europapolitik war und ist immer zuerst eine Politik für den Frieden in Freiheit. Das müssen wir wieder mehr als bisher ins Bewußtsein unserer Bürger bringen durch ganz konkrete Schritte, durch mehr Abbau der Grenzkontrollen, durch eine Intensivierung der Kulturbeziehungen und durch eine Verbesserung und Verstärkung des Jugendaustausches.«[1] Hier spricht der überzeugte Europäer Kohl.

Mit Blick auf die Medienpolitik lobte Kohl die Bedeutung der Massenmedien für den Erhalt und die Stärkung der freiheitlichen Ordnung. Zugleich formulierte er »Die Vielfalt der Meinungen verlangt Vielfalt der Organisationsformen.«[2] und kündigt an, im Zusammenwirken mit den Ländern die Medienordnung zu erneuern und weiter »So sollen die Meinungsvielfalt erhöht, die Urteilskraft des Bürgers herausgefordert und der Informations- und Meinungsaustausch über nationale Grenzen hinaus gestärkt werden«.[3] Die Einführung des Dualen Rundfunksystems ist eng mit der Ära Kohl verbunden.

Helmut Kohl war nicht nur ein großer Europäer. Als Historiker war ihm die Bedeutung der Geschichte sehr bewusst. Dies kommt in seiner ersten Regierungserklärung als Kanzler zum Ausdruck, wenn er sagt: »Herr Präsident, meine Damen und Herren, zur Erneuerung gehört die Besinnung auf die deutsche Geschichte. Der Nationalstaat der Deutschen ist zerbrochen. Die deutsche Nation ist geblieben, und sie wird fortbestehen. (Beifall bei der CDU/CSU und der FDP) Wir alle wissen: die Überwindung der Teilung ist nur in historischen Zeiträumen denkbar. Das Jahr 1983 erinnert uns in besonderer Weise an Höhen und Tiefen unserer Geschichte: Vor 500 Jahren wurde Martin Luther geboren. Vor 50 Jahren begann die deutsche Diktatur und mit ihr der Weg in die Katastrophe. Vor 30 Jahren erhoben sich die Arbeiter in Ost-Berlin gegen die kommunistische Gewaltherrschaft. – Diese Ereignisse mahnen uns an unsere eigene Geschichte. Unsere Republik, die Bundesrepublik Deutschland, entstand im Schatten der Katastrophe. Sie hat inzwischen ihre eigene Geschichte. Wir wollen darauf hinwirken, daß möglichst bald in der Bundeshauptstadt Bonn eine Sammlung zur deutschen Geschichte seit 1945 entsteht, gewidmet der Geschichte unseres Staates und der geteilten Nation. (Sehr gut! bei der SPD) Herr Präsident, meine Damen und Herren, wir alle können die Einheit der Nation nicht erzwingen; aber für uns alle gilt die Präambel des Grundgesetzes: »Das gesamte Deutsche Volk bleibt aufgefordert, in freier Selbstbestimmung die Einheit und Freiheit Deutschlands zu vollenden.«[4]

Aus dieser Passage spricht der Historiker Kohl, der der Erinnerungskultur einen besonderen Stellenwert einräumt. Der Erinnerung an historische Ereignisse wie den Beginn der Nazi-Herrschaft 1933 sowie die Erinnerung an die Ge-

---

[1] Regierungserklärung des Bundeskanzlers vor dem Deutschen Bundestag, Koalition der Mitte: Für eine Politik der Erneuerung, 13.10.1982, in: Presse- und Informationsamt der Bundesregierung, Bulletin Nr. 93, 14.10.1982, S. 853–868, BArch BD 7/2/1582/2, Bl. 853–868. Zitiert nach → https://bit.ly/2DtvOoW (S. 16)
[2] Ebd. S. 20
[3] Ebd. S. 20
[4] Ebd. S. 24

schichte der Bundesrepublik, die aus der Katastrophe erwachsen ist. Dabei vergisst Kohl nicht das in der Präambel des Grundgesetzes formulierte Versprechen der deutschen Einheit.

In Stein gewordene Zeichen der Kulturpolitik in der Ära Kohl sind z. B. das Haus der Geschichte der Bundesrepublik Deutschland und das Deutsche Historische Museum. Das Haus der Geschichte war für die Bundeshauptstadt Bonn geplant. Es war ein Zeichen für die neue Bundesrepublik einschließlich der Westbindung. Das Deutsche Historische Museum war für Berlin gedacht und war ein Symbol für die Rückbindung an die Geschichte. Weiter fällt in die lange Kanzlerschaft der Bau der Kunst- und Ausstellungshalle der Bundesrepublik Deutschland in Bonn, die Restaurierung der Neuen Wache in Berlin und die Entscheidung, ein Denkmal zur Erinnerung an die Ermordung der Juden Europas zu errichten.

Wie Anton Pfeifer rückblickend schreibt, stießen die Vorhaben Kohls keineswegs auf uneingeschränkte Freude bei den Ländern. Es wurde bezweifelt, ob der Bund überhaupt die Kompetenz hat, entsprechende Bauten zu errichten. Hier waren langwierige Gespräche mit den Ministerpräsidenten erforderlich.[1]

Auch die ersten europäischen Kulturförderprogramme Kaleidoskop zur Förderung europäischer kultureller und künstlerischer Projekte, Raphael, das europäische Denkmalschutzprogramm sowie Ariane, das europäische Buch- und Leseförderprogramm wurden von der Regierung Kohl befördert.[2]

Mit Blick auf die Rahmenbedingungen lag es in der Verantwortung der Regierung Kohl die in der sozialliberalen Regierung gesetzgeberisch auf den Weg gebrachte Künstlersozialversicherung umzusetzen. Eine erste Bewährungsprobe war dabei die Verfassungsklage einiger Verwerterverbände gegen die Künstlersozialversicherung. Die Regierung Kohl stand zur Künstlersozialversicherung und wies auch in den folgenden Jahren alle Versuche beispielsweise zur Absenkung des Bundeszuschusses zurück.

Der Kulturetat in der Ära Kohl nur für die Kulturförderung im Inland stieg von rund 340 Millionen DM im Jahr 1983 auf 1,27 Milliarden DM im Jahr 1997. Pfeifer weist entschieden zurück, dass in der Ära Kohl vorrangig an der Kultur gespart worden sei. Er vertritt vielmehr die Auffassung, dass »die Kulturpolitik in keiner Zeit in der Geschichte der Bundesrepublik Deutschland in der Kulturförderung des Bundes und beim Bundeskanzler eine vergleichbar hohe Priorität besessen hat, wie in der Ära von Bundeskanzler Helmut Kohl. Dies ist vor allem deshalb möglich geworden, weil Kulturpolitik für Helmut Kohl nie nur Rhetorik für Sonntagsreden oder schmückendes Beiwerk gewesen ist. Die Kulturstaatlichkeit Deutschlands war für ihn eine fundamentale Gestaltungsaufgabe seiner Politik, für die er sich persönlich engagiert hat und der immer sein besonderes Au-

---

[1] Anton Pfeifer a.a.O S. 252
[2] Das deutsche Informationsbüro zu den europäischen Kulturförderprogrammen Cultural Contact Point (CCP) wurde mit Unterstützung des Bundesministeriums des Innern 1997 gegen erbitterten Widerstand der Länder beim Deutschen Kulturrat eingerichtet. Heute ist die Kulturpolitische Gesellschaft Träger des Creativ Europe Desk Kultur, des Nachfolgers des CCPs.

genmerk galt. Er hat mit dieser Politik kulturpolitische Marksteine gesetzt, die Deutschland verändert haben.«[1] Norbert Lammert kommt zu einem ähnlichen Schluss, wenn er schreibt »Meine These ist, dass die entscheidende Akzentverschiebung in der Wahrnehmung gesamtstaatlicher Aufgaben für Kunst und Kultur nicht durch die Etablierung einer entsprechenden Funktion im Kanzleramt 1998, sondern in der Ära Kohl stattgefunden hat. Und dass möglicherweise die Unauffälligkeit durch die Vermeidung einer Formalisierung eine der Voraussetzungen für diese faktische Akzentverschiebung war.«[2] Gabriele Schulz beschreibt die Kulturpolitik der CDU, mit Blick auf die Ära Kohl sowie das Wirken von Kulturstaatsminister Neumann, als besonders geschickt, weil das stille Wirken keine Neider hervorrufe.[3]

Die Ironie der Geschichte ist, dass dieses stille Wirken oder wie Wolfgang Bergsdorf[4] schreibt die Nachhaltigkeit der Kulturpolitik von Helmut Kohl im Jahr 1998 nicht belohnt wurde. Im Gegenteil, es stellte sich Unbehagen und Unzufriedenheit ein. Als behäbig, als nicht nach vorne weisend wurde von vielen die Kulturpolitik in der Ära Kohl empfunden. Überdies wurde das Parlament als kulturpolitischer Gesprächspartner vermisst. Zugleich bestand das Gefühl, dass eine Bündelung der Kulturpolitik des Bundes überfällig sei.

Aufbruchstimmung

Am Anfang stand eine gewisse Ratlosigkeit, dann eine Idee, danach eine Kontroverse und schließlich ein Erfolg. Als der Vorstand und ich als Geschäftsführer zusammen mit einigen ausgewählten Vertretern des Sprecherrates des Deutschen Kulturrates im Februar 1998 einen Gesprächstermin beim damaligen SPD-Vorsitzenden Oskar Lafontaine hatten und die Gelegenheit bestand, Anliegen für den bevorstehenden Bundestagswahlkampf 1998 vorzutragen, herrschte zuerst eine gewisse Ratlosigkeit, was genau gefordert werden sollte. Sollte es ein Bundeskulturminister in einem eigenen Kulturministerium sein? Diese Forderung, die ich favorisierte, ging insbesondere dem damaligen Präsidenten des Deutschen Kulturrates August Everding, seines Zeichens Präsident des Deutschen Bühnenvereins und Direktor der Bayerischen Theaterakademie, zu weit. Es bestand aber großer Unmut über die von einigen so empfundene stiefmütterliche Behandlung der kulturpolitischen Belange in der Bundesregierung. Der damalige Bundesinnenminister Manfred Kanther wurde nicht als Mann der Kultur wahrgenommen. Vermisst wurde der vormalige Leiter der Kulturabteilung im Innenministerium

---

[1] Pfeifer a. a. O., S. 259
[2] Lammert a. a. O., S. 236
[3] Schulz, G.: Geschichtsverliebt – geschichtsvergessen? Das Geheimnis der Kulturpolitik der Union. Ein Kommentar. In: Kulturpolitik der Parteien: Visionen, Programmatik, Geschichte und Differenzen. Hg. v. Olaf Zimmermann, Theo Geißler. Berlin 2008, S. 82–84
[4] Bergsdorf a. a. O.

Sieghardt von Köckritz[1], der als Kulturmensch so manches ermöglichte. In dem Gespräch, in dem wir eine Stärkung der Kulturpolitik des Bundes anmahnten, mit Oskar Lafontaine, an dem auch Renate Schmidt und Wolfgang Thierse teilnahmen, sprach sich der SPD-Vorsitzende für einen »Kulturbeauftragten des Bundes« aus[2]. Ein erster Durchbruch!

Innerhalb des Deutschen Kulturrates verständigte man sich nach dem Gespräch darauf, gemeinsam einen Beauftragten für Kultur und Medien zu fordern, der am Kabinettstisch Platz nimmt und deutlich und vernehmlich für die Kultur seine Stimme erhebt. Gedacht wurde an Modelle wie einen Bundesminister für besondere Aufgaben. Ebenfalls sprach sich der Deutsche Kulturrat für die Einrichtung eines Ausschusses für Kultur und Medien im Deutschen Bundestag sowie die Etablierung einer Kultur-Enquête aus. Vorbild für die Kultur-Enquête war der im Jahr 1975 erschienene Künstlersozialreport von Karla Fohrbeck und Andreas Johannes Wiesand. Dieser im Auftrag des Bundesministeriums für Arbeit und Soziales erstellte Report war die erste umfassende Untersuchung zur sozialen und wirtschaftlichen Lage freiberuflicher Künstlerinnen und Künstler und gab den Anstoß zur Einbeziehung dieser Berufsgruppe in die gesetzliche Kranken- und Rentenversicherung, der in die Gründung der Künstlersozialversicherung mündete. Es wurde sich von einer Kultur-Enquête erhofft, dass mehr als 20 Jahre nach Erscheinen des Künstlersozialreports erneut umfassend die soziale und wirtschaftliche Situation der Künstler in den Blick genommen und hinsichtlich der inzwischen veränderten Marktbedingungen sowie eines geeinten Deutschlands untersucht würde.

Bei Oskar Lafontaine waren die Anregungen des Deutschen Kulturrates auf großes Interesse gestoßen. Er griff sie auf, offen war zu diesem Zeitpunkt allerdings noch, wer in der SPD das Rennen um die Kandidatur als Kanzlerkandidat macht, Lafontaine selbst oder Gerhard Schröder, der im März 1998 noch die niedersächsische Landtagswahl erfolgreich bestehen musste, um eine Chance zur Kanzlerkandidatur zu haben. Gerhard Schröder reagierte zunächst sehr zurückhaltend bis ablehnend auf die Vorschläge des Deutschen Kulturrates. Hilmar Hoffmann, eine der wichtigen kulturpolitischen Stimmen in Deutschland, sprach sich klar gegen eine Stärkung der Kulturpolitik des Bundes aus und betonte die Bedeutung der Länder und der Kommunen in der Kulturpolitik.[3]

Auch innerhalb des Deutschen Kulturrates gab es Stimmen, die sich gegen eine Bündelung kulturpolitischer Kompetenzen in einem Ressort aussprachen. Speziell vonseiten der kulturellen Kinder- und Jugendbildung wurde gewarnt, die bestehenden Zuständigkeiten in einem Haus zusammenzufassen. Es wurde mit Nachdruck die Position vertreten, dass die Infrastruktur kultureller Kinder-

---

[1] Als Dank für seine Verdienste um den Kulturbereich wurde Sieghardt von Köckritz als erster Preisträger mit dem Kulturgroschen des Deutschen Kulturrates geehrt.
[2] Zimmermann, O./Schulz, G. (Hg.): Positionen und Diskussionen zur Kulturpolitik: Nachdruck »Deutscher Kulturrat – aktuell«; 1997-1999, Bonn; Berlin 2000, S. 141
[3] Der Tagesspiegel, 23.06.1998 → https://bit.ly/2QshxjX

und Jugendbildung am besten von einem Haus gefördert wird, das für das Kinder- und Jugendhilfegesetz zuständig ist, sprich vom Bundesjugendministerium. Weiter wurde angeführt, dass insbesondere das Bundesministerium für Bildung und Forschung ein wesentlicher Impulsgeber für die kulturelle Bildung sowie die Aus- und Weiterbildung in Kulturberufen ist. Über die damals noch bestehende Bund-Länder-Kommission für Bildungsplanung und Forschungsförderung (BLK) wurden groß angelegte Modellvorhaben gefördert. Darüber hinaus wurde das Haus selbst als ein wichtiger Impulsgeber und Unterstützer sowohl von Untersuchungen als auch von Modellvorhaben in der kulturellen Bildung geschätzt.

Am 22. Juni 1998 führten der Deutsche Kulturrat, die Kulturpolitische Gesellschaft und das Haus der Geschichte in Bonn eine Veranstaltung durch, in der die Frage nach einer neuen kulturpolitischen Verantwortung des Bundes erörtert wurde. Bei dieser Veranstaltung kamen hochkarätige Verbandsvertreter und Experten zu Wort. Die Diskussion wurde mit großer Leidenschaft geführt. Die Gegnerschaft gegen ein Bundeskulturministerium oder wie vom Deutschen Kulturrat in den Wahlprüfsteinen zur Bundestagswahl 1998 gefordert eines Kulturbeauftragten verlief quer durch die Parteien. Neben der CDU-geführten Bundesregierung waren es insbesondere einige SPD-geführte Länder, die sich angeführt von NRW vehement dagegen aussprachen.

Wahlprüfsteine 1998

Trotz teils kontroverser Debatten innerhalb des Deutschen Kulturrates wurde sich bei den »Fragen an die im Deutschen Bundestag vertretenen Parteien zur Bundestagswahl« (kurz Wahlprüfsteine) u. a. darauf verständigt zu fragen, ob die Parteien die Wiedereinsetzung des Unterausschusses Kultur zum Innenausschuss oder die Neueinsetzung eines Ausschusses Kultur im Deutschen Bundestag planen.

Die CDU antwortete hierauf: »... Die kulturpolitischen Debatten im Plenum des Deutschen Bundestags und in seinen Ausschüssen belegen die Bedeutung, die diesem Thema auch in der parlamentarischen Arbeit in der zu Ende gehenden Wahlperiode beigemessen worden ist. Gleichwohl befürwortet die CDU die von den Sprechern aller Fraktionen in der kulturpolitischen Debatte des Deutschen Bundestags am 12. Februar 1998 geforderte Einrichtung eines Parlamentsausschusses für Kulturpolitik in der nächsten Legislaturperiode. Angesichts der Bedeutung der Kultur für unser Gemeinwesen ist die zusätzliche Einrichtung eines solchen Ausschusses in besonderer Weise geeignet, kulturrelevante Themen und Anliegen auf parlamentarischer Ebene fortlaufend kompetent zu diskutieren.«[1]

---

[1] Kulturpolitik für das 21. Jahrhundert. Die im Deutschen Bundestag vertretenen Parteien antworten auf die Fragen des Deutschen Kulturrates zur Bundestagswahl 1998. Bonn 1998, S. 25

Die SPD formulierte: »Wir benötigen dringend einen Kulturausschuß, zumindest jedoch einen Unterausschuß Kultur im nächsten Deutschen Bundestag. Ein dazu von der SPD initiierter Antrag ist bislang an der Unionsfraktion gescheitert.«[1]

Bündnis 90/Die Grünen erklärten unmissverständlich: »Wir werden uns mit aller Kraft für die Wiedereinsetzung eines Ausschusses für Kultur im Deutschen Bundestag einsetzen. Zu Beginn der 13. Legislaturperiode reichte die Fraktion Bündnis 90/Die Grünen bereits einen Antrag im Innenausschuß dazu ein, der aber von der Mehrheit abgelehnt wurde. Wir hoffen, daß durch neue Mehrheitsverhältnisse im Bundestag anders darüber entschieden werden wird.«[2]

Die FDP formulierte: »Die F.D.P. fordert die Bündelung der Kompetenzen und Zuständigkeiten sowie die Einrichtung eines Kulturausschusses des Deutschen Bundestags als parlamentarische Kontrolle.«[3] In ihrer Antwort ist die FDP damit zugleich auf die Frage der Bündelung der kulturpolitischen Kompetenzen des Bundes in einem Ressort eingegangen und hat den Kulturausschuss als parlamentarisches Gegenüber verortet.

Die PDS sagte klipp und klar: »Wir sprechen uns für die Neueinsetzung eines Kulturausschusses im Deutschen Bundestag aus.«[4]

Diese klaren Aussagen von allen seinerzeit im Deutschen Bundestag vertretenen Parteien waren ein Punktsieg. Alle Parteien hatten sich festgelegt, sodass einer Einrichtung eines Kulturausschusses im nächsten Deutschen Bundestag der Boden bereitet war.

Denn obwohl die Länder die Zuständigkeit für Kultur beanspruchten und die für Medien bei ihnen liegt, gab es in den Anfangsjahren der Bundesrepublik von der 1. bis einschließlich der 5. Wahlperiode des Deutschen Bundestags, also von 1949 bis 1969, eine Reihe von Ausschüssen, die sich explizit Kultur- und Medienfragen im Deutschen Bundestag widmeten. Von der 6. bis einschließlich 13. Wahlperiode, also von 1969 bis 1998, gab es keinen ordentlichen Ausschuss für Kultur im Deutschen Bundestag. Erst ab der 14. Wahlperiode, also seit 1998, wird vom Deutschen Bundestag wieder regelmäßig ein Ausschuss für Kultur und Medien eingesetzt. In der 14. und 15. Wahlperiode hatte dieser Ausschuss zusätzlich einen Unterausschuss Neue Medien.

Auffallend ist, dass insbesondere in den ersten fünf Wahlperioden sehr viele Ausschüsse im Deutschen Bundestag tätig waren und dass sich eine ganze Reihe von diesen mit Kultur- und Medienfragen befasst haben. Aus heutiger Sicht bemerkenswert ist, dass es in der 2. Wahlperiode (1953–1957) einen eigenen Ausschuss gab, der sich mit dem Urheberrecht befasst hat und in der 4. Wahlperiode (1961–1965) einen Unterausschuss Urheberrecht des Ausschusses für Kulturpolitik und Publizistik. In dieser Wahlperiode fand auch die große Urheberrechts-

---

[1] Ebd. S. 55
[2] Ebd. S. 63
[3] Ebd. S. 79
[4] Ebd. S. 87

reform statt, die 1965 in Kraft trat und die vorherigen Urheberrechtsgesetze[1] ablöste. Ebenso war der Film mehrfach Gegenstand von Ausschüssen oder Unterausschüssen des Deutschen Bundestags.

Das heißt die von der KMK postulierte Kulturhoheit hinderte den Deutschen Bundestag also nicht, sich intensiv mit kultur- und medienpolitischen Fragen zu befassen. Die Kulturhoheit der Länder schien sich schon in den Anfangsjahren der Bundesrepublik vor allem auf die Kulturförderung zu beziehen.

Darüber hinaus sind noch die diversen Unterausschüsse insbesondere des Auswärtigen Ausschusses zu erwähnen. Der Auswärtige Ausschuss hat bis auf die 14., 15. und 16. Wahlperiode jeweils einen Unterausschuss eingesetzt, in dem Fragen der Auswärtigen Kultur- und Bildungspolitik, hier besonders der Rundfunkpolitik, erörtert wurden.

Nachdem vom Deutschen Bundestag von der 6. Wahlperiode (1969–1972) bis zur 14. Wahlperiode (1998–2002) kein Voll-Ausschuss für Kultur mehr eingesetzt worden war, gab es zumindest in der 8. Wahlperiode (1976–1980), 9. Wahlperiode (1980–1983) sowie 12. Wahlperiode (1990–1994) einen Unterausschuss Kunst und Kultur des Innenausschusses, der sich mit kulturpolitischen Fragen befasst hat.

In der Übersicht auf der folgenden Seite sind die Ausschüsse sowie Unterausschüsse des Deutschen Bundestags, in denen sich mit kultur- und medienpolitischen Fragen befasst wurde, aufgeführt.[2]

---

[1] Vorgängergesetze waren:
Gesetz betreffend das Urheberrecht an den Werken der Literatur und der Tonkunst (LUG) sowie
Gesetz betreffend das Urheberrecht an Werken der bildenden Kunst der Photographie (KUG)
[2] Eigene Zusammenstellung nach:
Datenhandbuch zur Geschichte des Deutschen Bundestages 1949 bis 1982. Baden-Baden 1984, S. 565–597;
Datenhandbuch zur Geschichte des Deutschen Bundestages 1983 bis 1991, Bonn 1994, S. 691–704;
Datenhandbuch zur Geschichte des Deutschen Bundestages 1994 bis 2013. Baden-Baden 2005, S. 452–464

1. —— Einleitung

	Ausschüsse Kultur im Inland	Ausschüsse Kultur im Ausland
1. Wahlperiode (1949–1953)	40 Ausschüsse, darunter: — Ausschuss für Fragen der Presse, des Rundfunks und des Films mit den Unterausschüssen: - Überregionale Sender - Ufa-Vermögen - Gesundung der deutschen Filmwirtschaft - Filmausfallbürgschaft — Ausschuss für Kulturpolitik mit den Unterausschüssen: - Kunst - Sicherung des Kulturgutes — Ausschuss für Bücherei, ab 1953 Büchereibeirat — Ausschuss zum Schutz der Verfassung - Pressegesetz - Presserechtsgesetz — Ausschuss für Heimatvertriebene - »Titel 32« kulturelle Betreuung landsmannschaftlicher Organisationen	— Ausschuss für Besatzungsstatut und auswärtige Angelegenheiten, ab 1953 Ausschuss für Auswärtige Angelegenheiten - Deutsche Auslandsschulen und Auslandsvermögen zuständiger Ausschuss - Deutsche wissenschaftliche Institute und Schulen im Ausland
2. Wahlperiode (1953–1957)	38 Ausschüsse, darunter: — Ausschuss zu Fragen der Presse, des Rundfunks und des Films — Ausschuss für Kulturpolitik — Ausschuss für gewerblichen Rechtsschutz und Urheberrecht, zuvor: Ausschuss für Patentrecht und gewerblichen Rechtsschutz	— Ausschuss für auswärtige Angelegenheiten - Kulturelle Fragen
3. Wahlperiode (1957–1961)	26 Ausschüsse, darunter: — Ausschuss für Kulturpolitik und Publizistik	— Ausschuss für auswärtige Angelegenheiten - Deutsche Institute und Schulen im Ausland
4. Wahlperiode (1961–1965)	28 Ausschüsse, darunter: — Ausschuss für Kulturpolitik und Publizistik - Urheberrechtsfragen - Filmwirtschaft	— Ausschuss für auswärtige Angelegenheiten - Deutsche Institute und Schulen im Ausland - Deutsche Welle
5. Wahlperiode (1965–1969)	23 Ausschüsse, darunter: — Ausschuss für Wissenschaft, Kulturpolitik und Publizistik - Fragen der Auslandskulturarbeit	— Auswärtiger Ausschuss - Fragen der Auslandskulturarbeit (gebildet aus Mitgliedern des Auswärtigen Ausschusses und des Ausschusses für Wissenschaft, Kulturpolitik und Publizistik) - Rundfunkfragen
6. Wahlperiode (1969–1972)	17 Ausschüsse, kein Ausschuss für Kultur	— Auswärtiger Ausschuss - Rundfunkfragen

Wachgeküsst

	Ausschüsse Kultur im Inland	Ausschüsse Kultur im Ausland
7. Wahlperiode (1972–1976)	19 Ausschüsse, kein Ausschuss für Kultur	— Auswärtiger Ausschuss – Rundfunkfragen
8. Wahlperiode (1976–1980)	19 Ausschüsse, darunter: — Innenausschuss – Kunst- und Künstlerförderung	— Auswärtiger Ausschuss – Rundfunkfragen
9. Wahlperiode (1980–1983)	20 Ausschüsse, darunter: — Innenausschuss – Kunst- und Kultur	— Auswärtiger Ausschuss – Rundfunkfragen – Kulturelle Außenpolitik
10. Wahlperiode (1983–1987)	21 Ausschüsse, kein Ausschuss für Kultur	— Auswärtiger Ausschuss – Rundfunkfragen – Kulturelle Außenpolitik
11. Wahlperiode (1987–1990)	21 Ausschüsse, kein Ausschuss für Kultur	— Auswärtiger Ausschuss – Kulturelle Außenpolitik
12. Wahlperiode (1990–1994)	24 Ausschüsse, darunter: — Innenausschuss – Kunst- und Kultur	— Auswärtiger Ausschuss – Auswärtige Kulturpolitik
13. Wahlperiode (1994–1998)	22 Ausschüsse, darunter: kein Ausschuss für Kultur	— Auswärtiger Ausschuss – Auswärtige Kulturpolitik
14. Wahlperiode (1998–2002)	23 Ausschüsse, darunter: — Ausschuss für Kultur und Medien – Neue Medien	
15. Wahlperiode (2002–2005)	21 Ausschüsse, darunter: — Ausschuss für Kultur und Medien – Neue Medien	
16. Wahlperiode (2005–2009)	22 Ausschüsse, darunter: — Ausschuss für Kultur und Medien	
17. Wahlperiode (2009–2013)	22 Ausschüsse, darunter: — Ausschuss für Kultur und Medien	— Auswärtiger Ausschuss – Auswärtige Kultur- und Bildungspolitik
18. Wahlperiode (2013–2017)	23 Ausschüsse, darunter: — Ausschuss für Kultur und Medien	— Auswärtiger Ausschuss – Auswärtige Kultur- und Bildungspolitik
19. Wahlperiode (seit 2017)	26 Ausschüsse, darunter: — Ausschuss für Kultur und Medien	— Auswärtiger Ausschuss – Auswärtige Kultur- und Bildungspolitik

1. —— Einleitung

Die zweite Frage des Deutschen Kulturrates in den Wahlprüfsteinen 1998 zielte auf die Bündelung der kulturpolitischen Kompetenzen innerhalb der Bundesregierung. Konkret wurde gefragt: »Welche Maßnahmen werden Sie ergreifen, um der Zersplitterung der kulturpolitischen Kompetenzen auf Bundesebene entgegenzuwirken? Planen Sie die Einsetzung eines Kulturbeauftragten, der jährlich dem Parlament über die Entwicklung von Kunst und Kultur berichtet?«

Hierauf antwortete die CDU: »Was die in der Fragestellung enthaltene Bewertung der kulturpolitischen Kompetenzverteilung innerhalb der Bundesregierung angeht, wird diese von der CDU nicht geteilt. Die Einbindung verschiedener Politikbereiche in die Verantwortung für kulturpolitische Zielsetzungen führt nicht zur ›Zersplitterung‹, sondern zu erhöhter Durchsetzungskraft und fördert Ideenreichtum und Vielgestaltigkeit bei den Fördermaßnahmen. Wie die von verschiedenen Seiten geforderte Einsetzung eines Bundeskulturministers diese Zusammenarbeit oder die kulturpolitischen Aufgaben substantiell voranbringen könnte, ist nicht zu erkennen. Die Einbindung verschiedener (insbesondere auch klassischer) Ressorts in die kulturpolitische Verantwortung des Bundes hat sich als ausgesprochen wirkungsvoll erwiesen. Die Bündelung durch Hauptverantwortlichkeit im Bundesministerium des Innern bei zusätzlicher Wahrnehmung koordinierender Funktion im Bundeskanzleramt hat in der Vergangenheit für starke Durchsetzungsfähigkeit für kulturpolitische Zielsetzungen gesorgt. Sie hat insbesondere dazu geführt, daß im Gegensatz zu den meisten Länderhaushalten die Ausgaben des Bundes für die Kulturförderung keine Schmälerung erfahren haben, sondern zwischen 1995 und 1998 von 1,138 Milliarden auf 1,190 Milliarden gestiegen sind. Die CDU wird an der bewährten Aufgabenverteilung innerhalb der Bundesregierung im Grundsatz festhalten. Dem steht natürlich nicht entgegen, die kulturpolitischen Kompetenzen des Bundes, dort wo es in Einzelbereichen als förderlich erkannt ist, weiter zu bündeln.«[1]

Demgegenüber kommt die SPD in ihrer Antwort zu dem Schluss: »Der Bund hat seine kulturpolitische Verantwortung vernachlässigt. Die Kulturpolitik des Bundes muß in der Hand eines Ministeriums gebündelt werden und es muß sichergestellt sein, daß sie dort nicht eine Nebensache bzw. Nebenbeschäftigung ist.«[2] Diese Antwort lässt letztlich viele Interpretationen offen. Es hätte sowohl bedeuten können, dass im Bundesministerium des Innern die Kulturpolitik gestärkt und möglicherweise ein Staatssekretär dafür hauptverantwortlich ist als auch die Einrichtung eines eigenen Ministeriums.

Bündnis 90/Die Grünen erklärten: »Wichtig ist die Zusammenführung der Zuständigkeiten für Kultur in den verschiedenen Bundesministerien (vom Wirtschaftsministerium über das Innen- und Außenministerium bis zum Wissenschaftsministerium), da durch diese Zersplitterung eine stringente, transparente und effiziente Kulturpolitik behindert wird. Auch in Hinblick auf eine zu er-

---

[1] Zitiert nach Kulturpolitik für das 21. Jahrhundert. a. a. O., S. 25 f.
[2] Ebd. S. 55

wartende weitere Europäisierung der politischen Entscheidungen ist es hilfreich, mit einer lauten statt 16 leisen Stimmen zu sprechen.«[1] Bündnis 90/Die Grünen haben mit dem Verweis auf die europäische Ebene, die auch in der Kulturpolitik an Bedeutung gewonnen hat, zu denken ist etwa an die europäische Urheberrechts-, Medien- oder auch Telekommunikationspolitik, ein Zukunftsthema angesprochen, dass auch nach Einrichtung des BKM immer wieder eine Rolle gespielt hat und teilweise noch spielt.

Die FDP hat sich, wie bereits gezeigt, für eine Bündelung der Zuständigkeiten ausgesprochen und die PDS erklärte: »Die Einsetzung eines Kulturbeauftragten halten wir für sinnvoll, wobei wir jedoch davon ausgehen, daß dessen wesentliche Aufgabe außer Analyse und Berichterstattung auch die Koordinierung kultureller Aktivitäten der Einzelministerien umfassen sollte.«[2]

Die PDS legte mit dieser Aussage den Finger in die Wunde einer bewusst offenen Formulierung des Deutschen Kulturrates nach einem Kulturbeauftragten, der dem Parlament über die Entwicklung von Kunst und Kultur Bericht erstattet. Ein solcher Beauftragter hätte auch in einem Bundesministerium angesiedelt und mit einem kleinen Arbeitsstab ausgestattet sein können, wie es beispielsweise beim Beauftragten der Bundesregierung für die Belange von Behinderten der Fall ist, der beim Bundesministerium für Arbeit und Soziales angesiedelt ist, über einen überschaubaren Stab verfügt und regelmäßige Berichte dem Parlament vorlegt.

Die SPD hat während des Bundestagswahlkampfes mit der Berufung von Michael Naumann in das Wahlkampfteam von Gerhard Schröder auf die Wünsche aus dem Kulturbereich reagiert, obwohl es in der Partei zu dem Zeitpunkt offenbar noch nicht ausgemacht war, wie ein solches Amt tatsächlich aussehen sollte.

Michael Naumann sorgte für »Glanz und Gloria« im SPD-Wahlkampf. Eloquent und unbekümmert zog er im Wahlkampf über die Dörfer und scheute sich auch nicht vor kulturpolitischen Diskussionen im ländlichen Raum.

Ein wichtiges Thema in den kulturpolitischen Debatten im Bundestagswahlkampf war neben der Bündelung der kulturpolitischen Kompetenzen die Reform des Stiftungs- und des Stiftungssteuerrechts. Auch der Deutsche Kulturrat fragte in seinen Wahlprüfsteinen zur Bundestagswahl nach geplanten Fortentwicklungen im Stiftungsrecht. Die CDU antwortete hierauf, dass »man sich auch im Bereich des Stiftungsrechts von überkommenen Vorstellungen lösen und Neuerungen in Angriff nehmen muß.«[3] Die Reform des Stiftungssteuerrechts wurde in den Kontext einer großen Steuerreform eingeordnet, die für die nächste Wahlperiode angekündigt wurde. Die SPD verwies ebenfalls auf das Vorhaben einer Steuerreform und darauf, dass »konkrete Vorstellungen zum Stiftungs- und Erbschaftsrecht in einer Arbeitsgruppe mit den Ländern derzeit entwickelt werden.«[4]

---

[1] Ebd. S. 64
[2] Ebd. S. 87 f.
[3] Ebd. S. 46
[4] Ebd. S. 59

Die SPD versicherte zugleich, dass eine Stiftungsreform die öffentliche Förderung von Kultur nicht infrage stellen dürfe, sondern Stiftungen allenfalls eine ergänzende Funktion übernehmen können.

Bündnis 90/Die Grünen hatten sich bereits in der 13. Wahlperiode die Reform des Stiftungsrechts auf die Fahnen geschrieben und einen entsprechenden Gesetzesentwurf in den Deutschen Bundestag eingebracht. Hieran wurde erinnert. Sie formulierten in den Wahlprüfsteinen: »Bei der Neugestaltung des Stiftungs- und des Stiftungssteuerrechts sollte die besondere Bedeutung von Vereinen und Stiftungen als zentralen Organisationen des gemeinnützigen Sektors berücksichtigt werden.«[1]

Die FDP erhoffte sich durch eine Stiftungsreform mehr private Mittel für den Kulturbereich. Demgegenüber bekannte die PDS, dass ihre Diskussionen zur Reform des Stiftungsrechts noch in den Anfängen stecken.

Erstaunlich ist in der Rückschau, dass ein Thema wie die Reform des Stiftungs- und des Stiftungssteuerrechts in den kulturpolitischen Debatten in einem Bundestagswahlkampf eine so prominente Rolle einnehmen konnte. Viele erhofften sich von einer Stiftungsrechtsreform einen massiven Anstieg an Stiftungsgründungen sowie zusätzliches Geld für den Kulturbereich, das frei von den strengen Vorgaben des Haushaltsrechts verwendet werden kann.

Zugleich war die Diskussion um das Stiftungsrecht eingebettet in eine allgemeine Diskussion zur Stärkung der Bürgergesellschaft und des bürgerschaftlichen Engagements. Es bestand die Erwartung nach mehr Beteiligung und Partizipation.

Michael Naumann:
Realitätscheck nach der Wahl

Bekanntermaßen bildeten SPD und Bündnis 90/Die Grünen im Oktober 1998 die erste Rot-Grüne Bundesregierung. Im Koalitionsvertrag wird in der Präambel formuliert, dass eine entschlossene Reformpolitik verfolgt werden soll. Der Koalitionsvertrag wurde mit der Überschrift versehen »Aufbruch und Erneuerung – Deutschlands Weg ins 21. Jahrhundert«. In Kapitel »X Neue Offenheit von Politik und Kultur« werden die kulturpolitischen Vorhaben beschrieben. So wird im ersten Satz formuliert »Die neue Bundesregierung wird der Kultur in der Bundespolitik einen neuen Stellenwert geben.«[2] Gleich der zweite Satz verweist auf die Kulturhoheit der Länder und ordnet in diesen Kontext das neue Amt des Staatsministers für kulturelle Angelegenheiten ein. Es heißt: »Unter Wahrung der Kulturhoheit der Länder wird die neue Bundesregierung die kulturpolitischen Zuständigkeiten und Kompetenzen des Bundes im Amt eines Staatsministers für

---

[1] Ebd. S. 74
[2] Aufbruch und Erneuerung – Deutschlands Weg ins 21. Jahrhundert. Koalitionsvereinbarung zwischen der Sozialdemokratischen Partei Deutschlands und Bündnis 90/Die Grünen. Bonn, 20.10.1998, S. 42

kulturelle Aufgaben im Bundeskanzleramt bündeln. Der Staatsminister für kulturelle Aufgaben versteht sich Ansprechpartner und Impulsgeber für die Kulturpolitik des Bundes sowie als Interessenvertreter für die deutsche Kultur auf internationaler, besonders europäischer Ebene.«[1]

Diese Vereinbarung im Koalitionsvertrag zeigt zum einen, dass zumindest bei der Abfassung des Koalitionsvertrags der Staatsminister für Kultur und Medien beim Bundeskanzler, wie er schließlich hieß, eher als eine Art Beauftragter für die Kultur im Sinne des Behindertenbeauftragten verstanden wurde als ein Minister, der eigene Gesetze und Vorhaben in den Deutschen Bundestag einbringt. Zum anderen wird das Bestreben deutlich, die Länder nicht zu verärgern. Von der Kulturhoheit der Länder als »Verfassungsfolklore«[2] ist noch nicht die Rede.

Die neue Bundesregierung hatte sich vorgenommen, »binnen Jahresfrist in einem Bericht eine vollständige Bestandsaufnahme der kulturpolitischen Aktivitäten des Bundes« vorzulegen und »alle kulturpolitischen Maßnahmen«[3] zu überprüfen. Als konkrete Maßnahmen wurden u. a. vereinbart:

— Kulturelle Förderung der Hauptstadt und der neuen Länder
— Beteiligung an der Diskussion um das Denkmal für die ermordeten Juden Europas
— Novellierung des Stiftungsrechts, des Urheberrechts und des Medienrechts
— Initiative zum Erhalt der Buchpreisbindung
— Stärkung des deutschen Films
— Intensivierung der Pflege des kulturellen Erbes

Sehr deutlich zu spüren bekamen die Überprüfung der kulturpolitischen Maßnahmen die nach § 96 des Bundesvertriebenengesetzes geförderten Kultureinrichtungen und Zusammenschlüsse. Deren Förderung wurde unter einen Vorbehalt gestellt, bei einigen wurde sie ganz beendet. Diese für viele Organisationen einschneidenden Maßnahmen waren im Kern notwendig, da revanchistische Tendenzen in diesem Bereich zu dem Zeitpunkt keine Seltenheit waren.

Ein weiterer wichtiger Schwerpunkt war die Debatte um die sogenannte Beutekunst, also kriegsbedingt verbrachte Kulturgüter, die nach dem Ende des Zweiten Weltkriegs nicht wieder zurückgegeben worden waren. Sie waren teilweise erstmals nach Kriegsende wieder zu sehen. Michael Naumann widmete sich intensiv dieser Frage. Es wurde u. a. die Idee ins Spiel gebracht, ein Museum für die sogenannte Beutekunst in Russland zu unterstützen. Ein Ausfluss dieser Debatte war der deutsch-russische Museumsdialog und die Rückgabe von Einzelstücken.

---

[1] Ebd. S. 42
[2] Diesen Begriff prägte Staatsminister Michael Naumann in einem Beitrag für die Wochenzeitung Die Zeit vom 02.11.2000 unter der Überschrift »Zentralismus schadet nicht. Die Kulturhoheit der Länder ist Verfassungsfolklore. Es darf und muss eine Bundeskulturpolitik geben«
[3] Aufbruch und Erneuerung – Deutschlands Weg ins 21. Jahrhundert. a. a. O., S. 42

Aber auch andere Organisationen hatten sich die Zusammenarbeit mit dem neu installierten Beauftragten der Bundesregierung für Kultur und Medien Michael Naumann harmonischer vorgestellt. Schließlich wurde sich im Bundestagswahlkampf aus den Kulturverbänden heraus deutlich für ein solches Amt ausgesprochen. Dies teilweise mit harten politischen Diskussionen innerhalb der eigenen Reihen sowie in der Auseinandersetzung mit den Ländern. Nach meinem Eindruck war Michael Naumann weder an einem intensiven Dialog mit den Bundeskulturverbänden interessiert, noch legte er auf deren Expertise großen Wert.

Anders war es mit dem Ausschuss für Kultur und Medien des Deutschen Bundestags. Die kulturpolitischen Sprecher Monika Griefahn (SPD), Norbert Lammert (CDU), Antje Vollmer (Bündnis 90/Die Grünen), Hans-Joachim Otto (FDP) und Heinrich Fink (PDS) suchten das Gespräch mit den Bundeskulturverbänden, namentlich dem Deutschen Kulturrat, ebenso wie die Vorsitzende des Ausschusses für Kultur und Medien im Deutschen Bundestag Elke Leonhard (SPD).

Mit Blick auf das Parlament haben sich also die Erwartungen aus dem Wahlkampf 1998 erfüllt. Gleiches gilt für die Reform des Stiftungssteuer- und des Stiftungsrechts, beide Vorhaben ging die Rot-Grüne Regierung beherzt an. Sowohl das BKM als auch der Ausschuss für Kultur und Medien des Deutschen Bundestags haben sich für diese Reformen stark gemacht und waren in die Beratungen eingebunden. Für eine Enquête-Kommission des Deutschen Bundestags ungewöhnlich hatte die Enquête-Kommission »Zukunft des Bürgerschaftlichen Engagements« unter dem Vorsitz von Michael Bürsch (SPD) den Auftrag, die aktuelle Gesetzgebung zu begleiten und hat sich mit Voten am Gesetzgebungsprozess beteiligt. Dieser Enquête-Kommission, in der ich Mitglied war, ist es gelungen, das bürgerschaftliche Engagement zu stärken und mehr Bürgerbeteiligung zu ermöglichen.[1]

Julian Nida-Rümelin:
Kulturpolitik ist mehr als Kulturförderung

Als wichtiges Vorhaben hat das BKM in seiner ersten Legislaturperiode die Gründung der Kulturstiftung des Bundes auf den Weg gebracht. Die Vorarbeiten begannen unter Staatsminister Naumann, die Gründung erfolgte in der Amtszeit von Staatsminister Julian Nida-Rümelin, der, nachdem Naumann überraschend nach zwei Jahren sein Amt aufgab und Herausgeber von Die Zeit wurde, ihm im Amt nachfolgte. Nida-Rümelin setzte die Errichtung der Kulturstiftung des Bundes trotz erbitterten Widerstands der Länder durch. Er erhielt dabei Rückendeckung aus den Kulturverbänden. So setzte sich auch der Deutsche Kulturrat nachdrücklich für die Errichtung der Kulturstiftung des Bundes ein und sah besondere Aufgaben in der Förderung von Künstlerinnen und Künstlern. Mehr oder

---

[1] Der Schlussbericht trägt entsprechend den Titel »Bürgerschaftliches Engagement: auf dem Weg in eine zukunftsfähige Bürgergesellschaft« Drucksache 15/8900, 03.06.2002

weniger offen wurde die Erwartung formuliert, dass ähnlich den Kulturförderfonds auf Bundesebene[1] die einschlägigen Verbände in die Entscheidungsgremien der Stiftung einbezogen werden. Diese Erwartung wurde enttäuscht. Einige Verbände gehören zwar dem Stiftungsbeirat[2] an, der jährlich über die Arbeit informiert wird, aber anders als der Stiftungsrat[3] keine Rolle bei den Entscheidungen über Programme spielt.

Hohe Erwartungen hatten insbesondere die Künstlerverbände an die Reform des Urheberrechts. Zum einen galt es, die europäische »Richtlinie zur Harmonisierung bestimmter Aspekte des Urheberrechts und der verwandten Schutzrechte in der Informationsgesellschaft« in deutsches Recht umzusetzen. Zum anderen sollte mehr als 30 Jahre nach der großen Urheberrechtsreform im Jahr 1965 endlich das Urhebervertragsrecht angepackt werden, dass den Urhebern eine bessere Rechtsposition gegenüber Verwertern einräumen und den Anspruch auf angemessene Vergütung einlösen sollte. Federführend für die Urheberrechtsreform war das Bundesministerium der Justiz. Der am 22. Mai 2000 vorgelegte sogenannte Professorenentwurf[4] sah deutliche Verbesserungen der Rechtsstellung der Urheber gegenüber den Verwertern künstlerischer Leistungen vor. Vor allem sollten verbindliche Regeln zur Rechtsdurchsetzung geschaffen werden. Gegen den vorgelegten Entwurf legte die Verwerterseite massiven Einspruch ein und nutzte dabei vor allem die Einflussmöglichkeiten des Bundeswirtschaftsministeriums. Die im Jahr 2002 in Kraft getretenen Regelungen bewährten sich letztlich in der Praxis nur unzureichend. Das Urhebervertragsrecht wurde deshalb in der 18. Wahlperiode (2013–2017) erneut novelliert.

Ein wirklicher Schock war in der ersten Amtszeit von Rot-Grün die Absenkung des Bundeszuschusses zur Künstlersozialversicherung durch das Haushaltssanierungsgesetz im Jahr 1999. Die Bundesregierung senkte den Bundeszuschuss zur Künstlersozialversicherung von 25 auf 20 Prozent ab, was zur Folge

---

[1] Deutscher Literaturfonds, Deutscher Übersetzerfonds (Gründung 1997), Fonds darstellende Künste, Fonds Soziokultur, Musikfonds (Gründung erst 2017) und Stiftung Kunstfonds.
[2] Mitglieder des Stiftungsbeirats sind aktuell: Prof. Dr. Klaus-Dieter Lehmann (Goethe-Institut) als Vorsitzender, Prof. Dr. Markus Hilgert (Kulturstiftung der Länder), Prof. Ulrich Khuon (Deutscher Bühnenverein), Prof. Dr. Eckart Köhne (Deutscher Museumsbund), Prof. Martin Maria Krüger (Deutscher Musikrat), Dr. Franziska Nentwig (Kulturkreis der deutschen Wirtschaft im BDI), Regula Venske (P.E.N.-Zentrum Deutschland), Frank Werneke (ver.di) und Olaf Zimmermann (Deutscher Kulturrat).
[3] Mitglieder des Stiftungsrats sind aktuell: Staatsministerin Prof. Monika Grütters, MdB (Stiftungsratsvorsitzende); Staatsministerin Michelle Müntefering für das Auswärtige Amt; Parlamentarische Staatssekretärin Bettina Hagedorn, MdB für das Bundesministerium der Finanzen; Bundestagspräsident a. D. Prof. Dr. Norbert Lammert; Burkhard Blienert; Marco Wanderwitz, MdB für den Deutschen Bundestag; Rainer Robra, Chef der Staatskanzlei und Minister für Kultur Sachsen-Anhalt sowie Dr. Eva-Maria Stange, Sächsische Staatsministerin für Wissenschaft und Kultur für die Kultusministerkonferenz; Klaus Hebborn, Deutscher Städtetag sowie Uwe Lübking, Deutscher Städte- und Gemeindebund als Vertreter der Kommunen; Ministerpräsident Tobias Hans für den Stiftungsrat der Kulturstiftung der Länder; Prof. Dr. Benedicte Savoy, Technische Universität Berlin, Dr. Hartwig Fischer, British Museum und Prof. Dr. Wolf Lepenies als Persönlichkeiten aus Kunst und Kultur.
[4] Verfasst wurde er von den anerkannten Urheberrechtsexperten: Prof. Dr. Dr. Schricker, Prof. Dr. Nordemann, Dr. Loewenheim, Prof. Dr. Dietz und Dr. Vogel.

hatte, dass die Verwerter künstlerischer freiberuflicher Leistungen einen deutlich höheren Anteil[1] erbringen mussten. Grundlage für diese Änderung war ein Gutachten des ifo-Instituts zur Einkommenszusammensetzung selbständiger Künstler sowie Empfehlungen des Bundesrechnungshofes. Beide, ifo-Institut und Bundesrechnungshof, gingen davon aus, dass der Selbstvermarktungsanteil der Künstler geringer sei als angenommen und daher der Bundeszuschuss, der für diesen Selbstvermarkteranteil[2] steht, gesenkt werden kann. Die künstlersozialabgabepflichtigen Unternehmen sollten für den Anteil an Verwertungen aufkommen, die über den professionellen Markt erzielt werden. Die Vorschläge zur Absenkung des Bundeszuschusses lagen schon länger vor, wurden von den unionsgeführten Bundesregierungen allerdings nicht umgesetzt.

Die ohnehin durch das Gesetz erfolgende Mehrbelastung von Verwertern traf Unternehmen jener Sparten besonders hart, die zuvor einen geringen Hebesatz hat. Nach Einführung der Künstlersozialversicherung im Jahr 1983 bis zum Jahr 1989 bestand ein einheitlicher Hebesatz, also der Prozentsatz an Künstlersozialabgabe, der auf die gezahlten Honorare an freiberufliche Künstler fällig wurde. Danach wurden die Hebesätze entsprechend der Berufsgruppen Wort, Bildende Kunst, Musik und Darstellende Kunst bemessen. Damit sollte die sogenannte Fremdnützigkeit der Abgabe vermieden werden im Klartext: Die Abgabe von Musikunternehmen sollte beispielsweise nicht die von Galeristen ausgleichen.[3] Die Einführung eines einheitlichen Abgabesatzes von vier Prozent stieß insbesondere in der Musikwirtschaft auf harsche Proteste. Trotz verschiedener Reformen des Künstlersozialversicherungsgesetzes wurde seither weder am einheitlichen Hebesatz noch am abgesenkten Bundeszuschuss gerührt.

Die Verwerterverbände protestierten gegen diese Veränderung scharf und brachten erneut eine mögliche Klage zur Verfassungskonformität des Künstlersozialversicherungsgesetzes aufs Tapet. Ein Vorhaben, das glücklicherweise nicht in die Tat umgesetzt wurde.

---

[1] Der Beitrag zur Künstlersozialversicherung wird zu 50 Prozent von den Versicherten und bis zum 01.01.2000 zu 25 Prozent von den Verwertern künstlerischer Leistungen und zu 25 Prozent vom Bundeszuschuss erbracht. Nach dem 01.01.2000 änderte sich das Verhältnis folgendermaßen: 50 Prozent Versichertenanteil, 30 Prozent Verwerteranteil und 20 Prozent Bundeszuschuss.

[2] Unter dem Selbstvermarkteranteil wird der Anteil verstanden, der ohne die Einschaltung eines professionellen Vermarkters direkt vom Künstler am Markt erzielt wird. Dazu zählen beispielsweise Direktverkäufe von Kunstwerken aus dem Atelier oder direkter Musikunterricht.

[3] Die Hebesätze waren in den Jahren 1990 bis 1999 sehr unterschiedlich und betrugen in der Musik teilweise 0 Prozent und reichten in der Bildenden Kunst bis zu 6,9 Prozent, der Kappungsgrenze.

Die Diskussion innerhalb des Deutschen Kulturrates konzentrierte sich im Jahr 1999 und darüber hinaus vor allem darauf, dass alle Abgabepflichtigen tatsächlich zur Zahlung herangezogen werden.[1] Das BKM war bei diesen Debatten ein wichtiger Gesprächspartner und hat sich sukzessive stärker in die Diskussion und den Gesetzgebungsprozess eingebracht.

Ein weiteres wichtiges Gesetzgebungsvorhaben in der Wahlperiode 1998–2002 war die Reform der Besteuerung ausländischer Künstlerinnen und Künstler, die in Deutschland auftreten. Dabei ging es darum, die bestehenden Verfahren zu entbürokratisieren und Entlastungen umzusetzen. Hier war das BKM ein wichtiger Kombattant und hat die Bestrebungen, beim Bundesfinanzministerium Veränderungen durchzusetzen, nachdrücklich flankiert und unterstützt.

Ferner galt es eine gesetzgeberische Antwort auf das drohende Wettbewerbsverfahren der EU-Kommission gegen die grenzüberschreitende Buchpreisbindung zwischen Deutschland, Österreich und der Schweiz zu finden. In Deutschland bestand bereits seit Ende des 19. Jahrhunderts der gebundene Ladenpreis für Bücher, zunächst auf vereinsrechtlicher Grundlage des Börsenvereins später mittels sogenannter Sammelrevers. Ab 1993 bestanden grenzüberschreitende Sammelrevers u. a. mit Österreich. Nach dem Beitritt Österreichs zur EU wurde diese Regelung von der EU-Kommission in Frage gestellt und 1998 ein Vertragsverletzungsverfahren angekündigt. Die Bundesregierung hat hierauf mit dem Buchpreisbindungsgesetz reagiert, das von Staatsminister Nida-Rümelin nach dem Vorbild französischer Regelungen auf den Weg gebracht worden war.

Lässt man die Amtszeiten von Michael Naumann und Julian Nida-Rümelin Revue passieren, so waren sie entsprechend der Aussagen im Koalitionsvertrag stärker davon geprägt, der Kultur insgesamt mehr Gewicht zu verleihen als in die Gesetzgebungsmaschinerie einzugreifen. Insbesondere Michael Naumann kann nicht abgesprochen werden, mit seiner eigenen Art, dem Amt Statur und vor allem öffentliche Wahrnehmung gegeben zu haben. Julian Nida-Rümelin war zum einen darauf bedacht, das zerbrochene Porzellan, insbesondere im Verhältnis zwischen Bund und Länder, das Naumann durch seinen »Verfassungsfolklore Vergleich«[2] erzeugt hatte, wieder zu kitten und zum anderen sich in die Kulturgesetzgebung einzubringen. Er war in dieser Hinsicht ein deutlich stärkerer Praktiker und erfolgreicher Macher, als der ihm vorauseilende Ruf des schöngeistigen Philosophen erwarten ließ. Nida-Rümelin war es auch, der das Gespräch mit den Verbänden suchte und pflegte, was für die Wertschätzung des Amtes von großer Bedeutung war.

---

[1] Obwohl Verwerter künstlerischer Leistungen gesetzlich verpflichtet waren, sich selbst bei der Künstlersozialversicherung als abgabepflichtig zu melden, war die Kenntnis über Abgabepflicht insbesondere bei Unternehmen außerhalb der Kulturwirtschaft verbesserungsbedürftig. Das führte dazu, dass letztlich die Unternehmen, die ihrer Verpflichtung nachkamen, »die Dummen« waren und für die Unternehmen mitzahlten, die der Abgabepflicht nicht nachkamen.

[2] Naumann a. a. O.

Bundestagswahl 2002 –
Bleiben die neuen Strukturen erhalten?

Nach der ersten Legislaturperiode mit BKM stellte sich die Frage, ob das Experiment in der folgenden Wahlperiode eine Fortsetzung finden würde. Entsprechend stellte der Deutsche Kulturrat im Jahr 2002 zur Bundestagswahl den Parteien die Fragen »Planen Sie eine Ausdehnung der Kompetenzen des Staatsministers für Kultur und Medien? Sollten die kulturpolitischen Materien innerhalb der Bundesregierung noch weiter gebündelt werden?«[1] Dahinter verbarg sich letztlich die Frage, ob ein Bundeskulturministerium eingerichtet wird. Was den Ausschuss für Kultur und Medien betraf, wurde gefragt »Werden Sie sich für eine Aufwertung des Ausschusses für Kultur und Medien des Deutschen Bundestags einsetzen?«[2]

Die SPD geht in ihrer Antwort auf den Bedeutungszuwachs von Kultur und Kulturpolitik seit der Einführung des BKM ein und schreibt »Gleichwohl wird das Amt ›Des Beauftragten der Bundesregierung für Kultur und Medien‹ (BKM) noch stärker zu institutionalisieren sein. Zu klären sind seine Zuständigkeiten insbesondere in den Bereichen der Auswärtigen Kulturpolitik, der Medienpolitik, der kulturellen und politischen Bildung.«[3] Damit wurden im Jahr 2002 Themen angeschnitten, die bei den nachfolgenden Bundestagswahlen und Koalitionsverhandlungen immer wieder eine Rolle spielen sollten. Das gilt im Speziellen für die Abgrenzung bzw. das Miteinander von Kulturpolitik im Inland und im Ausland.

CDU und CSU, die die Fragen gemeinsam beantwortet haben, heben in ihrer Antwort zuerst darauf ab, dass es keine »Bundeskultur« gibt, die Förderung der Kultur durch den Bund mit gleicher Selbstverständlichkeit wie die durch die Länder oder Kommunen erfolgt, »wenn die Bundesrepublik Deutschland ihren Anspruch als Kulturstaat ernst meint«.[4] Sie unterstreichen, dass Bundeskulturpolitik nicht erst mit der Einführung des BKM begonnen hat und sparen nicht mit dem Hinweis, dass sich die Kulturausgaben des Bundes in der Amtszeit von Bundeskanzler Kohl verdreifacht hätten, seit Schaffung des BKM allenfalls stagnieren. Zu der Frage zum Amt BKM schreiben CDU/CSU: »Zur Förderung der originären kulturpolitischen Aufgaben auf Bundesebene und ihrer Identifizierung von innen wie von außen hält die Union ein hochrangiges Amt für unverzichtbar, dessen Zuschnitt und Verantwortungsbereich allerdings nicht unabhängig von anderen Ressorts gesehen werden kann. [...] Ziel der Union ist es, Kunst und Kultur zu fördern und zu stärken und die Rahmenbedingungen, unter denen sie ent-

---

[1] Politik & Kultur. Zeitung des Deutschen Kulturrates. Sonderausgabe zur Bundestagswahl 2002. Hg. v. Olaf Zimmermann und Theo Geißler. S. 5
[2] Ebd. S. 5
[3] Ebd. S. 3
[4] Ebd. S. 12

steht, zu verbessern«.[1] Mit Blick auf den Ausschuss für Kultur und Medien wird formuliert: »Der Ausschuss für Kultur und Medien des Deutschen Bundestages bildet nicht nur die gegenwärtige Zuständigkeit des Staatsministers im Bundeskanzleramt ab, sondern ist auch Zeichen der seit vielen Jahren verstärkt wahrgenommenen Kompetenz des Bundes für gesetzgeberische Fragen und für die Bedingungen, unter denen sich kulturelles Leben entfalten kann. Insofern ist seine Zuständigkeit für die nationale wie für die auswärtige Kulturpolitik folgerichtig.«[2]

Bündnis 90/Die Grünen verweisen in ihrer Antwort auf die gestiegene Wertschätzung und Bedeutung der Kulturpolitik vonseiten des Bundes und folgern daraus: »Wir werden uns in diesem Zusammenhang auch dafür einsetzen, dass die Federführung von schwerpunktmäßig kulturpolitischen Themen im Kulturausschuss bleibt. Wir gehen sogar noch einen Schritt weiter: wir fordern die Einrichtung eines Bundeskulturministeriums, das – mit eigenem Personalstab und eigenem Haushalt ausgestattet – die Arbeit des Staatsministers für Kultur und Medien effektiv fortführen kann.«[3]

Die FDP spricht in ihrer Antwort ein Thema an, dass in der 15. Wahlperiode des Deutschen Bundestags und der zweiten Rot-Grünen Regierung eine wichtige Rolle spielen sollte, die Entflechtung der Aufgaben von Bund und Ländern. Sie formulieren: »Um so dringender bedarf es in Abstimmung mit den Ländern der Klärung der Frage nach den Zuständigkeiten von Kommune, Land und Bund (vertikale Entflechtung). Parallel dazu bedarf es einer umfassenden und eindeutigen Aufgabenbeschreibung der Kulturpolitik auf Bundesebene im Rahmen einer horizontalen Entflechtung, d. h. der Bündelung der kulturpolitischen Regelungskompetenzen beim Staatsminister für Kultur und Medien wie auch beim Kulturausschuss des Deutschen Bundestages. So etwa sollte die kulturelle Aufgabenstellung der Mittlerorganisationen deutscher Kultur im Ausland eine Entsprechung in ihrer administrativen Zuordnung der Bundesregierung finden.«[4] Ob damit verklausuliert gesagt wird, dass die auswärtige Kulturpolitik in das BKM eingegliedert werden soll oder ob es Bekenntnis zur bestehenden Zuordnung zum Auswärtigen Amt ist, bleibt unklar.

Die PDS antwortet auf die Fragen des Deutschen Kulturrates, dass sie »sich für eine weitere Aufwertung des Ausschusses für Kultur und Medien« einsetzen wird und weiter: »zweifellos hängt der Stellenwert des Ausschusses auch mit dem künftigen Status des Beauftragten der Bundesregierung für die Angelegenheiten der Kultur und der Medien zusammen.«[5]

Eines machen die Aussagen der Parteien vor der Wahl 2002 deutlich, auf den Ausschuss für Kultur und Medien will keine Partei verzichten und zumindest das Amt eines Staatsministers für Kultur und Medien scheint gesetzt zu sein. Die-

---

[1] Ebd. S. 12
[2] Ebd. S. 12
[3] Ebd. S. 16
[4] Ebd. S. 20
[5] Ebd. S. 22

1. — Einleitung

ses ist ohne Zweifel ein Erfolg der zwei Kulturstaatsminister, Michael Naumann und Julian Nida-Rümelin, sowie der zwei Vorsitzenden des Kulturausschusses, Elke Leonhard und Monika Griefahn, und nicht zu vergessen, der kulturpolitischen Sprecherinnen und Sprecher der Fraktionen. Sie alle profitierten von der stärkeren Wahrnehmung des Kulturbereiches auf der Bundesebene. Ganz unbescheiden will ich hinzufügen, dass auch der Deutsche Kulturrat, der gemeinsam mit anderen diese Strukturen gefordert hatte, seinen Anteil am Erfolg von BKM und Ausschuss hatte. Indem kulturpolitische Fragen zum Thema gemacht wurden, indem ein Verband wie der Deutsche Kulturrat, der zwar vom Bund finanziert wird und dennoch seine eigene Agenda verfolgt, immer wieder Regierung und Parlament zum Handeln aufgefordert hat, gab es eine lebendige Diskussion zur kulturpolitischen Agenda des Bundes. Dass dabei, wie gezeigt, in der ersten Amtszeit des BKM keineswegs alles »rund« lief und es daher ausreichend Grund für Kritik und Auseinandersetzung gab, tat das Übrige hinzu.

Weitere Fragen des Deutschen Kulturrates bezogen sich auf die Auswärtige Kulturpolitik, die Sozial- und Arbeitsmarktpolitik im Kulturbereich, die Steuerpolitik für Kunst und Kultur, die Weiterentwicklung des Urheberrechts, die Kulturpolitik in der Bürgergesellschaft, kulturelle Bildung in der Wissensgesellschaft sowie die Film- und Medienpolitik. Die acht Fragenkomplexe mit insgesamt 83 Fragen vermitteln einen Eindruck von den enormen Erwartungen an eine starke Kulturpolitik des Bundes.

Christina Weiss:
Kultur als Subvention

Der 2002 geschlossene Koalitionsvertrag von SPD und Bündnis 90/Die Grünen für die zweite Rot-Grüne Bundesregierung stand unter der Überschrift »Erneuerung – Gerechtigkeit – Nachhaltigkeit. Für ein wirtschaftlich starkes, soziales und ökologisches Deutschland. Für eine lebendige Demokratie«. In der Präambel des Koalitionsvertrags kündigen die Koalitionspartner an, dass vier Jahre harter Arbeit vor ihnen liegen, in denen sie »durch klare Orientierung Sicherheit vermitteln und mit Augenmaß handeln«[1] wollen. Mit Blick auf die gesetzten Ziele werden in der Präambel vier Aufgaben genannt, die alle andere überragen sollten:

— »Der Abbau der Arbeitslosigkeit und der Staatsschulden
  als größte Erblasten der Vergangenheit.
— Die Förderung von Bildung, Familie, Gesundheit,
  Integration und besseren öffentlichen Dienstleistungen
  als drängendste Aufgaben der Gegenwart.

---

[1] SPD, Bündnis 90/Die Grünen. Koalitionsvertrag 2002–2006: Erneuerung – Gerechtigkeit – Nachhaltigkeit. Für ein wirtschaftlich starkes, soziales und ökologisches Deutschland. Für eine lebendige Demokratie. S. 7

— Die Vorsorge für eine friedliche und gerechte Welt.
— Die Politik einer nachhaltigen Entwicklung, die uns auf den Erhalt der natürlichen Lebensgrundlagen verpflichtet.«[1]

Die Kulturpolitik ist im Koalitionsvertrag im Kapitel VIII. Sicherheit, Toleranz und Demokratie mit der Überschrift »Kultur- und Medienpolitik« verortet. Gleich zu Beginn wird klargestellt: »Kultur ist elementare Voraussetzung einer offenen, gerechten und zukunftsfähigen Gesellschaft. Sie wird für das Zusammenleben in einer sozial und ethnisch divergierenden Gesellschaft immer wichtiger. Dazu gehört auch die Förderung der kulturellen Bildung von Kindern und Jugendlichen und die Öffnung der Kulturen der Migranten und Migrantinnen. Die kulturellen Güter sind öffentliche Güter und müssen für alle zugänglich sein.«[2]

Bemerkenswert ist im Rückblick auf diesen Koalitionsvertrag, dass dem Thema Integration, speziell der kulturellen Integration und der Anerkennung einer diversen Gesellschaft, gleich in den ersten Sätzen ein wichtiger Stellenwert eingeräumt wird. Zugleich muss selbstkritisch gesagt werden, dass dieser Appell noch nicht die Wirkung entfaltet hat, wie zu erhoffen gewesen wäre. Der Deutsche Kulturrat selbst hat die Fragestellung vor allem unter dem Blickwinkel der kulturellen Bildung betrachtet und in einem vom Bundesministerium für Bildung und Forschung geförderten Projekt zusammen mit Migrantenorganisationen Vorschläge für eine stärkere Partizipation von Migrantinnen und Migranten an kultureller Bildung sowie der stärkeren Wahrnehmung von Angeboten kultureller Bildung von Migrantenorganisationen formuliert. Als wichtige Vorhaben werden im Koalitionsvertrag u. a. genannt:

— Weitere Verbesserung der rechtlichen Rahmenbedingungen
— Einführung einer Ausstellungsvergütung für bildende Künstlerinnen und Künstler
— Verfolgen der Idee eines modernen Künstlergemeinschaftsrechts
— Einrichtung einer Enquête-Kommission »Kultur in Deutschland«, die sich u. a. mit der sozialen Lage der Künstler und Künstlerinnen befassen soll
— Systematisierung der Kulturförderung mit dem Ziel einer klaren Verantwortungsteilung im kooperativen Kulturföderalismus

Von den gesetzten Zielen wurde weder eine Ausstellungsvergütung für bildende Künstlerinnen und Künstler noch ein modernes Künstlergemeinschaftsrecht eingeführt. Hinsichtlich der Ausstellungsvergütung ist allerdings zu bedenken, dass hierzu auch innerhalb der Künstlerverbände[3] Uneinigkeit über die Ausge-

[1] Ebd. S. 7 f.
[2] Ebd. S. 69
[3] Insbesondere Bundesverband Bildender Künstlerinnen und Künstler sowie Fachgruppe Bildende Kunst in ver.di.

1. — Einleitung

staltung bestand, sodass der Ball von der Politik in deren Feld zurückgespielt wurde.[1] Im Rückblick kann festgehalten werden, dass seinerzeit eine Chance vertan wurde und mehr Einigkeit innerhalb der Künstlerverbände vielleicht geholfen hätte, Ausstellungsvergütungen bundesweit durchzusetzen.

Mit Blick auf das Urheberrecht wird ein angemessener Ausgleich zwischen den Interessen der Urheber und der Nutzer angestrebt. Weiter soll der freie Zugang zum Internet weitgehend erhalten bleiben und der Schutz vor Raubkopien verstärkt werden.

Das Amt des Staatsministers für Kultur und Medien wurde wiederum als Impulsgeber, Ansprechpartner und Interessenvertreter für die Kultur beschrieben. Die Arbeit der vorangegangenen vier Jahre wurde als erfolgreich bezeichnet.

Staatsministerin für Kultur und Medien war in der 15. Wahlperiode, die aufgrund der vorgezogenen Neuwahlen von 2002 bis 2005 dauerte, die parteilose Christina Weiss, die zuvor u. a. Kultursenatorin in Hamburg war. Aus den kulturpolitischen Debatten in dieser Legislaturperiode sollen im Folgenden herausgehoben werden:

— Föderalismusdebatte
— Diskussion um die Konvention Kulturelle Vielfalt
— Staatsziel Kultur
— Kultur als Subvention oder Investition

In der Föderaliskommission I ging es darum, die Zuständigkeiten von Bund und Ländern klarer voneinander zu trennen und die Zahl im Bundesrat zustimmungspflichtiger Gesetze zu senken. Es hatte sich in den letzten Wahlperioden herauskristallisiert, dass die Länder mittels Zustimmung oder Ablehnung im Bundesrat die Bundespolitik stark mitgestalteten und sehr oft eher parteipolitische als Länderinteressen dabei handlungsleitend waren. Dieses musste auch die erste Regierung Schröder leidvoll erfahren, die mit einer Mehrheit in Bundestag und Bundesrat startete und aufgrund von Veränderungen in den Landesparlamenten und anders zusammengesetzten Landesregierungen mit Gesetzesvorhaben auf Widerstand im Bundesrat stieß.

Ein »Zankapfel« zwischen Bund und Ländern war die Bildungspolitik. Im Zuge der Agenda-2010-Reformen der Regierung Schröder wurde u. a. ein Ganztagsschulprogramm auf den Weg gebracht, um mehr Kindern und Jugendlichen den Zugang zum Ganztag in der Schule zu ermöglichen. Dieses Ganztagschul-

---

1 Der Deutsche Kulturrat hatte am 11.12.2003 in seiner Stellungnahme »Vorbereitung eines Zweiten Gesetzes zur Regelung des Urheberrechts in der Informationsgesellschaft (2. Korb) unter 5. Verbesserung der Position Bildender Künstler formuliert: »Im Vergleich zu Urhebern anderer künstlerischer Sparten besteht eine strukturelle Benachteiligung Bildender Künstler, deren Werke ebenso wie die Werke musikalischer Autoren der Öffentlichkeit überall zugänglich gemacht werden, ohne allerdings hierfür Vergütungen zu erhalten. Der Deutsche Kulturrat fordert die Bundesregierung im jetzt anstehenden Gesetzgebungsverfahren auf, diese strukturelle Benachteiligung zu beseitigen.« → https://bit.ly/2xlMbmd

programm und eine Priorisierung bildungspolitischer Vorhaben der Bundesregierung, brachte offenbar bei den Ländern das sprichwörtliche Fass zum Überlaufen.

Dabei war das Problem nicht neu. Bereits im Jahr 1977 erklärte die Kultusministerkonferenz in ihrer Erklärung zur »Zuständigkeit der Länder für überregionale Angelegenheiten im Kunst- und Kulturbereich« vom 17./18. November 1977: »Die Kultusminister und -senatoren beobachten mit Sorge die wachsende Aushöhlung der im Grundgesetz festgelegten Zuständigkeit der Länder für Kunst- und Kulturpflege. Dies gilt insbesondere für die unzureichende gemeinsame Finanzierung kultureller Einrichtungen, deren Wirkungsbereich sich über die Grenzen des einzelnen Landes hinaus erstreckt. Die Konsequenz ist, daß der Bund zunehmend einspringt und dadurch Zuständigkeiten an sich zieht, die nach der Verfassung Ländersache sind. Die Kultusminister und -senatoren wenden sich daher an die Parlamente und die Regierungschefs der Länder mit der Bitte, dabei mitzuwirken, daß die für die Kulturarbeit aller Länder wichtigen überregionalen Kultureinrichtungen stärker als bisher ländergemeinsam gefördert und finanziert werden können und auch zukünftigen Anträgen auf Förderungen derartiger Institutionen aufgeschlossener begegnet werden kann.«[1]

Diese Erklärung reagierte auf die Grundgesetzänderungen der ersten Großen Koalition (1966–1969), in denen Gemeinschaftsaufgaben eingeführt wurden, so auch die Gemeinschaftsaufgabe Bildungsplanung, in deren Folge die Bund-Länder-Kommission für Bildungsplanung und Forschungsförderung (BLK) eingerichtet wurde. Die BLK, die von Bund und Ländern gebildet wurde, hat im Kulturbereich besonders im Feld der kulturellen Bildung von sich reden gemacht. Zahlreiche finanziell gut ausgestattete Modellversuche, die in mehreren Ländern durchgeführt wurden, haben dem Feld der kulturellen Bildung wichtige Impulse gegeben und modellhaft Vermittlungsformen erprobt. Dabei stand beispielsweise in den 1990er Jahren der künstlerische Umgang mit neuen Medien im Vordergrund der Vorhaben. Darüber hinaus gingen von der BLK gestützt auf Modellvorhaben Impulse für die Weiterentwicklung von Studiengängen an Kunst- und Musikhochschulen aus. Ansprechpartner und Hauptfinanzier auf Bundesebene war das Bundesministerium für Bildung und Forschung.

Mit Blick auf das BKM waren weniger die Debatten um gemeinsame Anstrengungen von Bund und Ländern in Bildungsfragen relevant als vielmehr die Frage, was der Bund fördern darf, ob er sich zu sehr in Länderangelegenheiten einmischt und inwiefern die Länder adäquat eingebunden werden. Dabei zeichnete sich in den Debatten durchaus ein Nord-Süd-Konflikt ab. Insbesondere süddeutsche Länder beharrten auf ihrer Kulturhoheit und einer Einschränkung der Aktivitäten des Bundes. Ein Kristallisationspunkt der Diskussionen war u. a. die Übernahme der Akademie der Künste in Berlin in die Trägerschaft des Bundes. Die Akademie der Künste, die zuvor von den Ländern Berlin und Brandenburg mehr schlecht als recht finanziert wurde, sollte in die Finanzierungsverantwor-

---

[1] Zitiert nach: Deutscher Kulturrat (Hg.): Nach 40 Jahren – ein bißchen weise? a. a. O., S. 155

1. — Einleitung

tung des Bundes übergehen und einen kulturpolitischen Beratungsauftrag übernehmen. Das Land Baden-Württemberg drohte zunächst, hiergegen Verfassungsklage zu erheben, sah dann aber schließlich davon ab. Die berechtigte Sorge, eine solche Klage vor dem Bundesverfassungsgericht verlieren zu können und die daraus folgenden möglichen einschneidenden Veränderungen bei der Zuständigkeit der Länder für Kulturfragen, die mit Blick auf die Kulturförderung auch zu ihren Lasten gehen könnten, war offensichtlich zu groß.

Weiter wurde im Rahmen der Föderalismuskommission I und der Föderalismuskommission II, die in der darauffolgenden Wahlperiode eingesetzt wurde, vehement darüber gestritten, unter welchen Voraussetzungen der Bund Kultur fördern darf, inwiefern die Länder zustimmen müssen und ob die Bundesförderung nicht »gerechter« verteilt werden müsste. Ein weiteres Thema war die Fusion der Kulturstiftung des Bundes und der Kulturstiftung der Länder. Der Deutsche Kulturrat hat letztere Diskussion engagiert begleitet und die Chance genutzt, eine stärkere Einbindung der Kulturverbände in die Programmplanung sowie in die Gremien der geplanten »Deutschen Kulturstiftung« einzufordern.[1] Ebenso hat der Deutsche Kulturrat in der Diskussion um die Entflechtung von Bund und Ländern im Kulturbereich unterstrichen, dass die Kulturzuständigkeit des Bundes sich nicht in der Kulturförderung erschöpft, sondern vielmehr der Bund mit der Gestaltung der Rahmenbedingungen für Kunst und Kultur wesentlich Kulturpolitik gestaltet. Darüber hinaus wird in einem Diskussionspapier deutlich gemacht, dass die Zivilgesellschaft ein wichtiger Partner der Kulturpolitik ist. Mit Blick auf die Länder wird in dem Diskussionspapier »Kulturzuständigkeit ist mehr als Kulturförderung! Diskussionspapier des Deutschen Kulturrates zur Entflechtung der Kompetenzen von Bund und Ländern« formuliert: »Daneben ist eine Stärkung der kulturpolitischen Dimension der Kultusministerkonferenz ausgesprochen wünschenswert. Sie bedarf allerdings keiner gesetzlichen Veränderung. Sie muss lediglich von den Ländern praktiziert werden.«[2] Eine Aufforderung, die angesichts von aktuellen Diskussionen unter Kulturministerinnen und Kulturministern zur Gründung einer Kulturministerkonferenz unter dem Dach der Kultusministerkonferenz von neuer Relevanz ist.[3]

Abgeschlossen wurde die Neuregelung der Bund-Länder-Beziehungen in der 16. Wahlperiode (2005–2009). Hier hatten CDU, CSU und SPD bereits im Koalitionsvertrag die Eckpunkte für die Föderalismusreform vereinbart. Sie hatte u. a. zur Folge, dass die BLK aufgelöst wurde und daher Bund und Länder keine gemeinsame Struktur mehr für Absprachen und Modellvorhaben im Bildungs-

---

[1] Resolution »Deutsche Kulturstiftung als Chance?! Deutscher Kulturrat fordert inhaltliche und strukturelle Sicherung der Deutschen Kulturstiftung« → https://bit.ly/2NhZ8Ze
[2] Kulturzuständigkeit ist mehr als Kulturförderung! Diskussionspapier des Deutschen Kulturrates zur Entflechtung der Kompetenzen von Bund und Ländern → https://bit.ly/2NNY6Dy
[3] Stange, E.-M.: Ein gemeinsamer Länderrat für die Kultur. Bundesländer wollen mit neuem Gremium mehr Mitsprache in der Kultur. In: Politik & Kultur 5/2018, S. 1f.

bereich haben.[1] Die Kulturstiftung des Bundes und die Kulturstiftung der Länder wurden nicht fusioniert. Sie kooperieren und arbeiten nun in den Feldern zusammen, in denen es sich anbietet. Das »Eckpunktepapier für die Systematisierung der Kulturförderung von Bund und Ländern und für die Zusammenführung der Kulturstiftung des Bundes und der Kulturstiftung der Länder zu einer gemeinsamen Kulturstiftung« wurde nicht verabschiedet. Systematisiert wurde allerdings die Zuständigkeit für den Schutz von deutschem Kulturgut vor der Abwanderung in das Ausland. Gesetzgeberisch zuständig ist der Bund, die Länder führen das Gesetz aus.

In der Rückschau kann festgestellt werden, dass alles nicht so heiß gegessen wird, wie es gekocht wird. Weder haben die Länder in der Folge der Föderalismusreform II eine gemeinsame gesamtstaatliche Verantwortung für die Kultur in Deutschland übernommen, noch wurde der Bund in seinen Aktivitäten deutlich zurückgedrängt.

Das zweite große kulturpolitische Thema, das in der 15. Wahlperiode viele Debatten bestimmte, war die Doha-Runde der GATS-Verhandlungen (General Agreement on Trade in Services). Das GATS-Abkommen war im Jahr 1995 in Uruguay geschlossen worden und zielte darauf ab, den Handel mit Waren und Dienstleistungen zu liberalisieren und damit zu weltweitem Handel und Wirtschaftswachstum beizutragen. Am Kultur- und Medienbereich sind die Verhandlungen zu Beginn der 1990er Jahre ziemlich vorbeigegangen, sodass diverse Sektoren in die Liberalisierung einbezogen worden waren. Aus dem öffentlich-rechtlichen Rundfunk regte sich Ende der 1990er Jahre Widerstand. Der ARD-Vorsitzende und Intendant des WDR, Fritz Pleitgen, hatte Ende der 1990er Jahre die Verhandlungsrunde in Seattle (USA) verfolgt und kam mit der Befürchtung zurück, dass eine Liberalisierung des Dienstleistungssektors das Ende des öffentlich-rechtlichen Rundfunks bedeuten könnte, wenn keine Schutzmechanismen aufgebaut werden könnten. Zusammen mit dem Deutschen Kulturrat führte die ARD unter der Federführung des WDR mehrere Parlamentarische Abende mit Mitgliedern des Ausschusses für Kultur und Medien des Deutschen Bundestags durch und sensibilisierte für die Gefahren.

Im UNESCO-Kontext war es Kanada, das die Erarbeitung einer Konvention zum Schutz der kulturellen Vielfalt voranbrachte. In Deutschland fand im Dezember 2002 eine Konferenz des Deutschen Kulturrates in Zusammenarbeit mit der Bundeszentrale für politische Bildung und in Kooperation mit dem Goethe-Institut hierzu statt. Einhellig bestand die Meinung, dass eine solche Konvention erforderlich sei, um die Kultur vor übermächtigen US-amerikanischen Konzernen zu schützen. Im Fokus stand dabei neben der Kulturförderung vor allem auch das Urheberrecht. Hier bestand die Besorgnis, dass US-amerikanische

---

[1] Wie wenig sich die strikte Trennung von Bund und Ländern in Bildungsfragen bewährt, ist daran zu sehen, dass in der 18. Wahlperiode eine Grundgesetzänderung vorgenommen wurde, um mehr Engagement des Bundes in der Forschungsförderung zu ermöglichen.

1. —— Einleitung

Firmen als Trittbrettfahrer Regelungen des europäischen Urheberrechts für sich nutzen könnten und europäischen Anbietern nicht die entsprechenden Schutzstandards in den USA bieten würden.

Auf UNESCO-Ebene wurde binnen weniger Jahre von 2003 bis 2005, für UNESCO-Verhältnisse in Windeseile, die »Konvention über den Schutz und die Förderung der Vielfalt kultureller Ausdrucksformen« (Konvention Kulturelle Vielfalt) erarbeitet. Sie wurde bei der UNESCO-Konferenz 2005 in Paris verabschiedet. Bereits 2007 wurde das Abkommen in Kraft gesetzt, nachdem zuvor die erforderliche Zahl an Vertragsstaaten es ratifiziert hatte. Die Bundesrepublik Deutschland hat die Konvention Kulturelle Vielfalt ebenso ratifiziert wie die Europäische Union.[1]

Einige strebten bei den Verhandlungen der Konvention Kulturelle Vielfalt die gleiche völkerrechtliche Qualität an, wie sie internationale Handelsverträge haben. Die Konvention Kulturelle Vielfalt sollte u. a. dazu dienen, die Liberalisierung des Handels mit Waren und Dienstleistungen im Kultur- und Medienbereich aufzuhalten.[2] Diese Erwartung hat sich nicht erfüllt. Dennoch sollte die Konvention Kulturelle Vielfalt nicht gering geschätzt werden. So wird in Grundsatz 2 formuliert, dass die Vertragsstaaten kulturpolitische Maßnahmen zur Sicherung der Vielfalt kultureller Ausdrucksformen vornehmen können. Insbesondere Kanada verweist heute hierauf, wenn in Handelsverträgen wie z. B. CETA[3] Schutzmaßnahmen für die kanadische Kulturwirtschaft ergriffen werden. In Grundsatz 4 wird der Grundsatz der internationalen Solidarität und Zusammenarbeit formuliert. Er zielt darauf ab, Künstlern und Unternehmen der Kulturwirtschaft aus den Ländern des globalen Südens den Zugang zu den Märkten des Nordens zu ermöglichen. Diese entwicklungspolitische Komponente der Konvention Kulturelle Vielfalt bleibt vielfach unbeachtet, hat aber mit Blick auf die UN-Agenda 2030 für nachhaltige Entwicklung eine sehr aktuelle Bedeutung. In Art. 4 Abs. 1 der Konvention Kulturelle Vielfalt wird die Technologieunabhängigkeit der Schutzmechanismen definiert. Diese Technologieunabhängigkeit ist insbesondere mit Blick auf neue Verbreitungswege von Kunst und Kultur – aktuell besonders die digitalen Verbreitungswege – von Relevanz. Speziell der öffentlich-rechtliche Rundfunk beruft sich hierauf, wenn es um seine Präsenz im Netz und die Mediathekenangebote geht.

Die Konvention Kulturelle Vielfalt wird oft als »Magna Charta der Kulturpolitik« bezeichnet und tatsächlich muss sie immer wieder neu interpretiert und angewandt werden. Sicherlich zu kurz gesprungen ist, wenn sie vor allem als Berufungsgrundlage für Kulturförderung genutzt wird. Die Konvention Kulturelle Vielfalt bietet mehr und verpflichtet auch zu mehr.

---

[1] Die USA haben die Konvention Kulturelle Vielfalt nicht ratifiziert, insofern findet sie dort keine Anwendung.
[2] Nachgezeichnet wird der Entstehungsprozess der Konvention Kulturelle Vielfalt von verschiedenen Autoren im Buch: Zimmermann, O./Geißler, T. (Hg.): TTIP, CETA & Co. Die Auswirkungen der Freihandelsabkommen auf Kultur und Medien. 2. Erweiterte und veränderte Auflage, Berlin 2016
[3] Comprehensive Economic and Trade Agreement; Freihandelsabkommen zwischen Kanada und der EU

Besondere Aufmerksamkeit erhielt die Konvention Kulturelle Vielfalt im Zusammenhang mit den Verhandlungen des TTIP-Abkommens[1] in der 18. Wahlperiode (2013–2017). Der Deutsche Kulturrat hat hier zusammen mit anderen Kulturverbänden, aber auch Verbänden und Organisationen aus anderen gesellschaftlichen Bereichen, insbesondere Gewerkschaften, Sozialverbänden und Umweltschutzorganisationen, auf die Gefahren des Abkommens aufmerksam gemacht. Verhandlungsführerin für internationale Handelsabkommen ist die EU-Kommission. Dem Deutschen Kulturrat ging es vor allem darum, die deutschen Politiker und die Bundesregierung für die Gefahren für die kulturellen Dienstleistungen zu sensibilisieren. Als ein Erfolg ist anzusehen, dass das BKM unter der Leitung von Staatsministerin Monika Grütters und das Bundeswirtschaftsministerium unter der Führung von Minister Sigmar Gabriel am 7. Oktober 2015 ein »Positionspapier der Bundesregierung zu den TTIP-Verhandlungen der EU-Kommission mit den USA im Bereich Kultur und Medien« veröffentlicht haben. Das Papier erschien wenige Tage vor der Großdemonstration gegen TTIP mit mehr als 350.000 Teilnehmern, zu der ein breites Bündnis, zu dem auch der Deutsche Kulturrat gehörte, aufgerufen hatte. Im genannten Positionspapier wird Folgendes formuliert:

— »Die Bundesregierung tritt im Rahmen der TTIP-Verhandlungen dafür ein, dass das Abkommen keine Bestimmungen enthält, die geeignet sind, die kulturelle und mediale Vielfalt in Deutschland zu beeinträchtigen.
— Die Bundesregierung hält passgenaue, konkrete und rechtsverbindliche Vorkehrungen für erforderlich, die präzise und »maßgeschneidert« den Schutz von Kultur und Medien in den relevanten Kapiteln des Abkommens absichern und im EU-Rahmen Chancen auf Durchsetzbarkeit haben.
— Die Bundesregierung tritt dafür ein, jedenfalls für Deutschland keine weiteren Verpflichtungen für Kultur und Medien aufzunehmen, als ohnehin in WTO/GATS bereits gelten. Es sind entsprechende Ausnahmen, Vorbehalte und Beschränkungen vorzusehen.
— Der Schutz der kulturellen Vielfalt und der Meinungs- und Medienvielfalt muss auch angesichts der Asymmetrie der Märkte im Internetsektor sichergestellt werden. Während die Dominanz großer US-Unternehmen im Internet und im Audiovisuellen Bereich eine Herausforderung für die kulturelle und mediale Vielfalt in Europa darstellt, ist dies umgekehrt angesichts des niedrigen Marktanteils europäischer Unternehmen in den USA nicht der Fall.

---

[1] Transatlantic Trade and Investment Partnership; Freihandelsabkommen zwischen den USA und der EU

— Die bisher in Freihandelsabkommen geltenden Vorkehrungen, das heißt Ausnahmen, Vorbehalte und Beschränkungen, müssen aus Sicht der Bundesregierung in TTIP ergänzt werden. Gerade mit Blick auf die Konvergenz der Medien (Verschmelzung TV und Internet) und die Digitalisierung von Kultur wie E-Books, Musik und Filme im Internet muss der Schutz von Kultur und Medien in TTIP zukunftsfest ausgestaltet sein und auch zukünftige technologische Entwicklungen erfassen können. Dies setzt den Erhalt des »Right to Regulate« voraus.«[1]

Dieses Positionspapier zeigt auch die veränderte Rolle des BKM. War in der Wahlperiode 2002–2005 vor allem das Parlament der Ansprechpartner, werden in der Wahlperiode 2013–2017 Parlament und Regierung gleichermaßen adressiert. Mit Blick auf die Bundesregierung wird das BKM als zentraler Gesprächspartner neben dem Bundeswirtschaftsministerium angesehen. Dies führte dazu, dass dem vom Bundeswirtschaftsministerium gebildeten TTIP-Beirat neben Vertretern der Sozialpartner, der Kirchen, der mittelständischen Wirtschaft und der Umweltschutzorganisationen auch drei Organisationen aus dem Kulturbereich angehörten.[2]

In den Kontext der Debatten um die GATS-Verhandlungen der 15. Wahlperiode gehört auch die um Kultur als Daseinsvorsorge bzw. die Diskussion um die Einordnung von Kultur in das Reglement der Dienstleistungsdefinitionen der EU-Kommission. Das ist vor allem deshalb relevant, weil je nach Zuordnung als »Dienstleistung von allgemeinem Interesse« oder als »Dienstleistung von allgemeinem wirtschaftlichen Interesse« Privatisierungen und Liberalisierungsmaßnahmen greifen. Insbesondere auf der europäischen Ebene bestand ein massives Interesse daran, möglichst viele Dienstleistungen, so auch Kulturdienstleistungen, als »Dienstleistungen von allgemeinem wirtschaftlichen Interesse« zu qualifizieren, um auf dieser Grundlage den Mitgliedsstaaten Wege für eine weitreichende Privatisierung zu eröffnen und vor allem diese Dienstleistungen in multilaterale Abkommen über den Handel mit Dienstleistungen einzubringen. Hingegen genießen »Dienstleistungen von allgemeinem Interesse« einen höheren Schutz vor Privatisierung und Liberalisierung. Ebenso können solche Dienstleistungen von EU-Mitgliedsstaaten durch öffentliche Mittel oder durch Gebühren bzw. Beiträge finanziert werden. Im Deutschen Kulturrat wurden intensive Diskussionen zu »Kultur als Daseinsvorsorge« geführt und dabei ein enger Austausch und Diskurs mit dem BKM geführt.[3]

---

[1] Zimmermann, O./Geißler, T. (Hg.): TTIP, CETA & Co. Die Auswirkungen der Freihandelsabkommen auf Kultur und Medien. 2. Erweiterte und veränderte Auflage, Berlin 2016, a. a. O., S. 309 f.
[2] Dem TTIP-Beirat gehörten aus dem Kulturbereich die Akademie der Künste in Berlin (Klaus Staeck), der Börsenverein des deutschen Buchhandels (Alexander Skipis) und der Deutsche Kulturrat (Olaf Zimmermann) an.
[3] Im Ergebnis wurde am 29.09.2004 die Stellungnahme »Kultur als Daseinsvorsorge« verabschiedet, die sich an Bund, Länder und Kommunen richtet. → https://bit.ly/2xlLsBF

Weiter steht die Debatte um Kultur als Daseinsvorsorge und generell die öffentliche Finanzierung von Kultur im Kontext der auf allen staatlichen Ebenen eingeforderten Haushaltskonsolidierung und der dafür eingeforderten Einsparungen. Den Vogel bei dieser Diskussion schossen die beiden damaligen Ministerpräsidenten Roland Koch (CDU), Ministerpräsident von Hessen, und Peer Steinbrück (SPD), Ministerpräsident von Nordrhein-Westfalen, mit dem sogenannten Koch-Steinbrück-Papier ab, das im Jahr 2003 vorgelegt wurde.

Grundlage für dieses Papier waren Annahmen und Berechnungen des Kieler Instituts für Weltwirtschaft, die sich nicht nur mit Steuererleichterungen, ermäßigten Mehrwertsteuersätzen, sondern auch mit Blick auf den Bund u. a. der Kulturförderung auseinandergesetzt haben und umfassende Kürzungen des Kulturetats des Bundes vorgeschlagen hatten. Koch und Steinbrück begründeten den angestrebten Abbau an Steuervergünstigungen sowie die vorgeschlagenen Haushaltskürzungen folgendermaßen: »Ein umfassender und konsequenter Abbau von Subventionen ist notwendig, um das gesamtstaatliche Defizit zu verringern und so einen wichtigen Beitrag dafür zu leisten, wieder einen Pfad finanzwirtschaftlicher Stabilität zu erreichen. Ist dies gewährleistet, könnte und sollte der gewonnene Handlungsspielraum für eine zusätzliche Senkung der Steuern genutzt werden. Diese Kombination ist zugleich ein unverzichtbarer Beitrag zur Stärkung von Wachstum und Beschäftigung.«[1] Interessanterweise haben Koch und Steinbrück, die immerhin in zwei Bundesländern Verantwortung trugen und auch im Bundesrat nicht einflusslos waren, ausschließlich Vorschläge für den Bund gemacht. Sie schreiben: »Im Mittelpunkt unserer Initiative mit konkreten Vorschlägen stehen ausschließlich die Subventionen, die bundesrechtlich geregelt sind. Denn nur diese Subventionen können unmittelbar durch Eingriffe in bundesrechtliche Regelungen gekürzt werden.«[2] Von den Ländern erwarteten sie: »Die einzelnen Länder sollen sich im Wege einer Selbstbindung verpflichten, die von ihnen zu regelnden Subventionen im Gleichklang mit den Kürzungen auf Bundesebene ebenfalls abzubauen. Notwendig ist dies auch deshalb, um einen Subventionswettlauf zwischen den Ländern zu unterbinden. Jedem Land bleibt es vorbehalten, gegebenenfalls stärkere Einschnitte vorzunehmen.«[3]

Es ist das unbestreitbare Verdienst von Staatministerin Christina Weiss, dass sie sich vehement gegen diesen Subventionsbegriff für den Kulturbereich gewehrt hat und nach Kräften Kürzungen in ihrem Etat entgegentrat. In der Zeitung Politik & Kultur setzt sie sich mit dem »Angriff auf den Kulturetat« auseinander. Sie geht darin auf einen Beschluss der Finanzministerkonferenz vom 4. Dezember 2003 ein, der vorsieht, dass bei von Bund und Ländern mischfinanzierten Einrichtungen Kürzungen von zehn Prozent vorzusehen sind. Da dies

---

[1] Subventionsabbau im Konsens. Der Vorschlag der Ministerpräsidenten Roland Koch und Peer Steinbrück. S. 4 → https://bit.ly/2Nj4DGM
[2] Ebd.
[3] Ebd. S. 5

1. —— Einleitung

auch Kultureinrichtungen betreffen sollte, die mischfinanziert wurden, bot sie den Ländern ihre Unterstützung an. Sie schrieb: »Ich glaube daran, dass sich eine starke und feste Allianz der Kulturpolitiker des Bundes und der Länder erfolgreich gegen Versuche wehren kann, die Kultur auszutrocknen. Ich glaube daran, dass wir als Allianz stark genug sind, um beweisen zu können, dass die Kulturpolitik kein weiches, allzu weiches Ressort ist, von dem man sich in sonnigen Tagen beglänzen lässt, das man aber in schwierigen Zeiten für nachrangig hält. Meine Zusage, für den Bund in einer solchen konzertierten Kultur-Aktion mitzuwirken, steht. Ich werde sie erst dann – und nur dann – zurücknehmen, wenn sich herausstellt, dass finanzielle Auseinandersetzungen als Vehikel zur Schmälerung der Bundeskompetenzen in der Kultur herhalten müssen.«[1] Als stehender Begriff aus der Amtszeit Weiss als Kulturstaatsministerin bleibt, dass Kulturförderung keine Subvention, sondern eine Investition ist.

Angesichts der aktuellen Haushaltslage, in der Jahr für Jahr Steigerungen des Kulturetats bekannt gegeben werden und von außen sich manchmal der Eindruck aufdrängt, dass BKM und die Berichterstatter für Kultur im Haushaltsausschuss wetteifern, wer mehr finanzielle Mittel für die Kultur bereitstellt, erinnern die Diskussionen aus der Wahlperiode 2002–2005 schmerzlich an andere Zeiten.

In der Bundesrepublik bestand eine große Arbeitslosigkeit, die Verschuldung der öffentlichen Haushalte stieg und stieg. Haushaltskürzungen auch im Kulturbereich waren sowohl im Bund als auch in den Ländern wie den Kommunen gang und gäbe. Die Regierung Schröder antwortete mit der sogenannten Agenda 2010, die von Bundeskanzler Gerhard Schröder in einer Regierungserklärung am 14. März 2003 vorgestellt wurde. Unter dem Begriff Agenda 2010 wurden Maßnahmen in der Wirtschafts-, der Ausbildungs-, der Familien- sowie der Arbeitsmarkt- und Sozialpolitik zusammengefasst. Für den Kulturbereich von Interesse war u. a. der bereits erwähnte Ausbau der Ganztagsbetreuung von Schulkindern, der vielen Akteuren der kulturellen Bildung neue Arbeitsfelder eröffnete.

Auf parlamentarischer Ebene wurde in der 15. Wahlperiode die bereits im Jahr 1998 geforderte Enquête-Kommission des Deutschen Bundestags »Kultur in Deutschland« (Kultur-Enquête) eingesetzt. Wurde im Jahr 1998 unter einer »Künstler-Enquête« in erster Linie ein umfassender Bericht zur sozialen Lage der Künstlerinnen und Künstler verstanden, dem umfängliche Primärerhebungen zugrunde liegen, erteilte der Deutsche Bundestag der Enquête-Kommission einen deutlich umfassenderen Auftrag. Sie sollte drei Schwerpunktthemen behandeln:

— Die öffentliche und private Förderung von Kunst und Kultur – Strukturwandel
— Die wirtschaftliche und soziale Lage der Künstlerinnen und Künstler
— Kulturlandschaft und Kulturstandort Deutschland – kulturelle Grundversorgung

---

[1] Weiss, C.: Angriff auf den Kulturetat. Staatliche Kulturausgaben sind keine Subventionen. In: Politik & Kultur 6/2004. S. 2

Auch in der Kultur-Enquête spielten Fragen der Kulturfinanzierung eine bedeutende Rolle und allein der Titel des erstgenannten Themenkomplexes »Die öffentliche und private Förderung von Kunst und Kultur – Strukturwandel« zeigt, dass auch überlegt werden sollte, inwiefern die Instrumente der öffentlichen und der privaten Kulturförderung neu austariert werden können und wie mehr privates Engagement im Kulturbereich ermöglicht werden kann. Dies schließt an Ideen aus der vorangegangenen Legislaturperiode (1998–2002) an, in der durch Reformen im Stiftungs- und vor allem im Stiftungssteuerrecht privates finanzielles Engagement auch für den Kulturbereich mobilisiert werden sollte. In eine ähnliche Richtung gingen einige Vorschläge der bereits erwähnten Enquête-Kommission »Zukunft des bürgerschaftlichen Engagements«.

Vorzeitiger Wahlkampf 2005

Die 15. Wahlperiode des Deutschen Bundestags endete im Jahr 2005 vorzeitig und für den Deutschen Kulturrat stand erneut die Vorbereitung von Wahlprüfsteinen an. Dieses Mal wurden in sieben Fragenkomplexen[1] 29 Fragen an die Parteien gerichtet.

Im ersten Fragenkomplex »Kulturpolitik auf bundespolitischer Ebene« wurden die Parteien u. a. gefragt, ob sie sich für die Verankerung des Staatsziels Kultur im Grundgesetz einsetzen wollen, ob wieder ein Ausschuss für Kultur und Medien im Deutschen Bundestag eingesetzt und ob eine verbindliche Kulturverträglichkeitsprüfung von Gesetzen eingeführt werden soll. Nachdem in zwei Legislaturperioden Erfahrungen mit dem BKM gesammelt wurden, fragte der Deutsche Kulturrat: »Wollen Sie das Amt eines Kulturstaatsministers/einer Kulturstaatsministerin fortführen? Wollen Sie ein Bundeskulturministerium einrichten?«[2] Das war das erste Mal, dass der Deutsche Kulturrat in seinen Wahlprüfsteinen die Frage nach einem Bundeskulturministerium direkt gestellt hat.

Alle befragten Parteien, Bündnis 90/Die Grünen, CDU/CSU, die wiederum gemeinsam geantwortet haben, Die Linke, FDP und SPD haben sich einhellig für einen Ausschuss für Kultur und Medien ausgesprochen. Hierzu gab es von keiner Partei Widerspruch. Und auch beim Amt des Kulturstaatsministers bzw. der Kulturstaatsministerin herrschte weitgehende Einigkeit.

Bündnis 90/Die Grünen antwortete: »Die Einrichtung eines Beauftragten für Kultur und Medien hat sich als erfolgreiche politische Maßnahme der Rot-Grünen Bundesregierung erwiesen.«[3]

---

[1] Die Fragenkomplexe waren: 1. Kulturpolitik auf bundespolitischer Ebene; 2. Kultur- und Medienpolitik im internationalen Kontext; 3. Arbeitsmarkt- und Sozialpolitik; 4. Steuerpolitik; 5. Urheberrechtspolitik; 6. Kulturelle Bildung; 7. Bürgerschaftliches Engagement.
[2] Fragen des Deutschen Kulturrates an die Parteien. In: Politik & Kultur 5/2005, S. 9
[3] Ebd. S. 10

CDU/CSU schrieben: »Es wird mit Sicherheit eine personell und institutionell herausgehobene Verantwortung für Kultur geben. Der Aufgabenzuschnitt wird im Rahmen der Ressortabgrenzung der künftigen Bundesregierung zu entscheiden sein. Nach den Erfahrungen der Vergangenheit wird insbesondere das Verhältnis zwischen nationaler und auswärtiger Kulturpolitik und damit zugleich die originären Aufgaben des Bundes in der Kulturpolitik neu zu justieren sein.«[1] Spannend an dieser Antwort ist, dass CDU/CSU, nachdem sie in ihren Antworten auf die Wahlprüfsteine des Deutschen Kulturrates 1998 keinen Handlungsbedarf mit Blick auf einen Bundesbeauftragten sahen, bei der Wahl 2002 schon konzilianter davon sprachen, dass sie ein solches Amt für unverzichtbar halten, nun die Zusage machen, dass es mit Sicherheit eine personell und institutionell herausgehobene Verantwortung für Kultur geben soll. Trotz aller Probleme, die insbesondere in der Amtszeit Weiss in der Kulturfinanzierung bestanden, scheinen sich auch CDU/CSU mit dem Amt angefreundet und die Vorteile erkannt zu haben. Sie sind sogar noch einen Schritt weitergegangen und haben die Neujustierung der Kulturpolitik im Inland und im Ausland eingefordert. Dies mag auch damit zusammengehangen haben, dass die Auswärtige Kulturpolitik in der Amtszeit von Joschka Fischer (Bündnis 90/Die Grünen) als Außenminister eine besondere Dürreperiode erlebt hat und Auswärtige Kulturpolitik vor allem zur Krisenprävention dienen sollte.

Die FDP spricht sich dafür aus, die Zuständigkeit für Kultur und Medien innerhalb der Bundesregierung aufzuwerten und weitere Arbeitsgebiete in die Zuständigkeit zu integrieren. So schreibt die FDP: »Während also die Verantwortung für ›konventionellen‹ Medien, wie etwa für den Film und das Fernsehen, im Kultur- und Medienbereich angesiedelt sind, liegt sie für die neuen Medien im Wirtschaftsbereich. Diese Trennung hat angesichts der zunehmenden Konvergenz der Medien keinen Sinn.«[2] Die FDP spricht damit eine Fragestellung an, die auch heute noch und gerade im Verhältnis zwischen Bund und Ländern von großer Bedeutung ist. Die Konvergenz der Medien hat eher zu- als abgenommen, sodass Telekommunikationsrecht, Zuständigkeit Bund, und Medienrecht, Zuständigkeit Länder, ineinandergreifen.[3] Darüber hinaus ist insbesondere mit Blick auf das Medienrecht zu beachten, dass hier eine beträchtliche Vorprägung durch die europäische Rechtssetzung erfolgt.

Doch zurück zur Bundestagswahl 2005. Die SPD spricht sich dafür aus, weitere Zuständigkeiten der Kulturbeauftragten zu übertragen und sieht in der Erweiterung des Aufgabengebietes gute Gründe für ein Bundeskulturministerium. Sie führen weiter aus: »Aus kulturpolitischer Sicht ergeben sich aus dieser Erweiterung des Aufgabenspektrums Argumente für die Gründung eines eigenen Ministeriums – bliebe die Beauftragte für Kultur und Medien beim Bundeskanz-

---

[1] Ebd. S. 13
[2] Ebd. S. 18
[3] Dies wurde auch in der Bund-Länder-Kommission zur Medienkonvergenz in der 18. Wahlperiode (2013–2017) deutlich.

ler angesiedelt – für den Rang eines Bundesministers. Wobei wir wissen, dass Kabinettszuschnitte und institutionelle Zuständigkeiten immer auch weiteren Kriterien unterliegen.«[1]

Die Linke spricht sich für ein Bundeskulturministerium aus und plädiert für eine weitere Arrondierung der Aufgaben. Sie formulieren: »Wir setzen uns für eine weitere Stärkung der Bundeskulturpolitik durch die Einführung des Amtes eines Bundeskulturministers/einer Bundeskulturministerin mit Kabinettsrang ein und wollen seine/ihre Kompetenzen und Einflussmöglichkeiten erweitern.«[2] Wie andere Parteien plädieren sie für eine Bündelung weiterer Aufgabenfelder in dem neu zu bildenden Haus. Hierzu zählt die Medienpolitik und die Auswärtige Kultur- und Bildungspolitik.

Die Kultur-Enquête hatte zum Schluss der Wahlperiode in einem Tätigkeitsbericht ihre Arbeit zusammengefasst. Hierzu gehörte auch das bereits erwähnte einstimmige Votum der Mitglieder, das Staatsziel Kultur im Grundgesetz zu verankern. Auf die diesbezügliche Frage des Deutschen Kulturrates antwortete Bündnis 90/Die Grünen: »Bündnis 90/Die Grünen verfolgen das Ziel, in der kommenden Wahlperiode die Staatszielbestimmung zu Schutz und Förderung der Kultur in das Grundgesetz aufzunehmen. Wir wollen damit die Bedeutung der Kultur für unsere Gesellschaft verdeutlichen und weitere Kürzungen des Kulturetats verhindern.«[3]

CDU/CSU beziehen sich in ihrer Antwort zunächst auf die Enquête-Kommission »Kultur in Deutschland« und ihr einstimmiges Votum, das Staatsziel Kultur in das Grundgesetz aufzunehmen. Sie sprechen sich auf dieser Grundlage für eine sorgsame und unvoreingenommene Prüfung der Vor- und Nachteile des Staatsziels Kultur im Grundgesetz aus. Sie führen weiter aus: »Unabhängig von einer Staatszielbestimmung im Grundgesetz sollte bewusst bleiben, dass die Aufgabe der Kulturpolitik der Erhalt und die Förderung der kulturellen Vielfalt sind. Die Lebendigkeit von Kunst und Kultur hängt auch von dem konkreten Engagement im Alltag ab, die Pflege und die Sicherung von Kunst und Kultur bleibt gemeinsame Verpflichtung und gemeinsame Aufgabe.«[4] Diese Antwort öffnet zwar die Tür für die Verankerung des Staatsziels Kultur im Grundgesetz, relativiert das Anliegen aber zugleich, indem deutlich gemacht wird, dass unabhängig davon sich für Kunst und Kultur im Allgemeinen und die kulturelle Vielfalt im Besonderen eingesetzt werden muss.

Die Linke erklärt demgegenüber klipp und klar: »Kultur als Staatsziel gehört in das Grundgesetz.«[5] Sie beziehen sich konkret auf die Enquête-Kommission »Kultur in Deutschland« und sprechen sich dafür aus, den von der genannten Enquête-Kommission formulierten Satz »Der Staat schützt und fördert die Kultur« als neuen Art. 20 b in das Grundgesetz aufzunehmen.

---

[1] Fragen des Deutschen Kulturrates an die Parteien. 2005 a. a. O., S. 20
[2] Ebd. S. 15
[3] Ebd. S. 10
[4] Ebd. S. 13
[5] Ebd. S. 15

1. —— Einleitung

Die FDP stellt sich ebenfalls hinter die Empfehlung der genannten Enquête-Kommission. Sie bleiben dabei: »Ja, die FDP spricht sich für die Verankerung des Staatsziels Kultur im Grundgesetz aus.«[1]

Und auch die SPD erklärt: »... Kultur als Staatsziel in das Grundgesetz aufzunehmen. Damit würden kulturelle Aufgaben des Staates gleichgewichtig neben sozialen und umweltbezogenen im Grundgesetz verankert.«[2] Nach diesen klaren Aussagen hätte die Aufnahme des Staatsziels Kultur in das Grundgesetz eigentlich nur eine Formalie sein dürfen. Zumal die Länder mit der Ausnahme von Hamburg[3] in ihren Verfassungen das Staatsziel Kultur jeweils fixiert haben.

Die Wahlen 2005 ließen weder eine Fortführung der Rot-Grünen Regierung noch die Bildung einer Schwarz-Gelben Koalition zu. Es wurde daher nach 1969 die zweite Große Koalition in der Geschichte der Bundesrepublik gebildet.

Im Koalitionsvertrag von CDU, CSU und SPD[4] finden sich keine Aussagen, das Staatsziel Kultur im Grundgesetz zu verankern, obwohl sehr detailliert die Vorhaben zur Föderalismusreform beschrieben werden, die der richtige Ort gewesen wären, dieses Vorhaben zu vereinbaren.

Konkrete Aussagen zu Kultur[5] finden sich u. a. mit Blick auf die Filmwirtschaft. Hier sollen die Rahmenbedingungen und die internationale Wettbewerbsfähigkeit verbessert werden. So ist die Rede davon, ähnlich anderen EU-Mitgliedsstaaten die Anreize zu verbessern, privates Kapital für Filmproduktionen zur Verfügung zu stellen. Weiter wird sich vorgenommen, die Künstlersozialversicherung zu stärken. Dabei soll eine sachgerechte Beschreibung des Kreises der Begünstigten vorgenommen werden. Schon während der vorhergehenden Wahlperiode hatten insbesondere Unionsabgeordnete in der Enquête-Kommission »Kultur in Deutschland« auf eine Verengung des Künstlerbegriffs gedrängt, um so die Zahl der Versicherten zu begrenzen und damit die Kosten für die Verwerter künstlerischer Leistungen nicht weiter steigen zu lassen.

Zu dem Kulturkapitel des Koalitionsvertrags, eingeordnet unter VII Lebenswertes Deutschland, ist zuerst hervorzuheben, dass eindeutig formuliert wird: »Kulturförderung ist keine Subvention, sondern eine Investition in die Zukunft.«[6] Hier sind die Nachwirkungen der Debatte um das Koch-Steinbrück-Papier aus der 15. Wahlperiode noch zu spüren. Es wird noch einmal versichert, dass »... die Förderung von Kunst und Kultur aufgrund der Verfassungslage primär Aufgabe der Länder und Kommunen ist«, gleichwohl wird darauf abgehoben, dass »der Bund eine Reihe von wichtigen Aufgaben zu erfüllen« hat, »um Deutschlands Verpflich-

---

[1] Ebd. S. 18
[2] Ebd. S. 20
[3] Im Unterschied zu anderen Ländern werden in der Hamburgischen Verfassung vor allem die staatliche Ordnungen und das Zusammenspiel der verschiedenen Organe geregelt.
[4] Gemeinsam für Deutschland. Koalitionsvertrag von CDU, CSU und SPD. Wahlperiode 2005–2009
[5] Eine ausführliche Analyse des Koalitionsvertrags haben Zimmermann und Schulz 2006 vorgenommen. Zimmermann, O./Schulz, G.: Neue Chancen – neues Glück. Was wird die Große Koalition der Kultur bringen? In: Politik & Kultur 1/2006, S. 4 f.
[6] Gemeinsam für Deutschland. a. a. O., S. 131

tung als europäische Kulturnation gerecht zu werden.«[1] Mit Blick auf die Kulturförderung werden angesichts der Haushaltslage die Erwartungen gedämpft und deutlich gemacht, dass signifikante Haushaltsaufwüchse nicht zu erwarten sind. Neue Projekte sollen durch Haushaltsumschichtungen finanziert werden. Weiter wird sich für mehr Teilhabe von Kindern und Jugendlichen an Kunst und Kultur ausgesprochen. Mit Blick auf das Urheberrecht soll die Rechtsstellung der Urheber im digitalen Zeitalter gestärkt werden. Dieses ist gegenüber den Koalitionsverträgen der letzten beiden Koalitionen ein anderer Zungenschlag, in denen war von einem gerechten Ausgleich der Interessen von Urhebern und Nutzern die Rede. Gleichwohl darf aber auch bei diesem Koalitionsvertrag das Kulturkapitel nicht isoliert betrachtet werden, sondern muss im Zusammenhang mit Aussagen in anderen Kapiteln gesehen werden. So wird sich im Bildungskapitel für ein bildungs- und wissenschaftsfreundliches Urheberrecht – sprich die Ausweitung von Schranken – ausgesprochen. Die Aushandlungen zu diesem Thema zogen sich bis zur 18. Wahlperiode (2013–2017) mit der Verabschiedung des Urheberrechtswissenschaftsgesellschaftsgesetzes hin. Ferner wurde erneut eine Fusion der Kulturstiftung des Bundes und der Kulturstiftung der Länder ins Auge gefasst. Weitere Entscheidungen zum Wiederaufbau des Berliner Stadtschlosses sollten auf der Grundlage einer Machbarkeitsstudie zügig getroffen werden. Ferner sollen die Verhandlungen mit Russland über die Rückgabe von deutschem Kulturgut fortgesetzt werden. Ebenso soll das UNESCO-Übereinkommen von 1970 über Maßnahmen zum Verbot und zur Verhütung der unzulässigen Einfuhr, Ausfuhr und Übereignung von Kulturgütern umgesetzt werden. Ein Thema, das in der 18. Wahlperiode in der Diskussion um das Kulturgutschutzgesetz erneute Relevanz bekam, da mit dem Kulturgutschutzgesetz die bestehenden Gesetze zusammengeführt werden sollten.

Die in der 14. Wahlperiode (2002–2005) geführten Debatten um Daseinsvorsorge und die Behandlung von Kultur in internationalen Handelsverträgen wurden aufgegriffen. Der besondere Charakter von kulturellen Dienstleistungen sollte geschützt und der Handlungsspielraum zur Kulturförderung weder durch internationale Handelsverträge noch durch europäisches Beihilferecht oder die EU-Dienstleistungsrichtlinie eingeschränkt werden. Weiter wurde vereinbart, sich dafür einzusetzen, dass die Autonomie der EU-Mitgliedsstaaten zur Ausgestaltung des öffentlich-rechtlichen Rundfunks nicht eingeschränkt wird.

Der Auswärtigen Kultur- und Bildungspolitik soll ein größerer Stellenwert eingeräumt werden, damit sie wieder zur tragenden dritten Säule der deutschen Außenpolitik wird. Dazu wird eine sachgerechte Mittelausstattung als erforderlich erachtet. Hierin war eine Abkehr von der auswärtigen Kultur- und Bildungspolitik der Rot-Grünen Bundesregierungen zu erkennen.

---

[1] Ebd. S. 131

Institutionell wurde vereinbart, »einen Ausschuss für Kultur und Medien im Deutschen Bundestag einzusetzen, der auch weiterhin zuständig bleibt für die Auswärtige Kultur- und Bildungspolitik.«[1]

Bernd Neumann: Ein Politikprofi übernimmt

Im Bundestagswahlkampf 2005 hatte ich gefordert, dass der nächste Kulturstaatsminister ein »Politikprofi« sein muss und dem Deutschen Bundestag angehören sollte. Das war frech und ein bisschen anmaßend. Es beschrieb aber meinen Eindruck von den Handlungsspielräumen, die Kulturstaatsminister hatten, die nicht in ihrer Fraktion verankert waren. Sicher, Michael Naumann hatte als Erster in diesem Amt, als Eisbrecher und auch aufgrund seiner Persönlichkeit unmittelbaren Zugang zum Bundeskanzler und konnte so einiges durchsetzen. Julian Nida-Rümelin war stärker in der Partei verankert, er gehörte dem Vorstand des SPD-Kulturforum an und kannte als Kulturdezernent einer Großstadt wie München das parteipolitische Spiel. Obwohl Christina Weiss langjährige Kultursenatorin in Hamburg war, verstand sie sich bewusst als parteilose Kulturstaatsministerin, die in erster Linie die Interessen der Kultur im Blick hat. Sie war weder in Partei noch in Fraktion verankert, was es ihr gerade in der von Sparmaßnahmen und ökonomischem Druck geprägten 15. Wahlperiode schwer gemacht hatte, sich Gehör zu verschaffen. Umso mehr gilt es, ihre Erfolge, speziell die Durchsetzung von Kultur als Subvention und nicht als Investition, zu schätzen.

Nachdem im Koalitionsvertrag der ersten Regierung Merkel (Große Koalition) im November 2005 die Verteilung der Ministerien festgelegt war, war klar, dass es kein Bundeskulturministerium geben würde. Es wurde daher mit Spannung erwartet, ob ein Staatsminister für Kultur und Medien bei der Bundeskanzlerin seine Arbeit aufnehmen würde und wer dieses Amt innehaben sollte.

Als bei der einmal im Jahr stattfindenden Tagung zur Kulturpolitik der Konrad-Adenauer-Stiftung in Potsdam Bernd Neumann das Wort ergriff und sich deutlich gegen ein Bundeskulturministerium und für den Fortbestand der bestehenden Struktur aussprach, war mir klar, dass er der neue Kulturstaatsminister werden würde. Bernd Neumann war ein erfahrener Politiker. Er gehörte bereits seit 1987 dem Deutschen Bundestag an. Er war von 1991 bis 1994 Parlamentarischer Staatssekretär im Bundesministerium für Forschung und Technologie sowie von 1994 bis 1998 Parlamentarischer Staatssekretär im Bundesministerium für Bildung, Wissenschaft, Forschung und Technologie. Von 1998 bis 2005 war er Obmann für Kultur und Medien der CDU/CSU-Bundestagsfraktion.

Neumann war der Politikprofi, der für die Weiterentwicklung des BKM gebraucht wurde. Das Feuilleton fremdelte zunächst mit Neumann, musste dann aber feststellen, dass er dem Amt ein neues Gewicht geben konnte. Nach fast 20 Jahren Parlamentszugehörigkeit, darunter acht Jahren als Parlamentarischer

---

[1] Ebd. S. 132

Staatssekretär, war Neumann nicht nur in seiner Fraktion fest verankert, er kannte auch die Kolleginnen und Kollegen aus den anderen Fraktionen und vor allem wusste er, wie auf der Bundesebene Anliegen umzusetzen sind. Drei Wochen nach Amtsantritt gab er der Zeitung Politik & Kultur ein Interview und sagte zu letzterem Aspekt: »Dass man gelernt hat, Dinge umzusetzen, sie zielführend zu einem Ergebnis zu bringen, andere Menschen dafür zu gewinnen in einem schwierigen politischen Umfeld, ist sicherlich in der jetzigen Lage kein Nachteil.«[1] Weiter führte Neumann aus, dass er sich angesichts anstehender weiterer Einsparungen im Bundeshaushalt für eine Stabilisierung des Kulturhaushalts einsetzen würde. Dies nicht zuletzt deshalb, weil der Kulturhaushalt so klein sei, dass er zur Rettung der haushaltspolitischen Probleme wenig tauge. Angesprochen auf sein Amt und das anfängliche Fremdeln von CDU und CSU damit, antwortete Neumann: »Sie werden sich wundern! Ich habe bereits Mitte der 1990er Jahre Bundeskanzler Helmut Kohl empfohlen, ein solches Amt einzurichten. Damals war ich parlamentarischer Staatssekretär im Bildungs- und Forschungsministerium. Kulturangelegenheiten wurden zu dieser Zeit im Kanzleramt von Staatsminister Anton Pfeifer koordiniert, der sehr gute Arbeit leistete. Der Kulturhaushalt war im Innenministerium angesiedelt. Als Bundeskanzler Schröder dann das Amt einrichtete, habe ich das uneingeschränkt begrüßt.«[2] In dieser Antwort kommt zum Ausdruck, was auch Lammert und Pfeifer formuliert haben: Eigentlich hat die CDU den Boden für das BKM bereitet.

Mit Blick auf die Bundeskulturverbände leitete Neumann eine Trendwende ein. Michael Naumann war gegenüber Verbänden, insbesondere jenen, die Zuwendungen aus Bundesmitteln erhalten und gegenüber dem BKM kritisch waren, ablehnend. Er konnte nicht nachvollziehen, dass er seine eigenen Kritiker finanzieren sollte. Nida-Rümelin schätzte die Expertise der Bundeskulturverbände höher ein. Aber erst Neumann sagte: »Die Verbände haben eine ganz wichtige Funktion, weil sie auch die politischen Verhältnisse einschätzen können, während die einzelnen Künstler sehr stark auf ihre eigene Arbeit schauen.«[3] Diese Aussage Neumanns zu Beginn seiner Amtszeit charakterisiert seine Arbeit, Wertschätzung und Interesse gegenüber der individuellen Arbeit von Künstlerinnen und Künstlern und ebenso Wertschätzung und Dialog mit den Verbänden.

Ein zentrales Thema der 16. Wahlperiode war erneut die Föderalismusreform. Nachdem die Arbeit in der vorhergehenden Wahlperiode ergebnislos eingestellt wurde, vereinbarten CDU, CSU und SPD bereits im Koalitionsvertrag die wesentlichen Punkte der Föderalismusreform. Im Anhang zum Koalitionsvertrag wurden sogar die angestrebten Änderungen im Grundgesetz formuliert. Ein wesentlicher Bestandteil der Föderalismusreform II ist die sogenannte Schulden-

---

[1] Sven Crefeld im Gespräch mit Bernd Neumann: Kultur rechtfertigt sich an erster Stelle durch sich selbst. In: Politik & Kultur 1/2006, S. 6
[2] Ebd. S. 6
[3] Ebd. S. 7

bremse, die Bund und Länder zu mehr Haushaltsdisziplin und Schuldenabbau verpflichtet. Die Schuldenbremse gilt für den Bund seit 2016 und für die Länder ab 2019. Zum Zeitpunkt der Verabschiedung der Föderalismusreform II bestanden innerhalb des Kulturbereiches Einigkeit, dass die Einführung der Schuldenbremse zu massiven Einschnitten in den Kulturetats führen könnte. Das galt insbesondere für die ostdeutschen Länder, in denen das Wirksamwerden der Schuldenbremse und das Auslaufen des Solidarpaktes II zeitgleich stattfindet.

Von großer Bedeutung waren ferner die Auswirkungen der Digitalisierung auf den Kultur- und Mediensektor. Dabei stand vor allem das Urheberrecht im Vordergrund. Raubkopien von Musik im Netz hatten in den letzten Jahren bereits der Musikwirtschaft, d. h. den Musikunternehmen und in der Folge auch den Musikerinnen und Musikern einen massiven Schaden zugefügt. Eine weitere Dimension der Debatten war, wie urheberrechtlich geschützte Inhalte einfacher, schneller und kostengünstiger für Bildung und Wissenschaft zugänglich gemacht werden können. Dieses Thema wurde sowohl auf der europäischen Ebene von der EU-Kommision als auch auf der nationalen von den Wissenschaftsorganisationen vorangetrieben. Das BKM hat in diesen Debatten stets die Position von Urhebern und Verwertern im Blick gehalten. Das gehört in den Zusammenhang, dass das BKM der Kulturwirtschaft, bald hieß es Kultur- und Kreativwirtschaft, mehr Augenmerk schenkte. Anfang 2009 erschien der erste Bundeskulturwirtschaftsbericht herausgegeben vom BKM und dem Bundesministerium für Wirtschaft. Dieser Bericht war der erste Schritt für die Initiative Kultur- und Kreativwirtschaft seit den Anfängen einer Kooperation beider Häuser.

Im Jahr 2008 nahm ein Großereignis seinen Anfang: das Reformationsjubiläum. 35 Millionen Euro stellte der Bund hierfür zur Verfügung. Die Mittel dienten einerseits der Sanierung der Gedenkstätten in den sogenannten Kernländern der Reformation inklusive einer gründlichen Überarbeitung und Erneuerung der Ausstellungen. Ein Teil der Mittel sollte ausdrücklich Initiativen, Vereinen usw. zugutekommen, die sich vor Ort mit dem Reformationsjubiläum befassen.[1] Die Zivilgesellschaft war in den verschiedenen Lenkungs- und Leitungsgremien für das Reformationsjubiläum der Evangelischen Kirche in Deutschland (EKD) und dem Bund und den Ländern leider nur unzureichend berücksichtigt worden. Dennoch zeigten die Aktivitäten des BKM zum Reformationsjubiläum den langen Atem, den man sich von der Kulturpolitik wünscht. Zehn Jahre vor dem eigentlichen Ereignis, der 500-Jahr-Feier des Thesenanschlags zu Wittenberg, wurde mit der Arbeit am Jubiläum begonnen.[2]

---

[1] Einen kleinen Eindruck von der Vielfalt der geförderten Vorhaben bieten die beiden Dossier »Martin Luther Superstar« und »Die fantastischen Vier«, die den Ausgaben 3/2016 und 3/2017 der Zeitung Politik & Kultur beilagen.

[2] Der Deutsche Kulturrat hat das Reformationsjubiläum von 2008 bis 2018 publizistisch in der Zeitung Politik & Kultur begleitet. In jeder Ausgabe erschien mindestens ein Beitrag zu diesem Thema. Gebündelt wurden Beiträge im Band Disputationen. Zimmermann, O./Geißler, T. (Hg.): Disputationen: Reflexionen zum Reformationsjubiläum 2017. 2. Erweiterte und veränderte Auflage, Berlin 2016

Obwohl Neumann die Erwartungen an Mittelaufwüchse im Kulturetat zu Beginn seiner Amtszeit dämpfte, gelang in der 16. Wahlperiode ein sukzessiver Anstieg des Bundeskulturetats, der u. a. der Deutschen Welle zugutekam.

Dringender Handlungsbedarf bestand bei der Künstlersozialkasse. Der Abgabesatz schnellte im Jahr 2005 von 4,3 Prozent auf 5,8 Prozent der an freiberufliche Künstlerinnen und Künstler gezahlten Honorare hoch da die Zahl der Versicherten kontinuierlich stieg. Erneut stand aus Sicht der Verwerterverbände die gesamte Künstlersozialversicherung auf dem Prüfstand. Es war zu hören, dass im Lichte der allgemeinen Entwicklung von Selbständigkeit und einer Vielzahl von Selbständigen anderer Branchen mit einer unzureichenden sozialen Absicherung erneut eine Verfassungsklage zur Rechtmäßigkeit der Künstlersozialversicherung eingereicht werden könnte. Um Lösungen zu erarbeiten, wurden Künstler- und Verwerterverbände vom Bundesministerium für Arbeit und Soziales (BMAS) sowie dem Deutschen Kulturrat an einen gemeinsamen Runden Tisch Künstlersozialversicherung geholt. Als Problem wurde herausgearbeitet, dass offenbar zu wenig abgabepflichtige Unternehmen ihrer Verpflichtung nachkommen. Unter Vermittlung des BMAS erhielt die Deutsche Rentenversicherung den Auftrag, im Rahmen ihrer Betriebsprüfungen verstärkt zu prüfen, ob die Künstlersozialabgabe ordnungsgemäß entrichtet wurde. Diese verstärkten Prüfungen führten in der Folge dazu, dass zahlreiche Unternehmen neu als Abgabepflichtige aufgenommen wurden. Der Künstlersozialabgabesatz konnte in den darauffolgenden Jahren sukzessive wieder abgesenkt werden. Das BKM war in die Gespräche als Sachwalter der Kultur eingebunden.

Die Auswärtige Kultur- und Bildungspolitik erhielt im Auswärtigen Amt durch Außenminister Frank-Walter Steinmeier neue Aufmerksamkeit. Die Aufstockung der Mittel und Akzente bei den Auslandsschulen sind einige der besonderen Merkmale der Amtszeit.

Im Parlament schloss im Dezember 2007 die Enquête-Kommission »Kultur in Deutschland« mit ihrem Schlussbericht (Bundestagsdrucksache 16/7000) ihre Arbeit ab. Nachdem die in der 15. Wahlperiode eingesetzte Enquête-Kommission der Diskontinuität zum Opfer gefallen war, wurde am 15. Dezember 2005 eine neue Enquête-Kommission eingesetzt, die am 13. Februar 2006 ihre Arbeit aufnahm und die Arbeit der Enquête-Kommission aus der 15. Wahlperiode weiterführte.

Ihre Aufgaben waren:
— Fortsetzung der Beratungen zum Staatsziel Kultur aus der 15. Wahlperiode
— Fortsetzung der Arbeit aus der 15. Wahlperiode mit folgenden Schwerpunkten:
  - Infrastruktur, Kompetenzen und rechtliche Rahmenbedingungen
    für Kunst und Kultur in Staat und Zivilgesellschaft
  - Die öffentliche und private Förderung und Finanzierung von
    Kunst und Kultur – Strukturwandel
  - Die wirtschaftliche und soziale Lage der Künstlerinnen und Künstler

- Kulturwirtschaft – Kulturlandschaft und Kulturstandort
- Kulturelle Bildung, Kultur in der Informations- und Mediengesellschaft – Vermittlung und Vermarktung
- Kultur in Europa (unter anderem EU-Dienstleistungsrichtlinie), Kultur im Kontext der Globalisierung (unter anderem UNESCO-Übereinkommen Kulturelle Vielfalt, GATS)
- Kulturstatistik in der Bundesrepublik Deutschland und in der Europäischen Union[1]

Der Schlussbericht beeindruckt nicht nur mit seinen fast 500 Handlungsempfehlungen, die bis auf wenige Ausnahmen in großem Einvernehmen von allen Mitgliedern der Enquête-Kommission beschlossen wurden, er ist zugleich die bislang umfassendste Bestandsaufnahme zu Kunst und Kultur in Deutschland. Wenn es noch der Argumente für die Kulturzuständigkeit des Bundes bedurft hätte, hier wurden sie eindrucksvoll vorgelegt. Der Bericht zeigt die Relevanz des Bundes in der Gestaltung der Rahmenbedingungen für Kunst und Kultur, in der europäischen und internationalen Politik für Kunst und Kultur und nicht zuletzt in der Kulturförderung.

Die Handlungsempfehlungen waren nicht nur für die Fraktionen des Deutschen Bundestags, sondern auch für das BKM ein Fundus für politisches Handeln. Der Deutsche Kulturrat hat sich in neun Stellungnahmen zu den Handlungsempfehlungen der Enquête-Kommission »Kultur in Deutschland« positioniert.[2] In der Zeitung Politik & Kultur wurde sich von Ausgabe 1/2008 bis zur Ausgabe 6/2008 mit dem Thema befasst. Unterschiedliche Verbände und Persönlichkeiten schätzten die Arbeit der Enquête-Kommission ein und forderten die Umsetzung von Empfehlungen oder setzten sich bewusst davon ab.

Ein Aufreger war in der 16. Wahlperiode die Debatte um Computerspiele als Kulturgut. Ich will nicht verhehlen, dass auch ich meinen Anteil daran hatte. Ich schrieb in einer Pressemitteilung im Februar 2007: »Bei der Debatte um Gewalt in Computerspielen darf aber nicht über das Ziel hinausgeschossen werden. Erwachsene müssen das Recht haben, sich im Rahmen der gesetzlichen Bestimmungen auch Geschmacklosigkeiten oder Schund anzusehen bzw. entsprechende Spiele

---

[1] Schlussbericht der Enquête-Kommission »Kultur in Deutschland«, Drucksache 16/7000, S. 36 f.
[2] Kultur-Enquête: Kulturwirtschaft stärken und ihre Potenziale fördern! → https://bit.ly/2Qx46zj
Kultur-Enquête: Öffentlich-rechtlicher Rundfunk sichert Grundversorgung mit Kunst und Kultur. → https://bit.ly/2xf9gYn
Kultur-Enquête: Starkes Urheberrecht ist für den Kulturbereich unerlässlich! → https://bit.ly/2xiOTtq
Kultur-Enquête: Zuwendungsrecht und bürgerschaftliches Engagements → https://bit.ly/2Ot3sBp
Kultur-Enquête: Staatsverständnis, Staatsziel Kultur und öffentliche Kulturfinanzierung. → https://bit.ly/2xdjKry
Kultur-Enquête: Kultur in Europa. → https://bit.ly/2MCdSg7
Kultur-Enquête: Steuerpolitik für Kunst und Kultur. → https://bit.ly/2MBPb3t
Kultur-Enquête: In Kulturelle Bildung investieren! → https://bit.ly/2CZ8kNj
Kultur-Enquête: Arbeitsmarkt- und Sozialpolitik für Künstlerinnen und Künstler. → https://bit.ly/2OqeOpO (alle vom 09.04.2008)

zu spielen. Die Meinungsfreiheit und die Kunstfreiheit gehören zu den im Grundgesetz verankerten Grundrechten. Die Kunstfreiheit ist nicht an die Qualität des Werkes gebunden. Kunstfreiheit gilt auch für Computerspiele.«[1] Diese Aussage löste eine Welle an Empörung aus. Wie können Computerspiele und Kunstfreiheit in einem Atemzug genannt werden? In Politik & Kultur war in der Ausgabe 2/2007 der erste Schwerpunkt zu Computerspielen erschienen. In einem Dossier wurde sich dem Thema aus unterschiedlichen Blickwinkeln genähert und entschieden der Vorstellung entgegengetreten, dass Gewalt ein »Privileg« der Computerspiele sei.[2] Der Deutsche Bundestag bewilligte im Jahr 2008 Mittel zur Ausrichtung des Deutschen Computerspielepreises, der in Kooperation mit den beiden Branchenverbänden Games und BIU[3] erstmals im Jahr 2009 vergeben werden sollte. In der Amtszeit Neumann ressortierte der Deutsche Computerspielepreis im BKM. Die Games-Branche wurde als eine normale Branche der Kultur- und Kreativwirtschaft angesehen – heute zeigt sich, dass diese Branche einer der Wachstumstreiber der Kultur- und Kreativwirtschaft ist. Leider verlor das BKM nach dem Ende der Ära Neumann die Zuständigkeit für diesen Bereich.

Wahlkampf 2009 und Koalitionsvereinbarungen

Auch zur Bundestagswahl 2009 stellte der Deutsche Kulturrat Fragen an die im Deutschen Bundestag vertretenen Parteien (Wahlprüfsteine). Insgesamt 26 Fragen wurden in sieben Fragenkomplexen an die Parteien gerichtet. Die Fragenkomplexe waren:

— Kulturpolitik auf bundespolitischer Ebene
— Kultur- und Medienpolitik im internationalen Kontext
— Arbeitsmarkt- und Sozialpolitik
— Steuerpolitik
— Urheberrecht
— Kulturwirtschaft
— Kulturelle Bildung[4]

Zu den Fragen zum Themenkomplex »Kulturpolitik auf bundespolitischer Ebene« gehörten wiederum Fragen nach der Verankerung des Staatsziels Kultur im Grundgesetz, der Einsetzung des Ausschusses für Kultur und Medien sowie zum

---

[1] Zimmermann, O./Geißler, T. (Hg.): Streitfall Computerspiele: Computerspiele zwischen kultureller Bildung, Kunstfreiheit und Jugendschutz. 2. Erweiterte Auflage. Berlin 2008, S. 8
[2] Siehe hierzu besonders: Zimmermann, O./Schulz, G.: Zensur oder öffentliche Förderung? Computerspiele in der Diskussion. In: kultur kompetenz bildung. Beilage zu Politik & Kultur 2/2007, S. 1f.
[3] Games, der Verband der Computerspieleentwickler und BIU, der Verband der Publisher, fusionierten im Jahr 2017 zu einem Verband »Game, der Verband der deutschen Games-Branche«.
[4] Fragen des Deutschen Kulturrates an die im Deutschen Bundestag vertretenen Parteien zur Bundestagswahl am 27.09.2009. In: Politik & Kultur 5/2009

Staatsminister für Kultur und Medien bzw. der Aufwertung dieses Amtes zu einem Bundeskulturministerium. Um es kurz zu machen, alle Parteien sprechen sich uneingeschränkt für den Ausschuss für Kultur und Medien aus. Auch das BKM steht nicht infrage. Bündnis 90/Die Grünen erklären klipp und klar, dass sie keinen Grund für ein Bundeskulturministerium sehen. CDU und CSU wollen ebenfalls an der bestehenden Struktur festhalten. Die Linke möchte den Kulturstaatsminister zu einem Bundesminister im Bundeskanzleramt aufwerten, der Kabinettsrang hat. Auch die FDP spricht sich für den Kabinettsrang des Amtsinhabers BKM aus. Die SPD kann sich ein Bundeskulturministerium vorstellen, wenn weitere Zuständigkeiten diesem Haus übertragen werden. Sie geben aber zugleich zu bedenken, dass der Zuschnitt von Ministerien unterschiedlichen Kriterien unterliegt.

Für ein Staatsziel sprechen sich bis auf die CDU und CSU alle Parteien aus. Bündnis 90/Die Grünen schätzen allerdings, dass ein solches Vorhaben derzeit keine Umsetzungschancen hatte. Sowohl die FDP als auch die SPD wollen entsprechende Gesetzesvorschläge in den Bundestag einbringen.

Nach vier Jahren Großer Koalition (Union/SPD), die keine Liebesheirat war, dann aber erstaunlich erfolgreich arbeitete und selbst den Zusammenbruch von Banken und in der daraus entstehenden weltweiten Finanzkrise noch Zuversicht ausstrahlte, konnte die Union im Jahr 2009 ihre »Wunschkoalition« von CDU, CSU und FDP bilden. Für die FDP, die bis 1998 mit Ausnahme der Jahre 1966–1969, der ersten Großen Koalition, ausnahmslos jeder Bundesregierung angehört hatte, war es nach elf Jahren der Wiedereinzug in die Bundesregierung. Sie hatte mit 14,6 Prozent für ihre Verhältnisse ein fulminantes Ergebnis erzielt und konnten einen Zuwachs von 4,7 Prozent verzeichnen.

Der Koalitionsvertrag von CDU, CSU und FDP stand unter der Überschrift »Wachstum. Bildung. Zusammenhalt.« In der Präambel formulieren die Koalitionäre: »Wir stellen den Mut zur Zukunft der Verzagtheit entgegen. Wir wollen unserem Land eine neue Richtung geben. Freiheit zur Verantwortung ist der Kompass dieser Koalition der Mitte. Wir führen Deutschland an die Weltspitze, um kommenden Generationen ein Leben in Wohlstand, Gerechtigkeit und Sicherheit zu ermöglichen. So wollen wir mit neuem Denken die Zukunft gestalten.«[1] Das waren hochgesteckte Ziele. Ein besonderes Augenmerk wurde im Koalitionsvertrag auf die Steuerpolitik gelegt. Hier wird »Mehr Netto vom Brutto« versprochen. Die ermäßigten Mehrwertsteuersätze sollten von einer einzusetzenden Kommission überprüft werden, die sich auch mit dem Katalog der ermäßigten Mehrwertsteuersätze befassen sollte. Dabei bleibt offen, ob weitere ermäßigte Mehrwertsteuersätze eingeführt oder bestehende abgeschafft werden sollten. Zugesagt wird die Fortführung der Initiative Kultur- und Kreativwirtschaft, dabei sollten künftig Unterstützungsangebote zur Professionalisierung von Künstlerinnen und Künstlern angeboten werden.

---

[1] Wachstum. Bildung. Zusammenhalt. Koalitionsvertrag zwischen CDU, CSU und FDP. 26.10.2009, 17. Legislaturperiode, S. 5–132

Kultur wurde im Koalitionsvertrag im Abschnitt III »Sozialer Fortschritt. Durch Zusammenhalt und Solidarität« im Kapitel 10 »Religion, Geschichte und Kultur; Sport« verhandelt. Die kulturpolitischen Vorhaben im engeren Sinne werden unter der Unterüberschrift »Geschichte und Kultur« zusammengeführt. Diese Überschrift legt nahe, dass ein besonderes Augenmerk auf die Erinnerungskultur gelegt wird. Doch zunächst wird formuliert: »Wir bekennen uns zur Freiheit der Kunst. Staat und Politik sind nicht für die Kunst, ihre Ausdrucksformen oder Inhalte zuständig, wohl aber für die Bedingungen, unter denen Kunst und Kultur gedeihen können. Wir müssen Menschen die Chance geben, sich durch ihre künstlerische Gestaltungskraft eine auch wirtschaftlich erfolgreiche Existenz zu schaffen und andere kulturell zu bereichern.«[1] Mit Blick auf die Kulturfinanzierung wird darauf abgehoben, dass in den vergangenen vier Jahren die Kulturausgaben des Bundes deutlich erhöht werden konnten. Weiter wird ein klares Bekenntnis zu Kultur als Investition abgegeben. Es heißt: »Kulturförderung ist keine Subvention, sondern eine unverzichtbare Investition in die Zukunft unserer Gesellschaft.«[2] Auch hier zeigen sich noch die Nachwirkungen der Wahlperiode 2002–2005 und die »Drohungen« des Koch-Steinbrück-Papiers.

Als konkrete Vorhaben werden u. a. aufgeführt: die Einrichtung eines Arbeitsschwerpunkts »Aufarbeitung der SED-Diktatur«, die Fortsetzung und Verstärkung des Gedenkstättenkonzepts zur Aufarbeitung des NS-Terrors, die Errichtung der Dokumentationsstätte »Stiftung Flucht, Vertreibung, Versöhnung«, der Bau des Humboldt Forums, die Förderung des Denkmalschutzes, die Erarbeitung eines nationalen Bestanderhaltungsprogramms für gefährdetes schriftliches Kulturgut sowie die Unterstützung der Provenienzforschung. Nicht fehlen durfte die weitere Stärkung des Filmstandorts Deutschland.

Der Auswärtigen Kultur- und Bildungspolitik wurde im Abschnitt V »Sicherer Frieden. Durch Partnerschaft und Verantwortung in Europa und der Welt« ein eigenes Kapitel gewidmet. Eingangs wird ausgeführt, dass einer gezielten Auswärtigen Kultur- und Bildungspolitik im Zeitalter der Globalisierung eine immer größere Bedeutung zukommt. Dann wird näher erläutert, was darunter verstanden wird: »Der Förderung der deutschen Sprache im Ausland werden wir besondere Beachtung beimessen. Die Auswärtige Kultur- und Bildungspolitik soll unser Land in seiner Vielfalt darstellen und das Interesse an unserem Land, unserer Sprache und unserer Geschichte und Kultur fördern.« und weiter »Heute begreift Deutschland seine Auswärtige Kultur- und Bildungspolitik noch stärker als Beitrag zur Krisenprävention, Menschenrechtsschutz und Freiheitsförderung.«[3]

Wird bei der Kulturpolitik im Inland noch die Freiheit der Kunst in den Mittelpunkt gerückt und ausdrücklich betont, dass Kulturpolitik die Aufgabe hat, die Rahmenbedingungen zu gestalten, sind die Aussagen zur Auswärtigen Kul-

---

[1] Ebd. S. 94–132
[2] Ebd. S. 94–132
[3] Ebd. S. 127–132

tur- und Bildungspolitik deutlich utilitaristischer. Und in der Tat blieb bei mir von der Rede von Außenminister Guido Westerwelle zur Auswärtigen Kultur- und Bildungspolitik beim Sommerfest des Goethe-Instituts im Jahr 2010 vor allem hängen, dass sich Deutschland im Wettbewerb um die besten Köpfe der Welt mit anderen Ländern befindet und daher eine zentrale Bedeutung der Auswärtigen Kultur- und Bildungspolitik darin besteht, für Deutschland und das Erlernen der deutschen Sprache zu werben, damit die Fachkräfte insbesondere aus asiatischen Ländern nach Deutschland kommen und nicht andere Länder präferieren.[1]

Amtszeit Bernd Neumann II: Sicherung der Kulturfinanzierung

Wie in der Antwort auf die Wahlprüfsteine des Deutschen Kulturrates geschrieben, wurde von der Schwarz-Gelben Regierung unter Bundeskanzlerin Angela Merkel am BKM oder anders gesagt am Staatsminister für Kultur und Medien bei der Bundeskanzlerin festgehalten. Bernd Neumann, allseits in der Kulturszene geschätzt, behielt das Amt inne. Im Auswärtigen Amt wurde Cornelia Pieper, zuvor Generalsekretärin der FDP, Staatsministerin mit dem Schwerpunkt Auswärtige Kultur- und Bildungspolitik. Im Wirtschaftsministerium sollte sich der Parlamentarische Staatssekretär Hans-Joachim Otto (FDP), zuvor Vorsitzender des Ausschusses für Kultur und Medien, unter anderem um Digitalisierung und Kulturwirtschaft kümmern. Die Kulturpolitik wurde damit zwar nicht in einem Ministerium gebündelt, aber personell durchaus verstärkt, was ein Zeichen für den Bedeutungsgewinn dieses Politikfeldes ist.

Nach der Wirtschaftskrise im Jahr 2008 war ein wichtiges kulturpolitisches Thema die Kulturfinanzierung. Zwar konnte der Bund in der Ära Neumann in jedem Haushaltsjahr mit Etatsteigerungen aufwarten, wesentlich schwieriger stellte sich allerdings die Situation in den Ländern und Kommunen dar, die bekanntermaßen den größten Teil der Kulturfinanzierung tragen.[2] Der Deutsche Kulturrat hat daher im März 2010 die Resolution verabschiedet »Krise der kommunalen Kulturfinanzierung: Nothilfefonds Kultur – Kulturstiftung des Bundes oder Kulturstiftung der Länder sollten Träger sein«.[3] Ausführlicher noch und mit konkreten Forderungen an die verschiedenen staatlichen Ebenen, Kirchen, Stiftungen sowie den öffentlich-rechtlichen Rundfunk versehen, wurde im Oktober 2010 vom Deutschen Kulturrat die Stellungnahme vorgelegt »Kunst und Kultur

---

[1] Unter der Überschrift »Digitalisierung und Erinnerungskultur. Die beiden Pole der Kulturpolitik in der Koalitionsvereinbarung« haben Olaf Zimmermann und Gabriele Schulz eine Analyse des Koalitionsvertrags in der Ausgabe 6/2009 von Politik & Kultur vorgenommen.
[2] Siehe hierzu als eine Stimme: Roth, M.: Kampf um die verbleibenden Töpfe. Öffentliche Museen spüren jetzt die Folgen der Wirtschaftskrise. In: Politik & Kultur 1/2010, S. 1 f.
[3] Krise der kommunalen Kulturfinanzierung: Nothilfefonds Kultur – Kulturstiftung des Bundes oder Kulturstiftung der Länder sollten Träger sein vom 03.03.2010 → https://bit.ly/2DeG2i7

als Lebensnerv«.[1] Bernd Neumann, der ansonsten viele Vorschläge und Anregungen aus dem Deutschen Kulturrat aufgriff, hielt die Sicherung der Kulturfinanzierung zwar für ein zentrales Vorhaben, konnte sich mit der Idee eines Nothilfefonds für bedrohte Kultureinrichtungen allerdings nicht anfreunden.

Von ungebrochener Bedeutung war die Diskussion um das Urheberrecht in der digitalen Welt. Mit großer Besorgnis wurden vom Deutschen Kulturrat und vielen seiner Mitglieder die Arbeit der Enquête-Kommission »Internet und digitale Gesellschaft« verfolgt. Zur Halbzeit der Wahlperiode im September 2011 äußerte sich der Deutsche Kulturrat in seiner Halbzeitbilanz zur Arbeit der Bundesregierung und des Parlaments zur genannten Enquête-Kommission folgendermaßen: »Mit großer Sorge sieht der Deutsche Kulturrat die ersten Arbeitsergebnisse der Enquête-Kommission des Deutschen Bundestages ›Internet und digitale Gesellschaft‹. Der Deutsche Kulturrat fordert die Mitglieder der Enquête-Kommission des Deutschen Bundestages ›Internet und digitale Gesellschaft‹ auf, nicht prioritär die Interessen der sogenannten Netzgemeinde und der Telekommunikationswirtschaft zu bedienen, sondern ebenso intensiv im Dialog mit den Künstlern und Medienschaffenden, der Kulturwirtschaft und den Kultureinrichtungen nach angemessenen Lösungen zum Schutz ihrer Rechte zu suchen.

Die Digitalisierung beinhaltet auch viele Chancen zur Teilhabe an Kunst und Kultur; das betrifft sowohl neue Formen der Kulturvermittlung als auch neue Modelle der Kulturverwertung. Zentrales Anliegen des Deutschen Kulturrates ist der Schutz des geistigen Eigentums. Zugleich müssen die Erwartungen der Nutzer im Blick gehalten werden.«[2]

Demgegenüber wurde die Arbeit von Staatsminister Neumann in Sachen Digitalisierung und Urheberrecht ausdrücklich gelobt. Er hatte einen Runden Tisch unter Beteiligung des Deutschen Kulturrates und ausgewählter Verbände der Künstler, der Verwerter und der Nutzer eingerichtet. An diesem Tisch wurden sehr ausführlich die Probleme, aber auch Lösungsmöglichkeiten beraten. Neumann hörte zu und forderte die Beteiligten immer wieder auf, ihre Argumente zu schärfen. Der Runde Tisch war ein Beratungsgremium für ihn. Diskussionen flossen in das 12-Punkte-Papier zum Schutz des geistigen Eigentums im digitalen Zeitalter »Ohne Urheber keine kulturelle Vielfalt« ein. In der Präambel dieses Positionspapiers steht zu lesen:

»Die Geschichte der Literatur, Musik, Kunst, und der Wissenschaft sowie des Films und der Medien ist auch eine Geschichte des Schutzes des geistigen Eigentums. Der Schutz der Rechte der Urheber wurde in dem Maße erforderlich, wie die Werke der geistigen Arbeit neben ihrer wesentlichen kulturellen und sozialen Dimension zugleich ein handelbares Wirtschaftsgut geworden sind. Die

---

[1] Kunst und Kultur als Lebensnerv. Stellungnahme des Deutschen Kulturrates zur Kulturfinanzierung vom 08.10.2010 → https://bit.ly/2xhNYtc

[2] Halbzeit der Legislaturperiode. Was steht an? Sechs kulturpolitische Forderungen des Deutschen Kulturrates an den Deutschen Bundestag und die Bundesregierung für die zweite Hälfte der Wahlperiode vom 29.09.2011 → https://bit.ly/2QxPsaN

neuen Informations- und Kommunikationstechnologien, die ihrerseits das Ergebnis des schöpferischen Geistes sind, führen notwendigerweise zu neuen Herausforderungen für das geistige Eigentum. Das Urheberrecht, in dessen Mittelpunkt die ideellen und materiellen Interessen des Werkschöpfers stehen, unterliegt einem ständigen Anpassungsdruck durch die technische Entwicklung. Durch die digitale Revolution werden nicht nur die Bedingungen der Produktion von Literatur, Musik, Kunst, Filmen, audiovisuellen Inhalten und von Wissen verändert. Es entstehen auch für die Verwerter neue Geschäftsmodelle, die die Schätze der kulturellen Vielfalt der Gegenwart und der Vergangenheit heben können. Die Mechanismen und Regelungen für das traditionelle Marktgeschehen reichen im virtuellen Umfeld nicht mehr aus. Im weltweiten Netz zirkulieren Werke und künstlerische Leistungen, die Objekt wirtschaftlichen Interesses sind. Die Digitalisierung birgt mithin viele Chancen, aber auch Risiken für die Urheber und andere am kreativen Schaffens- und Verwertungsprozess Beteiligte, wie etwa Verlage, Produzenten von Musik oder Filmen oder Rundfunkveranstalter. Da das Urheberrecht wesentlich vom Persönlichkeitsrecht des Urhebers mitgeprägt wird, enthält die Ausgestaltung der rechtlichen Bedingungen allerdings nicht nur eine wirtschaftliche, sondern auch eine starke ideelle Dimension.

Gleichzeitig haben die digitalen Veränderungen ganz neue und bislang unbekannte Möglichkeiten der Teilnahme am kulturellen Leben geschaffen. Ein herausragendes Beispiel hierfür stellt die Deutsche Digitale Bibliothek dar, die auch als deutscher Beitrag zur Europäischen Digitalen Bibliothek Europeana aufgebaut wird. Aber nicht nur die Aneignung der Schätze der Kultur und Kunst ist leichter geworden, sondern auch die Verletzung von Rechten der Urheber im Internet. Es bleibt die Herausforderung bestehen, den geistigen Diebstahl und sonstige Urheberrechtsverletzungen zu verhindern; das ungenehmigte Einstellen und das ungesetzliche Herunterladen von Werken sind keine Kavaliersdelikte. Letztlich geht es um die Stärkung der Rechtsstellung der Urheber und damit um die Wertschätzung ihrer geistigen Arbeit. Schutz des geistigen Eigentums ist insoweit Schutz des kulturellen Reichtums und eines vielfältigen Kulturerbes, wie es auch in der UNESCO-Konvention zum Schutz und zur Förderung der Vielfalt kultureller Ausdrucksformen Bestätigung findet.«[1]

Weitere Themen des Positionspapiers waren:
— Der Urheber bleibt Ausgangspunkt des Urheberrechts
— Angemessene Regeln für das Verhältnis Urheber/Nutzer
— Wert geistigen Eigentums
— Kulturelle Teilhabe durch Medienkompetenz
— Rolle der Verwertungsgesellschaften
— Regeln für verwaiste und vergriffene Werke

---

[1] »Ohne Urheber keine kulturelle Vielfalt«. Zwölf-Punkte-Papier des Staatsministers für Kultur und Medien zum Schutz des geistigen Eigentums im digitalen Zeitalter. Dezember 2011 → https://bit.ly/2NedeL7

— Warnhinweismodell
— Fortentwicklung der Haftung von Providern und anderen Beteiligten
— Leistungsschutzrecht für Presseverleger
— Weiterverwendung und Langzeitverfügbarkeit digitaler Kopien
— Verbesserungen bei der Sicherung von Vergütungsansprüchen
— Europäische und internationale Regeln [1]

Der Deutsche Kulturrat lobte am Positionspapier, dass sich Kulturstaatsminister Neumann in seinem 12-Punkte-Papier zum Schutz des geistigen Eigentums im digitalen Zeitalter ›Ohne Urheber keine kulturelle Vielfalt‹ eindeutig und klar für den Schutz des geistigen Eigentums positioniert hat. Besonders wichtig ist für den Deutschen Kulturrat die Verbindung von kultureller Vielfalt und Schutz des geistigen Eigentums. Der Deutsche Kulturrat forderte Kulturstaatsminister Neumann und die Parlamentarier auf, diese Position nachdrücklich in die Verhandlungen zur Urheberrechtsreform einzubringen.

Angesichts der aktuellen Debatten zum Urheberrecht positionierte sich der Deutsche Kulturrat im Oktober »Zur Zukunft des Urheberrechts – Positionspapier des Deutschen Kulturrates«.[2] Hierin wurde herausgearbeitet, ».. in der digitalen Welt geht das Urheberrecht jedermann an. Die Auseinandersetzung um das richtige Urheberrecht wird in einer breiten Öffentlichkeit geführt und hat eine politische Bedeutung gewonnen, die noch vor wenigen Jahren nicht vorstellbar war, denn das Internet ermöglicht die schnelle Bereitstellung von künstlerischen und journalistischen Werken.«[3] Auch wenn die Gesetzgebungskompetenz für das Urheberrecht nicht beim BKM sondern beim Bundesjustizministerium liegt, ist das klare Eintreten für die Rechte der Urheber und anderen Rechteinhaber vonseiten des BKM sehr wichtig für die Durchsetzung der Anliegen.

Ein kulturpolitischer Dauerbrenner, schon vor der Einrichtung des BKM, ist die Mehrwertsteuer und hier insbesondere der ermäßigte Mehrwertsteuersatz für Kulturgüter. Seine geplante Streichung im Jahr 1981 war einer der Gründungsanlässe für den Deutschen Kulturrat. Erstmals hatten sich damals Verbände unterschiedlicher künstlerischer Sparten zusammengeschlossen und sind gemeinsam für den Erhalt des ermäßigten Mehrwertsteuersatzes für Kunst und Kultur eingetreten. Seither gab es immer wieder Angriffe auf diese Ermäßigungstatbestände. Im Mittelpunkt stand in der Regel die bildende Kunst, Weiterungen auf Bücher und andere Druckerzeugnisse waren stets möglich. Im Laufe der Zeit stellte sich als zusätzliche Facette heraus, dass einige Kulturgüter von der Mehrwertsteuerermäßigung nicht erfasst sind. Dies ist einerseits in der Buchbranche der technischen Entwicklung geschuldet, so sind gedruckte Bücher mit dem ermäßigten Mehrwertsteuersatz belegt, E-Books mit dem vol-

---

[1] »Ohne Urheber keine kulturelle Vielfalt«. a. a. O.
[2] Zur Zukunft des Urheberrechts – Positionspapier des Deutschen Kulturrates → https://bit.ly/2paPwRq
[3] Ebd.

1. —— Einleitung

len, Hörbücher erst seit dem 1. Januar 2015 mit dem ermäßigten Umsatzsteuersatz. In der bildenden Kunst waren beispielsweise Öl- oder Acrylbilder mit dem ermäßigten Mehrwertsteuersatz, Werke des künstlerischen Siebdrucks, Videokunst und künstlerische Designleistungen hingegen mit dem vollen Satz belegt. Grund hierfür sind die Bestimmungen der Europäischen Mehrwertsteuersystemrichtlinie.

Der Deutsche Kulturrat und die betroffenen Verbände haben stets beim BKM für eine Ausdehnung der ermäßigten Mehrwertsteuer in den verschiedenen Verbreitungswegen und künstlerischen Ausdrucksformen geworben, in denen es auf der Hand liegt, wie die oben genannten Beispiele belegen. Diese Vorschläge stießen bei allen Kulturstaatsministern auf offene Ohren. Es wurde sich insbesondere für einen ermäßigten Mehrwertsteuersatz für Druckwerke eingesetzt. Auch wurde über einen ermäßigten Mehrwertsteuersatz für Tonträger nachgedacht. Als Damoklesschwert schwebte allerdings über dem ermäßigten Mehrwertsteuersatz bei Kunstverkäufen aus Galerien, dass dies EU-rechtswidrig war. Um den bestehenden, europarechtswidrigen Rechtszustand nicht zu gefährden, warnte das BKM stets vor Vorstößen bezüglich einer Ausdehnung der Mehrwertsteuerermäßigungen in der bildenden Kunst und hielt sich selbst eher zurück. Dies auch vor dem Hintergrund, dass das Bundesfinanzministerium immer wieder mit Gutachten aufwartete, in denen die Abschaffung des ermäßigten Mehrwertsteuersatzes für die bildende Kunst empfohlen wurde.

In der zweiten Amtszeit von Neumann drohte die EU-Kommission der Bundesrepublik ein Vertragsverletzungsverfahren an, sollte der ermäßigte Mehrwertsteuersatz für den Verkauf von Kunstwerken in Galerien nicht abgeschafft werden. Schnell stand fest, dass die Bundesregierung ein Vertragsverletzungsverfahren nicht riskieren wollte. Es ging daher darum, andere Lösungen zu finden. Hier war und ist vonseiten der Bundesregierung das BKM der Treiber. Die Umsetzung des schließlich vereinbarten Modells der Margenbesteuerung scheitert – leider immer noch – am Widerstand der Länder. Sie weigern sich, die gesetzlichen Vorgaben in einem gemeinsamen Anwendungserlass mit dem Bund umzusetzen, sodass auch im Jahr 2018 immer noch Rechtsunsicherheit für Galeristen besteht. Sowohl Staatsminister Neumann als auch Staatsministerin Grütters haben bei den Ländern nachdrücklich für eine kulturfreundliche Lösung geworben, eine Mehrheit kam bislang nicht zustande. Es ist mehr als bedauerlich, wie wenig die Länder in diesem Fall bereit sind, eine kulturpolitische Verantwortung zu übernehmen, die über die eigenen Ländergrenzen hinausweist.

Bereits in der Amtszeit von Staatsminister Michael Naumann wurde die Washingtoner Erklärung (eigentlich: »Grundsätze der Washingtoner Konferenz in Bezug auf Kunstwerke, die von den Nationalsozialisten beschlagnahmt wurden«) unterzeichnet. Obwohl sie rechtlich nicht bindend ist, war sie ein wichtiger Meilenstein in der Befassung mit NS-verfolgungsbedingt entzogenem Kulturgut. Im Jahr 1999 erarbeiteten Bund, Länder und kommunale Spitzenverbände die »Erklärung der Bundesregierung, der Länder und der kommunalen Spitzenverbände zur Auffindung und zur Rückgabe NS-verfolgungsbedingt entzogenen Kulturgutes, insbesondere aus jüdischem Besitz« (»Gemeinsame Erklärung«)[1] Hierin verpflichten sich die Unterzeichner u. a.: »… auf der Basis der verabschiedeten Grundsätze und nach Maßgabe ihrer rechtlichen und tatsächlichen Möglichkeiten nach weiterem NS-verfolgungsbedingt entzogenen Kulturgut zu suchen und gegebenenfalls die notwendigen Schritte zu unternehmen, eine gerechte und faire Lösung zu finden.«[2] Und weiter: »Die Bundesregierung, die Länder und die kommunalen Spitzenverbände werden im Sinne der Washingtoner Erklärung in den verantwortlichen Gremien der Träger einschlägiger öffentlicher Einrichtungen darauf hinwirken, dass Kulturgüter, die als NS-verfolgungsbedingt entzogen identifiziert und bestimmten Geschädigten zugeordnet werden können, nach individueller Prüfung den legitimierten früheren Eigentümern bzw. deren Erben zurückgegeben werden. Diese Prüfung schließt den Abgleich mit bereits erfolgten materiellen Wiedergutmachungsleistungen ein. Ein derartiges Verfahren ermöglicht es, die wahren Berechtigten festzustellen und dabei Doppelentschädigungen (z. B. durch Rückzahlungen von geleisteten Entschädigungen) zu vermeiden. Den jeweiligen Einrichtungen wird empfohlen, mit zweifelsfrei legitimierten früheren Eigentümern bzw. deren Erben über Umfang sowie Art und Weise einer Rückgabe oder anderweitige materielle Wiedergutmachung (z. B. gegebenenfalls in Verbindung mit Dauerleihgaben, finanziellem oder materiellem Wertausgleich) zu verhandeln, soweit diese nicht bereits anderweitig geregelt sind (z. B. durch Rückerstattungsvergleich).«[3]

Im Jahr 2000 etablierte sich ein Arbeitskreis Provenienzforschung, in dem an dem Thema interessierte Wissenschaftler, Mitarbeiter aus Kultureinrichtungen usw. sich zum Fachaustausch trafen. Im Jahr 2001 wurde die vorherige Koordinierungsstelle Magdeburg[4] in eine gemeinsame Einrichtung von Bund und Ländern umgewandelt. Die Datenbank lostart.de[5] wurde im selben Jahr freigeschaltet. Deutlich gestärkt wurde die Provenienzrecherche durch die Gründung der Arbeitsstelle für Provenienzrecherche/-forschung (AfP) am Institut für Museumsforschung der Staatlichen Museen zu Berlin – Stiftung Preußischer Kulturbesitz. Ihre Aufgabe war u. a., die Forschung nach NS-verfolgungsbedingt entzogenem Kulturgut in Kultureinrichtungen zu unterstützen. Einen spürbaren Schub erhielt die Provenienzrecherche dank der Bereitstellung von Haushaltsmitteln in Höhe von einer Million Euro durch das BKM. Kultureinrichtungen konnten sich mit konkreten Vorhaben um Projektmittel bewerben. Weiter wur-

---

[1] Gemeinsame Erklärung der Bundesregierung, der Länder und der kommunalen Spitzenverbände zur Auffindung und zur Rückgabe NS-verfolgungsbedingt entzogenem Kulturgutes, insbesondere aus jüdischem Besitz → https://bit.ly/2xeuAgC
[2] Ebd.
[3] Ebd.
[4] Die Koordinierungsstelle Magdeburg war 1994 von den Ländern Berlin, Brandenburg, Bremen, Hamburg, Mecklenburg-Vorpommern, Niedersachsen, Sachsen, Sachsen-Anhalt, Schleswig-Holstein und Thüringen als Koordinierungsstelle der Länder für die Rückführung von Kulturgütern gegründet worden.
[5] Auf www.lostart.de werden Kulturgüter verzeichnet, die problematischer oder ungeklärter Herkunft sind.

1. —— Einleitung

den Symposien wie beispielsweise die Symposien zur Provenienzrecherche in Bibliotheken in Hannover unterstützt, die in die Fachwelt und Öffentlichkeit wirkten. Im Jahr 2013 ermöglichte die Kulturstiftung der Länder eine Erhöhung des Personalstocks bei der Arbeitsstelle für Provenienzrecherche/-forschung (AfP) am Institut für Museumsforschung, um insbesondere kleinere Kultureinrichtungen bei der Provenienzrecherche zu unterstützen. Es ist also ein wichtiges Verdienst der Amtszeit von Bernd Neumann, dass dieses wichtige Anliegen in den Mittelpunkt der Kulturpolitik rückte.

Wahlkampf 2013 und Koalitionsverhandlungen

Traditionellerweise hat der Deutsche Kulturrat auch im Jahr 2013 Fragen an die im Deutschen Bundestag vertretenen Parteien gerichtet. Da zu dem Zeitpunkt die Piratenpartei einen enormen Aufschwung erlebte, in diversen Landtagen vertreten war und davon auszugehen war, dass sie auch die Fünf-Prozent-Hürde für den Einzug in den Deutschen Bundestag schaffen würde, wurde sie abweichend vom sonstigen Procedere, ausschließlich im Deutschen Bundestag vertretene Parteien zu befragen, in die Versendung der Wahlprüfsteine einbezogen – und sie haben wie die anderen Parteien geantwortet.

Die Fragen waren in folgende Fragenkomplexe gegliedert:
— Kulturpolitik auf bundespolitischer Ebene
— Auswärtige Kultur- und Bildungspolitik
— Arbeitsmarkt- und Sozialpolitik
— Steuerpolitik
— Urheberrechtspolitik
— Medienpolitik
— Bildungspolitik

Insgesamt wurden 30 Fragen gestellt, so auch die Klassiker nach dem Staatsziel Kultur, der Einrichtung des Ausschusses für Kultur und Medien sowie der Einrichtung eines Bundeskulturministeriums.

Beim Staatsziel Kultur herrschte bei Bündnis 90/Die Grünen, FDP, Die Linke, Piratenpartei und SPD Einigkeit, dass das Staatsziel Kultur im Grundgesetz verankert wird. Die Piratenpartei schreibt allerdings etwas kryptisch: »Die Piratenpartei wird sich für eine Verankerung des Staatsziels Kultur einsetzen, bei der Umsetzung dieses Ziels jedoch den Wunsch nach größtmöglicher Staatsferne in der Realisierung nicht aus dem Blick verlieren.«[1] Hier scheint das Staatsziel Kultur mit Staatskunst verwechselt zu werden. CDU/CSU räumen ein, dass es bei ihnen verfassungsrechtliche Bedenken gegenüber einem Staatsziel Kultur gibt, stellen dann aber klar: »Dafür haben CDU und CSU die Kulturlandschaft in

---

[1] Parteien auf dem Prüfstand. In: Politik & Kultur Spezial 5/2013, S. 22

unserem Land wirkungsvoll gestärkt – im Gegensatz zu Ländern, die der Kultur in ihren Landesverfassungen zwar einen Platz einräumen, dem aber keine Taten folgen lassen.«[1]

Unstreitig ist unter allen befragten Parteien die Einrichtung des Ausschusses für Kultur und Medien. Was das BKM betrifft, verweisen Bündnis 90/Die Grünen zuerst darauf, dass in der ersten Rot-Grünen Bundesregierung das Amt eingerichtet wurde. Sie fänden es gut, »wenn Kultur im Kabinett nicht nur mit Rederecht, sondern auch mit Stimmrecht vertreten werden könnte.«[2] Um dann zu relativieren: »Die Gestaltungsstärke und Präsenz kulturpolitischer Themen liegt jedoch in erster Linie an den Inhalten und der Person, die diese nach außen repräsentiert – ob es sich dabei um einen Kulturstaatsminister oder einen Minister für Kultur handelt, ist sekundär.«[3] Hieraus spricht die Wertschätzung gegenüber der Arbeit der bisherigen Kulturstaatsminister – ganz unabhängig, welcher Parteien sie angehören.

CDU und CSU erklären klipp und klar, dass sie am bestehenden Modell festhalten wollen, da es sich bewährt habe. Die Linke plädiert erneut für eine Bündelung weiterer kulturpolitischer Themen und die Einführung eines Bundeskulturministers mit Kabinettsrang. Die FDP sieht die bisherige Form des BKM als die geeignete Form, um »… die vornehmste Aufgabe, den Bereich Kulturpolitik generell zu stärken.«[4] Die SPD erinnert daran, dass unter ihrer Verantwortung das BKM gegründet wurde und stellt heraus, dass sie die Kultur im Rahmen des kooperativen Kulturföderalismus stärken wolle.

Die Piratenpartei hat hochfliegende Pläne für ein Bundeskulturministerium. Sie vertreten die Auffassung: »Hier gilt es die föderale Struktur der Landeshoheit zu beachten, deswegen hat die Piratenpartei hier ihr Augenmerk auf die digitalen Kulturräume gelegt, da diese von keiner Region geprägt sind und eine niedrige Zugangsschwelle haben. Das muss so bleiben. Unsere Forderung geht weiter, da das Thema Netzneutralität hier eine wichtige Rolle spielt. Für alle Bürger ist eine gleichberechtigte Teilhabe an digitaler Kultur und Bildung ein Grundrecht, welches der Staat zu gewährleisten hat. Deswegen fordern wir ein Ministerium für Kultur und Medien, um den Erfordernissen gerecht zu werden. Unsere Gesellschaft wandelt sich von einer Industrie- zu einer Wissens- und Informationsgesellschaft: Informationen brauchen Medien, um frei zu zirkulieren und sich zu entwickeln. Dies kann unserer Auffassung nach nur ein Ministerium bis in die Bundesländer und darüber hinaus europäisch und weltweit gewährleisten.«[5] Hohe Erwartungen mit Blick auf die Gestaltungsspielräume eines Bundesministeriums.

[1] Ebd. S. 11
[2] Ebd. S. 8
[3] Ebd. S. 8
[4] Ebd. S. 19
[5] Ebd. S. 22

Die Bundestagswahl am 22. September 2013 führte dazu, dass die FDP knapp den Einzug in den Deutschen Bundestags verpasste und damit erstmals seit Gründung der Bundesrepublik dem Deutschen Bundestag nicht angehörte. Die Piratenpartei hat den Einzug deutlich verfehlt. Nachdem zuerst zwischen CDU, CSU und Bündnis 90/Die Grünen sondiert wurde, nahmen nach ergebnislosem Verlauf CDU, CSU und SPD zuerst Sondierungen und dann Koalitionsgespräche auf. Bei der SPD bestanden große Vorbehalte gegenüber einer Neuauflage der Großen Koalition. Sie hatten bei der Bundestagswahl 2009 aus einer Großen Koalition heraus 11,2 Prozent verloren und zur Bundestagswahl mit einem Plus von 2,7 Prozent an Stimmen nur geringfügig zugewonnen. Nachdem auch die FDP aus einer Koalition mit CDU und CSU mit Stimmverlusten über 10 Prozent herausgegangen ist und sogar aus dem Bundestag ausschied, bestand die Sorge, nach vier Jahren Regierungsbeteiligung als Juniorpartner erneut zu verlieren. Dennoch nahm die SPD die Verhandlungen auf und die Partei stimmte in einem Mitgliederentscheid dem Verhandlungsergebnis zu.

Der Koalitionsvertrag von CDU, CSU und SPD für die 18. Wahlperiode stand unter der Überschrift »Deutschlands Zukunft gestalten«. Auf immerhin zehn Seiten werden unter der Überschrift »Kultur, Medien und Sport« im Kapitel »Zusammenhalt der Gesellschaft« die kultur- und medienpolitischen Vorhaben für die anstehende Legislaturperiode skizziert, auf die im Folgenden nur kursorisch eingegangen werden kann. Gleich zu Beginn wird festgestellt: »Kultur ist keine Subvention, sondern eine Investition in unsere Zukunft.«[1]

Hier wirkt die Diskussion aus dem ersten Jahrzehnt des 21. Jahrhunderts nach. Mit Blick auf die Zusammenarbeit mit den Ländern wird angekündigt, dass Bund und Länder »bei der Planung und Finanzierung künftig intensiver und systematischer zusammenwirken (kooperativer Kulturföderalismus). Dazu soll ein regelmäßiger Austausch zwischen Bund, Ländern und Kommunen etabliert werden. Die Kulturstiftungen des Bundes und der Länder sind einzubeziehen.«[2] Damit wird der von Bernd Neumann begonnene regelmäßige Dialog des BKM mit den Ländern verstetigt und um die Kommunen erweitert.[3] Ebenfalls in Zusammenarbeit mit den Ländern soll das Thema demografischer Wandel im Kulturbereich in den Blick genommen werden. Mit Blick auf die Medienpolitik wurde eine zeitlich befristete Bund-Länder-Kommission zur Medienkonvergenz angekündigt.

Diverse Fördervorhaben wie beispielsweise die Einrichtung eines Musikfonds, die Förderung national bedeutsamer Kulturorte finden ebenso Erwähnung wie das Ziel »jedem Einzelnen unabhängig von seiner sozialen Lage und ethni-

---

[1] Deutschlands Zukunft gestalten. Koalitionsvertrag zwischen CDU, CSU und SPD. 18. Legislaturperiode, S. 128
[2] Ebd. S. 128
[3] Staatsminister Neumann hatte die Tradition begründet, dass BKM und die Kulturminister der Länder zu Spitzentreffen zusammenkamen. In der 18. Wahlperiode erweiterte Staatsministerin Grütters den Kreis um die kommunalen Spitzenverbände. Die Kulturstiftung des Bundes und die Kulturstiftung der Länder werden ebenfalls eingeladen.

schen Herkunft gleiche kulturelle Teilhabe in allen Lebensphasen zu ermöglichen. Kultur für alle umfasst Inklusion, Geschlechtergerechtigkeit sowie interkulturelle Öffnung. Diese Grundsätze sind auch auf die vom Bund geförderten Einrichtungen und Programme zu übertragen.«[1] Fragen der Inklusion, der Geschlechtergerechtigkeit oder auch der interkulturellen Öffnung werden wichtige Umsetzungsthemen in der 18. Wahlperiode.

Hinsichtlich der Erinnerungskultur wird eingangs klargemacht, dass das historische Gedächtnis und insbesondere die Vermittlung der jüngeren Geschichte dauerhafte Aufgaben bleiben.[2] Die Erinnerungskultur bezieht sich auf positive Erfahrungen deutscher Demokratiegeschichte ebenso wie auf die Erinnerung an die »NS-Terrorherrschaft, an Stalinismus und SED-Diktatur«.[3]

Mit Blick auf NS-verfolgungsbedingt entzogenes Kulturgut sollen die Mittel für die Provenienzforschung verstärkt werden, um dem Anspruch an Restitution gerecht zu werden. Ebenfalls verstärkt werden soll die Provenienzforschung mit Blick auf in der ehemaligen sowjetischen Besatzungszone bzw. der DDR entzogenes Kulturgut. Die Rückführung sogenannter Beutekunst aus Russland und anderen mittel- und osteuropäischen Staaten wird als bleibendes wichtiges Ziel der Bundesregierung genannt. Als weiteres konkretes Vorhaben zum Kulturgutschutz wird angekündigt, das Kulturgutschutzgesetz zu novellieren, »um sowohl illegal ausgeführtes Kulturgut anderer Staaten effektiv an diese zurückzugeben, als auch deutsches Kulturgut besser vor Abwanderung ins Ausland zu schützen.«[4] Hiermit reagiert die Koalition auf den eigenen Bericht zum Kulturschutz in Deutschland aus dem Jahr 2013, in dem der Kulturgutschutz als unzureichend beschrieben wird.[5]

Hinsichtlich der Künstlersozialversicherung wurde sich vorgenommen, mehr Abgabegerechtigkeit zu erreichen und den weiteren Anstieg der Künstlersozialabgabe zu vermeiden.

Beim Urheberrecht wird als Ziel ein gerechter Ausgleich der Interessen der Urheber, der Verwerter und der Nutzer avisiert. Auch soll »der Wert kreativer Leistungen stärker in den Mittelpunkt der Urheberrechtsdebatte« gerückt werden, damit »das Bewusstsein für den Wert geistigen Eigentums in der Gesellschaft«[6] gestärkt wird. Als konkrete Maßnahmen werden u. a. die Reform des Urhebervertragsrechts, Anstrengungen zur Plattformregulierung und anderes mehr angekündigt.

---

[1] Deutschlands Zukunft gestalten a. a. O., S. 129
[2] Ebd. S. 130
[3] Ebd. S. 130
[4] Ebd. S. 132
[5] Bericht der Bundesregierung zum Kulturgutschutz in Deutschland »Bericht über die Auswirkungen des Gesetzes zur Ausführung des UNESCO-Übereinkommens vom 14.11.1970 über Maßnahmen zum Verbot und zur Verhütung der rechtswidrigen Einfuhr, Ausfuhr und Übereignung von Kulturgut (Ausführungsgesetz zum Kulturgutübereinkommen) und den Schutz von Kulturgut vor Abwanderung ins Ausland«. Berlin 2013 → https://bit.ly/2QywdOr
[6] Deutschlands Zukunft gestalten a. a. O., S. 133

Die Digitalisierung des kulturellen Erbes soll vorangetrieben werden. Hierzu gehört auch die Prüfung geeigneter Archivierungsmöglichkeiten für digitale Spiele.[1] Eine erste Einschätzung zum Koalitionsvertrag veröffentlichten Zimmermann und Schulz in der Ausgabe 1/2014 von Politik & Kultur.[2]

Monika Grütters:
Eine Kulturstaatsministerin im Feuer

Nach Abschluss der Koalitionsverhandlungen 2013 erklärte Kulturstaatsminister Bernd Neumann, nicht wieder für das Amt zur Verfügung zu stehen. Seine Nachfolgerin wurde Monika Grütters. Wie Neumann gestandene Parlamentarierin. Sie gehörte von 1995 bis 2005 dem Abgeordnetenhaus von Berlin an und war hier u. a. wissenschafts- und kulturpolitische Sprecherin der CDU-Fraktion sowie stellvertretende Fraktionsvorsitzende. Seit 2005 gehört sie dem Deutschen Bundestag an. Hier war sie von 2005 bis 2009 Obfrau der Arbeitsgruppe für Kultur und Medien der CDU/CSU-Bundestagsfraktion und von 2009 bis 2013 Vorsitzende des Ausschusses für Kultur und Medien des Deutschen Bundestags. Nach Bernd Neumann die zweite Parlamentarierin im Amt als BKM.

Ein Thema prägte die erste Amtszeit von Grütters besonders, die Auseinandersetzung um das Kulturgutschutzgesetz. Bereits im Koalitionsvertrag war, wie oben gesagt, angekündigt worden, den Kulturgutschutz zu novellieren. Mit dieser Novelle sollten die bestehenden Gesetze zum Kulturgutschutz in einem zusammengeführt und zugleich die EU-Richtlinie zum Kulturgutschutz aus dem Jahr 2014 in nationales Recht überführt werden. Erstmals war der Abwanderungsschutz von Kulturgut, wie geschildert, in der Weimarer Verfassung geregelt worden. Im Blickpunkt stand dabei vor allem Kulturgut aus Adelshäusern, das nicht in das Ausland verbracht werden sollte. Die Regelungen aus der Weimarer Verfassung wurden nach 1949 in der Bundesrepublik fortgeschrieben. Mit der Föderalismusreform II wurde dem Bund der Abwanderungsschutz von Kulturgut eindeutig übertragen. Ausgeführt wurde das Gesetz von den Ländern, die ihrerseits Listen national wertvollen Kulturguts führen. Seit Inkrafttreten des Kulturgutschutzgesetzes wird in diesen Listen auch national wertvolles Archivgut aufgeführt, das zuvor auf getrennten Listen geführt wurde. Da die Länder das Kulturgutschutzgesetz umsetzen müssen, wurden sie von Beginn der Diskussion an mit einbezogen.

Kaum eine kulturpolitische Debatte der letzten Jahrzehnte wurde so leidenschaftlich, so emotional geführt wie die zum Kulturgutschutzgesetz. Da gab es die einen, die einen wirkungsvollen Schutz bei der Einfuhr von Kulturgut, im Besonderen archäologischen Kulturgut, einforderten. Sie führten an, dass nicht

---

[1] Ebd. S. 137
[2] Zimmermann, O./Schulz, G.: Wer macht Kulturpolitik in der Groko? Die Kulturpolitiker der neuen Bundesregierung – eine erste Einschätzung. In: Politik & Kultur 1/2014, S. 3

zuletzt durch die Kriege und Bürgerkriege, speziell im Nahen und Mittleren Osten, Ausgrabungsstätten und teilweise auch Museen geplündert werden und dieses Kulturgut auf dem europäischen und so auch deutschem Markt verkauft wird. Hierzu zählt archäologisches Kulturgut, das weder Angaben zur Provenienz noch eine Ausfuhrgenehmigung des Herkunftsstaats aufweist. Neben rechtlichen Argumenten wurde immer wieder angeführt, dass die unrechtmäßige Einfuhr von Kulturgut immensen Schaden in den Herkunftsländern anrichtet, weil nicht nur das kulturelle Erbe verloren geht, sondern Sammlungs- und Ausgrabungszusammenhänge für immer zerstört werden mit großen Verlusten für die Erforschung früherer Kulturen. Dem entgegneten die anderen, dass Deutschland kein Handelsplatz für illegales Kulturgut sei. Sie wehrten sich gegen den Generalverdacht, dass mit illegalem Kulturgut gehandelt würde und führten mit Blick auf archäologisches Kulturgut an, dass vieles bereits über Generationen in Deutschland ist und die Provenienz nicht mehr geklärt werden kann. Sollte dieses Kulturgut nicht mehr in Verkehr gebracht werden können, droht ein erheblicher ökonomischer Schaden.

Ein zweiter Diskussionsstrang mit dem Kontext Provenienzangabe ist NS-verfolgungsbedingt entzogenes Kulturgut. Auch hier wurde vom Kunsthandel angeführt, dass nicht jedes Kulturgut, das in der Zeit nach 1933 verkauft wurde, NS-verfolgungsbedingt entzogen wurde. Es wurde argumentiert, dass bis Mitte der 1930er Jahre noch ein jüdischer Kunsthandel bestand und nicht behauptet werden könne, dass generell keine fairen Preise gezahlt wurden. Schließlich bestimme sich der Preis anhand des Angebots. Bei vielen Werken lasse sich die Provenienz nicht einwandfrei klären.

Mit Blick auf die zeitgenössische Kunst wurde die Sorge verbreitet, dass ganze Sammlungen zum national wertvollen Kulturgut erklärt würden und der Kunsthandel zum Erliegen käme. Auch widersprächen die geplanten Regelungen dem EU-Binnenmarkt. Vonseiten des BKM wurde stets das Argument angeführt, dass in fast allen EU-Mitgliedsstaaten Sonderregelungen für die Ausfuhr von Kunst innerhalb des Binnenmarktes gelten. Ebenso wurde darauf hingewiesen, dass für die Aufnahme in die Liste national wertvollen Kulturguts[1] sehr strenge Regeln gelten. Die seit vielen Jahrzehnten geführten Listen der Länder enthielten zusammen genommen nicht einmal 3.000 eingetragene Kunstwerke.

In der Diskussion prallten die Meinungen aufeinander. Mit Polemik wurde nicht gespart. In den Zeitungen des Axel-Springer-Verlags (Die Welt, Bild u. a.) wurde Monika Grütters »zum Abschuss freigegeben« und sie stand im Fegefeuer der Kritik. Dass der erste, inoffizielle Referentenentwurf eine Reihe von Ungereimtheiten und vielleicht für Juristen verständliche, für die Kulturszene aber kaum nachvollziehbare Regelungen enthielt, tat ein Übriges. In diversen Runden

---

[1] Kulturgut, das auf der Liste nationalen wertvollen Kulturguts verzeichnet ist, darf nicht in das Ausland ausgeführt werden. Um den internationalen Leihverkehr nicht zu blockieren, werden angemessene Regeln für Museen gefunden.

wurde das Kulturgutschutzgesetz immer wieder diskutiert. Auch innerhalb des Deutschen Kulturrates schlugen die Wellen hoch. Zu seinen Mitgliedern zählen sowohl der Deutsche Museumsbund, ICOM-Deutschland und der Deutsche Verband für Archäologie, die für sehr strenge Regeln zum Kulturgutschutzgesetz eintraten, als auch der Bundesverband Deutscher Galerien und Kunsthändler, der rigoros gegen das gesamte Gesetz war. Dennoch gelang es dem Deutschen Kulturrat in mehreren Stellungnahmen zu dem Gesetzgebungsvorhaben Position zu beziehen.[1] Die spannende Debatte zum Kulturgutschutzgesetz kann in dem Buch »Altes Zeug: Beiträge zur Diskussion zum nachhaltigen Kulturgutschutz« nachvollzogen werden.[2]

Ebenfalls in der Koalitionsvereinbarung zugesagt war die Reform des Urhebervertragsrechts. Die im Jahr 2002 getroffenen Regelungen waren unbefriedigend und hatten sich in der Praxis aus vielerlei Gründen nicht bewährt. Federführend hierfür ist das Bundesministerium der Justiz und für Verbraucherschutz (BMJV) unter der Leitung von Heiko Maas. Die ersten Vorschläge berücksichtigten in erster Linie die Interessen der Urheber und stießen bei den Verwertern erwartungsgemäß auf wenig Zustimmung, um nicht zu sagen harsche Ablehnung. Zu dieser Ablehnung trug sicherlich bei, dass der Eindruck bestand, mit seinen Anliegen nicht ernst genommen zu werden. Das BKM sah sich in einer Vermittlerrolle. Und auch dem Deutschen Kulturrat gelang bei dieser Novelle des Urhebervertragsrechts eine gemeinsame Stellungnahme. Noch in den Jahren 2000 bis 2002 bestand keine Bereitschaft, sich aufeinander zuzubewegen und eine gemeinsame Position zu erarbeiten. Dies gelang im Jahr 2015 mit der Stellungnahme zum »Referentenentwurf des Bundesministeriums der Justiz und für Verbraucherschutz eines ›Gesetzes zur verbesserten Durchsetzung des Anspruchs der Urheber und ausübenden Künstler auf angemessene Vergütung‹« vom 9. Dezember 2015.[3] In dieser Stellungnahme werden die gemeinsamen Interessen formuliert und auf die Marktbedingungen verwiesen.

Ebenfalls im BMJV federführend angesiedelt war die Gesetzgebung zur Bildungs- und Wissenschaftsschranke. Dieses Vorhaben wurde vor allem vom Bundesministerium für Bildung und Forschung (BMBF), angetrieben von den Forschungsgesellschaften, forciert. Auch hier galt es wiederum, möglichst einen Ausgleich der verschiedenen Interessen zu erreichen, was auch Anliegen des BKM war. Eine Ausdehnung der Bildungs- und Wissenschaftsschranke kommt Wissen-

---

[1] Novellierung des Kulturgutschutzes in Deutschland, 10.12.2014 → https://bit.ly/2D0qFJU
Entwurf eines Gesetzes zur Neuregelung des Kulturgutschutzrechts. Stellungnahme des Deutschen Kulturrates, 30.09.2015 → https://bit.ly/2Qxzo8W
Gesetz zur Neuregelung des Kulturgutschutzrechts. Stellungnahme des Deutschen Kulturrates zum Gesetzesentwurf der Bundesregierung, 11.04.2016 → https://bit.ly/2NcywZo

[2] Zimmermann, O./Geißler, T. (Hg.): Altes Zeug: Beiträge zur Diskussion zum nachhaltigen Kulturgutschutz. Berlin 2016

[3] Referentenentwurf des Bundesministeriums der Justiz und für Verbraucherschutz eines »Gesetzes zur verbesserten Durchsetzung des Anspruchs der Urheber und ausübenden Künstler auf angemessene Vergütung« – Stellungnahme des Deutschen Kulturrates → https://bit.ly/2Quw9iC

schaftlern und Bibliotheken zugute, die Verlagsbranche und speziell die Wissenschaftsverlage befürchteten starke Umsatzeinbrüche. Aktuell im Jahr 2018 kann an der Insolvenz des Verlags Stroemfeld Roter Stern abgelesen werden, was es bedeutet, wenn Bibliotheken sehr viel weniger Werke ankaufen. Die verdienstvollen und aufwändigen Editionen wie z. B. die legendäre Hölderlin-Edition, die neue Standards in der Editionswissenschaft setzte, oder aktuell die Robert-Walser-Edition richten sich an ein kleines Publikum an Geisteswissenschaftlern, die sich beruflich damit befassen oder aber so begeistert sind, dass sie privat ein solches mehrbändiges Werk erwerben. Ohne die Ankäufe von Bibliotheken, nur über die Einnahmen aus dem Verkauf der Werke an Privatpersonen, sind solche Editionen aber nicht finanzierbar. Es ist also auch eine Frage des Kulturwirtschaftsstandorts, ob das Urheberrecht Regelungen enthält, die Erlösmodelle zulassen oder ob auf Schrankenregeln und den möglichst kostenfreien Zugang zu Wissen gesetzt wird. Auch dieses Thema beschäftigte den Deutschen Kulturrat intensiv, der in seinen Reihen sowohl die Bibliotheksverbände als auch Urheber- und Verlagsverbände vereint.[1]

Einen besonderen Akzent setzte Monika Grütters in Sachen Geschlechtergerechtigkeit. Bereits 1998 fragte der Deutsche Kulturrat in seinen Wahlprüfsteinen die Parteien: »Wie bewerten Sie den Stand der gleichberechtigten Partizipation von Frauen am Kultur- und Medienbetrieb? Sehen Sie hier noch Handlungs- und Innovationsbedarf? Welche Vorstellungen hat Ihre Partei, die Chancen von Frauen im Kultur- und Medienbereich zu verbessern?«[2] Vorneweg gesagt, hatten alle Parteien Handlungsbedarf angemeldet. Besonders ausführlich hatte sich die CDU geäußert, die 1998 schrieb: »Um die Chancen von Frauen im Kulturbereich zu verbessern, strebt die CDU folgende Ziele an:

— In Jurys und Auswahlgremien bei Wettbewerbsnominierungen muß die Beratungs- und Entscheidungskompetenz von Frauen gleichberechtigt berücksichtigt werden.
— Kultureinrichtungen, Verbandsgremien etc. müssen dafür Sorge tragen, daß Frauen gleichberechtigt und ihrer Qualifikation entsprechend in die jeweiligen Leitungen und Leitungsgremien berufen, gewählt und eingestellt werden.
— Öffentliche, öffentlich-geförderte und steuerlich begünstigte Kulturinstitute sollten ermuntert werden – ähnlich wie bereits in den meisten öffentlich-rechtlichen Rundfunkanstalten üblich – regelmäßig über die Berücksichtigung der künstlerischen Leistungen von Frauen zu berichten und die Ergebnisse zu veröffentlichen.

---

[1] Diskussion einer Bildungs- und Wissenschaftsschranke im Urheberrecht. Stellungnahme des Deutschen Kulturrates, 18.06.2014 → https://bit.ly/2xfWLMx
Stellungnahme des Deutschen Kulturrates zum Referentenentwurf »Entwurf eines Gesetzes zur Angleichung des Urheberrechts an die aktuellen Erfordernisse der Wissensgesellschaft«, 24.02.2017 → https://bit.ly/2lCK7zV
[2] Kulturpolitik für das 21. Jahrhundert a. a. O., S. 17

1. —— Einleitung

— Bei der Ausschreibung von Stipendien, Preisen, Aufträgen etc. sind den Lebens- und Arbeitsbedingungen von Künstlerinnen Rechnung zu tragen. Dazu gehört insbesondere auch die Tatsache, daß vielfach Künstlerinnen ihre Arbeit für Phasen der Kindererziehung unterbrechen müssen.
— In den Bereichen, in denen Frauen besonders benachteiligt sind, sind im Rahmen der Individuellen-, der Projekt- und der Infrastrukturförderung Maßnahmen zur Unterstützung von Künstlerinnen aufzunehmen.«[1]

Viele der Maßnahmen harren noch immer der Umsetzung. Der Deutsche Kulturrat legte bereits im Jahr 2002 die Studie »Frauen in Kunst und Kultur II« vor.[2] Diese Untersuchung war von der KMK gefördert worden und hob auf die Unterschiede zwischen den Ländern ab. Das Untersuchungsdesign war mit den Ländern abgestimmt und es war geplant, in regelmäßigen Abständen Folgestudien durchzuführen. Leider verlor die KMK das Interesse an dem Thema. Umso mehr interessierten sich die kulturpolitischen Sprecherinnen des Deutschen Bundestags für die Fragestellung. In Kleinen Anfragen bohrte in der Wahlperiode 2009–2013 Agnes Krumwiede, kulturpolitische Sprecherin der Fraktion Bündnis 90/Die Grünen, und in der Wahlperiode 2013–2017 Ulle Schauws, ebenfalls kulturpolitische Sprecherin der Fraktion Bündnis 90/Die Grünen, nach. Der Kulturausschuss führte in der Wahlperiode 2009–2013 eine Anhörung zu dem Thema durch.

Im Jahr 2013 veröffentlichte der Deutsche Kulturrat die vom BKM unterstützte Studie »Arbeitsmarkt Kultur. Zur wirtschaftlichen und sozialen Lage in Kulturberufen«[3]. Gabriele Schulz hat in dieser Studie Daten zur Versichertenzahl und zum Einkommen von in der Künstlersozialkasse versicherten freiberuflichen Künstlerinnen und Künstlern ausgewertet. Sie hat herausgearbeitet, dass in einigen Tätigkeitsbereichen der Anteil weiblicher Versicherter sehr deutlich steigt, sodass von einer Feminisierung gesprochen werden kann. Durch die Bank liegen in allen Tätigkeitsbereichen – also nicht nur jenen, in denen besonders viele Frauen tätig sind – die Einkommen der weiblichen Versicherten unter denen der männlichen Kollegen.[4]

Nicht zuletzt diese Untersuchung bot Anlass, die Situation von Frauen in Kultur und Medien näher zu untersuchen. Mit Unterstützung des BKM erstellte der Deutsche Kulturrat die Studie »Frauen in Kultur und Medien«[5], die 2016

---

[1] Ebd. S. 32
[2] Deutscher Kulturrat (Hg.): Frauen in Kunst und Kultur II. 1995-2000. Partizipation von Frauen an den Kulturinstitutionen und an der Künstlerinnen- und Künstlerförderung der Bundesländer. Berlin 2002 → https://bit.ly/2xfTKM3
[3] Schulz, G./Zimmermann, O./Hufnagel, R.: Arbeitsmarkt Kultur. Zur wirtschaftlichen und sozialen Lage in Kulturberufen. Berlin 2013
[4] Schulz, G.: Arbeitsmarkt Kultur. Eine Analyse von KSK-Daten. In: Gabriele Schulz, Olaf Zimmermann, Rainer Hufnagel a. a. O., S. 241-323
[5] Schulz, G./Ries, C./Zimmermann, O.: Frauen in Kultur und Medien. Ein Überblick über aktuelle Tendenzen, Entwicklungen und Lösungsvorschläge. Berlin 2016

erschien. In dieser Studie wurden die rechtlichen Rahmenbedingungen zur Gleichstellung von Frauen in Kultur und Medien ebenso beleuchtet wie in Interviews mit ausgewählten Vertreterinnen aus verschiedenen Generationen und Kulturbranchen, deren Weg in den Beruf und die Voraussetzungen wie auch Hindernisse eruiert. Gleichfalls wurde mittels einer Internetrecherche gefragt, was die Kunst- und Musikhochschulen in Sachen Geschlechtergerechtigkeit unternehmen. Kern der Studie ist das mehr als 300 Seiten umfassende Kapitel von Gabriele Schulz zu »Zahlen – Daten –Fakten: Geschlechterverhältnisse im Kultur- und Medienbetrieb«[1]. Untersucht wurde hier der Frauen- und Männeranteil in den künstlerischen Studiengängen, die Präsenz von Frauen in Leitungsfunktionen von Kultureinrichtungen und Kulturunternehmen, Frauen in Führungsfunktionen des öffentlich-rechtlichen Rundfunks, die wirtschaftliche und soziale Lage freiberuflicher Künstlerinnen, die Partizipation von Frauen an der individuellen Künstlerförderung sowie last but least die Präsenz von Frauen in Bundeskulturverbänden.

Die Studie wurde von Staatsministerin Monika Grütters im Sommer 2016 im Kanzleramt vorgestellt und stieß auf eine sehr große Resonanz. Das Thema Frauen in Kultur und Medien war für alle künstlerische Sparten[2] wieder auf der Tagesordnung. Der Deutsche Kulturrat verabschiedete im September 2016 die Stellungnahme »Für Geschlechtergerechtigkeit im Kultur- und Medienbereich«, in der konkrete Forderungen aufgestellt werden, wie mehr Geschlechtergerechtigkeit erreicht werden kann. Die Forderungen richten sich an Politik und Verwaltung, an die Hochschulen, den öffentlich-rechtlichen Rundfunk, aber auch die Bundeskulturverbände und den Deutschen Kulturrat selbst.

Staatsministerin Monika Grütters richtete einen Runden Tisch ein, der im Herbst 2016 erstmals tagte. Ihm gehörten Führungspersönlichkeiten aus Kultur und Medien an. Aus dem Runden Tisch gingen spartenspezifische Arbeitsgruppen hervor, die Vorschläge für mehr Geschlechtergerechtigkeit erarbeiteten.

Im Juni 2017 stellte Grütters als eine ihrer Maßnahmen zur Förderung von mehr Geschlechtergerechtigkeit die Unterstützung eines Projekts zu Frauen in Kultur und Medien beim Deutschen Kulturrat vor. Das Projekt startete im August 2017 und hat zum Ziel, Datenreporte zur Geschlechtergerechtigkeit zu erstellen, Dossiers zu spezifischen Themen im Kontext Geschlechtergerechtigkeit zu erarbeiten, einen Arbeitskreis Geschlechtergerechtigkeit einzurichten und ein Mentoringprogramm für Frauen aus dem Kultur- und Medienbetrieb[3] auf den Weg zu bringen.

---

[1] Schulz, G.: Zahlen – Daten – Fakten: Geschlechterverhältnisse im Kultur- und Medienbetrieb. In: Gabriele Schulz, Carolin Ries, Olaf Zimmermann a. a. O., S. 27–360
[2] Zuvor hatte insbesondere Pro Quote Regie, heute Pro Quote Film, mit ihren Forderungen an die Verantwortlichen im Filmbereich Furore gemacht.
[3] Das Mentoringprogramm richtet sich gezielt an Frauen aus Kultur und Medien, die bereits über mehr als zehn Jahre Berufserfahrung verfügen und eine Führungsposition in der Kultur- und Medienbranche, sei es Kulturwirtschaft oder Kultureinrichtungen, anstreben.

1. —— Einleitung

Im Juli 2018 bohrte die Abgeordnete Simone Barrientos in einer Kleinen Anfrage »Aktueller Umsetzungsstand der Ergebnisse des Runden Tisches zur Förderung von Frauen in Kultur und Medien« (Drucksache 19/3369) nach, welche Maßnahmen bereits ergriffen wurden. In der Antwort legte das BKM u. a. dar, wie die Besetzung von Jurys im Sinne von mehr Geschlechtergerechtigkeit verändert wurde. Dass Fragen der Geschlechtergerechtigkeit ein Herzensthema von Monika Grütters ist, wird daran deutlich, wie oft sie darauf abhebt und wie intensiv sie mehr Geschlechtergerechtigkeit in Kultur und Medien anmahnt.

Als neues Thema kristallisierte sich in der Wahlperiode 2013–2017 die kulturelle Integration heraus. Selbstverständlich war das BKM schon in vergangenen Wahlperioden in die Erarbeitung der Nationalen Integrationspläne involviert. Selbstverständlich wurden Projekte gefördert, damit mehr Menschen mit Migrationshintergrund an den kulturellen Angeboten partizipieren. Und selbstverständlich war das Erreichen breiter Zielgruppen Gegenstand des BKM-Preises kulturelle Bildung.

Mit der Initiative kulturelle Integration wurde allerdings Neuland betreten, das über den Kulturbereich hinausgeht. Die Initiative kulturelle Integration geht auf eine Anregung des Deutschen Kulturrates zurück. Ich hatte bei den Treffen des Flüchtlingsgipfels bei der Bundeskanzlerin im Jahr 2016 häufiger Wortgefechte mit dem damaligen Innenminister Thomas de Maizière zum Thema Leitkultur. Er sprach sich dafür aus, ich war entschieden dagegen. Schließlich kamen wir darin überein, dass diese Streitigkeiten nicht weiterführen und uns doch eigentlich beiden daran gelegen ist, darüber zu sprechen, was unser Land zusammenhält und welche Rolle die Kultur dabei spielt. Das war die Geburtsstunde der Initiative kulturelle Integration. Initiatoren waren das Bundesministerium des Innern, das Bundesministerium für Arbeit und Soziales, die Integrationsbeauftragte, das BKM und der Deutsche Kulturrat. Als Mitglieder konnten gewonnen werden: die Länder, vertreten durch die KMK, die kommunalen Spitzenverbände (Deutscher Städtetag, Deutscher Städte- und Gemeindebund, Deutscher Landkreistag), die Sozialpartner (Bundesvereinigung der Deutschen Arbeitgeberverbände, Deutscher Gewerkschaftsbund, deutscher beamtenbund tarifunion), die Kirchen und Religionsgemeinschaften (EKD, Deutsche Bischofskonferenz, Zentralrat der Juden, Koordinationsrat der Muslime), die Medien (ARD, ZDF, VPRT, Bundesverband Deutscher Zeitungsverleger, Verband Deutscher Zeitschriftenverleger, Deutscher Journalistenverband), die Zivilgesellschaft (Deutscher Olympischer Sportbund, Bundesarbeitsgemeinschaft der Freien Wohlfahrtspflege, Deutscher Naturschutzring, Bundesarbeitsgemeinschaft der Immigrantenverbände, Neue Deutsche Organisationen, Forum der Migrantinnen und Migranten im Paritätischen).

Gemeinsam haben diese verschiedenen Verbände 15 Thesen »Zusammenhalt in Vielfalt« erarbeitet, in denen sie herausstellen, was das Land zusammenhält. Den 15 Thesen hat die Initiative kulturelle Integration eine Präambel vorangestellt. Hier steht: »Integration betrifft alle Menschen in Deutschland. Gesellschaftlicher Zusammenhalt kann weder verordnet werden, noch ist er allein eine Aufgabe der Politik. Vielmehr können alle hier lebenden Menschen hierzu beitragen. Deutschland ist ein vielfältiges Land. Seit Jahrhunderten leben hier Menschen aus vielen unterschiedlichen Ländern. Die Mehrzahl derjenigen, die aus dem Ausland nach Deutschland gekommen sind, fühlt sich hier zuhause, viele sind inzwischen Deutsche. Mit Solidarität haben Gesellschaft und Politik auf die Ankunft vieler Geflüchteter reagiert. Solidarität gehört zu den Grundprinzipien unseres Zusammenlebens. Sie zeigt sich im Verständnis untereinander und in der Aufmerksamkeit für die Bedürfnisse anderer – wir treten für eine solidarische Gesellschaft ein.

Kultur trägt neben der sozialen Integration und der Integration in Arbeit wesentlich zum gesellschaftlichen Zusammenhalt bei. Kulturinstitutionen vermitteln Geschichte und Gegenwart Deutschlands und ermöglichen eine Auseinandersetzung mit den Werten der Gesellschaft – wir setzen auf die Vermittlungskraft von Kultur.

Zuwanderung verändert eine Gesellschaft und erfordert Offenheit, Respekt und Toleranz auf allen Seiten. Dies ist ein langwieriger Prozess, in dem um Positionen gerungen werden muss. Das Schüren von Ängsten und Feindseligkeiten ist nicht der richtige Weg – wir stehen für eine weltoffene Gesellschaft.

Der europäische Einigungsprozess ist nicht nur ein Garant für Frieden in Europa und eine wichtige Grundlage für Wohlstand und Beschäftigung, er steht zugleich für kulturelle Annäherung sowie für gemeinsame europäische Werte – wir wollen ein einiges Europa.«[1]

Das Besondere der 15 Thesen ist zum einen das breite Spektrum an Organisationen, das sich hinter diese Thesen stellt und die besondere Bedeutung, die dabei der Kultur eingeräumt wird. Am 16. Mai 2017 wurden die 15 Thesen Bundeskanzlerin Angela Merkel überreicht.

Das BKM gehört nicht nur zu den Initiatoren der Initiative kulturelle Integration. Es hat zugleich den Prozess finanziell unterstützt und wird mindestens bis Mitte 2021 Ressourcen für diese Initiative bereitstellen.

Bundestagswahl 2017 und Koalitionsverhandlungen

Zur Bundestagswahl 2017 wartete der Deutsche Kulturrat nicht mit Wahlprüfsteinen, sondern mit Forderungen für die Kulturpolitik für die 19. Legislaturperiode (2017–2021) auf.[2] Die Forderungen gliedern sich in 14 Themenkomplexe:

---

[1] Zusammenhalt in Vielfalt. 15 Thesen zu kultureller Integration und Zusammenhalt. → https://bit.ly/2NL4lYU
[2] Deutscher Kulturrat: Forderungen zur Bundestagswahl 2017. Kulturpolitik für die 19. Legislaturperiode (2017–2021) → https://bit.ly/2t3O6wi

1. —— **Einleitung**

1. Kulturelle Integration als Chance für gesellschaftlichen Zusammenhalt gestalten
2. Gerechten Welthandel umsetzen
3. Nachhaltigkeit verwirklichen
4. Digitalisierung gestalten
5. Kulturelle Bildung voranbringen
6. Geschlechtergerechtigkeit leben
7. Arbeits- und Sozialpolitik anpassen
8. Gesetzliche Regeln zum Urheberrecht konsequent anwenden
9. Kulturelles Erbe sichern, weitergeben und fördern
10. Welterbestätten dauerhaft fördern
11. Kommunen stärken
12. Kulturpolitik in Europa gestalten
13. Auswärtige Kultur- und Bildungspolitik weiterdenken
14. Stärkung der Bundeskulturpolitik

Unter jeder Überschrift findet sich zuerst eine Beschreibung, daran schließen sich die konkreten Forderungen an. Im Vergleich zu den Wahlprüfsteinen vorangegangener Bundestagswahlen ist bemerkenswert, dass die Forderungen zur Stärkung der Bundeskulturpolitik als letzte kommen. Seit 1998 wurden bei den Wahlprüfsteinen zu den Bundestagswahlen die Fragen zur Stärkung der Bundeskulturpolitik stets als erste aufgeführt. Auch wurde im Jahr 2017 nicht mehr gefordert, ob ein Ausschuss für Kultur und Medien im Deutschen Bundestag eingesetzt wird. Er ist inzwischen so selbstverständlich, dass sich die Frage erübrigt. Nach wie vor eine Forderung ist die Einrichtung eines Bundesministeriums für Kultur und Medien sowie die Verankerung des Staatsziels Kultur im Grundgesetz.

Die 14 Forderungen wurden den im Deutschen Bundestag vertretenen Parteien Bündnis 90/Die Grünen, CDU, CSU, Die Linke und SPD sowie der FDP und der AfD zugesandt. Bei den beiden letztgenannten Parteien war davon auszugehen, dass sie in den Bundestag kommen würden. Bis auf die AfD haben alle Parteien auf die Forderungen geantwortet. Die Forderung nach einem Bundeskulturministerium stieß bei Bündnis 90/Die Grünen und Die Linke auf offene Ohren, die anderen Parteien stellen heraus, wie sehr sich die bestehende Struktur bewährt hat.

Die Regierungsbildung zog sich nach der Wahl 2017 für die Bundesrepublik ungewöhnlich lange hin. Die SPD erklärte noch am Wahlabend, nicht wieder für eine Große Koalition zur Verfügung zu stehen. CDU, CSU, Bündnis 90/Die Grünen und FDP nahmen, nachdem die Landtagswahl in Niedersachsen drei Wochen nach der Bundestagswahl abgewartet worden war, Sondierungsgespräche auf. In Niedersachsen stand längst die Große Koalition zwischen den in diesem Bundesland eigentlich herzlich verfeindeten Parteien SPD und CDU als im Bund immer noch sondiert wurde. Mit einem Paukenschlag verließ im November die FDP die Sondierungsgespräche. Nun galt es, die SPD zu bearbeiten, doch noch Sondierungen aufzunehmen. Nach Abschluss der Sondierungen und nach Beendigung der Verhandlungen mussten die SPD-Mitglieder dem Koalitionsvertrag zustimmen und auch die CDU beteiligte in stärkerem Maße als sonst ihre Mitglieder.

Der geschlossene Koalitionsvertrag trägt die Überschrift »Ein neuer Aufbruch für Europa. Eine neue Dynamik für Deutschland. Ein neuer Zusammenhalt für unser Land«. Kunst, Kultur und Medien stehen unter der Überschrift »Zusammenhalt und Erneuerung – Demokratie beleben«. Auf elf Seiten werden die Vorhaben für Kultur und Medien in folgenden Themenkomplexen aufgeführt:

— Kulturelle Vielfalt und gesellschaftlicher Zusammenhalt
— Kulturelle Infrastruktur und Kulturförderung
— Soziale Lage der Künstlerinnen, Künstler und Kreativen
— Hauptstadtkultur
— Kulturelle Bildung
— Gedenken und Erinnern
— Kulturelles Erbe, Kolonialismus, Flucht und Vertreibung
— Kultur- und Kreativwirtschaft
— Film, Games und Musikwirtschaft
— Medien, Medienvielfalt und Medienkompetenz
— Kultur und Medien in Europa und der Welt

Allein diese Themenauflistung zeigt die Breite und Vielfalt an Themen, die dem inzwischen auf 350 Mitarbeiterinnen und Mitarbeiter angewachsenen BKM sowie nachgeordneter Behörden überantwortet werden. Eine klare Aussage ist dabei, dass kulturelle Vielfalt nicht nur zu Deutschland gehört, sondern Deutschland ausmacht. Deutschland wird klar als Kulturstaat bezeichnet. Zahlreiche konkrete Vorhaben hat sich die Koalition für die nach Regierungsbildung im März 2018 verbleibenden dreieinhalb Jahre der 19. Wahlperiode vorgenommen.[1]

Gleich zu Beginn des Kulturkapitels im Koalitionsvertrag wird festgestellt: »Kunst und Kultur sind Ausdruck des menschlichen Daseins. In ihrer Freiheit und Vielfalt bereichern sie unser Leben, prägen unsere kulturelle Identität, leisten einen Beitrag zu gesellschaftlichem Zusammenhalt und zur Integration und schaffen Freiräume für kritischen Diskurs. Kultur ist ein Spiegel unseres Selbstverständnisses, das auf der christlich-jüdischen Prägung, der Aufklärung und dem Humanismus sowie den Grundwerten der Menschenwürde, der Freiheit, der Gerechtigkeit und Solidarität beruht. Eigensinn und Eigenwert künstlerischer und kultureller Produktion bereichern unser Zusammenleben, ermöglichen kritische Debatten und fördern die persönliche Entwicklung jeder und jedes Einzelnen.«[2]

---

[1] Eine erste Einschätzung zum Koalitionsvertrag findet sich hier: Zimmermann, O./Schulz, G.: Gutes Ergebnis für die Kultur. Eine Einschätzung des Koalitionsvertrags. In: Politik & Kultur 2/2018, S. 3
[2] Ein neuer Aufbruch für Europa. Eine neue Dynamik für Deutschland. Ein neuer Zusammenhalt für unser Land. Koalitionsvertrag zwischen CDU, CSU und SPD. 19. Wahlperiode, S. 163

1. —— Einleitung

Und weiter wird verstärkt: »Kunst und Kultur sind frei. Sie sind Grundlage unserer offenen, demokratischen Gesellschaft und damit wichtiger Teil unseres Landes, das sich seit seiner Gründung im Herzen Europas nicht nur als Wirtschaftsmacht und Sozialstaat, sondern gerade auch als starker Kulturstaat versteht. Die kulturelle und religiöse Vielfalt Deutschlands bereichert uns, ist aber nicht frei von Spannungen. Gemeinsame Werte, Respekt vor dem Anderen und die Bereitschaft, Widersprüche auszuhalten, sind Voraussetzungen für ein friedliches gesellschaftliches Miteinander. Gerade in Zeiten des Wandels sind eine starke und vielfältige Kunst- und Kulturszene sowie eine moderne und ermöglichende Kulturpolitik unverzichtbar. Sie besitzen die Kraft, Verständnis und Verständigung zu fördern, durch die wir souveräner im Umgang mit Konflikten und Bewährungsproben sind.«[1]

In beiden Passagen kommt zum Ausdruck, dass Deutschland ein vielfältiges, plurales Land ist und dass gerade Kunst und Kultur einen wichtigen Beitrag dazu leisten können, hieraus entstehende Spannungen und Konflikte zu bearbeiten. Kunst ist sehr oft nicht gefällig. Sie lädt zum Widerspruch, zur Diskussion und zum Ärgern ein. Hieraus kann eine Kraft entstehen, Widersprüche nicht nur auszuhalten, sondern im Sinne des Zusammenhalts einer Gesellschaft produktiv werden zu lassen. Dabei wird unmissverständlich klargemacht, dass die Kunst frei ist. Eindeutig bekennt sich die Koalition zur Kulturhoheit der Länder und kündigt an, die Kulturförderung des Bundes stärker mit den Ländern abzustimmen. Als konkrete Vorhaben werden u. a. genannt:[2]

— Weiterer Ausbau der Geschlechtergerechtigkeit in Kunst, Kultur und Medien, dabei werden insbesondere die Jurys von Stipendien, Preisen und anderen Fördermaßnahmen genannt
— Bessere Teilhabe am sozialen und kulturellen Leben, dabei wird der kulturellen Bildung eine Schlüsselrolle zugewiesen, hierzu gehören auch Maßnahmen zur Kultur in den Regionen, ebenso sollen sich insbesondere die BKM-geförderten Kultureinrichtungen dieses Themas annehmen
— Entwicklung des Humboldt Forums zu einer internationalen Dialogplattform für globale kulturelle Ideen
— Stärkung einer dezentralen Erinnerungskultur, hierzu zählt auch die Unterstützung zivilgesellschaftlichen Engagements; weiter ist ein neues Programm »Jugend erinnert« geplant
— Vorantreiben der Provenienzforschung unter Einschluss von Kulturgut aus kolonialem Kontext

---

[1] Ebd.
[2] Aus der Fülle an konkreten Vorhaben können hier nur einige exemplarische herausgegriffen werden.

— Einsatz für den ermäßigten Mehrwertsteuersatz sowie für ein starkes Urheberrecht
— Einführung der Förderung hochwertiger Games
— Anhebung des Budgets der Deutschen Welle auf das Niveau vergleichbarer Auslandssender
— Bekenntnis zu einem starken öffentlich-rechtlichen Rundfunk sowie einer vielfältigen Presselandschaft

An Aufgaben wird es der Koalition in der 19. Wahlperiode wohl nicht mangeln.

Monika Grütters II:
Umbau der Strukturen

Monika Grütters wurde im März 2018 erneut zur Staatsministerin bei der Bundeskanzlerin und Beauftragter der Bundesregierung für Kultur und Medien ernannt. Sie hatte sich in der vorhergehenden Wahlperiode Reputation als Regierungsmitglied erworben – auch durch ihre Standfestigkeit beim Kulturgutschutzgesetz. Das BKM ist eine gut geölte Maschine, das mit Expertise und Sachverstand die anstehenden Themen anpackt.

Vorgenommen hat sich Grütters u. a. die Umstrukturierung der Stiftung Preußischer Kulturbesitz und wird hierfür den Rat des Wissenschaftsrats in Anspruch nehmen. Das Humboldt Forum wird im Herbst 2019 eröffnet und so langsam schälen sich die Strukturen heraus. Das Museum der Moderne wird am Kulturforum in Berlin gebaut.

Neben der Verstärkung der Provenienzrecherche nach NS-verfolgungsbedingt entzogenem Kulturgut ist als neues Thema der Umgang mit Sammlungsgut aus kolonialen Kontexten getreten. Eine Fragestellung, die im Zusammenhang mit dem Humboldt Forum besonders aufschien, letztlich aber eine Vielzahl an Museen betrifft.

Eine besondere Herausforderung für die Kulturpolitik ist in dieser Wahlperiode der Einzug der AfD in den Deutschen Bundestag. Durch diese Partei hat sich die Debattenkultur im Parlament deutlich geändert. Dies trifft auch auf die Kulturpolitik zu.[1] Solche Aussagen und Angriffe sind neu im Deutschen Bundestag. Zumindest in den letzten 20 Jahren wurde Ähnliches nicht vorgetragen. Der Bundesregierung eine Instrumentalisierung von Kultur und Medien vorzuwerfen und geförderte Institutionen und Einrichtungen, damit letztlich auch den Deutschen Kulturrat, als Hofschranzen zu bezeichnen, ist schon ein starkes Stück. Deutlich wird aber vor allem, dass ein anderes Deutschland gewollt wird. Ein Deutschland, das zumindest ich als überwunden geglaubt habe.

---

[1] Ein Beispiel hierfür ist die Rede von Martin E. Renner (AfD), der dem Ausschuss für Kultur und Medien angehört, in der Debatte zum Haushalt des BKM am 12.09.2018. Bundestagsprotokoll vom 12.09.2018. Plenarprotokoll 19/48, 5077C-5078D

1. —— Einleitung

Fazit

Kulturpolitik in dieser Wahlperiode, den anbrechenden 2020er Jahren steht vor großen Herausforderungen. Die deutsche Einheit ist längst noch nicht vollendet. Vielmehr zeigen sich jetzt fast 30 Jahre nach der Vereinigung der beiden deutschen Staaten die Brüche. Ostdeutsche haben mit der Wiedervereinigung ihr Land verloren. Da war viel Freude über die neu gewonnene Freiheit, da war Wut und Trauer über den Verlust an Arbeit. Heute stellt sich die Frage nach einem möglichen Verlust an Identität, weil das Leben in der DDR keine angemessene gesellschaftliche Anerkennung erfährt. Das zeigt sich u. a. darin, dass mitunter junge Menschen, die selbst nicht in der DDR gelebt haben, sich danach zurücksehnen. Politische, historische und kulturelle Bildung sind gefordert, sich damit auseinanderzusetzen.

Die plurale Zusammensetzung unserer Gesellschaft ist eine weitere Herausforderung. Zusammenhalt in Vielfalt nennt die Initiative kulturelle Integration ihre 15 Thesen. Zusammenhalt in Vielfalt fordert alle in Deutschland lebenden Menschen. Es ist kein Leitkulturprogramm, sondern eine Aufforderung zum Diskurs, was uns ausmacht, was uns wichtig ist, was unsere Kultur, was unsere Werte sind. Dieser Diskurs ist anstrengend und verlangt nach langem Atem. Doch eine lebendige Streitkultur, in der die Streitenden sich wertschätzen und mit Argumenten zu überzeugen versuchen, ist das Salz der Demokratie.

Dem ländlichen Raum muss mehr Aufmerksamkeit geschenkt werden. Kultur findet nicht nur in Metropolen statt. Kultur ist auch in den kleineren Städten, in den Kreisen vor Ort. Kultureinrichtungen werden zu sogenannten Dritten Orten, an denen sich Menschen begegnen und die verschiedene Aufgaben übernehmen. Hierfür Begeisterung und Lust zur Veränderung zu wecken, wird sich in gesellschaftlichem Zusammenhalt auszahlen.

Die Digitalisierung verändert die Produktionsbedingungen und Vertriebswege gerade in der Kultur radikal. Die Debatten reichen weit über das Urheberrecht hinaus. Denn auch hier stellt sich die Frage, wie wir leben wollen. Welche Bedeutung der Privatsphäre beigemessen wird? Gelingt es, europäische Plattformen aufzubauen, um den US-amerikanischen marktbeherrschenden Unternehmen etwas entgegenzusetzen? Innovationen aus der Kultur können zur Gestaltung der Digitalisierung beitragen.

Das BKM, aber auch die Zivilgesellschaft sind gefordert, diese und weitere Prozesse zu gestalten. Der Bund wurde vor 20 Jahren kulturpolitisch wachgeküsst. Das BKM hat sich in den 20 Jahren entwickelt und Reputation erworben, sodass es längst als Ministerium wahrgenommen wird. Dies auch formal zu vollziehen, wird Aufgabe der nächsten Bundesregierung zu sein. Jetzt werden offenbar auch die Länder wachgeküsst. Die Kulturminister planen die Einrichtung einer eigenen Kulturministerkonferenz, um sich zu kulturpolitischen Fragen auszutauschen und zu beraten. Sie wollen ein selbstbewusstes Gegenüber zum BKM werden. Endlich, kann ich dazu nur sagen, die Kultur kann dabei nur gewinnen.

Verwendete Literatur

— Bergsdorf, W.: Nachhaltigkeit. Zur Kulturpolitik von Helmut Kohl.
In: Die Politische Meinung 1/20103, S. 81–84
— Datenhandbuch zur Geschichte des Deutschen Bundestages 1994 bis 2013. Baden-Baden 2005
— Datenhandbuch zur Geschichte des Deutschen Bundestages 1949 bis 1982. Baden-Baden 1984
— Datenhandbuch zur Geschichte des Deutschen Bundestages 1983 bis 1991. Bonn 1994
— Deutscher Kulturrat (Hg.): Konzeption Kulturelle Bildung. Bonn 1987
— Deutscher Kulturrat (Hg.): Nach 40 Jahren – ein bißchen weise? Protokoll des kulturpolitischen Kongresses des Deutschen Kulturrates im Oktober 1989 mit einer Auswahldokumentation 40 Jahre Kulturpolitik in der Bundesrepublik Deutschland. Bonn 1991
— Deutscher Kulturrat (Hg.): Konzeption Kulturelle Bildung. 2. Bände. Essen 1994
— Deutscher Kulturrat (Hg.): Frauen in Kunst und Kultur II. 1995–2000. Partizipation von Frauen an den Kulturinstitutionen und an der Künstlerinnen- und Künstlerförderung der Bundesländer. Berlin 2002
— Johannes Heisig im Gespräch mit Stefanie Ernst: Kunst machen als Selbstbehauptung. In: Politik & Kultur 3/2009
— Jürgen Haase im Gespräch mit Stefanie Ernst: Kulturelles Erbe der DDR muss lebendig bleiben. In: Politik & Kultur 2/2009
— Hoffmann, H.: Kultur für alle. Frankfurt a. M. 1979
— Kreile, R. (Hg.); Dümling, Albrecht: Musik hat ihren Wert: 100 Jahre musikalische Verwertungsgesellschaft in Deutschland. Regensburg 2003
— Lammert, N.: Die Kulturpolitik nach 1982. In: Historisch-politische Mitteilungen 12/2005, S. 235–239
— Laurin, H.-R.: Statement. In: Deutscher Kulturrat (Hg.): Nach 40 Jahren – ein bißchen weise? Protokoll des kulturpolitischen Kongresses des Deutschen Kulturrates im Oktober 1989 mit einer Auswahldokumentation 40 Jahre Kulturpolitik in der Bundesrepublik Deutschland. Bonn 1991
— Links, C.: Das Schicksal der DDR-Verlage. In: Politik & Kultur 3/2009
— Möbius, R.: Ein Stau löste sich. In: Politik & Kultur 2/2009
— Naumann, M.: Zentralismus schadet nicht. Die Kulturhoheit der Länder ist Verfassungsfolklore. Es darf und muss eine Bundeskulturpolitik geben. In: Die Zeit, 2. November 2000
— Pfeifer, A.: Die Kulturpolitik der Bundesregierung unter Helmut Kohl im Zeichen der deutschen und europäischen Einigung. In: Historisch-politische Mitteilungen 12/2005, S. 241–259
— Röbke, T. (Hg.): 20 Jahre Neue Kulturpolitik. Erklärungen und Dokumente 1972–1992. Hagen 1993
— Roth, M.: Kampf um die verbleibenden Töpfe. Öffentliche Museen spüren jetzt die Folgen der Wirtschaftskrise. In: Politik & Kultur 1/2010
— Schäuble, W.: Mehr Raum für Kultur. In: Deutscher Kulturrat (Hg.): Nach 40 Jahren – ein bißchen weise? Protokoll des kulturpolitischen Kongresses des Deutschen Kulturrates im Oktober 1989 mit einer Auswahldokumentation 40 Jahre Kulturpolitik in der Bundesrepublik Deutschland. Bonn 1991

1. —— Einleitung

— Schneider, O.: Kulturpolitische Schwerpunkte der 80er Jahre.
In: Historisch-politische Mitteilungen 12/2005. S 261-272
— Schulz, G.: Arbeitsmarkt Kultur. Eine Analyse von KSK-Daten.
In: Schulz, G./Zimmermann, O./Hufnagel, R.: Arbeitsmarkt Kultur. Zur wirtschaftlichen und sozialen Lage in Kulturberufen. Berlin 2013. S. 241-323
— Schulz, G.: Geschichtsverliebt – geschichtsvergessen? Das Geheimnis der Kulturpolitik der Union. Ein Kommentar. In: Kulturpolitik der Parteien: Visionen, Programmatik, Geschichte und Differenzen. Hg. v. Olaf Zimmermann, Theo Geißler. Berlin 2008.
— Schulz, G.: Zahlen – Daten – Fakten: Geschlechterverhältnisse im Kultur- und Medienbetrieb. In: Schulz, G./Ries, C./Zimmermann, O.: Frauen in Kultur und Medien. Ein Überblick über aktuelle Tendenzen, Entwicklungen und Lösungsvorschläge. Berlin 2016, S. 27-360
— Schulz, G./Ries, C./Zimmermann, O. (Hg.): Frauen in Kultur und Medien. Ein Überblick über aktuelle Tendenzen, Entwicklungen und Lösungsvorschläge. Berlin 2016
— Schulz, G./Zimmermann, O./Hufnagel, R. (Hg.): Arbeitsmarkt Kultur. Zur wirtschaftlichen und sozialen Lage in Kulturberufen. Berlin 2013
— Stange, E.-M.: Ein gemeinsamer Länderrat für die Kultur. Bundesländer wollen mit neuem Gremium mehr Mitsprache in der Kultur. In: Politik & Kultur 5/2018
— Subventionsabbau im Konsens. Der Vorschlag der Ministerpräsidenten Roland Koch und Peer Steinbrück
— Sven Crefeld im Gespräch mit Bernd Neumann: Kultur rechtfertigt sich an erster Stelle durch sich selbst. In: Politik & Kultur 1/2006
— Wagner, H.-U.: Eine »harte Nuss« als Geschenk. Das Ringen um den neuen »öffentlich-rechtlichen« Rundfunk. In: Dossier Öffentlich-rechtlicher Rundfunk. Beilage zu Politik & Kultur 5/2008
— Weiss, C.: Angriff auf den Kuluretat. Staatliche Kulturausgaben sind keine Subventionen. In: Politik & Kultur 6/2004.
— Zimmermann, O./Geißler, T. (Hg.): Streitfall Computerspiele: Computerspiele zwischen kultureller Bildung, Kunstfreiheit und Jugendschutz. 2. erweiterte Auflage Berlin 2008
— Zimmermann, O./Geißler, T. (Hg.): Altes Zeug: Beiträge zur Diskussion zum nachhaltigen Kulturgutschutz. Berlin 2016
— Zimmermann, O./Geißler, T. (Hg.): Disputationen: Reflexionen zum Reformationsjubiläum 2017. 2. erweiterte und veränderte Auflage. Berlin 2016
— Zimmermann, O./Geißler, T. (Hg.): TTIP, CETA & Co. Die Auswirkungen der Freihandelsabkommen auf Kultur und Medien. 2. erweiterte und veränderte Auflage. Berlin 2016
— Zimmermann, O./Geißler, T. (Hg.): Wertedebatte: Von Leitkultur bis kulturelle Integration, Berlin 2018
— Zimmermann, O./Schulz, G. (Hg.): Positionen und Diskussionen zur Kulturpolitik: Nachdruck »Deutscher Kulturrat – aktuell«; 1997-1999, Bonn; Berlin 2000
— Zimmermann, O./Schulz, G.: Neue Chancen – neues Glück. Was wird die Große Koalition der Kultur bringen? In: Politik & Kultur 1/2006
— Zimmermann, O./Schulz, G.: Zensur oder öffentliche Förderung? Computerspiele in der Diskussion. In: kultur kompetenz bildung. Beilage zu Politik & Kultur 2/2007
— Zimmermann, O./Schulz, G.: Digitalisierung und Erinnerungskultur. Die beiden Pole der Kulturpolitik in der Koalitionsvereinbarung. In: Politik & Kultur 6/2009
— Zimmermann, O./Schulz, G.: Wer macht Kulturpolitik in der Groko? Die Kulturpolitiker der neuen Bundesregierung – eine erste Einschätzung. In: Politik & Kultur 1/2014, S. 3

Wachgeküsst

— Zimmermann, O./Geißler, T. (Hg.): Martin Luther Superstar.
Dossier zum Reformationsjubiläum. Politik & Kultur 3/2016
— Zimmermann, O./Geißler, T. (Hg.): Die fantastischen Vier.
Dossier zum Reformationsjubiläum. Politik & Kultur 3/2017
— Zimmermann, O./Schulz, G.: Gutes Ergebnis für die Kultur. Eine Einschätzung des Koalitionsvertrags. In: Politik & Kultur 2/2018, S. 3

Koalitionsverträge

— Aufbruch und Erneuerung – Deutschlands Weg ins 21. Jahrhundert. Koalitionsvereinbarung zwischen der Sozialdemokratischen Partei Deutschlands und Bündnis 90/Die Grünen. Bonn, 20.10.1998 (14. Wahlperiode)
— SPD, Bündnis 90/Die Grünen. Koalitionsvertrag 2002–2006: Erneuerung – Gerechtigkeit – Nachhaltigkeit. Für ein wirtschaftlich starkes, soziales und ökologisches Deutschland. Für eine lebendige Demokratie. 16.10.2002 (15. Wahlperiode)
— Gemeinsam für Deutschland. Koalitionsvertrag von CDU, CSU und SPD. 18.11.2005 (16. Wahlperiode)
— Wachstum. Bildung. Zusammenhalt. Koalitionsvertrag zwischen CDU, CSU und FDP. 24.10.2009 (17. Legislaturperiode)
— Deutschlands Zukunft gestalten. Koalitionsvertrag zwischen CDU, CSU und SPD. 27.11.2013 (18. Legislaturperiode)
— Ein neuer Aufbruch für Europa. Eine neue Dynamik für Deutschland. Ein neuer Zusammenhalt für unser Land. Koalitionsvertrag der CDU, CSU und SPD für die 19. Legislaturperiode. 12.03.2018

Wahlprüfsteine des Deutschen Kulturrates

— Kulturpolitik für das 21. Jahrhundert. Die im Deutschen Bundestag vertretenen Parteien antworten auf die Fragen des Deutschen Kulturrates zur Bundestagswahl 1998. Bonn 1998 (Bundestagswahl 1998)
— Politik & Kultur. Zeitung des Deutschen Kulturrates. Sonderausgabe zur Bundestagswahl 2002. (Bundestagswahl 2002)
— Fragen des Deutschen Kulturrates an die Parteien. In: Politik & Kultur 5/2005 (Bundestagswahl 2005)
— Fragen des Deutschen Kulturrates an die im Deutschen Bundestag vertretenen Parteien zur Bundestagswahl am 27.09.2009. In: Politik & Kultur 5/2009 (Bundestagswahl 2009)
— Parteien auf dem Prüfstand. In: Politik & Kultur spezial 5/2013 (Bundestagswahl 2013)
— Deutscher Kulturrat: Forderungen zur Bundestagswahl 2017. Kulturpolitik für die 19. Legislaturperiode (2017–2021) (Bundestagswahl 2017)

Berichte von Enquête-Kommissionen des Deutschen Bundestags

— Bürgerschaftliches Engagement: auf dem Weg in eine zukunftsfähige Bürgergesellschaft. Schlussbericht der Enquête-Kommission des Deutschen Bundestags »Zukunft des bürgerschaftlichen Engagements«. Drucksache 15/8900
— Schlussbericht der Enquête-Kommission »Kultur in Deutschland«, Drucksache 16/7000

1. —— **Einleitung**

Positionspapiere und Berichte der Bundesregierung

— Ohne Urheber keine kulturelle Vielfalt. Zwölf-Punkte-Papier des Staatsministers für Kultur und Medien zum Schutz des geistigen Eigentums im digitalen Zeitalter. Version vom Dezember 2011
— Bericht der Bundesregierung zum Kulturgutschutz in Deutschland »Bericht über die Auswirkungen des Gesetzes zur Ausführung des UNESCO-Übereinkommens vom 14.11.1970 über Maßnahmen zum Verbot und zur Verhütung der rechtswidrigen Einfuhr, Ausfuhr und Übereignung von Kulturgut (Ausführungsgesetz zum Kulturgutübereinkommen) und den Schutz von Kulturgut vor Abwanderung ins Ausland«. Berlin 2013
— Erklärung der Bundesregierung, der Länder und der kommunalen Spitzenverbände zur Auffindung und zur Rückgabe NS-verfolgungsbedingt entzogenen Kulturgutes, insbesondere aus jüdischem Besitz. 1999
— Positionspapier der Bundesregierung zu den TTIP-Verhandlungen der EU-Kommission mit den USA im Bereich Kultur und Medien. 2016

1. —— Einleitung

2.

Die Kulturstaatsminister im Gespräch

Die Fragen stellte Hans Jessen –
er ist freier Journalist und war langjähriger
ARD-Hauptstadtkorrespondent.

Wachgeküsst · 20 Jahre neue Kulturpolitik des Bundes 1998——2018

Michael Naumann
Natürlich hatte ich auch Lieblingsprojekte

Herr Naumann, Sie waren der erste Kulturstaatsminister. Das lässt sich als eine Situation größter Freiheit sehen, wie ein Maler vor weißer Leinwand, der sich jedes Gemälde selbst ausdenken kann. War es so?
Ja, die Leinwand war in der Tat weiß. Es gab aber eine ganze Fülle von Projekten, die den Künstlern, den Schriftstellern, den Filmemachern und Autoren, den Verlagen, also der ganzen Kulturbranche am Herzen lagen. Projekte, die nach gesetzlichen, auch nach politischen Stellungnahmen und Regeln verlangten. Das zentrale brennende Problem war seinerzeit der Kampf des EU-Wettbewerbskommissars Karel van Miert gegen den gebundenen Ladenpreis im Buchhandel. Dessen Abschaffung hätte zu einer absoluten Katastrophe geführt. Schätzungsweise ein Drittel des deutschen Buchhandels hätte einfach zumachen müssen, die Kleinen vor allem. Die großen Konzerne, Bertelsmann, Holtzbrinck und andere, sahen einer Abschaffung des gebundenen Ladenpreises sehr gelassen entgegen. Sie hatten die Marktmacht. Aber die kleinen Verlage, und auch die kleinen Buchhandlungen, wären mit größter Wahrscheinlichkeit untergegangen. Genauso wie das in Amerika der Fall war, wo es im ganzen Land nur 800 unabhängige Buchgeschäfte gab. Der Rest befand sich im Besitz von Ketten. Diese Entwicklung zu verhindern, war für mich eine der Hauptaufgaben. Also das Gemälde, welches gewissermaßen jetzt entstehen sollte, setzte sich wie ein pointillistisches Bild von Signac zusammen aus vielen kleinen und nicht so kleinen Farbtupfern, die aufgebracht werden mussten.

Andere große Probleme waren z. B. die Attacken der Europäischen Union gegen unser System des dualen Rundfunkmarktes. Die Gebühren für den öffentlich-rechtlichen Rundfunk galten in Brüssel als illegale Beihilfe. Um den Kampf gegen die damals in Marktfragen absolut neoliberal eingestellte EU-Kommission zu führen, habe ich mich mit dem damaligen WDR-Intendanten und ARD-Vorsitzenden Pleitgen zusammengetan. Das ist seinerzeit alles nicht so bekannt gewesen, auch weil ich neu im Amt war und nicht wusste, dass man trommeln musste.

Können Sie Ihre Strategie, mit der Sie 1998 in dieses Amt gegangen sind, in einer Kurzformel zusammenfassen? Was wollte Michael Naumann?
Ja. Die Kurzformel würde lauten: Ein jährliches, überstaatliches Bundesausgabevolumen von damals über einer Milliarde Mark in einen Rahmen zu stellen, der a) demokratisch verfasst ist, also durch das Parlament kontrolliert wird, und b) sinnlose Ausgaben, die es massenweise gab, abzuschaffen. Darüber hinaus Signale zu geben, dass der Bund auch eine kulturpolitische Verantwortung hat, die ihm ja nie abgestritten worden war, obwohl es die Kulturhoheit der Länder gab.

Natürlich hatte ich auch Lieblingsprojekte. Mir lag die Stiftung Preußischer Kulturbesitz ganz besonders am Herzen. Ich war der Meinung, dass dieses Ensemble von Museen vom Bund über Jahrzehnte hinweg sträflich vernachlässigt worden war. Nach der Wiedervereinigung gab es überhaupt kein überzeugendes Rahmenprojekt, das dafür gesorgt hätte, dass die Museumsinsel wieder in Schuss kommt.

Das habe ich zusammen mit dem von mir berufenen Präsidenten der Stiftung Preußischer Kulturbesitz, Klaus-Dieter Lehmann, in einem privaten Gespräch mit Gerhard Schröder geregelt. Wir haben damals auch einen Beschleunigungsetat von 1,2 Milliarden Mark aufgelegt. Wenn ich heute höre, wie toll meine Nachfolger doch die Etats erhöht haben, kann ich nur sagen: Ja, sie haben etwas vorgefunden, nur lagen diese 1,2 Milliarden nicht in meinem Budget, sondern die lagen im Etat des Bauministers oder der diversen Bauminister der Bundesregierung. Aber dieses Geld, das sage ich ganz stolz, habe ich locker gemacht.

Sie kamen als Quereinsteiger, der Mann aus dem Publikations- und Literaturbetrieb, Journalist, Verleger, Herausgeber. Mit Führungs- und Managementerfahrungen in diesen Bereichen waren Sie aber eben keiner aus dem Maschinenraum der Politik. Dennoch rief der SPD-Kanzlerkandidat Schröder Sie 1998 in den USA an und fragte, ob Sie als Kulturstaatsminister in sein Schattenkabinett kommen würden. Mussten Sie lange überlegen, ehe Sie zusagten?
Nein, musste ich nicht. Damals war ja auch noch nicht sicher, dass die SPD die Wahl gewinnt, aber ich war genau in dem Alter, in dem man sich sagt: Jetzt versuche ich nochmal was. Schröder kannte ich als juristischen Prozessgegner. Ich hatte einen SPD-Abgeordneten, der im Rowohlt Verlag tätig war – Freimut Duve – gekündigt, aus guten Gründen, die mit der Barschel-Affäre zu tun hatten. Den schmiss ich raus. Duve nahm sich einen Anwalt, das war Schröder. Wir haben uns vor Gericht gefetzt. Ich kann im Rückblick sagen, Schröder gehört zu den Menschen, die es nicht mögen, wenn Leute um sie herum scharwenzeln. Man muss ihm breitbeinig entgegentreten, dann kann man sein Interesse gewinnen. Das war in meinem Fall wohl so.

Der Kulturstaatsminister war und ist angesiedelt im Kanzleramt. Dort und auch an anderen Stellen des politischen Systems trafen Sie auf Akteure, die ziemlich erfahren waren in den Funktionsweisen des Betriebs, aber nicht unbedingt Fans des »Paradiesvogels« Naumann. Mit welchen Widerständen hatten Sie zu kämpfen?
Ich hatte innerhalb der Partei und auch im Kabinett mit überhaupt keinen Widerständen zu kämpfen, sondern habe dort sehr viel Neugier, Interesse, Höflichkeit und auch Solidarität gefunden. Der einzige, mit dem ich jemals Krach hatte, war Scharping, als ich in einer Rundfunksendung sagte: »Wir werden diese Nazi-Namen an den Kasernen, falls sie noch existieren, abschaffen.« Daraufhin brüllte er mich am Telefon an, wie ich dazu käme? Er dachte, ich mische mich in sein Ressort ein. Ich war aber der festen Überzeugung, als Sozialdemokrat kann man nicht länger dulden, dass Namen von Nazi-Ass-Piloten wie Mölders und andere die Kasernennamen schmücken. Das war das einzige Mal, wo ich mit irgendjemandem mal zusammengerasselt bin. Ansonsten hatte ich vor allem die Solidarität und Unterstützung von Schröder. Ich konnte jederzeit zu ihm ins Zimmer gehen, wenn ich was brauchte, nämlich Geld oder Zustimmung. Das ist mir bei einer besonderen Gelegenheit sehr zupassgekommen, als wir die Heinz-Berggruen-Sammlung für 252 Millionen Euro gekauft haben. Gut 50 Millionen davon zahlte das Land Berlin. So hat die Stiftung Preußischer Kulturbesitz eine der schönsten Sammlungen der Klassischen Moderne bekommen: Klee, Picasso, Giacometti […] Diese Nähe zu Schröder, die auch auf gegenseitiger Sympathie beruhte, war für mich von großem Vorteil für das, was ich dann angestellt habe.

Widerstand gegen Brüsseler Pläne haben Sie als erste Arbeitsschwerpunkte schon genannt. Aber das waren ja nicht die einzigen.
Natürlich nicht. Der Bundestag insgesamt hatte längst gewusst, dass die kulturpolitischen Zuwendungen an die Hauptstadt tatsächlich im Berliner Landeshaushalt versickerten. Man gab der Stadt Berlin aus kulturpolitischem Antrieb Gelder, die landeten dann aber keineswegs bei den Institutionen, sondern weiß der Teufel, was die Städte und Bezirke mit dem Geld anstellten. Also habe ich mit dem damaligen Kultursenator der Stadt Berlin, Christoph Stölzl, eine Verabredung getroffen, der zufolge der Bund folgende Berliner Institutionen komplett übernimmt: die Berlinale, die Berliner Festspiele, den Gropiusbau, das Haus der Kulturen der Welt, das Jüdische Museum, das Holocaust-Mahnmal. Diese Institutionen landeten nun komplett im Bundeshaushalt, also in »meinem« Haushalt. Das war durchaus zum Vorteil der Stadt Berlin und des Berliner Kulturlebens. Davon abgesehen habe ich einen Hauptstadtkulturfonds gegründet, weil ich, aus Amerika kommend, immer davon ausging, dass es eine sehr lebendige Off-Broadway-Szene in Berlin gibt, die aber permanent unterfinanziert ist. Kurz gesagt: Straffung der Verwaltung dieser Ausgaben ohne hochkomplexe und meistens undurchschaubare Kommissions- und Gremienentscheidungen. Das ging sehr gut.

Sie haben ein sehr polyglottes Berufsleben geführt, Deutschland, USA, sind persönlich gut bekannt und befreundet mit kulturellen Geistesgrößen. Als Kulturstaatsminister bekamen Sie es dann doch auch mit den eher kleinteiligen Organisationsformen des föderalen Kulturbetriebs, mit Vereinen, Verbänden, Bürokratien zu tun. Sind da nicht Welten aufeinandergestoßen?
Nein. Nein, nein. Natürlich bin ich z. B. sorbischen Funktionären begegnet, die der Meinung waren, die Bundesregierung müsse ihre Gedichtbände finanzieren. Was sie auch tat. Solche Begegnungen gab es einige, zumal mit den Vertriebenenverbänden. Da waren einige, die würde ich wirklich als Sitzenbleiber der Geschichte bezeichnen. Die waren dann überrascht, immerzu von mir zu hören: »Wissen Sie, es gibt nicht nur ostpreußische Vertriebene, es gibt auch Leute, die aus politischen Gründen vertrieben wurden, nämlich aus der DDR, und ich zähle mich dazu.« Mir hat die DDR mindestens drei bis vier Jahre meiner Kindheit gestohlen. Aber deswegen bin ich nicht der Meinung, wir müssen zu Ostern Feste feiern als ehemalige DDR-Bewohner und Flüchtlinge, um uns an die schönen großen Zeiten auf unseren gewaltigen Gütern im Osten zu erinnern.

Ich gebe zu: bei mir gibt es einige Ressentiments gegen diese Verbände, die sich jahrzehntelang gegen eine »Aussöhnung« der Ostpolitik gewendet haben. Wenn sich auf Vertriebenentreffen, meistens zu Pfingsten, ein Sozialdemokrat hin traute, konnten Sie schon hören: »Brandt an die Wand« – das ist kein Witz. Diese Leute saßen zum Teil immer noch da und in denen habe ich dann genuine Gegner gefunden. Die Kleinteiligkeit des Verbandswesens in Deutschland ist in Wirklichkeit auch eine Stärke. Viele dieser kulturpolitisch tätigen Vereine, Theatervereine, Opernfreunde, Museumsfreunde – das sind ja alles Ehrenamtliche. Bürger, die etwas tun, die mit ihrer Freizeit etwas Vernünftiges anstellen. Das hat mir durchaus imponiert.

Das Wort »Verfassungsfolklore« hängt Ihnen bis heute an, gilt als Symbolbegriff für Ihr gespanntes Verhältnis zu den Ländern. In einem längeren Zeit-Artikel schrieben Sie, der Begriff »Kulturhoheit« sei Verfassungsfolklore, weil er nicht im Grundgesetz stehe.
Da steht er bis heute nicht. Der Begriff der »Hoheit« stammt aus dem Barock, man sagte: »Eure Hoheit«. Diesen Barockbegriff, den die Länder vor sich hertrugen wie ein naturrechtliches Heiligtum, fand ich immer unpassend. Es gibt keine Naturrechte auf Kulturhoheit der Länder. Wir haben eine sogenannte positive Grundgesetzsetzung, die nicht heilig ist. Sie gehört mit zu unserer Kulturgeschichte und politischen Geschichte, ist aber durch Mehrheitsentscheidung des Parlaments durchaus veränderbar. Allein diesen barocken Begriff »Kulturhoheit« habe ich persifliert mit dem Wort »Verfassungsfolklore«.

Anstoß erregten Sie auch mit der ursprünglichen Ablehnung des Holocaust-Mahnmals am Brandenburger Tor. Sie kritisierten es als »elegantes Denkmal«. Was meinten Sie damit?
Das ist klassische »Land-Art« im Stil der 1970er Jahre. In dieser Größe eigentlich nur noch in Amerika vorstellbar in einer Wüste. Ich war der Meinung, dass es in seiner Abstraktheit und Schönheit nicht angemessen ist. Um es banal zu sagen: Dieses Menschheitsverbrechen, die Ungeheuerlichkeit des Holocaust, zu memorieren, zu erinnern mit einem eleganten, schönen Denkmal, schien mir ganz einfach ein intellektueller, ästhetischer und auch politischer Widerspruch zu sein. Wie überhaupt alle Denkmäler, auch die, die Sie in den Konzentrationslagern sehen, letztlich die Unmöglichkeit zeigen, mit diesen Verbrechen, diesen millionenfachen Morden, ästhetisch angemessen umzugehen. Es geht eben nicht. Ich war aber der Meinung: Das muss im Kulturausschuss und im Bundestag diskutiert werden. Am Ende haben wir uns geeinigt auf diesen sogenannten »Ort der Information«.

Das ist gewissermaßen der Kompromiss, den die Fraktion mir eingeräumt hat. Wenn Sie heute wissen wollen, wofür die Steine eigentlich stehen, müssen Sie in diese unterirdischen Räume gehen. Dort werden Sie, wenn Sie nicht steindumm sind, genau die emotionale Anmutung erfahren, die bei dem ästhetischen Erlebnis dieser Steinstelen nicht da ist.

Sie sind nach zwei Jahren ziemlich überraschend zurückgetreten. Ein Rücktritt zur Hälfte der Legislaturperiode wird schnell als Zeichen des Scheiterns gewertet. Sie haben beim Rücktritt aber erklärt, Sie gingen guten Gewissens, weil Sie grundlegende Dinge erreicht hätten, Leitplanken und Vorgaben auch für Ihre Nachfolger. Schutzbehauptung oder wirklich ernst gemeint?
Es stimmt schon. Jede Regierung stellt in den ersten zwei Jahren Weichen, danach geht es nur noch um Kleinstarbeit. Ich habe den Etat erheblich verändert. Viele Dinge sind gar nicht in die Öffentlichkeit gekommen, wie z. B. diese 1,2 Milliarden Mark Beschleunigungsmaßnahmen für die Stiftung Preußischer Kulturbesitz. Ich hatte einfach versäumt, dies laut und deutlich hinauszutrompeten, was dazu führte, dass die Leute in der Tat glauben: Das, was ich wirklich hinterlassen habe, sei die Einrichtung eines Kulturausschusses im Bundestag. Nein, das war schon entschieden mehr. Ich bin auch ganz stolz, dass ich die Kurt-Wolff-Stiftung gegründet habe zur Förderung der kleinen Buchverlage. Meine Nachfolgerin Christina Weiss hat die dann noch mit einer anständigen Erhöhung des Etats ausgestattet. Zusätzliches Geld für die Staatskapelle Berlin, mittlerweile zwei Millionen Euro jährlich. Lauter kleine Dinge, die sich alle bis heute zum Vorteil nicht nur Berlins, sondern des ganzen Landes auszahlen. Darauf bin ich durchaus stolz. Und darauf, dass ich im Jahr 2000 mit dem damaligen russischen Kulturminister vereinbaren konnte, dass die kostbaren mittelalterlichen Kirchenfenster der Marienkirche nach Frankfurt/Oder zurückkehren, sie

waren im Zweiten Weltkrieg als »Beutekunst« nach Russland gelangt. Insofern war nicht das Gefühl, ich gehe mitten in der Arbeit weg. Ich hatte das Angebot erhalten, Herausgeber und Chefredakteur der ZEIT zu werden, das habe ich natürlich mit Schröder besprochen. Hinzu kommt: Politische Spitzenämter belasten das Privatleben. Ich habe manchmal bei Kabinettssitzungen gedacht: Wenn die alle ihre geschiedenen Ehepartner mitbringen würden, müssten wir in den Plenarsaal umziehen. Auch das hat eine Rolle gespielt.

Sie haben die Anbindung des Kulturstaatsministers im Kanzleramt auch nachträglich noch als ideale Organisationsform bezeichnet. Ihnen persönlich hat die Nähe zu Schröder zweifellos genützt. Sie kennen aber auch die Forderung nach einem eigenständigen Kulturministerium. Das käme doch eigentlich Ihrem Ansatz stärkerer bundespolitischer Präsenz entgegen?
Am Anfang habe ich das auch gesagt. Ich wollte eigentlich, dass man ein Kultur- und Wissenschaftsministerium zusammenlegt. Und selbstverständlich gab es da einen, der sich dafür sehr geeignet hätte, das wäre der ja immerhin habilitierte Staatsminister für Kultur – das habe ich wirklich gedacht. Bis ich kapierte, dass das wahrscheinlich einen Schritt zu weit gegangen wäre angesichts der Empfindlichkeiten der Länder, und kapierte, dass in Wirklichkeit die Nähe zum Bundeskanzler außerordentlich vorteilhaft sein kann, wenn es darum geht, Geld zu mobilisieren. Finanzminister Eichel war strikt gegen den erwähnten Ankauf der Sammlung Berggruen. Der hätte keinen Pfennig rausgerückt. Das ist dann durch Fürsprache a) von Schröder und b), wie ich jetzt erst erfahren habe, auch durch einen Brief von Helmut Schmidt viel leichter geworden. Auf diese Art und Weise wurde die Sammlung eben angekauft, ganz einfach.

Es funktioniert, wenn dieses Amt das Wohlwollen des Bundeskanzlers hat. Wenn das aber nicht der Fall ist, ist es eben Pech für die Kulturpolitik. Kulturpolitik ohne das innere Engagement des Bundeskanzlers ist, auch aufgrund der verfassungsrechtlichen Verhältnisse im Lande, fast nicht möglich. Man braucht es.

Was sehen Sie, aktuell und zukünftig, als besondere kulturpolitische Herausforderung?
Mein konkreter Vorschlag ist, in Erinnerung an das autofreie Wochenende in der Ölkrise 1974, kulturpolitisch ein Wochenende ohne digitale Kommunikationsmedien durchzusetzen. Sozusagen das Smartphone in den Eisschrank. Der enorme kulturelle und gesellschaftliche Wandel durch die globale Digitalisierung lässt das Leseverhalten zusammenbrechen. Alle lesen weniger Bücher, das steht fest. Alle lesen weniger Zeitung, auch das steht fest. Sind sie deswegen besser informiert? Alle Umfragen zeigen: Nein. Welche Konsequenzen das für den Fortbestand der Sprache hat, des gesellschaftlichen Zusammenhalts und, das ist das Wichtigste, weil alle anderen Argumente nicht durchkommen, auch der wirtschaftlichen Stabilität des Landes?

Das alles hängt zusammen mit unserem Verhalten vis à vis der neuen digitalen Kommunikations- und Medienwelt. Da sehe ich eine zentrale Aufgabe der Kulturpolitik des Bundes, das lässt sich auch nicht mit föderalistischen Argumenten beheben. In Deutschland fehlen 50.000 Lehrer, das ist in einer Nation von 82 Millionen keine Urkatastrophe, aber die Tendenz ist wachsend, es stellt sich schon die Frage: Woran liegt das? Wenn die Länder glauben, das sei Ländersache, dann muss ich sagen: Irrtum, Freunde. Das ist eine gesamtgesellschaftliche Krise. Da muss das Land kulturpolitisch agieren. Und zwar aus dem Kanzleramt heraus. Das ist meine staatstragende Schluss(re)volte.

Julian Nida-Rümelin
Die Kulturpolitik des Bundes als Ordnungspolitik

Herr Nida-Rümelin, Sie wurden der zweite Kulturstaatsminister, nachdem Michael Naumann zur Hälfte der Legislaturperiode ziemlich überraschend zurückgetreten war. Naumann sagt: »Ich konnte guten Gewissens gehen, weil die wichtigen Dinge auf den Weg gebracht waren, Themen und Leitplanken, auch für die Amtsnachfolger.« Von Ihnen stammt der Satz: »Naumann war der Eisbrecher, ich der Navigator.« Was meinten Sie damit?

In der Tat war viel auf den Weg gebracht. Besonders die Rolle der Hauptstadtkultur, also der kulturellen Institutionen, die vom Land Berlin in die Bundeskompetenz wanderten. Das war weit gediehen, wurde zum Teil aber erst in meiner Amtszeit abgeschlossen. Ich hatte mir das Ziel gesetzt, die Kulturpolitik des Bundes kooperativer mit den Ländern zu gestalten. Keine ganz einfache Aufgabe, die Konflikte zwischen Bund und Ländern, personalisiert zwischen Naumann und Zehetmair, dem damaligen bayerischen Kultusminister, waren ziemlich eskaliert.

Auf meiner Agenda ganz oben stand das von Willy Brandt und Günter Grass schon in den 1970er Jahren vorgesehene Projekt einer nationalen Kulturstiftung. In einem Dauerkonflikt mit den Ländern ist so etwas aber nicht zu erreichen, sie muss kooperativ vorbereitet werden. Nach dem Konzept meines Vorgängers sollte die Stiftung vor allem Ankäufe von Museen und anderen Einrichtungen unterstützen. Für eine nationale Kulturstiftung war mir das ein viel zu enges Korsett. Sie bekam eine ganz andere Ausrichtung: Förderung von Kunstprojekten, innovativer Kunst, internationaler Kunst, Stärkung des kulturellen Blicks nach Osten.

Die Gründung der Kulturstiftung des Bundes in meiner Amtszeit war vielleicht der größte Erfolg dieser Amtszeit. Was zu Zeiten von Brandt und Grass noch am Widerstand der Länder gescheitert war, konnte nun mit Unterstützung der Länder realisiert werden.

Welches waren neben der Bundeskulturstiftung, nach 30-jähriger Hängepartie, weitere wichtige Baustellen Ihrer Amtszeit?
Die zweite wichtige Orientierung: Kulturpolitik des Bundes als Ordnungspolitik. Das war sicher auch eine andere Akzentsetzung als die meines Vorgängers. Ich sehe das heute noch als die zentrale Aufgabe der Bundeskulturpolitik. Nicht so sehr mit einzelnen Mittelzuwendungen kulturelle Projekte und Institutionen zu fördern – obwohl das natürlich auch eine Aufgabe des Bundes ist – sondern vor allem den rechtlichen Rahmen so zu gestalten, dass er kultur- und kunstfreundlich ist. Deswegen war mir so wichtig, dass man z. B. die Filmförderung stärker auf kulturelle Filmförderung ausrichtet. Streng genommen ist nicht die wirtschaftliche Filmförderung Aufgabe des Staates, sondern die kulturelle Filmförderung, weil Kultur ein öffentliches, zu wesentlichen Teilen nicht handelbares Gut ist. Dieser Aspekt der Filmproduktion muss im Mittelpunkt stehen. Wir haben die entsprechende Akzentverschiebung durch das neue Filmfördergesetz realisiert. Für mich hatte auch die Buchpreisbindung zentrale Bedeutung. Die Kommentare in den Feuilletons waren damals so, dass man im Grunde nur noch auf Zeit spielte, also bestenfalls hoffen konnte, dass es noch ein paar Jahre gutgeht. Ich habe dem dann ein völlig neues Konzept, was so nie zuvor diskutiert worden war, entgegengestellt: nach französischem Vorbild ein nationales Buchpreisbindungsgesetz, um damit die Buchpreisbindung auf eine gesetzliche Grundlage zu stellen. Einen Markteingriff per Bundesgesetz hatte es in dieser Form nie zuvor gegeben in der Bundesrepublik. Das war eine Menge Überzeugungsarbeit, auf den letzten Metern hat auch der Bundeskanzler mitgeholfen, dass es gegenüber den Verlagen gelang. Es hat bis heute gehalten.

In einer ersten Bilanz Ihrer Amtszeit hatten Sie gesagt: »Die Angst der Länder vor einem Kulturzentralismus ist gebannt.« Fragt man heute kulturpolitische Akteure nach Ihrer damaligen Rolle, kommt gelegentlich die Antwort: »Nida-Rümelin ist zu verdanken, dass die Länder ihren Frieden mit der Bundeskulturpolitik gemacht haben.«
Tja, ich sollte das vielleicht nicht kommentieren, aber es ist wohl etwas Wahres dran. Es gab ja die Mühen der Ebene mit vielen, vielen Sitzungen und Besprechungen. Da ging es nicht nur um den Konflikt etwa Bayern – Bund, sondern auch Nordrhein-Westfalen, damals SPD-geführt oder Rheinland-Pfalz. Dortige Landesminister traten ganz massiv gegen den Bund auf. Beispielsweise mit dem Vorwurf, dass der Bund nicht symmetrisch fördere, sondern verschiedene Länder bevorzugt behandle. Solche Vorwürfe mussten erst mal abgewehrt werden. Das war alles nicht so ganz einfach, diese Geschichte ist auch noch nie ordentlich aufgeschrieben worden. Es begann sehr konfliktreich, aber innerhalb kurzer Zeit erkannten offenbar auch die Länder, dass ich es ernst meinte, dass mein Ziel ein kooperativer Kulturföderalismus war, kein konfrontativer. Das hat sich in den Nachfolgebesetzungen auch bis heute gehalten.

Welche Bedeutung hatte für diesen Prozess, für die Bewältigung der Mühen der Ebene, dass Sie selbst zuvor Erfahrungen im Bereich kulturpolitischer Institutionen gemacht hatten? Sie waren Kulturdezernent in München, stellvertretender Vorsitzender des Kulturforums der SPD. Sie kamen sozusagen auch mit Kenntnissen aus dem Maschinenraum der politischen Macht, der Entscheidungsprozesse?
Das ist eine interessante Frage, vielleicht aus der Distanz dann irgendwann mal historisch zu beurteilen. Der Anfangsimpuls des Amtes: Bundeskulturpolitik, in Gestalt öffentlicher Diskurse, legitimerweise auch Auseinandersetzungen, mit hoher medialer Aufmerksamkeit, war mir ja sehr sympathisch. Aber ich vermutete bald, dass das gewissermaßen ein Kindheitsphänomen des neuen Amtes ist und dass man es zumindest ergänzen, teilweise auch ersetzen muss durch eine kulturelle Ordnungspolitik.

Ich habe versucht, den Weg in einer Balance zwischen Diskursorientierung und konkreter Kooperationspolitik zu realisieren. Es musste zu einer gewissen Normalisierung kommen. Gewissermaßen das Klein-klein, was aber eben auch zur Politik gehört.

Sie waren trotz der politischen Realerfahrung letztlich doch Quereinsteiger. Sie haben sich immer in erster Linie als Philosoph definiert, als Wissenschaftler, als Intellektueller. Damit waren Sie in mehrfacher Weise ein Stück weit auch Gegenentwurf zum sogenannten »Alphatier« Schröder und auch zu anderen politischen Großmeistern dieser Jahre. Hat das nicht zu Konfliktlagen im politischen Geschäft geführt?
Wissenschaft ist mein Beruf, den ich sehr früh gewählt hatte. Manche schreiben immer noch: »Nach der politischen Zeit ist Nida-Rümelin dann in die Wissenschaft gegangen.« Ganz falsch. Schon viele Jahre vorher, seit 1984, war ich hauptberuflich Wissenschaftler. Ich habe von Anfang an sowohl in der Wissenschaft als auch in die Politik hinein agiert. Allerdings habe ich mich um die politischen Ämter nie beworben, sie wurden mir angeboten. Von Christian Ude in München und Gerhard Schröder im Bund. Denen habe ich immer gesagt: »Ich bin von Beruf Wissenschaftler. Ich werde nicht von Beruf Politiker« – auch wenn das, nach einem Urteil des Bundesverfassungsgerichts, rein rechtlich so ist.

Für mich war es eine Fortsetzung kulturellen und bürgerschaftlich-politischen Engagements. Konsequenterweise habe ich 2002, nach der gewonnenen Bundestagswahl, Schröders Angebot, für vier Jahre weiterzumachen, nach reiflichem Überlegen abgelehnt. Ich hatte Sorge, nach neun Jahren Politik nicht mehr wirklich in die Wissenschaft zurückkehren zu können.

Wo ich es anders sehe als Sie, ist die Frage »Alphatier«. Sagen wir es mal so: Andere, die mich ganz gut kennen, halten mich auch für ein Alphatier. Dort, wo ich bin, gestalte ich auch. Nicht Macht um der Macht willen, aber dort, wo ich bin, nehme ich die Dinge in die Hand und organisiere das. Das war schon lange vor dem politischen Amt so. Insofern war das von einigen gezeichnete Bild des schöngeistigen Intellektuellen, der sich jetzt mit Machtfragen herumschlagen muss, eher eine Karikatur. Manche haben sich auch die Augen gerieben, dass es so eben nicht kam, sondern dass der vermeintlich schöngeistige Intellektuelle, der keinen Bezug zu Machtfragen hat, mit Machtfragen ganz gut umgehen konnte.

Lassen Sie uns noch einmal auf das Ende Ihrer Amtszeit zu sprechen kommen. Oktober 2002, Rot-Grün hatte, für manche überraschend, die Bundestagswahl nochmal gewonnen. Und Sie gaben das Amt, wie zuvor Michael Naumann, nach nur zwei Jahren auf. Hätten Sie nicht doch gern weitergemacht? Die vorherrschende Meinung der politischen Beobachter damals war: Eigentlich hätte er gern weiter gemacht, aber Schröder wollte nicht.

Das ist ganz einfach falsch. Schröder wollte, dass ich weitermache, er hat mich ausdrücklich gefragt. Das Ergebnis der Bundestagswahl 2002 resultierte ja auch nicht nur aus der Ablehnung des Irak-Krieges oder dem »Flut-Kanzler«. Die Unterstützung durch viele Kulturschaffende spielte eine Rolle und das hatte auch etwas mit mir zu tun. Schröder und ich hatten ein gutes Verhältnis.

Man muss bedenken: im Gegensatz zu den Ressortministern ist der Staatsminister für Kultur und Medien dem Bundeskanzler gegenüber weisungsgebunden. Schröder hat von diesem Weisungsrecht nie Gebrauch gemacht. Selbst nicht in so heiklen Fällen wie dem Wiederaufbau des Stadtschlosses in Berlin Mitte, wo er eine eindeutige Meinung hatte. Ich war eher skeptisch. Er hat mir ausdrücklich gesagt: »Du hast da freie Hand. Überleg dir, wie Du es machen willst. Und Du kannst das machen, wie Du es für richtig hältst.« Auch bei der Frage, ob man nicht die Dresdener Semperoper in Bundeskompetenz geben sollte, wo er dafür war, Richard von Weizsäcker dafür war und einige weitere gewichtige Persönlichkeiten dafür waren. Ich war dagegen mit der Einschätzung: »Dafür haben wir weder die Kompetenzen noch die Strukturen.« Außerdem wäre das »Opfer« dann die Kulturstiftung des Bundes gewesen. Selbst da hat er nicht gesagt: »Das will ich aber jetzt so, mach das«, wie es sein Recht gewesen wäre. Er sagte: »Das musst Du entscheiden, musst Du wissen.« Unser Verhältnis war gut. Die Behauptung, Schröder könne nicht mit mir, wurde wohl von Menschen verbreitet, die das Amt selbst gern gehabt hätten.

Warum haben Sie dann trotzdem 2002 aufgehört, wenn es das Angebot gab, weiterzumachen?

Zum einen, weil es ein Problem mit meinem Lehrstuhl in Göttingen gab, der für mich freigehalten wurde. Der Präsident der Universität Göttingen schrieb mir, dass sie den nicht länger freihalten könnten. Ich müsse mich entscheiden.

Dazu kam ein Aspekt, der mit der Berufung ins Amt zu tun hatte. Schröder hatte mir in seiner charmanten Art damals am Telefon gesagt: »Du musst das machen. Naumann geht jetzt, wir haben keinen anderen, Du bist hier der Höchstqualifizierte.« Er hatte mir in diesem Gespräch auch signalisiert, er sei offen für einen institutionellen Ausbau des Amtes, bis hin zum eigenständigen Ressort. Ich war damals und bin heute immer noch der Meinung, das sollte geschehen. Es gibt eine ganze Reihe von Gründen, die für ein eigenständiges Ressort sprechen. Der wichtigste gehört zum Stichwort Ordnungspolitik: Es ist leider nicht möglich, dass der, der das Amt des Kulturstaatsministers innehat, eine Gesetzesvorlage einbringt. Das machen die einzelnen Ressorts, in dem Fall wäre es dann das Kanzleramt. Ein sehr merkwürdiger Vorgang, wenn der Bundeskanzler ein Gesetz einbrächte, das ist so nicht vorgesehen. Wir haben das mühsam umschifft. Z. B. bei der Buchpreisbindung war schließlich das Wirtschaftsministerium federführend. Durch den günstigen Umstand, dass Werner Müller ein sehr kunstinteressierter und kulturaffiner Mensch ist und außerdem mit Schröder sehr eng war und aufgrund guter Gespräche, die wir miteinander führten, sagte er am Ende: »Okay, das Haus ist dagegen, aber wenn ihr dafür seid, dann mache ich das.«

So wurde dann mein Gesetzentwurf über das Wirtschaftsministerium eingebracht, ohne ein Komma geändert zu haben. Das ist natürlich ein sehr ungewöhnliches Verfahren. Das betrifft auch andere Prozesse, z. B. das Urhebervertragsrecht. Da standen wesentlich die kulturellen Aspekte im Mittelpunkt. Die Kompetenz des Kulturstaatsministers bzw. seiner Mitarbeiterinnen und Mitarbeiter wurde permanent herangezogen, mit allen Friktionen, die sich daraus ergeben. Aber nicht wir waren federführend, sondern die Justizministerin Herta Däubler-Gmelin.

Ordnungspolitik ist eines der wichtigen Argumente, warum dieses Amt eigentlich ein normales Ministerium sein sollte. Es wäre nicht einmal das kleinste, selbst wenn man es beim aktuellen Etat beließe, es gibt noch kleinere Bundesministerien. Ein vielleicht noch wichtigerer Punkt: Art. 5 Grundgesetz, Freiheit von Wissenschaft und Kunst, Forschung und Lehre. Das ist bislang wunderbar gutgegangen, auch wegen zweier in dieser Hinsicht sehr vernünftiger Bundeskanzler, nämlich Schröder und Merkel. Aber Tatsache ist: über die Hälfte des Etats des Bundeskanzleramtes wird für Kultur und Medien ausgegeben, was ja schon von außen komisch aussieht.Und es ist Tatsache, dass das Bundeskanzleramt aufgrund unserer Verfassung das Machtzentrum der Republik ist.

Dort diesen sensiblen Bereich anzusiedeln, bedeutet: wenn da mal was schiefgeht, ist der jeweilige Bundeskanzler dran. Und umgekehrt: wenn es mal eine andere Besetzung gibt, die Kultur für politische Zwecke instrumentalisieren will, dann wäre das problemlos möglich, durch einfache Weisung des Bundeskanzlers. Aus guten Gründen hat der Verfassungsgeber in Deutschland dafür gesorgt, dass die Ressortminister nicht weisungsunterstellt sind. Es gibt also eine ganze Reihe von sehr vernünftigen Gründen für ein eigenständiges Ressort, die aber in der Öffentlichkeit nicht mehr durchdringen.

Damals war Schröder für diese Gründe sehr offen. Wir haben das konzeptionell gründlich vorbereitet, auch mit gewissen Arrondierungen aus anderen Ressorts. Gescheitert ist es dann an der Berufung von Clement, der als neuer Superminister nach 2002 sagte: »Also ich möchte hier nichts abgeben.« Dann hatte natürlich auch Schröder anderes im Kopf, als jetzt einen Streit wegen einem einzurichtenden eigenständigen Kultur-Ressort vom Zaun zu brechen. Zumal damals auch die Länder skeptisch gegenüber dieser Idee waren und Sorge hatten, dass sie dann weiter in die Defensive gedrängt würden. Das halte ich für genauso unbegründet wie den Widerstand, den sie ursprünglich schon gegen die Einrichtung des Staatsministers geleistet hatten.

Um es für mich zu entschlüsseln: Wenn es 2002 das Angebot gegeben hätte, z. B. Bauen und Kultur zusammenzufügen zu einem mittelgroßen Ressort, Baukultur als Brücke, oder auch ein um andere Bereiche deutlich erweitertes, eigenständiges Ressort, dann hätte ich wohl die Sorge, dass ich nicht mehr in die Wissenschaft zurückkomme, hintangestellt und weitergemacht. Schließlich noch ein weiterer Aspekt, der bislang öffentlich nicht bekannt war: Es gab seinerzeit Anhaltspunkte dafür, dass eine Berufung auf einen Lehrstuhl nach München möglich werden könnte. München ist meine Heimatstadt und die meiner Familie. Eine solche Perspektive spielt dann eben auch eine Rolle bei der Entscheidungsfindung. Die Summe dieser Faktoren hat 2002 den Ausschlag gegeben, dass ich Schröders Angebot, als Kulturstaatsminister weiterzumachen, nicht angenommen habe.

Welche bestehenden und kommenden Aufgaben sehen Sie für das BKM? Aktuelle Baustellen und Zielsetzungen, die Sie persönlich für nötig halten?

Das BKM hat sich ja in den Jahren bis in die Gegenwart gut entwickelt. Das muss man nun wirklich anerkennen, über die Parteigrenzen hinweg. Es ist nicht nur finanziell jetzt sehr gut ausgestattet, sondern, nach meinem Eindruck, auch zwischen den Ressorts respektiert. Es hat sich gut etabliert. Ich bin allerdings der Auffassung, dass diese Kulturkompetenz des Bundes nicht im Klein-klein zerlaufen darf. In den Schröder-Jahren fühlte sich die Welt der Künstlerinnen und Künstler, der Kulturschaffenden von der Politik angesprochen, ernst genommen. Nach meinem Eindruck ist das deutlich zurückgegangen, das besorgt mich.

Wir haben jetzt Landesvorsitzende der CDU, die dieses Amt leiten, und nicht mehr frei schwebende Intellektuelle oder Kunstinteressierte wie z. B. Frau Weiss. Die hatte zwar politisch Erfahrung in Hamburg, hielt aber immer Distanz zu den Parteien. Wir haben jetzt sozusagen Vollprofis aus der Politik. Das mag man als Vorteil empfinden, aber darin steckt auch eine Gefahr.

Vielleicht haben ja am Anfang die Diskurse eine zu große Rolle gespielt, die Debatten und Auseinandersetzungen, die öffentlichen Auftritte. Aber: wie fühlen sich eigentlich mittlerweile die Intellektuellen in Deutschland? Sehen die sich wirklich angenommen und ernst genommen von der Bundeskulturpolitik? Weiß ich nicht.

Man muss sich schon überlegen, wie man in diesem an sich sehr günstigen Zustand der Staatsfinanzen sicherstellt, dass die Geisteswissenschaften, die Kultur-, Sozialwissenschaften und die Kulturinstitutionen nicht durch eine einseitige Ausrichtung – Stichwort MINT, ökonomische Interessen – marginalisiert werden.

Da gibt es einen engen Zusammenhang. Die Geisteswissenschaften dünnen an den Universitäten auch deswegen aus, weil die Kulturinstitutionen nicht mehr so stark sind, und umgekehrt. Da wäre eine starke Akzentuierung auf Bundesebene wünschenswert. Ein eigenständiger Ressortminister oder -ministerin könnte das gut gestalten.

Christina Weiss
Einsatz für Spielräume der Künste

Frau Weiss, Sie waren die Dritte im Amte. Ihren Vorgängern wurden gelegentlich Etiketten aufgeklebt wie: Naumann, der als »Zirkusdirektor« gern auf der Bühne des Kulturzirkus brillierte. Nida-Rümelin, der als philosophischer »Schöngeist« die Ordnungspolitik entdeckte. Welches Etikett würden Sie sich selbst verpassen?
Ich habe die Politik überhaupt nur gemacht, um den Künstlerinnen und Künstlern die Spielräume freizuhalten. So würde ich mich selbst einschätzen. Ein schönes Schlagwort dazu habe ich nicht, aber sagen wir mal: Engagement für die Künste. Oder Streiterin für die Künste.

Sie waren die erste Frau nach zwei Männern, Sie waren auch die erste Parteilose nach zwei sozialdemokratischen Männern. Hatte es Sie überrascht, als Gerhard Schröder, der damals nicht nur SPD-Kanzler, sondern auch SPD-Parteivorsitzender war, Ihnen das Amt anbot? Es gab ja auch Bewerber aus seiner Partei, die es gern geworden wären.
Das ist richtig. Ich war trotzdem nicht so überrascht, weil ich ja immerhin fast elf Jahre in Hamburg, auch parteilos, für die SPD die Arbeit der Kultursenatorin gemacht habe. Das war, glaube ich, ganz erfolgreich. Ich war mit der SPD sehr eng verbunden. Dass ich nicht in die Partei eingetreten bin, sollte signalisieren: Ich will eine politische Karriere nicht machen, weil es eine politische Karriere ist, sondern ich will arbeiten für die Künste.

Sie haben die Arbeit Ihrer beiden Vorgänger sozusagen von einer kollegialen Ebene her beobachtet, waren als Hamburger Kultursenatorin auch Beteiligte. Aus dieser professionellen Kenntnis heraus: Welches waren die Punkte, bei denen Sie zum Amtsantritt sagten: »Da will ich etwas anders oder neu oder zusätzlich machen?«
Politik ist als Mischung von Diskontinuität und Kontinuität ein interessanter Prozess. Auf der einen Seite muss man vorher gefasste Beschlüsse übernehmen und diese auch durchführen. Beispielsweise war, als ich anfing, im Deutschen Bundestag der Beschluss, den Palast der Republik abzureißen und das Schloss zu bauen, bereits gefallen. Ich hatte kurz vorher ein Buch veröffentlicht, in dem

stand, dass ich dagegen bin. Die Arbeit nach dem Bundestagsbeschluss setzt man dann aber trotzdem fort. In diesem speziellen Fall habe ich versucht, durch das gemeinsam mit Peter-Klaus Schuster und Klaus-Dieter Lehmann für das Schloss entwickelte Label »Humboldt Forum« zu sichern, dass der Inhalt dieses Humboldt Forums auch im Geiste Humboldts ein kultureller ist. Das war keineswegs selbstverständlich. Das Schloss hätte auch ein Hotel werden können. Das stand sehr wohl zur Debatte. Man muss also fortsetzen, was schon beschlossen ist, kann dabei aber sehr deutlich Schwerpunkte anders legen. Ich habe einen Schwerpunkt eindeutig verstärkt: Der Wolfenbütteler Bibliothekar Raabe hatte damals eine Vorlage für »Leuchttürme« in den neuen Bundesländern gemacht. Ich hatte ein sehr, sehr großes Interesse und großes Engagement für diese neuen Bundesländer. In meiner Amtszeit war ich weitaus häufiger in den neuen Bundesländern als in den westlichen Bundesländern und habe versucht, dort die Highlights zu unterstützen. Im föderalen System konnte der Bund nur eines tun: Ich konnte gute Verträge aushandeln mit den Ländern. Das heißt, der Bund gibt Geld. Dafür gibt es aber einen Vertrag mit dem Land. Das Land bleibt verantwortlich. Aber was mit dem Geld des Bundes geschieht, wird vertraglich geregelt. Dafür habe ich mich sehr engagiert. Und natürlich mein persönlicher Schwerpunkt: ich habe alles daran gesetzt, auch auf der Bundesebene das Thema »Förderung der zeitgenössischen Künste« zu betreiben. Ich habe mit der Kulturstiftung des Bundes dann auch Leuchtturmprojekte verabredet, die dauerhafte Förderungen erhalten. Was ja für eine Stiftung nicht selbstverständlich ist. Zum Beispiel die documenta oder das Uraufführungsfestival Donaueschingen. Das sind schon ganz spezielle Spielräume der Künste, die mir sehr wichtig sind.

Bei Ihrer Nominierung sagten Sie, es müssten »erkennbare Defizite im Amtsbereich der Kulturstaatsministerin beseitigt werden«. Sie wollten z. B. die Zuständigkeit für die Goethe-Institute vom Auswärtigen Amt rüber holen. Joschka Fischer, der damalige Außenminister, sagte sehr deutlich: »Kriegst du nicht«. Wenn man das als Anspruch nimmt, sind Sie doch eigentlich mit einer politischen Niederlage ins Amt gestartet?
Die Erschaffung des BKM im Kanzleramt war ja ein Coup von Schröder gewesen, eigentlich eine Herauslösung aus dem Innenministerium, Otto Schily hat alles rüber gegeben. Von dem habe ich dann auch noch die Behörde für die Stasi-Unterlagen erkämpft, weil es sinnvoll ist. Dass aus dem Außenministerium nichts kommt, war klar. Es herrscht bis heute eine interessante Konkurrenz zwischen dem Außenministerium und dem BKM um die auswärtige Kulturpolitik. Diese Konkurrenz ist einfach nicht gut. Was wir gerade noch so geschafft haben: wir konnten regelmäßige Gesprächsrunden zur Information installieren. Ich glaube, in sämtlichen europäischen Nationen ist diese Konkurrenz zwischen Kulturpolitik, Auswärtigen Ämtern und den Kulturministern oder Kulturministerien ein gewisses Problem. Ich denke trotzdem, dass Deutschland auf längere Sicht nicht umhin kommen wird, ein Kulturministerium einzurichten.

Inzwischen ist ja klargeworden, wie wichtig das Amt ist. Auch innenpolitisch. Wie wichtig es ist, dass die kulturelle Stimme und die Haltung der Kultur am Kabinettstisch stattfindet. Ich glaube auch, dass die Kooperationen mit den Ländern einfacher wären, wenn es ein Kulturministerium gäbe.

Die Länder befürchten das Gegenteil. Die Länder befürchten aber prinzipiell das Gegenteil, weil sie gerne ganz viel Geld vom Bund hätten, dem aber kein Mitspracherecht geben möchten. Da muss man sich als Land entscheiden. Ich war ja lange genug auf Länderebene. Aus Hamburg-Sicht konnte ich all diese Probleme genau nachvollziehen. Ich hätte auch nicht gerne gehabt, den Staatsminister für Kultur als Chef zu betrachten. Aber das muss ja nicht sein. Es kommt immer auf die kommunikative Fähigkeit beider Seiten an.

Die Jahre Ihrer Amtszeit waren, das ist heute schwer vorstellbar, Jahre des Sparens, knapper öffentlicher Kassen. Sie haben sich sowohl mit Landesministern von CDU und SPD als auch mit dem Bundesfinanzminister angelegt. Es gab Landesminister, die wollten die jährliche Förderung aus dem Bundeshaushalt für Kultur um vier Prozent senken. Sie haben sich dagegen gestemmt mit dem Argument, man dürfe das nicht als Subvention betrachten, sondern als Investition. Hat Ihre Parteilosigkeit, Sie hatten ja keine Truppen in der Partei und Sie hatten kein politisches Mandat im Parlament, diese Arbeit nicht erschwert?
Das hat sie erleichtert. Ich habe ja gewonnen. Die Kulturausgaben waren zur Subvention erklärt worden und durften deshalb gekürzt werden. Für meinen Bereich ist es mir gelungen, die Ausgaben aus dem Subventionshaushalt herauszuholen und so vor Kürzung zu bewahren. Das ist im Auswärtigen Amt nicht geschehen.

Ihre Unabhängigkeit hat also geholfen? Peer Steinbrück forderte später mal: »Ich brauche mehr Beinfreiheit«. Sie haben offenbar mit mehr Kopffreiheit gearbeitet?
Ich habe mehr Kopffreiheit gehabt, genau. Es war nicht so gut möglich, mich auf Ziele einzuschwören. Man kann sagen, das macht prinzipiell die Arbeit in der Politik schwieriger. Aber auch freier.

Es waren gleichzeitig Zeiten des Aufbruchs, besonders des europäischen Aufbruchs. Auch das ist heute, wenn man sich die Entwicklungen vor allem in Ost- und Südosteuropa anguckt, schwer vorstellbar. Inwiefern hat das Ihre Amtszeit geprägt?
Letztlich war das die Hauptprägung. Es war eine ganz, ganz, ganz große Zeit. Ich bin froh, dass ich in genau dieser Zeit dieses Amt wahrnehmen durfte. Es war die Öffnung der Grenzen zu unseren östlichen Nachbarn, ganz speziell Polen. Ich habe gemeinsam mit dem polnischen Kulturminister alle Grenzpunkte zwischen Deutschland und Polen mit einem kleinen Volksfest eröffnet. Die Leute auf der Straße waren absolut high. Eine wunderbare Veranstaltung im Park von

Bad Muskau, das war wie eine Volksbewegung. Es war aber auch politisch interessant, weil wir mit diesen neuen Kollegen, nicht nur osteuropäischen Kollegen, auch Zypern und Malta waren dabei, völlig neue kulturpolitische Debatten führen konnten. In vielen dieser Länder waren die Kolleginnen und Kollegen auch Kulturleute. Ich vergesse nie einen estnischen Kulturminister, der in einer öffentlichen Debatte, als er dann spezielle Dinge gefragt wurde, ganz karg antwortete: »Es tut mir leid, meine Damen und Herren, ich kann nicht reden. Aber ich kann singen. Ich singe jetzt ein lettisches Volkslied.« Dann hat er einfach ein lettisches Volkslied gesungen, das im Inhalt Freiheit des Geistes bedeutete. Das war eine total spannende Zeit.

Lassen Sie uns nochmal über innenpolitische Kulturarbeit sprechen. Von heute aus betrachtet: Was sehen Sie als Ihre wesentlichen Erfolge? Dass Sie es geschafft haben, die Akademie der Künste in Trägerschaft oder Finanzierung des Bundes zu nehmen? Dass über diese und andere Aktionen ein Opernhaussterben in Berlin und anderswo verhindert wurde?
Dass es noch gelungen ist, die Akademie der Künste auf den Bund zu übertragen, war sicher ein wichtiger Punkt. Die Akademie der Künste Berlin/Brandenburg hatte einfach viel zu wenig Geld. Man hat ihr den größten Teil ihres Geländes weggenommen, das Land Berlin hat nicht genug Kraft gehabt, diese Akademie der Künste zu einem wichtigen Signal, zu einem wichtigen Element der Kulturlandschaft zu machen. Ich glaube, das ist mit der Übernahme durch den Bund gelungen. Dass es dagegen keine Verfassungsklage gab, ist übrigens ausschließlich der vorgezogenen Bundestagswahl 2005 zu verdanken. Das zweite, was ich gemacht habe, sagt der Name »Die Deutsche Nationalbibliothek«. Vorher war das eine Dopplung aus »Die Deutsche Bibliothek« und »Die Deutsche Bücherei«. Wir haben jetzt eine Deutsche Nationalbibliothek mit mehreren Standorten, Leipzig und Frankfurt. Auch ist dies nur wegen der vorgezogenen Wahl gelungen. Ich glaube, das war etwas ganz Wichtiges, um zu zeigen: Deutschland ist eine Kulturnation. Es ist nicht nur eine Summe aus Kulturpolitiken der Länder. Die Kulturpolitikarbeit in den Ländern war gerade in der Zeit auch sehr ins Wackeln geraten.

Filmförderung ist offenbar Dauerthema für alle Kulturstaatsminister. Sie sagten zwei Jahre nach Amtsantritt: »Da wurden Milliarden zur Filmförderung aus dem Fenster geschmissen, ohne dass sie dem deutschen Film zugutegekommen wären.«
Das war die ganze Zeit über eine sehr intensive Arbeit. Uns gelang die Gründung der Deutschen Filmakademie als nationales Projekt. Ich wollte auch, dass Steuererleichterungen, die es früher selbst dann gegeben hatte, wenn man von Deutschland aus einen amerikanischen Film finanzierte, nur noch für in Deutschland produzierte Filme gewährt würden. Das war eine heftige Auseinandersetzung mit dem Finanzministerium.

Ich kann nicht erklären, warum überhaupt. Aber die Nachfolgeregierung hat es realisieren können. Da bin ich einfach nur sehr froh, dass es dann doch geklappt hat.

Lassen Sie uns auch über das reden, was nicht gelungen ist, nämlich die gemeinsame Kulturstiftung von Bund und Ländern. Das war ein Projekt, welches Sie wollten. Eigentlich wären Sie dafür prädestiniert gewesen wegen Ihrer Vergangenheit und Erfahrung als frühere Landesministerin. Woran ist es gescheitert?
Das war kein großer Kampf. Es ist sehr schnell sichtbar gewesen, dass das mit den Ländern überhaupt nicht geht. Die Länder hatten Angst, dass sie die Möglichkeit der Finanzierung durch ihre Kulturstiftung verlieren, die ja ganz speziell Ankäufe und Restaurierungen in den Museen der verschiedenen Länder finanziert. Die Länder hatten Angst davor, dass die Kulturstiftung des Bundes zu sehr die innovative zeitgenössische Kunst im Blick hatte. Und das stimmt. Das ist richtig. Für mich wäre es allerdings ein guter Punkt gewesen, Bund und Länder in einen Einklang zu bringen. Ein so guter Punkt, wie es ein Bundeskulturministerium wäre, trotz des föderalen Systems.

Wir haben schon darüber gesprochen, dass es mit dem Auswärtigen Amt ein ziemliches Spannungsverhältnis gab. Das zeigte sich auch zum Ende Ihrer Amtszeit. Sie wollten, gemeinsam mit anderen europäischen Kulturpolitikern, ein europäisches Netzwerk gegen Vertreibung einrichten, um auf die Vertreibungen im internationalen Kontext hinzuweisen. Da hat das Auswärtige Amt schlicht und einfach gesagt: »Das darf sie gar nicht unterschreiben. Dafür hat sie nicht die Kompetenz. Das würde unabsehbare Folgen für deutsche Finanzierungsverpflichtungen bedeuten.« Sind Sie da gegen die Wand der institutionalisierten Politik gefahren?
Später ist etwas daraus geworden. Die Stiftung »Flucht, Vertreibung, Versöhnung«. Bei mir sollte sie heißen »Stiftung gegen Flucht und Vertreibung«. Das sind einfach unendlich schwierige Prozesse, auch Konkurrenzprozesse. Ich hatte einen ganz klaren kulturpolitischen Ansatz mit meinen europäischen Kolleginnen und Kollegen. Das bezog sich nicht auf politische direkte Einwirkung in die Politik der anderen Länder, sondern es war das kulturelle Bekenntnis gegen Flucht und Vertreibung. Und es waren die Kulturministerinnen und -minister, die sich dazu zusammengetan haben. Leider haben nicht alle europäischen Nationen mitgemacht. Auch sehr befreundete nicht. Beispielsweise wäre schon wichtig gewesen, wenn Österreich entweder Ja oder Nein gesagt hätte. Haben sie nicht. Es gab ganz große Schwierigkeiten in Tschechien, in der Slowakei, aber dann wurde die Debatte sehr schnell, ich glaube, nicht nur bei uns, sondern bei den anderen auch, von den Auswärtigen Ämtern gestoppt. Trotzdem gibt es jetzt eine solche Stiftung. Es wäre schön, wenn sie ein noch größeres Forum hätte, um ihre Stimme zu erheben.

Vor der letzten Bundestagswahl, im Sommer 2017, sagten Sie, dass Sie sich als Wählerin, als Bürgerin, in der Politik nicht mehr ernst genommen fühlen. Es gäbe zu viele hohle Phrasen. Von der Kulturpolitik käme zu wenig Esprit, zu wenig Geist, zu wenig Motivation. Hängt das damit zusammen, dass Ihre Nachfolger als Berufspolitiker reingegangen sind?
Das macht sicher etwas aus. Ich muss aber anders anfangen. Mir war es sehr wichtig, und ich dachte auch, das sei ein Kernstück dieses Amtes, eine unablässige kulturelle Debatte zu allen Fragestellungen anzustoßen, auch gemeinsam mit den Feuilletons. Da war ich aber relativ alleine auf der Welt. Die Feuilletons wollten gar keine Debatte angestoßen haben. Was ich bis heute nicht verstehen kann. Weil ich jetzt sehe: wenn die Debatte nicht von der politischen Seite angestoßen wird, dann gibt es auch keine Schulterschlüsse. Dann finden wir auch keine Partner untereinander, dann bleibt auch die Politik alleine immer nur in ihrem Politikbereich. Ich vermisse in der Tat bis heute eine fundierte Debatte in der Politik, gerne auch zusammen mit den Medien. Einfach mehr Raum, um mal begründen zu können, warum eigentlich welche Entscheidung getroffen wird. Ich glaube, dass es ganz vielen Leuten so geht, viele Menschen verstehen gar nicht mehr, was da entschieden wird, weil ihnen niemand sagt, warum.

Also Kultur, nicht in der Definition eines engen Kulturbegriffs, sondern Kultur und Kulturpolitik als gesellschaftlicher Zusammenhang von Richtungsentscheidungen darüber, wie diese Gesellschaft ihr Leben gestalten soll und will?
Richtig. Die Kultur des Gemeinwesens ist auch ein Teil der Kultur. Sie muss sich in einer ständigen offenen Debatte entwickeln, muss dabei immer auch die Gegenseite mit einbeziehen. Ich vermisse sehr den Mut zu einer anderen Haltung.

Zum Beispiel?
Na ja, was die AfD praktiziert so ohne, sage ich jetzt mal, Sinn und Verstand, also auch ohne Argumentation. Man kann immer zwei Seiten einer Medaille darstellen, das geht auch auf einfachem Niveau, da muss man keine Hochschulvorträge halten. Wenn man nicht immer die beiden Seiten einer Medaille betrachtet, haut es nicht hin. Ich kann nicht nur über humanitäre Werte reden und alle Flüchtlinge aufnehmen. Ich muss auch die Grenzen sehen. Man muss darüber reden, im kontroversen Diskurs. Am Schluss wird sich zeigen, welches Argument das stärkere ist.

Was bedeutet kontroverser Diskurs für eines der zentralen Projekte auf der kulturpolitischen Agenda, das Humboldt Forum? Sie sagten, dass Sie verhindert hätten, dass aus dem Wiederaufbau des Schlosses ein Hotel wird, sondern ein Kulturforum. Wie bewerten Sie die aktuelle Situation?
Gut, dass zunächst das Management geregelt ist. Sorge bereitet mir die Konzeption. Das Humboldt Forum hat eine ganz, ganz große Chance, eines der interessantesten Museen der Welt zu werden, weil man den Weltkulturen in ihrer Ge-

schichte, aber auch in ihrer Gegenwart dort begegnen können müsste. »Müsste« sage ich deshalb, weil: »Weltkulturen begegnen«, das ist ein riesiges Feld, wo mit allem gearbeitet werden muss. Da gibt es natürlich museale Objekte, die erklärt werden. Da muss es aber Filme geben, da muss es Literatur geben. Da muss eine Begegnung erzeugbar sein mit einer anderen Kultur in der Gegenwart. Wenn ich als Manager nach China geschickt werde, müsste es eigentlich selbstverständlich sein, dass ich zuvor ins Humboldt Forum gehe und mich informiere über die kulturelle Basis, der ich dort begegnen werde. Das wäre meine Idealform zwischen Museum und Aufklärungsort.

Sie sehen im Moment das Humboldt Forum nicht auf einem Weg, der dorthin führt?
Na, es fehlt einfach noch das klare, überzeugende Konzept. Das muss bereits in Arbeit sein, aber das sollte möglichst bald öffentlich werden und debattiert werden.

Bernd Neumann
Ich hatte Interesse an diesem Amt

Herr Neumann, Sie waren der vierte Kulturstaatsminister. Nach dem Verleger Naumann, dem Philosophen Nida-Rümelin, der Kunstprofessorin Weiss waren Sie der erste, der nicht aus dem Kunst- und Kulturbetrieb kam, sondern der erste »Berufspolitiker«. Wie war der Empfang in der Kulturszene 2005? Es gab einige Skepsis.
Diese Skepsis kann ich aus Sicht der Kulturszene durchaus nachvollziehen. Meine Vorgängerin und Vorgänger hatten allesamt direkt oder indirekt beruflich mit der Kultur zu tun. Da galt ein Politprofi eher als suspekt – und dann auch noch aus Bremen. Bremen gilt ja für manche Berliner Feuilletonisten nicht unbedingt als symbolträchtig für kulturelle Entwicklungen. Also, es gab in der Kulturszene sicherlich eine gewisse Skepsis, mit Ausnahme der Medien- und Filmbranche, die mich aus der politischen Arbeit bereits kannten.

Waren Sie eigentlich überrascht, als Angela Merkel Sie fragte? Ich nehme ja an, es wird so gewesen sein: »Neumann, wollen Sie das machen?« Oder hat Ihre Nominierung eine andere Geschichte?
In der Tat, meine Vorgänger wurden alle vom Bundeskanzler angerufen und gebeten, das Amt zu übernehmen. Bei mir verlief es anders. Ich war zwar Mitglied des Kulturausschusses, den es seit 1998 gab, in dem Norbert Lammert als CDU-Sprecher und ich als sein Stellvertreter fungierten. Als 2005 Angela Merkel an der Kabinettsliste bastelte, schrieb damals die Frankfurter Rundschau, »Norbert Lammert könnte eigentlich Kulturstaatsminister werden, aber der wird ja zum Bundestagspräsidenten nominiert, wer wäre noch denkbar?« – und nannte in diesem Zusammenhang dann plötzlich meinen Namen. Ich war ziemlich überrascht, denn das war zu dem Zeitpunkt nun ganz und gar nicht in meiner Planung. Da ich in den folgenden Wochen aber nicht etwas dementieren wollte, was bis zu diesem Zeitpunkt nie meine Absicht war, bat ich die designierte Bundeskanzlerin um ein Gespräch. Zu diesem Zeitpunkt hatte Angela Merkel keine feste personelle Vorstellung für das Amt des Kulturstaatsministers. Als ich im Laufe des Gesprächs zum Ausdruck brachte, ich hätte an dem Amt Interesse, war sie zuerst überrascht, erklärte dann aber, dass sie sich dieses durchaus vorstellen könne. Und so wurde ich es dann. Ich bin also nicht angerufen worden, ich habe selbst angerufen.

Aus der Schilderung wird Ihre Erfahrung im politischen Geschäft deutlich, in der Organisation von Entscheidungsprozessen. Sie waren vorher acht Jahre Staatssekretär im Ministerium für Bildung und Forschung gewesen – welche Bedeutung hat das gehabt für Ihre Vorstellung vom Amt des Kulturstaatsministers?

Ressort- und Fachkenntnisse sind immer hilfreich, aber politische Managementfähigkeit ist eine noch viel wichtigere Eigenschaft. Man muss sich immer klar darüber sein, dass auch Kulturpolitik, wie die anderen Bereiche der Politik, entsprechende Professionalität erfordert. Vielleicht liegt hier schon ein Unterschied zwischen mir und meinen Amtsvorgängern. Ich konnte an dieser Stelle ja auf meine 34-jährige parlamentarische Erfahrung mit achtjähriger Regierungstätigkeit zurückgreifen, in der ein breit gespanntes Netzwerk entstanden war. Mein entscheidendes Bekenntnis war aber immer, dass ich selbst kein kultureller Player im engeren Sinne sein wollte, sondern jemand, der mit der Aufgabe betraut wurde, dieses Amt kulturpolitisch zu verantworten und effektiv zu gestalten. Mein prinzipielles Anliegen war stets, die Rahmenbedingungen für die Kulturschaffenden generell zu verbessern, ich bemühte mich, ihr Sprachrohr zu sein – in der Politik und darüber hinaus. Hierbei können politische Erfahrungen und Beziehungen schon ausgesprochen nützlich sein. Man muss z. B. die Haushälter kennen, sonst kann man im finanziellen Bereich manches nicht durchsetzen. Wenn es um Geld geht, hat man – wie die anderen Kabinettsmitglieder auch – den Finanzminister meistens gegen sich. Vor meiner Amtszeit wurde der Kulturhaushalt eher reduziert als erhöht, obwohl im Vergleich zum Sozial- oder Verteidigungshaushalt die Ausgaben für Kultur verschwindend gering sind, ja marginal. Mir ist es gelungen, die Mitglieder des Haushaltsausschusses davon zu überzeugen, dass eine Erhöhung des Kulturhaushaltes – wie einmal z. B. um 400 Millionen Euro – zwar im Hinblick auf den Gesamthaushalt eine geringe Summe darstellt, aber im Kulturbereich ungeheuer viel bewirken kann. In den ersten Jahren meiner Amtszeit gelang es mir, in diesem Sinne mit den Haushältern eine Achse zu schmieden, die bis heute gehalten hat und von der auch meine Nachfolgerin Monika Grütters erfreulicherweise profitiert.

Wenn man Leute fragt: Was hat Neumann als Kulturstaatsminister inhaltlich gemacht? Fällt als allererstes Stichwort immer: Filmförderung. Erstens: Warum war Ihnen das so besonders wichtig? Zweitens: Was im Ressort haben Sie zusätzlich bewirkt?

Mit dem deutschen Film verbindet mich jahrzehntelanges Engagement – weit vor meiner Zeit als Kulturstaatsminister. Ich war davor bereits im Präsidium der Filmförderungsanstalt und 15 Jahre lang Mitglied in verschiedenen Filmjurys. Logischerweise konnte ich dann auch als Kulturstaatsminister viel für den Film bewirken. Aber der mit Abstand höchste Anteil der Förderung ist anderen Kulturbereichen zugeflossen. Im Übrigen habe ich den anderen Bereichen in meinem Ressort ungleich mehr Zeit gewidmet, zumal einige von ihnen für mich spannendes Neuland waren. Lassen Sie mich nur einige Themen und Beispiele nennen, bei denen in meiner Amtszeit wichtige und neue Impulse gesetzt wurden:

— Die Verbesserung der sozialen Lage der Künstler gehörte zu einem meiner Schwerpunkte;
— Im steuerlichen Bereich für die Kunst wurden deutliche Verbesserungen erreicht;
— Beim Schutz des geistigen Eigentums – Stichwort Urheberrecht – entwickelte sich mein Haus zum Vorkämpfer in der Bundesregierung;
— Ich habe ein Gedenkstättenkonzept erarbeiten lassen, das bis heute meine Handschrift trägt. Die Differenzierung zwischen den Diktaturen der NS- und der DDR-Zeit ist gut gelungen. Viele dieser Vorhaben wurden zu meiner Zeit umgesetzt bzw. eingeleitet. Ich denke an die Mahnmäler für die verfolgten Homosexuellen, für die verfolgten Sinti und Roma, an den Gedenkort für Euthanasieopfer. Die Erinnerung an die Diktatur in der DDR wird wachgehalten und muss wachgehalten werden, z. B. durch die Gedenkstätte Berliner Mauer, den Tränenpalast und die Stasi-Zentrale;
— Bei der Restitution von einstmals jüdischem Kulturbesitz wurden neue Schwerpunkte gesetzt, eine Verjährung wurde von mir abgelehnt;
— Ein umfangreiches Denkmalsschutzprogramm für ganz Deutschland wurde in Gang gesetzt. Dazu gehört auch der Wiederaufbau des Berliner Stadtschlosses;
— Sanierungsbeginn bedeutender Bauvorhaben in der Hauptstadt Berlin wie Museumsinsel, Staatsbibliothek oder Staatsoper;
— Es erfolgte eine Digitalisierungsoffensive für unser kulturelles Erbe;
— Die Deutsche Welle wurde grundlegend reformiert;

Über die Einzelinitiativen hinaus war für mich wichtig, die Akzeptanz des Kulturstaatsministers im politischen Geschehen zu festigen und zu erhöhen. Bis zu meiner Amtsübernahme im Jahre 2005 wurde hauptsächlich von CDU/CSU-regierten Ländern die Mitwirkung des Bundes in der Kulturpolitik und gleichzeitig auch die des Kulturstaatsministers hinterfragt und angezweifelt. Es bedurfte vieler Gespräche im eigenen politischen Lager, aber es gelang! Ich lud dann als Erster alle Kulturministerinnen und -minister der Länder ins Kanzleramt zu offiziellen Gesprächen ein, und damit war klar, dass das Mitspracherecht des Bundes im Bereich der Kulturpolitik akzeptiert wurde.

Gegen Ende meiner Amtszeit war es für mich ein schönes Geschenk, dass das Bundesverfassungsgericht anlässlich einer Verfassungsklage zum Thema Filmförderung die Mitwirkungsmöglichkeit des Bundes im Bereich der Kultur ausdrücklich anerkannte.

Lassen Sie mich biografisch einhaken: Sie sind in Elbing geboren, das ist heute Polen. Wie wichtig war Ihnen diese andere Ebene von Erinnerungskultur, die sich manchmal an dem Wort »Vertriebene« festmacht? Es gab und gibt auch immer noch einen politischen Streit darum – inwiefern war Ihnen eine Förderung auch dieser Erinnerungskultur in Bezug auf die deutschen Vertriebenen wichtig?
Auch das war ein wesentlicher Bestandteil meiner Arbeit. Von der Regierung Schröder waren die Mittel in dem Bereich »Vertriebene« sukzessive immer weiter reduziert worden, dazu gehörte auch die Förderung kultureller, wissenschaftlicher Einrichtungen und Projekte in Deutschland, wie z. B. das Westpreußische Landesmuseum in Warendorf oder das Ostpreußische in Lüneburg, die wichtige Kooperationspartner von kulturellen Institutionen im östlichen Europa waren und sind. Ich habe das korrigiert.

Die Erinnerung an das kulturelle Erbe von Vertriebenen – nicht nur von Deutschen, sondern in ganz Europa – sollte in Zeiten von Frieden und Freundschaft möglich sein. An dieser Stelle nichts zu tun, würde bedeuten, dass man sich der gemeinsamen europäischen und eigenen Vergangenheit beraubt. Das war für mich immer ein ganz wichtiger Punkt. Die Stiftung »Flucht, Vertreibung, Versöhnung« bekommt jetzt am Anhalter Bahnhof in Berlin ein Dokumentationszentrum, dessen Entstehen ich in vielen Gesprächen mit der damaligen polnischen Regierung erörtert habe. Dazu war ich mehrmals in Polen und habe schließlich erreicht, dass für den Stiftungsrat auch polnische Wissenschaftler hinzugewonnen wurden. Es ist ein ganz praktischer Prozess der Aussöhnung. Mittlerweile pflegt z. B. das Westpreußische Landesmuseum in Münster einen hervorragenden Austausch mit polnischen Einrichtungen des ehemaligen Westpreußen – also meine Heimat. Es gab durchaus Zeiten, da war das auch mal ganz anders.

2009 gab es eine böse Zeitungsschlagzeile: »Bundesbeauftragter für Propaganda«. Damit waren Sie gemeint. Ihr Haus hatte den Text einer Ausstellung im Deutschen Historischen Museum zum Umgang mit Flüchtlingen umgeschrieben. Der Text enthielt ursprünglich die These, dass Europa sich gegenüber Flüchtlingen abschotten wolle. Das hat Ihr Haus abändern lassen. Der Vorwurf »Zensur« wurde erhoben. Waren Sie daran persönlich beteiligt gewesen?
Was heißt persönlich, ich bin natürlich dazu befragt worden. Ein Mitarbeiter, der dafür verantwortlich war, zeigte mir einen Text, der bezogen auf die tatsächliche Position der Bundesregierung nicht haltbar war. Da stellte sich die Frage: Soll man das bei einer Ausstellung, die man selbst finanziert, tatsächlich so laufen lassen? In diesem Falle hatte der Mitarbeiter eine Korrektur empfohlen. Wenn wir als deutsche Bundesregierung so etwas fördern, muss es schließlich mit den Fakten übereinstimmen. Das heißt, ich hatte die Korrektur nicht veranlasst, aber ich wusste davon.

**2013, nach Ihren acht Jahren Amtszeit, gab es ein
allgemeines Lob mit dem Tenor: »Neumann hat unauffällig
im Stillen effektiv gewirkt.« Richtige Beschreibung?**
Das ist mir sympathisch, so sollte es an sich auch sein. Ich habe mich im Wesentlichen mehr auf meine Aufgaben konzentriert als auf Werbung. Wenn aber ein solches Lob von der Presse und aus der Öffentlichkeit kommt, beweist es ja, so unauffällig kann es wohl doch nicht gewesen sein. Dieses ist mir schon wichtig, zumal mein Start in den ersten 100 Tagen nach Amtsbeginn eher als »holprig« bezeichnet wurde. Damals war ich dann doch erst einmal enttäuscht. Aber mein Ehrgeiz war es, das zu ändern. Als es zum Schluss der ersten Amtszeit um die Wiederbenennung ging – damals war ich immerhin schon 67 Jahre alt – meinte die Bundeskanzlerin bei der Vorstellung des Kabinetts auf dem kleinen CDU-Parteitag: »Wenn ich sogar von fast allen linken Kulturverbänden gebeten werde, ich möge auf jeden Fall Bernd Neumann im Amt lassen – ja, was soll man dann sagen?«

**Woran lag das? Warum waren die auf einmal
alle Ihre Kombattanten?**
Weil sie gesehen hatten, dass ich dieses Amt nicht parteipolitisch führte. Ich habe mich, einschließlich der Filmschaffenden, nachhaltig und häufig genug erfolgreich um die Anliegen aller Kulturschaffenden gekümmert. Mir sagte man immer nach, ich sei ein Kümmerer gewesen. Selbst Gregor Gysi war einmal bei mir im Kanzleramt und fragte: »Was machen Sie eigentlich mit den Linken? Die schwärmen ja nachgerade alle für Sie.« – »Ganz einfach, ich kümmere mich auch um deren Anliegen!« Das hat etwas mit meiner prinzipiellen Amtsauffassung zu tun. Ich habe auch meinen Mitarbeiterinnen und Mitarbeitern immer wieder zu verstehen gegeben, dass wir alle – also jeder im BKM – vom Steuerzahler bezahlt werden. Wir haben deshalb auch eine besondere Servicefunktion, und ich erwarte schon, dass wir uns als Dienstleister auffassen. Ich habe mich hierbei bewusst an die Spitze gestellt und dafür gesorgt, dass jedes Anliegen, das man an uns herantrug, mindestens aufgegriffen wurde. Ich persönlich habe jeden Brief gelesen und auch beantwortet. Die Menschen merken schon, wenn man sich für ihr Anliegen interessiert, dann spielen eben Politik und Ideologie keine Rolle mehr. Ein schönes Beispiel – als Senta Berger Präsidentin der Filmakademie war, wurde sie gefragt, warum sie eine Wählerinitiative für den SPD-Kanzlerkandidaten Steinmeier unterstütze, wo sie doch immer voll des Lobes für Bernd Neumann sei. – »Ja, und?«, sagte sie, »das ist doch ganz einfach: Der eine soll ja auch Kulturstaatsminister bleiben und der andere Kanzler werden.«

Zum Abschluss: Soll BKM im Kanzleramt bleiben oder wäre ein eigenes Ministerium mit Stimmrecht im Kabinett, mit der Möglichkeit, eigenständig Gesetzesvorhaben zu initiieren, besser?
Erstmal zur Korrektur, wir haben sehr wohl auch eigene Gesetze initiiert. Ich erinnere an das Filmförderungsgesetz, das Bundesarchivgesetz und auch an das Kulturgüterschutzgesetz, das meiner Nachfolgerin Monika Grütters leider auch eine Menge Ärger einbrachte. Im Übrigen – ich war schließlich acht Jahre lang im Bundeskabinett – mir ist nie aufgefallen, dass ich dort kein Stimmrecht hatte, abgestimmt wird dort sowieso nie. Die Vorabstimmung erfolgt vorher unter den Staatssekretären.

Es braucht also kein eigenständiges Ministerium, um die aktuellen und gegenwärtigen Herausforderungen zu bewältigen?
Für die Herausforderungen der klassischen Kulturpolitik braucht man kein eigenes Ministerium. Natürlich könnte man sich ein solches vorstellen, wenn weitere Bereiche hinzukämen. Ich denke hierbei an die auswärtige Kulturpolitik, den Bereich Digitales, aber auch an die kulturelle Integration. Die Zusammenfassung aller dieser Bereiche in einem Ministerium gäbe schon Sinn. Mittlerweile befassen sich vier Staatsminister im weitesten Sinne mit Kultur. Die BKM verantwortet ja die Bereiche Kultur und Medien; wenn schon der Bereich Digitales einem Ressort zugeordnet werden sollte, hätte ich ihn eher dem Mediensektor im BKM zugeordnet. Dass Integration am ehesten über die Kultur möglich ist, liegt auf der Hand. Es wird zwangsläufig zu Überschneidungen kommen. Ich gehe davon aus, dass sich Monika Grütters nicht die Butter vom Brot nehmen lässt, da es im BKM ausgezeichnete Fachleute zu allen Bereichen gibt.

Mein Fazit ist, nach 20 Jahren ist BKM im Grunde ein Ressort wie jedes andere, das mittlerweile eine beträchtliche Wertschätzung über alle Parteigrenzen hinweg genießt. Gerhard Schröder hatte das Amt 1998 eingeführt, ich konnte Edmund Stoiber als Kanzlerkandidaten dann vier Jahre später davon überzeugen, dass es für die Kultur in Deutschland unverzichtbar ist. Das war meine Überzeugung damals – und das ist sie auch heute noch.

Monika Grütters
Kredit erarbeiten und Taten folgen lassen

Frau Grütters, über Bauern, die als Pioniere Land urbar machen, heißt es: »Die Ersten den Tod, die Zweiten die Not, die Dritten das Brot«. Gilt diese Abstufung der Landkultivierer eigentlich auch für Kulturstaatsminister? Sie sind ja sozusagen dritte Generation. Profitieren Sie von Voraussetzungen, die Ihre Vorgänger geschaffen haben?
Das tue ich ganz bestimmt. Vor allen Dingen, was die über die Jahre gewonnene hohe Akzeptanz dieses Amtes angeht. Aber in der konkreten Sachpolitik haben alle vier geerntet, auch diejenigen vor mir.

Im Bundeshaushalt 2018 bekommen Sie knapp 1,8 Milliarden Euro. Fast 40 Prozent mehr als zu Beginn Ihrer Amtszeit. Woran liegt das? Allein an der Kulturstaatsministerin, die gut verhandelt hat?
Auch an einer Kulturstaatsministerin, die gut verhandelt und mit stetig erhöhten Kuluretats offensichtlich gemeinsam mit ihrem Haus überzeugende Arbeit geleistet hat, und auch an Finanzministern, die kulturaffin waren oder sind. Das gilt hoffentlich und auf den ersten Blick für Olaf Scholz, mit dem ich jetzt nur kurze Erfahrung habe, aber für Wolfgang Schäuble galt das allemal. Und ganz sicher ist es auch ein Erfolg der Bundeskanzlerin, die selber die Kultur für so wesentlich für das Selbstverständnis Deutschlands hält, dass sie Wert darauf gelegt hat, die Kultur im Kanzleramt zu behalten. Nicht zu vergessen ist auch das Parlament, das in den letzten Jahren eine ganz große Offenheit für die Belange der Kultur entwickelt hat. Das zusammen und alle miteinander machen den Erfolg aus.

Ihnen persönlich mangelt es ja nicht an Selbstbewusstsein. Als klar war, dass Sie auch in dieser Legislaturperiode Kulturstaatsministerin bleiben würden, kündigten Sie strukturelle Reformen an mit dem Hinweis: »Das kann man nur machen, wenn man sich in der ersten Amtszeit Kredit erworben hat.«

Ehe wir jetzt über die strukturellen Reformvorhaben sprechen – wodurch vor allem haben Sie sich seit 2013 Kredit erworben? Und bei wem ist die Kreditwürdigkeit gestiegen? Vor allem beim Parlament?
Im Deutschen Bundestag hat sehr geholfen, dass ich selbst langjährige Parlamentarierin bin. Man hatte am Anfang ja etwas Sorge, das Thema Kultur könnte parteipolitisch instrumentalisiert werden. Und man fand prima, dass mit Michael Naumann, Julian Nida-Rümelin und Christina Weiss hier keine Parteipolitiker oder Bundestagsabgeordnete gelandet waren. Aber schon Bernd Neumann hat diese Zweifel klar zerstreuen können. Ich persönlich empfinde es als großen Vorteil, den politischen Prozess und Betrieb so gut zu kennen, wie das bei langjährigen Abgeordneten eben der Fall ist. Als »Kollegin« hat man im Kultur- oder Haushaltsausschuss oder im Bundestagsplenum als »Bühne« einen anderen Respekt und eine gewisse kollegiale Vertrautheit. Das ist kein Nachteil für die Kultur, die aber selbst staats- und parteifern organisiert werden muss. Für mich ist elementar, die Autonomie der Kultur zu respektieren und sich aus dem operativen Geschäft der vom Bund getragenen Kultureinrichtungen tunlichst herauszuhalten. Ich denke und hoffe, dass ich mir im Parlament und in den Augen der Kulturwelt dadurch einen Kredit erarbeitet habe, nicht zuletzt in den großen Kulturinstitutionen, die ich als Aufsichtsrats- oder Stiftungsratsvorsitzende zu betreuen habe. Man lernt sich durch diese Nähe eben gut kennen. Der Präsident der Stiftung Preußischer Kulturbesitz Hermann Parzinger und ich vertrauen einander und denken deshalb, dass wir die Richtigen sind, um eine so große Einrichtung auf den Prüfstand zu stellen. Aber auch bei der Kulturszene muss man sich »Kredit erarbeiten«, weil sie aus ihrem genuinen Selbstverständnis heraus latent kritisch gegenüber dem Politikbetrieb ist. Ich sehe mich als oberste ›Lobbyistin‹ dieses Kulturbetriebs. Wir sichern die Freiheit der Kunst und des Kulturbetriebs durch entsprechende Fördermittel oder adäquate Rahmenbedingungen – die Nähe zueinander, also zur Politik, muss kein Widerspruch sein. Kredit erarbeiten meint also auch: Beweisen, dass es nicht nur Sprüche sind, sondern Taten folgen, dass die Kunst- und Kulturwelt uns vertrauen kann, auch wenn man sich manchmal als auf zwei verschiedenen Seiten einer Sache stehende Akteure betrachtet.

Sie haben als Parallele zu Bernd Neumann benannt, dass Sie beide erfahrene Berufspolitiker sind. Beobachter bezeichnen Sie eigentlich als das personalisierte Kontrastprogramm zu Neumann. Der habe pragmatisch konsensorientiert eher im Hintergrund gearbeitet. Sie dagegen seien gern nach vorn auf die Bühne marschiert, hätten auch polarisiert. Wie viel Prozent dieser Unterschiedlichkeit unterschreiben Sie?
Jede und jeder hat seinen eigenen politischen Stil. Ich kann nur für mich sprechen. Meine Aufgabe als Kulturstaatsministerin sehe ich darin, die Einrichtungen und die vielen Projekte, die wir bundesseitig betreuen, gut auszustatten, aber zusätzlich auch Debatten anzustoßen. Der Ehrgeiz der Kultur, auch der Kulturpolitik, muss sein, die Debattenkultur als wesentliches Daseinselement der De-

mokratie zu stimulieren. Und es ist wichtig, Haltung zu zeigen, auch und gerade dann, wenn es unbequem wird. Davor habe ich keine Angst, das macht mir auch Spaß. Eine Berufs-Provokateurin bin ich aber deshalb noch lange nicht.

Die Verabschiedung des Kulturgutschutzgesetzes gehörte zu den Schwerpunkten Ihrer ersten Amtszeit. Da haben Sie sich ziemlich heftig mit dem Kunsthandel angelegt. Am Ende kam ein Gesetz heraus, mit dem nun offenbar beide Seiten einigermaßen leben können. Rückblickend, was hätten Sie in dem Prozess besser machen können?
Wir haben das Vorhaben und die ersten Entwürfe für das Gesetz zu spät kommuniziert. Es war das erste Gesetz, das ich aus einer Regierungsfunktion verantwortet habe. Ich kannte Gesetzgebungsverfahren nur aus der Sicht des Parlaments, wo in der Regel schon die sehr gereiften Entwürfe ankommen, bevor dann die Abgeordneten nochmal Hand anlegen. Aus der Regierung heraus war das halt anders. Eine viel zu unreife erste Fassung hatte die Runde gemacht. Hinterher sagten Kollegen, dass das bei erwartungsgemäß kontroversen Themen eigentlich immer passiert. Da war ich einfach zu unerfahren.

Im Verlauf dieser Debatte und aus interessierten Kunsthandels-Kreisen befeuert, wurde dann zudem eine wichtige Zielgruppe verunsichert, die Sammler. Diese sind objektiv mit dem neuen Gesetz besser dran als mit den Regelungen, die es vorher ja längst gab. Aber es gelingt uns angesichts der schwierigen Materie leider nur allmählich, dieser für uns ja auch als Mitbürger so wichtigen Gruppe der Sammler, ihre Sorgen zu nehmen. Und noch etwas hat die Debatte um das Gesetz gezeigt: Eine gute berufsständische Vertretung ist auch im Bereich der Kulturwirtschaft sehr wichtig für solche Gesetzgebungsvorhaben. Mit ihrem schrillen und mitunter auch grob unsachlichen Protest haben sich viele Händler und Galeristen nach meiner Überzeugung keinen Gefallen getan. Wir haben es uns alle miteinander nicht leicht gemacht.

Beim Kulturgutschutzgesetz spielt auch die Frage von Provenienz eine wichtige Rolle. Raubkunst ist dabei ein ganz besonderer Aspekt. Zu Beginn Ihrer ersten Amtszeit tauchte die Sammlung Gurlitt in der Berichterstattung auf ...
Einen Monat vor meiner Vereidigung gab es einen reißerischen Artikel.

1.500 Kunstwerke, anfangs komplett unter Raubkunstverdacht ...
Aber nur in den Medien.

Die Medien haben die Zahlen nicht erfunden.
... aber als sensationeller Nazi-Fund aufbauschend verbreitet. Die Erwartung der Öffentlichkeit war dadurch natürlich exorbitant.

Inzwischen hat sich der konkrete Raubkunstverdacht, wenn ich die Zahlen richtig kenne, auf etwa 50 Arbeiten konzentriert. Angesichts dieser reduzierten Dimension: Nehmen Sie etwas an von der Kritik, dass Sie gegenüber Herrn Gurlitt unverhältnismäßig gehandelt hätten?
Die Kritik ist nach meiner Auffassung nicht berechtigt. Sie wird von einer Seite erhoben, die es besser wissen muss. Die BKM ist weder für Gurlitts Betreuungsverfahren verantwortlich gewesen noch für die Vorgänge am Anfang. Das waren das Land Bayern und die dortige Staatsanwaltschaft. Die BKM ist seinerzeit ins Spiel gekommen, als die Staatsanwaltschaft im Wege der Amtshilfe um Benennung von Experten zur Provenienzklärung bat. Man wusste, der Name Gurlitt taucht im Zusammenhang mit Naziraubkunst auf. Also gab es einen Generalverdacht. Unser Haus hat nach der »Medienenthüllung« im November 2013, auch das noch vor meinem Amtsantritt, gemeinsam mit dem Land Bayern eine Taskforce eingerichtet. Das finde ich nach wie vor angemessen und richtig. Es galt, die falschen öffentlichen Erwartungen wieder abzuschichten, ohne sich als Staat dem Verdacht auszusetzen, man verharmlose Naziverbrechen. Das war der Spagat, das war das Dilemma einer angemessenen Reaktion. BKM musste sich vor allem um die Kunstwerke und um ein angemessenes Verhalten gegenüber möglichen, vor allem jüdischen, ehemaligen Besitzern kümmern.

Hinzu kommt bis heute ein sehr hoher internationaler Druck. Ronald Lauder als Chef des Jüdischen Weltkongresses, die amerikanische Regierung, Israel, viele Nazi-Opfer und ihre Nachkommen erwarten zurecht große Transparenz bei unserem Umgang mit dem Fall Gurlitt. Ihnen allen geht es nicht allein um diesen »Schatz«, sie sehen den Fall pars pro toto für den Umgang Deutschlands mit ihren Interessen. Auch als Kunsthistorikerin mit einem beruflich gewachsenen Blick auf die von Nazis so verhöhnte »entartete Kunst« und Raubkunst habe ich alles unternommen, um auch auf der internationalen Bühne Vertrauen zurückzugewinnen. Die menschliche Komponente, das Schicksal Cornelius Gurlitts – ist in der Tat nach wie vor bedauernswert.

Lassen Sie uns über die anstehenden Aufgaben reden. Da gibt es ein paar »Großbaustellen«, allen voran das Humboldt Forum. Die Kritik lautet: nach wie vor sei unklar, welche Konzeption es eigentlich haben soll. Es gab Schwierigkeiten mit der Gründungsintendanz. Welches sind Ihre Vorstellungen für das Humboldt Forum? 2019 ist die Eröffnung geplant.
Ich hatte bei meinem Amtsantritt 2013 ein in vielen Bereichen noch unausgereiftes Projekt geerbt, das aber baulich schon sehr weit gediehen war. Der Geburtsfehler, dass man sich erst für ein Gebäude entschieden hatte und danach für dessen Inhalt, ist ja nicht mehr zu heilen. Diese Ungleichzeitigkeit zieht sich wie ein roter Problemfaden durch das großartige Projekt. Ich meine, wir haben das Beste daraus gemacht. Es gab keine Probleme mit der von mir eingesetzten Gründungsintendanz, die war ein echter Coup.

Wir haben mit Neil MacGregor einen, wenn nicht »den« internationalen Museumsexperten für die Gründungsjahre des Humboldt Forums gewonnen, jemanden, der von außen auf die Kulturgeschichte der Menschheit und die Sammlungsbestände in Deutschland schaut, der Weltklasseformat hat im Umgang gerade auch mit nicht europäischen Objekten. Er hat das wichtigste Kulturvorhaben Deutschlands zum entscheidenden Zeitpunkt vorangebracht und nobilitiert. Die Gründungsintendanz mit dem Präsidenten der SPK, Hermann Parzinger, und als Drittem Horst Bredekamp von der Humboldt-Universität, hat eine erstklassige Arbeit geleistet. Das Land Berlin dagegen hat sich im laufenden Prozess mehrfach umentschieden. Sie sehen: auch die anderen Akteure haben es uns und der Gründungsintendanz nicht gerade leicht gemacht. Dafür, denke ich, haben wir das gut gemanagt und sind heute entscheidende Schritte weiter. Wir haben die Gründungsphase jetzt in eine reguläre Arbeitsphase überführt und einen Generalintendanten gewählt. All diese Dinge, die ja eher politisch begründet sind, haben Rückwirkungen auf dieses wichtige Projekt. Angesichts dieser Bedingungen haben alle Beteiligten ausgezeichnet gearbeitet, auch das nötige Geld haben wir bekommen. Und noch einmal: Das Humboldt Forum wird eine Kultureinrichtung neuen Typs, man kann es eben nicht mit herkömmlichen Museen vergleichen. Es gibt hier für die Vermittlung kultureller und gesamtgesellschaftlicher Zusammenhänge ein ungeheures Potenzial. In den 1970er Jahren war das Centre Pompidou so ein Schrittmacher wie es jetzt das Humboldt Forum ist. Deshalb schaut die ganze Welt darauf, nicht nur die Museumsexperten. Dass wir dieses Experiment, diese Avantgarde wagen mit außereuropäischen Sammlungsbeständen, zeigt einmal mehr, dass Deutschland nicht in reiner Selbstbezüglichkeit verharrt, im Gegenteil! Mit dem Humboldt Forum können wir uns als Partner in der Welt empfehlen.

**Große Baustelle ist auch Stiftung Preußischer Kulturbesitz.
Sie wollen eine Reform. Warum und in welche Richtung?**
Die Stiftung Preußischer Kulturbesitz ist eine der größten Kultureinrichtungen Deutschlands. Gegründet vor 60 Jahren, als Deutschland sich als föderaler Staat noch finden musste. Mit der Nachkriegsordnung wurde klar, dass das Sitzland Berlin mit damals gut zwei Millionen Einwohnern als Stadtstaat schlichtweg überfordert war mit dem Erbe Preußens und des Deutschen Reiches. Deshalb hat man, unabhängig von der Hauptstadtfunktion, entschieden: In diesem Land muss der Bund einen Teil des kulturellen Erbes in seine Obhut nehmen, aus finanziellen Gründen, aber auch wegen der Bedeutung Berlins für Gesamtdeutschland. Die Stiftung Preußischer Kulturbesitz wurde vor 60 Jahren gegründet als eine Einrichtung von Bund, dem Sitzland Berlin und allen anderen Bundesländern – eine gute Konstruktion. Der Finanzierungsanteil und die Beteiligung der Länder wurden langwierig ausgehandelt. Was als Gründungsgedanke modern und gut war, sowohl dem neuen Föderalismus Rechnung getragen hat, als auch der gesamtstaatlichen Bedeutung und der dominierenden Rolle des Bundes ge-

recht wurde, muss aber 60 Jahre später einmal überprüft werden in Hinblick auf seine Gegenwartstauglichkeit. Denn die Formen der Mitsprache, die eingefrorenen Länderbeiträge seit 1996, die Gesamtstruktur und die hierarchischen Gegebenheiten, die in so einer großen Organisation nötig sind, entsprechen vielleicht nicht mehr heutigen Erwartungen an eine effiziente Unternehmensführung einerseits und an die Publikumsorientierung andererseits. Da ich mir nicht anmaße, es besser zu wissen und eigene Vorschläge zu machen, war es mir wichtig, professionelle Berater mit einzubeziehen. Das hätten wir mit kommerziellen tun können, haben uns aber auch in enger Abstimmung mit dem SPK-Präsidenten Hermann Parzinger für den Wissenschaftsrat entschieden. Die SPK ist Mitglied der Deutschen Forschungsgemeinschaft, somit konnten wir den Wissenschaftsrat in Anspruch nehmen. Im Mittelpunkt stehen ja nicht nur die klassischen unternehmerischen Managementstrukturen, sondern auch ihre Rolle als Forschungseinrichtung. Der Wissenschaftsrat hat die Aufgabe angenommen und will in zwei Jahren fertig sein, damit in der laufenden Legislaturperiode, die bis 2021 andauert, noch erste Konsequenzen aus der Evaluierung skizziert werden können.

Dritte Großbaustelle: »NG20«. Das Museum für die Kunst des 20. Jahrhunderts auf dem Gelände des Kulturforums am Potsdamer Platz. Sind Sie froh darüber, wie es vorangeht? Nicht alle sind einverstanden mit dem Siegerentwurf des Architektenwettbewerbs. Kritiker befürchten, der »Herzog & de Meuron«-Bau sprenge einfach die Dimensionen, zerstöre das Verhältnis der »Solitäre« zueinander.
Architektur ist die öffentlichste aller Künste. Dass sie auch immer die größten Kontroversen auslöst, liegt in der Natur der Sache. Ich bin, weil ich mir als Jurymitglied auch alle anderen Wettbewerbsergebnisse anschauen konnte, sehr froh, dass wir uns für Herzog & de Meuron entschieden haben. Für mein Votum war ganz entscheidend, dass dieser Entwurf viel mehr als andere auf die Umgebung eingegangen ist und sich mit der Verwendung der Ziegelsteine z. B. ausdrücklich auf die St.-Matthäus-Kirche des Schinkelschülers August Stüler beruft. Gerade diese Referenz war maßgeblicher Grund für meine Entscheidung. Die zweite Verbindung zu den Solitären Mies van der Rohes und Scharouns kommt ja auch durch die Wegeführung in dem Gelände zur Geltung, die sich wie ein Kreuz von Ost nach West und Nord nach Süd, durch das Haus zieht. Wenn ein Entwurf sich explizit auf die Umgebung bezieht, dann ist es dieser. Ich habe größtes Vertrauen in Herzog & de Meuron, mit dieser im Volksmund schon jetzt sogenannten »Scheune« einen großartigen Ort für alle zu realisieren.

Jenseits der »klassischen« Kulturthemen hat sich die Frage gesellschaftlicher Integration in den letzten zwei, drei Jahren zum gesellschaftlichen Megathema entwickelt. Je länger die Debatte dauert, desto klarer wird: Integration ist ganz wesentlich eine kulturelle Frage.

Sie sind Schirmherrin der »Initiative Kulturelle Integration«, ein sehr breites Bündnis von Politik über Zivilgesellschaft bis zu Glaubensgemeinschaften. Ist Integration eigentlich eine Art »Game Changer«, der Kultur auf die Mitte der gesellschaftlichen Hauptbühne bringt?
Ja, das ist eine gute Formulierung. Wir haben unser Kulturkapitel im Koalitionsvertrag nicht ohne Grund anders gestaltet als in bisherigen Verträgen: nicht eine Liste der zu erledigenden Einzelaufgaben steht da, sondern wir haben uns die Mühe gemacht, die gesamtgesellschaftliche Rolle der Kultur unter der Überschrift »Kulturelle Vielfalt und gesellschaftlicher Zusammenhalt« zu beschreiben. Die Kultur ist einerseits Ausdruck einer gewachsenen gesellschaftlichen Vielfalt in Deutschland, andererseits ist sie das Instrument, mit dem Zusammenhalt auch erlebt und geschaffen werden kann. Da, wo unterschiedliche Begriffe Missverständnisse produzieren und ausgrenzen, kann Kultur gemeinsame Sprache sein, in vielen Sparten, in der Musik, im Tanz beispielsweise. Kultur lädt zum Perspektivenwechsel ein, sie erweitert unseren Horizont und oft auch die Grenzen unserer Empathie. Gerade über die Künste kann man Inhalte anderer Menschen sinnlich näher bringen, was häufig eindrucksvoller ist als nur über den Verstand. Beispiel Film. Der Film »Fuocoammare«, der vor zwei Jahren bei der Berlinale den Goldenen Bären gewann, ist eines dieser Flüchtlingsdramen, das in Lampedusa spielt. Die Hauptfigur ist ein Arzt vor Ort, der ankommende Flüchtlinge versorgt. So erlebt das Publikum im Kinosaal das Flüchtlingsthema mit den Augen der anderen Seite – weder dogmatisch und ganz und gar nicht belehrend. Diese vermittelnde Qualität, noch dazu mit sinnlichen Elementen in Literatur, im Theater, in Musik, im Tanz ist die besondere Kraft der Kultur – sie ist das, was die Leistung der Kultur für den gesellschaftlichen Zusammenhalt ausmacht. Man muss es nur wollen. Man muss die Instrumente der Kunst anwendbar machen, man muss die Mittel für die Kultur zur Verfügung stellen. Auch dafür brauchen wir eine Bundesbeauftragte für die Kultur. Während die Kommunen und die Länder an den Grenzen ihrer Zuständigkeit Halt machen müssen, kann der Bund helfen, das gesamte Netz der geistigen Kultur-Tankstellen zu stabilisieren.

Sie sind auch Landesvorsitzende der Berliner CDU. Sie hätten den ersten Zugriff bei der nächsten Landtagswahl als Spitzenkandidatin. Beeinflusst das eine Amt das andere? Sie sagen: »Ich brenne für Berlin« – will sich die Kulturstaatsministerin als Kandidatin für das Amt der Regierenden Bürgermeisterin 2021 empfehlen?
Ich liebe meine Heimatstadt Münster, eine der schönsten Städte Deutschlands. Dennoch verbringe ich jetzt schon mehr Lebenszeit in meiner Wahlheimat Berlin, die ich leidenschaftlich verteidige. Münster ist sehr schön, Berlin ist großartig. Ja, »Ich brenne für Berlin.« Richtig ist, dass Landesvorsitzende ein erstes Zugriffsrecht auf relevante Positionen haben. Ob und in welchem Maße ich persönlich davon Gebrauch machen werde, wird sich frühestens im Jahr 2020 entscheiden.

Denn so, wie es aussieht, finden die Landtags- und die Bundestagswahl beide im Herbst 2021 statt. Da wäre es schlicht unklug, jetzt schon eine Aussage über die Spitzenkandidatur zu treffen.

Sie sagen, als Kulturstaatsministerin hätten Sie a) das schönste Amt und b) den Schreibtisch mit dem schönsten Blick im Kanzleramt. Wäre das Amt nicht noch schöner, wenn es ein eigenständiges Kulturressort gäbe, auch wenn der Schreibtisch dann vielleicht nicht mehr den schönsten Blick aus dem Kanzleramt hätte?
Sie meinen: vielleicht den zweitschönsten über die Dächer Berlins? Wer weiß? Wenn man mein Ressort und seine Strukturen heute betrachtet, könnte man eine maximale, eine optimale und eine minimale Entwicklung beschreiben. Die maximale wäre ein eigenständiges Bundeskulturministerium. Die optimale Verortung, nämlich: Im gesamten Politikgeschehen eine wichtige politische Rolle für die Identität der Kulturnation Deutschland und ihrer aktuellen Politik zu spielen, haben wir heute mit BKM im Bundeskanzleramt. Ich finde, das ist diesem Kulturressort unter Bundeskanzlerin Angela Merkel wirklich gut bekommen. Das Minimum ist: man muss der stetig wachsenden Bedeutung dieses Hauses durch Personal, Rahmenbedingungen und natürlich Finanzen Rechnung tragen. Es ist ja kein Zufall, dass wir seit der Gründung vor 20 Jahren haushaltsmäßig um fast das Doppelte angewachsen sind. Aus knapp 150 Mitarbeitern wurden über 300. Wir verwalten 74 große Institutionen, dazu noch Hunderte dauerhaft geförderte Projekte. Mit Europa haben wir, was die Rahmenbedingungen angeht, eine evidente Herausforderung zu meistern. Ohne eine für die Kultur auf Bundesebene Verantwortliche ginge das alles heutzutage nicht mehr.

Spricht für ein eigenes Ministerium.
Man kann das wollen, dann würde man wahrscheinlich nochmal einen anderen Zuschnitt mit weiteren, heute in anderen Häusern bearbeiteten Themen, suchen. Ich sehe das aber nicht als entscheidend an. Am wichtigsten ist, diesem Ressort zuzugestehen, dass die Kultur lange schon keine Milieufrage mehr beantwortet, sondern eine evidente, fundamentale gesamtgesellschaftliche Bedeutung hat. Und dass das Selbstverständnis Deutschlands am Beginn des 21. Jahrhunderts ohne Kultur und ohne eine zentrale Verortung der Kulturpolitik nicht mehr vorstellbar wäre. Das ist nicht eine Frage der Organisationsstruktur, sondern eine Frage der politischen Gewichtung. Wir kommen, das ist ein Vorteil der Anbindung im Kanzleramt, bei jeder Haushalts- und Plenardebatte ganz am Anfang, bestimmen den Tenor wichtiger politischer Debatten mit. Kultur wird quasi die Eingangsbotschaft. Unterm Schild der Regierungschefin werden wir auch entsprechend pfleglich, aufmerksam und großzügig behandelt. Denn Kultur ist in Deutschland mittlerweile zu einem Modus unseres Zusammenlebens geworden.

3.

Türöffner

Bundes-kulturpolitik vor 1998

Wachgeküsst — 20 Jahre neue Kulturpolitik des Bundes 1998——2018

Gerhart R. Baum
Die sichtbare Verantwortung des Bundes ist in Jahrzehnten gewachsen

20 Jahre Bundeskulturpolitik – 20 erfolgreiche Jahre für die Kultur in unserem Land. Es war die richtige Entscheidung, ein eigenes Amt mit einem »Bundeskulturminister/in« zu schaffen, das direkt dem Kanzleramt zugeordnet ist. Die Bundeskulturpolitik erfuhr dadurch im Laufe der Jahre einen höheren Stellenwert und wurde sichtbarer. Jeder einzelne der bisherigen Amtsträger hat einen unverwechselbaren Beitrag dazu geleistet. Und auch der Deutsche Kulturrat hat daran seinen unverzichtbaren Anteil. Seine Impulse, seine fordernde und fördernde Funktion und seine Kritik haben zu dieser Entwicklung maßgebend beigetragen. Diese heute sichtbare Verantwortung des Bundes für Kunst und Kultur ist in Jahrzehnten gewachsen. Aber es gab auch eine Bundeskulturpolitik vor 1998.

Alles begann eigentlich zur Zeit der sozialliberalen Koalition in den 1970er Jahren. Kultur-und Bildungspolitik war einer der Schwerpunkte des damaligen Aufbruchs. Wir wollten das Grundgesetz in allen Bereichen zum Leben erwecken, also auch das Kulturstaatsgebot erfüllen. Die Bundesrepublik sollte sich, wie das Bundesverfassungsgericht festgestellt hat »im Sinne einer Staatszielbestimmung auch als Kulturstaat verstehen, […] der dem modernen Staat die Aufgabe stellt, ein freiheitliches Kunstleben zu erhalten und zu fördern«. Dieser Aufgabe stellen sich traditioneller Weise Kommunen und Ländern, aber auch der Bund sollte sich mehr übergeordneten Fragen im Kulturbereich stellen. Dies durchzusetzen war generell nicht einfach, es gab Widerstand bei den Bundesländern und gibt ihn immer wieder – bis heute. Die verfassungsrechtliche Kompetenz der Länder in einem föderalen Staat für Kultur und Bildung ist unbestritten. Aber ohne den Bund, der ohnehin originäre die Kultur betreffende Zuständigkeiten hat – etwa im Arbeits-und Sozialrecht, im Urheberrecht und im Europarecht – ist das verfassungsrechtliche Kulturstaatsgebot nicht zu verwirklichen. Entscheidend ist das Miteinander aller staatlichen Ebenen. Allerdings muss der Bund darauf achten, dass seine Förderung dem ganzen Land zugutekommt. Dazu gibt es mitunter berechtigte Kritik. Bis 1998 war die Kultur als Ressort im Bundesinnenministerium angesiedelt. Zu meiner Zeit – ich war zunächst als Parlamentarischer Staatssekretär und später als Minister von 1972 bis 1982 in der Regierung für dieses Ressort zuständig – gab es eine sehr engagierte und personell hervorragend ausgestattete Kulturabteilung, an der Spitze Sieghardt von Köckritz, die gemeinsam mit mir viele Rahmenbedingungen im Kulturbereich verbessern konnte.

Die Verantwortung für die Bundeskulturpolitik hat zunächst der Deutsche Bundestag. Um die Kulturpolitik in den Bundestag zu bringen haben wir damals das Instrument der »Großen Anfrage« genutzt. Alle aktuellen Probleme wurden in einen Fragenkatalog gebracht. Die Regierung erhielt damit die Gelegenheit, ihre kulturpolitische Position darzustellen und im Plenum eine ausführliche Diskussion anzuregen. Erst langsam entwickelte sich ein kulturpolitisches Bewusstsein im Parlament.

Zugleich wuchs das kulturpolitische Bewusstsein in der Gesellschaft. »Kunst ist kein Luxus« so lautete 1975 das Motto einer privaten Initiative, zu der zahlreiche Persönlichkeiten aus allen Bereichen von Kunst und Kultur aufgerufen hatten. Sie wandten sich gegen Tendenzen, Kulturförderung als jederzeit disponible Subvention anzusehen. Um Kulturpolitik in der Gesellschaft zu verankern, waren diese Partner in der Zivilgesellschaft von großer Bedeutung. Wir ermutigten die Verbände, sich im Deutschen Kulturrat zusammenzuschließen und sicherten institutionelle Förderung zu.

Jede Gelegenheit wurde genutzt, den Kulturetat aufzustocken. Dass – zum Beispiel – die Förderfonds in den verschiedenen Bereichen der Kultur entstehen konnten, ging auf den Widerstand der Alliierten gegen eine von der Regierung geplante Nationalstiftung in Berlin zurück, für die erhebliche finanzielle Mittel bereit gestellt wurden. Wir haben die Mittel kurzerhand in diese Fonds umgepolt.

Einer der Schwerpunkte in der Kulturpolitik ist immer wieder die Förderung des einzelnen Künstlers und der sogenannten Freien Szene. 1975 wurde der von der Bundesregierung in Auftrag gegebene »Künstlerbericht« veröffentlicht. Er hat der beruflichen und sozialen Situation der Künstler eine empirische Grundlage gegeben und war auch eine Grundlage für die Schaffung der Künstlersozialversicherung.

Hier nur einige Punkte im Rückblick. Zusammenfassend sei gesagt: seit den 1970er Jahren gab es viele Bemühungen, durch Verbesserung der Rahmenbedingungen in zahlreichen Rechtsgebieten – vom Steuer- bis zum Arbeitsrecht – neue berufliche Chancen zu eröffnen.

Mein Engagement im Bereich der Kultur war mir immer ein persönliches Anliegen – bis heute. Immer wieder muss die Kunst verteidigt werden, oft gegen eine Mehrheit. Ohne die Kunst und die Kräfte, die sie entwickelt, würde eine Gesellschaft verdorren. »Kunst ist Maßstab für Demokratiebewusstsein« sagt Helmut Lachenmann. Sie ist »die einzige erkennbare Form der Freiheit auf dieser Erde« sagte Heinrich Böll.

Wolfgang Thierse
BKM als leicht verspätete Folge der Wiedervereinigung

Als Gerhard Schröder im Jahr 1998 das Amt des Staatsministers für Kultur schuf und Michael Naumann in dieses Amt berief, war das eine (leicht verspätete) Folge der deutschen Wiedervereinigung. Seit 20 Jahren also gibt es erst Bundeskulturpolitik, deutlich und wirksam, weil institutionalisiert und personifiziert!

Bis zu dem glücklichsten Ereignis der deutschen Geschichte des 20. Jahrhunderts führte Kulturpolitik des Bundes ein Schattendasein im großen Bauch des Innenministeriums, vorsichtig und defensiv agierend, immer angefochten von den auf ihre Kulturhoheit bedachten Bundesländern.

Im Art. 35 des Einigungsvertrages heißt es: »»n den Jahren der Teilung waren Kunst und Kultur – trotz unterschiedlicher Entwicklungen der beiden Staaten in Deutschland – eine Grundlage der fortbestehenden Einheit der deutschen Nation«. Der Einigungsvertrag begreift ganz selbstverständlich und zugleich ausdrücklich Deutschland als Kulturnation und macht deren Zukunft zu einer gemeinsamen politischen Aufgabe. Das war eine faktische und rechtliche Aufwertung von Kulturpolitik, war die Legitimation von gesamtstaatlicher, also von Bundes-Kulturpolitik. Dem Einigungsvertrag verdanken wir BKM, Kulturausschuss des Bundestages, Bundeskulturstiftung und viele Bundesaktivitäten. All dies ist inzwischen (erstaunlicherweise) ganz selbstverständlich geworden und – auch von den Bundesländern – akzeptiert. Die deutsche Vereinigung (und der Einigungsvertrag) hat also die Substanz deutscher Kulturpolitik positiv verändert: Kultur ist ein lebendiger Beitrag, ein unersetzliches Fundament für Nation-Bildung, für den gesellschaftlichen Zusammenhalt, für gelingendes gesellschaftliches Zusammenleben.

Der unmittelbare Auftrag aus dem Einigungsvertrag war die Sicherung der »kulturellen Substanz« der ostdeutschen Bundesländer. Und wirklich waren ja Erhaltung, Sanierung, Modernisierung der kulturellen Infrastruktur (vor allem des baulichen Erbes) von besonderer Dringlichkeit. Dabei ist wahrlich erstaunliches geleistet worden – durch eine ganze Folge von Programmen: vom Substanzerhaltungsprogramm Kultur, über das Leuchtturmprogramm, die Förderung der Hauptstadtkultur, das Denkmalschutzprogramm, das Sonderprogramm zur Förderung für nationale Kultureinrichtungen in Ostdeutschland bis zum Gedenkstättenförderkonzept und den Aktivitäten der Bundeskulturstiftung in Ostdeutschland.

Die Erinnerung an die Vor-Geschichte des BKM verdeutlicht: Die Verpflichtung auf die Kulturnation ist ein bleibender Auftrag für Bundeskulturpolitik! Das ist nicht dadurch erledigt, dass die Vereinigungsfolgen, auch die Vereinigungsschmerzen inzwischen überlagert sind von ziemlich anderen Konflikten und Herausforderungen. Die Gegenwart ist bestimmt von den Problemen und Wirkungen der Globalisierung, der Flüchtlingsbewegungen, der digitalen Transformation, der weltweiten, auch gewaltsamen Konflikte und von der zunehmenden sozialen und kulturellen Pluralität und Heterogenität unserer Gesellschaft. Wir erleben, dass Globalisierung als Prozess der Entgrenzung und Beschleunigung ökonomischer, technisch-wissenschaftlicher, kommunikativer Entwicklungen nicht nur eine – wunderbare – Explosion der Präsenz kultureller Vielfalt, kulturellen Reichtums ist. Sie stellt zugleich vieles, vielleicht allzu vieles infrage. Das gilt für die Fiktion homogener Nationalkulturen und damit für den vertrauten Herder'schen Kulturbegriff. Das gilt für all das, was von vielen Menschen als selbstverständliche vertraute Lebenswelt, als Heimat empfunden wird. Die Globalisierung ist eben auch und vor allem ein vielfältiges kulturelles Konfliktgeschehen, ein radikaler kultureller Transformationsprozess. Das Fremde und die Fremden kommen näher, sind nahe gekommen und erzeugen bei nicht wenigen Menschen Verunsicherungen und Entheimatungsbefürchtungen. Der politische Raum, also unsere Demokratie, ist nicht mehr nur und vor allem durch (soziale und ökonomische) Interessenkonflikte geprägt, sondern mehr denn je durch Wert- und Identitäts-Konflikte. Wie wir mit diesen Konflikten umgehen, das entscheidet über die Zukunft unserer Demokratie, die doch die politische Lebensform der Freiheit ist. Sie erscheint weniger stabil und zukunftsgesichert, als es nach ihrem Siegeszug im »Jahr der Wunder« 1989/90 erschien.

Die Verteidigung der offenen Gesellschaft, die Sicherung friedlichen Zusammenlebens einer pluralistischer, heterogener gewordenen und werdenden Gesellschaft, die Integration so vieler zu uns gekommener Menschen mit unterschiedlichen kulturellen und religiösen Prägungen – die Bewältigung dieser Aufgaben ist eine ganz wesentlich kulturelle Aufgabe und damit eine kulturpolitische Herausforderung. Ja, es ist die kulturpolitische Herausforderung schlechthin!

In Zeiten heftiger, nicht nur wirtschaftlicher, wissenschaftlich-technischer und sozialer, sondern auch ethnischer und kulturell-weltanschaulicher Umbrüche wird das individuelle und kollektive Bedürfnis nach Vergewisserung und Verständigung, nach Orientierung und Verwurzelung, nach Identität besonders groß. Eine kulturelle Herausforderung.

Je vielfältiger und widersprüchlicher eine Gesellschaft ist und wird, umso mehr muss sie sich – immer wieder neu – des Gemeinsamen vergewissern. Es geht dabei um mehr als den notwendigen und sympathischen Verfassungspatriotismus, sondern darüber hinaus um das Fundament gemeinsam geteilter Werte und geschichtlicher Erinnerungen, um Verständigung über Herkunft und Zukunft, um Erbschaften und Utopien. Eine kulturelle Herausforderung.

Wenn und weil die Globalisierung unübersehbar mit Enttraditionalisierungs- und Nivellierungs-Tendenzen verbunden ist, ist danach zu fragen: Wie verteidigt man kulturelle Vielfalt? Wie verteidigt man das jeweils Eigene? Welche kulturellen Traditionen dürfen und sollen wir pflegen, für welches Erbe sollen und dürfen wir Verantwortung übernehmen in einem pluralistischen, migrantischen Land? Und wie verbinden wir das mit selbstbewusster Offenheit für das Neue, für das (bisher) Fremde? Alles kulturelle Herausforderungen.

Pluralismus ist keine Idylle. Kultureller Pluralismus schon gar nicht. Es wird nicht ohne Konflikte, ohne Streit gehen. Kulturpolitik hat diesen Streit gleichermaßen zu ermöglichen wie zu mäßigen (also im Wortsinn: zu moderieren). Dabei ist der Kulturalisierung (wie auch der Ethnisierung oder der religiösen Überhöhung) sozialer und politischer Gegensätze zu widersprechen. Trotzdem müssen kulturelle Differenzen das Recht haben, zur Geltung zu kommen. Dabei ist ebenso auf die Unterscheidung und den Zusammenhang von kultureller Selbstbehauptung (sowohl der Mehrheit wie von Minderheiten) zu achten, wie auf die fundamentalistische Politisierung kultureller Identität. – Kultureller Rassismus ist eine gefährliche Entwicklung mitten in der deutschen Gesellschaft, von rechts außen geradezu systematisch instrumentiert und verbreitet. – Das Konzept »Interkultur«, gewissermaßen als eine Art neuer kultureller Substantiierung, scheint mir nicht die angemessene Reaktion. Vielmehr geht es um den – durchaus auch streitigen – Dialog (nicht Kampf) der Kulturen als Verständigungsprozess zwischen prinzipiell Gleichen, aber Verschiedenen – denn Dialog setzt verschiedene Identitäten voraus. Das verlangt kulturelle Bildung moderner Art, nämlich die Ausbildung kultureller Intelligenz im Sinne interkultureller Kompetenz, also die Stärkung der Individuen und ihrer Fähigkeit zum Verständnis und Nachvollzug von Denkmustern, Narrativen, kulturellen Prägungen der Anderen, der (bisher) Fremden. Aber mit Hölderlin gilt: »Das Eigene muss so gut gelernt sein wie das Fremde«. Also große kulturpolitische Herausforderungen.

Für deren Einlösung die konzeptionellen Ideen zu entwickeln, das notwendige öffentliche Bewusstsein zu schaffen, die institutionellen und finanziellen Bedingungen, die rechtlichen Rahmensetzungen und die Vereinbarungen zwischen Politik und Kulturschaffenden und Bürgergesellschaft – all das ist Aufgabe von Kulturpolitik der Gegenwart für die Zukunft. Im Berliner Humboldt Forum, diesem größten kulturpolitischen Projekt des vereinigten Landes, ist dies alles exemplarisch gebündelt. Dessen Gelingen ist die Bewährungsprobe der neuen Kulturpolitik – 20 Jahre danach.

Hans-Joachim Otto
Kultur von allen!

Er war nie Minister, nie Mitglied des Bundestages, und doch hat er die »neue Kulturpolitik« in Deutschland beeinflusst wie kaum ein anderer. Gemeint ist Hilmar Hoffmann, einer der wirkmächtigsten Kulturpolitiker unseres Landes, der im Juni dieses Jahres die irdische Bühne leider verlassen hat. Sein prägnantes Lebensmotto »Kultur für alle« bleibt uns Kulturpolitikern ein Vermächtnis – über alle Parteigrenzen hinweg.

»Die Kultur der Wenigen zur Kultur der Vielen zu potenzieren« (Hilmar Hoffmann) ist seit langem anerkannter Programmsatz der »neuen Kulturpolitik« des Bundes. Die aktuelle Internetseite der Beauftragten der Bundesregierung für Kultur und Medien hat sogar eine eigene Rubrik unter der Überschrift »Kultur für alle« mit dem Bekenntnis: »Die Teilhabe möglichst vieler Menschen an Kunst und Kultur ist ein grundlegender Baustein für den gesellschaftlichen Zusammenhalt in Deutschland und ein Integrationsmotor einer Einwanderungsgesellschaft.« Auch für den Deutschen Kulturrat ist die Stärkung des Bürgerrechts auf kulturelle Teilhabe seit jeher ein zentraler Programmsatz. Soweit die große kulturpolitische Übereinstimmung, doch wie sieht die gesellschaftliche Realität aus?

Oliver Scheytt und Norbert Sievers haben 2010 in einem Beitrag zum 85. Geburtstag von Hilmar Hoffmann eine ernüchternde Bilanz gezogen. Trotz aller Anstrengungen für eine Stärkung der kulturellen Bildung würden die öffentlich finanzierten Kulturangebote weiterhin von gut der Hälfte der Bevölkerung nie genutzt. Aktive Kulturnutzer seien lediglich fünf bis zehn Prozent aller Bürger. Die »kulturelle Spaltung« zwischen Nutzern und Nicht-Nutzern kultureller Einrichtungen habe sogar zugenommen. Aufhorchen lässt auch die Erkenntnis der beiden Autoren, wonach die Trennungslinie hierfür weniger von Bildungsgrad und Sozialstatus bestimmt werde, viel stärker von der familiären Sozialisation jedes Einzelnen. Bedeutet dieser empirische Befund, dass wir uns vom gemeinsamen Ziel »Kultur für alle« verabschieden müssen? Mitnichten! Wenn die Beschreibung »alternativlos« jemals zutraf, dann für Hilmar Hoffmanns Mantra. Würden wir daran scheitern, breitere Bevölkerungsschichten an Kunst und Kultur heranzuführen, verlören die Kulturinstitutionen auf Dauer nicht nur an Besuchern, vielmehr die Spitzenkultur und ihre finanzielle Förderung durch die öffentliche Hand zwangsläufig auch an Akzeptanz. Wie kann es uns gelingen, dies zu verhindern?

Der Befund, dass der Zugang zur Kunst nicht so sehr von (formalen) Bildungsabschlüssen, viel stärker von familiären Prägungen abhängt, deutet darauf hin, dass weitere (kulturelle) Bildungsangebote zwar eine notwendige, keineswegs aber eine hinreichende Bedingung für eine breitere kulturelle Teilhabe ist. »Teilhabe« ist ohnehin mehr als bloßer Konsum, beschränkt sich nicht auf passives Entgegennehmen, sondern setzt aktives Tun voraus. Wer sich persönlich engagiert, identifiziert sich und übernimmt Verantwortung. Kunst und Kultur leben von der Identifikation und der Bereitschaft möglichst breiter Bevölkerungsschichten, sich für ein vielfältiges Kulturleben aktiv einzusetzen und Kultur zu leben.

Hilmar Hoffmann hat dies nicht anders gesehen. Er sah Kultur »nicht nur als Bildungsangebot, nicht nur als Freizeitvergnügen, sondern als Befähigung zur Selbstbestimmung des Menschen««. Er warnte vor der »Neigung, sich zu Tode zu amüsieren«. Kultur sei eine »Lebensform«, die jeder brauche, »um ein ganzer Mensch zu werden«. Er hatte immer den Bürger im Auge, der sich aktiv für Kunst und Kultur einsetzt, sie fördert und begleitet. Zwar ist nicht jeder Bürger künstlerisch begabt, nicht jeder in der Lage, als Mäzen größere finanzielle Beiträge zu leisten. Doch jeder kann sich auf seine Art und Weise beteiligen, denn bürgerschaftliches Engagement ist vielfältig: Darum brauchen wir eine Stärkung des »Dritten Sektors«, also des Bereichs der Zivilgesellschaft jenseits von Staat und Wirtschaft, der Kunst und Kultur ehrenamtlich fördert, wozu auch zeitliches Engagement gehört. In der Tat haben wir in Deutschland bereits eine Vielzahl solcher privater, im besten Sinne bürgerlicher Initiativen, seien es Stiftungen, Patronatsvereine oder soziokulturelle Zentren, die Beachtliches, zum Teil sogar Großartiges leisten. Doch ihr Wirken wird erschwert durch manche rechtlichen und administrativen Rahmenbedingungen. Studien des Maecenata-Instituts benennen konkret einige solcher »Fesseln«, die eine weitere Stärkung des Dritten Sektors ausbremsen. Dazu gehören eine Modernisierung, Systematisierung und Vereinfachung des Gemeinnützigkeitsrechts. Seit dem Jahr 2000 gab es zwar zahlreiche kleine »Reförmchen«, aber keine Neufassung. Ebenso muss das Stiftungsrecht novelliert werden. Diese Fesseln zu lösen, Anreize für eine noch wirkmächtigere Zivilgesellschaft zu setzen, wird eine entscheidende Stellschraube dafür sein, die kulturelle Teilhabe aller zu verwirklichen. »Kultur für alle« lässt sich am Ende nur verwirklichen als »Kultur von allen«.

Oliver Scheytt
Zur verfassungsrechtlichen Verankerung der Bundeskulturpolitik in Art. 35 des Einigungsvertrages

Die Bundesrepublik Deutschland wird im Wesentlichen durch die Verfassung des Grundgesetzes konstituiert und konfiguriert. Dem Grundgesetz wurde sein »Verhältnis« zur Kultur noch unter dem Eindruck des Dritten Reiches mitgegeben: Die Freiheit der Kultur, der Kunst und der Wissenschaft von staatlicher Einflussnahme einerseits und die föderalistische Struktur andererseits sollten Garanten dafür sein, jegliche »Gleichschaltung« zu verhindern. Darin liegt die Zurückhaltung begründet, weitergehende kulturelle Aufgaben festzuschreiben, obgleich schon die Weimarer Reichsverfassung eine kulturelle Staatszielbestimmung enthielt.[1]

Die heutige Realität ist indes eine andere als nach dem Zweiten Weltkrieg: Kulturförderung wird als eine gesamtstaatliche Aufgabe verstanden. Mit der geschriebenen Verfassung korreliert eine in der Praxis gelebte Verfassung und eine über die Jahrzehnte entwickelte Struktur kulturpolitischen Handelns, die sich in rechtlichen Regelungen, Institutionen sowie Finanz-entscheidungen und Hand-

---

[1] Art. 142 WRV knüpft unmittelbar an die Statuierung der Kunst- und Wissenschaftsfreiheit in Satz 1 die kulturstaatliche Feststellung des Satzes 2: »Der Staat gewährt ihnen (scil.: Kunst und Wissenschaft) Schutz und nimmt an ihrer Pflege teil.« Siehe dazu Knies, W.: Freiheit der Kunst und Kulturstaat, in: Häberle, P.: Kulturstaatlichkeit und Kulturverfassungsrecht, Darmstadt 1982, S. 235 ff., 245 f.: Art. 142 WRV stellt fest, »daß Kulturvorsorge und eine positive, aktive Kunstpolitik auch verfassungsrechtlich legitime Betätigungen des modernen Staates sind.«

lungsprogrammen niederschlägt. Die Bundesrepublik Deutschland ist somit geprägt von fast sieben Jahrzehnten geschriebener und gelebter Verfassung des Grundgesetzes, welche die tatsächlichen und rechtlichen Grundlagen und Ressourcen von Kulturpolitik wesentlich bestimmen.

Zudem hat sich durch die Vereinigung beider deutscher Staaten im Jahr 1990 eine auch für das Kulturverfassungsrecht neue Situation ergeben: Rechtlich durch Art. 35 Einigungsvertrag (EV) und in der Verfassungswirklichkeit aufgrund der neuen Rolle, die die Bundeskulturpolitik insbesondere im Hinblick auf die Kulturförderung in den neuen Ländern eingenommen hat. So wurde die deutsche Einheit auch zu einem »kulturpolitischen Einfallstor« des Bundes. Als sichtbare institutionelle Zeichen für den Bedeutungszuwachs seien als Folge dieser Entwicklung exemplarisch vor allem die Einrichtung des Amtes des »Beauftragten der Bundesregierung für Kultur und Medien« (BKM) und die Konstituierung des Ausschusses für Kultur und Medien des Deutschen Bundestages (1998) sowie der Enquête-Kommission »Kultur in Deutschland« des Deutschen Bundestages (2003 bis 2007) benannt. Der Bund hat sich nicht nur durch seine Gesetzgebung zu kulturrelevanten Themen (Urheberrecht, Stiftungsrecht, Steuerrecht), sondern auch durch eine kontinuierlich angehobene finanzielle Förderung für kulturelle Aufgaben kulturpolitisch verstärkt engagiert. Zu erinnern ist etwa an die Neuerrichtung der Kulturstiftung des Bundes im Jahr 2002, die Förderung kultureller Aufgaben in den neuen Bundesländern, die Hauptstadtkulturförderung und neue Initiativen im Bereich der Film- und Musikwirtschaft.[1]

Verfassungsrechtliche Verortung von Art. 35 des Einigungsvertrages

Zu den am meisten zitierten Passagen in der kulturrechtlichen Literatur gehört ein Satz aus einer schon älteren grundlegenden Entscheidung des Bundesverfassungsgerichtes zur Kunstfreiheitsgarantie des Art. 5 Abs. 3 GG, in der es heißt: Diese Norm stellt als »objektive Wertentscheidung für die Freiheit der Kunst [...]. dem modernen Staat, der sich im Sinne einer Staatszielbestimmung als Kulturstaat versteht, zugleich die Aufgabe, ein freiheitliches Kunstleben zu erhalten und zu fördern.«

Mit vielfältigen (rechts-)historischen Belegen hat insbesondere der Verfassungsrechtler Peter Häberle die Kulturstaatlichkeit der Bundesrepublik Deutschland herausgearbeitet und damit schon Anfang der 1980er Jahre eine breite Debatte über Kulturstaatlichkeit und Kulturverfassungsrecht in der Staatsrechts-

---

[1] All diese Aktivitäten wurden in der Arbeit der Enquête-Kommission »Kultur in Deutschland« des Deutschen Bundestages gebündelt reflektiert, was in dem Ende 2007 veröffentlichten Schlussbericht, dem umfassendsten Dokument zur Kulturpolitik in Deutschland seit Begründung der Bundesrepublik dokumentiert ist. Siehe Schlussbericht der Enquête-Kommission »Kultur in Deutschland«, BT-Drs. 16/7000

lehre ausgelöst.[1] Die Staatsrechtslehre war sich allerdings nicht einig, ob der Begriff »Kulturstaat« als fundierter (Verfassungs-)Rechtsbegriff Verwendung finden sollte, wenn auch eine überwiegende Zahl an Autoren sich grundsätzlich zu diesem Begriff bekennt.[2]

Doch mit Art. 35 des Einigungsvertrages existiert indes seit 1990 eine Bestimmung, die den Begriff »Kulturstaat« in ihrem Abs. 1 zum Verfassungsrang erhebt: »Stellung und Ansehen eines vereinten Deutschlands in der Welt hängen außer von seinem politischen Gewicht und seiner wirtschaftlichen Leistungskraft ebenso von seiner Bedeutung als Kulturstaat ab.« Und weiter in Abs. 3 heißt es: »Die Erfüllung der kulturellen Aufgaben einschließlich ihrer Finanzierung ist zu sichern, wobei Schutz und Förderung von Kultur und Kunst den neuen Ländern und Kommunen entsprechend der Zuständigkeitsverteilung des Grundgesetzes obliegen.«[3]

Mit dieser Passage des Einigungsvertrages, der als Verfassungsrecht den höchstmöglichen Rang in der Rechtsquellenhierarchie einnimmt, wird das Selbstverständnis der Bundesrepublik Deutschland als Kulturstaat konstituiert.[4] Nicht von ungefähr wird auf die kulturellen Wurzeln und Traditionen in dem Moment zurückgegriffen, als sich die Bundesrepublik Deutschland mit der Wiedervereinigung als wieder zusammengewachsener, größerer und einheitlicher Staat neu konstituiert. Diese Bestimmung reicht indes über den Anlass der Wiedervereinigung hinaus. Der Begriff »Kulturstaat« verweist dabei auf die historisch weit vor dem Deutschen Reich gewachsene und für Deutschland prägende kulturelle Vielfalt und andererseits auf Traditionen und Werte, die sich etwa über Sprache, Musik und Kunst als verbindende Elemente vermitteln. Der Begriff »Kulturstaat« ist insofern weit entfernt von dem Begriff des »Nationalstaats«, der nicht nur im Hinblick auf das Dritte Reich mit unheilvollen Konnotationen verbunden ist.[5]

---

[1] Grundlegend dazu sein Werk Kulturstaatlichkeit und Kulturverfassungsrecht, Darmstadt 1982, mit einem größeren eigenen Originalbeitrag (S. 1 ff.) und zahlreichen Texten beginnend mit Gustav Radbruch aus dem Jahre 1927 über Ernst Rudolf Huber (1958), Adolf Arndt (1960), Helmut Schelsky (1963), Georg Picht (1964), Ralf Dahrendorf (1965) bis hin zu Hans Maier (1972) und Adolf Muschg (1977).

[2] Das Buch von Jung, O.: Zum Kulturstaatsbegriff. Meisenheim am Glan 1976, ist die umfassendste Studie zur Geschichte dieses Begriffs.

[3] Der Einigungsvertrag ist als höchstrangiges Recht auch von Staatsrechtslehrern zu beachten; gleichwohl wird der Kulturstaatsgedanke bis heute immer wieder in Zweifel gezogen, siehe dazu auch die Diskussionen um die kulturelle Staatszielbestimmung bei den Anhörungen der Enquête-Kommission des Deutschen Bundestages in der 15. Legislaturperiode, zusammenfassend dargestellt im Zwischenbericht der Enquête-Kommission, Bundestagsdrucksache 15/5560.

[4] Dazu Norbert Lammert: »Das Selbstverständnis der Bundesrepublik Deutschland als Kulturstaat hat im Einigungsvertrag, also im Kontext der Wiederherstellung der staatlichen Einheit Deutschlands, erstmals ausdrücklich seinen verfassungsrelevanten Ausdruck gefunden.« Lammert, N.: Kulturstaat und Bürgergesellschaft. In: ders. (Hg.), Alles nur Theater? Beiträge zur Debatte über Kulturstaat und Bürgergesellschaft, Köln 2004, S. 14.

[5] Vgl. dazu auch Lepenies, W.: Kultur und Politik. Deutsche Geschichten, München/Wien 2006, S. 62 ff.

Gleichwohl ist dieser Begriff ein »schillernder Terminus«, der indes in der heutigen kulturpolitischen Diskussion zunehmend an »Festigkeit« gewonnen hat und allmählich in den allgemeinen kulturpolitischen Sprachgebrauch – nicht immer reflektiert – Eingang gefunden hat.[1]

Kulturstaat Deutschland – Kulturhoheit der Länder

Unsere (gelebte) Kulturverfassung ist entscheidend davon geprägt, dass die verschiedenen Ebenen des Kulturstaates, also Bund, Länder und Kommunen, ihre je eigenen Gestaltungskräfte ausspielen. Kulturstaatlichkeit und Bundesstaatlichkeit gehören in der Bundesrepublik Deutschland untrennbar zusammen. Der Föderalismus ist das prägende Prinzip der Kulturstaatlichkeit. In Politik und Staatsrechtslehre lassen sich zwei unterschiedliche Vorverständnisse des Bundesstaatsprinzips ausmachen:[2] Das klassische Föderalismusverständnis geht von einem »kooperativen Föderalismus« aus, der sowohl von einer Kooperation der Länder untereinander als auch der Länder mit dem Bund geprägt ist. Die Personal-, Sach- und großen Finanzhilfen vonseiten des Bundes und der »alten« Länder beim Aufbau der neuen Länder waren eine spezifische Form der Solidarität und eine ungewöhnlich intensive Bewährungsprobe für den kooperativen Föderalismus. Davon hat der kulturelle Sektor in den neuen Bundesländern stark profitiert.

Ein anderes Vorverständnis deklariert die Kompetenzverteilung des Grundgesetzes auf die Länder als einen »Wettbewerbs-« oder »Konkurrenzföderalismus«. Hinter diesem kompetitiven Föderalismusverständnis steht das Marktmodell mit folgender These: Der Wettbewerb unter den Ländern führt zu einer höheren Qualität staatlichen Handelns. Dazu passt, dass vor allem die südlichen Länder Bayern und Baden-Württemberg immer wieder auf ihre besonderen kulturellen Traditionen und Leistungen verweisen.[3] Die föderalistische und damit pluralistische Kulturstaatlichkeit des Bundesstaates Deutschland kann so nicht nur als eine Garantie der »Freiheit der Kultur« angesehen werden, sondern auch als ein Feld für die Ausprägung kultureller Identitäten und Qualitäten.

Der Kulturstaat Deutschland lebt von den kulturellen Potenzialen der Länder, der Städte und Regionen. Seine strukturelle Ausdifferenzierung gewährt kulturelle Offenheit und Freiheit. Die Vielfalt der Kulturzentren in Deutschland mit den kulturellen Stärken der Metropolen und Regionen von München bis Hamburg, von Berlin bis zur Metropole Ruhr, vom Rheinland über Frankfurt a. M. bis nach Stuttgart und Nürnberg, von Bayreuth bis Leipzig und Dresden sowie die Vielfalt der regionalen kulturellen Identitäten und Initiativen haben eine weit vor die Begründung der Bundesrepublik Deutschland zurückreichende Tradition;

---

1 Zu all dem mit vielen weiteren Nachweisen und Ausführungen Scheytt, O.: Kulturstaat Deutschland. Plädoyer für eine aktivierende Kulturpolitik, Bielefeld 2008
2 Siehe dazu Häberle, P.: Kulturhoheit im Bundesstaat-Entwicklungen und Perspektiven. In: Institut für Kulturpolitik der Kulturpolitischen Gesellschaft, Jahrbuch für Kulturpolitik 2001, Essen 2002, S. 115 ff.
3 Vgl. dazu ders., S. 119

sie werden aber auch durch die vom Grundgesetz konstituierte föderative Struktur des Staates anerkannt und als Prinzip konstituiert. Dezentralität und Pluralität sind seit Jahrhunderten vorhanden und weitergewachsen. Deutschland war und ist immer zugleich national und regional orientiert. »Bach ist kein Thüringer Komponist, Goethe kein hessischer Dichter, Beuys kein rheinischer Künstler, wenn auch jeweils regionale Bezüge in ihrem Werk wirksam geworden sind.«[1] Was diese Künstler geschaffen haben, ist kulturelles Erbe der ganzen Nation und nicht nur der Thüringer, Hessen oder Rheinländer. Dies gilt auch für zeitgenössische Künstlerinnen und Künstler, für den Erhalt des Geschichtsbewusstseins in den Institutionen der Geschichtskultur und die Vermittlung durch Kulturelle Bildung.

Fragt man danach, was den Kulturstaat Deutschland ausmacht, so hat der Kulturföderalismus unzweifelhaft auch Vorteile für die Vielfalt in der Förderung und die Offenheit für die Entwicklungen vor Ort. Es gibt keine an einer Stelle konzentrierte »Definitionsmacht« für Inhalte und Ausrichtung der durch das Grundgesetz in ihrer Freiheit geschützten kulturellen Lebenssachverhalte. Vielmehr werden Kultur und Kulturpolitik in der föderativen Kompetenzordnung des Kulturstaates Deutschland von den unterschiedlichsten Institutionen, Ebenen und Akteuren verantwortet und mitgestaltet.

Das in Art. 35 verfassungsrechtlich verankerte Selbstverständnis Deutschlands als Kulturstaat, das Wirken der Staatsminister für Kultur und Medien sowie von Verbänden wie dem Deutschen Kulturrat oder der Kulturpolitischen Gesellschaft haben das Bewusstsein dafür geschärft, dass der Bund die Rahmenbedingungen für die Entwicklung von Kunst und Kultur maßgeblich mitbestimmt, vor allem auch durch rechtliche Regelungen. Exemplarisch für kulturrelevante Gesetzgebungskompetenzen genannt seien: Wettbewerbs- und Vergaberecht, Zuwendungsrecht, Steuerrecht, Gemeinnützigkeitsrecht, Vereinsrecht, Stiftungsrecht, Urheberrecht, Sozial- und Arbeitsrecht, Künstlersozialversicherung, Kinder- und Jugendhilferecht, Medienrecht, Rundfunkrecht, Presserecht.[2] Unbestritten ist daher, dass der Bund schon aufgrund seiner eindeutig vorhandenen Gesetzgebungskompetenzen im Rahmen einer »Kulturellen Ordnungspolitik« (Nida-Rümelin) seine Zuständigkeiten hat und wahrnimmt.[3] Aufgrund eines verstärkten Bewusstseins dieser Rolle konnten und wollten auch die Länder nicht mehr nur auf ihre »Kulturhoheit« pochen, sondern mussten anerkennen, dass der »Kulturstaat Deutschland« auf Bundesebene durch Rechtsetzung die Entwicklung von Kunst und Kultur stark beeinflusst. Nicht zuletzt durch die Enquête-Kommission »Kultur in Deutschland« des Deutschen Bundestages, die alle Ebenen des Staates in den Blick genommen hat, ist diese Verfassungswirklichkeit in den Jahren 2003 bis 2007 deutlich herausgearbeitet worden.

---

[1] Nida-Rümelin, 2002, S. 64.
[2] Einen Überblick zu den gesetzlichen Regelungen gibt der Enquête-Schlussbericht S. 56 ff.
[3] Vgl. Enquête-Schlussbericht, S. 55 sowie zu den verschiedenen Rechtsgebieten S. 59 ff.

Das Grundgesetz konstituiert allerdings jenseits der Gesetzgebungszuständigkeiten des Bundes mit kultureller Relevanz kaum eine gesicherte Basis für das neben der Rechtsetzung zweite wesentliche kulturpolitische Handlungsinstrumentarium: die Bereitstellung von Ressourcen. Allerdings betont Art. 35 EV angesichts der Wiedervereinigung Deutschlands nicht nur seine Bedeutung als Kulturstaat, sondern weist dem Bund in Abs. 3 auch eine Förderungsverpflichtung zu: »Die Erfüllung der kulturellen Aufgaben einschließlich ihrer Finanzierung ist zu sichern ...« Art. 35 EV hat somit klargestellt, dass der Bund eine nationale Verantwortung für die Kulturentwicklung in Deutschland wahrzunehmen hat. Nicht zuletzt aufgrund der von Art. 35 EV verfassungsrechtlich verankerten Förderung von bedeutenden Kultureinrichtungen und -vorhaben hat sich dann auch die Verfassungswirklichkeit in den letzten zwei Jahrzehnten verändert und sich eine Kulturfördertradition des Bundes entwickelt, die deutlich neben das oder auch zu dem Engagement von Ländern und Kommunen hinzugetreten ist. Als außerordentlich wichtig hat sich demzufolge die sogenannte »Leuchtturmförderung« in den neuen Bundesländern erwiesen. Zudem gibt es ein über Jahrzehnte gewachsenes und im Grundsatz kooperatives Miteinander in der Kulturförderung, dessen radikale Infragestellung dem Kulturstaat Deutschland irreversible Schäden zufügen würde. Der gewachsene Kulturföderalismus ist derart vielgestaltig, dass an ihm alle reinen Entflechtungskonzepte scheitern. Das schließt indes eine Bemühung um eine Systematisierung der Verantwortlichkeiten nicht aus,[1] wie sie im Papier »Eckpunkte für die Systematisierung der Kulturförderung des Bundes und der Länder« vom 26. Juni 2003 bereits vorgeschlagen worden ist.[2] Der Bund ist insbesondere in Angelegenheiten gesamtstaatlicher Repräsentation und bei der Förderung von bundesrechtlichen Auslandsbeziehungen sowie in der Förderung zentraler Einrichtungen und Veranstaltungen nicht staatlicher Organisationen angesprochen, die ihrer Art nach nicht nur durch ein Land allein wirksam gefördert werden können.[3] Zu diesen Angelegenheiten gesamtstaatlicher Repräsentationen gehört unzweifelhaft die Auswärtige Kulturpolitik, die schon durch Art. 32, 73 Nr. 1 und 87 Abs. 1 GG unstreitige Bundeskompetenz ist.[4] Unstreitige Fördergegenstände des Bundes sind zudem die Repräsentation in der Hauptstadt, die Stiftung Preußischer Kulturbesitz, Weltkulturerbestätten und Kulturhauptstadt Europas, Gedenkstätten, Sicherung von Kulturgut und Geschichte ehemals deutscher Kulturlandschaften im östlichen Europa, die Förderung kul-

---

[1] Siehe dazu Nevermann, K.: Bund und Länder in der Kulturpolitik. Anmerkungen zur Entflechtung und Systematisierung, in: Institut für Kulturpolitik der kulturpolitischen Gesellschaft, Jahrbuch für Kulturpolitik 2006, Essen 2006, S. 245 ff.
[2] Siehe dazu Nevermann, S. 274 ff. (Das Papier ist auch als Ausschussdrucksache des Ausschusses für Kultur und Medien des Deutschen Bundestages, Nummer 15 (21) 59 vom 26.06.2003 verfügbar.)
[3] Diese Aufgaben hat schon 1971 der Entwurf einer »Verwaltungsvereinbarung über die Finanzierung öffentlicher Aufgaben von Bund und Ländern« enthalten, die in der Praxis als »Flurbereinigungsabkommen« bezeichnet wird. Vgl. dazu Nida-Rümelin, 2002, S. 68.
[4] Zur Auswärtigen Kulturpolitik neuerdings mit zahlreichen Beiträgen, die einen umfassenden Überblick geben: Schneider, W. (Hg.): Auswärtige Kulturpolitik. Dialog als Auftrag – Partnerschaft als Prinzip, Essen 2008

tureller Minderheiten, die Kulturgutsicherung, die Rückgabe NS-verfolgungsbedingt entzogener Kulturgüter, herausragende Kultureinrichtungen in den neuen Ländern, Filmförderung und Sozialversicherung. Ein weiteres wichtiges Feld der Bundeskulturpolitik ist in den letzten Jahren die Förderung der Kultur- und Kreativwirtschaft im Verbund von BKM und Bundeswirtschaftsministerium geworden.

Leitbild: Kulturstaat und Kooperativer Kulturföderalismus

Diese zahlreichen Kompetenzen sollte die Bundeskulturpolitik allerdings nicht davon entheben, konzeptionell vorzugehen, im Gegenteil. Deshalb wird im Folgenden in wenigen Grundzügen ein Leitbild für die Wahrnehmung der kulturellen Kompetenzen durch den Bund entwickelt.

Wenn der Terminus Kulturstaat verwendet wird, so wird damit insbesondere das Selbstverständnis kultureller Aufgabenwahrnehmung in der und für die Bundesrepublik Deutschland auch in einem europäischen und internationalen Zusammenhang angesprochen: Unser staatliches Gemeinwesen hat einen Kulturauftrag, der als Kulturgestaltungsauftrag zu verstehen ist. Die Bundesrepublik Deutschland ist politisch und verfassungsrechtlich nicht nur als Rechtsstaat und Sozialstaat, sondern eben auch als Kulturstaat zu verstehen.

Regieren, Lenken, Steuern und Koordinieren trifft heute auf eine veränderte, sehr komplexe Situation, auf die ein klassisch hierarchisches staatliches Handeln nicht die richtige Antwort darstellt. Das Grundgesetz ist im Ganzen eine »Verfassung des Pluralismus«. Das Bundesstaatsprinzip ist eines der tragenden Prinzipien für die Kulturverfassung der Bundesrepublik Deutschland, denn es stützt Vielfalt durch »Gewaltenteilung« unter den verschiedenen staatlichen Ebenen, doch auch in einem nicht staatlichen Sinne, insofern viele verschiedene Träger kultureller Förderung in ihrer Freiheit und ihrem Tun geschützt und bestärkt werden. Der Begriff »kultureller Trägerpluralismus« bringt dies als in der Verfassungsrechtslehre einschlägigen Begriff [1] treffend zum Ausdruck: Eine Vielzahl von Kulturträgern wie Staat, Kommunen, Rundfunkanstalten, Kirchen, Gewerkschaften, Verbänden, Parteien etc. bringt sich mit je eigener Gestaltungsmacht und Verantwortlichkeit in die Gemeinschaftsaufgabe »Kultur« ein. Und selbstverständlich sind auch zivilgesellschaftliche Akteure sowie die (Kultur-)Wirtschaft wesentliche Träger der kulturellen Infrastruktur in Deutschland.

Da Bund, Länder und Kommunen somit mannigfach aufeinander bauen und angewiesen sind, gewinnen sie kulturpolitische Bedeutung, starke Kompetenzen und freie Gestaltungsmöglichkeiten vor allem dann, wenn sie die anderen Ebenen aktiv anerkennen und anspielen. Das Leitbild des Kulturstaates Deutschland ist daher das eines »kooperativen Kulturföderalismus«.

---

[1] Grundlegend dazu Häberle, P.: Vom Kulturstaat zum Kulturverfassungsrecht. In: ders. (Hg.), Kulturstaatlichkeit und Kulturverfassungsrecht, Darmstadt 1982, S. 46 ff.

Auf Basis dieses Leitbildes gilt es im Sinne des »Kooperativen Kulturföderalismus« drei kulturpolitische Grundprinzipien zu berücksichtigen:

— Es bedarf einer ehrlichen Bestandsaufnahme dessen, was an gemeinsamen Verantwortlichkeiten zwischen Bund, Ländern und Kommunen gegeben ist, wobei der jeweilige öffentliche Auftrag zu reflektieren ist.
— Es bedarf einer systematischen Aufarbeitung der jeweiligen Verantwortlichkeiten ohne fundamentalistische Abwehrreaktionen gegenüber denjenigen, die sich in der Kultur engagieren wollen. Insbesondere sollten bestehende Förderungen, wenn sie denn sinnvoll sind, keinen Schaden nehmen.
— Im Sinne einer aktivierenden Kulturpolitik sollten vorhandene und neue Allianzen der Kunst- und Kulturförderung offen sein für neue Mitspieler, nicht nur im Sinne eines kooperativen, sondern auch im Sinne eines kompetitiven Föderalismus.[1] Alle Ebenen unseres Staates haben ein nachhaltiges Interesse an einer erfolgreichen aktivierenden Kulturpolitik des Bundes, denn nur ein kluges Zusammenspiel weckt alle Kräfte im Kulturstaat Deutschland.

Die Rolle des Kulturstaates ist dabei vor allem auch in seiner Relation zum Individuum neu zu bestimmen. Kulturpolitik wird nicht vorrangig zum Selbsterhalt der Kulturinstitutionen, zur Selbstverwirklichung von Künstlern und Kulturmanagern oder zur Selbstbedienung in kulturellen Netzwerken betrieben. Vielmehr steht im Zentrum aller Kulturpolitik das Individuum. Das Leitbild muss die Rolle des Kulturstaates daher aus einer zweifachen Gesamtsicht entwickeln: Aus der Gesamtsicht von Staat, Gesellschaft und Markt und aus der Gesamtsicht auf den Kulturbürger mit all seinen individuellen Ausprägungen.[2]

Kultur als Staatsziel

Auch im Grundgesetz sollte der Charakter Deutschlands als Kulturstaat zum Ausdruck kommen, indem Kultur als Staatsziel im Grundgesetz verankert wird. Die Enquête-Kommission »Kultur in Deutschland« hat dem Deutschen Bundestag einstimmig empfohlen, das Grundgesetz um einen Art. 20 b mit folgender Formulierung zu ergänzen: »Der Staat schützt und fördert die Kultur«. Zwar hat das Bundesverfassungsgericht schon aus der Kunstfreiheitsgarantie des Art. 5 Abs. 3 GG eine »objektive Wertentscheidung für die Freiheit der Kunst« abgeleitet: Diese stellt dem »modernen Staat, der sich im Sinne einer Staatszielbestimmung als Kulturstaat versteht, zugleich die Aufgabe, ein freiheitliches Kunstleben zu erhalten und zu fördern.«[3] Und Art. 35 EV enthält eine Kulturstaatsklausel.

---

[1] Vgl. auch Röbke, T./Wagner, B.: Aufgaben eines undogmatischen Kulturföderalismus. In: Institut für Kulturpolitik der Kulturpolitische Gesellschaft (Hg.): Jahrbuch für Kulturpolitik 2001, Essen 2002, S. 13 ff., S. 32 f.
[2] Grundlegend dazu auch Scheytt, O.: Kulturstaat Deutschland. Bielefeld 2008
[3] BVerfGE 36, 321 (331)

Gleichwohl würde eine kulturelle Staatszielbestimmung in der geschriebenen Verfassung Klarheit schaffen. Denn Staatszielbestimmungen sind Verfassungsnormen mit rechtlich bindender Wirkung, die der Staatstätigkeit die fortdauernde Beachtung oder Erfüllung bestimmter Aufgaben vorschreiben. Damit wird ein »Programm der Staatstätigkeit« umrissen, das als Direktive für staatliches Handeln auch bei der Auslegung von Gesetzen und sonstigen Rechtsvorschriften Wirkung entfalten kann.[1] Zu betonen ist, dass eine solche kulturelle Staatszielbestimmung föderalismusneutral ist, also keine Kompetenzverschiebungen von den Ländern zum Bund bewirken würde.[2]

Mit der von der Enquête-Kommission vorgeschlagenen Formulierung »Der Staat schützt und fördert die Kultur« würde eine solche Bestimmung in erster Linie einen Handlungsauftrag an den Staat enthalten, was eine mehrfache Wirkung entfalten würde: Als Zielbestimmung für das politische Ermessen des Gesetzgebers ebenso wie als eine normative Richtlinie für verwaltungsrechtliche Ermessens- und gerichtliche Abwägungsentscheidungen. Kulturpolitik hätte damit auf allen Ebenen des Kulturstaates Deutschland eine Norm, auf die bei der Vorbereitung und Durchführung von politischen Entscheidungen Bezug genommen werden könnte. Nach wie vor ist es daher von hoher kulturpolitischer Relevanz, dass der Deutsche Bundestag mit der erforderlichen qualifizierten Mehrheit eine entsprechende Verfassungsänderung beschließt.

---

[1] Siehe Enquête-Schlussbericht S. 69
[2] So auch Sommermann, K. P.: Kultur im Verfassungsstaat. In: Veröffentlichungen der Vereinigung der Deutschen Staatsrechtslehrer Bd. 65, Berlin 2006, S. 7 ff., S. 41. Siehe auch Enquête-Schlussbericht S. 78 mit weiteren Nachweisen.

Matthias Theodor Vogt
Seid umschlungen, Milliarden!

Bereits die Bundesrepublik der Jahre 1949 bis 1989 war charakterisiert durch das Schwinden politischer Substanz der Länderebene. 1990 läutete der Einigungsvertrag die endgültige Schwächung der Länderebene ein bis dahin, dass heute einer Mehrzahl der Bürger Rang und Aufgaben der deutschen Länder nicht mehr vor Augen stehen und für allzu viele das politische Ganze der Länder und ihres Bundes zu einem unbegreiflich Fremden wurde. Ein wichtiger Baustein dieses Schwächungsprozesses war die »Übergangs-Finanzierung Kultur« des Bundes.

Politische Kosten einer Diseconomy of Scale

Die Volkswirte warnen vor den Diseconomies of Scale, vor der kostenintensiven und Erosion auslösenden Zu-hoch-Zonung. Dies gilt in besonderem Maße für die Politik und ihre Wahrnehmungsvoraussetzungen. Zu diskutieren wäre, ob mit der Hochzonung des Staatsverständnisses auf die hochabstrakte Ebene der »imaginären Gemeinschaft« eines Nationalstaates (Benedikt Anderson 1983) nicht die Politik selbst einen Grund gelegt haben könnte für das Wiederaufblühen des simplizistisch-ausbeutbaren Nationalnarrativs vom homogenen, angeblich seit tausend Jahren biologisch stabilen und vor Veränderung zu bewahrenden Volkskörper.

Die Größe der deutschen Länder entspricht der Größe der Mehrzahl der EU-Mitgliedsstaaten, die als Nationalstaat figurieren. Die Einwohnergröße der Bundesrepublik und ihre binnenstaatliche Komplexität sind singulär in Europa. Beides ist deutlich größer als der persönliche Erfahrungsschatz der meisten unserer Bürger und verlangt nach nicht-simplen Lösungsansätzen. Welcher Süddeutsche kennt auch nur die Mittelstädte Niedersachsens und umgekehrt? Um so wichtiger ist daher die Sichtbarkeit des Miteinanders beider Staatsebenen: der Länder und ihres Bundes im »unitarischen Bundesstaat« (Konrad Hesse 1962).

Der Vertrag über die Herstellung der Einheit Deutschlands mit Wirkung vom 3. Oktober 1990 änderte zumindest formal nichts an der – durch die sogenannte Ewigkeitsgarantie des Art. 79 Grundgesetz geschützte – Gliederung der Bundesrepublik in teilsouveräne Länder und den nach innen ebenfalls teilsouveränen Bund als eine Art Arbeitsgemeinschaft der Länder für bestimmte übergreifende Aufgaben wie die Außenvertretung oder die Verteidigung. Der Bund verfügt mit zehn Prozent des Öffentlichen Dienstes über deutlich weniger Personal als die Kommunen (31 Prozent) und entscheidend viel weniger als die Länder (50 Prozent). Personalmäßig, und das heißt: aufgabenmäßig stehen Länder und Bund im Verhältnis fünf zu eins. Der Bund ist nur eine der drei Größen im Staatsgefüge, aber keine per se dominante und keine alleinrelevante.

Dies zumindest die bundesdeutsche Theorie. Sie wurde nach 1990, zumal im Kulturbereich, wiederholt als »Verfassungsfolklore« verunglimpft, so der bissig-wirkmächtige Begriff des damaligen Kulturstaatsministers Michael Naumann 2000. Dabei hat sich Bundespolitik entscheidend in den Bundesrat verlagert: »Mehr als 60 Prozent aller Bundesgesetze bedürfen der Zustimmung durch den Bundesrat, in Wirklichkeit sogar 90 Prozent der ›wichtigen‹ Gesetze – gerade wegen der zunehmenden und wechselseitigen Abhängigkeit zwischen Bund und Ländern in der Steuergesetzgebung.« (Gerd Langguth 2002). Kurz: die Verfassungslage eines föderalen Staates ist deutlich komplexer, als die Tagesschau mit täglich dreimal Kanzlerinberichterstattung dies ahnen lässt.

Mentale Verständigung als politische Herausforderung

Eben dies nun macht alle Politik, die auf mentale Verständigung zielt und auf ein geistiges Heimischwerden von Bürgern, die von einem Zentralstaat in ein föderales Gebilde kommen, so wichtig und unverzichtbar. Gerade in einer grundsätzlichen Neuorientierungsphase wie nach 1950 (mit der Finanzierung linker europäischer Schriftsteller und Maler durch den »Kongress für Kulturelle Freiheit« der CIA) oder nach 1990 in den mitteldeutschen Ländern (durch den Bund) kommt der Kulturpolitik besondere Bedeutung zu.

Die Bundesregierung nahm 1991 die Herausforderung des geistig Heimischwerdens der Mitteldeutschen in Gesamtdeutschland an. Bereits Ende September 1990 sprachen Ludwig Güttler und Udo Zimmermann bei Helmut Kohl vor, gefolgt insbesondere von Freimut Duve, August Everding und Kurt Masur. Der Bundeskanzler ergriff persönlich die Initiative, die dann durch Sieghardt von Köckritz und Manfred Ackermann im Bundesinnenministerium wesentlich umgesetzt wurde. Um Kohl (Weimar 1996) selbst zu zitieren: »Zu Beginn der Deutschen Einheit standen die neuen Länder und ihre Gemeinden kulturpolitisch vor Aufgaben, die ihre Leistungskraft überforderten. Deshalb hat die Bundesregierung sogleich nach der Wiedervereinigung die »Übergangsfinanzierung Kultur« mit ihren drei Förderprogrammen Substanzerhaltung, Infrastruktur [zwei Drittel der Mittel] und Denkmalschutz beschlossen. Für diese Programme stellte der Bund 1991 bis 1994 [3,3] Milliarden DM zur Verfügung. So konnte gemeinsam mit den Ländern und Gemeinden wertvolle kulturelle Substanz erhalten und zugleich Zeit für die Entwicklung dauerhaft tragfähiger Strukturen im Kulturbereich gewonnen werden. Der Bund hat mitgeholfen, dass die neuen Länder in einem Kernbereich ihrer Zuständigkeit trotz schwierigster Wirtschafts- und Finanzprobleme handlungsfähig geblieben sind. Die »Übergangsfinanzierung Kultur« hat sich insgesamt als ein ebenso wichtiger wie erfolgreicher Schritt auf dem Weg zur inneren Einheit der Deutschen erwiesen.«.

In der DDR leitete der Staat seine post-nazistische Legitimation wesentlich aus der humanistischen Tradition der deutschen Klassik ab und investierte daher über die Maßen in Kultur, wenn auch immer klassengebunden. Die Statistik spricht für 1990 von 217 Theatern und Spielstätten, 87 Orchester, 719 Museen, 190 Musikschulen, rund 16.900 Bibliotheken, mehr als 1.700 Kultur- und Clubhäusern sowie etwa 250.000 registrierten Einzeldenkmälern und 180 historisch bedeutsamen Stadt- und Dorfkernen (Gabriele Muschter 1993). Alleine im wiedergegründeten Freistaat Sachsen befanden sich 14 Opernensembles (mehr als in Italien), 18 Kulturorchester (mehr als in Frankreich), 300 Museen etc. Eine solche kulturelle Infrastruktur war 1990 für fünf Millionen Menschen weltweit singulär und war im übrigen um 1900 teilweise noch weit dichter.

Kohls »Zeit für die Entwicklung dauerhaft tragfähiger Strukturen im Kulturbereich« wurde von den mitteldeutschen Ländern und ihren Kommunen unterschiedlich genutzt. Das frühere Ostberlin machte sich von Anfang an wenig Sorgen. Der Freistaat Thüringen versuchte es mit direkten Verträgen zwischen den Theaterträgern und dem Ministerium. Dies überforderte beide Seiten. Brandenburg kappte seine Infrastruktur radikal. In Dessau muß das Anhaltische Theater 1.100 Sitzplätzen füllen. Und Mecklenburg-Vorpommern? Es sucht 2018 noch immer nach einer Lösung für seine weiten Flächen. Nur der Freistaat Sachsen hat die Bundesmittel tatsächlich für eine Neustrukturierung genutzt, genauer gesagt: seine Kreise haben sich in einem Akt des praktizierten Munizipalsozialismus zu Kulturfinanzierungspflichtzweckverbänden zusammengeschlossen. Das Gesetz über die Kulturräume in Sachsen vom 20. Januar 1994 hat die vom Einigungsvertrag anempfohlene Verhinderung eines Abbruchs der Kulturstrukturen ermöglicht …

Nachhaltigkeit?

Aus Kultursicht waren die gut zwei Milliarden DM Bundesmittel für das Infrastrukturprogramm plus die Milliarden für das Substanzerhaltungsprogramm plus die Milliarden für die Denkmalpflege rundheraus erfreulich. Aber waren sie auch (a) zulässig und (b) sinnvoll angelegt, da nachhaltig?

Die Sicherung der institutionellen Infrastruktur in den Ländern und ihren Kommunen wurde von Kohl zu Recht als »Kernbereich ihrer Zuständigkeit« apostrophiert; Art. 35 EV ermächtigte den Bund ausdrücklich zu einer »übergangsweisen« Intervention. Eine Alternative hätte es allenfalls mit einem Sonderfonds der Kultusministerkonferenz gegeben, allerdings ist schon die Vorstellung, dass die Länder damals aus eigener Kraft und aus Einsicht in den Solidargedanken die benötigten Milliarden bereitgestellt hätten, blanke Illusion. Ich zitiere den damaligen Abteilungsleiter im Sächsischen Kunstministerium, Reiner Zimmermann: »Die alten Länder waren zu nichts bereit: Ich war Anfang der 1990er Jahre ostdeutscher Emissär für eine Kulturstiftung der Länder, die sich zeitgenössischer Kunst widmet. Wir hatten durch die Auflösung des DDR-Kulturfonds Mittel, die wir auch hier einsetzen wollten. Nichts war frustrierender als diese Besuche.« Gerade durch ihre Regionalverantwortung fällt es den Länder-Akteuren schwer, das Große und Ganze zu erkennen und hier tätige Verantwortung zu übernehmen; dies ist die Kehrseite des Föderalismus.

Eine eigenständige Bundeskulturpolitik wiederum hatte es durchaus bereits in den Jahrzehnten vor 1990 gegeben; anders als das spätere Gerede von der kulturpolitischen »Sahelzone« dies glauben lassen wollte. Einerseits hatte das Grundgesetz den Bereich der Auswärtigen Kulturpolitik dem Bund zugewiesen. Andererseits oblag dem Bund die ebenfalls unstrittige Verantwortung für die ostdeutsche Kulturpolitik nach § 96 des Bundesvertriebenen- und Flüchtlingsgesetzes von 1953 (die Abteilung K wie Kultur des Bundesinnenministeriums, später K I). Noch 1989 weist Thomas Köstlin überzeugend darauf hin, dass das Grundgesetz der Bundesebene keinerlei Ermächtigung für »nationalstaatliche Repräsentation« gebe, dass die unfraglich gegebene »nationalstaatliche Repräsentation« im Kulturbereich Sache der Kommunen und Länder sei. Dies allerdings war nur Theorie. Bei der provisorischen Gründung der Stiftung Preußischer Kulturbesitz, bei den Bayreuther Festspielen und vielen anderen mehr haben die Länder, wenngleich teils mit Verfassungsklagen, die Gelder des Bundes akzeptiert und hat beispielsweise Bayern einen Einnahmenüberschuss zu erzielen gewusst; ganz anders als NRW bis heute. Nach dem bekannten Bonmot von Hans Joachim Meyer pflegt Bayern die eine Faust gegen den Bund zu ballen und die andere unter dem Tisch weit zu öffnen.

Bei der Übergangsfinanzierung nach Art. 35 EV verfolgte die Bundesebene, dies meine These, zwei Interessen. Zum einen das übergeordnete politische Interesse einer Schockabfederung in einem hierzulande mental bislang zentralen Bereich, eben der Kulturpolitik. Es galt, die unvergleichlich hohe Kulturdichte in den mitteldeutschen Ländern in einem geordneten Verfahren in die neue Träger- und Finanzierungswelt zu überführen. Das strategische Interesse wiederum war es, den Ländern und ihren Kommunen das Graubrot der allgemeinen institutionellen Finanzierung weiterhin zu überlassen, der Bundesebene aber eine gewohnheitsrechtliche Grundlage für die Dauerförderung ausgewählter Einrichtungen und vor allem für die Projektförderung sowie für die ersehnte Hauptstadtkulturförderung zu verschaffen. Beim Amtsantritt Kohls 1982 belief sich der Kulturhaushalt des Bundes auf 346 Millionen DM (ohne die Auswärtige Kulturpolitik), am Ende seiner Regierungszeit 1998 auf 1,3 Milliarden DM.

Das hat sich zwischenzeitlich verdoppelt, Tendenz weiter wachsend. Ruhig schauen die Länder dem Spiel der Hamburger Bundestagsabgeordneten Kahrs & Cie. zu, Wohltaten in jährlicher Milliardenhöhe zu verteilen; ein wenig im Westen, ein wenig in Mitteldeutschland und vor allem in der Bundeshauptstadt. In Genesis 25, 29–34, heißen die ungleichen Brüder Jakob und Esau, der erstere kauft dem anderen das Erstgeburtsrecht für ein Linsengericht ab. Der Preis für diese Art von Linsengerichten ist hoch. Was die Länder nicht realisieren, das ist die fortgesetzte Schwächung der Länderebene bis dahin, daß heute einer Mehrzahl der Bürger Rang und Aufgaben der deutschen Länder nicht mehr vor Augen stehen und für allzu viele das politische Ganze der Länder und ihres Bundes zu einem unbegreiflich Fremden wurde. Dies ist der möglicherweise folgenreichste Angriff auf die freiheitlich-demokratische Verfaßtheit der Bundesrepublik, keine plötzliche Revolution, sondern eine permanente Erosion, die ihr Ziel beim Kampf um abnehmende Aufmerksamkeit für die Länderebene längst erreicht hat.

Die nach dem Einigungsvertrag zentrale Herausforderung der deutschen Kulturpolitik hat der Bund bislang links liegengelassen, die nämlich der kulturellen Substanz selbst, in Mittel- und mehr noch in Westdeutschland. Die deutschen Theater und Orchester wurden von der Deutschen UNESCO-Kommission 2014 in das bundesweite Verzeichnis des immateriellen Kulturerbes aufgenommen und sind damit in die Ebene der gesamtstaatlichen Verantwortung aufgestiegen. Finanziert aber werden die gut zwei Milliarden Euro öffentlichen Zuwendungen bzw. Zuschüsse nach wie vor von den kommunalen und landesstaatlichen Trägern. Die Haustarifverträge vieler mitteldeutscher Theater und Orchester sehen derzeit eine Mitfinanzierung von oft 20 Prozent durch Lohnverzicht der Beschäftigten vor; der Neubau der Staatsoperette Dresden wurde wesentlich durch langjährigen Lohnverzicht der Mitarbeiter finanziert. Die Strukturprobleme der deutschen kulturellen Infrastruktur sind ein gesamtstaatliches Problem.

Wer aber vertritt im »unitarischen Bundesstaat« den Gesamtstaat kulturpolitisch? Sollte man nun (Variante A) das Grundgesetz ändern und dem Bund eine ordnend-mitfinanzierende Rolle bei der kulturellen Infrastruktur auch in der Verfassungsordnung einräumen? Oder sollten (Variante B) die Länder ihre genuin-gesamtstaatliche Verantwortung für Kunst und Kultur nicht länger konkurrentiell, sondern auch institutionell als gemeinsame wahrnehmen? Und würde dies, eingedenk der notwendigen Autonomie der Künste, das politische Ziel einer stärkeren Sichtbarkeit der Länderebene auch tatsächlich bürgerwirksam unterstützen? Würde, hypothetisch gefragt, ein Vorwegabzug Kultur aus dem Länderfinanzausgleich um die bewußte knappe Milliarde zugunsten einer Länderinitiative – bei Umlenkung der bisherigen Innenkulturmittel des Bundes in die Auswärtige Kulturpolitik – Hervorragendes für das Ansehen Deutschlands leisten können; das eine im Inneren, das andere und in der Welt? Es ist der Zusammenhalt Deutschland als Ganzes, dem sichtbar Gefahr droht. Was können die Künste, was sollten die Länder, was muß der Bund kulturpolitisch leisten?

Projektförderung und Nachhaltigkeit jedenfalls schließen sich per definitionem aus; dies ist ein Zentraldilemma der letzten beiden Jahrzehnte der Bundeskulturpolitik. Ein Weiter so (Variante C) ist die schlechteste Option.

Fazit

Seid umschlungen, Milliarden! Was mit den schwachen Ländern Mitteldeutschlands 1991–1994 begonnen hatte, die sich gegen ihre Entmündigung weder wehren wollten noch zu wehren vermochten, hat zwischenzeitlich das gesamtstaatliche Gefüge erreicht. Vom süßen Gift der Bundesmittel betäubt, haben die Länder die Erosion ihrer Teilsouveränität toleriert bzw. nicht wahrnehmen wollen. So schnell wie es statthaft war, hat sich der Bund aus der lästigen Institutionenfinanzierung Mitteldeutschlands herausgezogen; die Mitteldeutsche Barockmusik oder das Lessingmuseum Kamenz sind reine Feigenblätter, die die Bundesabsenz auf der institutionellen Ebene hier wie in Westdeutschland kaschieren und die Projektförderung um so effektiver medialer glänzen lassen.

Dass die Kultusministerkonferenz der Länder als kraftvoller Akteur hervorgetreten wäre, sei es vor 1990 oder seither, würde kein Kenner der Materie zu behaupten wagen. Nachhaltig, so das Resümee, war die »Übergangs«-Finanzierung des Bundes im Rückblick durchaus. Allerdings nicht für Mitteldeutschland und seine Kulturinstitutionen, sondern als Türöffner einer extrakonstitutionellen Bundeskulturaktivität. Die den Künstlern Gutes tut, dem Land jedoch nachhaltig politischen Schaden zufügt.

Klaus-Dieter Lehmann
Vereinigung von Kultureinrichtungen

Mit dem Einigungsvertrag vom 3. Oktober 1990 hatten die Deutschen nach Jahrzehnten der Teilung wieder in Freiheit und Einheit zusammengefunden. Auch wenn die politischen und ökonomischen Aspekte die öffentliche Diskussion der Wiedervereinigung bestimmten, so war dieser Prozess ohne ein gemeinsames kulturelles Verständnis nicht denkbar. 40 Jahre Trennung in unterschiedlichen Gesellschaftssystemen, mit unterschiedlichen Wertevorstellungen und der Einbindung in eine politische bipolare Weltordnung hatten offensichtlich nicht vermocht, die gemeinsame Grundlage zu zerstören. Der Kulturartikel 35 des Einigungsvertrages vom 31. August 1990 beginnt mit dem Satz: »In den Jahren der Teilung waren Kunst und Kultur – trotz unterschiedlicher Entwicklungen der beiden Staaten in Deutschland – eine Grundlage der fortbestehenden Einheit der deutschen Nation.«

Nachdem der Deutsche Bundestag 1991 seinen Hauptstadtbeschluss gefasst hatte, zogen Parlament und größtenteils auch die Regierung 1998/1999 von Bonn nach Berlin um. Für die Kultur bedeutete das eine größere Aufmerksamkeit für die Hauptstadtkultur, aber zugleich auch eine gestalterische bundespolitische Zuständigkeit für Kultur unter Beachtung des Kulturföderalismus durch das Schaffen eines neuen Amtes. Die 1998 gewählte Regierung mit Bundeskanzler Schröder etablierte einen Staatsminister für Kultur und Medien (BKM), dessen erster Amtsinhaber Michael Naumann wurde.

Für zwei große kulturelle Einrichtungen trug der Bund während und nach dem Vereinigungsprozess eine besondere Verantwortung: für die im Einigungsvertrag von 1990 erfolgte Zusammenführung der Deutschen Bibliothek und der Deutschen Bücherei zur Deutschen Nationalbibliothek – hier hatte er rechtlich die alleinige Verantwortung – und für die westdeutsche Stiftung Preußischer Kulturbesitz. Zwar hatte das Errichtungsgesetz der Stiftung von 1957 bereits die Wiedervereinigung Deutschlands mitgedacht, aber erst auf der Grundlage des Einigungsvertrages konnte die Teilhabe des Bundes und aller 16 Länder verhandelt werden. So wurde über verschiedene Phasen der Verhandlungen 1992 das Erbe

Preußens in die neue Verfassungswirklichkeit eines kooperativen Föderalismus überführt und die Stiftung Preußischer Kulturbesitz zu einer nationalen Stiftung. Sie bildet in der gemeinsamen Verantwortung den Bundesstaat ab. Der Stiftungsrat, dessen Vorsitz beim Bund liegt, bis 1998 beim Innenminister, ab dann beim Staatsminister für Kultur und Medien, schafft die nötigen Rahmenbedingungen, während der Präsident der Stiftung die Geschäfte führt.

Das eine ist die Verfassungswirklichkeit, das andere die Lebenswirklichkeit. Politische und juristische Kategorien allein können die Vereinigung nicht fassen. Institutionelle Kultureinrichtungen dieser Größenordnung zu vereinen, erweist sich nicht nur als intellektuelle Herausforderung, sondern erfordert auch gravierend psychologische Faktoren in Betracht zu ziehen. Es ist ein zutiefst menschlicher Prozess.

So wie viele 1989/1990 nur eine bessere DDR wollten, so wollten viele nur eine bessere Deutsche Bücherei – ohne Fusion mit der Deutschen Bibliothek. Und auch bei den Frankfurter Kollegen bestand keine ungeteilte Freude, plötzlich teilen und Veränderungen akzeptieren zu müssen. Zu unterschiedlich waren die über Jahrzehnte getrennt entwickelten Strukturen, zu prägend waren die existierenden Denkstrukturen. Die politischen Umwälzungen haben viele in der ehemaligen DDR nochmals an den Anfang gesetzt. Hinzu kam die existenzielle Angst vor der ungewissen Zukunft, die sich wie Mehltau über die Besprechungen legte. Eine allgemeine Bußfertigkeit oder undifferenzierte Betrachtungsweise war kaum geeignet, die Zukunft zu gewinnen, ebenso wenig das Festhalten an antiquierten Arbeitsmethoden. Die Gefahr, dass ein Standort »abgewickelt«, über die Köpfe der Experten hinweg entschieden wird, Verweigerungshaltungen intern entstehen, war groß. Es galt, der Selbstbestimmung auch die Selbstbeherrschung zur Seite zu stellen.

Wir wussten,
— ein Vereinigungsmodell kann nicht mit dem Schutz eines umzäunten Reservates rechnen, es muss sich legitimieren,
— die Zeit arbeitet nicht für uns, es müssen rasch überzeugende Ergebnisse vorgelegt werden,
— nur die gleichwertige bibliothekarische Kompetenz in Leipzig und Frankfurt schafft die nötige Akzeptanz, sie muss durch intensive Schulung und Personalaustausch erreicht werden,
— wir benötigen Allianzen auch außerhalb unserer Bibliotheken, sonst wird das Vereinigungskonzept zur Nabelschau.

Wir wollten,
— dass am Standort Leipzig und am Standort Frankfurt jeweils eine funktionsfähige Bibliothek und die Fachkompetenz erhalten bleiben,
— dass bei der Literaturerschließung Doppelarbeit vermieden wird und in beiden Bibliotheken das gleiche Bearbeitungsniveau geschaffen wird,

— dass eigene Schwerpunktbereiche eines Standortes weder geteilt noch verlagert, sondern für eine spezifische Profilierung genutzt werden.

Obwohl die politische Ausgestaltung der Wiedervereinigung nach dem Mauerfall noch nicht konkretisiert war, trafen sich bereits am 24. Januar 1990 Bibliotheksvertreter aus Leipzig und Frankfurt auf halbem Wege in Thüringen, um die Zusammenarbeit zu formulieren. Sie gingen von einer vereinten Nationalbibliothek aus. Voraussetzung für die Fortführung der beiden Standorte war auch die Bereitschaft der Verleger, künftig zwei Pflichtexemplare abzuliefern. Auf den Wiesbadener Buchhändlertagen am 5. März 1990 gaben die Verleger ihre Zustimmung. In Kenntnis der Planungsüberlegungen der bibliothekarischen Fachleute äußerte sich am 2. Mai 1990 der damalige Innenminister, Wolfgang Schäuble, zustimmend zu den Vereinigungsplänen »zur Deutschen Nationalbibliothek«. Damit war der Weg frei für die endgültige Planungsgrundlage zur Zusammenführung der beiden Bibliotheken zu einer Organisation vom 18. Juni 1990. Eine Koordinierungsgruppe legte daraufhin ein verfeinertes Vereinigungskonzept vor, das Eingang in den Einigungsvertrag fand. Schon am 3. Januar 1991 erschien das erste Heft des Wöchentlichen Heftes der gemeinsamen Deutschen Nationalbibliografie.

Die Deutsche Bücherei Leipzig und die Deutsche Bibliothek Frankfurt am Main wurden eine rechtsfähige bundesunmittelbare Anstalt des öffentlichen Rechts mit Sitz in Frankfurt und Leipzig. Es war ein Bekenntnis zu den traditionellen Buchstandorten Leipzig und Frankfurt, das Konzept legitimierte sich ökonomisch, indem Beschaffung und Erschließung arbeitsteilig durchgeführt wurde, keine Doppelarbeit, die Schwerpunkte »informationstechnische Zuständigkeit mit Produktion« und »Distribution der nationalbibliografischen Dienstleistungen« wurden Frankfurt zugewiesen, mit »Deutschem Buch- und Schriftmuseum« sowie »Bestandserhaltung« profilierte sich Leipzig. Die fachliche Integration schaffte eine neue tragfähige Identität.

Das Bekenntnis zu zwei Standorten hat nicht nur seine Bewährung bestanden, es hat sich außerordentlich entwickelt. Schon im Sommer 1991 stimmte der Bundestag für einen Neubau der Deutschen Bibliothek in Frankfurt, der am 14. Mai 1997 durch den damaligen Bundeskanzler Helmut Kohl eröffnet wurde. In Leipzig wurde das prachtvolle Jugendstilgebäude von 1912 aufwändig restauriert. Nach Fertigstellung des Frankfurter Gebäudes begannen die Erweiterungspläne für Leipzig, jetzt schon in der Verantwortung des BKM. Es ging um ein Konzept für das Deutsche Buch- und Schriftmuseum, den Umzug des Deutschen Musikarchivs von Berlin nach Leipzig und die Anbindung der Büchertürme. Am 9. Mai 2011 konnte der damalige Beauftragte der Bundesregierung für Kultur und Medien, Staatsminister Bernd Neumann, den Erweiterungsbau eröffnen.

Die digitalen Publikationen kamen im Juli 1998 auf Basis einer Rahmenvereinbarung in die Bibliothek, dafür war sie gut gerüstet. Nach erfolgreicher Testphase sprach sich die damalige Staatsministerin für Kultur und Medien, Christina Weiss, 2004 für eine Erweiterung des gesetzlichen Sammelauftrags um digitale

Medien aus, das 2006 in Kraft trat. Die Deutsche Nationalbibliothek als Ort und als Netzknoten hat die Entwicklungsschritte der veränderten Buchwelt, die internationalen Vernetzungen und Standardisierungen, die Servicefunktionen nicht nur gemeistert, sondern inhaltlich kreativ gestaltet. Das 1990 erarbeitete Konzept war offensichtlich geeignet, den künftigen Anforderungen offensiv zu begegnen.

Während die vereinten Bibliotheken Leipzig und Frankfurt bereits mit dem 3. Oktober 1990 rechtlich und organisatorisch funktionsfähig waren, gestaltete sich das für eine mögliche Zusammenführung der Museen und Staatsbibliotheken zu Berlin schwieriger. 1992 waren aber die juristischen Schritte für die auf Bund und 16 Länder erweiterte Stiftung Preußischer Kulturbesitz weitgehend abgeschlossen. Die Stiftung verfügte nach der Wiedervereinigung mit zwei Staatsbibliotheken, 17 Museen, dem Geheimen Preußischen Staatsarchiv und einer Reihe von Forschungseinrichtungen über einen kulturellen Reichtum, der für Europa einzigartig war. Kernstück war zweifellos die Museumsinsel. Innerhalb von 100 Jahren – von 1830 bis 1930 war eine Tempelstadt der Künste und Kultur entstanden, die mit fünf wegweisenden Museen über 6.000 Jahre Menschheitsgeschichte präsentieren, von Babylon, über Ägypten, die Antike, das Mittelalter bis zum Ende des 19. Jahrhunderts. Durch den Zweiten Weltkrieg wurden die Sammlungen geteilt, zum Teil verschleppt und vernichtet, die Gebäude erheblich zerstört.

In den Zeiten der geteilten Stadt war in Westberlin am Kulturforum quasi eine zweite »Museumsinsel« entstanden, mit den nach Westdeutschland verlagerten Beständen. 1968 wurde die Neue Nationalgalerie von Mies van der Rohe eröffnet, 1985 folgte der Neubau für das Kunstgewerbemuseum und noch 1998 wurde der Neubau der Gemäldegalerie am Kulturforum eröffnet, mit den inzwischen vereinigten Beständen zur alten europäischen Malerei vom 13. bis zum 18. Jahrhundert. Ein Umdenken nach der Wiedergewinnung der Museumsinsel für eine Neudefinition der Standorte war offensichtlich bei der Stiftung nicht vorgesehen und auch die Öffentlichkeit hat die Kraft und die Ausstrahlung dieser Bildungslandschaft, die mit den Namen der Brüder Humboldt und Schinkel verknüpft ist, nicht erkannt. Sie war durch die Teilung entrückt und fremd geworden. So war die Zeit vom Mauerfall bis 1998 eher durch den Begriff »Berliner Museumsstreit« geprägt als durch eine Neuordnung.

Mit der Neueinrichtung des Amtes eines Staatsministers für Kultur und Medien und durch die Neuberufung des Präsidenten der Stiftung Preußischer Kulturbesitz Ende 1998 änderte sich das Personaltableau und damit auch die Blickrichtung. Beide sahen als das konsequente Projekt der Einheit die Rückkehr in die Mitte Berlins und machten die Museumsinsel zu einem zentralen Anliegen. Bezeichnenderweise wählte der Präsident zu seiner Amtseinführung die Ruine des Neuen Museums als Versammlungsort aus, mit dem Versprechen der Fertigstellung in seiner Amtszeit. In intensiven Klausurtagungen aller Museumsdirektoren wurde ein Masterplan für die Museumsinsel konzipiert, dem der Stiftungsrat im Juni 1999 zustimmte und der bis heute Bestand hat. Verbunden war damit auch die zukunftsfähige Finanzierung der Sanierung der Museumsinsel. Es sollte wieder die Freistatt für Kunst und Wissenschaft werden. Der damalige Bundeskanzler, Gerhard Schröder, hat beim Richtfest der Alten Nationalgalerie im Oktober 1999 eindrucksvoll die Weltoffenheit, die Bildung und die Toleranz dieses Weltmuseums betont und sein Engagement verdeutlicht.

Die Elemente des Masterplans nehmen sensibel die traditionellen Linien der Museumsinsel auf. Sie erschöpfen sich aber nicht in einer Rekonstruktion, sondern ergänzen und interpretieren. So wird mit der James-Simon-Galerie ein weiteres Gebäude das Ensemble ergänzen, mit Serviceeinrichtungen und Auditorium, eine Archäologische Promenade soll die Gebäude zusätzlich zu den jeweiligen Eingängen ergänzen und das Neue Museum wurde mit dem Zusammenwirken von historischer Substanz und moderner Architektursprache das spannendste Museum schlechthin.

Im August 1999 wurde Peter-Klaus Schuster neuer Generaldirektor, der gemeinsam mit Staatsminister und Präsident zum Verfechter des Masterplans in den Detailplanungen wurde. Er schrieb nicht nur den Masterplan für die Museumsinsel fort, sondern formulierte auch den Masterplan Kulturforum als ein Ort der Moderne. Nicht nur die Museumsplanung hatte ihre dramatischen Phasen. Dramatisch waren auch die Entscheidungsphasen für die Zukunft der Staatsbibliothek, bei denen stark divergierende Positionen zwischen Stiftung und Bundesrechnungshof bestanden. Sie konnten überwunden werden und der Deutsche Bundestag stimmte den gefundenen Lösungen mit einer entsprechenden Finanzierung zu.

Während die Staatsbibliothek an der Potsdamer Straße bevorzugt die moderne Literatur bearbeitet und verfügbar hält und damit zu einer Forschungsbibliothek der Moderne wird, ist die Staatsbibliothek Unter den Linden als Historische Forschungsbibliothek, ergänzt mit den großen Sondersammlungen, angelegt. Mit mehr als zehn Millionen Bänden ist die Staatsbibliothek zu Berlin inzwischen wieder die größte wissenschaftliche Universalbibliothek im deutschsprachigen Raum, vergleichbar der British Library in London oder der Bibliothèque Nationale de France in Paris. Sie gehört zu den bedeutendsten Quellensammlungen der Welt und vermittelt gleichermaßen den Zugang zum Patrimonium der Deutschen und zum Weltkulturerbe.

Alle kulturellen Quellen unter einem Dach zu vereinen, ist einzigartig in der Welt. Sie aufeinander zu beziehen ist die große Chance für Wissenschaft, Forschung, Kunstliebhaber und das interessierte Publikum. Die Wiedervereinigung hat uns ein großes Potenzial eröffnet.

Literatur

— Planungsüberlegungen zu einer Zusammenführung von Deutscher Bücherei in Leipzig und Deutscher Bibliothek in Frankfurt a. M. In: Dialog mit Bibliotheken. Jg. 2, 1990, Nr. 7, S. 14-20
— Lehmann, K.-D.: Die Deutsche Bibliothek – Was bleibt – was wird. In: ZfBB, Sonderheft 55, 1992, S. 71-82.

— Gottfried Rost: Was die Mode streng geteilt.
In: ZfBB Jg. 39, 1992, S. 181–195.
— Ute Schwens und Jörg Räuber: Aus zwei mach eins.
In: Dialog mit Bibliotheken 2015/2, S. 4–24.
— Klaus-Dieter Lehmann (Hg.): Schätze der Weltkulturen in den Sammlungen der Stiftung Preußischer Kulturbesitz. Nicolai, Berlin 2000
— Klaus-Dieter Lehmann: Vogel Phoenix. In: Jahrbuch Preußischer Kulturbesitz, 2007, S. 120–126.

3. — Türöffner — Bundeskulturpolitik vor 1998

4.
Vom Rhein an die Spree

Sichtbarer Aufbruch der Bundes-kulturpolitik

Wachgeküsst 20 Jahre
neue Kulturpolitik
des Bundes
1998——2018

Knut Nevermann
Rückblick auf eine Geburt

Am 27. Oktober 1998 war es so weit: Nach 16 Jahren Kanzlerschaft übergab Helmut Kohl im damaligen Kanzleramt in Bonn (»Sparkassengebäude«) die Geschäfte an den gerade gewählten Gerhard Schröder. 16 Jahre pausenloser Regentschaft werfen – trotz des historischen Lichts der Zeit – immer auch Schatten, vor allem auf den Mikrokosmos des Kanzleramts. Kanzlerwechsel waren schlicht aus der Übung. In den vorbereitenden Gesprächen »auf Arbeitsebene« wurden wir Neuen durchaus hilfsbereit unterstützt, aber untrainiert und kenntnislos: Man sagte uns, die Übernahme einer Abteilung aus einem anderen Ministerium setze voraus, dass entsprechende Änderungen des Haushaltsplan vom Bundestag beschlossen würden und dass die Mitarbeiter einzeln (mit ihrer Zustimmung und Mitwirkung des Personalrats) versetzt werde müssten. Oh je, wir waren entsetzt, aber glaubten der Sache nicht – das konnte einfach nicht wahr sein. Nach einer schlaflosen Nacht bekamen wir professionelleren Rat. Auch Verfassungsrecht – sogar im Angesicht einer geschriebenen Verfassung wie dem Grundgesetz – offenbart sich oft erst in der Verwaltungspraxis: Es ist die Organisationsgewalt des Bundeskanzlers, die hier »basta«-artig wirkt und die sich – ungeschrieben – aus dem Zusammenhang seines Rechts, Bundesminister zu ernennen und zu erlassen, und aus seiner Richtlinienkompetenz ergibt (Art. 64 und 65 GG). Ein Organisationserlass des Bundeskanzlers verändert uno actu Zuständigkeiten, Haushalt und Personal.

Das »alte« Kanzleramt und vor allem die Organisationsabteilung waren nicht glücklich über den Zuwachs einer neuen Abteilung. Kultur ... diese Leute vom grünen Wagen ..., die können nicht mit Geld umgehen und wollen lieber auffallen als diskret zu funktionieren, wie es in der hochpolitischen Trutzburg üblich ist. Das begann beim Namen: die neue Abteilung bekam den Namen »Beauftragter der Bundesregierung für Angelegenheiten der Kultur und der Medien beim Bundeskanzler«. Das Wort »Angelegenheiten« steht für »einige, wenige und einzeln zu identifizierende« Aufgaben (es wurde erst 2002 gestrichen); »beim Bundeskanzler« bedeutet: eigenes Kapitel im Haushalt für Geld und Stellen, deutlich abgegrenzt vom Haushalts des Bundeskanzleramtes, um einen ruinösen Zugriff durch die Kulturleute auszuschließen. Andererseits: »beim Bundeskanzler« klingt sehr machtnah. Und da wir Tür an Tür mit dem Kanzler und dem Chef des Kanzleramtes arbeiteten, trug dies zweifellos zum Ansehen des Amtes bei. Weder 2002 noch 2005 gab es relevante Bestrebungen aus dem Kanzleramt aus und in ein eigenes (sehr kleines!) Ministerium einzuziehen. Der Amtsinhaber sollte den Status eines Staatsministers bekommen. Staatsminister sind parlamentarische Staatssekretäre, die bis dahin (aus protokollarischen Gründen) nur im Auswärtigen Amt tätig waren. Nun wurde diese Möglichkeit, den Titel »Staatsminister« zu führen, auf das Kanzleramt ausgedehnt und erst durch eine formelle Gesetzänderung (hier reichte die Organisationsgewalt des Kanzlers nicht mehr) konnte die Möglichkeit geschaffen werden, dass auch eine Person, die nicht Mitglied des Deutschen Bundestages ist, parlamentarischer Staatssekretär und damit Staatsminister werden konnte. Das zog sich natürlich etwas hin, aber es klappte

Noch Monate mussten wir im Detail um Etatposten und Stellen kämpfen. Wir brauchten nicht nur einen Leitungsstab neu, sondern auch Haushalts-, Personal- und Organisationsreferenten. Neue Stellen und neues Geld konnte natürlich auch ein Organisationserlass des Kanzlers nicht schaffen. Der vom Kohl-Kabinett beschlossene Haushalt für das Jahr 1999 wurde erneut im Kabinett beraten und erst im Sommer 1999 vom Bundestag beschlossen. Bis dahin war »vorläufige Haushaltsführung«, in der Neues nicht begonnen werden konnte. Hier gab es Erfolge und Niederlagen für das neue Amt des BKM. Eine bittere Niederlage war, dass der Bundesfinanzminister zusätzliche Gelder für Berlin und die neuen Länder an die Bedingung knüpfte, Mitfinanzierungen von Kultureinrichtungen der Länder in 1999 zu halbieren und in 2000 ganz zu streichen. Das betraf vor allem bayrische Einrichtungen. Und so schlug der Protest in Bayern, vor allem in Bayreuth, besonders hohe und aggressive Wellen. Im Haushalt 2000 wurde diese Strafaktion gegen Bayern wieder korrigiert. Übrigens (praktisches Verfassungsrechtslernen) der Bundeshaushalt wird vom Finanzminister im Benehmen (also nach Anhören!) mit den Ressorts aufgestellt und dem Kabinett vorgelegt: nur hier und mit dem Bundeskanzler kann es Änderungen geben.

Eine weitere Niederlage war, dass im Stellenplan des BKM eine Fülle von kw-Vermerken ausgebracht bzw. übernommen werden mussten; kw (künftig wegfallend) bewirkte, dass wir keinen Personalwechsel planen konnten, ohne Gefahr zu laufen, die Stelle definitiv zu verlieren. Es war halt die Zeit, in der die Verschuldung des Staates als politisches Problem erkannt und mit dem Geld sehr restriktiv umgegangen werden musste. Allen Ressorts wurden Pauschale Minderausgaben in den Haushalt geschrieben, dem BKM 12 Prozent seines bis dahin geplanten Volumens! Zwar kannten wir, die wir in den Ländern bereits breite Erfahrungen gesammelt hatten, derartige haushaltspolitische Massaker und hatten gelernt, dass nichts so heiß gegessen wird wie es gekocht wurde – aber für den gewollten Auf- und Ausbau einer neuen Bundesbehörde waren das denkbar schlechte Voraussetzungen. Trotzdem: Wir erkämpften einige größere Zuwächse (für die Neuen Länder, für Berlin, für die Kulturstadt Weimar und die Expo in Hannover) und erreichten, dass die kw-Vermerke nach zwei Jahren vom Parlament einfach gestrichen wurden und die Abwicklung der Pauschalen Minderausgabe recht großzügig gehandhabt wurde. Immerhin.

Im Sommer 1999 zog das Kanzleramt um nach Berlin, in das Staatsratsgebäude. Die hohe Politik war also jetzt in Berlin, aber fast alle Mitarbeiter noch in Bonn. Das gilt für den/die BKM bis zum heutigen Tag (auch wenn die Zahl der Mitarbeiter in Berlin inzwischen erheblich gewachsen ist). Dies hat das Zusammenführen des neuen BKM-Amtes nicht gerade erleichtert. Es bestand zum großen Teil aus der Kulturabteilung des Bundesministeriums des Inneren, deren langjähriger Leiter (Sieghardt von Köckritz) über 20 Jahre (bis 1993) tätig und bundesweit hochgeschätzt war. Vor allem nach der Wende konnte er in den neuen Ländern mit viel Geld den Umbau mitfinanzieren. Hinzukamen Referenten aus dem Wirtschaftsministerium (Filmförderung) und dem Bauministerium (Baukultur).

Gewachsene Strukturen, eine weitgehende politische (16-jährige) Homogenität und finanzielle Restriktionen – es gibt bessere Bedingungen, wenn man neue politische Akzente setzen will und – natürlich – diese mit den Mitarbeitern, nicht gegen oder ohne sie umsetzen will. Aber die meisten wollten auch etwas Neues. Die Angliederung ans Kanzleramt wurde begrüßt, die öffentliche Sichtbarkeit des Staatsministers tat dem Selbstwertgefühl gut, neue Referate, neue Kollegen – wer wollte, konnte reüssieren. Und es gab, wie ich immer wieder mit Dankbarkeit erinnere, nicht einen einzigen Fall der Illoyalität der neuen Leitung gegenüber. Dies war aus einem merkwürdigen Grund nicht ganz selbstverständlich: Das BMI sollte nach Berlin umziehen. Da nach dem Bonn-/Berlin-Gesetz auch Berlin-Ressorts einen Teil (20 Prozent) ihres Personals in Bonn belassen mussten, war die Kulturabteilung ausgewählt worden, für das BMI in Bonn zu bleiben. Es fanden rege, aber komplizierte Tauschaktionen statt: wer akzeptable Gründe hatte, in Bonn zu bleiben, konnte mit jemanden tauschen, der aus der Kulturabteilung weg und nach Berlin wollte. Nicht gerade sachlich-fachliche Gründe, einen Referentenposten zu bekommen. Aber unter dem Strich hat das funktioniert, es blieb eine hochqualifizierte Mitarbeiterschaft. (Fehlbesetzungen gibt es in jeder Behörde …)

An politisch hochbrisanten Baustellen bestand kein Mangel. Besonders das Holocaust-Mahnmal in Berlin war in schwieriges Wasser geraten. Privates Engagement stieß auf Prinzipien der öffentlichen Verantwortung (und Finanzierung). Wir zogen das Projekt in den Deutschen Bundestag und seinen neuen Ausschuss für Kultur und Medien, sodass bereits im Juni 1999 eine öffentlich-rechtliche Stiftung mit staatlicher Finanzierung errichtet werden konnte. Neben dem Stelen-Feld wurde der unterirdischer »Ort der Information« beschlossen und die Widmungsfrage geklärt: das Mahnmal ist nicht allen Opfergruppen gewidmet, sondern der Ermordung der europäischen Juden.

Parallel erarbeiteten wir eine Gedenkstättenkonzeption (Juli 1999), in der eine (unbefristete) Mit-Förderung national bedeutsamer Gedenkstätten in ganz Deutschland festgelegt wurde. Auch das Thema »Rückgabe von Kunstgegenständen an NS-Opfer« und die Washingtoner Erklärung vom Dezember 1998 wurden aufgegriffen und zu einer gemeinsamen Erklärung weiterentwickelt, in der sich Bund, Länder und Gemeinden verpflichten, NS-verfolgungsbedingt abhandengekommene Kulturgüter an die Eigentümer zurück zu geben. Unterstützung wurde

4. —— **Vom Rhein an die Spree – Sichtbarer Aufbruch der Bundeskulturpolitik**

in Form der Koordinierungsstelle in Magdeburg organisiert. Schwieriger gestaltete sich das Thema Beutekunst mit Russland; anders als die Ukraine und Polen, mit denen Rückführungen vereinbart werden konnten, blieb Russland abweisend.

Neue Konzepte waren auch für die Kulturförderungen nach § 96 des Bundesvertriebenengesetzes erforderlich. Das Geld floss nicht nur in die Kultureinrichtungen der Vertriebenen, sondern auch in die Vereine und Verbände, die Träger dieser Einrichtungen waren. Was in einem Museum geschah wurde nicht von professionellen Museumleute entschieden, sondern von Funktionären der Verbände. Dass man diese auch als Vorfeldorganisationen der CDU/CSU betrachten konnte, lag auf der Hand. Es mussten also Strukturen geschaffen werden, die der wissenschaftlichen Aufgabe eines Museums und der öffentlichen Finanzierung angemessen waren. Das kostete viel Kraft, war aber erfolgreich und ist bis heute ein Riesenfortschritt. Dadurch fühlten wir uns auch ermutigt, etwas Neues auf diesem Gebiet anzugehen: das »Europäische Netzwerk Erinnerung und Solidarität«, in dem wir mit Polen, aber auch mit Ungarn, Tschechien, der Slowakei und Österreich versuchen wollten, zu eine gemeinsamen historischen Aufarbeitung der opferreichen Geschichte dieser Länder in den 1930er und 1940er Jahren des vorigen Jahrhunderts zu gelangen. Das Netzwerk begann 2005 mit seiner Arbeit. Auch die Kürzungen, die das alte Kabinett für die Kulturförderung der Sorben in Sachsen und Brandenburg beschlossen hatte, nahmen wir zurück.

Kämpferisch mussten wir auch die Themen Buchpreisbindung und Teilwertabschreibung behandeln – beides hätte Verlage und Buchhandel im Mark getroffen. (Erfolgreich) Mit einem »Bündnis für den Film« wurde diskutiert, wie wir Filmemacher, Produzenten, Verleiher und Kinos in Deutschland stärken könnten. (Erfolgreich: Filmförderungsgesetz 2003) Vieles wurde in dieser Zeit angepackt: Vereinbarung einer neuen Medienordnung von Bund und Ländern (Jugendschutz, Datenschutz, Fusionskontrolle usw.); Gesetzesnovelle zur Deutschen Welle; Sicherung der Künstlersozialversicherung; Weiterentwicklung des Stiftungs- und des Stiftungssteuerrechts sowie des Urheberrechts und des Urhebervertragsrechts.

Der Bund hat sich von seiner alten Hauptstadt Bonn in fairer Weise getrennt, indem er eine langfristige Förderung der Kultur in Bonn vereinbarte. Die Förderung der neuen Hauptstadt Berlin stieß auf größere Probleme: Der Bund hatte Berlin mit viel Geld unterstützt, vor 1989 sowieso, aber auch danach. Ein größerer Teil der Mittel sollte der Hauptstadtkultur zugutekommen. Es fiel aber auf, dass den Summen, die vom Bund für die Kultur in den Berliner Haushalt überwiesen wurden, vergleichbare Kürzungen im Berliner Kulturetat entsprachen. Es gab also nicht mehr Geld für die Kultur, sondern weniger Haushaltslöcher. Um dies zu ändern, haben wir ausgewählte Einrichtungen aus Berlin übernommen, und zwar solche, die eine gesamtstaatliche Bedeutung haben und der nationalen Repräsentation dienen: Internationale Filmfestspiele (Berlinale), Berliner Festspiele (mit Theatertreffen, Musikfest, Martin-Gropius-Bau usw.), Haus der Kulturen der Welt. Diese sind in der Trägergesellschaft »Kulturveranstaltungen des Bundes in Berlin GmbH« (KBB) zusammengefasst – was trotz des kafkaesken Namens gut funktioniert. Hinzukamen: das Jüdische Museum Berlin, die Akademie der Künste und die Deutsche Stiftung Kinemathek. Stark erweitert wurde die Finanzierung der Stiftung Preußischer Kulturbesitz (alle Investitionen nach einem Masterplan) und der Stiftung Preußische Schlösser und Gärten (neuerdings ebenfalls mit Masterplan). Und alsbald begannen Überlegungen zur Mitte Berlins, zum Palast der Republik und zum Schloss – architektonisch und inhaltlich.

Ein wichtiges Novum war der Hauptstadtkulturfonds, aus dem Projekte gefördert werden sollen, die hauptstadtrelevant und innovativ sind. Bund und Land bilden einen »Gemeinsamen Ausschuss«, der einen Kurator wählt (Dieter Sauberzweig war der erste und maßstabgebende Kurator) und letzte Entscheidungen trifft. Aber fachlich votiert eine unabhängige Jury. Wichtig ist, dass nicht jede einzelne Projektförderung (zumal wenn sie misslingt) im gesamtstaatlichen Interesse liegen muss, sondern dies muss insgesamt für die Projektlinien eines Jahres bejaht werden können – gleichsam wie ein Bouquet von Blumen, das auch eine missratene Blüte verträgt. Auch hier kann man davon ausgehen, dass das gesamte Geld des Hauptstadtkulturfonds in der Kulturszene Berlins ankommt.

Erst nach intensiven Diskussionen mit den Ländern konnte ein weiteres Novum das Licht der Welt erblicken: die Kulturstiftung des Bundes mit Sitz in Halle. Sie hat ihren Schwerpunkt in der Förderung zeitgenössischer Kunst im internationalen Kontext (etwa 30 Millionen Euro Jahresetat). Den Ländern ging es einerseits um die Frage, ob die bestehende Kulturstiftung der Länder und die neue des Bundes nicht besser zusammengelegt werden sollten. Und allgemeiner: wie die Zuständigkeitsverteilung zwischen Bund und Ländern im Kulturbereich systematisiert und definitiv geklärt werden könnte. Es wurden haufenweise Papiere erarbeitet – aber über Spitzfindigkeiten ist ein Konsens schwer zu erreichen. Schließlich sagten die Länder: natürlich darf der Bund eine Kulturstiftung gründen und sie – im Rahmen seiner Zuständigkeiten(!) – tätig werden lassen. Daher die Betonung des internationalen Kontextes.

Die Frage, welche Institution aus Bundessicht (Bundesinteresse) förderungswürdig ist (und welche nicht), ist eine heikle Frage. Für die Neuen Länder hatten wir das unglaubliche Glück, mit dem Doyen der Kulturmuseen in Deutschland, Paul Raabe, eine Persönlichkeit zu haben, die von allen Beteiligten hochgeschätzt und akzeptiert wurde. Sein »Blaubuch« beschrieb und bewertete 20 Kultureinrichtungen in den Neuen Ländern und schlug deren Förderung vor. Alle stimmten der Auswahl zu, auch Vertreter jener Einrichtungen, die nicht bei den 20 berücksichtigt worden waren. Ein kulturpolitisches Wunder.

Schon häufig habe ich mich mit der (immer noch aktuellen) Frage beschäftigt, wie eine Verwaltung ihre kontrollierend und orientierende Funktion erfüllen und gleichermaßen die künstlerische und wissenschaftliche Freiheit der Einrichtungen respektieren und sichern kann. Dies ist nicht nur ein politisches Credo, sondern auch ein verfassungsrechtliches Gebot. Es gibt die wunderbaren Einrichtungen, deren Freiheit zu schützen, eine schöne Aufgabe ist: von der Bundeskunst- und Ausstellungshalle über das Haus der Geschichte und das Deutsche Historische Museum bis zur Klassik-Stiftung Weimar und zur Kulturstiftung des Bundes usw.. Entscheidend ist, dass die Strukturen dieser Einrichtungen funktionsfähig organisiert und dann auch ernst genommen werden. Es sind die (auch mit Externen besetzten) Stiftungs- und Aufsichtsräte, in denen die Kontrolle der Einrichtungen stattfindet, und zwar in einer internen, aber interpersonalen Öffentlichkeit; hierfür sind Referentenrunden kein Ersatz, in denen Ministerialbeamte gern mit dem Rückgriff auf das Zuwendungsrecht auch in Kleinstfragen hineinregieren können. Erst die interne Öffentlichkeit zwingt zu nachprüfbaren Argumenten, Berichten und Zahlen und schützt vor Willkür und zensurartigen Aktionen. In einer verwalteten Welt, auch in einer digital verwalteten Welt, müssen die Freiheit der Kunst und Wissenschaft und ihre alltägliche Sicherung umsichtig organisiert werden.

Günter Winands
Von den Anfängen der BKM bis heute – Schlaglichter einer kulturpolitischen Erfolgsgeschichte

Die Einrichtung einer selbstständigen obersten Bundesbehörde für Kultur und Medien war im Herbst 1998 und auch in deren Anfangsjahren alles andere als selbstverständlich. Um von vornherein Sensibilitäten Rechnung zu tragen, der Bund könnte in dem von den Ländern als ihre primäre Zuständigkeit beanspruchten Kulturbereich zu eigenmächtig Kompetenzen an sich ziehen und damit die »Kulturhoheit der Länder« und den Kulturföderalismus infrage stellen, wurde bewusst auf die Verortung in einem Bundesministerium verzichtet. Dabei wäre dies durchaus verfassungsrechtlich möglich gewesen, weil es die Rechtsstellung der Länder nicht tangiert hätte. Denn die Beauftragte für Kultur und Medien (BKM) nimmt originäre ressortmäßige Zuständigkeiten wahr, die dem Bund obliegen und die innerhalb der Bundesregierung keinem anderen Bundesministerium zugewiesen sind.

Letzteres unterscheidet sie auch von allen anderen Beauftragten der Bundesregierung, denen jeweils ganz begrenzte besondere Aufgaben, ressortmäßig angebunden zumeist an ein Ministerium, zugewiesen sind und die als Beauftragte zu Beginn einer jeden Legislaturperiode neu durch Kabinettbeschluss installiert werden. BKM ist hingegen durch einen Organisationserlass des damaligen Bundeskanzlers Schröder 1998 als – nicht allein auf eine Legislaturperiode bezogene – eigenständige oberste Bundesbehörde geschaffen worden. Bei ihr muss daher bei jeder Regierungsbildung nicht das Amt der Beauftragten als solches bestätigt, sondern einzig dessen personelle Besetzung in der Leitung im Zuge der Regierungsbildung bestimmt werden. Eine Besonderheit besteht dabei darin, dass die jeweiligen im Kanzleramt angesiedelten Beauftragten kein Mitglied der Bundesregierung sind. Die Ressortverantwortung im Sinne von Art 65 des Grundgesetzes liegt bei der Bundeskanzlerin oder dem Bundeskanzler, d. h. diesen obliegt insbesondere die parlamentarische Letztverantwortung für den Bereich Kultur und Medien.

Obwohl formal also kein Bundeskulturminister, sondern »nur« ein Beauftragter der Bundesregierung für (anfänglich noch: die Angelegenheiten der) Kultur und Medien, konnte der neue Kulturakteur auf Bundesebene freilich mit einem die Kulturszene imponierenden und durchaus allgemein als Wertschätzung verstandenen markanten Alleinstellungsmerkmal aufwarten: der institutionellen Verankerung in der Regierungszentrale. Dies war so bis dahin – im Gegensatz zum Medienbereich – in keinem Bundesland anzutreffen. Die überdies eingeführte direkte Zuordnung als Staatsminister beim Bundeskanzler, durch eine für den ersten Amtsinhaber kurzfristig geschaffene »Lex Naumann« auch geöffnet für Nichtparlamentarier, mit Büro in der »Bel Etage« des Kanzleramtes, verleiht dem Amt bis heute eine besondere Strahlkraft. Dieses »Modell«, also das Ressortieren der Kultur und die damit verbundene sichtbare Aufwertung in einer Regierungszentrale, wurde im Laufe der Jahre in einigen Ländern kopiert, zunächst zeitweise in Berlin (2006–2016) und Nordrhein-Westfalen (2005–2010), derzeit in Thüringen (seit 2014) und in Sachsen-Anhalt (seit 2016). Den damit verbundenen Anspruch stellt die dortige Landesregierung auf ihrer Website mit Ausrufezeichen klar; die Kultur sei damit in Sachsen-Anhalt »in der Zentrale der Macht« angekommen!

Dass Kulturschaffende im Bundeskanzleramt ein- und ausgehen, die Kulturstaatsministerin obendrein, wenn auch ohne Stimmrecht, mit am Kabinettstisch sitzt, zwar ohne Stimmrecht, aber mitberatend und auch legitimiert, eigene Vorlagen einzubringen und bei anderen – nach der Gemeinsamen Geschäftsordnung der Bundesministerien – im Ressortabstimmungsprozess einbezogen zu werden, ist ein nicht zu unterschätzender Faktor für die kontinuierlich angestiegene Wirkmächtigkeit und letztlich Erfolgsgeschichte der »BKM«. Hinzu kommt, dass alle fünf bisherigen Amtsinhaber jeweils neue Aufgabenschwerpunkte wählten, ohne die Arbeit und Erfolge der jeweiligen Vorgänger gering zu schätzen, vielmehr affirmativ auch bei unterschiedlicher politischer Herkunft darauf gewinnbringend aufbauten. Sie haben hierdurch das Amt auf allen Feldern der Kultur- und Medienpolitik enorm profiliert, geeint in der Überzeugung, der Stimme des Bundes sowohl in der nationalen wie internationalen, insbesondere auch der europäischen Kulturpolitik selbstbewusst Gehör zu verschaffen.

Mit dem neuen Amt wandelte sich das Engagement des Bundes deutlich. Statt einer kaum öffentlich sichtbaren, auf mittlerer ministerieller Ebene im Bundesinnenministerium verwalteten Förderung einzelner national bedeutsamer Kultureinrichtungen und -projekte, wirklich hervorgetreten nur durch mehrere »Kanzlerprojekte« in der Ära Kohl (Haus der Geschichte der Bundesrepublik Deutschland, Deutsches Historisches Museum, Neue Wache, Kunst- und Ausstellungshalle der Bundesrepublik Deutschland), hin zu einer Aufgabenwahrnehmung, die seitdem auf Ministerebene aktiv und gezielt Kultur- und Medienpolitik betreibt. Und sich auch dazu offen bekennt, innerhalb der Bundesregierung, im Parlament und darüber hinaus nicht zuletzt im öffentlichen Diskurs Interessenvertreter und Verteidiger der berechtigten Belange von Kultur und Medien zu sein.

Die Kultur politisch voranzubringen erfordert mehr als die finanzielle Förderung von Kultureinrichtungen und -projekten, auch wenn dies selbstverständlich ein Schwerpunkt der BKM geblieben und das Fördervolumen sogar in den letzten 20 Jahren fast verdoppelt werden konnte. Kulturpolitik setzt sich allumfassender für die Belange der Kultur, der Künstler und Kulturschaffenden, der Kulturverwerter wie der Kulturrezipienten ein. Dies beginnt mit dem Einsatz für ein gesellschaftliches Klima, indem Kultur die gebotene Wertschätzung genießt, über eine Gesetzgebung, die kulturverträglich ist, also auf die Besonderheiten kulturellen Schaffens Rücksicht nimmt und gleichzeitig dessen Entfaltung – eingedenk der grundgesetzlichen Verbürgung der Kunstfreiheit – fördert und sichert, sei es im Steuerrecht, Urheberrecht oder Kulturgutschutzrecht, bis hin zu einer Präsenz auf nationaler und europäischer Ebene, um optimale Rahmenbedingungen für die Kultur mitzugestalten. Diesen weitergehenden Auftrag formulierte Bundeskanzler Schröder, anknüpfend an entsprechende Aussagen in der damaligen Rot-Grünen Koalitionsvereinbarung, nachdrücklich in seiner ersten Regierungserklärung im November 1998. Der neue Kulturstaatsminister werde »Impulsgeber und Ansprechpartner für die Kulturpolitik des Bundes sein und sich auf internationaler, aber vor allem auf europäischer Ebene als Interessenvertreter der deutschen Kultur verstehen. Auch dadurch wird die Bundesregierung Kulturpolitik wieder zu einer großen Aufgabe europäischer Innenpolitik machen.«

Das Verhältnis zu den Ländern war zu Beginn durchaus angespannt. Regierungsvertreter vor allem unionsgeführter Bundesländer im Süden taten sich schwer mit dem klar artikulierten Anspruch des Bundes auf eine wahrnehmbare stärkere inhaltliche Mitgestaltung und öffentliche Präsenz im Kulturbereich. Dabei wurde eine Mitfinanzierung, etwa wie seinerzeit durch Beiträge an die Kulturstiftung der Länder oder im Rahmen gemeinsam getragener Kultureinrichtung durchaus geschätzt, aber immer nur unter dem Primat der »Kulturhoheit der Länder«. Diese avancierte zeitweilig zu einem Kampfbegriff. Der erste Kulturstaatsminister Michael Naumann sprach von »Verfassungsfolklore«. Andererseits hielt der damalige bayerische Kultusminister Hans Zehetmair einen Bundeskulturminister für so überflüssig wie einen österreichischen Marineminister und giftete gegen eine angeblich zentralistische, auf Berlin fixierte Kulturpolitik vergoldeter »Pickelhauben«.

In den ersten Jahren hatte das neue Amt immer wieder Diskussionen über die Kulturkompetenzen des Bundes zu führen. Allerdings zeigte sich bald, dass, wenn ein offensichtlich notwendiges und überfälliges stärkeres Bundesengagement für die nationale Kulturentwicklung in Deutschland in den Grabenkämpfen von Zuständigkeitsstreitern gerät und hierdurch behindert wird, dem Bürger und erst recht den Kulturschaffenden dafür jedes Verständnis fehlt. Es kam zunächst im Vorfeld der Gründung der Kulturstiftung des Bundes, danach im Rahmen einer Bund-Länder-Arbeitsgruppe einschließlich einer mehrfachen Befassung bei den halbjährlichen Besprechungen der Ministerpräsidenten mit dem Bundeskanzler und schließlich im Rahmen der Föderalismuskommission I zu intensiven Gesprächen über die Systematisierung der Kulturkompetenzen des Bundes und der Länder. Es entstanden hierzu Eckpunkte und diverse Beschlusspapiere, die aber allesamt insbesondere wegen einer starren bayerischen Position nicht abschließend konsentiert werden konnten.

Jedoch rückten die Länder zunehmend von ihrer ursprünglichen Forderung nach einer strikten Trennung der Förderkompetenzen ab, und so wurde zwar 2006 als Ergebnis der Föderalismuskommission I im Grundgesetz ein weitgehendes Kooperationsverbot für den Bildungs-, nicht aber für den Kulturbereich festgeschrieben. Die Länder erkannten zunehmend – auch vor dem Hintergrund, dass sie ausfallende Bundesförderungen kaum jeweils hätten kompensieren können – mehr oder weniger stillschweigend an, dass der Bund eben nicht nur kulturpolitisch in der Hauptstadt für nationale Gedenkstätten und für auswärtige Kulturpolitik Verantwortung trägt, sondern z. B. auch für national bedeutsame Kultureinrichtungen, für die Spitzenförderung von Künstlerinnen und Künstler oder bundesweit tätige Kulturorganisationen und -verbände.

Nicht zu unterschätzen für den »Klimawandel« war die Übernahme des Amtes nach dem Regierungswechsel 2005 durch einen Unionspolitiker. Kulturstaatsminister Bernd Neumann »versöhnte« in den acht Jahren seiner Amtsführung auch die unionsgeführten Länder mit der BKM, und Staatsministerin Prof. Monika Grütters setzt dies seit 2013 nahtlos fort. Wie politisch wichtig auch der Union zwischenzeitlich das Amt geworden ist, zeigt sich daran, dass sie es nunmehr seit vier Wahlperioden innehat, zeitlich doppelt so lange wie die Sozialdemokraten als »Erfinder« des Amtes.

War der Bund im Kulturbereich bis 1998 nur gelegentlich zu bestimmten Einzelthemen geladener Zaungast in der Kultusministerkonferenz (KMK), und dort auch nur in deren Kulturausschuss, also nicht im Plenum der Kultusminister oder Amtschefs, änderte sich ebenso dies schrittweise im Laufe der letzten 20 Jahre. Schon in den Anfangsjahren konnte erreicht werden, dass ein ständiger BKM-Vertreter zunächst nur zu auch den Bund direkt berührenden Themen und sodann grundsätzlich uneingeschränkt als Gast zu den Sitzungen des Kulturausschusses der KMK eingeladen wurde. Es stellte sich bereits frühzeitig heraus, dass ein solch vertrauensvoller und enger Austausch auf Arbeitsebene auch für die Länderkollegen fruchtbar war. Nachdem 2001 die Staatskanzleien die beiden großen Themen Systematisierung und Entflechtung der Kulturkompetenzen sowie Schaffung einer gemeinsamen Kulturstiftung an sich gezogen hatten, fühlten sich die Kulturabteilungsleiter der Länder häufig durch den BKM-Vertreter besser über den Verhandlungsstand informiert und einbezogen als durch die eigenen Regierungszentralen. Es zeigte sich zudem, dass gerade im Bereich der rechtlichen Rahmenbedingungen der Kultur, ob Besteuerung ausländischer

Künstler, Urheberrecht oder Künstlersozialversicherung, die Einwirkungsmöglichkeiten auf Bundesebene entscheidend und daher informelle Abstimmungen hierzu auch aus Ländersicht förderlich waren.

Auf Ministerebene kam es aber weiter zunächst nur zu gelegentlichen, einzelfallbezogenen Teilnahmen am KMK-Plenum, wobei generell dort bis heute die Kultur neben dem Schul- und Hochschulbereich nur eine äußerst geringe Rolle spielt. Auf Initiative des damaligen Kulturstaatsministers Bernd Neumann kamen am 14. Oktober 2010 zum ersten Mal die für Kultur zuständigen Ministerinnen und Minister der Länder mit dem Bund zusammen, um gemeinsam aktuelle kulturpolitische Themen zu besprechen. In einer Presseerklärung mit dem amtierenden KMK-Präsidenten Ludwig Spaenle, just einem bayerischen Kultusminister, wurde das Treffen beiderseits als Gewinn angesehen. »Dieses Treffen dokumentiert den erfolgreich praktizierten kooperativen Föderalismus im Bereich der Kultur, der die grundsätzliche Kompetenz der Länder respektiert, aber die Mitgestaltung und Mitverantwortung des Bundes in national relevanten Fragen akzeptiert. Diese sehr gute Zusammenarbeit hat sich in der letzten Zeit besonders deutlich am Beispiel des Konjunkturprogramms II oder auch beim Denkmalschutzsonderprogramm bewährt, wo Bund und Länder gemeinsam hohe Millionenbeträge in die Verbesserung der kulturellen Infrastruktur investiert haben.«

Im Jahresabstand kam es zu Folgetreffen im Bundeskanzleramt, stets aufgrund BKM-Einladungen am Rande von KMK-Sitzungen in Berlin. Staatsministerin Prof. Monika Grütters kam sodann mit den Ländern überein, die Treffen, auch vor dem Hintergrund entsprechender Aussagen in den Koalitionsvereinbarungen 2013 und 2018, in einem halbjährigen Turnus im Kanzleramt und dem jeweiligen KMK-Vorsitzland stattfinden zu lassen. An diesen »Kulturpolitischen Spitzengesprächen« nehmen zudem auch Vertreter der drei kommunalen Spitzenverbände sowie die Leitungen der beiden Kulturstiftungen KSB und KSL teil. Inwieweit dabei länderseitig eine Anbindung an die KMK-Strukturen und -termine weiterhin sinnvoll ist, wird aktuell überlegt.

Hierbei ist zu berücksichtigen, dass alle Kulturministerinnen und -minister in den Ländern nicht »nur« für Kultur, sondern meist auch für einen weiteren, erheblich größeren Aufgabenbereich zuständig sind, nämlich Schule und/oder Wissenschaft; in Thüringen und Sachsen-Anhalt bekleiden sie auch das Amt des Chefs der jeweiligen Staatskanzleien. Es ist ein nicht zu unterschätzender Faktor, dass auf Bundesebene der Aufgabenzuschnitt allein auf die Kultur und Medien fokussiert ist. Denn damit ist eine klare und engagierte kulturpolitische Ausrichtung des Amtsinhabers möglich. Auf Länderebene gab es in den letzten Jahren nur wenige für die Kultur verantwortliche Leitungen, die sich dezidiert als Kulturministerin oder Kulturminister verstanden oder so öffentlich wahrgenommen wurden. Letzteres ist im Übrigen auch auf der Ebene der Städte und Gemeinden, den volumenmäßig Hauptträgern der Kultur in Deutschland, bedauerlicherweise zu vermissen. Es gab Zeiten, in denen einzelne Kulturdezernenten bundesweit bekannt und im öffentlichen kulturpolitischen Diskurs eine viel beachtete Stimme waren.

Seit Gründung der BKM vor 20 Jahren ist deren Organisationsstruktur im Grundsatz weitgehend unverändert geblieben. Unterhalb der Ebene der Staatsministerin gibt es einen leitenden Beamten in der Funktion eines Amtschefs, darunter ursprünglich vier, seit 2016 fünf Gruppen (K 1: Zentrale Angelegenheiten, Kultur und Recht; K 2: Kunst- und Kulturförderung; K 3: Medien und Film, Internationales; K 4: Geschichte, Erinnerung; K 5: Grundsatzfragen der Kulturpolitik, Denkmal- und Kulturgutschutz) und neuerdings im Leitungsbereich auch neben Ministerbüro sowie Kabinett- und Parlamentsreferat einen Stab Kommunikation, Strategische Planung und Digitalisierung. Die Gruppenleitungsstruktur, die ansonsten in Ministerien unbekannt ist, wurde dem Bundeskanzleramt nachgebildet, weil der leitende BKM-Beamte gleichzeitig dort die Funktion eines Abteilungsleiters Kultur und Medien wahrnimmt (obgleich formal kein Beamter des Kanzleramtes). Er nimmt deshalb nicht nur als Ressortvertreter an den Staatssekretärsrunden im Bundeskanzleramt teil, sondern auch an den dortigen Abteilungsleiterrunden und wie ein Kanzleramts-Abteilungsleiter auch als Gast an den Kabinettsitzungen. Die BKM insgesamt arbeitet wie eine Kanzleramtsabteilung der Bundeskanzlerin und dem Chef des Bundeskanzleramtes zu und übernimmt auch die Terminbegleitung bei Themen mit Kultur- und Medienbezug. Im Gegenzug gibt es kein sogenanntes Spiegelreferat im Kanzleramt, das sich mit den Themen der BKM beschäftigt, und BKM wird überdies konsequenterweise in die kanzleramtsinternen Beteiligungs- und Mitzeichnungsverfahren einbezogen. Auch dies zeigt, welchen Gewinn die Verortung in der Regierungszentrale für den Kultur- und Medienbereich hat.

Die Bereiche Kultur und Medien waren, solange sie bis 1998 in einer Abteilung des Bundesministeriums des Innern betreut wurden, im Zuge der Bonn-Berlin Aufteilung der Bundesregierung für den Standort Bonn vorgesehen gewesen. Dies führt bis heute zu einer örtlichen Zweiteilung der Behörde. Da die Staatsministerinnen und Staatsminister ihr Büro im Bundeskanzleramt und damit in Berlin haben, besteht letztlich eine gewisse Unschärfe bezüglich des ersten Dienstsitzes. Faktisch ist die Mitarbeiterschaft zwischenzeitlich fast hälftig in beiden Städten tätig, Amtschef und alle Gruppenleitungen haben allerdings wie die Kulturstaatsministerin ihr erstes Büro in Berlin.

Bedeutung und Aufgaben der BKM sind über die letzten 20 Jahre stetig signifikant gestiegen. Den schrittweisen Bedeutungszuwachs der Kultur- und Medienpolitik auf Bundesebene dokumentieren die jeweiligen Koalitionsvereinbarungen seit 1998. Beschränkten sich die Koalitionsverträge von 1998 und 2002 noch auf knapp zwei Seiten sowie 2005 und 2009 auf rund drei Seiten für das jeweilige entsprechende Kapitel, wuchs der Umfang in den letzten beiden Vereinbarungen 2013 und 2018 auf jeweils zehn Seiten, und damit auch der damit verbundene politische Auftrag an BKM und die Kulturpolitikerinnen und Kulturpolitiker der Regierungsparteien. Welch breites Aufgabenspektrum die BKM heute verantwortet und vor welchen künftigen Herausforderungen sie steht, wird in anderen Beiträgen des vorliegenden Buches zum 20-jährigen Bestehen eindrucksvoll dargestellt, weshalb hierauf nicht näher eingegangen werden soll. Der Bedeutungszuwachs der BKM drückt sich nicht zuletzt auch aus in der Verdopplung des Haushaltsvolumen von rund 900 Millionen Euro jährlich auf nunmehr über 1,7 Milliarden Euro sowie einer Erhöhung des BKM-Personals um weit mehr als 50 Prozent auf zum Jahresende 2018 voraussichtlich fast 350 Beschäftigte. Dabei unterhält BKM nur einen relativ kleinen Zentralarbeitsbereich, indem es von Anfang an eine Servicegemeinschaft mit dem Bundesministerium des Innern (IT, Bibliothek, Sprachendienst, Poststellen) beibehalten hat. Ein Spezifikum der BKM ist schließlich, dass sie im Verhältnis zur eigenen Größe über einen beachtlichen Geschäftsbereich mit insgesamt rund 6.000 Mitarbeitern (u. a. Bundesarchiv, Stasi-Unterlagenbehörde, Deutsche Welle, Stiftung Preußischer Kulturbesitz) und einer sehr hohen Anzahl institutionell und projektgeförderter Einrichtungen verfügt.

Die BKM versteht sich indes nicht nur als Fördereinrichtung. Die Bedeutung der rechtlichen Rahmenbedingungen für die Entfaltung von Kunst und Kultur, das »Kulturordnungsrecht«, wurde lange Zeit unterschätzt. Dabei sind für die Kultur günstige bzw. stimmige Regelungen eine indirekte Art staatlicher Kulturförderung, die im Gesamtzusammenhang und langfristig gesehen für die Kulturschaffenden sogar wichtiger ist als die direkte finanzielle Förderung aus Haushaltsmitteln. Seit Etablierung der BKM ist deshalb die »Kulturverträglichkeitsprüfung« von Gesetzen und Rechtsvorschriften einer der Schwerpunkte der Kulturpolitik des Bundes. Und dabei ist in den letzten Jahren insgesamt noch ständig zunehmend die europäische Dimension hinzugekommen. Auf die Berücksichtigung kultureller Belange muss sowohl im Rahmen der Abstimmung innerhalb der Europäischen Kommission, aber auch im Europäischen Rat und Parlament geachtet und gedrungen werden. Insgesamt ist festzustellen, dass der Kunstbetrieb allgemein und damit auch die BKM sich mit einer Vielzahl unterschiedlichster Rechtsfragen und Rechtsmaterien auseinanderzusetzen haben. Und deren Zahl nimmt angesichts der Verrechtlichung unserer Gesellschaft, die auch vor der Kunst als Inbegriff schöpferischer Freiheit nicht halt macht, immer noch ständig zu.

Die BKM ist nach 20 Jahren endgültig der Gründerzeit entwachsen. Sie hat als Amt Kontur gewonnen und eine Aufwertung der Kulturpolitik in Deutschland jedenfalls in bundesweiter Perspektive bewirken können. Dies ist der Verdienst von fünf Amtsinhabern, aber auch einer engagierten Mitarbeiterschaft, die sich wie in kaum einer anderen Behörde mit ihren Aufgaben identifiziert, mit vielen Enthusiasten, die für die Kultur »brennen«. Und für alle gilt der Spruch Karl Valentins: »Kunst ist schön, macht aber viel Arbeit.«

Monika Griefahn
Eine spannende Zeit

Kultur – abgesehen davon, dass nach wie vor viele Zuständigkeiten auf Ebene der Länder liegen – ist seit der Kanzlerschaft von Gerhard Schröder zur Chefsache avanciert. Zuvor, zu Helmut Kohls Zeiten, zeichnete das Innenministerium dafür verantwortlich und das Thema, das darf man wohl sagen, dümpelte ein bisschen vor sich hin. Im Jahr 1998 jedoch wanderte die Zuständigkeit ins Kanzleramt: Der Publizist und Verleger Michael Naumann wurde der erste Kulturstaatsminister der Bundesrepublik Deutschland.

»Kulturminister« durfte er nicht heißen, denn Kultur war und ist nach dem Grundgesetz Ländersache. Und so lautete seine offizielle Amtsbezeichnung »Beauftragter der Bundesregierung für Angelegenheiten der Kultur und der Medien«. Viele Bundesländer waren gegenüber Schröders Vorhaben skeptisch, dem Bund Kompetenzen zuschreiben zu wollen. Das war sogar verständlich, denn spätestens mit der Gründung der Bundeskulturstiftung 2002 floss viel Geld in die Arbeit auf nationaler Ebene und besonders nach Berlin, in die Hauptstadt der Bundesrepublik Deutschland. 35 Millionen Euro hatte die neue Stiftung zu verteilen. Viel davon ging auch in Off-Kultur und in Projekte im ländlichen Raum. Das mag dazu beigetragen haben, dass die Länder nach und nach das Kulturengagement auf Bundesebene als Ergänzung und nicht mehr als Konkurrenz oder Beschränkung ihrer eigenen Kompetenzen sahen.

Ich konnte diese Entwicklung als Kandidatin für den Bundestag und später, als Abgeordnete, erst als Mitglied und später als Vorsitzende des Ausschusses für Kultur und Medien von Anfang an begleiten. Im Wahlkampf zur Bundestagswahl 1998 herrschte auch eine tolle Stimmung! Aufbruch lag in der Luft nach 16 Jahren Helmut Kohl, und das lag auch an Jaques Lang! Er war lange ein sehr erfolgreicher Kulturminister in Frankreich, hatte dort in kleinen Orten wieder Kinos etabliert und die »Exception Culturelle« in der Diskussion mit der Welthandelsorganisation (WTO) angestoßen. Und er erklärte, warum es einen Ansprechpartner für Kultur auf der föderalen Ebene geben sollte.

Die Idee der »Exception Culturelle«, die später in die Konvention für kulturelle Vielfalt einfloss, war durch und durch europäisch: Jedes Land lebt seine jeweilige Kultur und Sprache. Und was noch wichtiger ist: Bildung und Medien können auch weiterhin vom Staat unterstützt werden und sind keine reinen Handelsgüter. Kulturell ist Europa eine Salatschüssel und kein Melting Pot wie die USA. Auch viele Künstler und Intellektuelle wollten die Ära Kohl seinerzeit endlich beenden. Sie engagierten sich im Wahlkampf für die SPD, es gab etliche kulturelle Veranstaltungen, Günter Grass war überall. Viele weitere Künstler und Intellektuelle wie Oskar Negt, Klaus Staeck, Iris Berben oder Jim Rakete folgten uns. Wie auf Regierungsebene spiegelten auch neue Strukturen im Parlament die neue Schwerpunktsetzung für die Kultur wider. Der Bundestag bekam erstmals 1998 einen Ausschuss für Kultur und Medien. Vorher war die Kultur analog zu den Kohl'schen Regierungsstrukturen im Innenausschuss angesiedelt.

Die erste Vorsitzende des Kulturausschusses war Elke Leonhard. Ich wurde Sprecherin der sozialdemokratischen Fraktion für Kultur und Medien. Viele fragten mich damals, was ich denn mit Kultur und Medien zu tun hätte – ich war schließlich bekannt als Umweltaktivistin und -ministerin in Niedersachsen. Aber Arbeiten für die Umwelt und Arbeiten für die Kultur haben eines gemeinsam: Beides funktioniert nur, wenn die Vielfalt erhalten bleibt. Wir brauchen kulturelle Vielfalt und wir brauchen biologische Vielfalt. Für beides habe ich mich immer eingesetzt.

Zahlreiche Themen wurden in den ersten Jahren sehr prominent und kontrovers diskutiert, beispielsweise die Frage, was mit dem Palast der Republik geschehen soll. War »Erichs Lampenladen« ein erhaltenswertes Zeugnis der DDR-Baukultur oder sollte man ihn abreißen? Sollte man das Berliner Schloss neu aufbauen, das – kriegsgeschädigt – Walter Ulbricht in den 1950er Jahren auch ideologisch motiviert abreißen statt sanieren ließ? Oder die Frage des Holocaust-Mahnmals: ein Denkmal für die europäischen Juden mitten in Berlin? Das alles waren wichtige, übergeordnete Fragen, deren Diskussion sicherlich auch zu einer gesamtdeutschen Identitätsbildung beigetragen hat – auch, wenn diese wohl immer noch nicht abgeschlossen ist. Es waren Fragen, die auf Länderebene allein kaum hätten diskutiert werden können.

Auch das Kunstprojekt »Der Bevölkerung« von Hans Haacke war kontrovers, hatte viele Facetten. Haacke spielte dabei mit dem Begriff »Bevölkerung« im Gegensatz zu »Dem Deutschen Volk«, wie es über dem Portal am Reichstag heißt. Jeder Abgeordnete sollte Erde aus seinem Wahlkreis mitbringen. Ist das Blut und Boden, fragten wir uns? Oder ist es Identität? Am Ende stimmten die Abgeordneten für das Objekt, das heute noch im Hof des Reichstages besichtigt werden kann.

Ab dem Jahre 2000 folgte ich Elke Leonard als Ausschussvorsitzende. Mit dem Hintergrund, den ich mitbrachte, war kulturelle Vielfalt immer ein Thema. Es bewegte uns in den ersten Jahren sehr und mauserte sich schließlich zu einer niedergeschriebenen »Konvention zum Schutz und zur Förderung der Vielfalt kultureller Ausdrucksformen«. Diese wurde bei der 33. UNESCO-Generalkonferenz 2005 in Paris verabschiedet und trat am 18. März 2007 in Kraft. Deutschland gehörte zu den ersten Ländern, die diese Konvention national umsetzten, was mit tatkräftiger Hilfe des Kulturausschusses im Bundestag geschah.

Denn nun hatten wir die Möglichkeit, das, was die Franzosen mit der »Exception Culturelle« durchexerziert hatten, in allen Bereichen umzusetzen. Besonders in der Bildungs- und Medienpolitik war das wichtig. Denn brisant war das geplante Handelsabkommen der WTO. Die Wirtschafts- und Handelsminister in der Doha-Runde wollten im Großen und Ganzen alles kommerzialisieren: Bildung sollte ein Handelsgut sein, ebenso Filme und Bücher. Also eigentlich alles, was wir deutschen Kulturpolitiker sozusagen individuell und als Kulturgut schützen wollten, alles, was unserer Meinung nach nicht zu einem reinen Wirtschaftsgut werden durfte.

Ich erinnere mich noch sehr gut an meine erste Rede im Bundestag. Es ging um Kultur, und ich sprach im Rahmen der Haushaltsdebatte. Nur zwei Minuten hatte ich Zeit, den ersten Kultur- und Medienhaushalt im Rahmen des Bundeskanzleramtes vorzutragen. Wir strebten weiterhin eine Preisbindung für Bücher an, um das Buch als Kulturgut zu schützen und Buchhandlungen in der Fläche zu erhalten, die einen Preiskampf niemals überlebt hätten. Für mich als Abgeordnete in einem Flächenland wie Niedersachsen war das ein sehr wichtiger Aspekt. Diese Debatte lief sehr kontrovers: Wie könnten wir die Preise künstlich hochhalten wollen? Aus den USA schwappte die Idee, die Buchpreisbindung aufzuheben, zu uns herüber, auch in Österreich gab es keine Buchpreisbindung mehr. Aber wir setzen uns durch, und ich konnte meinen ersten Erfolg im Bundestag verzeichnen.

Und wie waren die Goethe-Institute umstritten! Sie waren und sind dazu da, die deutsche Sprache im Ausland zu fördern und die kulturelle Zusammenarbeit, die Völkerverständigung, zu pflegen. Wie es bei vielen Dingen ist, deren Erfolg man nicht kausal an einer Maßnahme festmachen kann, hielten einige Politiker die Ausgaben für diese Einrichtungen in aller Welt für überflüssig. Es entbrannte ein Streit zwischen uns Kulturpolitikern als Befürworter und insbesondere den Ministerpräsidenten Roland Koch (CDU) aus Hessen und Peer Steinbrück (SPD) aus Nordrhein-Westfalen. Diese beiden hatten in einem Papier gefordert, sämtliche Konsumausgaben des Bundes zu kürzen. Wir aber sahen diese Ausgaben als Investitionen an, denn wie preiswert ist ein Goethe-Institut als Dialoginstanz und Friedensstifter im Vergleich zu Waffen und Kriegsführung? Der Grüne Joschka Fischer, seinerzeit Außenminister, hatte das auch nicht recht verstanden und wollte »vollziehen«. Ich bin sehr froh, dass unser Widerstand immerhin dazu geführt hat, dass weniger als die geplanten 24 Goethe-Institute geschlossen wurden. Später, unter Außenminister Steinmeier, haben wir sogar wieder welche eröffnet. Meines Erachtens gilt die gleiche Logik für die deutschen Schulen im Ausland: Sie haben eine starke Kraft in der deutschen Außenpolitik.

Innenpolitisch hat der Ausschuss für Kultur und Medien etliche Zeichen gesetzt. Die Themen Erinnerungskultur und Beutekunst gehören zu den großen Linien nationaler Angelegenheiten, die einen deutlichen Schub bekommen haben und gut dazu waren, unser Verhältnis zu unserer Historie aufzuarbeiten. Entstanden sind neben dem Holocaust-Mahnmal auch ein Denkmal für die im Nationalsozialismus verfolgten Sinti und Roma sowie für die Lesben und Schwulen. Diese Mahnmale machen uns empfindsam für die schrecklichste Epoche deutscher Geschichte. Das sind nicht nur Bauwerke, das bedeutet Auseinandersetzung, Bekenntnis und Fortschritt. Aber auch die Gedenkstätten in den Bundesländern wurden gefördert und betont.

An dieser Stelle schließt sich der Kreis auch in der Zusammenarbeit mit anderen Ausschüssen. Natürlich war es im Alltag immer unsere Hauptaufgabe, die »Haushälter« zu überzeugen. Aber inhaltlich haben wir ebenfalls, auch durch meine Person, intensiv mit dem Außenausschuss zusammengearbeitet und so beispielsweise den »Dialog der Kulturen« auch mit islamischen Ländern intensiviert – gerade nach den Attentaten in den USA und dem Kampf gegen die Taliban in Afghanistan. Niemals werde ich die Wiedereröffnung des Goethe-Instituts in Kabul 2003 vergessen, als Musiker, die unter der Herrschaft der Taliban ihre Instrumente versteckt und vergraben hatten, nun zusammen mit einem bayrischen Zitterspieler musizieren konnten, obwohl keiner des anderen Sprache kannte!

Strukturell haben wir durch die Projekte, die über die Bundeskulturstiftung gefördert werden, viel erreicht. Wir konnten internationale Kultur in die Fläche bringen. Für die SPD stand das Motto »Kultur ist Lebensmittel« im Mittelpunkt – sprich: Der Mensch benötigt kulturelle Impulse, um nicht zu verarmen. Das kann das Kino auf dem Land sein, das gerettet wird, oder Hochkultur wie die Rundfunkorchester in den Länderrundfunkanstalten. In meinem Wahlkreis wurde z. B. mit Mitteln der Bundeskulturstiftung ein internationales Zusammentreffen und Workshop beim Kunstverein Springhornhof tief in der Lüneburger Heide gefördert.

Aber wir haben das Stiftungswesen auch komplett auf neue Beine gestellt, sodass es viel leichter war als zuvor, Stiftungen zu gründen. Die Stiftung ist ein Bürgerinstrument geworden und nicht mehr nur etwas für Reiche. Dabei war die Zusammenarbeit mit dem Justizausschuss wichtig. Unendlich viele Kirchen, Kunstvereine oder Stadtteilprojekte haben von den vielen neuen Bürgerstiftungen profitiert.

Die Arbeit des Kulturausschusses hat sich auch den sogenannten Neuen Medien gewidmet, dafür wurde ein Unterausschuss gegründet. Das, was Angela Merkel vor einigen Jahren »Neuland« nannte, das Internet, hat viele traditionelle Strukturen auf den Kopf gestellt. Insbesondere im Computerspielebereich, eine damals noch relativ neue Form der Kultur, wurde es möglich, losgelöst von Raum, Zeit und Material zu kommunizieren, sich zu vergnügen, zu spielen. Plötzlich gab es das Phänomen der Onlinesucht, gab es martialische Spiele vor täuschend echter Kulisse, gab es Games, die kein Ende hatten – wo sich der Kreis zur Onlinesucht wieder schließt. Wir haben das versucht zu begleiten, nicht zu verhindern. Die Szene hatte und hat Millionen von Anhängern (wie man alljährlich bei der Gamescom-Messe sehen kann). Das können Politiker nicht einfach ignorieren. Die wirtschaftliche Wertschöpfung der Branche liegt über der des Films. Aufklärung war unsere Antwort auf die Gefahren von Computerspielen. Gleichzeitig haben wir die neuen Möglichkeiten der Interaktion erkannt, und die Tore, die sich dadurch für den Bildungsbereich öffneten, wollten wir nicht wieder zuschlagen. Der Deutsche Computerspielepreis, der wertvolle Computerspiele auszeichnet, sowie die Stiftung Digitale Spielekultur, bei der ich lange den Vorsitz hatte, ist ein Ergebnis unserer Arbeit.

Aufreibend, aber nicht weniger wichtig, war meine Auseinandersetzung mit den deutschen Rappern in den 2000er Jahren. Fler, Sido und Bushido gehörten zu den erfolgreichsten der Szene, und ihr Erfolg gründete sich auf die Provokation mit frauenfeindlichen, rassistischen Texten. Ich war der tiefen Überzeugung, dass diese Entwicklung eine öffentliche Debatte erfordert, und es wurde eine der persönlichsten, die ich je erlebt habe. Ich fand mich in der Jugendzeitschrift Bravo wieder, ich bekam Morddrohungen, mein Name tauchte plötzlich in Texten der Rapper auf. Nicht auszudenken, wie heftig diese Zeit geworden wäre, wenn sich die Kontroverse auch bei Facebook und Co. hätte entzünden können. Das war damals zum Glück noch kein Massenphänomen.

Doch auch das ist Kultur, auch das ist identitätsstiftend. Kulturpolitik ist heute vielleicht mehr denn je gefordert, gesellschaftliche Debatten zu initiieren, mindestens aufzugreifen, sie zu lenken, gegebenenfalls in Gesetze zu gießen.

Die Arbeit der jeweiligen Kulturstaatsminister und die des Ausschusses für Kultur und Medien, der nun seit 20 Jahren besteht, sind etabliert. Viele Schlagworte könnte man noch nennen: Die Deutsche Filmförderung beispielsweise hat geholfen, deutsche Produktionen wieder international wettbewerbsfähig zu machen. Der Einsatz für den Vertrieb von Zeitschriften über Presse-Grossisten hat die Vielfalt auf dem Magazinmarkt gewahrt. Es gibt meine Buchhandlung vor Ort noch, und die Künstlersozialkasse ist für viele kreative Freiberufler ein Segen. Ich habe mit allen Kulturstaatsministern und Kulturstaatsministerinnen gut zusammengearbeitet, egal welcher Couleur sie waren. So hat Michael Naumann (SPD) Zeichen gerade in der Erinnerungskultur gesetzt und die Deutsche Welle gestärkt. Julian Nida-Rümelin (SPD) hat federführend die Bundeskulturstiftung auf den Weg gebracht, Christina Weiss (parteilos) hat sich in ihrer Amtszeit besonders für die experimentelle Kunst und die Kultur in der Hauptstadt starkgemacht. Ihr ist auch die Reform der Filmförderung mit der Gründung der Deutschen Filmakademie zuzuschreiben. Auch Bernd Neumann (CDU) wird als der große Filmfreund in der Erinnerung bleiben. Mit der heutigen Ministerin Monika Grütters (CDU) habe ich im Kulturausschuss über die Parteigrenzen hinweg lange vertrauensvoll zusammengearbeitet.

Tatsächlich gab es unter uns Kulturpolitikern in diesem Gremium vergleichsweise wenige Kontroversen, nimmt man einmal die Umsetzung einer »Stiftung für Flucht und Vertreibung« aus. Das lag auch an der handelnden Person Erika Steinbach, die heute Vorsitzende der Desiderius-Erasmus-Stiftung ist, die der AfD nahesteht. Die wichtige Arbeit der Kulturstaatsminister und Kulturstaatsministerinnen sowie die des Kulturausschusses mit seinen Unterausschüssen ist bis heute nahtlos fortgeführt worden. Mir scheint, diese Funktion und Gremien werden von keiner etablierten Partei mehr infrage gestellt. Wie sie zukünftig weiter arbeiten, hängt natürlich auch immer von der Zusammensetzung ab. Wir werden sehen, ob die AfD die Kulturpolitik dieses Landes prägen wird. Das nicht zuzulassen, ist Aufgabe aller anderen Parteien im Bundestag und jedes einzelnen Menschen in der Gesellschaft.

Claudia Roth
Grundzutat, nicht Sahnehäubchen

Es ist nun 20 Jahre her, da der auswärtigen Bildungs- und Kulturpolitik (AKBP) bundespolitisch erstmals die Bedeutung zugemessen wurde, die sie verdient. Unter der ersten Rot-Grünen Regierung wurde der Bundeskulturpolitik; zwar ohne Ministerium, dafür aber mit Staatsminister im Kanzleramt , mit Mitarbeiterstab eine größere Bedeutung begemessen, und die »AKBP« als dritte Säule der Außenpolitik mit einer gesonderten Abteilung im Auswärtigen Amt, eigenem Etat – und selbstverständlich einem dazugehörigen Unterausschuss im Bundestag, der längst Vollausschuss sein müsste, verankert. Fortan jedenfalls war die auswärtige Kulturpolitik nicht mehr nur Sahnehäubchen, sondern Grundzutat deutscher Außenbeziehungen – sanft, aber bei weitem nicht zahnlos.

Eben diese Kombination erscheint heute wichtiger denn je. Deutschland und Europa sehen sich umgeben von Demokratiefeinden und Rechtsstaatsverächtern. Das Primat von Dialog und multilateraler Absprache wird vermehrt in Zweifel gezogen, auch innerhalb der Europäischen Union. Und nicht nur mit Blick auf die USA erscheinen Gesprächskanäle immer verschlossener, an deren Verfügbarkeit wir uns in der Vergangenheit womöglich zu sehr gewöhnt hatten. Umso unverzichtbarer sind da die bildungspolitischen Netzwerke und kulturellen Kontakte auf Regierungsebene, nicht zuletzt aber auch in der Zivilgesellschaft, die über die Jahre auf- und ausgebaut wurden. Von DAAD über die Goethe-Institute und Auslandschulen bis hin zum Institut für Auslandsbeziehungen oder dem Deutschen Archäologischen Institut: Die Liste der institutionellen Akteure ist lang, aber noch lange nicht lang genug.

Denn: Außenkulturpolitik ist Realpolitik, die Brücken baut und Türen öffnet, wo andere Wege verschlossen sind. Sie schafft Dialog zwischen Menschen unterschiedlicher Herkunft. Sie tritt in den Dialog, auch wenn es keine gemeinsame Sprache gibt. Sie vermittelt weiter, wo das Verständnis gerade fehlt. Wenn wir also das »Jahr der deutschen Sprache und Literatur in Russland« begehen, dann nicht, obwohl die Beziehungen stagnieren, sondern gerade deshalb. Wenn wir gemeinsam mit dem Goethe-Institut und ganz unterschiedlichen Einrichtungen in den USA ein Deutschlandjahr ausrufen, dann tun wir das nicht trotz, sondern wegen des drohenden Rückfalls in Zeiten nationaler Alleingänge unter einem Präsidenten Trump. Und wenn die Kunst in der Türkei bereits hinter

Gittern, wenn die Zivilgesellschaft in Ägypten immer stärker unter Beschuss gerät, dann muss auch das Grund, nicht Hindernis einer aktiven und mutigen Bildungs- und Kulturpolitik sein.

Derweil müssen wir bedauerlicherweise nicht mehr allzu weit in die Ferne blicken. Das Recht auf freie Meinungsäußerung nämlich, die Vielfalt und die Freiheit der Kunst sind auch mitten in Europa in Gefahr. Die Regierungen in Ungarn und Polen, aber auch in Österreich versuchen bereits, mit einer Politik der nationalen Abschottung die Kreativszene für ihre Zwecke einzuspannen. Und auch in Deutschland sprechen sich manche irrlichternd dafür aus, »die Entsiffung des Kulturbetriebes in Angriff« nehmen und »linksliberalen Vielfaltsideologien« im Theater die öffentlichen Subventionen streichen zu wollen.

Bei aller Begeisterung für Vielfalt und Diversität – hier muss die Antwort aller Demokratinnen und Demokraten ausnahmsweise gleichlauten: nicht mit uns! Kultur entsteht durch Austausch, nicht durch Abschottung. Sie ist frei, muss nicht gefallen und darf nicht dienen. Nur so kann sie ihre innovative Kraft entwickeln und uns immer wieder neue Perspektiven eröffnen. Auch in der auswärtigen Bildungs- und Kulturpolitik.

Wenn zugleich aber ganze Kulturen verschwinden, weil schon bald kleinere Inselstaaten infolge des steigenden Meeresspiegels versinken; wenn ganze Generationen ohne Zugang zu Bildung und kulturelle Teilhabe aufwachsen, weil sie ihr Leben in Flüchtlingscamps rund um Syrien fristen; wenn Kriege eben nicht nur Gebäude und Straßen, sondern materielles Weltkulturerbe auf ewig vernichten – dann wird auch der Kampf gegen den Klimawandel, der Einsatz für einen humanitären Umgang mit Geflüchteten, dann wird auch zivile Krisenprävention zu auswärtiger Bildungs- und Kulturpolitik.

Wer die »AKBP« also ernst nimmt, und nicht weniger beteuert auch die aktuelle Bundesregierung, sollte auf diesen Gebieten ebenso viel Einsatz und Überzeugung zeigen wie andernorts. Und das bedeutet auch: Bundeshaushalt. Wer Stabilität in instabilen Zeiten erhalten will, muss insbesondere jene Netzwerke und Mittler finanziell ausstatten, die den Dialog in Zeiten monologischer Politik, die das Gemeinsame in Zeiten außenpolitischer Alleingänge erhalten. Unsere Goethe-Institute, unsere Residenzen gehören in vielen Ländern längst zu den letzten geschützten Räumen für kritischen Austausch und freie Kunst. Das Deutsche Archäologische Institut wiederum ist einer der wenigen Akteure, die inmitten von Chaos und Zerstörung rettet, was ansonsten unwiederbringlich verschwunden wäre. Und der DAAD eröffnet Jugendlichen tagtäglich die unermessliche Möglichkeit, ein durch Flucht unterbrochenes Studium zu beenden. All das gilt es, zu erhalten – umso mehr, je kälter der Wind uns ins Gesicht bläst.

Gitta Connemann
Kompass für die Kulturpolitik: Enquête-Bericht Kultur

»Es ist vollbracht!« Mit diesem Ausdruck der Erleichterung übergab ich 2007 für die Mitglieder der Enquête-Kommission »Kultur in Deutschland« ihren Bericht. Das Werk war getan. Hinter den Mitgliedern lagen vier Jahre Arbeit. Sie hatten den Auftrag erhalten, erstens die Situation von Kunst und Kultur in Deutschland zu beschreiben und zweitens Vorschläge für gesetzgeberisches Handeln zu unterbreiten. Am Ende stand die wohl umfassendste Untersuchung der Kulturlandschaft Deutschlands seit mehr als 30 Jahren. Im Bericht finden sich Handlungsempfehlungen an Bund, Länder, Kommunen und andere Kulturadressaten, von den Hochschulen bis zum Rundfunk.

Aber der Bericht ist mehr als das. Er ist ein leidenschaftliches Plädoyer für die Förderung von Kunst und Kultur in Deutschland als eine ebenso notwendige wie lohnenswerte Investition in die Zukunft. Die Kommissionsmitglieder einte damals über Partei- und Fraktionsgrenzen hinweg der Wille, mit diesem Kompass die Kulturpolitik in Deutschland zu stärken.

War dieser vermessen? Immerhin handelte es sich um eine Kommission auf Bundesebene. Und für kulturelle Angelegenheiten weist das Grundgesetz dem Bund keine Kompetenzen zu. Diese »Kulturhoheit der Länder« respektierten wir natürlich. Neben den Ländern nimmt der Bund allerdings eigenständige Aufgaben wahr. Und wir sahen eine gesamtstaatliche kulturpolitische Verantwortung. Deshalb skizzierten wir die Grundzüge einer nationalen Kulturpolitik, im Wissen und in der Verantwortung um die Bedeutung von Kultur für uns alle. Dabei leitete uns das Selbstverständnis: der Staat ist nicht für Kunst und Kultur zuständig, sondern für die Bedingungen, unter denen diese stattfinden.

Nationale Kulturpolitik ist ohne den Bund nicht denkbar. Zu den ordnungspolitischen Rahmenbedingungen trug und trägt er als Gesetzgeber auf vielen Rechtsgebieten bei, die Kunst- und Kulturschaffende betreffen, vom Urheberrecht über das Vereinsrecht bis zum Sozialversicherungsrecht. Hinzu kommt der stetig wachsende Anteil des Bundes an den öffentlichen Kulturausgaben. Seit 1998 gibt es die bzw. den Beauftragten der Bundesregierung für Kultur und Medien (BKM) sowie den Bundestagsausschuss für Kultur und Medien.

Welche Rolle hatte in dieser Konstellation die Enquête-Kommission des Deutschen Bundestages »Kultur in Deutschland«? War ihre Einsetzung ein Ergebnis der wachsenden Bedeutung des Bundes für die Kulturpolitik im Land? Oder sollte die Kommission dazu beitragen, die Rolle des Bundes an Bedeutung gewinnen zu lassen.

Die Antwort darauf erscheint ebenso schwierig wie auf die Frage, was zuerst da war – das Ei oder die Henne. Tatsache ist: es gab bereits in den 1970er Jahren eine »Kultur-Enquête« des Bundestages. Das Erstarken der Bundeskulturpolitik war also keine unabdingbare Voraussetzung für die Einsetzung unserer Enquête-Kommission. Aber die gewachsene Sensibilität der Bundespolitik für kulturpolitische Fragen stand 2003 sicherlich Patin.

Wenden wir uns also der entscheidenden Frage zu: welche Bedeutung hatte die Kommission für die Stärkung der Bundeskulturpolitik, explizit für das Amt der bzw. des BKM? Fest stand: eine Ausweitung der Zuständigkeiten von BKM stand nicht auf der Agenda der Enquête-Kommission. Dagegen sprach schon ihre personelle Zusammensetzung. Zwar gehörte die Hälfte der Mitglieder als Abgeordnete dem Deutschen Bundestag an. Die weitere Hälfte bildeten aber Sachverständige. Darunter waren Vertreterinnen und Vertreter aus Kommunen, den Ländern, Zivilgesellschaft, Wissenschaft, Wirtschaft, von Verbänden wie dem Deutschen Kulturrat e.V., Kirchen und natürlich Künstler und Kulturschaffende.

Die Schwerpunktthemen, die der Deutsche Bundestag in seinen Einsetzungsaufträgen formuliert hatte, bezogen sich dagegen zum Teil unmittelbar auf die Bundespolitik und damit auch auf das BKM. Dabei ging es um Infrastruktur, Kompetenzen, rechtliche Rahmenbedingungen in Staat und Zivilgesellschaft, öffentliche und private Förderung, die wirtschaftliche und soziale Lage der Künstlerinnen und Künstler, Kulturwirtschaft, den Kulturstandort Deutschland, kulturelle Bildung, Kultur in der Informations- und Mediengesellschaft, Kultur in Europa, Kultur im Kontext der Globalisierung, Kulturstatistik in Deutschland und der Europäischen Union. In diesem Rahmen wurden insbesondere Fragen des Steuer- und Urheberrechts, des Arbeits- und Sozialversicherungsrechts, des Gemeinnützigkeits- und Stiftungsrechts großer Stellenwert beigemessen. Diese lagen und liegen traditionell in der originären Zuständigkeit des Bundes.

Was waren, sind nun also die Vermächtnisse der Enquête-Kommission, auch für das BKM? Anders als die »Kultur-Enquête« in den 1970er Jahren erbrachte unsere Kommission nicht das eine große Ergebnis. Bekanntlich empfahl die »Kultur-Enquête« seinerzeit die Gründung der Künstlersozialkasse. Unsere Kommission sprach demgegenüber 465 Einzelempfehlungen aus. Etliche wurden umgesetzt. Andere warten noch darauf, vom Gesetzgeber und anderen Adressaten mit Leben erfüllt zu werden.

Unstreitig ist aber die große Rezeption der Ergebnisse in Zivilgesellschaft und Gesetzgebung, auf Bundes-, Länder- und kommunaler Ebene. Dies machten die Resümees deutlich, die im vergangenen Jahr anlässlich des zehnten Jahrestages der Vorlage des Schlussberichts gezogen wurden.

So bezeichnete der Präsident der Kulturpolitischen Gesellschaft Oliver Scheytt den Schlussbericht als das »bedeutsamste Dokument in der Geschichte der Kulturpolitik«. Die Präsidentin der Kultusministerkonferenz Frau Ministerin Susanne Eisenmann stellte fest, dem Schlussbericht komme »das nachhaltige Verdienst zu, eine breite gesamtgesellschaftliche kulturpolitische Diskussion angestoßen, Impulse gegeben und damit die Bedeutung der Kultur in der öffentlichen Wahrnehmung nachdrücklich gestärkt zu haben«. Für den Deutschen Städtetag konstatierte Klaus Hebborn, der Schlussbericht habe »viele Impulse für die kulturpolitische Diskussion auf den verschiedenen Ebenen, insbesondere auch in den Kommunen gegeben. [...] [Er ist] durchaus handlungsleitend für die Weiterentwicklung gerade auch der kommunalen Kulturpolitik.«

Tatsächlich wirken die inhaltlichen Impulse sichtbar. Staatsministerin Prof. Monika Grütters und ihre Amtsvorgänger griffen zahlreiche Handlungsempfehlungen auf, sei es mit Blick auf das Recht der Verwertungsgesellschaften, sei es der Kulturstatistik. Gemeinsam mit den Kultur- und Sozialpolitikern des Deutschen Bundestages wurden Verbesserungen der sozialen Lage der Künstlerinnen und Künstler auf den Weg gebracht.

Der Bericht der Enquête-Kommission brachte für Kultur- und Kreativwirtschaft einen Stein ins Rollen. Im Bundesministerium für Wirtschaft und BKM wurden eigene Referate installiert. Die Initiative Kultur- und Kreativwirtschaft wurde gegründet, spezielle Förderinstrumente geschaffen. BKM kann sich zudem bis heute darauf berufen, dass die Enquête die aktive Rolle des Bundes beim Erhalt und Betrieb gesamtstaatlich bedeutsamer Leuchtturmprojekte bekräftigt.

Es war uns ein Herzensanliegen, die Vielfalt der Kulturträger abzubilden und so auch den Kulturbegriff zu erweitern. So widmete sich der Schlussbericht in eigenen Kapiteln der Laienkultur, dem Brauchtum, der kulturellen Tätigkeit der Kirchen und der Kultur in ländlichen Regionen. Mehr als die Hälfte der Bevölkerung Deutschlands lebt außerhalb von Großstädten. Der Löwenanteil der kulturellen Aktivitäten findet dort in Vereinen und Initiativen statt, getragen vom Ehrenamt. Wir machten deutlich, welcher Handlungsbedarf besteht. Es gab damals den einen oder anderen Spötter. Heute sind Themen wie die Kultur in ländlichen Regionen en vogue. Das BKM wird dafür mit Mitteln aus der sogenannten Landmilliarde Programme auflegen.

Es gibt aber auch Lücken. Für die Kommission war bis 2007 der Siegeszug des Internet nicht vorhersehbar. Amazon war nur ein Internet-Buchhändler. Google etablierte erst 2005 seine personalisierte Suche. Bei Einsetzung der Enquête-Kommission gab es Facebook noch nicht einmal. Wir ahnten nicht, in welchem tiefgreifendem Maß dadurch künstlerisch-kreative Schaffensprozesse und ihre Verwertung verändert, die Folgen für das geistige Eigentum sein und die soziale und wirtschaftliche Lage der Kreativen beeinträchtigen würden. Aus heutiger Sicht ist erstaunlich, dass der Einsetzungsauftrag das Thema der Gleichstellung von Frau und Mann im Kulturbereich nicht umfasste. Und manche »Träume« haben sich bislang nicht erfüllt. Die Bedeutung privater Stiftungen für die Kulturförderung wurde durch die nicht absehbare lange Niedrigzinsphase nivelliert. Um öffentlich-private Partnerschaften im Kulturbereich ist es ruhig geworden.

Demgegenüber spiegelt sich das geschärfte öffentliche Bewusstsein für die nationale Bedeutung der Kulturpolitik positiv im Haushalt wider. Kultur- und Haushaltspolitikern ist es gemeinsam mit der BKM gelungen, den Etat des Bundes für Kunst und Kultur bis heute in Folge zu steigern. Die Warnung der Kommission, Kulturpolitik nicht nur auf finanzielle Aspekte zu reduzieren, sondern die Möglichkeiten zu nutzen, die der Gesetzgeber zum Schutz und zur Förderung von Kunst und Kultur hat, hat also nichts an Aktualität eingebüßt. Und weit vor dem Brexit rieten wir Bund und Ländern, die Weichenstellungen auf europäischer und internationaler Ebene nicht nur wachsam zu beobachten, sondern auf Rechtsakte frühzeitig Einfluss zu nehmen. Nur dort können und müssen Angriffe auf eine autonome nationale Kulturpolitik abgewendet werden. Deutschland darf sich hier nicht mit einer Zuschauerrolle begnügen. Das BKM ist dieser Erwartung gerecht geworden.

Und welche Bedeutung hatte die Enquête-Kommission nun am Ende für die BKM? Wer könnte diese Frage besser beantworten als die Betroffene selbst? Lassen wir die Beauftragte für Kultur und Medien selbst zu Wort kommen. Anlässlich des zehnten Jahrestages der Vorlage bezeichnete Staatsministerin Prof. Monika Grütters den Schlussbericht als »Kompass für die Kulturpolitik«. Zu den bleibenden Verdiensten gehöre die systematische Bestandsaufnahme mit Aussagekraft bis heute. Die Kulturpolitik des Bundes sei dadurch stärker sichtbar geworden. Etliche Handlungsempfehlungen seien bundespolitisch umgesetzt worden. »Insgesamt sind die Aufmerksamkeit für kulturelle Themen und das Bewusstsein der staatlichen Verantwortung [...] auf nationaler Ebene seit dem Abschlussbericht der Enquête-Kommission deutlich gestiegen. Nicht zuletzt deshalb können wir auf wichtige kulturpolitische Fortschritte zurückblicken. [...] Zum Glück können wir immer wieder auf die Expertise des Enquête-Berichts zurückgreifen und damit kulturpolitisch auf solides Fundament bauen.« Dem gibt es nichts hinzuzufügen.

Günter Winands
Systematisierung der Kulturförderung 2001 bis 2006

»Bund und Länder bekennen sich zu einer engen Zusammenarbeit in der Kulturförderung«, so beginnt ein Dokument, das für die weitere kulturelle Entwicklung Deutschlands durchaus hätte bahnbrechend werden können, wenn es denn am 26. Juni 2003 die Regierungschefs der Länder bei einem Treffen mit dem damaligen Bundeskanzler Schröder tatsächlich vereinbart hätten. Nach über zwei Jahren intensiver Verhandlungen zwischen zunächst Kulturstaatsminister Prof. Julian Nida-Rümelin und später seiner Nachfolgerin als Beauftragte der Bundesregierung für Kultur und Medien (BKM), Staatsministerin Christina Weiss, und den Staatskanzleien der Länder sollte nicht mehr das Trennende, sondern das Gemeinsame im Vordergrund stehen. Oder wie es in der ausgehandelten Verständigung hieß: »Die Stärkung der Kulturstaatlichkeit Deutschlands und die Förderung des kulturellen Lebens im Innern und nach Außen ist gemeinsame politische Aufgabe von Bund und Ländern im Rahmen ihrer jeweiligen Verantwortung.«

Der regelmäßig halbjährlich stattfindenden Regierungschefkonferenz waren zur Beschlussfassung »Eckpunkte für die Systematisierung der Kulturförderung von Bund und Ländern und für die Zusammenführung der Kulturstiftung des Bundes und der Kulturstiftung der Länder zu einer gemeinsamen Kulturstiftung« (»Eckpunktepapier«) vorgelegt worden. Im Jahre 2000 hatten Bund und Länder erste Gespräche über eine gemeinsame Kulturstiftung aufgenommen, und zwar zunächst auf der Ebene der Kulturministerinnen und Kulturminister. Ab Sommer 2001 wurden diese eingebettet in die seinerzeit aufgekommene allgemeine Diskussion über eine Modernisierung der staatlichen Ordnung. Im Zuge der thematischen Ausweitung entzogen auf Länderseite die Staatskanzleien den Kulturministerien das Verhandlungsmandat, richteten eine spezielle Arbeitsgruppe (Co-Vorsitz für A-Seite Bremen, für B-Seite Baden-Württemberg) ein und setzten sich dabei vorrangig das Ziel, eine Entflechtung der Kulturförderungen von Bund und Ländern im Sinne einer einseitigen Reduzierung der Bundeszuständigkeiten anzustreben. Zwischen der Erreichung dieses Ziels und einer gemeinsamen Kulturstiftung wurde ein Junktim hergestellt. Auf Bundesebene blieb indes BKM (aufgrund der Verankerung im Bundeskanzleramt) und damit allein die Kultur Verhandlungspartner und konnte nach hartem Ringen am 20. Dezember 2001 einen beachtlichen Erfolg vermelden: das Einvernehmen der Ministerpräsidenten mit dem Bundeskanzler in der seinerzeitigen Regierungschefbesprechung, dass (laut Beschlussprotokoll) »der Bund eine Stiftung zur Förderung der Kultur im Rahmen seiner verfassungsmäßigen Kompetenzen gründen kann.«

Nach weiteren Verhandlungen wurde in der Ministerpräsidentenkonferenz (MPK) am 13. Juni 2002 ein mit BKM abgestimmter Zwischenbericht zur Abgrenzung der Kompetenzen von Bund und Ländern im Kulturbereich zur Kenntnis genommen. Aufgelistet wurden darin die zwischen den Verhandlungspartnern mittlerweile unstreitigen Kompetenzen des Bundes (sogenannter Korb 1, z. B. Repräsentation des Gesamtstaates, insbesondere in der Hauptstadt Berlin; Preußischer Kulturbesitz; Sicherung und Erwerb national wertvollen Kulturgutes; Filmförderung sowie Verlags- und Übersetzungsförderung) sowie der verbliebene umstrittene Bereich (sogenannter Korb 2, hier die seitens des Bundes beanspruchte »generelle Kompetenz zur Förderung von gesamtstaatlich bedeutsamen Kultureinrichtungen und Kulturprojekten«, insbesondere z. B. Förderung von national bedeutsamen Kultureinrichtungen und Kulturdenkmälern, Spitzenkünstlern, national und international bedeutsamen Kulturprojekten sowie nichtstaatlichen Kulturorganisationen und Kulturverbänden auf Bundesebene). Im Zwischenbericht wurde zudem das BKM-Angebot aufgenommen, dass eine Lösung beim »Korb 2« in einem Konsultationsverfahren liegen könnte.

Weitere intensive Beratungen in der Arbeitsgruppe der BKM mit ausgewählten Staatskanzleien, insbesondere auf Arbeitsebene, folgten. Parallel errichtete BKM die Kulturstiftung des Bundes mit Sitz in Halle an der Saale. Deren jährliche Finanzausstattung wurde hierbei schrittweise auf rund 38 Millionen Euro aufgestockt. Aus Bundessicht zeitigten die Gespräche, wie im Zwischenbericht erkennbar, zunehmend weitere Fortschritte:

— die Übereinstimmung, statt einer breit angelegten »Entflechtung« den Schwerpunkt eher auf eine »Systematisierung« der Kulturförderung von Bund und Ländern zu verlegen;
— die Einsicht der Länder, den ursprünglichen Plan eines Ausstiegs aus ihrer 25-prozentigen Mitfinanzierung des Betriebshaushaltes der Stiftung Preußischer Kulturbesitz fallen zu lassen; auf den im Dezember 2001 schon beschlossenen Rückzug wurde bereits in einer MPK-Sitzung im Oktober 2002 stillschweigend verzichtet;
— die Erkenntnis, dass es nicht zuletzt wegen der finanziellen Belastungen einzelner Sitzländer einer Finanzierungskompetenz des Bundes unter anderem für die Stätten des Weltkulturerbes, die kulturellen »Leuchttürme« in den neuen Ländern und vor allem die »Repräsentation des Gesamtstaates einschließlich der gesamtstaatlichen Darstellung und Dokumentation der deutschen Geschichte« bedarf;

— schließlich generell vor dem Hintergrund ansonsten durch die Länder zu übernehmender Finanzierungslasten die Akzeptanz des Status quo der seinerzeit schon existierenden Kulturförderungen des Bundes.

Die Sisyphusarbeit mündete in jenes, im Laufe der Verhandlungen mehrfach überarbeitetes Eckpunktepapier. Dieses sah nunmehr neben der Auflistung unstreitiger und streitiger Kulturförderungen des Bundes (»Körbe 1 und 2«) eine pragmatische Verständigung vor, einerseits bestehende Kulturförderungen des Bundes nicht mehr infrage zu stellen und andererseits für neue Kulturförderungen des Bundes künftig ein Konsultationsverfahren einzuführen. In Fällen zwischen Bund und Ländern unstreitiger Bundeskompetenz beschränkte sich die Konsultation auf eine Anzeige an den Kulturausschuss der KMK vor Aufnahme der Förderung. In Fällen, in denen die Länder mit einer – noch festzulegenden – Anzahl dem Bund die Kompetenz bestritten, sollte ausnahmsweise eine Bundesförderung aufgrund Zustimmung (offen: aller Länder, von zwei Dritteln der Länder, einer Ländermehrheit) möglich sein. Schließlich wurden Grundsätze für eine Zusammenführung der beiden Kulturstiftungen KSB und KSL festgeschrieben. Das Papier, und damit die Fusion der Stiftungen, sollte beim turnusmäßigen Gespräch der Regierungschefs von Bund und Ländern am 26. Juni 2003 beschlossen werden.

Auf BKM-Vorschlag hatten die ostdeutschen Ministerpräsidenten überdies vereinbart, die »Stiftung Kulturfonds« (eine reine ostdeutsche Länderstiftung ohne Bundesbeteiligung) mit den beiden Künstlerhäusern Wiepersdorf und Ahrenshoop in die neue Kulturstiftung einzubringen. Deren Fortexistenz war durch einen angekündigten Rückzug der Länder Sachsen-Anhalt und Thüringen massiv bedroht. Auch diese Integration war sodann einvernehmlich in das Eckpunktepapier aufgenommen worden. Die so entstehende »Deutsche Kulturstiftung« sollte sichtbarer Ausdruck einer neuen Gemeinsamkeit von Bund und Ländern im Kulturbereich sein.

Noch bis in die MPK, die am Vormittag des 26. Juni 2003 der nachmittäglichen Regierungschefbesprechung vorgeschaltet war, gab es Abstimmungen zwischen BKM und der Länderseite. Denn das Land Bayern bestand hartnäckig darauf, sogenannte Finanzierungsgrundsätze für künftige Bundesförderungen festzuschreiben, wogegen vor allem auch das Bundesfinanzministerium Bedenken hegte. Förderungen des Bundes sollten sich künftig an folgenden Zielen orientieren: Gleichbehandlung vergleichbarer Förderfälle in allen Ländern; Festlegung von einheitlichen Förderquoten für einzelne Förderbereiche; einheitliche Sitzlandquoten für einzelne Förderbereiche und Festlegung von Mindestbeträgen für Förderungen. Darüber wurde noch während der laufenden MPK ein Kompromiss erzielt, sodass zum einen diese bayerische Forderung, aber auch eine Gegenforderung des Bundes noch in das Eckpunktepapier aufgenommen wurde.

Die Ministerpräsidenten stimmten dem Eckpunktepapier zu, ließen aber noch zwei Punkte für die Besprechung mit dem Bundeskanzler offen: Zum einen den Namen der neuen Stiftung, wobei es um den Länderwunsch ging, einen

Zusatz zum Hauptnamen »Deutsche Kulturstiftung« aufzunehmen: »Kulturstiftung der Länder und des Bundes«, was für den Bund nur in der umgekehrten Reihenfolge akzeptabel gewesen wäre. Zum anderen ging es um die Abstimmungsquoren beim Konsultationsverfahren für neue Kulturförderungen des Bundes sowie bei Beschlüssen einer gemeinsamen Kulturstiftung in Kompetenzfragen – ein Land oder Ein-Drittel der Länder bezüglich der Einordnung als streitige Bundeskompetenz? (»Beanstandungsquorum«), alle Länder oder Zwei-Drittel-Mehrheit bei Länder-Zustimmung trotz streitiger Bundeskompetenz? (»Zustimmungsquorum«).[1]

Seitens der Verhandlungsführer der Länder, den Chefs der Staatskanzleien von Baden-Württemberg und Bremen, war signalisiert worden, in beiden Punkten sei – wenn der Bund sich nochmals bewege – letztlich ein Konsens sicher. Bei den Abstimmungsquoren gab es schließlich eine informelle Vorverständigung auf eine Ein-Drittel- bzw. Zwei-Drittel-Mehrheit, obwohl der Bund vorher immer eine Beanstandung durch alle Länder bzw. im Streitfall eine Ablehnung der Bundeskompetenz durch alle Länder verlangt hatte. Der Bund hatte in den Verhandlungen vor allem aber stets klargestellt, dass ein Vetorecht eines Landes völlig unannehmbar wäre. Der Abschluss der Verhandlungen scheiterte dann doch noch – für alle anderen Beteiligten überraschend – an einem Veto Bayerns. Bis Ende 2004 galt in der MPK allgemein und gilt auch heute noch in, wie vorliegend, haushaltswirksamen Angelegenheiten das Einstimmigkeitsprinzip. In der Besprechung der Regierungschefs begrüßte der Bayerische Ministerpräsident Edmund Stoiber zwar grundsätzlich das Verhandlungsergebnis und die Zusammenlegung der beiden Kulturstiftungen. Es seien aber noch nicht alle Fragen geklärt, etwa zum Abstimmungsverhalten in den Gremien der neuen Stiftung. Für die Kulturhoheit seines Landes sei es eine substanzielle Bedingung, dass die Stimme eines Landes ausreiche, um die Bundeskompetenz infrage zu stellen.

Für den Bund bedauerte Staatsministerin Weiss in der Regierungschefbesprechung die Nichterreichbarkeit einer Verständigung, erklärte aber genauso unmissverständlich, dass die Extremposition Bayerns völlig inakzeptabel sei. Weitere Bund-Länder-Gespräche über eine Zusammenführung von KSB und KSL seien erst dann wieder sinnvoll, wenn sich die Länder untereinander auf eine gemeinsame und konsensfähige Position verständigt hätten. Nach Ansicht der Kulturstaatsministerin ging es nicht an, dass in einer gemeinsamen Kulturstiftung wie auch bei einem Konsultationsverfahren ein Land alles blockieren konnte. Der Bund könne einen solchen »Würgegriff« nicht akzeptieren; er würde sich in die Gefahr begeben, im Falle neuer Förderungen unsachgemäßen Junktims einzelner Länder ausgesetzt zu sein.

Auf Bundesseite fand diese Haltung allseitig Zustimmung. Im Ausschuss für Kultur und Medien des Deutschen Bundestages wurde am 2. Juli 2003 die bayerische Position parteiübergreifend als für den Bund unannehmbar abgelehnt.

---

[1] Fundstelle Eckpunktepapier in der MPK-Fassung vom 26.03.2018 → https://bit.ly/2D2YZUv

Die BKM wurde massiv darin unterstützt, dass, wenn nochmals neu verhandelt werden sollte, dann auch die Bedingungen neu zu klären seien. Der Bund war in der Schlussphase der Verhandlungen – gerade unter bayerischem Druck – den Ländern äußerst weit entgegengekommen. Solche in letzter Minute gegebenen Zugeständnisse, etwa die Vereinbarung von Finanzierungsgrundsätzen, könnten, so das damalige Meinungsbild im Kulturausschuss, nicht mehr aufrechterhalten werden. Bei einem endgültigen Scheitern der Verhandlungen müsse dies außerdem Konsequenzen für die bisherige, in den letzten Jahren hälftige Mitfinanzierung der Kulturstiftung der Länder durch den Bund haben. Im Sinne der gerade von Länderseite immer wieder geforderten klaren Aufgabenverteilung und damit auch Finanzierungsverantwortung solle der Bund sich dann hieraus zurückziehen und seine Mittel auf die Kulturstiftung des Bundes konzentrieren.

Die Verhandlungsführer der Länder teilten ihrerseits mit, auch sie sähen die Notwendigkeit, zunächst im Kreis der Länder »einige Klärungen« herbeizuführen. Die Verhandlungen wurden sodann im Herbst aufgrund eines neuen Kompromissvorschlags der Länder vom 20. Oktober 2003 wieder aufgenommen. Der Vorschlag – Zustimmung von 14 Ländern bei umstrittenen Förderungen, wobei jedes Land das Recht zur Beanstandung und damit Infragestellung einer Bundeskompetenz haben sollte – war für den Bund aber nicht akzeptabel, weil er keine relevante Änderung der bayerischen Position erkennen ließ. Staatsministerin Weiss wies den Vorschlag daher zurück, erarbeitete aber mit den Verhandlungsführern der Länder einen nochmaligen Kompromissvorschlag. Dieser lag am 28. November 2003 vor und hätte aus Bundessicht, obwohl äußerst länderfreundlich, mitgetragen werden können. Bei künftigen Förderungen des Bundes sollte danach im Falle von Zweifeln an der Bundeskompetenz die Förderung dann unterbleiben, wenn ein Drittel der Länder, also sechs, widersprochen hätten. Der Bund hatte sich hiermit erneut auf die Länder zubewegt. Andererseits lehnte er jetzt die ernsthaft einzig von Bayern erhobene und im Vorfeld des Juni-Spitzengesprächs nur unter Erfolgsdruck in letzter Minute widerwillig zugestandene Forderung ab, einseitig Finanzierungsgrundsätze für Bundesförderungen vertraglich festzuschreiben. Solche Grundsätze waren aus Bundessicht, wie sich nicht zuletzt aus einem zwischenzeitlich auf Bitten der Staatskanzleien vorgelegten KMK-Vorschlag ergab, völlig impraktikabel und letztlich auch eine unzumutbare Einengung des Bundes.

In einer Besprechung im Bundeskanzleramt am 12. Dezember 2003 war der Amtschef der Bayerischen Staatskanzlei nicht bereit, dem gefundenen Kompromiss zum Abstimmungsquorum zuzustimmen und hielt außerdem an der Forderung nach Finanzierungsgrundsätzen fest. Angesichts der ablehnenden Haltung Bayerns baten daraufhin die Länder, den bereits vorgesehenen Punkt Stiftungsfusion von der Tagesordnung der Regierungschefbesprechung am 18. Dezember 2003 abzusetzen. Alle anderen 15 Länder waren wiederum nicht in der Lage gewesen, auf Bayern einzuwirken. Obgleich damit das Vorhaben einer Fusion der Kulturstiftungen zunächst ad acta gelegt war, befürwortete der Bund diese weiterhin in einer langfristigen Perspektive. Als Konsequenz aus dem Scheitern der Fusion kündigte BKM jedoch – wie auch vom Bundestags-Kulturausschuss gefordert – das Abkommen über die Mitwirkung des Bundes an der KSL vom 4. Juni 1987 fristgerecht zum 31. Dezember 2005. In ihrem Kündigungsschreiben führte Staatsministerin Weiss aus, der Bund sehe sich hierzu nach dem ergebnislosen Ende der Verhandlungen »im Interesse einer klaren Abgrenzung der Förderzuständigkeiten im Kulturbereich veranlasst«. Die BKM griff damit die immer wieder länderseitig zu hörende Grundforderung nach klaren Verantwortlichkeiten auf und richtete ihr Augenmerk in der Folgezeit auf den weiteren Aufbau und die Profilierung »ihrer« KSB. Die bisherigen aus Bundesmitteln gespeisten KSL-Förderungen wurden ab 2006 überwiegend direkt durch BKM und zum kleineren Teil durch die KSB übernommen.

Die Ministerpräsidenten der Länder kündigten in einer ersten Reaktion auf das Scheitern der Verhandlungen an, die Frage der verfassungsrechtlichen Verteilung der Zuständigkeiten von Bund und Ländern im Kulturbereich nunmehr in der zwischenzeitlich durch Bundestag und Bundesrat mit Beschlüssen vom 16./17. Oktober 2003 eingerichteten »Gemeinsamen Kommission von Bundestag und Bundesrat zur Modernisierung der bundesstaatlichen Ordnung« (»Föderalismuskommission I«) weiter behandeln zu wollen. Damit sollte (laut MPK-Protokoll vom 18. Dezember 2003) aus ihrer Sicht »für die Kulturförderung in Deutschland doch noch eine verlässliche verfassungsrechtliche Grundlage geschaffen und für die Fördertätigkeit der Bundeskulturstiftung ein klarer Rahmen gezogen werden, der gegebenenfalls zu einem späteren Zeitpunkt ein Zusammengehen der beiden Stiftungen erlaubt«. Schließlich hielten die Ministerpräsidenten es für erforderlich, »die Kulturstiftung der Länder unter veränderten Rahmenbedingungen neu zu positionieren«. Dies gelte auch mit Bezug auf die KSB, die sich entsprechend dem Beschluss der Regierungschefs von Bund und Ländern vom 20. Dezember 2001 »zukünftig strikt auf die unstreitigen Bundeskompetenzen beschränken« müsse. Die Kultusministerkonferenz solle parallel zu den Arbeiten der gemeinsamen Verfassungskommission zusammen mit der KSL entsprechende Vorschläge entwickeln. Der Bund hatte in der besagten Regierungschefbesprechung am 20. Dezember 2001 im Vorfeld der KSB-Gründung nur zugesichert, darauf hinzuwirken, dass »solange« die Bund-Länder-Gespräche über eine Entflechtung bzw. Systematisierung der Förderkompetenzen andauern würden, die KSB nur in den zwischen Bund und Ländern unstreitigen Kompetenzbereichen des Bundes tätig werde. Da die Gespräche aber auch nach Auffassung der Länder Ende 2013 beendet wurden, ist aus BKM-Sicht seitdem diese ursprüngliche bundesseitige Selbstbeschränkung entfallen, d. h. die KSB kann entsprechend dem Rechtsstandpunkt des Bundes dort fördern, wo eine gesamtstaatliche Bedeutung eines Kulturvorhabens oder einer Kultureinrichtung zu bejahen ist.

Das Thema Systematisierung der Kulturförderung führten die Länder entsprechend ihrer Ankündigung in die Föderalismuskommission ein. Sie schlugen mit Schreiben der Chefs der Staatskanzlei Baden-Württemberg und der Senatskanzlei Berlin vom 27. Februar 2004 vor, die Kommissionsberatungen auf der Grundlage des Eckpunktepapiers vom Juni 2003 aufzunehmen, und zwar auch zur Fusion von KSB und KSL. BKM begrüßte dies, bekräftigte aber die Ablehnung von Finanzierungsgrundsätzen, insbesondere bindenden Förderquoten des Bundes, sowie eines Konsultationsverfahrens, bei dem das Veto eines einzelnen Landes den Bund in seine Schranken hätte weisen können. Im Übrigen sah BKM keine Notwendigkeit, das Grundgesetz im Bereich der Kulturförderung zu ändern, eine Haltung, die auch die Länder in einer Sonder-MPK vom 6. Mai 2004 einnahmen.

Im Zuge der Beratungen in der Föderalismuskommission unterbreiteten die Länder sodann doch überraschend den Vorschlag, Kompetenzfragen über die Verankerung einer gemeinsamen Stiftung im Grundgesetz zu lösen. Eine solche bizarre Idee war schon in den vorangegangenen Bund-Länder-Verhandlungen, und dies einvernehmlich, verworfen worden; sie wurde seitens BKM in der Sitzung der Projektgruppe »Bildung und Kultur« der Föderalismuskommission am 29. September 2004 erneut deutlich zurückgewiesen. Abgesehen von verfassungsrechtlichen Bedenken wäre im Fokus einer gemeinsamen Kulturstiftung nicht mehr die Kulturförderung gewesen, sondern die Funktion eines Streitschlichtungsgremiums. Zu spürbar war auch die Intention, dem Bund letztlich dessen Mittel der Kulturförderung aus der Hand zu nehmen. Kulturstaatsministerin Weiss schlug jetzt öffentlich vor, die ohnehin schwierige Arbeit der Föderalismuskommission nicht weiter mit der Thematik zu belasten, da es ja nach ursprünglich einvernehmlicher Auffassung von Bund und Ländern hierzu keinerlei Grundgesetzänderungen bedürfe, und sah für weitere Beratungen in den Kulturministerien der Länder (statt der Staatskanzleien) die einzig richtigen und kompetenten Verhandlungspartner. Am Ende konnte sich die Föderalismuskommission weder zur Kulturförderung noch zu den anderen ihr gestellten Aufgabenfeldern auf gemeinsame Vorschläge verständigen und beendete ihre Arbeit am 17. Dezember 2004 gänzlich ergebnislos.

Nach der Bundestagswahl 2005 griff allerdings die neue große Regierungskoalition aus Union und SPD das Thema Föderalismusreform in ihrer Koalitionsvereinbarung wieder auf. Die darin enthaltene Vereinbarung zur Modernisierung der staatlichen Ordnung wurde, ohne Einsetzung einer neuen Kommission, nach intensiven parlamentarischen Beratungen Mitte 2006 durch eine umfangreiche Grundgesetzänderung und ein Föderalismusreform-Begleitgesetz umgesetzt. In einer Entschließung des Bundesrates vom 7. Juli 2016 (BR-Drs. 462/06, S. 1) wurde hervorgehoben, dass mit dieser Föderalismusreform »die Gestaltungsmöglichkeiten von Bund und Ländern gestärkt und die politischen Verantwortlichkeiten deutlicher zugeordnet« würden. »Das schwerfällige Instrument der Mischfinanzierungen« werde reduziert. Mit Letzterem war indes nicht die Kultur, sondern vor allem der Bildungsbereich angesprochen, für den nunmehr ein zwar nicht durchgängiges, aber doch vor allem für den Schulbereich einschneidendes (und zwischenzeitlich allgemein wieder hinterfragtes und teilweise aufgeweichtes) »Kooperationsverbot« in Art. 91 b des Grundgesetzes festgeschrieben wurde.

Der Kulturbereich wurde durch die Föderalismusreform I trotz oder vielleicht wegen der vorangegangenen langwierigen Diskussionen bis mehrfach hinauf auf die Ebene der Regierungschefs nichts reguliert, vor allem kein »Kooperationsverbot« in irgendeiner Weise eingeführt. In besagter Entschließung des Bundesrates zur Föderalismusreform (a. a. O., S. 11) wurde vielmehr klargestellt: »Die gemeinsame Kulturförderung von Bund und Ländern einschließlich der im Einigungsvertrag enthaltenen Bestimmungen über die Mitfinanzierung von kulturellen Maßnahmen und Einrichtungen durch den Bund bleibt unberührt. (Vgl. Entwürfe der Eckpunkte für die Systematisierung der Kulturförderung von Bund und Ländern in der Fassung vom 22. März 2006 und für die Zusammenführung der Kulturstiftung des Bundes und der Kulturstiftung der Länder zu einer gemeinsamen Kulturstiftung in der Fassung vom 28. März 2006).« Keinerlei Rolle spielte der Kulturbereich schließlich mehr bei den nachfolgenden Beratungen für eine zweite Stufe der Föderalismusreform, der sogenannten Föderalismusreform II, die 2009 in weiteren mehreren Grundgesetzänderungen zur Reform der staatlichen Finanzbeziehungen mündeten.

Seit dem Abschluss der Föderalismusreform I ist an dem Eckpunktepapier, das hier zur Rechtfertigung einer gemeinsamen Kulturförderung durch Bund und Länder bemerkenswerterweise von den Ländern selbst noch einmal angeführt wurde, nicht mehr weitergearbeitet worden. Es war kulturpolitisch fast in Vergessenheit geraten. Die heutige Kulturstaatsministerin Prof. Monika Grütters machte jüngst im turnusmäßigen Spitzengespräch der Kulturministerinnen und Kulturminister von Bund und Ländern am 21. Juni 2018 auf die Existenz des Papiers wieder aufmerksam. Dabei wurde Einvernehmen erzielt zu prüfen, ob und wie das Papier auf der Grundlage der dort vorgesehenen Kategorien von Bundesförderungen (Korb 1 und 2) fortgeschrieben werden kann.

Ein bleibendes, im Eckpunktepapier festgehaltenes Ergebnis der seinerzeitigen Bund-Länder-Verhandlungen ist es, dass die Länder die bis 2003 bereits bestehenden Bundesförderungen letztlich akzeptiert haben. Denn das Eckpunktepapier war in der MPK, unter Offenlassung von zwei insoweit unbeachtlichen Punkten, zustimmend zur Kenntnis genommen worden. Damit hatten die Regierungschefs der Länder der darin vorgenommenen Systematisierung der damaligen Bundesförderungen und folglich der Beibehaltung des seinerzeitigen Status quo zugestimmt. Und zweitens können seit 2003 neu aufgenommene Förderungen des Bundes jedenfalls länderseitig kompetenzrechtlich nicht infrage gestellt werden, wenn sie unter den »Korb 1« des Eckpunktepapiers subsumierbar sind, also etwa die – unbefristete – Kompetenz zur Förderung der kulturellen »Leuchttürme« in den neuen Ländern sowie für die Stätten des Weltkulturerbes in Deutschland. Aber auch die Kompetenzzuweisung für die »Repräsentation des Gesamtstaates einschließlich der gesamtstaatlichen Darstellung und Dokumentation der deutschen Geschichte« ist hier eine wichtige Klarstellung. Im Zuge des damaligen langwierigen Verhandlungsprozesses setzte sich eben auch bei den Staatskanzleien der Länder am Ende die Erkenntnis durch, dass im Kulturbereich gemeinsame Finanzierungen nicht grundsätzlich von Übel und unter plakativer Berufung auf die »Kulturhoheit der Länder« abzulehnen, sondern geradezu angesichts der häufig ortsbezogenen und gleichzeitig nationalen Bedeutung einer Kultureinrichtung oder -vorhabens geboten sind. Aus Sicht der Kultureinrichtungen ist eine Bundesförderung stets von Vorteil: Sie ist nicht nur ein »Gütesiegel«, sondern sichert auch, insbesondere wenn Finanzierungsverträge abgeschlossen sind, gleichzeitig das meist parallele finanzielle Engagement von Land, Kommune oder Dritten.

Soweit der Bund nach 2003 Kulturförderungen aufgenommen hat, die nach der Systematik des Eckpunktepapiers unter den »Korb 2« fallen und damit nach dem seinerzeitigen Länderbegehren ein Konsultations- und Abstimmungsprozedure ausgelöst hätten, ist nüchtern festzustellen: Es hat grundsätzlich solche Abstimmungen mit der Ländergesamtheit nicht gegeben, sondern der Bund hat im Regelfall versucht, dies mit den betroffenen Ländern abzuklären. Angesichts des Rotstifts, der leider allzu oft immer noch in vielen Ländern und Kommunen im Kulturbereich angesetzt wird, ist das seit Jahren deutlich ansteigende finanzielle Engagement des Bundes als Kontrapunkt allseits geschätzt. Die BKM sieht sich sogar zwischenzeitlich in der Situation, ihrerseits immer wieder selbst auf die verfassungsrechtlichen Grenzen ihrer Förderkompetenz hinweisen zu müssen, gerade auch, wenn Förderungen über den parlamentarischen Raum – auch auf Initiative aus den Ländern – angeschoben werden sollen. Die aktuelle Revitalisierung des Eckpunktepapiers durch die BKM dient gerade dazu, ihre Förderzuständigkeit auf die darin bundesseitig reklamierten Bereiche (»1. Korb und 2. Korb«) zu begrenzen.

Regine Möbius
Erfahrung braucht Offenheit – Erwartungen an ein noch junges Amt

Damit ist die Offenheit gemeint, nach 20 Jahren des Wirkens von fünf Kulturstaatsministern über die Erfahrungen zu sprechen, die wir als Gesellschaft mit diesem Amt gemacht haben. Gleichzeitig aber sein utopisches Potenzial anklingen zu lassen, das sich jenseits von Nützlichkeit, also von Zwecken und Zielen, definieren darf, denn in der Differenz zwischen einem Anspruch und einer Wirkung erfahren wir das Eigentliche, die Kunst. Um diese zu fördern, vielleicht auch herauszufordern, schaffte der damalige Bundeskanzler Gerhard Schröder dieses Amt.

Bei Gesprächen darüber meldeten sich viele Väter. Im Juli 1998 schreibt Erich Loest in einem kurzen Text dazu mit dem Titel »Raus aus der Besenkammer«: »Ein kratziger Rotstift hat die geistige Landschaft mit ihren Bibliotheken, Theatern, Schulen, Universitäten, Goethe-Instituten und Orchestern arg geschädigt. Der deutsche Kulturminister heißt Waigel, panisch späht er, wie er noch einen Klecks aus dem Topf kratzen kann, und hat dabei den Lack nicht verschont. Von dem ist nun allerlei ab. Plötzlich reden alle […] von einem nötigen kulturpolitischen Oberhaupt und anscheinend geht es den meisten darum, ob das Minister, Staatssekretär oder schlicht Beauftragter heißen soll. Das wäre egal, wenn nur das Ziel im Auge bleibt, Kultur wieder zu einer Hauptsache im politischen Haushalt zu machen, ihr den Salon zuzuweisen und sie aus der Besenkammer zu befreien.« (Loest, Träumereien eines Grenzgängers, 2001, S. 105)

Michael Naumann wird der erste Beauftragte für Kultur und Medien. In einem Interview der Zeitschrift »Stiftung & Sponsoring« fordert er die kulturelle Dimension des Einigungsprozesses zu stärken und kulturellen Austausch zu fördern. »Das Europa der Zukunft wird nicht als reine Interessengemeinschaft bestehen können; seine kulturelle Vielfalt muss gegenüber der gemeinsamen Außenpolitik tatkräftig gefördert werden. Dabei spielt der Kulturaustausch eine bedeutende Rolle […]«

Menschen wollen sich ihre Zukunft vorstellen, wollen wissen, was mit ihnen geschehen wird. Mit ihren Mitteln und mit ihren Sinnen möchten sie diese Zukunft gestalten. Dazu braucht es Ideen, Orte und eine Öffentlichkeit. Aber in der Kunst, obwohl von einem umfassenden Kulturverständnis getragen, ist eine solche zweck-, ziel- und handlungsorientierte Haltung absurd. Auf Kunst zu setzen, heißt ins Chaos zu investieren, ins Bodenlose. Und trotzdem gilt die Frage: Soll man, weil man scheitern kann, nicht das Unmögliche wollen? Wer das Scheitern fürchtet, wird sich Visionen nicht aussetzen.

Ikarus verbrannte sich die Flügel, als er der Sonne zu nah kam und stürzte ab. Vermutlich lachen auch heute nicht wenige Voyeure über den, der das Unmögliche probiert hat. Sie haben um die Zwecklosigkeit des Unternehmens gewusst. Sie machen sich höchstens die Schuhe schmutzig, die Federn versengen sie sich nicht.

Christa Wolf erzählte, man habe ihr vorgeworfen, sie hätte mit dem Sozialismus »an Unmögliches geglaubt«. Sie bestritt das nicht. Nach der Zerschlagung des Prager Frühlings durch die Truppen der Warschauer Pakt-Staaten, gestand sie, dass ein Wir gescheitert war. Und vermutlich stand für sie genau zu diesem Zeitpunkt, wie später auch immer wieder die eben aufgeworfene Frage im Raum: Soll man, weil man scheitern kann, nicht das Unmögliche wollen?

Bestimmte Gründe geben unserer rational und normativ verfassten Lebensform die Struktur, deren wir als Menschen bedürfen – als Mitglieder dieser, wie Julian Nida-Rümelin (Beauftragter der Bundesregierung für Kultur und Medien 2001–2002) schrieb, »merkwürdigen Spezies, deren hinreichend entwickelte Exemplare sich in ihren Urteilen und ihrem Handeln von Gründen leiten lassen« (Julian Nida-Rümelin, Philosophie und Lebensform, 2009).

Ist es Erfahrungsarmut, wenn wir uns als Gesellschaft von einem Zweck, von unterschiedlichen Gründen oder einem Ziel leiten lassen? Haben wir diese Eckpfeiler nicht auch in unserer Vorstellungswelt, wenn wir an die Arbeit und Aufgaben eines Kulturstaatsministers denken, dessen eigentlicher Titel Beauftragter ist. Also ein im Auftrag Handelnder. In diesem Begriff steckt die unausgesprochene Erwartung, es gebe für dieses Amt, für die Arbeit in diesem Amt ein wünschbares Resultat, das zu erreichen ist, und an dem wir uns über den Erfolg oder Misserfolg definieren können.

Christina Weiss (Beauftragte der Bundesregierung für Kultur und Medien 2002–2005) setzte in einem Gespräch im Studio 9 mit Korbinian Frenzel folgenden Satz dagegen: »Die Sache der Kunst ist es, den Geist freizusetzen. Uns aus dem eingefahrenen Denken wieder herauszukatapultieren.«

Die Politik, die einen Anspruch formuliert, kann eine Kunst des Möglichen sein. Die Kunst eigentlich ist immer das Unmögliche. Sie ist immer das, was keiner erwartet.

Bernd Neumann (Beauftragter der Bundesregierung für Kultur und Medien 2005–2013) mahnte 2010 anlässlich der Mitgliederversammlung von ICOM Deutschland an, dass wir nicht vergessen dürften, »dass wir nur Treuhänder des kulturellen Erbes sind, und wir es, selbst angesichts von Sparzwängen, nicht leichtfertig preisgeben dürfen.« Also doch immer wieder das Unmögliche wagen. Es wird das Bewahrenswerte werden, was die wirkliche Geschichte ausmacht.

Monika Grütters, seit 2013 Beauftragte der Bundesregierung für Kultur und Medien, betonte in einem Interview, das sie im Mai dieses Jahres der Welt gab: »Wenn man wachsam und kritisch bleibt, dann kann man mit vielen Provokationen, auch der einen oder anderen Grenzüberschreitung, gut leben, ohne sich dadurch bedroht zu fühlen. Wer seine Werte und Wurzeln kennt, lebt auf einem guten Fundament.«

Ist es gelungen, nach 20 Jahren BKM, der Kunst und Kultur ein ebensolch gutes Fundament zu geben? Ja, es ist vieles auf einen offenen, hoffnungsvollen Weg gebracht worden. Doch: »Den lieb ich, der Unmögliches begehrt«, heißt es in Goethes Klassischer Walpurgisnacht.

Norbert Sievers
Kontrolle ist gut, Vertrauen ist besser. Zum Verhältnis Gesellschaft und Staat

20 Jahre Bundeskulturpolitik. Das ist ein wichtiges Jubiläum, nicht zuletzt für die Kulturpolitische Gesellschaft. Hat sie sich doch von jeher sehr für ein stärkeres Engagement des Bundes in der Kulturpolitik eingesetzt, insbesondere nach der »Wende« in den 1990er Jahren. Dabei ging es, dem damaligen Reformklima und dem aufkeimenden neoliberalen Zeitgeist entsprechend, auch schon um Neujustierungen im Verhältnis von Staat und Zivilgesellschaft. Hintergrund dafür waren die öffentliche Finanznot und die Debatten um das sogenannte New Public Management und einer neuen Governance-Konzeption, die im Leitbild des »aktivierenden Staates« ihren Fokus hatte. Dieses Leitbild ist in der Folge auch in der bundeskulturpolitischen Diskussion zu einiger Prominenz gelangt und ist bis heute Gegenstand kontroverser Debatten. Es lohnt sich daher, einen Blick darauf zu werfen und auf das darin angelegte Verhältnis von Staat und Gesellschaft hin zu befragen.

Der aktivierende Staat und die Zivilgesellschaft

Das Jahrzehnt nach der Wende war geprägt durch Reformbemühungen in den öffentlichen Verwaltungen vor allem der Kommunen (Stichwort »New Public Management«) und die Theorie des »aktivierenden Staates«, die ein neues Verhältnis von Staat, Gesellschaft und Wirtschaft reklamierte. Beeinflusst durch angelsächsische Theoretiker und Erfahrungen war mit dieser »neuen Staatstheorie« eine Art Modernisierungskompromiss verbunden, der alte (ideologische) Blockaden aufzubrechen und einen neuen »dritten Weg« (Anthony Giddens) zu ebnen versprach. Jenseits des so bezeichneten »ordnungspolitischen Dualismus« (Warnfried Dettling), der nur einer entweder staatsnahen oder marktkonformen Politikkonzeption die Lösung gesellschaftlicher Probleme zutraute, verstand sich dieser Ansatz als Kombination von öffentlicher Regulierung, marktvermittelter Produktion und gesellschaftlichem Engagement und suchte nach dem »Königsweg« zwischen sozialstaatlichem Versorgungsdenken und neoliberalem Politikverzicht durch einen Wechsel von der Produzenten- zur Gewährleistungsrolle des Staates. Dabei ging es vorgeblich nicht so sehr um Staatsentlastung bzw. den Abbau öffentlicher Leistungen, sondern um eine neue Mischung aus staatlicher Gesamtverantwortung und bürgerlicher Selbsttätigkeit. Nicht weniger Staat war das Ziel der theoretischen Vordenker, sondern ein anderer und besserer Staat.

Auch in der Kulturpolitik und in der Kulturpolitischen Gesellschaft ist diese neue ordnungspolitische Vorstellung aufgegriffen worden, zumal sie ihrem pluralistischen Grundverständnis entgegenkam. In der Konzeption einer »aktivierenden Kulturpolitik« (Sievers 2001) wurde sie nicht mehr nur aus einer Ein-Sektor-Perspektive gedacht, sondern mehrpolar und als »Mehr-Agenten-System« (Eckart Pankoke), in dem staatliche und nichtstaatliche Akteure im Sinne einer Verantwortungsteilung kooperativ in einem Netzwerk zusammenwirken. Eine befähigende und ermöglichende Politik sollte zur Kooperation und Koproduktion ermuntern und Engagement fördernde Rahmenbedingungen gestalten. Die Enquête-Kommission des Deutschen Bundestages »Kultur in Deutschland« nahm in ihrem Abschlussbericht konkret Bezug auf diesen Ansatz, indem sie den »aktivierenden Kulturstaat« als Leitbild der Kulturpolitik auswies, in dem Moderation und Vermittlung als Elemente eines ›Netzwerkmanagements‹ eine größere Rolle spielten (s. Deutscher Bundestag 2007, S. 52–92). Sie machte sich damit einen auf Kooperation setzenden Kulturpolitikbegriff zu eigen, der Kulturpolitik in einem systemischen Zusammenhang begreift, in dem dann nicht mehr nur der Staat (auch: Länder, Kommunen) als (zentrale) kulturpolitische Akteure und Anbieter öffentlicher kultureller Dienstleistungen und Infrastrukturen auftreten, sondern auch der Kulturmarkt und die Kulturgesellschaft als wirtschaftlich und bürgerschaftlich organisierte Strukturen. Von »Verantwortungspartnerschaft«, »Trisektoralität«, neuen »Governance-Strategien« und der berühmten »Augenhöhe« war in der Folge und ist bis heute die Rede.

Kritik der aktivierenden Kulturpolitik

Die Konzepte des »aktivierenden Kulturstaates« und der »aktivierenden Kulturpolitik« waren und sind in der kulturpolitischen Diskussion nicht unumstritten. Kritisiert wird vor allem die aktive Rolle des Staates, die sich eben nicht nur auf eine zurückhaltende Gewährleistungsfunktion beschränkt, sondern auch eine Gestaltungs- und Steuerungsfunktion beinhalten soll. Auch in der Enquête-Kommission war der Begriff »aktivierender Staat« strittig. So haben die FDP-Fraktion und der Sachverständige Olaf Zimmermann (Geschäftsführer des Deutschen Kulturrates) folgendes Sondervotum abgegeben: »Es geht nicht darum, dass der Staat aktiviert, weder die Künstler oder die Kultureinrichtungen oder das bürgerschaftliche Engagement im Kulturbereich. Vielmehr kommt es darauf an, dass der Staat durch die Gestaltung der Rahmenbedingungen sowie teilweise durch die direkte Kulturförderung Kunst und Kultur ermöglicht. Es sollte daher von einem ›ermöglichenden Staat‹ gesprochen werden.« (Ebd., S. 52, FN 2)

Dieser Einwand ist mehr als eine semantische Spitzfindigkeit, wenn das Governance-Konzept nicht aus der Perspektive der Kommunen gedacht wird, sondern aus der Sicht der Länder und des Bundes. Denn besonders hier steht der damit implizierte Staatsanspruch im Widerspruch zu dem Staatsverständnis, das die deutsche Verfassung vorsieht und das in der Kunstfreiheitsgarantie und dem daraus abgeleiteten Gebot der Staatsferne in der Kulturförderung zum Ausdruck kommt. Neben diesem grundsätzlichen Einwand gibt es auch funktionale und politische Bedenken. So ist die Koproduktion der drei Sektoren Staat, Markt und Dritter Sektor sicher eine gute Idee, wenn es darum geht, unnötige Konkurrenzen abzubauen, Reibungsverluste zu minimieren und die Zusammenarbeit der Akteure anzuregen. Bedauerlicherweise führt die auf mehr Effizienz und Effektivität ausgelegte sektorübergreifende Kooperation der Akteure aber auch zu einer problematischen Grenzverwischung und Verantwortungsdiffusion, wenn die Verantwortung lediglich abgeschoben, aber nicht wirklich geteilt wird, oder diejenigen, die die Verantwortung übernehmen sollen, nicht in die Lage versetzt werden, diese auch tatsächlich ausüben zu können.

Politisch geht das Konzept der aktivierenden Kulturpolitik davon aus, dass gemeinsame Ziele und Leitbilder entwickelt und Kooperationen verabredet werden. Dagegen ist im Grunde nichts einzuwenden. Wenn dies jedoch darauf hinausläuft, dass eine gemeinsame Aushandlung und Verständigung nicht stattfindet und öffentliche Kultureinrichtungen und zivilgesellschaftliche Akteure in staatliche Programme inkorporiert werden, ohne dass Mitsprache erwünscht ist, werden womöglich Freiheitsräume eingeschränkt und die umworbenen Partner zu Erfüllungsgehilfen staatlicher Behörden. Dies muss kein grundsätzliches Problem sein, aber es ist eine Gradwanderung. In dieser Situation stehen gegenwärtig z. B. etliche Fachverbände im Kulturbereich, die sich im Sinne einer »Politik durch Verbände« (z. B. beim Programm »Kultur macht stark«) als Dienstleistungsagenturen für öffentliche Förderer anbieten und Gefahr laufen, dadurch ihre Funktion als Organisationen der Interessenvertretung und kritische Instanzen der Zivilgesellschaft zu verlieren, weil es schwierig ist, gegenüber dem Staat eine kritische Position einzunehmen, wenn man gleichzeitig in einer kooperativen (Geschäfts-)Beziehung zu ihm steht. Auf Dauer wäre diese Stillstellung der Verbände bei forciertem Dienstleistungsbetrieb weder für die Verbände noch für die Politik ein Vorteil, weil sie die interne legitimatorische Verfassung der Verbände im Binnenverhältnis beschädigt und ihre Einspruchsfähigkeit im Netzwerk Kulturpolitik schwächt. Genau diese Depolitisierung hat – trotz aller gegenteiligen Beteuerungen – in den letzten Jahren nach meinem Eindruck jedoch stattgefunden. Das Verhältnis von Nähe und Distanz, das für jede gelingende Partnerschaft konstitutiv ist, sollte deshalb zwischen dem fördernden Staat und den zivilgesellschaftlichen Akteuren neu austariert werden.

Projektförderung als zweites Standbein der Kulturförderung

Projektarbeit und mithin die Projektförderung haben in den letzten zwei Dekaden enorm zugenommen. Mittlerweile dürften bezogen auf alle Politikebenen und Förderakteure mehrere zehn Millionen Euro jährlich für zeitlich befristete, nicht regelmäßige Aktivitäten vergeben werden, ohne dass dies von der Kulturpolitik als systemrelevantes Faktum wirklich zur Kenntnis genommen würde. Bemerkenswert sind dabei nicht nur die Quantität der Fördersumme und die Vielzahl der fördernden Organisationen und Fördervorgänge, sondern auch die Qualität der geförderten Kulturaktivitäten. Denn häufig sind es die besonderen, Aufmerksamkeit erheischenden, auf spezielle Anlässe und Situationen bezogene Formate wie Festivals, Jubiläen oder Projekte mit aktueller Thematik, die in der »Gesellschaft der Singularitäten« (Andreas Reckwitz) das Besondere und oft auch das qualitativ Exzellente gegenüber dem normalen Kulturprogramm repräsentieren. Nicht zuletzt dieser Vorteil hat dazu geführt, dass Projektarbeit längst den Charakter seltener Experimente verloren hat, sondern vielmehr zum Signum der kulturellen Spätmoderne geworden ist. Der Kultursoziologe Andreas Reckwitz geht sogar so weit, Projekte als den »geradezu emblematischen Ort« zu sehen, wo »sich die Ökonomie, ja die gesamte Gesellschaft der Spätmoderne auf der Organisationsebene realisiert« (Reckwitz 2017, S. 192). Dies ist ein Hinweis auf die Bedeutung der Projektarbeit, die in der Kulturpolitik (zumal des Bundes) nicht annähernd wahrgenommen wird.

Der Kulturbereich und insbesondere die freie und soziokulturelle Szene waren von jeher (vor allem in den 1970er und 1980er Jahren) offen und empfänglich für die Arbeit in Projekten, weil dieses »temporäre System« den Bedürfnissen der Akteure nach einem selbstbestimmten Arbeiten und Leben und »affektiver Dichte« in besonderer Weise entgegenkam und nebenbei bei der Überbrückung von so manchen biografischen Statuspassagen behilflich war. Dies ist der soziologische Hintergrund für den Boom der Projektarbeit und in der Folge auch der Projektförderung. Als weiteres Erklärungsmoment kommt hinzu, dass Projektförderung auch in hohem Maße politisch funktional ist, zumal in Zeiten leerer Kassen. Sie belastet die öffentlichen Etats nicht auf Dauer und gibt gleichzeitig viel mehr Spielraum, um flexibel auf neue Themen und neu entstehende Förder- und Modernisierungsbedarfe zu reagieren. Außerdem kann mit einer Programm- und Projektförderung eine breitere politische Agenda »bespielt« werden. Kulturpolitik gewinnt so Handlungsfähigkeit zurück, die angesichts mancher Etats fast gegen Null geht, wenn die Mittel zu über 80 Prozent institutionell gebunden sind. Mit anderen Worten: Projektförderung macht es möglich, mit vergleichsweise wenig Geld noch Politik machen zu können. Weil für neue Einrichtungen mit Normalarbeitsverträgen vielerorts ohnehin das Geld fehlt und das »Omnibus-Prinzip« das bestehende Institutionensystem für neue Initiativen unzugänglich macht, boomen ergänzende Projektförderstrategien zum institutionellen System, zumal sie den Charme haben, im Bedarfsfall wieder rückgängig gemacht werden zu können.

Ambivalenzen der Projektförderung

Den Vorteilen für die Kulturszene und die Kulturpolitik stehen aber auch Risiken und Nachteile gegenüber, insofern die vermehrte befristete Projektförderung die ohnehin schon fragile und ökonomisch prekäre Lage vieler Kulturakteure noch verstärkt und die Balance von projektbezogener und institutioneller Förderung aus dem Gleichgewicht bringt. Ursprünglich waren Projekte als ergänzende Option gedacht. Man wollte mal etwas ausprobieren, aus den üblichen Arbeitsroutinen ausbrechen. Heute versteht sich Projektarbeit nicht mehr als Ausnahme und zusätzlich zum Alltagsbetrieb, sondern ist für viele kulturellen Akteure die einzige Quelle ihres geringen Einkommens.

Projektförderung perpetuiert diese prekäre Situation und führt in der öffentlichen Kulturförderung letztlich zu einem Zwei-Klassen-System von institutionell geförderten Einrichtungen auf der einen Seite und projektbezogen geförderten Akteuren auf der anderen Seite. Während es auf der institutionellen Seite eine Situation relativer Sicherheit gibt, haben wir es in der durch Projektmittel geförderten Kulturszene mit einem zum Teil überbordenden, ganz sicher unterfinanzierten und deregulierten System zu tun, das die Akteure der Kulturgesellschaft einem permanenten, zeitlich eng getakteten Wettbewerb aussetzt, um möglichst viele kulturelle Kräfte zu mobilisieren. Wettbewerbe sind der zentrale Modus einer aktivierenden Kulturförderung und an sich eine gute Idee, wenn die Verhältnismäßigkeit gewahrt bleibt. Politik kann auch überaktivierend sein.

Problematisch ist Projektförderung auch deshalb, weil sie durch Gewährung und Entzug von Mitteln in unheiliger Allianz mit einem restriktiv ausgelegten Zuwendungsrecht disziplinierende Effekte haben kann, auch wenn diese vom Zuwendungsgeber gar nicht intendiert sein mögen. Allein die Tatsache, dass die projektbezogen geförderte Kulturarbeit bis hin zu kleinsten Beträgen gebunden ist an die hoheitlichen Akte der Bewilligungsbescheide und den damit verbundenen Anforderungen und Kontrollen, die bundesweit sicherlich mehrere zehntausend Vorgänge ausmachen, bewirkt im Endeffekt eine enorme Kontrollstruktur, der die Projektakteure ausgesetzt sind.

Abgesehen von dem enormen und immer größer werdenden Verwaltungsaufwand, der damit verbunden ist, stellt sich auch die Frage, was dies demokratiepolitisch bedeutet. Die Folgen für die Arbeitsbedingungen der Kulturakteure sind indes bekannt und werden immer wieder beklagt. So stehen die Kulturakteure vor der Notwendigkeit, immer wieder neue Projekte konzipieren zu müssen, die Mittel dafür zu besorgen etc. Dieser Zwang zur Dauerinnovation, den der Wettbewerb um die Fördertöpfe begründet, kann auch zu einer Erschöpfung und Frustration der Kulturszene führen, zumal die Zuwendungsnehmer in der Regel auf gemeinnütziger Basis arbeiten und keine Möglichkeit haben, Gewinne zu erzielen und Rücklagen zu bilden, um Zeit und Phasen der Ruhe und Regeneration zu haben.

Die Aufgabe des Bundes: Zuwendungsrecht reformieren

Fördermittel für Projekte werden vom Staat in der Regel als Zuwendungen auf der Basis des Haushaltsrechts vergeben, dessen Bestimmungen aus dem letzten Jahrhundert kommen und nicht mehr in die heutige Projektwirklichkeit passen. Der Grund dafür ist, dass das Zuwendungsrecht vor allem auf die Rationalität und Handlungslogik öffentlicher Behörden zugeschnitten ist und die trisektorale Realität und vor allem die Betriebswirklichkeit vieler frei-gemeinnütziger Träger oder gemischt finanzierter Akteure nicht berücksichtigt. Bei Förderungen von zeitlich befristeten Vorhaben gemeinnütziger Vereinigungen steht immer noch die Vorstellung vom »bürgerschaftlichen Idealverein« im Hintergrund, der im Wesentlichen von Spenden und Beiträgen lebt und hin und wieder für besondere Aktivitäten beim Staat oder bei privaten Sponsoren um eine zeitlich befristete Unterstützung nachsucht. Die Situation vieler frei-gemeinnütziger Träger hat sich jedoch grundlegend verändert, insofern sie oftmals längst zu hybriden Betrieben der Kultur- und Kreativwirtschaft geworden sind, die nicht nur in Ausnahmefällen Projekte durchführen, sondern Projektarbeit als Basis ihrer wirtschaftlichen Existenz betreiben.

Besonders gravierend und augenfällig ist diese mangelnde Passung bei der sogenannten quasi-institutionellen Förderung, also der Förderung von langfristig arbeitenden Einrichtungen im Wege der jährlichen Projektförderung, wo allein das Prinzip der Jährlichkeit, das Verbot der Rücklagenbildung etc. ganz abgesehen von arbeitsrechtlichen Fragen, für die betroffenen Einrichtungen zu fast unlösbaren Problemen führt. Komplizierter wird es, wenn Kulturakteure regelmäßig von vielen Projektförderungen leben, wobei jede einzelne aber nur auf das konkrete Projekt bezogen ist, sodass die Bedarfe des Betriebs, in dem das Projekt stattfindet, ausgeblendet bleiben. Voraussetzung einer nachhaltig wirksamen Förderpolitik müsste dagegen sein, dass der betriebliche Kontext der gemeinnützigen Träger im Kulturbereich gesehen wird und dass die Förderstrategien und das Zuwendungsrecht so ausgerichtet werden, dass sie die gewachsenen Anforderungen an das Management dieser Organisationen verringern und nicht weiter erhöhen. Das Gegenteil ist jedoch zu beobachten: Das Zuwendungsrecht in der alten Form wird rigider umgesetzt, und die Zuwendungsempfänger werden mit ihren Problemen alleine gelassen, obwohl sie beim Bund bekannt sind. Deshalb muss leider konstatiert werden, dass der Bund (und die Länder) den Governance-Ansatz der Enquête-Kommission und die darin angelegten Modernisierungs- und Demokratisierungsoptionen in dieser Frage nicht ernst genommen haben und gegenüber den neuen Realitäten die Augen verschließt.

Eine tragfähige Partnerschaft zwischen staatlichen Behörden und zivilgesellschaftlichen Kulturakteuren bei der Erledigung öffentlicher Aufgaben setzt eine situationsgerechte Förderung voraus. Ziel muss es daher sein, mehr Rechtssicherheit, Verlässlichkeit und Gestaltungsfreiheit zu schaffen und den Verwaltungsaufwand für die Zuwendungsgeber und Zuwendungsnehmer zu verringern, sonst läuft das System absehbar gegen die Wand. Wenn das Besondere, das Exzellente, das Innovative durch Projekte in der »Gesellschaft der Singularitäten« gefördert werden soll, dann bedarf es auch einer angepassten »Hintergrundstruktur« (Andreas Reckwitz), die dies ermöglicht. Das Zuwendungsrecht ist eine solche Hintergrundstruktur. Seit Jahrzehnten gibt es Vorschläge, es zu reformieren, und es ist gut zu wissen, dass die aktuelle Bundesregierung sich für diese Legislaturperiode vorgenommen hat, »für eine zeitgemäße und auf die Bedarfe der Kulturszene ausgerichtete Zuwendungspraxis [...] eine Vereinfachung und Entbürokratisierung« sorgen zu wollen. Sie kann dabei auf viele Vorschläge zurückgreifen. So hat die Arbeitsgemeinschaft für wirtschaftliche Verwaltung e.V. (AWV, 2018) in diesem Jahr ein Arbeitspapier Zuwendungsrecht und Zuwendungspraxis vorgelegt, in das die Erfahrungen öffentlicher Behörden und zivilgesellschaftlicher Organisationen eingeflossen sind. Vieles davon wäre sofort umsetzbar.

Über die Reform und flexiblere Anwendung des Zuwendungsrechts hinaus könnte eine Veränderung der Förderungspraxis aber auch schon zu Erleichterungen führen. Dringend notwendig ist eine Verbesserung der Kommunikation zwischen Förderungsgebern und -nehmern, um mehr Verständnis mit Blick auf die unterschiedlichen Situationen herzustellen. So wäre eine Intensivierung der Beratungs- und Informationsmöglichkeiten (auch: Schulungen) sinnvoll. Positiv erwähnt werden sollen in diesem Zusammenhang die Verwaltungsleiterschulungen des BKM, die einmal jährlich mit den wichtigsten Zuwendungsempfängern stattfinden. Allerdings klären diese nur über die Anforderungen des öffentlichen Zuwendungsrechts auf, sind also eindimensional ausgerichtet. Es wäre wünschenswert, wenn sie dialogischer ausgerichtet wären und auch die Probleme der Förderungsempfänger zur Sprache kommen könnten.

Gute Bedingungen für eine gelingende Zusammenarbeit von Staat und Zivilgesellschaft sind jedoch nicht nur eine Bringschuld des Staates, sondern auch eine Holschuld der Kulturakteure. Trotz der Asymmetrie in diesem Verhältnis, welche die politische Rede von der »Augenhöhe« zur reinen Rhetorik verkommen lässt, sollten diese aus ihren wichtigen Beiträgen zum kulturellen Leben in Deutschland und zur Modernisierung des Kultursystems Selbstvertrauen und Selbstbewusstsein schöpfen und sich nicht klein machen vor dem großen mäzenatischen Gestus der Politik. Gerade aus jenem Bereich, den wir mit den Begriffen der Soziokultur und freien Kulturszene bezeichnen, sind immer wieder auch kulturpolitische Innovationen entstanden. Ihr Movens war dabei oft die Kritik an den bestehenden Verhältnissen in den Kultureinrichtungen und in der Gesellschaft. Gerade deshalb haben sie viel erreicht. Bevor der Staat bestimmte Probleme erkannt hat, sind sie gewissermaßen gesellschaftlich schon in Vorleistung getreten und sollten sich jetzt nicht auf die Rolle der Erfüllungsgehilfen öffentlicher Programme reduzieren lassen und in affirmativer Selbstgenügsamkeit verharren. Nicht nur Kultur, auch Kritik macht stark und muss sein! Sie ist kein Störfall des Kulturbetriebs, sondern ein Bewegungsmoment für kulturelle Entwicklung und für die Demokratie. Dem fördernden Staat ist mit Blick auf seine Zuwendungsempfänger in der kulturellen Szene zu empfehlen, in direkter Umkehr des Leninschen Diktums die Devise gelten zu lassen: »Kontrolle ist gut, Vertrauen ist besser.«

Literatur

— Arbeitsgemeinschaft für wirtschaftliche Verwaltung e.V. (AWV), 2018, Impulspapier Modernisierung des Zuwendungsrechts für den Dritten Sektor → https://bit.ly/2NfPypw
— Bundesregierung (2018): Ein neuer Aufbruch für Europa. Eine neue Dynamik für Deutschland. Ein neuer Zusammenhalt für unser Land. Koalitionsvertrag zwischen CDU, CSU und SPD 19. Legislaturperiode → https://bit.ly/2IciKIv
— Deutscher Bundestag (Hg.): Schlussbericht der Enquête-Kommission »Kultur in Deutschland«, 11.12.2007, Drucksache 16/7000
— Reckwitz, A.: Gesellschaft der Singularitäten. Zum Strukturwandel der Moderne, Suhrkamp Verlag, Berlin 2017
— Sievers, N.: Fördern ohne zu fordern. Begründungen aktivierender Kulturpolitik. In: Röbke, T./Wagner, B. (Hg.): Jahrbuch für Kulturpolitik 2000, Band 1, Thema: Bürgerschaftliches Engagement, Kulturpolitische Gesellschaft/Klartext-Verlag, Bonn/Essen 2001, S. 131–155

4. — **Vom Rhein an die Spree – Sichtbarer Aufbruch der Bundeskulturpolitik**

5.

Gesetzgebung für Kunst und Kultur

Wachgeküsst 20 Jahre
neue Kulturpolitik
des Bundes
1998——2018

Isabel Tillmann
Seinen Platz finden – Die BKM in der Ressortabstimmung

In der öffentlichen Wahrnehmung wird Kulturförderung oftmals mit finanzieller Förderung gleichgesetzt. Die rechtlichen Rahmenbedingungen in einer kultur- und medienpolitisch günstigen Weise zu gestalten, ist jedoch mindestens ebenso Aufgabe der Kulturpolitik, gewissermaßen als Kulturförderung durch rechtliche Gestaltung.

Aufgrund der Zuständigkeitsverteilung zwischen Bund und Ländern in den Bereichen Kultur und Medien gibt es auf Bundesebene nur wenige Gesetzgebungsvorhaben in der Zuständigkeit der Beauftragten der Bundesregierung für Kultur und Medien (BKM), beispielsweise das Bundesarchivgesetz, das Filmförderungsgesetz oder das Kulturgutschutzgesetz. Angesichts der vielfältigen Auswirkungen, die Regelungen in anderen Politikbereichen, wie z. B. Urheber-, Arbeits- und Sozial- sowie Steuerrecht auf das künstlerische Wirken und die Kultur- und Medienlandschaft, in Deutschland haben – um nur einige der naheliegenden Bereiche zu nennen, ist es daher umso wichtiger, im Rahmen der sogenannten »Kulturverträglichkeitsprüfung« (KVP) kultur- und medienpolitische Belange bei der Ressortabstimmung einzubringen.

Das Ziel der KVP hat die Bundesregierung bereits 2004 in der Antwort auf eine Kleine Anfrage umrissen (BT-Drucks., S. 15/2729, S. 2). Diese Zielsetzung ist auch heute noch aktuell: »Im Interesse einer Optimierung der rechtlichen Rahmenbedingungen der Kultur war und ist es von wesentlicher Bedeutung, gesetzliche Neu- oder Änderungsregelungen auf den Weg zu bringen, die – wie die oben beispielhaft genannten – gezielt der Kultur zugutekommen. Ebenso wichtig ist es aber, bei anderweitigen, nicht gezielt auf die Kultur ausgerichteten Rechtsnormen darauf zu achten, dass sie möglichst keine der Kultur unzuträglichen Regelungen enthalten. […] Mit der ausdrücklichen Statuierung dieses politischen Ziels soll nach dem Verständnis der Bundesregierung in allen Phasen des Handelns der Exekutive wie auch der Legislative das Bewusstsein dafür geschärft werden, dass Kunst und Kultur zu ihrer Entfaltung nicht nur das kreative Potenzial von Künstlerinnen und Künstlern benötigen, sondern ebenso auf geeignete rechtliche Rahmenbedingungen angewiesen sind, für die der Staat zu sorgen hat.« Durch die Betonung der gezielten Förderung wird klar, dass es eben nicht nur um die Vermeidung von kulturpolitischen »Unverträglichkeiten« geht. Gesetzgebungstechnisch klarer formuliert ist daher der Begriff der kulturbezogenen Folgenabschätzung.

Mit der Antwort auf die damalige Kleine Anfrage hatte die Bundesregierung sich explizit auf die Erwähnung auf den Koalitionsvertrag von 2002 bezogen. Dass die Kulturverträglichkeitsprüfung in den Koalitionsvertrag von 2018 nicht mehr explizit als Verfahren Eingang gefunden hat, ist nicht etwa dahingehend zu verstehen, dass das Thema obsolet geworden ist. Vielmehr hat es sich derart »eingespielt«, dass selbstverständlich neben dem umfangreichen Kulturkapitel im Koalitionsvertrag auch die Berücksichtigung kultureller Belange in anderen Bereichen gefordert ist.

Eine kurze Skizze zu den bisherigen Erfahrungen soll Inhalt und Verfahren näher beleuchten. Hier lohnt sich ein näherer Blick aus mehreren Gründen: Zum einen sind längst nicht nur Gesetzgebungsvorhaben im engeren Sinne betroffen, sondern prinzipiell alle kabinettpflichtigen Vorhaben, wie z. B. Antworten auf Parlamentarische Anfragen oder Berichtsbögen an den Deutschen Bundestag, aber auch Strategien und Berichte. Letztere sind ihrerseits Grundlage für weitere politische und gesetzgeberische Entscheidungen, weshalb es auch hier wichtig ist, die kulturpolitische Sichtweise einfließen zu lassen. Nach der Geschäftsordnung der Bundesregierung sind dieser »zur Beratung und Beschlussfassung zu unterbreiten [...] alle Angelegenheiten von allgemeiner innen- oder außenpolitischer, wirtschaftlicher, sozialer, finanzieller oder kultureller Bedeutung«. Letzteres verdeutlicht auch, dass die mangelnde Beteiligung von BKM dazu führen kann, dass ein Verfahren nicht die erforderliche sogenannte »Kabinettreife« hat. Daher hat das federführende Ressort selbst immer ein Interesse an der – wenn auch gegebenenfalls verspäteten – Beteiligung aller betroffenen Ressorts. Dies wird durch großzügige Beteiligung »in cc« in den letzten Jahren erleichtert, manchmal auch schlicht durch informelles »Nachhaken« per Telefon oder Mail.

Zum anderen beschränkt sich die Notwendigkeit der »KVP« nicht auf die nationale Ebene: die Beteiligungspflicht erstreckt sich auch beispielsweise auf Vorhaben auf europäischer und internationaler Ebene und die Positionierung der Bundesregierung dazu. Genauso betroffen sind daher auch z. B. Stellungnahmen der Bundesregierung zu Vorabentscheidungsverfahren des EuGH oder die Plädoyers in solchen Entscheidungen. Ebenso wirkt BKM bei der ressortinternen Abstimmung von sogenannten »Sprechzetteln« für die Ratsarbeitsgruppen oder Ratstagungen mit – auf europäischer Ebene aktuell nicht zuletzt im Urheberrecht. Sitzungen von Ratsarbeitsgruppen oder des Rates im Kultur- und Medienbereich sind zudem eine Möglichkeit des Austausches und der Frühwarnung im Kreise der Mitgliedsstaaten: Im Ausschuss für Kulturfragen kann über die jeweilige Ratspräsidentschaft die Europäische Kommission gebeten werden, zu aktuellen Vorhaben vorzutragen. – Das ist seit den Schlussfolgerungen des

Rates vom 26. November 2012 zur kulturpolitischen Steuerung zwar turnusmäßig vorgesehen, jedoch noch nicht immer geübte Praxis. – Dies bietet auch Möglichkeiten, die anderen Mitgliedsstaaten für kulturpolitisch relevante Belange zu sensibilisieren. So hatte z. B. Frau Staatsministerin Grütters seinerzeit ihre europäischen Amtskolleginnen und -kollegen auf die kultur- und medienpolitischen Belange in den TTIP-Verhandlungen hingewiesen. Auch hatte Deutschland in der maßgeblichen Ratsformation (Rat für Bildung, Jugend, Kultur und Sport) bisweilen die Europäische Kommission um einen Bericht gebeten, um auf kulturpolitische Belange in anderen Dossiers aufmerksam zu machen. Solche Initiativen sind seit vielen Jahren gelebtes »cultural mainstreaming«, wie die Kulturverträglichkeitsprüfung – in Anlehnung an die Begriffe für andere Querschnittsbereiche – auf EU-Ebene lautet. Dabei war die EU-Ebene hier Vorbild, nachdem die Kultur als Politikbereich 1992 mit dem Vertrag von Maastricht in den (damaligen) EG-Vertrag aufgenommen wurde.

Darüber hinaus besteht ein reger Austausch mit Ländern und Kommunen durch den Gaststatus von BKM im Kulturausschuss der KMK sowie im Kulturausschuss des Deutschen Städtetages, sodass auch in diesen Foren die Möglichkeit besteht, sich frühzeitig über kultur- und medienrelevante Regulierungen nach Art eines »Frühwarnsystems« zu informieren, aber auch – wie beispielsweise im Steuerrecht – die Praxis bereits geltender Regelungen zu überprüfen. Als Austauschforum auf hoher kulturpolitischer Ebene hinzugekommen ist in jüngerer Zeit das »Kulturpolitische Spitzengespräch« zwischen Bund, Ländern und Kommunen.

Inhaltlich ist der Begriff »Kulturverträglichkeit« etwas zu eng gefasst. Explizit wurden mit dem Organisationserlass vom 27. Oktober 1998 aus den betroffenen Ressorts (Bundesministerium des Innern (BMI), Bundesministerium für Wirtschaft, Bundesministerium für Bildung und Forschung) die Zuständigkeiten für Kultur und Medien übertragen – außerdem aus dem BMI die Förderung der Kulturarbeit der Vertriebenen sowie die Zuständigkeit für Gedenkstätten, welches sich als Bereich heute umfassender mit »Geschichte und Erinnerung« darstellen lässt. Völlig klar ist, dass im Zuge der Digitalisierung insbesondere der Medienbereich seit dem Organisationserlass nicht nur einen höheren Stellenwert erhält, sondern dieser noch stärker zum Querschnittbereich geworden ist. Hier ist es weiterhin Aufgabe der BKM, bei aller Notwendigkeit der Ausgestaltung der digitalen Infrastruktur auf die Relevanz der – ketzerisch gefragt: vielleicht noch maßgeblicheren? – Inhalte hinzuweisen.

Einer effektiven Wahrung kultur- und medienpolitischer Belange sehr dienlich ist weiterhin, dass die BKM auch organisatorisch in die »üblichen« Strukturen der Ressortabstimmung eingebunden ist, die Staatssekretärs- oder Abteilungsleiterrunden, was nicht nur der unmittelbaren Mitgestaltung und -beratung, sondern auch der Frühwarnung dient. Hervorzuheben ist, dass im Kreis der Parlamentarischen Staatssekretäre die Staatsministerin eine Sonderstellung innehat, weil diese zugleich Leiterin einer obersten Bundesbehörde ist. Auch dies führt naturgemäß zu einer starken institutionellen Verankerung.

Zu der ebenso naheliegenden wie entscheidenden Frage, was kulturpolitische Belange bzw. die »kulturbezogenen Schutzgüter« im o. g. erweiterten Sinne sind. Hier sorgt der sowohl in kulturpolitischer wie auch juristischer Hinsicht offene Kulturbegriff für eine stetige Weiterentwicklung: Ziele wie die Netzneutralität waren vor 20 Jahren noch nicht auf der kulturpolitischen Agenda, Argumentationstopoi wie die kulturelle Vielfalt noch nicht völkerrechtlich durch das UNESCO-Übereinkommen über den Schutz und die Förderung der Vielfalt kultureller Ausdrucksformen abgesichert. Hinter den so abstrakt formulierten »kulturbezogenen Schutzgütern« stehen zudem die Interessen der konkret betroffenen Personen und Personengruppen – sei es als bildende Künstlerin, Sänger, Journalistin, als Vertreter von Museen und Bibliotheken oder den zahlreichen anderen Institutionen, aber auch als engagierte Vertreter eher abstrakter Schutzgüter wie der kulturellen und medialen Vielfalt oder der kulturellen Bildung.

In den letzten 20 Jahren bedeutete die »KVP« in praktischer Hinsicht nicht zuletzt auch immer Überzeugungsarbeit bei den federführend zuständigen Ressorts. Bei prononciert »kulturlastigen« Bereichen – wie dem Urheberrecht und dem Künstlersozialversicherungsrecht – besteht hier seit vielen Jahren ein sehr »kurzer Draht« und damit eine enge Zusammenarbeit.

Zu achten sind kulturpolitische Belange zudem auch relativ klar als gegenläufiges Interesse zu Umweltschutz oder Energieeffizienz, damit der Denkmalschutz gebührende Berücksichtigung finden kann – oder auch die Unterwasserarchäologie beim Bau von Offshore-Windkraftanlagen. Offensichtlich ist beispielsweise die medienpolitische Relevanz, wenn Werbung oder die Rechte von Journalisten geregelt werden. Berücksichtigen muss man bei allem notwendigen Arbeitsschutz weiterhin, dass Exponate weniger Lichteinfall vertragen als Mitarbeiter brauchen. Zahlreiche Gesetzgebungsverfahren der letzten Jahre haben zudem gezeigt, dass die Löschung von Daten archivfachliche Interessen betreffen kann (selbst bei der »Verordnung zur Fortschreibung von Vorschriften zu Blut- und Gewebezubereitungen«!). Nachdem beim zuständigen Ressort hinreichend Verständnis für die Bedeutung von Künstlernamen geweckt werden konnte, sind diese auch weiterhin zulässige Angaben über die Person nach dem Passgesetz. Hier ließen sich noch zahlreiche Erfahrungen aus den letzten 20 Jahren der »KVP« auflisten, auch durchaus kuriose, wie z. B. dass die Novellierung des Sprengstoffrechts das Archivwesen betrifft.

Das Ergebnis der »KVP« kann – je nach »Interventionsbedarf« – in die ersatzlose Streichung einer Regelung, eine kulturspezifische Bereichsausnahme, eine kulturverträglichere Umformulierung im Regelungstext selbst (dem »Federführer« meist eher vermittelbar) oder zumindest in eine Erläuterung in der Begründung münden – dies gilt natürlich genauso im parlamentarischen Verfahren.

Als Fazit festzuhalten ist nach 20 Jahren Erfahrung mit der »KVP«, dass nicht nur innerhalb der BKM für zahlreiche Parameter für »kultursensible« Politik- und Regelungsbereiche erarbeitet werden konnten, die die Prüfung im Einzelfall erleichtern. Gleichzeitig zeigt die Häufigkeit der Beteiligung durch andere

Ressorts, dass das Bewusstsein für die Beteiligung der BKM – und damit für die Berücksichtigung kulturpolitischer Belange in Gesetzgebungsverfahren – gestiegen, wenn nicht gar nahezu selbstverständlich ist. Doch auch weiterhin wird es Vorhaben geben, bei denen diese dem federführenden Ressort unbekannt sind, insofern bleibt die Sensibilisierung eine Aufgabe für BKM.

Geklärt hat sich inzwischen vielleicht auch ein Missverständnis, dass mit anfänglich überzogenen Erwartungen an die Kulturverträglichkeitsprüfung verbunden war: Eine Ressortabstimmung, die kulturspezifische Belange wahrnimmt – sei es durch das federführende Ressort selbst, sei es durch die Prüfung innerhalb der BKM – kann nicht gewährleisten, dass andere politische Ziele im Ergebnis auf politischer Ebene vor Beschluss im Bundeskabinett höher gewichtet werden. Das ist jedoch kein Wermutstropfen, sondern normaler Alltag der Ressortabstimmung – und im Übrigen keine kulturpolitische Besonderheit.

Doch auch ein im Wesentlichen eingespieltes Verfahren kann weiter verbessert werden – am effektivsten dort, wo ein Entwurf für ein Gesetzgebungsverfahren seinen Ausgang nimmt. Daher könnten als Beitrag zu Überlegungen zu »Besserer Gesetzgebung« auf nationaler Ebene entsprechende Handreichungen ergänzt werden. Und auch auf europäischer Ebene böte der Fragenkatalog in der »toolbox« zur »better regulation« noch Raum für weitere Ergänzung und Differenzierung. Schließlich wäre eine kontinuierlichere Berichterstattung der Europäischen Kommission im Ausschuss für Kulturfragen und bei Tagungen des EU-Kultur- und Medienministerrates wünschenswert.

Abschließend soll an dieser Stelle auch betont werden, dass die Expertise der Verbände in der Kulturpolitik ebenso wie in anderen Politikbereichen immer wieder unerlässlich für eine Gesetzgebung ist, die den Bedürfnissen der Betroffenen so weit wie möglich entspricht. Die BKM würde es daher begrüßen, wenn die Verbände diese kleine Skizze über die Erfahrungen in der Ressortabstimmung auch als Anregung zum weiteren Austausch auffassen würden.

(Der Beitrag ist eine Kurzfassung des Aufsatzes der Verfasserin in der ZGE 2017, S. 556–569)

Rupert Graf Strachwitz
Stiftungen am Beginn einer Bundeskulturpolitik?

Einen Rückblick auf 20 Jahre Bundeskulturpolitik mit dem Stiftungswesen zu verbinden, erscheint aus heutiger Sicht kaum noch verständlich. Das Recht der Stiftungen bürgerlichen Rechts beschäftigt das Bundesministerium für Justiz und Verbraucherschutz, für die Treuhandstiftungen existiert keine spezifische gesetzliche Grundlage, und die Zuständigkeit für das Steuerrecht der Stiftungen liegt bekanntermaßen beim Bundesministerium der Finanzen. Als kulturpolitisches Projekt werden Stiftungen nicht gesehen. Und doch gehört es zum Blick auf die Anfänge einer organisierten Bundeskulturpolitik, das Thema aufzugreifen. Zwar hatte der neu gewählte Bundeskanzler, Gerhard Schröder, in seiner ersten Regierungserklärung am 10. November 1998 die Aufgaben des erstmals berufenen Beauftragten der Bundesregierung für Kultur und Medien nur mit folgenden Worten beschrieben: »Zur Bündelung der kulturpolitischen Kompetenzen des Bundes schaffen wir das Amt eines Staatsministers für kulturelle Angelegenheiten. Er wird Impulsgeber und Ansprechpartner für die Kulturpolitik des Bundes sein und sich auf internationaler, aber vor allem auf europäischer Ebene als Interessenvertreter der deutschen Kultur verstehen.«[1] Er hatte aber auch hervorgehoben: »Wir haben den kulturellen Aufbruch aus der Zeit der Restauration miterlebt und mitgemacht. Viele von uns waren in den Bürgerbewegungen der 1970er und 1980er Jahre engagiert. Die ehemaligen Bürgerrechtsgruppen aus der DDR, die gemeinsam mit den ostdeutschen Sozialdemokraten die friedliche Revolution mitgestaltet haben, sind an dieser Regierung beteiligt. [...] Diese Generation steht in der Tradition von Bürgersinn und Zivilcourage. Sie ist aufgewachsen im Aufbegehren gegen autoritäre Strukturen und im Ausprobieren neuer gesellschaftlicher und politischer Modelle. Jetzt ist

---

[1] Bulletin der Bundesregierung Nr. 74–98 vom 11.11.1998

sie – und mit ihr die Nation – aufgerufen, einen neuen Pakt zu schließen, gründlich aufzuräumen mit Stagnation und Sprachlosigkeit, in die die vorherige Regierung unser Land geführt hat. An ihre Stelle setzen wir eine Politik, die die Eigenverantwortlichkeit der Menschen fördert und sie stärkt. Das verstehen wir unter der Politik der Neuen Mitte. [...] Das Engagement vieler Bürgerinnen und Bürger in Vereinen und Verbänden, im Sport, in Bürgerinitiativen und Selbsthilfegruppen ist eine der Keimzellen unseres sozialen Zusammenlebens und einer eigenverantwortlichen Gestaltung unserer Existenz.« Mit diesen programmatischen Sätzen skizzierte Schröder ein neues Verhältnis zu der Sphäre der Gesellschaft, die man damals oft den Dritten Sektor nannte und gerade begann, Zivilgesellschaft zu nennen. Die Stiftungen erwähnte er zwar nicht, aber als Akteure der Zivilgesellschaft waren sie mitgemeint. »Stiftungen«, schrieb Antje Vollmer, damals Vizepräsidentin des Bundestages, »nehmen innerhalb des Dritten Sektors eine strategische Hauptrolle ein.«[1]

In einem vielbeachteten Artikel zur »zivilen Bürgergesellschaft« präzisierte Schröder 2000 seine Vorstellungen.[2] Mit anderen europäischen sozialdemokratischen Regierungschefs, darunter insbesondere Tony Blair, versuchte er darüber hinaus, Überlegungen in Gang zu bringen, wie das umgesetzt werden könnte.[3] Anthony Giddens hatte dafür mit seiner Veröffentlichung The Third Way (Der dritte Weg) eine theoretische Grundlage geschaffen.[4]

Neben erheblichen Akzeptanzproblemen, nicht zuletzt in seiner eigenen Partei und bei den Gewerkschaften, begegnete Schröder bei diesen Vorstellungen auch der Schwierigkeit, dass es in den Ministerien dafür weder irgendwelche grundlegenden Vorarbeiten noch irgendeine Idee für eine Umsetzung in praktische Politik gab. Im Gegenteil: Beamte des Bundesfinanzministeriums hatten beispielsweise zehn Jahre zuvor auf einer Tagung der Ludwig-Erhard-Stiftung zum Thema »Markt, Staat und Stiftungen« erklärt, man habe »abschließend« festgestellt, für eine Reform der Rahmenbedingungen für das Stiftungswesen gebe es keinen Bedarf; der Diskussionsbeitrag (des Verfassers), dies festzustellen, sei in einer Demokratie wohl nicht die Aufgabe der Finanzverwaltung, stieß nicht nur dort auf Unverständnis.[5]

---

[1] Vollmer, A.: Stiftungen im Dritten Sektor, Eine vormoderne Institution in der Bürgergesellschaft der Moderne. In: Graf Strachwitz, R. (Hg.): Dritter Sektor – Dritte Kraft, Versuch einer Standortbestimmung. Stuttgart 1998, S. 61
[2] Schröder, G.: Die zivile Bürgergesellschaft – Anregungen zu einer Neubestimmung von Staat und Gesellschaft. In: Die neue Gesellschaft/Frankfurter Hefte 4, April 2000
[3] Blair, T.: Die neuen Gebenden, Unterstützung für freiwillige Arbeit und Gemeinsinn der Bürger. In: The Guardian, 01.03.2000 (Übersetzung Britische Botschaft, Berlin, veröffentlicht in: Maecenata Actuell Nr. 21, 2000)
[4] Giddens, A.: The Third Way, The Renewal of Social Democracy, Cambridge 1998
[5] Vgl. Ludwig-Erhard-Stiftung (Hg.), Markt, Staat und Stiftungen: ein Symposion der Ludwig-Erhard-Stiftung in Zusammenarbeit mit der Arbeitsgemeinschaft Deutscher Stiftungen – Bundesverband – am 21.09.1988. Stuttgart 1989

Die gesellschaftspolitische Stagnation der 1990er Jahre, als der durch den Mauerfall initiierte emotionale Aufbruch in keiner Weise aufgegriffen wurde, sondern man sich vielmehr behäbig im Gefühl des Sieges im Kalten Krieg sonnte, ließ keine Reformen des gesellschaftlichen Konstrukts zu, die den Bürgerinnen und Bürgern mehr Mitsprache und Mitgestaltung hätte zubilligen wollen. Privatisierungen, Wirtschaftswachstum, im übrigen aber die Festigung des überkommenen westdeutschen Systems waren handlungsleitend. Francis Fukuyamas seltsame Formel vom »Ende der Geschichte« erfreute sich großer Beliebtheit: Alles sei jetzt gut, ändern müsse man nichts mehr.[1] Dass diese Beurteilung nicht von jedermann geteilt und im Lauf des Jahrzehnts zunehmend angezweifelt wurde, fand zunächst wenig politischen Widerhall. Als aber die Lage vieler Kultureinrichtungen wegen der Schieflage der öffentlichen Haushalte immer bedrohlicher wurde und der allzu simple Verweis auf mögliche Sponsoren erwartungsgemäß keinen Erfolg zeigte,[2] fanden sich Gruppen zusammen, die über Lösungen nachdachten. Zu ihnen gehörte beispielsweise ein Aktionskreis Kultur, den Bernhard Freiherr von Loeffelholz, Vorstand der Jürgen-Ponto-Stiftung, koordinierte und der 1996 und 1997 Analysen und Vorschläge vorlegte.[3]

Auch ein Mitglied des Bundestages, Antje Vollmer, kulturpolitische Sprecherin ihrer Fraktion, machte sich intensive Gedanken, wie man aus diesem Dilemma herausfinden könne. Durch ihre Dozententätigkeit bei den Bodelschwinghschen Stiftungen Bethel war sie mit dem Stiftungswesen in Berührung gekommen, und obwohl sie als Oppositionspolitikerin zu dieser Zeit nicht hoffen konnte, dass er erfolgreich sein würde, legte sie 1997 einen vollständigen Gesetzentwurf zur Reform des Stiftungsrechts vor.[4] Sie sah es als kulturpolitische Aufgabe, die Kultur der Gesellschaft durch eine Erweiterung des Handlungsrahmens für nichtstaatliche und nichtwirtschaftliche Akteure zu verbessern, und Verbesserungen für Stiftungen als einen guten Weg, um diesen Prozess in Gang zu bringen. Stiftungen, so ihre Überlegung, könnten das Einfallstor bilden. Sie wurden als strukturkonservativer Teil der Zivilgesellschaft gesehen, als »loyal« und nicht »voice« (die Stimme erhebend), wie es der amerikanische Soziologe Albert O. Hirschman 1970 formuliert hatte.[5] Eine stärkere Förderung des Stiftungswesens könne überdies zu mehr Neugründungen führen, die die zu diesem Zeitpunkt leeren Staatskassen bei der Erfüllung wichtiger öffentlicher und insbesondere auch kultureller Aufgaben entlasten würden. »Die finanziellen Mittel, dies zu tun, stehen zur Verfügung, auch wenn man hier vor übertriebenen Vorstellungen warnen sollte. Jedes Jahr wer-

---

[1] Fukuyama, F.: The End of History. in: The National Interest 1989
[2] s. hierzu: Graf Strachwitz, R./Toepler, S. (Hg.): Kulturförderung – Mehr als Sponsoring. Wiesbaden 1993
[3] Wiesand, A. J. (Red.): Die Krise überwinden: Grünbuch des Aktionskreises Kultur. Bonn 1996/ Ders. (Red.), Bürger, Staat und Wirtschaft als Partner: Blaubuch des Aktionskreises Kultur. Bonn 1997
[4] Eine von der Fraktion Bündnis 90/Die Grünen beantragte formelle Anhörung des Bundestages zu Antje Vollmers Entwurf wurde 1997 mit den Stimmen von CDU/CSU und FDP durch Mehrheitsbeschluß zu einem Expertengespräch heruntergestuft.
[5] Hirschman, A. O.: Exit, Voice, and Loyalty: Responses to Decline in Firms, Organizations, and States. Cambridge, Mass. 1970

den in Deutschland ungefähr 300 Milliarden DM vererbt. Viel wäre schon gewonnen, wenn ein kleiner Teil davon in gemeinnützige Stiftungen fließen würde.«[1]

Es waren also zum einen vor allem kulturpolitisch denkende Menschen, die für das bürgerschaftliche Engagement und gerade auch für das Stiftungswesen entscheidende Reformimpulse gaben, auch, aber keineswegs nur, weil sie sich dadurch eine Verbesserung der wirtschaftlichen Lage vieler Kultureinrichtungen versprachen. Damit gab es aber auch 1998 ein ausgearbeitetes Projekt, mit dem man beginnen konnte, das zu realisieren, was der Bundeskanzler angekündigt hatte. Aber wer sollte es politisch voranbringen? Trotz neuer politischer Spitze war von den beteiligten Ministerien nicht »über Nacht« ein neues Denken zu erwarten. Aber es gab ja die Idee, dass dies eine kulturpolitische Aufgabe sei, und es gab als neuen Beauftragten für Kultur und Medien mit Michael Naumann einen Politikwissenschaftler, der bereits zu erkennen gegeben hatte, dass ihn ursächlich politische Aufgaben als Beauftragter mehr interessierten als der Aufbau einer Obersten Bundesbehörde, die in mühevoller Kleinarbeit die Überführung von Zuständigkeiten aus dem Bundesministerium des Innern und anderen Häusern organisieren musste. Naumann diente dem Bundeskanzler an vielen Stellen als Sparring-Partner bei der Entwicklung von Ideen und Konzepten und nahm sich der Aufgabe, dem Stiftungswesen einen neuen Rahmen zu geben, mit Energie an. Als er 2001 zurücktrat, folgte ihm mit Julian Nida-Rümelin ein Philosoph, der zwar kommunaler Kulturreferent gewesen war, aber in seinem Selbstverständnis und dem des Bundeskanzlers die Rolle als Beauftragter und kulturpolitischer Vordenker ebenso gern ausfüllte. Inzwischen beschäftigte sich auch die Enquête-Kommission »Zukunft des bürgerschaftlichen Engagements« mit Möglichkeiten, das Gewicht der Zivilgesellschaft in der politischen Debatte zu erhöhen; auch hier spielte der Beauftragte für Kultur und Medien einerseits und spielten die Stiftungen andererseits eine nicht unbeträchtliche Rolle. »Uns allen ist klar, dass der kulturelle Reichtum, der sich in Deutschland entwickelt hat, ohne zusätzliches zivilgesellschaftliches Engagement nicht aufrechtzuerhalten sein wird«, betonte Nida-Rümelin bei einem Symposium der Enquête-Kommission am 2. April 2001.[2] »Die Mobilisierung der Bürgerschaft für gemeinsame kulturelle Ziele ist eine zentrale Aufgabe der Kulturpolitik.«[3]

Die Stiftungen in diesen Prozess einzubeziehen, wurde dadurch erleichtert – und manchen Skeptikern schmackhaft gemacht –, dass 1996 in Gütersloh und 1997 in Hannover erste Bürgerstiftungen entstanden waren, die versuchten, das vielfach als elitär angesehene Instrument der Stiftung zu demokratisieren. Weitere entstanden rasch an zahlreichen anderen Orten. »Zweifellos ist die Möglichkeit, in eine Bürgerstiftung nicht nur Vermögenswerte unterschied-

---

[1] Vollmer a. a. O., S. 64
[2] Nida-Rümelin, J.: Bürgergesellschaft als ethisches Projekt; in: Enquête-Kommission »Zukunft des bürgerschaftlichen Engagements« Deutscher Bundestag (Hg.), Bürgerschaftliches Engagement und Zivilgesellschaft. Schriftenreihe der Enquête-Kommission, Band 1, Opladen 2002, S. 253
[3] ebd.

licher Größenordnung einzubringen, sondern sich dort auch mit Gleichgesinnten aktiv zu engagieren, für Bürgerinnen und Bürger eine reizvolle Option. Bürgerstiftungen betätigen sich in den Bereichen Kultur, Jugend, Soziales, Bildung, Natur, Umwelt etc. [...] Bürgerstiftungen sind eine zivilgesellschaftliche Organisationsform«, stellte die Enquête-Kommission in ihrem Abschlussbericht fest.[1]

Im Jahr 2000 verabschiedete der Deutsche Bundestag eine erste kleine Reform der steuerlichen Rahmenbedingungen für Stifter und Stiftungen. Als so abschließend hatten sich die Feststellungen der Beamten des Bundesfinanzministeriums nun doch nicht erwiesen. 2002 folgte eine Reform der einschlägigen zivilrechtlichen Bestimmungen im Bürgerlichen Gesetzbuch. Damit allerdings erlosch das besondere Interesse des Beauftragten der Bundesregierung für Kultur und Medien. Christina Weiss, die 2002 Julian Nida-Rümelin nachfolgte, musste sich mehr auf den Aufbau ihrer inzwischen zu einiger Größe angewachsenen Behörde konzentrieren; die unmittelbar zuständigen Ministerien wachten auch wieder eifersüchtiger darauf, dass sich kein Fremder in ihren Revieren tummelte.

Wichtiger noch aber war etwas anderes: Zum einen hatte sich die politische Großwetterlage radikal verändert. Nach dem Anschlag in New York am 11. September 2001 und den heftigen Reaktionen der USA, deren Präsident George W. Bush den »Krieg gegen den Terror« ausrief, war allen Gedanken über neue Wege und Gesellschaftsmodelle der Boden erst einmal entzogen. Als die Enquête-Kommission 2002 ihren Abschlussbericht vorlegte,[2] der zahlreiche Vorschläge für weitere Reformen enthielt, interessierte sich im politischen Berlin niemand mehr dafür. Zum anderen machten die Gewerkschaften dem um seine Wiederwahl kämpfenden Bundeskanzler klar, dass er auf ihre Unterstützung nur rechnen könne, wenn er Ideen von bürgerschaftlichem Engagement nicht weiter verfolge, die nach Ansicht der Gewerkschaften Arbeitsplätze gefährdeten. Der schöne gesellschaftspolitische Aufbruch von 1998, den Kulturpolitiker maßgeblich mit angeschoben hatten und der tatsächlich – wenn auch nicht mit den prognostizierten Folgen – mit zu einer rasanten Zunahme von Stiftungsneugründungen führte, war zum Stehen gekommen. Das »ethische Projekt«, von dem Nida-Rümelin gesprochen hatte, die »Gesellschaft, die von zivilgesellschaftlichem Engagement geprägt ist, eine Gesellschaft der Bürgerinnen und Bürger im Wortsinne«[3] war ad acta gelegt. Der Geschäftsführer des Deutschen Kulturrates, Olaf Zimmermann, hatte gar nicht so Unrecht, wenn er sagte: »Die Bundesregierung weiß leider nicht, was eine Stiftung ist.«[4] Jedenfalls wurde die von vielen gewünschte große Neugestaltung, die der Zivilgesellschaft und den Stiftungen in ihr einen modernen Rechtsrahmen hätte geben können, trotz einiger kleiner Reformen bis heute nicht verwirklicht.

---

1 Enquête-Kommission: Zukunft des bürgerschaftlichen Engagements. Deutscher Bundestag, Bericht Bürgerschaftliches Engagement: Auf dem Weg in eine zukunftsfähige Bürgergesellschaft. Schriftenreihe der Enquête-Kommission, Band 3, Opladen 2002, S. 247
2 Bundestagsdrucksache 14/8900 vom 03.06.2002 (Druckfassung s. Anm. 14)
3 Nida-Rümelin a. a. O., S. 254
4 Neue Musikzeitung 23.04.2002

Katharina Görder
Die Künstlersozialversicherung – eine klare Abstimmung mit den Füßen

Wachgeküsst! Wer denkt dabei nicht sofort an Dornröschen, das vom Prinzen aus dem 100-jährigen Schlaf erweckt wird? Allerdings muss jemand, der wachgeküsst werden will, zunächst schlafen. Das am 1. Januar 1983 in Kraft getretene Künstlersozialversicherungsgesetz (KSVG) hat es sich jedoch selten langfristig in Morpheus Armen gemütlich gemacht. 38-mal ist es in den vergangenen 35 Jahren aufgeweckt worden. Mitunter nur für eine Kleinigkeit, mehrfach aber auch für Wichtiges. Das KSVG hatte Glück. Fast immer gab es von Jenen, die es aus dem Bett holten, die Bereitschaft, sich zusammenzusetzen und die anstehenden Probleme konstruktiv zu lösen. Aber auch in der besten Beziehung lassen sich Kontroversen dabei nicht immer vermeiden.

Im Jahr 1999 wurde zum ersten Mal seit Bestehen der Künstlersozialkasse (KSK) durch die Rot-Grüne Bundesregierung eine Änderung des Künstlersozialversicherungsgesetzes ohne eine vorherige Anhörung der betroffenen Verbände vorgelegt. Als ein Teil des Haushaltssanierungsgesetzes sollte ab dem nächsten Jahr der Bundeszuschuss zur Künstlersozialkasse von 25 auf 20 Prozent gekürzt werden. Außerdem kündigte die Regierung eine Vereinheitlichung des Abgabesatzes, der vorher in die Bereiche Wort, Bildende Kunst, Musik und Darstellende Kunst aufgeteilt war, in Höhe von zunächst vier Prozent an.

Das Gesetzesvorhaben wurde erwartungsgemäß kontrovers diskutiert. »Hände weg vom Künstlersozialversicherungsgesetz!«,[1] forderte der Mitvorsitzende des Beirats der Künstlersozialkasse Prof. Dr. Gerhard Pfennig, wobei er die Absenkung des Bundeszuschusses deutlich kritisierte, die Aufhebung der Spartentrennung jedoch begrüßte. Der Deutsche Kulturrat erinnerte die Regierung

---

[1] Pfennig, G.: Hände weg vom Künstlersozialversicherungsgesetz. Kulturpolitische Mitteilungen Nr. 87, IV 99: 5–8, (1999)

an ihr Versprechen, der Kultur einen neuen Stellenwert zu geben und verlangte: »Die Bundesregierung muß jetzt Flagge zeigen«.[1] Er fordert die Regierung daher auf, ihre Zusage tatsächlich umzusetzen und gut funktionierende Systeme nicht infrage zu stellen. Die geplante Absenkung des Bundeszuschusses zur Künstlersozialkasse von 25 auf 20 Prozent sei nicht die in der Koalitionsvereinbarung angekündigte Verbesserung zur Absicherung der Künstlerinnen und Künstler in die Künstlersozialversicherung, sondern im Gegenteil eine Steigerung der Belastungen von Künstlern, Schriftstellern, Galerien, Verlagen und weiteren Unternehmen. »Die ohnehin schwierige Lage von kleineren Unternehmen der Kulturwirtschaft wird sich nochmals verschlechtern, so daß letztlich nur noch die Großen überleben werden.«[2]

Die Opposition (CDU/CSU und FDP) brachte am 12. November 1999 einen entsprechenden Änderungsantrag ein und versuchte so, das Gesetzesvorhaben noch zu stoppen. Sie beanstandete: »Dies ist nicht nur keine Reform. Dies ist nicht einmal eine Sparmaßnahme, sondern lediglich eine Ausgabenverschiebung. Da die Verwerter bereits Klage gegen diese Art »Sondersteuer« angekündigt haben, wird die Absenkung des Bundeszuschusses zur Künstlersozialkasse möglicherweise letztlich zulasten der Künstler gehen. Bei einem Durchschnittseinkommen von ca. 21.000 DM (Stand: 1998) werden die Künstler aber keine Erhöhung ihrer Eigenbeiträge meistern können. Darüber hinaus hält der Deutsche Bundestag daran fest, dass der Beitrag zur Künstlersozialkasse weiterhin nach den Bereichen Bild, Bildende Kunst, Musik und Darstellende Kunst differenziert wird. »Dies ist zum einen notwendig, um eine größere Nähe zwischen Abgabepflichtigen und versichertem Personenkreis herzustellen. Zum zweiten ist diese Bereichsregelung von verfassungsrechtlicher Bedeutung.«[3] Das Haushaltssanierungsgesetz wurde dennoch im November 1999 verabschiedet und damit traten die aufgeführten Veränderungen in der Künstlersozialkasse zum 1. Januar 2000 in Kraft.

Zur Ruhe begeben durfte das KSVG sich danach allerdings nicht. Einige Abgeordnete der Regierungskoalition hatten bei der Verabschiedung des Haushaltssanierungsgesetzes zu Protokoll gegeben, dass das Künstlersozialversicherungsgesetz noch in der laufenden Legislaturperiode reformiert werden sollte. Sowohl die Verbände der Künstler als auch die der Kulturwirtschaft sahen in dieser Protokollnotiz die Chance, jetzt eine grundlegende Reform des Künstlersozialversicherungsgesetzes einzufordern.

Im Deutschen Kulturrat wurde eine Ad-hoc-Arbeitsgruppe eingerichtet, an der Verbandsvertreter aller künstlerischer Sparten und der verschiedenen Bereiche, also der Künstler, der Kulturwirtschaft, der Kultureinrichtungen und der Laien, zusammenwirkten. In dieser Arbeitsgruppe wurde intensiv über den Reformbedarf und die Anknüpfungspunkte für eine Reform debattiert. Im Vorder-

---

[1] Die Bundesregierung muß jetzt Flagge zeigen, Neue Musikzeitung 9/1999 → https://bit.ly/2NOyQgl
[2] ebenda
[3] Bt-Drucksache 14/2097, 12.11.1999

grund stand dabei die Frage, wie die Abwärtsspirale des Bundeszuschusses aufgehalten werden kann und wie eine breitere Definition des Selbstvermarktungsanteils ins Bewusstsein gerückt werden kann.

Die Bundesregierung hatte offensichtlich aus dem Sturm der Entrüstung gelernt und bezog dieses Mal die Versicherten- und Verwertervertreter rechtzeitig in ihre Reformüberlegungen mit ein, die mit der Verabschiedung des »Zweiten Gesetzes zur Änderung des Künstlersozialversicherungsgesetzes und anderer Gesetze« am 6. April 2001 umgesetzt wurden.

Das Ergebnis wurde insgesamt eher positiv aufgenommen. Allerdings, und das ist bei einem auszubalancierenden System von zwei konträren Interessen gar nicht zu vermeiden, war es nicht allen recht zu machen. Ver.di beispielsweise vermeldete: »Jetzt liegt der Gesetzentwurf auf dem Tisch. Und das Wichtigste darin ist wohl, dass er keine substanzgefährdenden Verschlechterungen enthält.«[1]

Der Deutsche Kulturrat fasste am 12. April 2001 die Ergebnisse folgendermaßen zusammen: »Erfreulich ist, dass bei der verabschiedeten Reform des Künstlersozialversicherungsgesetzes die vom Deutschen Kulturrat vorgeschlagenen Verbesserungen des Versicherungsschutzes für Künstler und Publizisten umgesetzt wurden. Dazu gehören:

— die Chance, die Berufsanfängerzeit zu unterbrechen, ohne in die Gefahr zu geraten, den Versicherungsschutz der Berufsanfänger zu verlieren,
— die Möglichkeit, das Mindesteinkommen unter bestimmten Voraussetzungen zu unterschreiten,
— die Regelung der Krankenversicherung für Rentner und für die jetzt das Rentenalter erreichende Versichertengeneration.

Die wesentliche Änderung für die künstlersozialabgabepflichtigen Unternehmen ist, dass, wie vom Deutschen Kulturrat gefordert, künftig der Bundeszuschuss zur Künstlersozialversicherung ausschließlich aus sozial- und kulturpolitischen Gründen geleistet wird und nicht mehr an den Selbstvermarktungsanteil geknüpft wird. Damit kommt der Bund seiner Verantwortung für die soziale Sicherung der Künstler und Publizisten nach.«[2]

Neu war außerdem, dass die Künstlersozialkasse an die Bundesausführungsbehörde für Unfallversicherung in Wilhelmshaven angegliedert wurde. Vorher war die KSK im Wege der Organleihe an die Landesversicherungsanstalt Oldenburg-Bremen angebunden. Sehr vorausschauend hatte sich im Jahr 1979 der SPD-Politiker Dieter Lattmann geäußert: »Ich nehme an, dass es fast eine ganze Generation braucht, bis das Gesetz mit allen Erfahrungen und Reparaturen so funktioniert, dass man sagen kann, jetzt steht es.«

---

[1] Lühr, R.: »Positiv: kaum Verschlechterungen« 01.03.2001 → https://bit.ly/2I8BZCL
[2] Deutscher Kulturrat: »Reform des Künstlersozialversicherungsgesetzes abgeschlossen« Pressemitteilung vom 12.04.2001 → https://bit.ly/2O1y6Vj

Knapp zwei Generationen später war das Gesetz allerdings noch immer umstritten, denn nun drohte die Finanzierung des Umlagesystems an der mangelnden Mitwirkung vieler abgabepflichtiger Unternehmen zu scheitern. Die Erfassung von zahlungsverpflichteten Unternehmen konnte nicht Schritt halten mit dem Aufwuchs auf der Versichertenseite.

Für Wolfgang Schimmel, Jurist beim Stuttgarter Hauptvorstand der IG Medien, war der Zustrom zur Künstlersozialversicherung »eine klare Abstimmung mit den Füßen«. Das Votum der neuen Freiberufler laute keineswegs Flucht aus den staatlichen Systemen, sondern signalisiere eher das Gegenteil: Die Betroffenen wünschen sich die Möglichkeit, gesetzlich versichert zu sein.[1]

Die Künstlersozialkasse hatte klein angefangen – mit gerade einmal 12.000 Versicherten. Jährlich kamen allerdings über 4.000 Versicherte dazu, für die der Bund und vor allem die erfassten Unternehmen zahlen mussten. Zu Recht beklagten die Zahlenden die Ungerechtigkeit, dass sie diesen Aufwuchs allein finanzieren mussten, während viele andere Unternehmen ihrer Abgabeverpflichtung nicht nachkamen. Der KSK mit knapp 200 Mitarbeitern stand die stolze Zahl von über drei Millionen Unternehmen gegenüber, die potenziell abgabepflichtig sein könnten. Diejenigen, die das KSVG jetzt am liebsten direkt zur letzten Ruhe betten wollten, konnten sich erfreulicherweise jedoch nicht gegen seine Befürworter durchsetzen.

Am 22. März 2007 verabschiedete der Bundestag das »Dritte Gesetz zur Änderung des Künstlersozialversicherungsgesetzes und anderer Gesetze«. Beschlossen wurde, dass zur »Herstellung von Beitragsgerechtigkeit« die Zahl der Kontrollen bei Versicherten und Verwertern erhöht wird.

Die Deutsche Rentenversicherung wurde mit ins Boot geholt, um künftig zeitgleich mit der Arbeitgeberprüfung (Lohn und Gehalt) die Erfassung und Betriebsprüfung nach dem KSVG bei allen Unternehmen in Deutschland vorzunehmen. Das bedeutete, dass die etwa 3.600 Betriebsprüfer der DRV mittelfristig alle Unternehmen daraufhin überprüfen sollten, ob Künstlersozialabgaben zu zahlen sind – für die Zukunft und innerhalb der Verjährung rückwirkend für fünf Kalenderjahre.

Vonseiten der Regierungsfraktionen wurde die Gesetzesänderung erwartungsgemäß einhellig begrüßt. Für die SPD schaffte die Novelle des KSVG ein »solides Fundament« für diesen besonderen Zweig im deutschen Sozialversicherungssystem. Sie bezeichnete die Änderungen als »ausgewogene Maßnahmen«, die für Abgabe- und Beitragsgerechtigkeit sorgen. »Mithilfe der Prüfdienste der Deutschen Rentenversicherung werden die abgabepflichtigen Unternehmen systematisch erfasst. Auf der Versichertenseite werden die Kontrollen verstärkt mit dem Ziel, dass nur die wirklich Berechtigten in den Genuss der KSV kommen.«

---

[1] Gesterkamp, T.: »Die Künstlersozialkasse – Ein Modell für die ganze Informationswirtschaft« 01.11.1999 → https://bit.ly/2DoKFG8

Auch Kulturstaatsminister Bernd Neumann (CDU) begrüßte den Beschluss des Deutschen Bundestags zum Künstlersozialversicherungsgesetz: »Die Künstlersozialversicherung gehört zu den ganz besonders wichtigen Instrumenten der Kulturförderung. Mit der Gesetzesänderung wird die finanzielle Stabilität der Künstlersozialversicherung nachhaltig gestärkt und damit die notwendige soziale Absicherung für die Künstler geschaffen.«[1]

In einer ersten Anschreibeaktion wurden in den Jahren 2007 bis 2011 von der DRV etwa 280.000 Unternehmen der verschiedensten Branchen angeschrieben, überprüft und gegebenenfalls zur Entgeltmeldung und Nachzahlung für die letzten fünf Jahre aufgefordert. Es wurde erwartet, dass die künftig flächendeckende Erfassung und Prüfung den Abgabesatz für alle Unternehmen deutlich sinken lassen würde. Das KSVG kuschelte sich gemütlich in seine Kissen, gähnte und wollte gerade einschlafen, da klingelten schrill die Alarmglocken.

Eine Gruppe von sieben Bundesländern forderte Anfang September 2009, dass die Künstlersozialversicherung »abgeschafft oder zumindest unternehmerfreundlich reformiert wird«. Prompt protestierte der Deutsche Kulturrat. Aber auch die Grünen, die Linke, der Deutsche Musikrat, der Deutsche Journalisten-Verband, die CDU/CSU, ver.di, der Verband deutscher Schriftsteller und viele weitere Akteure kritisierten das Vorhaben scharf.

Der Deutsche Kulturrat legte den Finger in die Wunde und bemerkte: »Die von Baden-Württemberg, Brandenburg, Bremen, Hessen, Niedersachsen, Sachsen-Anhalt und Schleswig-Holstein betriebene Abschaffung der Künstlersozialversicherung ist an Scheinheiligkeit nicht zu überbieten. Weil vor einem Jahr der Deutsche Bundestag die Künstlersozialversicherung erfolgreich reformiert hat und jetzt endlich alle schon seit 20 Jahren abgabepflichtigen Unternehmen und auch öffentlichen Körperschaften zur Zahlung herangezogen werden, wird von einem zu großen bürokratischen Aufwand gesprochen. In Wirklichkeit geht es den sieben Bundesländern darum, die abgabepflichtigen Unternehmen und öffentlichen Körperschaften auf Kosten der Künstler von ihren Sozialversicherungspflichten zu befreien. Die Künstler sollten sich das nicht gefallen lassen.«[2]

Der kultur- und medienpolitische Sprecher der CDU/CSU-Bundestagsfraktion Wolfgang Börnsen und die zuständige Berichterstatterin Gitta Connemann erklärten: »Deutschland lebt nicht von Rohstoffen, sondern von der Kreativität und der kulturellen Vielfalt seiner Bürgerinnen und Bürger. Sie sind wichtig für die Kulturnation Deutschland. Davon profitiert aber genauso der Wirtschaftsstandort Deutschland.

Es kann nicht überraschen, dass die Proteste gegen die Künstlersozialversicherung nach ihrer Reform im vergangenen Jahr zugenommen haben. Denn dadurch wurde eine größere Anzahl der abgabepflichtigen Unternehmen erfasst,

---

[1] → https://bit.ly/2OQQ0XW
[2] Lorscheid, H.: »Sieben Bundesländer wollen die Künstlersozialkasse abschaffen« 10.09.2008 → https://bit.ly/2xxcw1D

die vorher jahrelang nicht in die Künstlersozialkasse eingezahlt hatten. Ihr Anteil war einseitig den ehrlichen Zahlern der Kultur- und Kreativwirtschaftsbranche aufgehalst worden. Der Deutsche Bundestag hat bei der Reform des Künstlersozialversicherungsgesetzes darauf geachtet, dass die abgabepflichtigen Unternehmen keine unverhältnismäßigen Belastungen zu tragen haben. Dies werden wir weiter im Auge behalten.«[1]

Die Künstlersozialversicherung sei eine kultur- und sozialpolitische Errungenschaft, die erst vor einem Jahr vom Bundestag reformiert worden sei, ergänzte der Kulturrat. »Sie abzuschaffen würde bedeuten, dass die Mehrzahl der Künstler weder eine Kranken- noch eine Pflege- oder Rentenversicherung haben würden.« Bei einem durchschnittlichen Jahreseinkommen von 12.616 Euro der meisten Künstler sei eine private Absicherung nicht möglich.[2]

Der Bremer Senator für Kultur, Bürgermeister Jens Böhrnsen, ruderte prompt zurück. »Das Zusammenwirken der Versicherten, der Unternehmen und des Bundes bei der Künstlersozialversicherung hat einen absoluten Vorbildcharakter und sollte daher unbedingt erhalten werden.«[3]

Anfang September hatten sich eine Reihe von Fachunterausschüssen des Bundesrats mit dem »Entwurf des Dritten Gesetzes zum Abbau bürokratischer Hemmnisse insbesondere der mittelständischen Wirtschaft« befasst. Böhrnsen versucht zu erklären, wie es zu der Empfehlung zur Abschaffung bzw. Reformierung von gleich vier Bundesratsausschüssen kam: »Durch ein bedauerliches Missverständnis auf Arbeitsebene ist dabei in einem solchen Gremium auch über die Abschaffung der Künstlersozialversicherung abgestimmt worden.«

»Der Vorschlag ist unverantwortlich und völlig abwegig. Das wird niemals kommen«, erklärte der Bundesminister für Arbeit und Soziales, Olaf Scholz (SPD). Kulturstaatsminister Bernd Neumann nannte die KSK »unverzichtbar«.[4]

Das KSVG, schon zum Abschuss freigegeben, entkam den Jägern noch einmal. Die große Mehrheit der Länder lehnte am 19. September 2008 den Antrag des Wirtschaftsausschusses nach den erbosten Protesten ab. Todmüde von dieser Aufregung begab sich das KSVG schlaftrunken ins Bett. Es döste friedlich bei niedrigen Abgabesätzen um die vier Prozent vor sich hin und wäre beinahe in die Tiefschlafphase gekommen, als es plötzlich zum Mittelpunkt einer Petition wurde.

Hans-Jürgen Werner, Syndikus des Präsidiums des Deutschen Tonkünstlerverbandes, hatte diese Petition im August 2013 mit über 71.000 Unterschriften an den Deutschen Bundestag gerichtet, mit dem Ziel, dass die Deutsche Rentenversicherung die Abgabe strenger kontrollieren soll. Denn vom KSVG in seinem Dämmerschlaf fast unbemerkt war der Abgabesatz sprunghaft von 4,1 Prozent im Jahr 2013 auf 5,2 Prozent im Jahr 2014 in die Höhe geschnellt.

---

[1] → https://bit.ly/2O5qJfF
[2] → https://bit.ly/2I5HxOc
[3] → https://bit.ly/2O5qJfF
[4] → https://bit.ly/2QR3DYE

Trotz der Übertragung des Prüfrechts auf die DRV sanken nach und nach die zusätzlich festgestellten Entgelte, da die Unternehmen nur stichprobenartig und teils allein im schriftlichen Verfahren kontrolliert wurden. Die Gründe dafür, dass einige ihren Zahlungsverpflichtungen nicht nachkommen, seien verschieden, so Werner. So gebe es zum einen ein Informationsdefizit. »Viele haben von der KSK-Abgabe noch nie etwas gehört«, sagte Werner während der öffentlichen Sitzung des Petitionsausschusses.[1] Er erklärte aber auch, wie seiner Meinung nach viele Auftraggeber denken: »Ich warte, bis ich entdeckt werde und dann zahle ich halt, je länger es dauert, habe ich wieder ein Jahr gewonnen. Das ist nicht schön und deshalb muss man etwas dagegen tun.«[2]

Dass die KSK auf die politische Agenda kommen würde, war klar, denn die neue Bundesregierung sah ebenfalls Reformbedarf. Im Koalitionsvertrag hieß es: »Wir werden die Künstlersozialkasse erhalten und durch eine regelmäßige Überprüfung der Unternehmen auf ihre Abgabepflicht hin dauerhaft stabilisieren. [...] Ein effizientes Prüfverfahren soll die Belastungen für Wirtschaft und Verwaltungen minimieren und Abgabegerechtigkeit herstellen.«[3] »Und wir müssen eben aufpassen, dass die Abgaben, die auch die Verwerter zahlen, nicht durch die Decke schießen. Das ist so die große Herausforderung, in der wir uns befinden«, sagte der SPD-Bundestagsabgeordnete Ehrmann.[4] Der Deutsche Bundestag beschloss den Gesetzentwurf der Bundesregierung zur Stabilisierung des Künstlersozialabgabesatzes einstimmig und ohne Änderungen am 30. Juli 2014.

Die wichtigste Veränderung bestand in der Erweiterung der Prüftätigkeit der Deutschen Rentenversicherung, die nunmehr ihre Prüftätigkeit im Verhältnis zur vorherigen Praxis von rund 70.000 auf etwa 400.000 Unternehmen jährlich ausweitete und daneben durch Information und Beratung der Arbeitgeber sicherstellt, dass alle Arbeitgeber regelmäßig mit der Künstlersozialabgabe befasst werden. Über den Zeitraum von zehn Jahren sollen so faktisch alle 3,2 Millionen Unternehmen in Deutschland erreicht werden. Des Weiteren wurde geregelt, dass Eigenwerber und solche Unternehmen, die unter die sogenannte Generalklausel fallen und nur gelegentliche Aufträge an selbstständige Künstler und Publizisten vergeben, keine Künstlersozialabgabe mehr bezahlen müssen. Mit dieser Einführung wurde eine Empfehlung der Enquête-Kommission des Deutschen Bundestages »Kultur in Deutschland« aus der 16. Legislaturperiode aufgegriffen.

Für die KSK ein sehr wichtiger Baustein war die (Rück-)Übertragung des eigenständigen Prüfrechts. Dies bietet die Möglichkeit, über Schwerpunktprüfungen in den Branchen Informationen zu gewinnen und so ihrer Auskunfts- und Beratungspflicht sowohl im Hinblick auf die Deutsche Rentenversicherung als auch bezüglich der abgabepflichtigen Unternehmen gerecht zu werden.

---

1 → https://bit.ly/2MXBRH3
2 Fröhndrich, S.: »Künstlersozialkasse schreit um Hilfe«, 11.01.2014 → https://bit.ly/2pwfE9I
3 Deutschlands Zukunft gestalten – Koalitionsvertrag zwischen CDU, CSU und SPD, 18. Legislaturperiode, S. 132.
4 Fröhndrich, S.: a.a.O.

Vom 100-jährigen Schlaf kann das KSVG auch weiterhin nur träumen, denn die Neuregelungen sollen – nach Abschluss eines vollen vierjährigen Prüfturnus – im Jahr 2019 evaluiert werden. Die Evaluierung soll einen Zusammenhang zwischen Ziel und Zweck der Regelungen und den tatsächlich erzielten Wirkungen sowie den damit verbundenen Kosten herstellen. Zum Trost sei dem KSVG gesagt: »Unsere Träume können wir erst dann verwirklichen, wenn wir uns entschließen, einmal daraus zu erwachen.«[1]

---

[1] Josephine Baker → https://bit.ly/2NzoP7G

Robert Staats
20 Jahre Baustelle Urheberrecht

Seit den 1990er Jahren ist die Rechtspolitik im Bereich des Urheberrechts vor allem durch die zunehmende Digitalisierung geprägt. Während sich Urheber, Verlage und Leistungsschutzberechtigte anfangs noch weitgehend darauf verlassen konnten, dass ein starkes Urheberrecht parteiübergreifend für sinnvoll gehalten wurde, änderte sich diese Haltung im Laufe der Jahre deutlich. Mit dem Aufkommen der Piratenpartei Ende der 2000er Jahre erreichte die Kritik am bestehenden Urheberrecht ihren vorläufigen Höhepunkt; sie löste aber auch – erstmals – eine deutliche Reaktion der unmittelbar betroffenen Urheber aus. Das führte dazu, dass sehr grundsätzliche Veränderungen des Urheberrechts bisher vermieden werden konnten.

Dessen ungeachtet wurde das Urheberrechtsgesetz – wenn der Verfasser richtig gezählt hat – alles in allem in den letzten 20 Jahren 27-mal geändert. Der nachfolgende Beitrag kann natürlich nicht auf alle Änderungen eingehen, die teilweise auch sehr kleinteilig sind, sondern beschränkt sich aus Platzgründen auf eine Auswahl. Nicht behandelt werden insbesondere das Vierte Gesetz zur Änderung des Urheberrechtsgesetzes vom 8. Mai 1998, mit dem die Satelliten- und Kabelrichtlinie umgesetzt wurde, sowie das Fünfte Gesetz zur Änderung des Urheberrechtsgesetzes vom 10. November 2006, in dem es um die Umsetzung der Folgerechtsrichtlinie ging. Die Reform des Urhebervertragsrechts aus dem Jahr 2002 und das zum 1. März 2018 in Kraft getretene Urheberrechts-Wissensgesellschafts-Gesetz sind Gegenstand gesonderter Beiträge in dieser Publikation.

Die Federführung für das Urheberrecht lag – und liegt – innerhalb der Bundesregierung beim Bundesministerium der Justiz und für Verbraucherschutz. Die – oder der – Beauftragte der Bundesregierung für Kultur und Medien (BKM) war aber selbstverständlich bei den Gesetzgebungsverfahren beteiligt und hat sich gelegentlich auch selbst deutlich hörbar zu Wort gemeldet. Zu erinnern ist hier vor allem an das Zwölf-Punkte-Papier von Staatsminister Bernd Neumann »Ohne Urheber keine kulturelle Vielfalt« vom 26. November 2010 sowie an das Positionspapier »Kulturpolitische Forderungen für das Urheberrecht im digitalen Umfeld« von Staatsministerin Monika Grütters vom 10. März 2015. In beiden Papieren wurde sehr klar auf die Bedeutung des Urheberrechts für die Kreativbranche hingewiesen und für den Schutz des geistigen Eigentums plädiert.

Gesetz zur Regelung des Urheberrechts in der Informationsgesellschaft

Spätestens mit dem Gesetz zur Regelung des Urheberechts in der Informationsgesellschaft vom 13. September 2003 wurde das Urheberrecht in Deutschland »digital«. Mit den Neuregelungen wurden die Richtlinie zur Harmonisierung bestimmter Aspekte des Urheberrechts und der verwandten Schutzrechte in der Informationsgesellschaft (»InfoSoc-Richtlinie«) aus dem Jahr 2001 sowie die WIPO-Urheberrechtsverträge, die bereits 1996 beschlossen wurden, umgesetzt.

Das Gesetz führte vor allem ein neues Verwertungsrecht mit einem sehr sperrigen Namen in das deutsche Urheberrecht ein: Das Recht der öffentlichen Zugänglichmachung (»Making Available Right«). Hierbei handelt es sich um das zentrale Recht bei allen Internetnutzungen von urheberrechtlich geschützten Werken. Da das neue Recht durch die Richtlinie und durch die WIPO-Verträge vorgegeben wurde, war es im Gesetzgebungsverfahren wenig umstritten.

Kontrovers wurde die Frage diskutiert, inwieweit das neue Recht zugunsten von Intranetnutzungen für Unterricht und Forschung eingeschränkt werden konnte. Eine derartige Schrankenregelung war im Referentenentwurf noch nicht vorgesehen, fand sich aber im Regierungsentwurf wieder. Auch nach wichtigen Änderungen im weiteren Gesetzgebungsverfahren blieb die Norm umstritten und wurde zunächst bis Ende 2006 befristet. Diese Gesetzesbefristung, die die erste ihrer Art im Urheberrechtsgesetz war, wurde im Laufe der Jahre dreimal verlängert, bis die Regelung Ende 2014 entfristet und zum 1. März 2018 durch neue Bestimmungen im Urheberrechts-Wissensgesellschafts-Gesetz ersetzt wurde.

Von großer Bedeutung war bei diesem Gesetzgebungsverfahren außerdem die Frage, ob gesetzlich erlaubte (digitale) Privatkopien nur von einer »legalen Quelle« zulässig sein sollten. Vor dem Hintergrund von illegalen Tauschbörsen setzten sich vor allem die Rechtsinhaber für eine entsprechende Klarstellung ein. Die Bundesregierung befürchtete dagegen, dass die Privatkopie damit de facto verboten würde. Auf Antrag des Bundesrats wurde schließlich sogar der Vermittlungsausschuss einberufen, der als Kompromiss vorschlug, dass lediglich offensichtlich rechtswidrige Vorlagen von der Möglichkeit der Privatkopie ausgenommen werden sollten. Diese Formulierung wurde von Bundestag und Bundesrat akzeptiert, führte allerdings dazu, dass anschließend in der urheberrechtlichen Praxis gerätselt werden konnte, wann genau eine Vorlage »offensichtlich« rechtswidrig war. Die Nutzer dürfte die Diskussion im Ergebnis wenig beeindruckt haben; zu einem Rückgang von digitalen Privatkopien hat die Regelung – soweit ersichtlich – jedenfalls nicht geführt.

Zweites Gesetz zur Regelung des Urheberrechts in der Informationsgesellschaft (»2. Korb«)

Kaum war das Gesetzungsungverfahren zur Regelung des Urheberrechts in der Informationsgesellschaft abgeschlossen, folgte ein weiteres Vorhaben zu diesem

Thema: der »Zweite Korb«. Bemerkenswert war dabei insbesondere die Vorbereitung des eigentlichen Gesetzentwurfs durch das Bundesministerium der Justiz. In einer Reihe von Arbeitsgruppen mit den »beteiligten Kreisen« wurden die unterschiedlichen Diskussionspunkte intensiv beraten; manche Kompromissvorschläge schafften es dann auch, in den Referentenentwurf aufgenommen zu werden. Neben Regelungen zur Verwertung von Werken in (ehemals) unbekannten Nutzungsarten (»Hebung der Archivschätze«) und neuen Schrankenregelungen zu elektronischen Leseplätzen in Bibliotheken sowie zum Kopienversand auf Bestellung ging es vor allem um ein neues System bei der Bestimmung der Geräte- und Speichermedienvergütung für gesetzlich erlaubte analoge und digitale Vervielfältigungen. Während in der Vergangenheit die Vergütungssätze in einer – längst veralteten – Anlage zum Urheberrechtsgesetz durch den Gesetzgeber festgelegt worden waren, sollte nunmehr die Vergütung vorrangig durch Verhandlungen zwischen den Verwertungsgesellschaften und den Verbänden der Geräteherstellern in Gesamtverträgen vereinbart werden. Im Bereich der Vervielfältigungen durch Reprographiegeräte (Multifunktionsgeräte, Drucker, Scanner, Fax) konnte bereits relativ schnell ein Gesamtvertrag abgeschlossen werden, der bis heute in Kraft ist. Soweit es um die Vergütungen für sonstige Geräte- und Speichermedien (PCs, Tablets, Mobiltelefone, USB-Sticks, Festplatten, DVD/CD-Rekorder etc.) ging, dauerte es dagegen deutlich länger, bis erste Vereinbarungen vorlagen; bei den wichtigsten Produkten ist das aber mittlerweile der Fall. Der Gesetzgeber hat später im Zusammenhang mit dem Verwertungsgesellschaftengesetz aus dem Jahr 2016 auf bestimmte Defizite des neuen Systems reagiert. Das entsprach nicht zuletzt auch den Forderungen des BKM in dem oben bereits erwähnten »Zwölf-Punkte-Papier« und in den »Kulturpolitischen Forderungen«. Ob diese Verbesserungen allerdings ausreichen, wird sich in der Praxis noch zeigen.

Presseverlegerleistungsschutzrecht

Nach dem »Zweiten Korb« dauerte es einige Zeit, bis ein weiteres wichtiges Gesetzgebungsverfahren im Deutschen Bundestag verabschiedet wurde. Es ging bei dem Gesetz mit dem harmlosen Titel »Achtes Gesetz zur Änderung des Urheberrechtsgesetzes« vom 7. Mai 2013 um nichts weniger als um die Einführung eines neuen Leistungsschutzrechts für Presseverleger. Dieses wurde vom BKM in dem »Zwölf-Punkte-Papier« klar unterstützt, war – und ist – aber bis heute umstritten. Das neue Recht soll, verkürzt gesagt, eine Lizenzierung der Nutzungen von Presseerzeugnissen durch gewerbliche Suchmaschinen und vergleichbare Dienste wie insbesondere Google ermöglichen. Dabei ist auch eine angemessene Beteiligung der Urheber an der Vergütung der Verlage vorgesehen. Bisher gestaltete sich die Durchsetzung des neuen Rechts allerdings als schwierig und ist Gegenstand von gerichtlichen Auseinandersetzungen. Hilfreich könnte insoweit sein, dass mittlerweile auch die EU-Kommission im Zusammenhang mit dem Entwurf einer Richtlinie über das Urheberrecht im digitalen Binnenmarkt (DSM-Richtlinie) ein –

weitergehendes –Leistungsschutzrecht für Presseverleger vorgeschlagen hat; der Ausgang des Rechtssetzungsverfahren ist derzeit (Ende August 2018) noch offen.

Verwaiste und vergriffene Werke

Kurz vor Ende der 17. Legislaturperiode schaffte es auch noch das Gesetz zur Nutzung verwaister und vergriffener Werke vom 1. Oktober 2013 in das Bundesgesetzblatt. Dieses Gesetz war gerade aus kulturpolitischer Sicht wichtig, weil es zum Ziel hatte, dass Kultureinrichtungen wie Bibliotheken, Archive und Museen ihre Bestände auch dann digitalisieren und öffentlich zugänglich machen können, wenn die Rechtsinhaber – wie vielfach bei älteren Werken – nicht bekannt sind. Eine Nutzung derartiger Werke sollte vor allem über die Deutsche Digitale Bibliothek und die europäische digitale Bibliothek Europeana ermöglicht werden.

Die Vorschriften für verwaiste Werke setzten die Vorgaben der europäischen Verwaiste-Werke-Richtlinie um. Eine Nutzung von verwaisten Werken kommt aufgrund der Richtlinie nur in Betracht, wenn zuvor eine sorgfältige Suche nach den Rechtsinhabern stattgefunden hat. Neben den Regelungen für verwaiste Werke ging es in dem Gesetzgebungsverfahren auch darum, gesetzliche Bestimmungen für die Nutzung von vergriffenen Werken zu schaffen, die nicht Gegenstand der Richtlinie war. Für ein Modell zur Nutzung von vergriffenen Werken hatten sich Urheber, Verlage, Bibliotheken und Verwertungsgesellschaften in der AG Digitale Bibliotheken der Deutschen Literarurkonferenz bereits seit Längerem gemeinsam eingesetzt. Dieser Ansatz wurde in dem »Zwölf-Punkte-Papier« auch vom BKM unterstützt. Aufgrund einer neuen gesetzlichen Vermutungsregelung wurde im Ergebnis eine Lizenzierung durch Verwertungsgesellschaften bei vergriffenen Werke, die vor 1966 veröffentlicht wurden, ermöglicht. Flankiert wurde die Regelung durch ein neues Register vergriffener Werke beim Deutschen Patent- und Markenamt, in das die Werke vor jeder Nutzung einzutragen sind.

Während die Regelungen zur Nutzung von verwaisten Werken wegen des Aufwands bei der sorgfältigen Suche in der Praxis kaum eine Rolle spielen, haben sich die Bestimmungen für vergriffene Werke durchaus bewährt. Aufgrund der »Soulier«-Entscheidung des EuGH vom 16. November 2016 zu dem französischem Modell der Nutzung von vergriffenen Werken sind hier allerdings neue rechtliche Unsicherheiten entstanden. Rechtsklarheit könnten auch hier die Vorschläge der EU-Kommisson zur Nutzung von vergriffenen Werken schaffen, die im Zusammenhang mit dem DSM-Richtlinien-Entwurf im September 2016 vorgelegt worden sind.

Verwertungsgesellschaftengesetz

Nur kurz kann an dieser Stelle auf das wichtige Verwertungsgesellschaftengesetz (VGG) vom 24. Mai 2016 eingegangen werden. Mit diesem Gesetz wurde das bisherige Urheberrechtswahrnehmungsgesetz aus dem Jahr 1966 vollständig abgelöst und in Umsetzung der europäschen VG-Richtlinie eine neuer rechtlicher Rahmen für die Tätigkeit von Verwertungsgesellschaften geschaffen. Bemerkenswert ist dabei bereits der Umfang des neuen Gesetzes: Das VGG umfasst 139 Vorschriften, das Urheberrechtswahrnehmungsgesetz kam noch mit 28 Paragraphen aus. Neben einer Vielzahl von Regelungen, die die interne Organisation der Verwertungsgesellschaften sowie das Verhältnis zu Rechtsinhabern und Nutzern betreffen, finden sich auch detaillierte Bestimmungen für die Aufsicht über Verwertungsgesellschaften beim Deutschen Patent- und Markenamt (DPMA) sowie zum Schiedsstellenverfahren. Nicht zuletzt wurden auch einige Verbesserungen bei der Durchsetzung der Geräte- und Speichermedienvergütung berücksichtigt. Erhalten blieb die aus kulturpolitischer Sicht besonders wichtige Vorgabe für Verwertungsgesellschaften, kulturell bedeutende Werke und Leistungen zu fördern und Vorsorge- und Unterstützungseinrichtungen für ihre Berechtigten einzurichten. Hierfür hatte sich auch das BKM in den »Kulturpolitischen Forderungen« sehr deutlich ausgesprochen.

Verlegerbeteiligung

Abschließend soll noch auf eine Problematik verwiesen werden, die bei mindestens drei Gesetzgebungsverfahren in den letzten 20 Jahren eine Rolle spielte: die sogenannte »Verlegerbeteiligung«. Ausgelöst durch die Reform des Urhebervertragsrechts im Jahr 2002, vermeintlich geklärt durch den »Zweiten Korb« im Jahr 2008 und vorläufig geregelt durch die Novelle zum Urhebervertragsrecht im Jahr 2017, ist die Frage, ob neben Urhebern auch Verlage an den Einnahmen aufgrund von gesetzlichen Vergütungsansprüchen partizipieren können, bis heute nicht rechtssicher beantwortet. Bundesminister Heiko Maas und Staatsministerin Monika Grütters hatten sich bereits im Frühjahr 2016 für eine Verlegerbeteiligung und für den Erhalt der gemeinsamen Verwertungsgesellschaften von Urhebern und Verlagen auf europäischer Ebene eingesetzt. Der Entwurf der DSM-Richtlinie vom September 2016 hat dieses Anliegen aufgegriffen und sieht eine Bestimmung zur Verlegerbeteiligung vor; ob – und wann – sie auf europäischer Ebene verabschiedet wird, ist allerdings auch hier noch offen.

Ausblick

Das Urheberrecht wird auch in Zukunft vielfältigen Änderungen unterworfen sein; es bleibt eine Dauerbaustelle. Der Koalitionsvertrag für die 19. Legislaturperiode hat bereits einige Punkte aufgezeigt. Mit Sicherheit wird dem BKM deshalb auch in Zukunft eine wichtige Aufgabe beim Schutz des geistigen Eigentums zukommen. Die aktuelle, sehr kontroverse, Diskussion des Entwurfs der DSM-Richtlinie im Europäischen Parlament zeigt, wie schwierig es ist, sinnvolle und gleichzeitig politisch mehrheitsfähige Lösungen in diesem Bereich zu finden. So wichtig ein angemessener Interessenausgleich zwischen Rechtsinhabern und Nutzern auch sein mag, es sollte niemals vergessen werden, dass das Urheberrecht als »Recht der Urheber« vorrangig ihrem Schutz dient. Wie gut, dass auch hierauf das BKM in dem Zwölf-Punkte-Papier zum Urheberrecht bereits klar hingewiesen hat.

Gerhard Pfennig
Reform des Urhebervertragsrechts

Es steht außer Zweifel, dass zum Kernbereich der Kulturpolitik nicht nur die Sicherung der Kunstfreiheit im Sinnes des Art. 5 und die Kulturförderung gehören, sondern ebenfalls die Ausgestaltung der Lebens- und Arbeitsbedingungen der Kulturschaffenden. Dieser Aufgabe ist der Bund – auch ohne BKM – schon im Jahr 1981 mit dem Künstlersozialversicherungsgesetz nachgekommen. Ein anderer wesentlicher Bereich der Daseinsvorsorge für Kreative, das Urheberrecht, stand dagegen weniger im Fokus des Gesetzgebers, der sich im Wesentlichen auf die Umsetzung Brüsseler Richtlinien beschränkte. Bis zur Einrichtung des Amtes des Beauftragten der Bundesregierung für Kultur und Medien wurde die Gesetzgebung des Bundes in diesem Bereich unter kulturpolitischen Gesichtspunkten, wenn überhaupt, vom Bundesrat begleitet. Die beim Bundesministerium des Innern angesiedelte Abteilung für Kultur und Vertriebene spielte keine spürbare Rolle. Die neue Behörde nahm jedoch – entsprechend der Entwicklung ihrer Kapazitäten – von Beginn an diesen Aspekt ernst und brachte sich in Form der jeweiligen Beauftragten ein. Insbesondere Bernd Neumann bemühte sich, den lähmenden Stillstand der CDU/FDP-Koalition mit einem Bündel von Vorschlägen zu beleben. Er konnte sich zwar nicht durchsetzen, aber immerhin das Thema in der Diskussion halten. Seine Nachfolgerin hat sich insbesondere der dringenden und in der Koalitionsvereinbarung der Großen Koalition ab 2013 adressierten Frage des Urhebervertragsrechts von Anbeginn ihrer Tätigkeit angenommen. Die Urheberrechtspolitik hat auf diese Weise eine breitere Basis bekommen, und der in der Vergangenheit zwar nicht direkt spürbare, aber umso wirksamer eingesetzte Einfluss des Bundesministeriums für Wirtschaft auf die Ausgestaltung der kräftemäßig unausgewogenen Vertragsverhältnisse im Kulturbereich, der bis dahin zuverlässig jede Reform in Richtung der Stärkung der Position der Kreativen verhindert hatte, konnte regierungsintern zumindest teilweise ausgeglichen werden. Der Unterschied wird deutlich, wenn man die Entwicklung der Gesetzgebung in diesem Bereich betrachtet. Bereits bei der Diskussion um das moderne (west-)deutsche Urheberrecht, das am 1. Januar 1966 in Kraft trat, bestand Klarheit darüber, dass das materielle Recht um Regelungen zur Ausgestaltung der Vertragsbedingungen zwischen Urhebern und ausübenden Künstlern und ihren Werkverwertern, um ein »Urhebervertragsrecht« ergänzt werden müsse. Es kam jedoch trotz andauernder Forderungen aus der Urheberlobby nicht zu einem Gesetzgebungsprozess. Allerdings gelang es im Rahmen der Ausgestaltung und der Umsetzung von EU-Richtlinien z. B. zum Vermietrecht, urheberschützende Vorschriften in das Gesetz aufzunehmen, in diesem Fall durch garantierte Beteiligungsansprüche an von Nutzern zu zahlenden Vergütungen. Die Umsetzung der Kabelweiterleitungsrichtlinie führte im Jahr 1998 zur Aufnahme eines Anspruchs auf Vergütung für die Urheber, der nicht an Verwerter abtretbar war.

Erst im Jahr 2002 kam es dann vor allem auf Drängen der Kreativszene zur ersten Gesetzgebung zum Urhebervertragsrecht, in der ersten Rot-Grünen Koalition. Schon im Vorwort zur Publikation des von ihr in Auftrag gegebenen »Professorenentwurfs« zu diesem Gesetz im Jahr 2000 stellte die damalige Justizministerin Prof. Dr. Herta Däubler-Gmelin fest: »... die Tatsache der strukturellen wirtschaftlichen Unterlegenheit der kreativ Tätigen gegenüber ihren primären Vertragspartnern bei der vertraglichen Einräumung ihrer gesetzlich gewährten Rechte [hat] häufig eine unangemessene Entlohnung zur Folge.«

Das neue, von den Professoren entwickelte Urhebervertragsrecht sollte eine bessere Basis für einvernehmliches Handeln der Beteiligten in der Kulturwirtschaft »auf Augenhöhe« bilden, blieb aber unvollständig. Der Grund lag schlicht darin, dass die Verwerter sich gegen jede Reform wehrten, und kurz vor der anstehenden Bundestagswahl mit einer großflächigen Zeitungskampagne für den Fall einer Stärkung der Position der Urheber quasi den Untergang der wettbewerbsfähigen deutschen Kulturwirtschaft an die Wand malten. Das Argument war zwar falsch, beeindruckte den wahlkämpfenden Bundeskanzler Schröder jedoch so stark, dass er seine Justizministerin zurückpfiff und die Reform in den wesentlichen Punkten entschärfte.

Das im Jahr 2002 in Kraft getretene Urhebervertragsrecht, das zeigten die Erfahrungen schnell, wurde deshalb seinem Anspruch, den Urhebern und ausübenden Künstlern zu einer angemessenen Vergütung für die Nutzung ihrer Werke und Leistungen zu verhelfen, noch nicht gerecht. Immerhin gelang erstmals die Einführung von Regelungen über »Gemeinsame Vergütungsregeln«, ein Schritt in das kollektive Urhebervertragsrecht außerhalb des gewerkschaftlich geregelten Bereichs. Vereinbarungen zwischen Vereinigungen von Urhebern oder ausübenden Künstlern und einzelnen Werkverwertern oder deren Verbänden sollten ermöglicht werden, die Regeln über Honorare und Vertragsbedingungen branchenbezogen festlegten. Die Wirkung war jedoch begrenzt. Insbesondere im Literaturbereich kam es nicht zu wirksamen Vertragsschlüssen, aber das neue Gesetz schaffte wenigstens die Voraussetzungen für erfolgreiche Klagen z. B. der Übersetzer auf Festsetzung angemessener Vergütungen durch höchste Gerichte. Im Bereich der Nutzung audiovisueller Werke dagegen kam es zu mehreren Vereinbarungen über gemeinsame Vergütungsregeln, die zwischen Sendern und Urheberverbänden abgeschlossen wurden. Auch wenn seit der Einführung des Urhebervertragsrechts im Jahr 2002 in einigen Branchen erhebliche Umbrüche stattfanden, die die Wirtschaftskraft der betroffenen Branchen, besonders in der

Presse, unter Druck setzten, muss aber auch festgestellt werden, dass teilweise eine Verhandlungsdauer von mehr als zehn Jahren bis zum Abschluss der Vereinbarungen erforderlich war, und dass teilweise Prozesse geführt werden mussten, um überhaupt zu Verhandlungen zu kommen. Problematisch war etwa, dass vor allem im Printbereich ganze Branchen sich der Verhandlung gemeinsamer Vergütungsregeln entzogen. Stattdessen entwickelten sie Allgemeine Geschäftsbedingungen, auf deren Grundlage sie nahezu alle Nutzungsrechte erwarben, meist zu Pauschalpreisen.

Insbesondere im Medienmusikbereich verhinderten intransparente Abrechnungssysteme oder verweigerte Abrechnungen der Werknutzungen wie z. B. in Streamingdiensten eine angemessene Vergütung. Auch wurden aufgrund niedriger Buy-outs und sinkender Tantiemen-Einnahmen über die Wahrnehmungsgesellschaften die Vergütungen von Komponisten und Musikern häufig unangemessen.

Schließlich verhandelten Verwerterverbände zwar mit Vereinigungen von Urhebern, verweigerten aber die Annahme des Verhandlungsergebnisses oder Schlichterspruchs; in anderen Fällen schlossen sie zwar mit Urhebervereinigungen Vergütungsregeln ab, einzelne oder zahlreiche Mitglieder der Vereinigungen unterliefen jedoch im Vertragsabschluss mit einzelnen Urhebern die vereinbarten Bedingungen; die Betroffenen wagen es nicht, dagegen zu klagen, um nicht anschließend diskriminiert und damit faktisch arbeitslos zu werden.

Aufgrund dieser Entwicklung hörte die Diskussion über ein wirksames Urhebervertragsrecht nicht auf, sowohl in der Rechtswissenschaft als auch in Kreisen der Kreativen. Detaillierte Vorschläge zur Verbesserung der Situation wurden entwickelt, vor allem in Bezug auf angemessene Vergütung, wirksamere Auskunftsansprüche und Schutz vor Buy-out und Diskriminierung einschließlich der Forderung nach Verbandsklagemöglichkeiten. Schließlich gelang es der Urheberseite, im Koalitionsvertrag der Großen Koalition eine Absichtserklärung von CDU/CSU und SPD zu verankern, durch Reform des Urhebervertragsrechts »einen gerechten Ausgleich der Interessen von Urhebern, Verwertern und Nutzern« zu schaffen.

Diese Vorschläge weckten natürlich heftigen Widerstand der Verwerter, die Eingriffe in ihre Wettbewerbsfähigkeit befürchteten und unter anderem darauf verwiesen, und das nicht zu Unrecht, dass in bestimmten Verwertungsbereichen die Vereinbarung von Buy-out-Zahlungen durchaus im Interesse von Autoren liege und von diesen sogar gefordert werde. Vor diesem Hintergrund geriet schon die Formulierung des Referentenentwurfs zum Ritt auf der Rasierklinge.

Das Bundesministerium der Justiz und für Verbraucherschutz (BMJV) legte ihn im September vor. Er sollte zwei Zielen dienen: durch Verbesserung einzelner Regelungen das individuelle Urhebervertragsrecht stärken und weiterhin das kollektive Urhebervertragsrecht durch Verbesserung der bereits 2002 eingeführten Regeln für den Anschluss von »Gemeinsamen Vergütungsregeln zwischen Urheber- und Verwerterorganisationen« verbessern. Im Einzelnen sah er vor:

— Die Berechnung der Angemessenheit der Vergütung im
  Individualvertrag zu erleichtern;
— Einführung einer kurzen Rückruffrist von fünf Jahren
  in langlaufenden Verträgen;
— weitreichende Auskunftsansprüche, um die Abrechnungen
  der Werknutzungen auch in der Verwertungskette besser
  kontrollieren zu können;
— Präzisere Vorschriften zur Bestimmung von Verbänden, die als
  Verhandlungspartner für Vergütungsregeln in Betracht kommen;
— Verbesserung der Abwehr- bzw. Kontrollmöglichkeiten der
  Urheber gegen Allgemeine;
— Verbandsklagerecht für Berufsverbände gegen das Unterlaufen
  geltender Vergütungsregeln;

Die Kritik der Verwerter ließ nicht auf sich warten, aber zu aller Überraschung kam die erste öffentlich geäußerte Kritik am Entwurf jedoch von prominenten Buchautoren, die, wie sich später herausstellte, von wenigen Verlagen und Literaturagenten ermutigt worden waren, sich zu äußern: Autoren, die aufgrund ihrer Vertragsstärke selbst oft nur zeitlich begrenzte Verträge abschließen, wandten sich gegen eine von ihnen behauptete Schwachstelle des Entwurfs, nämlich die Rückruffrist von fünf Jahren. Eine derart kurze Frist war von der Urheberseite im Vorfeld der Gesetzgebung auch gar nicht gefordert worden, weshalb die Kritik zunächst unwidersprochen blieb. Die Diskussion um den Entwurf wurde jedoch von der sachlichen auf eine stark emotionalisierte Ebene gehoben; vor allem die Verbände der Kulturverwerter, allen voran der Börsenverein des deutschen Buchhandels, übten heftige Kritik, bis hin zur Forderung nach Einstellen des Gesetzgebungsvorhabens.

Am 16. März 2016 folgte die Vorlage eines aufgrund der Verwerterkritik stark veränderten Regierungsentwurfs, dem der federführende Rechtsausschuss des Bundesrats zustimmte. Er enthielt aus der Sicht der Urheber eine massive Verschlechterung des Referentenentwurfs und ging zum Teil hinter die geltende Rechtslage zurück. Er hielt nur in einem Punkt den urheberfreundlichen Ansatz des Referentenentwurfs aufrecht – die Möglichkeit der Verbandsklage blieb erhalten. Die kontroverse Einschätzung des Entwurfs führte zu einer zähen Debatte zwischen den Partnern der Großen Koalition. Auf Ministeriumsebene beteiligte sich neben dem BMJV insbesondere das BKM. Die entscheidenden Verhandlungen um Nachbesserungen im Sinne einer ausgewogeneren Kräfteverteilung fanden zwischen den Koalitionsfraktionen statt. Sie endeten schließlich in der letzten Sitzungswoche des Jahres 2016 mit ausgewogeneren Kompromissformulierungen. Inwieweit diese Reform tatsächlich das gesetzte Ziel des »Gesetzes des zur verbesserten Durchsetzung des Anspruchs der Urheber und Künstler auf angemessene Vergütung« erreichen kann, wird die Praxis zeigen müssen. Insgesamt lässt sich das Ergebnis wie folgt bewerten:

1. In Bezug auf das individuelle Urhebervertragsrecht sind deutliche Verbesserungen zu verzeichnen:

— Der Anspruch auf Durchsetzung angemessener Vergütungen in § 32 wird durch Bezugnahme auf die Häufigkeit und das Ausmaß der Nutzungen bei der Bemessung der Vergütung gestärkt; die Bezugnahme auf Gemeinsame Vergütungsregeln ist auch dann bei Nutzungen und bei der Berechnung der »Bestsellervergütung« möglich, wenn diese erst nach Nutzung abgeschlossen wurden;
— der Auskunftsanspruch in § 32 d und e, wichtig für die Geltendmachung der angemessenen Vergütung, wird deutlich gestärkt: Er ist nun auf nahezu alle urheberrechtlichen Beiträge anwendbar. Der Auskunftsanspruch kann nun zudem auch gegenüber weiteren Vertragspartnern in der Lizenzkette geltend gemacht werden; dies ist besonders wichtig bei Auftragsproduktionen, über deren Verwertung meist der Sender und nicht der Produzent entscheidet.
— die Geltendmachung dieses Anspruchs ist allerdings ausgeschlossen bei solchen Urhebern, die »einen lediglich nachrangigen Beitrag [...] leisten«, eine Formulierung, um deren Definition lange gestritten wurde;
— es wird in § 40 a ein Recht zum Rückruf und zur anderweitigen Lizenzierung eingeführt, allerdings nur für Verträge mit pauschaler Vergütung und erst nach Ablauf von zehn Jahren; dennoch ist dies der erste Schritt zur Beendigung der Praxis langlaufender Verträge.
— Allerdings enthält das Gesetz in § 40 a Abs. 3 jetzt auch eine Formulierung, in der ausdrücklich die Möglichkeit erwähnt wird, dass Urheber »nachrangiger« Werke ein zeitlich und räumlich uneingeschränktes Nutzungsrecht einräumen können, also unter begrenzten Voraussetzungen einem »Buy-out« zustimmen können.
— ausübende Künstler/-innen werden durch die Reform des § 79 b gestärkt: auch sie erhalten endlich einen im Voraus unverzichtbaren Anspruch auf zusätzliche Vergütung bei der Aufnahme neuer Nutzungsarten.

2. In Bezug auf das Kollektive Urhebervertragsrecht wurde das geltende Gesetz im Rahmen des politisch Möglichen ebenfalls modifiziert. Klargestellt wird in § 36 Abs. 2, dass Vereinigungen, die einen wesentlichen Teil der Urheber oder Werknutzer vertreten, als ermächtigt gelten, allgemeine Vergütungsregeln abzuschließen; Verwertervereinigungen können sich allerdings auch weiterhin durch Beschluss der Verhandlung entziehen.

Hinzugefügt wurde gegenüber den Entwürfen die Möglichkeit, dass die Schlichtungsstelle gemäß § 36 a Abs. 4 weitere Vereinigungen von Urhebern zu Verhandlungen hinzuziehen kann, wenn eine Partei dies beantragt; ob hierdurch Verhandlungen gefördert werden, wird die Praxis erweisen. Leider trifft dies nicht in gleicher Weise auf Verwerter zu.

Die Verbandsklage wird endlich, wenn auch nur in einem ersten Schritt für den Wirkungsbereich bestehender Vergütungsregeln, in § 36 b eingeführt. Positiv ist der Abschluss des Reformvorhabens vor allem auch im Hinblick auf die seit

September 2016 laufende Reform auf der Ebene der EU; die Richtlinie zur Anpassung des Urheberrechts an die Bedürfnisse der Informationsgesellschaft hat wesentliche Aspekte der deutschen Reform aufgegriffen.

In Bezug auf die BKM ist festzustellen, dass sie sich in dieses Gesetzgebungsverfahren – ebenso wie in das nahezu parallel betriebene Verfahren zur Verbesserung der Nutzungsmöglichkeiten von Werken in Bildung und Wissenschaft und schon zuvor beim Prozess um den Freihandelsvertrag TTIP zwischen EU und den USA – wesentlich spürbarer eingebracht und Konflikte nicht gescheut hat, wenn es um die Interessen der Kulturschaffenden und der Kulturwirtschaft ging. Sie hat damit ihre selbst gesetzte Pflicht erfüllt und ist damit erstmals seit Einführung dieses Amts konsequent tätig geworden und als gleichberechtigter Player ernst genommen worden.

Gabriele Beger
Ein Plädoyer für Gemeinsamkeit

»Zugunsten des Gemeinwohls müssen Urheberinnen und Urheber auch Eingriffe in ihr Recht am eigenen Werk dulden – so zum Beispiel bei der erlaubten Privatkopie oder in bestimmten Fällen bei Publikationen im Bildungs- und Wissenschaftsbereich. Hier sorgt ein gutes Urheberrecht dafür, dass sie dafür eine angemessene Vergütung erhalten.« (BKM: Im Bund mit der Kultur. 2018, S. 150)

Bis zum Urheberrechts-Wissensgesellschafts-Gesetz war es ein langer Weg. Als zu Beginn der 1990er Jahre elektronische Publikationen den Markt eroberten und digitale Technologien das Verhalten der Rezipienten nachhaltig veränderten, standen Produzenten, Verlage, Bibliotheken und andere Gedächtnisinstitutionen vor erheblichen Herausforderungen. Es galt die bewährten Angebote aus der analogen Welt in die digitale zu übertragen und dies vor dem Hintergrund, dass es an entsprechenden Rechtsgrundlagen fehlte. In besonderem Maße waren davon urheberrechtliche Nutzungen betroffen.

Der WIPO-Urheberrechtsvertrag (WCT) vom 20. Dezember 1996 gab den Veränderungen einen ersten Rahmen. Er begründete das ausschließliche Recht der »öffentlichen Zugänglichmachung« (Art. 8) für alle Werke, die drahtgebunden oder drahtlos Mitgliedern der Öffentlichkeit zugänglich gemacht werden. Des Weiteren bestimmte er, dass gesetzliche Schranken auch in der digitalen Welt Bestand haben sollen, wenn sie den sogenannten Drei-Stufen-Test (Art. 9 Revidierte Berner Übereinkunft) bestehen, d. h. »Beschränkungen oder Ausnahmen in bestimmten Sonderfällen vorsehen, die weder die normale Verwertung der Werke beeinträchtigen, noch die berechtigten Interessen der Urheber unzumutbar verletzen« (Art. 10). Die Europäische Union führte den Vertrag 2001 mittels einer Richtlinie (Richtlinie 2001/29/EG des Europäischen Parlaments und des Rates vom 22. Mai 2001 zur Harmonisierung bestimmter Aspekte des Urheberrechts und der verwandten Schutzrechte in der Informationsgesellschaft Abl. Nr. L167 vom 22/06/2001 S. 0010–0019, im Folgenden Infosoc-Rl) ein. Neben einem Verweis auf Art. 9 RBÜ enthält diese einen Katalog von gesetzlichen Schranken (Art. 5), die von den Mitgliedsstaaten in nationales Recht umgesetzt werden können. Die Infosoc-Rl wurde 2003 in das deutsche Urheberrechtsgesetz umgesetzt. Bestandteile waren neben dem neuen Verwertungsrecht »öffentliche Zugänglichmachung« (§ 19 a UrhG) und dem Schutz von lizenzierten digitalen Angeboten, für die gemäß § 95 b Abs. 3 UrhG die Anwendung von Schranken ausgeschlossen ist, auch Neufassungen von Schranken. So wurde die digitale Kopie zum privaten und sonstigen eigenen Gebrauch, soweit kein gewerblicher Zweck verfolgt wird, in § 53 UrhG gestattet. Eine hart umkämpfte neue Schranke war die »öffentliche Zugänglichmachung für Unterricht und Forschung« (§ 52 a UrhG). Diese erlaubte zustimmungsfrei aus veröffentlichten Werken kleine Teile bzw. Teile, Werke geringen Umfangs und Beiträge aus Zeitungen, Zeitschriften für den Unterricht sowie im Rahmen der wissenschaftlichen Forschung einem konkret benannten Teilnehmerkreis netzgestützt zugänglich zu machen. Da die Wissenschaftsverleger befürchteten, dass darunter der Absatz ihrer Publikationen leiden könnte, wurde die Norm vorerst befristet eingeführt. In der Folge wurde die Befristung mehrmals verlängert, bis sie im Dezember 2014 aufgehoben wurde. Den Wissenschaftsverlagen war es bis dahin nicht gelungen nachzuweisen, dass durch die Nutzung des § 52 a UrhG die normale Verwertung der Werke beeinträchtigt wurde, d. h. der Absatz ihrer Publikationen tatsächlich gesunken ist. Ähnlich kontrovers waren die Begleitumstände zu den Schranken »Kopienversand auf Bestellung« (§ 53 a) und die »Wiedergabe von Werken an elektronischen Leseplätzen in öffentlichen Bibliotheken, Museen und Archiven« (§ 52 b), die 2008 in das UrhG auf der Grundlage der Infosoc-Rl eingeführt wurden. Die Argumente auf beiden Seiten der Interessenvertretungen waren stets gleich: Die Hochschul- und Bibliotheksseite verwies auf ihren gesellschaftlichen Auftrag für Bildung und Wissenschaft und den verantwortungsvollen Umgang mit geschützten Werken, die Verlagsseite erläuterte die Gefahren des Absatzrückgangs für ihre vor allem digitalen Angebote, auch obwohl nach § 95 b Abs. 3 UrhG alle digitalen Angebote, soweit sie mittels Lizenz angeboten werden, ausdrücklich von der Nutzung durch gesetzliche Schranken ausgeschlossen sind. Stets war der Gesetzgeber gefordert, die Balance zwischen den Interessen herzustellen. Darüber hinaus wurden im Falle der drei vorgenannten Schranken auch der BGH und EuGH angerufen. Mal obsiegte die eine Seite mehr, mal die andere. Aber kein Gericht stellte die Unverträglichkeit der Schranken mit europäischem und internationalem Recht fest. So nutzte der Gesetzgeber die Erkenntnisse aus Stellungnahmen, Gutachten, Anhörungen und Gerichtsentscheidungen für eine Reform in dem seit dem 1. März 2018 geltenden Urheberrechts-Wissensgesellschafts-Gesetz (Gesetz zur Angleichung des Urheberrechts an die aktuellen Erfordernisse der Wissensgesellschaft – Urheberrechts-Wissensgesellschafts-Gesetz – UrhWissG, BGBl 2017 Teil I Nr. 61, am 7. September 2017).

Mit dem UrhWissG wurden – bis auf die Schranke zu Text- und Datamining – keine neuen gesetzlichen Schranken begründet. Vielmehr steht Klarheit und Verständlichkeit im Mittelpunkt der Reform. So wurde den immer wieder vorgetragenen Forderungen nach thematischer Zusammenfassung der Anspruchsgrundlagen für Bildung, Wissenschaft, Bibliotheken u. a. Gedächtnisinstitutionen sowie einer für juristische Laien verständlichen Sprache durch Auflösung unbestimmter Rechtsbegriffe Rechnung getragen. Auch zu den strittigen Themen des

Vorrangs von Verträgen, der Abwägung zwischen nutzungsabhängiger und pauschaler Vergütung sowie zu Möglichkeiten der Nutzungserhebung wurden konkrete Aussagen getroffen. Die Zusammenfassung wurde im 1. Teil Abschnitt 6 Unterabschnitt 4 realisiert. Hier wurden die Nutzungsregelungen thematisch nach Unterricht und Lehre (§ 60 a), Lehrmaterialien (§ 60 b), wissenschaftliche Forschung (§ 60 c), Text- und Datamining (§ 60 d), Bibliotheken (§ 60 e), Archive, Museen und Bildungseinrichtungen (§ 60 f) sowie zur Behandlung von Verträgen (§ 60 g) und der Vergütung (§ 60 h) zusammengestellt. Auf unbestimmte Rechtsbegriffe wurde weitgehend verzichtet, sodass z. B. der Begriff »kleine Teile« nunmehr konkret mit 15 Prozent eines Werkes bezeichnet wird. Bei der Zusammenstellung wurden auch die Spielräume, die sich aus der InfoSoc-Rl ableiten ließen, ausgelotet, sodass im Ergebnis auch geringe weitergehende Nutzungen als bisher in den Bestimmungen zu den Schranken des § 60 a bis h UrhG sanktioniert wurden. Aber auch diesmal wurden vehement vorgetragene Befürchtungen, diesmal der Presseverleger berücksichtigt. So sind Tageszeitungen und sogenannte Publikumszeitschriften von den meisten Nutzungen ausgenommen. Auch diesmal hat der Gesetzgeber eine Befristung eingeführt, um eine Pflicht zur Prüfung der Auswirkungen gesetzlich einfordern zu können. So unterliegt die Neufassung der Schranken durch das Urheberrechts-Wissensgesellschafts-Gesetz einer Befristung bis 1. März 2023. Ob diese allerdings für alle Schranken gerechtfertigt ist, bleibt fraglich. Dies gilt umso mehr, als es sich bis auf wenige Ausnahmen um bislang unbefristet geltende handelt.

Große Einigkeit besteht bei den Schranken zur Digitalisierung des kulturellen Erbes. Bereits mit Inkrafttreten des Urheberrechtsgesetzes vom 9. September 1965 war es selbstverständlich, dass eine gesetzliche Schranke die Herstellung einer sogenannten Archivkopie gestattet. § 53 Abs. 2 Ziff. 2 UrhG erlaubte die Vervielfältigung eines im eigenen Bestand befindlichen Werkes zur gebotenen Dokumentation und Bewahrung. Als Vorlage musste das eigene Werkstück verwandt werden und die Nutzung durfte nur internen Zwecken zugeführt werden. Auch die Bestimmungen nach § 53 Abs. 4 UrhG zu den seit zwei Jahren vergriffenen Werken und nach Abs. 5 beschädigte Teile in Werken durch Kopien zu vervollständigten, diente der Archivierung des kulturellen Erbes und der Überlieferung bestehenden Wissens. Solange in den Bibliotheken analoge Werke zur Archivierung anstanden, waren die Schrankenbestimmungen grundsätzlich ausreichend. Lediglich die Rechtsunsicherheit, die sich aus der Erfordernis der Gebotenheit ergab, und die Voraussetzung das eigene Werkstück, egal in welchem maroden Zustand, verwenden zu müssen, war reformbedürftig. Mit dem Siegeszug der elektronischen Publikationsverfahren und der zunehmenden Nutzung des Internets in allen gesellschaftlichen Bereichen, standen die Gedächtnisinstitutionen vor erheblichen Problemen. Mit der Urheberrechtsnovelle 2003 wurde zwar auch die Archivkopie – soweit kein gewerblicher Zweck verfolgt wird – auf digitale Vorlagen und Verfahren erweitert, aber viele wesentliche Begleiterscheinungen nicht beachtet. So musste nach wie vor die Gebotenheit geprüft und die eigene beschädigte Vorlage genutzt werden. Da es bei der Migration einer digitalen Archivkopie auf neue Betriebssysteme regelmäßig zu einer Bearbeitung kommt, die nach dem UrhG eine zustimmungsbedürftige Verwertung darstellt, ging das Recht auf digitale Archivkopie oft ins Leere. Auch elektronische Datenbanken auf CD-ROM waren in Ermangelung einer Rechtsgrundlage von der Archivkopie ausgeschlossen (§ 53 Abs. 5 UrhG). Heute sind Berge von Scheiben vorhanden, die niemand mehr aufrufen kann. Die Inhalte sind somit der Nachwelt entzogen. Auch für die öffentliche Zugänglichmachung von Archivkopien, vor allem auch von verwaisten und vergriffenen Werken, gab es lange keine Rechtsgrundlage.

Mit Beginn des 21. Jahrhunderts wurde die Nutzung des Internets in der Gesellschaft vorherrschend. Besonders Bildung und Wissenschaft waren davon geprägt. Man erwartete den verlässlichen und schnellen Zugang zu Wissen über das Internet. Mit dem weltweit veränderten Verhalten der Rezipienten und der Fülle von Informationen im Netz geht die Gefahr einher, dass Werke, die nicht im Netz verfügbar sind in Vergessenheit geraten. Recherchen nach Quellen finden fast ausschließlich über netzgestützte Suchwege statt. Die Gedächtnisinstitutionen stellten ihre Bestandsnachweise (Kataloge) digital zur Verfügung und investierten in die Digitalisierung ihrer analogen Bestände. Es entstanden virtuelle Bibliotheken, die mittels Aggregatoren verfügbare digitale Werke in Portalen zugänglich machen. Das Digitalisat verbleibt dabei auf dem Server der Gedächtnisinstitution. Seit 2007 fördert die Europäische Union die europäische virtuelle Bibliothek Europeana, die auf der Gründung eines Portals der europäischen Nationalbibliotheken beruht. Seit 2009 fördern Bund (BKM) und Länder die Deutsche Digitale Bibliothek, die ihre Nachweise an die Europeana weiterleitet.

Sehr schnell stellte sich heraus, dass Millionen von verwaisten und vergriffenen Werken unseres kulturellen Erbes nicht öffentlich zugänglich gemacht werden konnten. Nach dem urheberrechtlichen Grundsatz, dass jede Nutzung vom Urheber gestattet werden muss, konnten Werke, die als verwaist galten zwar als Archivkopie digitalisiert werden, jedoch nicht ohne Zustimmung des Rechtsinhabers der Öffentlichkeit zugänglich gemacht werden. Da den verwaisten Werken eigen ist, dass der Rechtsinhaber regelhaft nicht bekannt oder nicht ermittelt werden kann, kann nur eine gesetzliche Schranke Abhilfe schaffen. Im Jahr 2009 trafen sich deshalb Vertreter der Autoren, Verwertungsgesellschaften, Verlage und Bibliotheken in der AG Digitale Bibliothek der Deutschen Literaturkonferenz, um eine gesetzliche Schranke zu den verwaisten und vergriffenen Werken zu initiieren. Der Deutsche Kulturrat beriet in seinem Fachausschuss Urheberrecht ebenfalls die Vorlage und richtete seinen Appell an das Bundesministerium der Justiz, zeitnah eine gesetzliche Schranke auf den Weg zu bringen. Im Europäischen Parlament beschäftigte man sich ebenfalls intensiv mit einer Regelung zu den verwaisten Werken. Im Ergebnis trat die Richtlinie über bestimmte zulässige Formen der Nutzung verwaister Werke am 28. Oktober 2012 in Kraft. Die Richtlinie wurde in § 61 a bis c UrhG umgesetzt. Die darin enthaltenen Hürden bei der EU-weiten sorgfältigen Suche mittels Einzelfallprüfung und der Haftung erfordern jedoch derart hohe personelle und finanzielle Ressourcen, dass sie kaum Anwendung bei den Gedächtnisorganisationen in der gesamten Europäischen Union findet. Das EU Parlament hat bei der Richtlinie auf die Einbeziehung der vergriffenen Werke verzichtet. Es verwies jedoch auf die Möglichkeit von Vereinbarungen. Der deutsche Gesetzgeber hat sich diese Aufgabe aufgrund des übereinstimmenden Willens aller interessierten Kreise im Wege der Gesetzgebung durch Änderung des Urheberrechtswahrnehmungsgesetzes (seit 1. Juni 2016 Verwertungsgesellschaftsgesetz (VGG)) gestellt. § 51 ff. VGG regelt, dass die Verwertungsgesellschaften die Digitalisierung und öffentliche Zugänglichmachung von vergriffenen Schriftwerken, die vor 1966 erschienen sind, lizenzieren können. Die Rechtsinhaber erhielten ein Widerrufsrecht. Die Verwertungsgesellschaft Wort hat mit der Deutschen Nationalbibliothek einen Workflow von der Meldung über die Eintragung in das Verzeichnis der vergriffenen Werke beim Deutschen Patent- und Markenamt bis hin zur Lizenzierung und Vergütung sowie der möglichen Widerspruchsverfahren entwickelt, welcher seit 2016 allen Gedächtnisorganisationen erfolgreich zur Verfügung steht und einer regen Nutzung unterliegt.

Des Weiteren hat der Gesetzgeber das UrhWissG genutzt, um weitere rechtliche Hürden bei der Archivierung zu heilen. So gestattet § 60 e Abs. 1 UrhG Bibliotheken und nach § 60 d UrhG auch Archiven, Museen und anderen Bildungseinrichtungen ausdrücklich, Werke aus ihrem Bestand zu Zwecken der Zugänglichmachung und Archivierung zu »vervielfältigen oder vervielfältigen (zu) lassen, auch mehrfach und mit technisch bedingten Änderungen«.

Auch die Leihe eines identischen Werkes aus einer anderen Institution zu Zwecken der Restaurierung ist gestattet, jedoch wurde versäumt, die Leihe zur Herstellung einer Archivkopie zu gestatten. § 60 e Abs. 4 UrhG regelt, dass die digitalisierten Bestände in den Räumen der jeweiligen Bibliothek, Archiv, Museum u. a. Bildungseinrichtungen zugänglich gemacht werden dürfen, soweit keine anderslautenden vertraglichen Vereinbarungen bei der Erwerbung des Werkes eingegangen wurden. Der Deutschen Nationalbibliothek und den arbeitsteilig mit ihr arbeitenden Regionalbibliotheken ist zudem das Harvesting und die kooperative Zurverfügungstellung von im Internet frei verfügbaren Werken, die als Pflichtexemplar gelten, oder zur Abholung bereitgestellte Publikationen (§ 16 a und § 21 DNBG) gestattet.

Auch wenn das UrhWissG einen wesentlichen Fortschritt bei der Bewahrung des kulturellen Erbes darstellt, so bleibt dennoch ein weitergehender Reformbedarf. Nach wie vor sind Datenbankwerke von der Archivierung ausgeschlossen, die Onlinepräsentation von verwaisten Werken ist durch umfangreiche EU-weite Einzelfallprüfungen so kostenintensiv, dass sie keine Anwendung finden kann und die Lizenzierung von vergriffenen Werken ist bislang auf Bücher beschränkt. Zudem ist nicht zweifelsfrei die Leihe eines identischen Werkes zur Herstellung einer Archivkopie geregelt (§ 53 Abs. 2 UrhG). Im Interesse von Kultur, Bildung und Wissenschaft, d. h. letztendlich des gesellschaftlichen Fortschritts unseres Landes, ist es unverzichtbar, das kulturelle Erbe im kollektiven Gedächtnis zu bewahren. Dazu ist eine Bereichsausnahme im Urheberrechtsgesetz für die Archivierung des kulturellen Erbes dringend geboten. In der Schrift »Mit gutem Recht erinnern. Gedanken zur Änderung der rechtlichen Rahmenbedingungen des kulturellen Erbes in der digitalen Welt« (Paul Klimpel 2018) stellen Experten aus Gedächtnisinstitutionen und Rechtswissenschaftler Vorschläge zur Ausgestaltung rechtlicher Rahmenbedingungen vor. Diese Schrift kann auch als Geschenk zum 20. Jubiläum des Staatsministeriums für Kultur und Medien verwendet werden.

Frithjof Berger & Melanie List
Kulturgutschutz – Zwei Jahrzehnte Lernprozess!

Als Gerhard Schröder Ende Oktober 1998 zum Bundeskanzler gewählt wurde, war die Ausgabe des Bundesgesetzblattes, mit der die damals neuesten Änderungen des Kulturgutschutzgesetzes und die Einführung des Kulturgüterrückgabegesetzes verkündet wurden, kaum einen halben Monat alt. Mit der gleichzeitigen Gründung einer eigenen, für Kultur und Medien zuständigen obersten Bundesbehörde ging die Verantwortung für das Kulturgutschutzrecht vom Bundesminister des Innern auf den Beauftragten der Bundesregierung für die Angelegenheiten der Kultur und der Medien (BKM) über.

EU-Rückgaberichtlinie und Kulturgüterrückgabegesetz

Die damalige Novelle des Kulturgutschutzrechts hatte der Deutsche Bundestag in einer seiner letzten Sitzungen im Juni 1998 verabschiedet. Sie diente mit der Einführung des Kulturgüterrückgabegesetzes vor allem der Abwendung einer bereits seit Ende 1997 anhängigen Untätigkeitsklage der Europäischen Kommission gegen die Bundesrepublik. Deutschland hatte es versäumt, die Kulturgüterrückgaberichtlinie von 1993 fristgerecht in deutsches Recht umzusetzen.

Grund für die Verzögerung war eine innerstaatliche Debatte um die Vereinbarkeit der Richtlinienvorgaben mit europäischen Rechtsgrundsätzen und dem deutschen Grundgesetz. Die Richtlinie machte es zur Voraussetzung für einen Rückgabeanspruch zwischen den Mitgliedsstaaten, dass das fragliche Kulturgut vor oder nach seiner illegalen Ausfuhr unter Schutz gestellt worden war. Die nachträgliche Unterschutzstellung schien aus deutschem Blickwinkel unhaltbar, kannte man hierzulande doch nur die Unterschutzstellung eines Kulturgutes durch behördliche Eintragung in eines der durch die Bundesländer geführten Verzeichnisse national wertvollen Kulturgutes. Ohne eine solche Eintragung konnte Kulturgut frei ausgeführt werden. Damit schied nach herrschender Lehre und Praxis in Deutschland eine nachträgliche Eintragung des legal im Ausland befindlichen Kulturgutes aus. Nach dem System der Richtlinie war Anspruchsvoraussetzung für eine Rückgabe die illegale Ausfuhr des Kulturgutes. Sollte also eine Rückforderung des Kulturgutes nach der Philosophie der Richtlinie auch aufgrund einer Eintragung nach der Ausfuhr möglich sein, musste auch die Ausfuhr nachträglich für illegal erklärt werden. Dies erschien mit rechtsstaatlichen Grundsätzen kaum vereinbar.

Das Kulturgüterrückgabegesetz setzte die Rückgaberichtlinie im Jahr 1998 aufgrund des deutschen Systems der Unterschutzstellung durch Eintragung schließlich nur teilweise um und gewährte Rückgabeansprüche nur bei konkreter und öffentlich verkündeter Unterschutzstellung vor der Ausfuhr.

Das europäische Recht basierte dagegen auf der Regelungsphilosophie der meisten anderen Mitgliedsstaaten, die sich von der deutschen Regelungstradition der rein verzeichnisbezogenen Ausfuhrbeschränkungen deutlich unterschied. Viele Mitgliedsstaaten sahen nämlich eine Ausfuhrkontrolle auch für nicht unter Schutz gestelltes Kulturgut vor, um es im Rahmen dieser Kontrolle gegebenenfalls unter Schutz stellen zu können. Wer diese Kontrolle umgeht, verdient aber – so der Gedanke des europäischen Gesetzgebers – auch keinen Vertrauensschutz gegen eine nachträgliche Unterschutzstellung des bereits illegal ausgeführten Objektes.

Die ersten Jahre der Arbeit der/des BKM im Bereich des Kulturgutschutzes waren daher unter anderem von der Frage geprägt, ob die Europäische Kommission wegen dieses Umsetzungsdefizits ein Vertragsverletzungsverfahren einleiten würde. Die Kommission hat darauf verzichtet, vermutlich weil es nie zu einer Rückforderung gegenüber Deutschland gekommen ist, bei der diese Fallkonstellation Relevanz erlangt hätte.

Eine 1998 ebenfalls neu eingeführte Regelung des Kulturgutschutzgesetzes hat die praktische Arbeit des BKM in den Folgejahren dagegen sehr viel stärker geprägt. Es handelt sich um die im deutschen Recht erstmals etablierte »Rechtsverbindliche Rückgabezusage«, im internationalen Leihverkehr als »Immunity from Seizure« bekannt und mittlerweile zu einem unverzichtbaren Instrument im internationalen Kulturaustausch avanciert.

UNESCO-Kulturgutschutzübereinkommen von 1970 in Deutschland

Der von Vielen als arg verspätet wahrgenommene Beitritt der Bundesrepublik zum UNESCO-Kulturgutschutzübereinkommen von 1970 als 115. Vertragsstaat gab im Jahr 2007 Anlass für eine weitere Novellierung des deutschen Kulturgutschutzrechtes – nunmehr erstmals federführend im noch jungen Hause BKM betreut. War 1998 an einen Beitritt Deutschlands zum UNESCO-Übereinkommen noch nicht zu denken gewesen, konnten Kritiker eines Beitritts nicht zuletzt dadurch besänftigt werden, dass die erwartete Flut von Kulturgüterrückgabeforderungen nach der EU-Rückgaberichtlinie seit 1998 ausgeblieben war. Rückgabeanfragen kamen eher sporadisch. Zudem kam der Gesetzentwurf den Kritikern des Beitritts mit einem wesentlichen Argument entgegen: dem der Transparenz. Das um Rückgabeansprüche der Vertragsstaaten des Übereinkommens erweiterte Kulturgüterrückgabegesetz machte den Anspruch nämlich davon abhängig, dass das Kulturgut zuvor nach deutschem Vorbild als geschützt in ein staatliches Verzeichnis eingetragen und diese Liste allgemein zugänglich auch in Deutschland veröffentlicht worden war.

Grundlage dieser im Rückblick erstaunlichen Koppelung des Rückgabeanspruches an in Deutschland zu veröffentlichende Schutzlisten war eine Bestimmung in Art. 5 des Übereinkommens, wonach von den Vertragsstaaten spezialisierte Kulturgutschutzbehörden zu gründen und mit Personal auszustatten seien, welches in der Lage sein sollte, Verzeichnisse geschützten Kulturgutes aufzustellen und zu führen. Aus dieser eher vagen Formulierung las man eine Pflicht der Vertragsstaaten zur Einführung des in Deutschland gewohnten Listensystems. Konsequente Folge war die Verabschiedung einer ergänzenden »Kulturgüterverzeichnisverordnung«, die die Modalitäten der Veröffentlichung von Schutzlisten der Vertragsstaaten in Deutschland regeln sollte.

Die Umsetzung des UNESCO-Übereinkommens mittels des in Deutschland tradierten Listenprinzips erwies sich in den folgenden Jahren sowohl für das Auswärtige Amt als auch für den BKM als ein diplomatischer Bumerang. Das Rückgaberecht gegenüber den Vertragsstaaten lief de facto leer. Besonders schmerzlich war dies im »Fall Patterson«. Die Sammlung Patterson (präkolumbianische Objekte aus Mittelamerika, deren Wert anfangs auf bis zu 100 Millionen Euro geschätzt wurde) war überhastet aus Santiago de Compostela nach München verbracht und dort beschlagnahmt worden. Die mittelamerikanischen Vertragsstaaten machten eine ganze Reihe von Rückgabeersuchen geltend, scheiterten aufgrund der hohen gesetzlichen Hürden des Kulturgüterrückgabegesetzes allerdings regelmäßig vor den deutschen Verwaltungsgerichten. Bis zu ihrer Aufhebung im Rahmen der jüngsten Novellierung des Jahres 2016 hat von den Rückgaberegelungen kein einziger Vertragsstaat erfolgreich Gebrauch machen können. In der Rechtstradition vieler Staaten folgt der Schutz unmittelbar aus Rechtsvorschriften, die pauschal auf bestimmte Kulturgutkategorien abstellen, nicht aber individuelle Objekte auflisten.

Schutzstatus von Kulturgut der öffentlichen Hand

Auch in einem anderen Bereich zeigte die Novelle von 2007 in der Praxis leider nicht die vom Gesetzgeber gewünschten Erfolge. Im Jahre 2007 war auch das Kulturgutschutzgesetz in einem wesentlichen Punkt geändert worden. Es war nunmehr möglich, auch Kulturgut im Eigentum der öffentlichen Hand als national wertvolles Kulturgut in die entsprechenden Verzeichnisse einzutragen. Ziel war die Beseitigung eines offenkundigen Defizits mit Blick auf das europäische Recht. Während privates Kulturgut eingetragen werden konnte und damit dem Schutz der Rückgaberichtlinie unterfiel, hatte man bisher einen Schutzstatus für Kulturgut der öffentlichen Hand nicht für erforderlich gehalten, ja ausgeschlossen. Damit erschien aber privates Kulturgut besser geschützt als öffentliches Kulturgut. Tatsächlich wurde in den Folgejahren in einigen Bundesländern von dieser neuen Eintragungsmöglichkeit Gebrauch gemacht. Zu den erwarteten Antragszahlen kam es gleichwohl nicht. Erst eine von der Kulturstiftung der Länder mit Fachleuten aus dem Museumsbereich veranstaltete Tagung offenbarte die Probleme. Kam es nur zu punktuellen Eintragungen einzelner Objekte aus dem Bestand eines Museums, so fürchteten die für die Sammlung Verantwortlichen eine Spaltung ihres Bestandes in Kulturgut erster und zweiter Güte. Dies erschien jedoch hochgradig riskant in Zeiten, in denen über die Opportunität von Bestandsveräußerungen diskutiert wurde, um aus den Erlösen dringend erforderliche Modernisierungs- und Instandhaltungsmaßnahmen finanzieren zu können. Für eine umfassendere Eintragung von Museumsbeständen fehlte es dagegen schlicht an Personal und Ressourcen. Kaum ein Museum besaß Inventarlisten in einer elektronischen Form, die einen problemlosen Datenexport zugelassen hätten. Auch vonseiten der Landesministerien hätte man einen solchen »Rundumschlag« kaum bewältigen können – ganz abgesehen davon, dass die Voraussetzungen einer Eintragung als national wertvolles Kulturgut damals wie heute restriktiv anzuwenden sind, Eintragungen also keineswegs ohne konkrete Würdigung des Einzelfalles pauschal erfolgen können.

Evaluierung – Novellierungsbedarfe – Kulturgutschutzgesetz 2016

Den Fachleuten im Kulturgutschutzrecht war deshalb schon bei Verabschiedung der Novelle 2007 klar, dass diese vermutlich nur ein Zwischenschritt sein würde. Schon kurz nach Inkrafttreten des neuen Rechts bildete sich eine Bund-Länder-Arbeitsgruppe, die den nach fünf Jahren vorgesehenen Evaluierungsbericht erarbeiten sollte.

Der 2013 vorgelegte Bericht zeigte sehr deutlich die Defizite der Novellierung von 2007 auf und bezog im Hinblick auf die von der EU-Kommission angekündigte Überarbeitung der Kulturgüterrückgaberichtlinie und den hieraus bereits absehbaren weiteren Novellierungsbedarf auch strategische Überlegungen zu einer einheitlichen Kodifikation des Kulturgutschutzrechts und auf breiter Basis rechtsvergleichende Analysen zu den internationalen Gepflogenheiten im Kulturgutschutzrecht und zu den Regelungen der anderen EU-Mitgliedsstaaten mit ein.

Es gehört zu den Merkwürdigkeiten der politischen Debatte um den Kulturgutschutz, dass der Bericht des Jahres 2013 teilweise bis ins Detail die Vorschläge des im Sommer 2016 verabschiedeten aktuellen Kulturgutschutzgesetzes beinhaltete, ohne dass es bei seinem Erscheinen zu der aufgeregten Diskussion kam, die bei den Beratungen über den Gesetzentwurf folgte. Dass der Bericht doch wahrgenommen worden war, zeigte sich unter anderem an den das

Gesetzgebungsverfahren begleitenden Forderungen nach Einführung des sogenannten »britischen Modells«, welches den Abwanderungsschutz von national wertvollem Kulturgut unmittelbar von der erfolgreichen und fristgerechten Akquise von Ankaufsmitteln im Inland abhängig macht. Darauf, dass dieses Modell für das Ziel des Abwanderungsschutzes als defizitär einzustufen sei, hatte der Bericht von 2013 bereits hingewiesen.

Einmal mehr war eine Überarbeitung des Kulturgutschutzrechtes in Deutschland heftig umstritten, allerdings war die Debatte schärfer als bei den früheren Novellen. Erneut wurde das Argument der Verfassungswidrigkeit bemüht, erneut beruhte die Kritik in verschiedenen Punkten auch auf Missverständnissen. Erstaunt hat dabei insbesondere die Kritik an Regelungen, deren Inhalt und Praxis in den Jahrzehnten zuvor kaum bemängelt worden waren und deren Rechtskonformität deutsche Obergerichte längst bestätigt hatten. Erklären lassen sich diese Vorgänge – insbesondere betreffend die Eintragungen in die Verzeichnisse national wertvollen Kulturgutes – nur mit Fehlvorstellungen von der bisherigen Rechtslage und -praxis wie auch von den Intentionen des Gesetzgebers, der mit den präzisierten, aber im Kern unveränderten Regelungen zur Eintragung national wertvollen Kulturgutes keinesfalls eine Absenkung der restriktiven Eintragungsstandards vornehmen wollte. Die Debatte – begünstigt durch Kommunikationsdefizite auf allen Seiten – erreichte in der Folge eine ungeahnte Eigendynamik.

Die Kulturgutschutznovelle des Jahres 2016 hat nicht nur die Erfahrungen aus 20 Jahren politischer Debatte über den Kulturgutschutz und eine ebenso lange Praxis aufgearbeitet, sondern sie um ein weiteres Kapitel erweitert. Das Ergebnis ist ein einheitliches Gesetz, in dem erstmals alle Regelungen des Kulturgutschutzes zusammengefasst sind. Die Wogen des Gesetzgebungsverfahrens haben sich inzwischen gelegt. Die Praxis der ersten beiden Jahre des neuen Gesetzes zeigt, dass viele der geäußerten Befürchtungen nicht Realität geworden sind. Weder ist es zu sprunghaften Steigerungen von Eintragungen in die Landesverzeichnisse national wertvollen Kulturgutes gekommen, noch wurden die Länder von einer Welle von Ausfuhranträgen in fünfstelliger Zahl überrollt. Auch der Handel mit Kulturgütern in Deutschland lebt unter den veränderten Rahmenbedingungen weiter, obwohl im Rahmen der politischen Auseinandersetzungen sein vollständiges Erliegen vorhergesagt wurde.

Recht ist allerdings keine statische Materie. Und so wird der nach fünf Jahren wie in allen modernen Rechtsetzungsakten anstehende umfassende Evaluierungsbericht aufzeigen, wie gut die Ziele der Novelle von 2016 in der Praxis erreicht worden sind, was sie bewirkt haben und ob es gegebenenfalls Bedarf für Nachjustierungen gibt. Damit gilt für Rechtsetzung ganz selbstverständlich das, was stets im Leben gilt: es bleibt ein beständiger Entwicklungs- und Lernprozess.

Jan Ole Püschel
20 Jahre roter Teppich für den Film

Die Förderung des Films in seiner ganzen Vielfalt liegt auf Bundesebene seit ihrem Bestehen in der Zuständigkeit der Beauftragten der Bundesregierung für Kultur und Medien (BKM). Sie bildet neben Ländern und der Filmförderungsanstalt (FFA) eine wesentliche Säule der Förderung kreativen audiovisuellen Schaffens in Deutschland. Als von wirtschaftlichen Regionaleffekten unabhängige Förderung garantiert die Filmförderung der BKM internationale Wettbewerbsfähigkeit und kreativen Freiraum. Die Förderung des Spiel- und Dokumentarfilms als Kunstform ist hiervon ebenso umfasst wie seine wirtschaftliche Dimension und beschränkt sich bei weitem nicht auf die Unterstützung der reinen Filmproduktion: Mit Förderungen und Preisgeldern unterstützt der Bund Kinofilmprojekte auf allen Ebenen – vom Drehbuch über die Produktion, den Verleih und die weltweite Vermarktung bis hin zur Stärkung der Film- und Medienkompetenz von Kindern und Jugendlichen und der Sicherung des filmischen Erbes.

Dem Leitgedanken einer Förderung audiovisueller Inhalte aus einer Hand folgend, fördert die BKM seit 2018 auch hochkarätige und international attraktive Serienproduktionen in Deutschland. Sie unterstützt damit die vielversprechenden neuen horizontalen Erzählformen, die die Sehgewohnheiten der Zuschauer in den letzten Jahren zunehmend verändert haben. Das besondere Engagement für das Kino wird hierdurch nicht geschmälert. Die Filmförderung der BKM umfasst die Stärkung des deutschen Films in seiner ganzen Breite. Zentrales Anliegen ist dabei, dass die große Anzahl deutscher Produktionen auch tatsächlich gesehen wird. Filme müssen ihr Publikum finden, denn nur so erfüllen sie ihre gesellschaftliche Funktion als Medium, das Debatten anstößt, gesellschaftliche Entwicklungen reflektiert und im besten Sinne auch ein vielfältiges Publikum unterhalten kann. Die Unterstützung des Kulturortes Kino ist daher ein Herzstück der BKM-Filmförderung, um den Kinofilm auf großer Leinwand weiterhin für alle erlebbar zu machen. Der seit Langem sehr erfolgreiche Kinoprogrammpreis der BKM ist ein Beispiel hierfür; die Förderung von für den deutschen Film besonders bedeutsamen Filmfestivals ein anderes. Zusätzlich haben sich im aktuellen Koalitionsvertrag die Regierungsfraktionen dazu bekannt, zur Sicherung des Kulturortes Kino in der Fläche ein »Zukunftsprogramm Kino« auf den Weg zu bringen. Damit soll nicht nur ein Beitrag zur Verbreitung des anspruchsvollen – insbesondere auch deutschen und europäischen – Kinofilms in der Fläche geleistet, sondern auch die Attraktivität ländlicher Regionen sowie kleiner und mittlerer Städte gesteigert werden. Die Federführung zur Umsetzung dieses Auftrages aus dem Koalitionsvertrag liegt bei der BKM; die Arbeit hieran hat bereits begonnen.

Die Filmförderung des Bundes hat sich in den zurückliegenden Jahren rasant und kontinuierlich entwickelt. Insbesondere die Amtszeiten von Bernd Neumann und der amtierenden Kulturstaatsministerin Monika Grütters stehen für eine massive Verbesserung der filmpolitischen Rahmenbedingungen in Deutschland. In der Amtszeit von Bernd Neumann wurde der Deutsche Filmförderfonds gestartet und die Digitalisierung der Kinos vollzogen; in der zurückliegenden Amtszeit von Staatsministerin Monika Grütters wurde unter anderem der Gesamtetat für die wirtschaftliche Filmförderung mehr als verdoppelt, der Etat der kulturellen Produktionsfilmförderung fast vervierfacht und mit dem DFFF II ein neues Förderinstrument etabliert, um die internationale Wettbewerbsfähigkeit des Filmstandortes Deutschland nachhaltig zu sichern.

Kulturelles Erbe bewahren, Entwicklung und Freiraum für kulturelle Entfaltung gewähren, aber auch faires und wirtschaftlich erfolgreiches Arbeiten ermöglichen – dies sind die filmpolitischen Leitgedanken der BKM. Ein Blick auf ausgewählte Bereiche der Filmförderung des Bundes kann dies illustrieren.

Kulturelle Anerkennung und künstlerische Entfaltung ermöglicht der Deutsche Filmpreis: Mit rund drei Millionen Euro Preisgeldern ist der von der BKM vergebene Deutsche Filmpreis die höchstdotierte Kulturauszeichnung Deutschlands. Er dient als Auszeichnung für herausragende Leistungen im deutschen Film und unterstützt zugleich die Herstellung neuer deutscher Filmproduktionen. Die Preisgelder sind zweckgebunden für die Produktion eines neuen Films, der sich jedoch weder abstrakten Förderkriterien wie beim DFFF noch dem Votum einer Jury stellen muss. Filmpreisgelder sind damit im positiven Sinne echtes Wagniskapital zur Förderung der künstlerischen Freiheit. Seit der erstmaligen Vergabe des Deutschen Filmpreises durch den BKM im Jahr 2009 wird anstelle des Filmbandes die »Lola« als Trophäe vergeben – eine glanzvolle Statuette, deren Name selbstbewusst auf die Kontinuitäten, Brüche und Aufbrüche der deutschen Filmgeschichte, von Marlene Dietrichs Rolle in »Der blaue Engel« über Rainer Werner Fassbinders »Lola« bis zu Tom Tykwers »Lola rennt«, verweist.

Die Förderung der Kinodigitalisierung durch den Bund ermöglichte den Kinos den Sprung in das digitale Zeitalter: Um die Jahrtausendwende nahm die Digitalisierung des Kinofilms, von der Aufnahme über die Postproduktion bis Vorführung, rasant an Fahrt auf. Eine Dekade später stellten die großen Hollywood-Studios ihren Verleih nahezu vollständig und alternativlos auf digitale Formate um. Was für die Distribution zu erheblichen Effizienzgewinnen führte, erforderte auf Kinoseite enorme Investitionen. Die BKM hat sich daher frühzeitig dafür eingesetzt, dass dieser existenzielle Umbruch nicht zulasten der hiesigen Kinolandschaft geht. Bereits im Vorfeld der Digitalen Agenda 2014–2017 hat die Bundesregierung am 28. Januar 2011 die Filmtheaterdigitalisierungsverordnung (FilmDigitV) erlassen, aufgrund derer die FFA deutschlandweit die erstmalige Ausstattung von Filmtheatern mit digitaler Projektionstechnik fördern konnte. Zudem wurden insgesamt rund 22 Millionen Euro aus dem Haushalt der BKM für die Digitalisierung der Kinos in Deutschland bereitgestellt, darunter zahlreiche Programmkinos und Kinos in ländlichen Regionen. Zusammen mit weiteren Mitteln der Länder und der Verleihwirtschaft konnten in Deutschland über 1.600 Leinwände erstmalig mit digitaler Projektionstechnik ausgestattet, so der Sprung in das Zeitalter des digitalen Abspiels ermöglicht und ein »Leinwandsterben« gerade in der Fläche verhindert werden.

Kreative Unabhängigkeit gewährleistet die kulturelle Filmförderung der BKM: Ziel der jurybasierten kulturellen Filmförderung der BKM ist es, eine größtmögliche kreative Unabhängigkeit für innovative Projekte zu ermöglichen, unabhängig von Standorteffekten oder Erwartungen an den ökonomischen Erfolg eines Films. Im Mittelpunkt stehen vielmehr die künstlerische Qualität der Projekte und die Förderung vielversprechender Talente. Die Mittel hierfür wurden seit 2016 deutlich erhöht und damit die Rahmenbedingungen für das Entstehen erfolgreicher und kulturell anspruchsvoller Filme in Deutschland und ihre Verbreitung entscheidend verbessert. Diese Anstrengungen haben bereits Früchte getragen. Beispielhaft dafür steht der internationale Erfolg von mit BKM-Mitteln geförderten Filmen wie »Toni Erdmann« (Regie: Maren Ade), der 2016 für ein furioses Comeback des deutschen Films bei den Filmfestspielen in Cannes gesorgt hat, »Aus dem Nichts« (Regie: Fatih Akin), der bei den Golden Globe Awards 2018 als bester fremdsprachiger Film ausgezeichnet wurde, oder »Drei Tage in Quiberon« (Regie: Emily Atef), der beim Deutschen Filmpreis 2018 als bester Spielfilm und in sechs weiteren Kategorien ausgezeichnet wurde. Dass hier, wo es maßgeblich um die künstlerische Qualität der Projekte geht, in den letzten Jahren auch ohne starre Quote eine vorzeigbare Gender-Verteilung bei der Auswahl der geförderten Projekte erreicht wurde, ist umso erfreulicher.

Filmerbe bewahren: Neben dem vom Bund getragenen Bundesarchiv-Filmarchiv finanziert die BKM maßgeblich weitere Filmerbeinstitutionen wie die Stiftung Deutsche Kinemathek, das Arsenal-Institut für Film und Videokunst e.V. und das Deutsche Filminstitut in Frankfurt mit rund zehn Millionen Euro pro Jahr. Die Bundesregierung fördert zudem über die BKM bereits seit 2012 Digitalisierungsprojekte von Einrichtungen des Kinematheksverbunds. Letztes Jahr wurde sich mit den Ländern und der Filmförderungsanstalt (FFA) auf ein Konzept für ein gemeinsames Vorgehen bei der Digitalisierung des Filmerbes verständigt. Für diese Aufgabe sollen bis zu zehn Millionen Euro pro Jahr über eine Laufzeit von zehn Jahren nach gemeinsamen Kriterien bereitgestellt werden. Die Finanzierung soll je zu einem Drittel durch Bund, Länder und FFA erfolgen. Auf der Ministerpräsidentenkonferenz am 14. Juni 2018 haben sich die Länder nun erfreulicherweise verbindlich zur Teilnahme an der gemeinsamen Digitalisierungsstrategie bekannt und die Grundlage für die Bereitstellung der Ländermittel ab 2019 geschaffen.

Der technischen Konvergenz folgt aus förderpolitischer Sicht die Konvergenz der Inhalte: Der aktuelle Koalitionsvertrag für die 19. Legislaturperiode gibt vor: »Wir wollen eine umfassende Förderung audiovisueller Inhalte (Kino, Serien, High-End TV, VFX, Animation, Virtual Reality) einführen, um den Produktionsstandort Deutschland weiter zu stärken und eine Abwanderung deutscher Produktionen ins Ausland zu verhindern.« Die Politik reagiert damit auf eine internationale Entwicklung, in deren Folge u. a. große Plattformen (Amazon, Netflix, Sky) mit eigenen sehr großvolumigen Produktionsetats auf den internationalen Markt drängen. Die deutsche Produktionsinfrastruktur möchte an diesen Budgets partizipieren, wofür attraktive Produktionsbedingungen im internationalen Wettbewerb der Standorte Voraussetzung sind. Zudem hat in den letzten Jahren das Format »Serie« erheblich auch an filmkünstlerischer Bedeutung gewonnen. In Abgrenzung zu klassischen Fernsehproduktionen, deren Finanzierung weiterhin innerhalb der Mechanismen unserer dualen Rundfunkordnung und in alleiniger Zuständigkeit der Länder erfolgt, ist seit 2018 daher auch die Serienförderung eine Säule der wirtschaftlichen Filmförderung der BKM: Hochbudgetierte und damit international erfolgreiche Serien bieten ein breites Experimentierfeld für neue Formate mit erheblichem wirtschaftlichem und künstlerischem Potenzial. Es ist gerade auch kulturpolitisch erwünscht, dass insbesondere Video-on-Demand-Plattformen dem deutschen Publikum nicht nur amerikanische oder britische Serien, sondern auch hochwertige Serien mit kulturellem Bezug zu Deutschland anbieten können.

Doch muss man Serien und Filmen, die vor allem oder sogar exklusiv für Streaming-Anbieter produziert wurden, auch den roten Teppich auf etablierten Kinofilmfestivals ausrollen? Nach dem letztjährigen Protest der französischen Kinobetreiber gegen zwei Netflix-Produktionen in Cannes wurden dort im Jahr 2018 nur Filme mit regulärer Kinoauswertung für den Wettbewerb zugelassen, Netflix reagierte prompt mit einem Boykott. Die Filmfestspiele in Venedig indes warteten dieses Jahr mit gleich sechs hochrangigen Netflix-Premieren auf. Dies zeigt beispielhaft das aktuelle wirtschaftliche wie kulturpolitische Kräfteringen der Branchen und Standorte, beweist aber auch, welch hohes Maß an filmpolitischer Sensibilität gefragt ist, um die unterschiedlichen Belange angemessen zu berücksichtigen. Wie in dieser Gemengelage der ab 2020 für die künstlerische Leitung verantwortliche Carlo Chatrian die Berlinale zukünftig ausrichtet, wird sicherlich mit Spannung verfolgt.

Bei fast allen Themen der filmpolitischen Agenda ist die Filmförderungsanstalt (FFA) ein verlässlicher Partner der BKM. Die BKM setzt mit dem Filmförderungsgesetz den rechtlichen Rahmen für die Arbeit und die Finanzierung der FFA und übt die Rechtsaufsicht über sie aus. Das hohe Maß an filmischer Expertise der FFA-Mitarbeiter und der ganz überwiegend mit Vertreterinnen und Vertretern der deutschen Filmbranche besetzte Verwaltungsrat der FFA sind Gewähr dafür, dass aktuelle filmtechnische und -wirtschaftliche Entwicklungen in Echtzeit Berücksichtigung finden: Sei es durch entsprechende Richtlinienänderungen der FFA selbst oder im Gesetzgebungsverfahren zum FFG. Nicht zuletzt um eine optimale Verzahnung der FFA mit weiteren filmpolitischen Fragen auf Bundesebene zu erreichen, ist die BKM im Präsidium und im Verwaltungsrat der FFA vertreten. Die Zukunftsthemen der Filmpolitik werden auch hier verhandelt, wobei eine Vielzahl an teilweise divergierenden Interessen zu berücksichtigen ist. Stellvertretend steht hierfür die stets aufs Neue im Rahmen der Novellierung des FFG aufflammende Debatte über die Flexibilisierung der Sperrfristenregelungen, also der vorrangigen und zeitlich exklusiven Auswertung geförderter Filme im Kino. An diesem Thema manifestieren sich viele Fragen, die in den nächsten Jahren filmpolitisch zu klären sein werden: Welche Rolle kann zukünftig die Filmförderungsanstalt in einer konvergenten Medienwelt einnehmen? Hat die Finanzierung durch das solidarische Abgabesystem der Verwerter von Kinofilmen eine Zukunft? Muss das Abgabesystem erweitert werden und wie bleibt eine flächendeckende Kinoinfrastruktur als prinzipiell sich wirtschaftlich selbst tragendes System erhalten? Wie ist es zu schaffen, dass in Anbetracht weltweit steigender Filmproduktionszahlen und sich verknappender Zeitbudgets der Zuschauer, weniger aber dafür erfolgreichere deutsche Filme ihr Publikum erreichen? Wie können Produzenten ihre Rechte optimal verwerten, damit die eingesetzte Förderung nachhaltige Effekte erzielt? Und globaler gefragt: Wie schädlich ist der Wettbewerb steuerfinanzierter Standortanreizmodelle großer Filmländer und gibt es zumindest in Europa einen Ausweg aus dem internationalen Förderwettlauf?

Es sind diese und noch viele weitere Fragen, die es zu klären gilt. Eine wesentliche Bestätigung, dass sich der Bund dieser kultur- und medienpolitischen Fragen überhaupt annehmen kann, wurde schon in der zurückliegenden Legislaturperiode erzielt: So stellte das Bundesverfassungsgericht in seinem Urteil vom 28. Januar 2014 mit grundsätzlicher Bedeutung für die Kulturpolitik des Bundes unter anderem fest, dass die weitreichende Gesetzgebungskompetenz des Bundes nicht schon dann entfällt, wenn mit wirtschaftsbezogenen Regelungen zugleich kulturelle Zwecke verfolgt werden. Es erkannte zudem an, dass eine qualitätsorientierte Förderung eine wesentliche Voraussetzung für den wirtschaftlichen Erfolg des deutschen Films sein kann. Mit dieser umfassenden verfassungsrechtlichen Bestätigung kann auf eine gesicherte nationale Grundlage auch für zukünftige filmpolitische Entscheidungen zurückgegriffen werden. Abschließend ist diese aber nicht. Auch die Filmpolitik muss sich zunehmend an den europäischen Rahmenbedingungen ausrichten. Einen Vorgeschmack auf zukünftige Debatten gab die Diskussion des »Vorschlags der EU-Kommission für eine Verordnung mit Vorschriften für die Wahrnehmung von Urheberrechten und verwandten Schutzrechten in Bezug auf bestimmte Online-Übertragungen von Rundfunkveranstaltern und die Weiterverbreitung von Fernseh- und Hörfunkprogrammen« – schon der Kürze wegen als »SatCab-VO« bekannt. Die hierin vorgeschlagene Lizenzfiktion soll die Auswertung audiovisueller Inhalte in Online-Mediatheken innerhalb der gesamten EU erleichtern. Gut gemeint ist aber nicht immer gut gemacht. Dass hiermit zugleich ein über Jahrzehnte entwickeltes, bewährtes und in ganz Europa praktiziertes System der Filmfinanzierung infrage gestellt wurde, konnte nur mühsam in Brüssel klargemacht werden. Ob sich die einschränkende deutsche Position durchsetzen wird, werden die Trilog-Verhandlungen zeigen. Aber selbst wenn dies gelingt, wird auch der Filmsektor nicht umhin kommen, sich gestaltend in den Prozess des Digitalen Binnenmarktes einzubringen. So manche heilige Kuh der nationalen Filmbranchen dürfte damit mittelfristig zumindest einem erneuten Rechtfertigungscheck in Europa unterworfen werden. Auch filmpolitisch bleiben die nächsten Jahre also spannend.

6.

Kultur-
förderpolitik

Wachgeküsst 20 Jahre
neue Kulturpolitik
des Bundes
1998——2018

Hortensia Völckers & Alexander Farenholtz
Zukunftslabor Kulturstiftung des Bundes

Am Anfang stand ein Traum, mehr noch: »viele Träume«, von denen Willy Brandt in seiner Regierungserklärung vom 18. Januar 1973 sagte, sie »würden sich erfüllen, wenn eines Tages öffentliche und private Anstrengungen zur Förderung der Künste in eine Deutsche Nationalstiftung münden könnten.« Die Idee für eine solche Stiftungsgründung hatte ein Jahr zuvor bereits Günter Grass formuliert. Ihre gesamtstaatlichen Bedingungen ergaben sich jedoch erst mit der Wiedervereinigung und dem erneuerten Selbstverständnis einer deutschen Kulturnation, das der Einigungsvertrag im Jahr 1990 deutlich hervorhob: »Stellung und Ansehen eines vereinten Deutschlands in der Welt«, so hieß es dort, »hängen außer von seinem politischen Gewicht und seiner wirtschaftlichen Leistungskraft ebenso von seiner Bedeutung als Kulturstaat ab.«

In dieser Epochenzäsur der Wiedervereinigung liegt das Fundament für zahlreiche Manifestationen bundesdeutscher Kulturpolitik. Zu ihnen zählt nach der Berufung von Michael Naumann in das allererste Amt eines Staatsministers für Kultur und Medien auch dessen Loccumer Aufruf zur Etablierung einer Bundeskulturstiftung im Februar 2000. Zwei Jahre darauf konnte der nachfolgende Staatsminister Julian Nida-Rümelin die neue Institution schließlich ins Leben rufen. Mit Beschluss des Bundeskabinetts vom 23. Januar 2002 und mit passgenauer Rücksichtnahme auf die Länderkulturpolitik versah Nida-Rümelin die Zweckbestimmung der Bundeskulturstiftung mit der doppelten bundespolitischen Kompetenz von Internationalität und gesamtstaatlich relevanter Innovation. Föderale Vorbehalte konnten im Gründungsprozess gemildert oder ausgeräumt werden. So war der Stiftungsrat der Kulturstiftung des Bundes von Beginn an so strukturiert, dass neben Vertreterinnen und Vertretern von Städten und Gemeinden auch Ländervertreter an Entscheidungen dieses Lenkungsgremiums mitwirkten. Mit den wiedervereinigten neuen Ländern war ein Dissens über eine

Stiftungsgründung – auch vor dem Hintergrund umfänglicher infrastruktureller Bundesinvestitionen – umso weniger gegeben, als die Bundesregierung ein länderfreundliches Zeichen für den Föderalismus zu setzen verstand und den Sitz der Stiftung statt in die Hauptstadt Berlin nach Sachsen-Anhalt verlegte – mitten hinein in die Franckeschen Stiftungen in Halle/Saale.

Dort wurde am 21. März 2002 der Mast gehisst: Vorne die schwarz-rot-goldene Bundesflagge, im Hintergrund das barocke Giebelbild des gottesfürchtigen Adlers der Franckeschen Stiftungen. Tradition und Moderne im Miteinander eines kulturpolitischen Gründungsakts, der lange einigermaßen unwahrscheinlich schien. Schließlich – mit Blick auf das Vierteljahrhundert, das seit Willy Brandts Regierungserklärung an Vorbereitungszeit vergangen war – erfolgte die Umsetzung der Stiftungsträume in Gestalt der Kulturstiftung des Bundes nicht nur in parteiübergreifender Einhelligkeit, sondern aufgrund des klugen Geschicks von Julian Nida-Rümelin und dank des administrativen Vermögens auf Seiten des damaligen Ministerialrats Günter Winands und weiterer Mitstreiterinnen im BKM in überaus beachtlicher Geschwindigkeit.

Julian Nida-Rümelin war es endlich, der in seiner Hallenser Festrede – in Anwesenheit von Nobelpreisträger Günter Grass und den beiden damaligen wie späteren Präsidenten des Deutschen Bundestags, Wolfgang Thierse und Norbert Lammert, sowie von Vizepräsidentin Antje Vollmer – einerseits feierlich ein neues Kapitel in der Geschichte der Bundeskulturpolitik aufschlagen und dem Vorstand der frisch gegründeten Kulturstiftung des Bundes andererseits ein antigravitätisches »Macht was draus« mit auf den Weg geben konnte.

Exzellenz und Experiment

Mag im Zuge seitheriger Kabinettsbildungen die Tonalität variiert haben, die kulturpolitische Haltung der Regierung blieb unverrückbar bei allen Staatsministerinnen und Staatsministern, die laut Satzung zugleich Vorsitzende des Stiftungsrats der Kulturstiftung des Bundes waren – von Julian Nida-Rümelin (2001–2002), Christina Weiss (2002–2005) und Bernd Neumann (2005–2013) bis zur amtierenden Kulturstaatsministerin Monika Grütters (seit 2013). Für alle galt: In seinen inhaltlichen Entwicklungen von Förderprogrammen partizipiert der künstlerisch-kuratorisch tätige Vorstand der Kulturstiftung des Bundes an jenen Freiheitsrechten, die das Grundgesetz gemäß Art. 5 Abs. 3 allen Kunstschaffenden als Verfassungsnorm einräumt. Selbstverständlich bildet der Stiftungsrat ein Kontrollgremium, das die Satzung mit umfänglichen Prüfpflichten und Beschlusskompetenzen ausstattet. Zugleich haben BKM und Stiftungsrat die Fachkompetenz des Vorstands stets als ein kulturpolitisches Gut geschätzt und allen Respekt walten lassen, sich nicht einzumischen, sondern die Kulturstiftung des Bundes vor staatlicher Einmischung zu bewahren und die lebendige Entfaltung eines zeitgenössischen innovativen wie international ausgerichteten Profils zu befördern und zu beschützen.

Welchen Charakter die Fördertätigkeit besitzt, hat Bundeskanzlerin Angela Merkel auf den Punkt gebracht, als sie am 30. Oktober 2012 den Neubau der Kulturstiftung des Bundes in Halle/Saale eingeweiht – und damit die Verbundenheit mit dem Sitzland Sachsen-Anhalt bekräftigt –, vor allem aber festgestellt hat, die Kulturstiftung des Bundes wirke in die nationale Kulturlandschaft hinein wie ein »Zukunftslabor«: Sie ist ausgestattet mit dem expliziten Auftrag, künstlerische Exzellenz zu fördern und darüber hinaus Anstifterin zu sein für all die denkbaren – und auch die fast undenkbaren – Projekte der künstlerischen Befragung von gesellschaftlicher Wirklichkeit.

Mit Blick auf die vergangenen 20 Jahre darf man die kulturpolitische Weitsicht und den Wagemut bewundern, mit der dieser Experimentalgeist im Satzungsfundament verwurzelt und zum Zweck der Stiftung erhoben wurde: »Die Stiftung soll ein eigenständiges Förderprofil entwickeln« – so heißt es in § 2 – und eben nicht einfach zum Transmissionsriemen einer Bundeskulturpolitik werden. Ihr Schwerpunkt im Rahmen der Zuständigkeit des Bundes soll »die Förderung innovativer Programme und Projekte im internationalen Kontext« sein. Statt einer ebenfalls denkbaren Festsetzung der Fördermittel in Sparten oder ihrer Erstarrung in Länderquoten fordert die Satzung der Kulturstiftung des Bundes die Veränderung in Permanenz: Wieder und wieder die Erkundung neuer Handlungsfelder, die hartnäckige Suche nach geeigneten Partnern, die wegweisende Erfindung und verlässliche Durchführung neuer Programme.

Ein solcher Geist trägt nur, wenn neben das Vertrauen und den Respekt für die fachliche und künstlerische Autonomie des Vorstands ein zweites elementares Vertrauen tritt: Dass nämlich die Kulturszenen des Landes über ausreichend Kooperationspartnerinnen verfügen, die das Wagnis gemeinsamer Projekte einzugehen bereit sind. Dass es Museumsverantwortliche, Theaterschaffende, Tänzerinnen, Musiker, Autoren, Direktorinnen, Verwaltungsprofis, Künstlerinnen und Künstler genug gibt, die mit ihrer Arbeit und in ihren Institutionen innovative Aufbrüche wagen wollen.

Wenn die von der Kulturstiftung des Bundes initiierten Pilotprogramme tatsächlich erfolgreich sind und innovativ wirken können, dann nur deswegen, weil sie durch alle Herausforderungen der Projektkooperation hindurch in der Gesellschaft landen und hier von kompetenten Akteuren umgesetzt werden. Keines der Programme wäre je zur Beschlussvorlage für den Stiftungsrat gereift, hätten sich nicht jedes Mal aufs Neue zahllose hochqualifizierte Fachleute aus dem In- und Ausland auf jahrelange und mitunter strapazenreiche Recherchewege mit dem Team aus Halle begeben. Kein Projekt wäre erfolgreich auf die Bühnen, in die Konzertsäle, Kunstvereine, Kinos, Musikschulen, Gärten, Galerien, Bibliotheken, Stadtmuseen oder Planetarien gelangt, wären nicht ideenreiche kooperationsfähige Könner und verantwortungsfreudige Enthusiasten in großer Zahl an jenen Schlüsselstellen des Kulturbetriebs beschäftigt, von denen aus sie auf neue Partner zugehen, fremde Themen anfassen und ein anderes Publikum gewinnen wollten.

Das betrifft Themenprogramme wie etwa »Shrinking Cities«, »Projekt Migration« oder »Über Lebenskunst«, die sich mit internationaler Stadtentwicklung, der deutschen Einwanderungsgeschichte oder dem ökologischen Dilemma der Wachstumsgesellschaft befasst haben – all diese Vorhaben, in denen Akteure aus Kunst und Kultur eng mit den Spitzenkräften aus Wissenschaft und Forschung zusammengearbeitet haben, um Fachhorizonte zu erweitern, die Grenzen der Diskurse zu öffnen oder um ein kulturelles Feld überhaupt neu zu definieren: Wie im Fall des »Tanzplan Deutschland«, der sich zu einer veritablen Marke entwickeln und dazu beitragen konnte, dem zeitgenössischen Tanz Entfaltungsräume zu eröffnen, universitäre Einbindungen sowie Förderallianzen zu sichern und eine klare kulturpolitische Kontur zu verleihen.

Es betrifft daneben die Exzellenzförderung – ein echter Schwerpunkt der Kulturstiftung des Bundes mit dem »Museum Global«, dem »Bauhaus-Jubiläum 2019«, dem »Programm für Ethnologische Sammlungen«, der documenta und Berlin Biennale bis zu den Donaueschinger Musiktagen. Um bei der Musik zu bleiben: Zum 250. Todestags Ludwig van Beethovens startet die Kulturstiftung des Bundes gemeinsam mit dem Podium Esslingen eine von zwölf jungen internationalen Künstlerinnen und Künstlern getragene Suche nach dem Radikalen in der Musik des 21. Jahrhunderts. Nichts anderes hätte ein Traditionsbrecher wie Beethoven heute getan als zu fragen: Wie komponiert die Gegenwart? Wie interagieren Technologie und Musik? Was wird aus der klassischen Musik in unserer globalisierten Gegenwart?

Transformative Kulturförderung

Die deutsche Kulturlandschaft ist unermesslich reich. Das bedeutet auch: Wir haben viel zu verlieren. Mag sein, mögliche Bruchlinien treten heute klarer zutage als in den BKM-Gründungsjahren. Nicht allein die klassische Musik, alle Kunstsparten, alle Kommunikationsformen sind von der Digitalisierung betroffen. Die Bewohnbarkeit der Städte, der schrumpfenden wie der explodierenden, ist eine globale, über das Kulturelle hinausweisende Herausforderung und hierin den ökologischen Krisen der Gegenwart verwandt. Landauf, landab erforschen Museen den alternativen Kanon einer globalen Kunst der Moderne und erproben die lebendige Einbindung all jener Mitbürgerinnen und Mitbürger, für die Besuche in klassischen Kultureinrichtungen eine Seltenheit blieben, wenn sie nicht – genauso wie andernorts die Theater, Konzerthäuser oder Musikschulen – ihre Türen öffneten für das Publikum heutiger Stadtgesellschaften.

So wie im Fall von »Jedem Kind ein Instrument« (JeKi) – dieses von der Kulturstiftung des Bundes gemeinsam mit dem Land NRW und vielen Kommunen 2006 ins Leben gerufene Programm, das im Ruhrgebiet an dem ganz großen Rad einer Landesinitiative für verbesserte Bildungsgerechtigkeit gedreht und mit einigem utopischem Überschuss proklamiert hat, die soziale Herkunft von Schülerinnen und Schülern dürfe der Nutzung facherprobter musischer Bildungsangebote nicht im Wege stehen. Mit »JeKi« konnte die Kulturstiftung des Bundes einen Impuls setzen, um das Thema der Kulturellen Bildung auf die politische Agenda zu setzen und um – über NRW und das Projektende hinaus – Kinder jedweder Herkunft in ihrer Leidenschaft für die Musik und das Instrumentenspiel zu fördern.

»JeKi« war – nach dem Tanzplan Deutschland – das zweite Scharnierprojekt in der damals erst fünfjährigen Geschichte der Kulturstiftung des Bundes. Es markierte ihre förderstrategische Erweiterung von einer auf künstlerische Exzellenzförderung und auf gesellschaftliche Themen orientierten hin zu einer strukturwirksam aktivierenden Fördertätigkeit in Handlungsfeldern von gesamtstaatlicher Bedeutung. »JeKi« gab den entscheidenden Anstoß für dieses Hineinwachsen ins Politische, das auch die folgenden Programme der Kulturstiftung des Bundes charakterisierte. Etwa im Programm »TRAFO – Modelle für Kultur im Wandel« mit seinem Fokus auf den Strukturwandel im ländlichen Raum, auf neue Formen der Bürgerbeteiligung und der Suche nach tragfähigen und zukunftsfreundlichen Allianzen zwischen Kultur, Politik und Verwaltung. Oder im Programm »360° – Fonds für Kulturen der neuen Stadtgesellschaft«, in dem Kultureinrichtungen die gewachsene Vielfalt der Menschen, denen heutige Städte in Deutschland eine Heimat geben, zum Anlass nehmen, um die Bandbreite ihres Programms, ihrer Publikumsansprache und ihres Personaltableaus zu erhöhen.

20 Jahre BKM, 16 Jahre Kulturstiftung des Bundes – vergleichbar dem Verhältnis von Politik und Kunst sind die beiden »keine natürlichen Zwillinge«, wie das Gründungsmitglied des Stiftungsrats Norbert Lammert anlässlich des 10. Jubiläums der Kulturstiftung des Bundes am 22. Juni 2012 in Halle formulierte. Als Förderinstrument einer demokratischen Kulturnation muss die Kulturstiftung des Bundes für die mit künstlerischer Produktion einhergehende Kompromisslosigkeit eintreten. Da sie satzungsgemäß unter »künstlerischer Leitung« steht, lautet der fortwährende Auftrag, die Autonomie ästhetischer Gestaltung in allen Sparten der Kunst hochzuhalten und – sollten Versuche von Einflussnahmen oder Untergrabungen künstlerischer Freiheitsrechte erkennbar sein – auch zu verteidigen. Gleichzeitig trägt und übernimmt eine Kulturstiftung des Bundes Verantwortung im gesamten Feld der Kultur und ist damit im Laufe ihres Bestehens zu einer auch politisch aktivierenden Kraft in der deutschen Kulturlandschaft geworden. Migration, demografischer Wandel, Kulturelle Bildung, Digitalisierung – das ist nur eine Auswahl von Themen mit gesamtstaatlicher Bedeutung, die von der Kulturstiftung des Bundes aufgegriffen und in bundesweiten Programmen entwickelt werden, in denen sich künstlerischer Wagemut, administrative Klugheit, bürgerschaftliches Engagement und politische Verantwortung zu Energien bündeln, die – wie Norbert Lammert sagte – den »großen bunten Garten der Kulturlandschaft in Deutschland« beleben und kräftigen können.

Hans Gerhard Hannesen
Die Akademie der Künste auf dem Weg in die Trägerschaft des Bundes

Mit ihrem Hauptsitz am Pariser Platz, in unmittelbarer Nachbarschaft zu den Gebäuden des Deutschen Bundestags, des Bundeskanzleramtes, aber auch nicht weit entfernt vom Sitz des Bundesrats scheint es heute kaum mehr erklärungsbedürftig zu sein, dass die Akademie der Künste vom Bund getragen wird. Doch war die Trägerschaft nicht vorbestimmt.

Die 1696 gegründete Brandenburgische und seit 1701 Preußische Akademie der Künste war nach dem Ende des Zweiten Weltkriegs in einer schwierigen Lage – durch Zerstörung ihres Hauses, durch Flucht, Vertreibung oder innere Emigration ihrer Mitglieder oder durch deren Verstrickung mit dem nationalsozialistischen System. Doch nicht zuletzt auch aus juristischen Gründen. Nur ein bescheidener Haushaltstitel beim Magistrat gewährleistete ihre Kontinuität. Als infolge der Währungsreform und der Berlin-Blockade die gemeinsame Stadtregierung von Groß-Berlin auseinanderbrach und 1949 die Landesregierung unter Edzard Reuter ins West-Berliner Rathaus Schöneberg auswich, wurde der Haushaltstitel in den Westsektoren von der nun Senat genannten Regierung fortgeschrieben.

Preußen als Trägerland der Akademie war bereits am 25. Februar 1947 durch den Alliierten Kontrollrat aufgelöst worden. Das materielle Erbe fiel in der Regel an die Nachfolgeländer. Während die Preußische Akademie der Künste als Rechtsperson durch einen Notverwalter des Landes Berlin (West) bestehen blieb und erst nach der Übertragung des letzten noch ihr zugeordneten Eigentums an die Akademie der Künste im Jahr 2005 liquidiert wurde, musste sich die Mitgliedersozietät Akademie der Künste als Künstlergemeinschaft neu gründen. Die ersten Bemühungen um eine Weiterexistenz waren nach dem Krieg an der politischen Ost-West-Konfrontation und schließlich der Teilung Berlins und Deutschlands gescheitert. Am 24. März 1950 konstituierte sich zuerst die Deutsche Akademie der Künste als »höchste Instanz der Deutschen Demokratischen Republik im Bereich der Kunst« im Ostsektor der Stadt neu. Ihr folgte im Westteil Berlins 1954 die ebenfalls die Nachfolge der preußischen Institution beanspruchende »Akademie der Künste«, allerdings, entsprechend dem Status des Landes Berlin als besonderer politischer Einheit und nach alliiertem Recht nicht Teil der Bundesrepublik, nicht als Bundes-, sondern als Landeseinrichtung. Während im Westen der größere Teil des historischen Archivs lagerte, übernahm die Ost-Akademie die baulichen Reste des historischen Akademiegebäudes am Pariser Platz, das seit 1937 von der Generalbauinspektion zweckentfremdet worden war. Eine öffentliche Nutzung verhinderte die Lage mitten im Grenzstreifen. Die Ost-Akademie erhielt den Rang einer großen, staatlichen Institution mit mehreren hundert Mitarbeitern. Ihre Mitglieder hatten besondere Rechte, aber auch Pflichten. Die West-Akademie war demgegenüber eine auf ihre Autonomie bedachte Künstlergemeinschaft mit einem vergleichsweise kleinen Mitarbeiterstab.

Infolge der Wiedervereinigung und der Evaluierung aller Institutionen der untergegangenen DDR stand 1990 auch die Zukunft der beiden Berliner Akademien der Künste zur Diskussion. Wie in der Nachkriegszeit, als Künstler mit extrem unterschiedlichen Biografien und dementsprechend großem Konfliktpotenzial zusammenkamen, ging es auch diesmal zuerst um die Frage, wie zwei Mitglieder-Gesellschaften aus politisch gegensätzlichen Systemen in nur eine Körperschaft zusammengeführt werden könnten. Noch bei der Mitgliederversammlung der West-Akademie im Juni 1990 wies Walter Jens als Präsident eine »Zwangsvereinigung« zurück. Doch das Land Berlin beschloss 1991 den Fortbestand nur einer Akademie, was die Mitglieder in einen Handlungsdruck versetzte. Inzwischen war nämlich durch die Auflösung der DDR die von ihr getragene Ost-Akademie in einer unsicheren Lage. Wiederum fiel den neuen Ländern das Erbe des aufgelösten Staates zu. Zuständig für die Ost-Akademie wurde somit das Sitzland Berlin, das bereits Trägerland der West-Akademie war, während die übrigen neuen Länder mit der Ausnahme Brandenburgs einen Staatsvertrag zur Auflösung der ehemaligen DDR-Institution ratifizierten. Dabei fiel das materielle Erbe, das sich bis dahin im Eigentum der zentralstaatlich getragenen Ost-Akademie befunden hatte, aber außerhalb Berlins lag, in der Regel an die Nachfolgeländer. Es handelte sich um Künstlerhäuser und Erholungsheime, aber auch um Nachlässe. So ging der große Barlach-Bestand nach Güstrow. Erst kurz vor der Neukonstituierung der Akademie der Künste in der Trägerschaft Berlins und Brandenburgs – und als deren Voraussetzung – ratifizierten auch diese beiden Länder den Staatsvertrag über die Auflösung der ehemaligen Akademie der Künste der DDR. Im juristischen Sinne war die Vereinigung der Akademien daher eine Übernahme der Ost-Akademie durch die West-Akademie, deren Fortbestand nie infrage gestanden hatte.

Der Bund bemühte sich in den Jahren nach der Wiedervereinigung, die materiellen Probleme zahlreicher Institutionen durch die verständlicherweise überforderten neuen Länder als deren Träger durch das »Leuchtturmprogramm« auszugleichen (in der Regel analog zur Blauen Liste eine 50-zu-50-Prozent-Finanzierung) und durch organisatorische Hilfestellungen den drohenden kulturellen Zusammenbruch zu verhindern. So gelangte auch das bedeutende Archiv der Ost-Akademie in das Finanzierungsprogramm des Bundes und erhielt als unselbstständige »Stiftung Archiv der Akademie der Künste« unter dem Dach der Akademie einen eigenen Haushalt und einen rechtlichen Sonderstatus. Damit war der Bund bereits vor der Neukonstituierung der Akademie in die Trägerschaft eingebunden.

Da man in den Jahren nach der deutschen Wiedervereinigung von einer Fusion der Länder Berlin und Brandenburg ausging, übernahmen beide 1993 gemeinsam die Trägerschaft. Dadurch sollte vermieden werden, dass in einem fusionierten Land die Akademie eine kommunale Institution statt einer Landeseinrichtung würde. Zu einer Länderfusion sollte es jedoch bekanntlich nie kommen.

Es gehört zu den Besonderheiten der Akademie, dass sie vor allem eine Gemeinschaft von gewählten Künstlern ist. Als Mitglieder bilden sie die Mitgliederversammlung und wählen aus ihren Reihen den Senat der Akademie und den Präsidenten bzw. die Präsidentin. Anders als bei Museen und Archiven, die, verkürzt gesagt, ihren Daseinszweck in der Bewahrung des kulturellen Erbes erfüllen, bestanden die Schwierigkeiten bei der Vereinigung der beiden Akademien, wie bereits erwähnt, vor allem in der Zusammenführung der beiden Mitgliedersozietäten. Die gesellschaftlichen Unterschiede in Ost und West hatten in einigen Bereichen der Künste zu einem Schisma geführt. Schwieriger waren jedoch die Vorwürfe der Verstrickung in das DDR-Regime an Mitglieder der Ost-Akademie. Auch die erste geheime Wahl der Ost-Akademie im Dezember 1991 unter der Präsidentschaft Heiner Müllers, bei der sich die Zahl der ordentlichen Mitglieder von 105 auf 69 reduzierte, änderte an den Anfeindungen nichts. (Korrespondierende Mitglieder, also diejenigen, die nicht Staatsbürger der DDR gewesen waren, blieben bei allen Überlegungen unberücksichtigt.) Die damaligen Schwierigkeiten sind als exemplarisch für die Probleme zu sehen, die die gesamte Ost-West- Gesellschaft Deutschlands in diesen Jahren mit ihrem Zusammengehen hatte und zum Teil bis heute hat. So beteiligten sich alle politischen Parteien und die gesamte meinungsbildende Öffentlichkeit an den Debatten zur Akademie. Hier kann dieses Kapitel der Geschichte jedoch nur kurz behandelt werden. Sowohl Heiner Müller als Präsident der Ost-Akademie als auch Walter Jens bemühten sich seit dem Winter 1991/1992 um eine Lösung. Jens war, nachdem er die Notwendigkeit der Vereinigung als Folge der politischen Wirklichkeit erkannt hatte, die treibende Kraft. Schließlich ratifizierte die Mehrheit des Brandenburgischen Landtags und anschließend des Berliner Abgeordnetenhauses den Staatsvertrag, durch den das Gesetz zur vereinigten, neukonstituierten Akademie zum 1. Oktober 1993 in Kraft trat. Drei Jahre später, 1996, konnte sich die Akademie in der Ausstellung zu ihrer Dreihundertjahrfeier als eine große, bedeutsame Kulturinstitution darstellen und die immer noch nicht völlig überwundenen Streitigkeiten der Ost-West-Vereinigung in einer Gesamtdarstellung ihrer Geschichte relativieren.

Mit der Vereinigung der Akademie war auch das Ziel der Rückkehr an den historischen Standort verbunden. Bauplanungen im Westen und vorhandene Gebäude im Osten wurden aufgegeben. Im neuen Haus am alten Standort sollte sich die Vereinigung vollenden und das Erbe der preußischen Akademie bewahrt werden – nun allerdings mitten im Zentrum des neuen deutschen Regierungssitzes.

Inzwischen führten die finanzielle Stärke des Bundes und die angespannte fiskalische Lage Berlins zu politischen Verhandlungen und schließlich zu einem ersten Hauptstadtkulturvertrag, der allerdings die Situation der Akademie nicht berücksichtigte. Deutlich war damit auch geworden, dass es vonseiten des Bundes um eine neu zu definierende gesamtstaatliche Verantwortung für Kultur insbesondere am neuen Regierungssitz gehen sollte, während es vonseiten Berlins und Brandenburgs ein deutliches Interesse gab, den eigenen defizitären Haushalt zu entlasten. Dabei entstand ein Konflikt durch einerseits die tradierte Zuständigkeit der Länder für ihre Kultur, und damit auch des Landes Berlin, und andererseits die im Grundgesetz festgeschriebene Verantwortung des Bundes für seine Hauptstadt.

Berlins Aufstieg zur Hauptstadt verlief auch nach dem entsprechenden Beschluss von 1991 nicht stringent, hatte aber einige wesentliche Beförderer. Obwohl in Berlin nicht populär, gehörte auch Bundeskanzler Helmut Kohl dazu, auf den die Gründung des allein vom Bund getragenen Deutschen Historischen Museums 1986 und, nach der Wiedervereinigung, dessen Etablierung am Sitz des aufgelösten Museums für Deutsche Geschichte zurückging. Er hatte ein deutliches Gespür dafür, dass die Repräsentation des Gesamtstaates mit dem Umzug der Regierung von Bonn nach Berlin eine größere Bedeutung bekommen und damit auch den Kulturinstitutionen in der Hauptstadt ein weiter gefasster Auftrag zuwachsen würde. Von Bonn aus hatte er sich kritisch in die Debatte um die Ost-West-Vereinigung der Akademie eingebracht, sorgte für die Einrichtung der Neuen Wache Unter den Linden, förderte die Errichtung eines Denkmals für die ermordeten Juden Europas und die Herauslösung eines Jüdischen Museums aus dem Berlin-Museum und unterstützte die Erweiterung der Museumsbauten auf der Museumsinsel um die Gebäude auf dem gegenüberliegenden Kasernengelände. In seine Amtszeit fiel auch die Debatte um eine eigenständige Kulturpolitik des Bundes, sei es durch ein eigenes Ministerium oder einen Staatsminister im Kanzleramt. Doch erst sein Nachfolger Gerhard Schröder setzte 1998 die Einrichtung eines/einer Beauftragten für Kultur und Medien im Kanzleramt durch. Am Anfang wurde diese kulturpolitische Positionierung noch von den Ländern beargwöhnt, doch mit dem Regierungsumzug nach Berlin im folgenden Jahr und dem – auch aufgrund außenpolitischer Krisen – Bedeutungszuwachs der Bundesregierung, galt der bzw. die BKM bald als etabliert und akzeptiert. In diesem Zusammenhang wurde auch ein Kulturausschuss im Deutschen Bundestag eingerichtet. Seine Mitglieder von der Verantwortung des Bundes für die Akademie der Künste zu überzeugen, war daher die Voraussetzung für jeden weiteren Schritt der Exekutive, also des BKM. Das Ziel war die Überführung der Gesamtakademie in die Trägerschaft des Bundes. Es war daher gezielte Politik der Akademie, die Abgeordneten mit der Institution, ihrer bewegten Geschichte und ihrem im Bau befindlichen Haus am Pariser Platz vertraut zu machen. Der Ort, von dem die Nationalsozialisten sie 1936 verdrängt hatten, sollte nun das Botschaftsgebäude einer die Freiheit der Künste verteidigenden Akademie werden. Doch die Unterhaltskosten für das neue Haus waren aufgrund der unzureichenden Finanzierung durch die Länder Berlin und Brandenburg völlig unsicher.

Allmählich konnte man in der Presse im Zusammenhang mit Finanzierungsmodellen für die Stiftung Preußischer Kulturbesitz, die Stiftung Preußische Schlösser und Gärten Berlin Brandenburg oder die ehemals preußische Staatsoper Unter den Linden auch von der Möglichkeit der Finanzierung der Akademie der Künste durch den Bund lesen. Gleichzeitig stand eine Überarbeitung des Hauptstadtkulturvertrages an, in dessen Laufzeit vom Sommer 2001 bis Ende 2003 die Debatte über die Frage, welche Einrichtungen in Zukunft ganz oder teilweise vom Bund getragen werden sollten, nie abbrach. Die Akademie beteiligte sich daran, auch indem sie ihr Haus einem großen Publikum für Diskussionsveranstaltungen öffnete. Die Zukunft der eigenen Institution und die Vor- und Nachteile einer damit verbundenen Änderung des Status wurde in den Mitgliederversammlungen sowohl im Plenum als auch in einigen Abteilungen kontrovers diskutiert. Im Sommer 2001 entwickelte der damaligen Staatsminister für Kultur und Medien, Julian Nida-Rümelin, die Idee einer Nationalen Akademie der Künste und Wissenschaften. Diesem Gedanken konnten die Akademiemitglieder jedoch wenig abgewinnen, da der Begriff »National« dem autonomen, eher staatskritischen und in seiner Mitgliedschaft nicht auf Deutschland begrenzten Charakter der Mitgliedersozietät widerspreche. Außerdem hätte eine Anbindung an die Akademie der Wissenschaften die grundsätzlichen Unterschiede zwischen den Institutionen verkannt, wenngleich eine konstruktive Zusammenarbeit bei einzelnen Projekten durch die Verbindung beider Institutionen nicht ausgeschlossen wurde.

Seit Christina Weiss im Oktober 2002 als Staatsministerin die Verantwortung für Kultur aufseiten des Bundes übernommen hatte, wurden die Überlegungen über die Finanzierung der Akademie der Künste durch den Bund (von einer Verbindung mit der Akademie der Wissenschaften war nun nicht mehr die Rede) auf allen politischen Ebenen und mit allen Parteien intensiviert und sowohl von offizieller Berliner als auch Brandenburger Seite nachdrücklich begrüßt. Der damalige Präsident, György Konrád, sah die Notwendigkeit, die Zukunft der Akademie durch eine ausreichende Finanzierung zu sichern und führte, von der Öffentlichkeit und auch im Akademie-Alltag weitgehend unbeachtet, gemeinsam mit dem Autor dieses Textes zahlreiche inoffizielle Gespräche mit den Mitgliedern aller Bundestagsparteien, um sich ihrer Unterstützung zu vergewissern. Positiv wurde von politischer Seite hervorgehoben, dass die Akademie seit 1999 mit der »Gesellschaft der Freunde der Akademie der Künste« auch bürgerschaftlich unterstützt wird. Der damalige Vorsitzende des Freundeskreises, Dr. Klaus Mangold, und sein Stellvertreter, Dr. Rolf E. Breuer, nutzen ihre Kontakte zu Bundeskanzler Gerhard Schröder, um sich für die Akademie einzusetzen. In allen Gesprächen wurde die inhaltliche Unabhängigkeit der Institution als die eigentliche Legitimation ihrer Existenz hervorgehoben, sodass schließlich in das Gesetz zur Errichtung der Akademie in der Trägerschaft des Bundes, abweichend von der sonstigen Praxis, kein Aufsichtsrat aufgenommen werden sollte, sondern lediglich ein Verweis auf die Satzung der Akademie, die diese sich selbst gibt, und die die Einrichtung eines Verwaltungsrats vorzusehen habe, der mit dem Wirtschafts- und Personalangelegenheit zu befassen sei.

In den folgenden Monaten bekam die Entwicklung eine zielgerichtete Dynamik. Bereits am 29. Juni 2003 wurde die Finanzierung der Akademie bei einer Klausurtagung der Bundesregierung zur Steuerreform und zur Agenda 2010 in dem östlich von Berlin gelegenen Schloss Neuhardenberg positiv beantwortet. Nun ging es darum, den gesetzlichen Rahmen zu schaffen. In der Öffentlichkeit wurde das Thema nur im Zusammenhang mit der Reform der Berliner Opern diskutiert. Als Kompensation des angespannten Opernhaushalts sollte das Land vonseiten des Bundes durch die Übernahme der Finanzierung der Akademie und anderer Institutionen um rund 22,2 Millionen Euro entlastet werden. Doch war mit der Präsentation des neuen Hauptstadtkulturvertrages durch Kulturstaatsministerin Christina Weiss und den Berlin Kultursenator Thomas Flierl am 9. Dezember 2003, in dem die Finanzierung der Akademie durch den Bund vom 1. Januar 2004 an veröffentlicht wurde, die gesetzliche Grundlage für die neue Trägerschaft noch nicht geschaffen. Im Oktober 2003 hatten Bundestag und Bundesrat eine Kommission zur Modernisierung der bundesstaatlichen Ordnung eingesetzt. In dieser »Föderalismuskommission«, die ihre Arbeit im Dezember 2004 ohne Einigung beendete, war die Kompetenz des Bundes infragen der Kultur von vornherein strittig. Trotz grundsätzlicher Zustimmung der Finanzierungssicherung wurde das Akademie-Gesetz dadurch zum Mittel, um unterschiedliche staatsrechtliche Auffassungen zu exemplifizieren. Als das Gesetz nach den notwendigen Zustimmungsverfahren auf Seiten des Bundes dem Kulturausschuss des Bundesrats vorgelegt wurde, lehnte es dieser am 14. Mai aufgrund des Antrags eines Bundeslandes ab. Bei der folgenden Lesung im Bundestag kritisierten die Oppositionsparteien zwar die Koppelung mit der Berliner Opernreform, stimmten aber mehrheitlich zu. Nun war wieder der Bundesrat am Zuge, der in seiner Sitzung am 17. Dezember 2004 mit dem Ziel der Aufhebung des Gesetzes den Vermittlungsausschuss anrief. Dem Bund stehe, so die Begründung, eine Gesetzgebungskompetenz in diesem Bereich nicht zu. Die vom Deutschen Bundestag eingefügte Ergänzung, wonach die Akademie der Künste der Repräsentation des Gesamtstaates auf dem Gebiet der Kultur und Kunst diene, begründe keine Gesetzgebungskompetenz des Bundes kraft »Natur der Sache«.

Nur in Angelegenheiten der auswärtigen Kulturpolitik existiere eine ausdrückliche Gesetzgebungskompetenz des Bundes. Doch solle die Akademie in diesem Bereich keine Aufgaben übernehmen. Auch der Umstand, dass die Akademie von der Hauptstadt Berlin aus internationale Wirkung entfalten solle, führte nach Ansicht des Bundesrats zu keiner anderen Beurteilung. Aus dem Hauptstadtkulturvertrag ergebe sich allein eine Förderkompetenz, nicht dagegen eine Gesetzgebungskompetenz. Über diese Bedenken setzte sich der Deutsche Bundestag hinweg, indem er am 18. Februar 2005 das Gesetz über die Akademie der Künste in der Trägerschaft des Bundes beschloss. Am 1. Mai 2005 unterzeichneten Bundespräsident Horst Köhler und Bundeskanzler Gerhard Schröder das Gesetz zur Errichtung der Akademie der Künste als rechtsfähige Körperschaft des öffentlichen Rechts und ordneten seine Verkündigung im Bundesgesetzblatt an, die am 9. Mai 2005 erfolgte. Damit war die Voraussetzung geschaffen, dass die Akademie der Künste die ihrem Selbstverständnis entsprechende und von ihr in der deutschen Hauptstadt erwartete öffentliche Wirksamkeit an ihrem Hauptsitz entfalten kann.

Hermann Parzinger
Stiftung Preußischer Kulturbesitz – Herkunft und Zukunft

Gründung und rechtliche Ordnung

Die Stiftung Preußischer Kulturbesitz ist die mit Abstand größte Kultureinrichtung Deutschlands. Sie besteht aus den Staatlichen Museen zu Berlin mit herausragenden Sammlungen zu Kunst und Kultur aus aller Welt vom Altertum bis in die Gegenwart und diversen Forschungsinstituten, aus der Staatsbibliothek zu Berlin, der noch immer größten wissenschaftlichen Universalbibliothek im gesamten deutschsprachigen Raum, dem Geheimen Staatsarchiv Preußischer Kulturbesitz, mit 37 km Akten und Dokumenten einem der größten historischen Archive unseres Landes, dem Ibero-Amerikanischen Institut sowie dem Staatlichen Institut für Musikforschung mit dem Musikinstrumenten-Museum. Sitz der Stiftung und ihrer Einrichtungen ist Berlin. Die Stiftung wurde 1957 per Gesetz gegründet und nahm 1961 nach einer Entscheidung des Bundesverfassungsgerichts, das über eine Klage einzelner Bundesländer über die Zulässigkeit der Gründung durch den Bund befunden hatte, ihre Arbeit auf. Als eine vom Bund und allen Ländern getragene und finanzierte Einrichtung hat die Stiftung einen öffentlich-rechtlichen Status und ist rechtlich selbstständig.

Lange Jahre stand die Stiftung Preußischer Kulturbesitz unter der Rechtsaufsicht des Bundesministeriums des Innern; diese Zuständigkeit wurde mit der Gründung der Behörde der Beauftragten der Bundesregierung für Kultur und Medien im Bundeskanzleramt auf dieses neue Amt übergeleitet. Für die Stiftung Preußischer Kulturbesitz ist diese fachorientierte Sonderzuständigkeit im Bundesbereich unter allen denkbaren Aspekten ein großer Gewinn. Allen Staatsministerinnen und Staatsministern, die dieses Amt seit 1998 ausgeübt haben, hat die Stiftung besondere Weiterentwicklungen und erhebliche Unterstützungen zu verdanken, im Aufgabenprofil wie auch bei dem stetigen Ausbau des Haushalts. Ein Finanzierungsabkommen regelt, wie Bund und Länder die Finanzierung der Stiftung sichern: Von dem öffentlich getragenen Teil des Betriebshaushaltes übernimmt der Bund 75 Prozent, die Länder beteiligen sich mit insgesamt 25 Prozent. Einen über diesen Betrag hinausgehenden jährlichen Finanzbedarf tragen zu 75 Prozent der Bund und zu 25 Prozent das Land Berlin. Die Kosten von Baumaßnahmen und großen Sanierungsvorhaben der Stiftung werden seit dem Jahr 2003 allein durch den Bund finanziert. Rückblickend hat sich die Trägerschaft von Bund und allen Ländern über die Jahrzehnte bewährt und sichert auch die gesamtstaatliche Bedeutung, die den Sammlungen und Beständen immanent ist und heute weit über den ehemals preußischen Kulturbesitz hinausgeht.

Aufgaben

Aufgabe der Stiftung Preußischer Kulturbesitz ist es, die ihr übertragenen Kulturgüter zu bewahren, zu pflegen und zu ergänzen. Dabei soll sie laut Errichtungsgesetz den Zusammenhang der ehemals preußischen Sammlungen erhalten sowie eine dauernde »Auswertung dieses Kulturbesitzes für die Interessen der Allgemeinheit in Wissenschaft und Bildung und für den Kulturaustausch zwischen den Völkern« gewährleisten. Vielfältige Aufgaben sind mit diesem gesetzlichen Auftrag verbunden, die auch eine stetige Weiterentwicklung und Aktualisierung nach sich ziehen. Nach Jahren des Aufbaus der Stiftung und der Rückführung der Sammlungsbestände aus diversen Auslagerungsorten in Westdeutschland nach West-Berlin in den 1960er und 1970er Jahren und unterschiedlichsten Problemen während der Zeit des Kalten Krieges kündigte sich in den 1980er Jahren eine Phase der Entspannung an. Sie bezog sich auf eine intensivere Zusammenarbeit mit den in Ost-Berlin und der DDR verbliebenen Sammlungen des einstmals preußischen Kulturbesitzes. Mit der deutschen Einheit begann auch für die Stiftung Preußischer Kulturbesitz eine neue Zeitrechnung. 1992 wurde die Trägerschaft der Stiftung Preußischer Kulturbesitz auf alle alten und neuen Bundesländer ausgedehnt. Die Wiedervereinigung der West- und Ost-Berliner Einrichtungen der Staatlichen Museen und der Staatsbibliothek in Berlin sowie die Rückkehr der Merseburger Bestände des Geheimen Staatsarchivs Preußischer Kulturbesitz nach Dahlem waren nach 1990 Glücksfälle für die Mitarbeiterinnen und Mitarbeiter und die Sammlungen zugleich. Für die Stiftung begann eine umfassende Neuorganisation, die auch mit einem gewaltigen, Jahrzehnte überspannenden Bau- und Sanierungsprogramm einherging, das bis heute in der Umsetzung ist und auch zukünftig noch viel Zeit und Finanzmittel benötigen wird.

Masterplan Museumsinsel

Die Museumsinsel ist als historisches Gebäudeensemble mit ihren herausragenden Sammlungen die Hauptattraktion der Berliner Museumslandschaft und kulturelles Zentrum des alten wie des neuen Berlins.

Karl Friedrich Schinkels Altes Museum steht am Anfang einer Reihe von königlich-preußischen Museumsbauten, die nach Vorstellung von Friedrich Wilhelm IV. die Spreeinsel zu einer »Freistätte für Kunst und Wissenschaft« formen sollten. Nach der Eröffnung des Alten Museums 1830 folgten bis 1930 das Neue Museum, die Nationalgalerie, das Kaiser-Friedrich-Museum (das heutige Bode-Museum) und das Pergamonmuseum. Innerhalb eines Jahrhunderts war im wahrsten Sinne des Wortes eine Museumsinsel entstanden, die interessierte Besucherinnen und Besucher auf eine Weltreise enzyklopädischen Ausmaßes mitnahm.

Die Zäsur, die das nationalsozialistische Regime und der Zweite Weltkrieg mit seinen Folgen brachte, war auch für die Museumsinsel gewaltig. Zum einen wurden die Gebäude auf der Museumsinsel schwer beschädigt. Zum anderen hatten die Museumssammlungen nicht nur enorme und unwiederbringliche Kriegsverluste zu verzeichnen, sondern die zum großen Teil ausgelagerten Sammlungen wurden durch die Teilung Deutschlands auch willkürlich auseinandergerissen. Im Ostteil Berlins konnten die Museen die noch vorhandenen, jedoch beschädigten Gebäude weitgehend wiederherstellen und nutzen. In Westberlin wurden die Sammlungen zunächst provisorisch untergebracht, denn die Museumsbauten befanden sich fast ausschließlich im Ostteil der Stadt. Die archäologischen Sammlungen fanden in Charlottenburg eine neue Heimat, daneben wurden die schon früher angestellten Überlegungen zur Realisierung eines größeren Museumskomplexes in Dahlem wieder aufgegriffen und umgesetzt; dort entstand in der Folge das Universalmuseum im Westteil der Stadt. Zusätzlich fasste man den Plan, in der Nähe des Potsdamer Platzes einen neuen kulturellen Mittelpunkt zu etablieren, der dem kulturellen Zentrum im historischen Osten ebenbürtig sein sollte: das heutige Kulturforum. Mit dem Bau der Philharmonie in den 1960er Jahren begann die Verwirklichung dieser Planungen. Bis 1990 waren die Neue Nationalgalerie, die Staatsbibliothek, das Kunstgewerbemuseum, das Staatliche Institut für Musikforschung mit dem Musikinstrumenten-Museum und die Kunstbibliothek errichtet worden und die Planungen für den Bau der Gemäldegalerie schon weit fortgeschritten.

Mit der Vereinigung der beiden deutschen Staaten bot sich 1990 die Chance, die geteilten Sammlungen unter dem Dach der Stiftung Preußischer Kulturbesitz wieder zusammenzuführen und neu zu strukturieren. Mit dem Wunsch, die Sammlungen möglichst wieder in ihren angestammten Häusern unterzubringen, stellte sich die Stiftung einer Jahrhundertaufgabe, die bis heute aktuell ist: Es galt einerseits für die in unterschiedlichem Zustand befindlichen Häuser der Vorkriegszeit im Osten wie für die Bauten der Nachkriegsmoderne im Westen der Stadt einen langfristigen Sanierungsplan zu entwickeln, andererseits aber auch neue Gebäude zu errichten, denn die Sammlungen waren seit dem Zweiten Weltkrieg – trotz aller Kriegsverluste – in Ost wie in West umfänglich gewachsen.

Der Schwerpunkt wurde dabei zunächst auf die Museumsinsel gelegt: Sie sollte wieder Dreh- und Angelpunkt der Berliner Museumslandschaft werden und mit ihren Sammlungen die Kunst- und Kulturgeschichte Europas und des

Nahen Ostens von der Antike bis ins 19. Jahrhundert erlebbar machen. Seit 1999 zählt die Museumsinsel zum UNESCO-Welterbe. Ausgezeichnet wurde damit die Einzigartigkeit des Ensembles, nämlich die besondere Verbindung von herausragender Museumsarchitektur unterschiedlicher Zeiten mit den großartigen Sammlungen. Im selben Jahr wurde der Masterplan Museumsinsel beschlossen, der die Sanierung, die denkmalgerechte Grundinstandsetzung, die inhaltliche Neustrukturierung und die zeitgemäße Entwicklung des gesamten Areals umfasst. Seine Umsetzung – ohne Zweifel das größte Bauprojekt der Stiftung Preußischer Kulturbesitz – geht seitdem kontinuierlich voran: 2001 wurde die Alte Nationalgalerie wiedereröffnet, im Jahre 2006 das Bode-Museum und 2009 das Neue Museum, das eine wahre Wiedergeburt erlebte, stand es doch seit seiner Kriegszerstörung als Ruine auf der Museumsinsel. Das Archäologische Zentrum, das auf den Museumshöfen die Bibliothek und Räume für die Werkstätten, Depots und die Verwaltung beherbergt, wurde 2012 in Betrieb genommen. Aktuell wird das Pergamonmuseum schrittweise saniert. Übrigens bietet die Stiftung ab Herbst 2018 mit »Pergamonmuseum. Das Panorama« all denen, die den Pergamonaltar wegen der Baumaßnahmen schmerzlich vermissen, einen Anlaufpunkt. Und auch die James-Simon-Galerie befindet sich kurz vor ihrer Vollendung und wird schon ab 2019 als zentrales Eingangsgebäude die vielen Besucherinnen und Besucher aus aller Welt willkommen heißen und sie in das Universum Museumsinsel einführen. Aber noch nicht alle Aufgaben des Masterplans Museumsinsel wären damit realisiert: die Sanierung des Alten Museums, der vierte Flügel des Pergamonmuseums und die Vollendung der Archäologischen Promenade warten noch auf ihre Umsetzung. Mit der Realisierung dieser Projekte wird es den Besucherinnen und Besuchern in Zukunft ermöglicht, die berühmten archäologischen Großarchitekturen in einem Rundgang durch das Pergamonmuseum zu erleben und das Verbindende der Museumsinsel auf besondere Weise zu erfahren.

Darüber hinaus wird die Museumsinsel mit der Wiedererrichtung des Berliner Schlosses und seiner Nutzung als Humboldt Forum mit den Sammlungen des Ethnologischen Museums und des Museums für Asiatische Kunst der Staatlichen Museen zu Berlin ab 2019 die historische Mitte Berlins zu einem wahren Ort der Weltkulturen entwickeln. Die Museumsinsel mit der Kunst und Kultur Europas und des Nahen Ostens und das Humboldt Forum mit Kunst und Kultur aus Afrika, Asien, Australien und Ozeanien sowie Amerika werden dabei eine untrennbare Einheit bilden, ein wahres Universalmuseum, das im Zeitalter der Globalisierung eine neue Auseinandersetzung mit der Welt ermöglichen wird.

Neue Aufgaben

60 Jahre nach ihrer Gründung steht die Stiftung Preußischer Kulturbesitz vor neuen Herausforderungen. Die zunehmend digitalisierte und vernetzte Welt bringt ein verändertes Nutzungsverhalten mit sich, auf das sich Kultureinrichtungen aller Art einstellen müssen. Die Ansprüche an einen Museums- oder Bib-

liotheksbesuch sind einerseits gestiegen, andererseits gibt es immer mehr Menschen, für die ein Museumsbesuch oder der Gang in die Bibliothek nicht mehr selbstverständlich ist.

Viele unserer Besucherinnen und Besucher wissen, dass sich durch die Sammlungen und Bestände unserer Einrichtungen die Menschheitsgeschichte auf faszinierende und weltumspannende Weise erfahren und erleben lässt. Dem großen Komponisten Beethoven z. B. lässt sich nicht nur mithilfe seiner Autografen in der Staatsbibliothek auf die Spur kommen, sondern auch im Staatlichen Institut für Musikforschung. Zur Bedeutung des Bauhauses als wichtigstem deutschem Kulturexport des 20. Jahrhunderts kann die Kunstbibliothek ebenso beitragen wie das Ibero-Amerikanische Institut. Die Querverbindungen zwischen den Einrichtungen der Stiftung sind geradezu unerschöpflich. Aber gerade diese Faszination vermittelt sich nicht von selbst. Die Weiterentwicklung und der Ausbau unseres umfangreichen Bildungs- und Vermittlungsangebots bleiben daher auch in Zukunft eine wichtige Aufgabe.

Das Haus Bastian am Kupfergraben gegenüber dem Pergamonmuseum wird in den kommenden Jahren zu einem Zentrum für kulturelle Bildung und Vermittlung der Staatlichen Museen. Dabei gilt es, nicht nur Wissen zu vermitteln, sondern die Häuser noch stärker zu Orten des Dialoges zu machen. Ein Beispiel dafür ist das Modellprojekt »Lab Bode«: Mit Unterstützung der Kulturstiftung des Bundes wurde im Bode-Museum ein »Vermittlungslabor« eingerichtet. Hier wird gemeinsam mit Berliner Schulen erprobt, wie über ganz aktuelle Fragen, die Schülerinnen und Schüler beschäftigen, ein Zugang zu den scheinbar unnahbaren Museumsobjekten aus längst vergangenen Epochen gefunden werden kann. Ein weiteres wichtiges Beispiel ist das Projekt »Multaka«, in dem Geflüchtete aus dem Nahen Osten zu Museumsführern ausgebildet werden. Mit diesen und vielen weiteren Projekten werden sich die Stiftung und ihre Einrichtungen weiter neuen Besuchergruppen und aktuellen gesellschaftlichen Fragen öffnen.

Aber auch als Wissenschafts- und Forschungseinrichtung sieht sich die Stiftung Preußischer Kulturbesitz einer sich wandelnden Forschungslandschaft und neuen Diskursen gegenüber. Die Forschung in der Stiftung Preußischer Kulturbesitz basiert auf den einzigartigen Objektbeständen, die die kulturelle Entwicklung der Menschheit von ihren Anfängen bis in die Gegenwart dokumentieren. Die Einrichtungen der Stiftung bewahren, erschließen und vermitteln diese Objektbestände. Wesentliches Profilmerkmal der von der Stiftung durchgeführten, in erster Linie objekt- und sammlungsbezogenen Grundlagenforschung sind diese einmaligen Objektbestände sowie die damit einhergehenden spezifischen Objekt- und Vermittlungskompetenzen. Diese Kompetenzen teilt die Stiftung in verschiedenen Forschungsverbünden und Kooperationsprojekten, wo Fragen des Kulturgutschutzes, der Provenienzforschung und des Kulturguterhaltes erforscht werden.

Seit vielen Jahren untersucht die Stiftung in umfassender Weise die Provenienz der Objekte in ihren Sammlungen. Damit sind wissenschaftliche Fragestellungen wie auch die Klärung von Eigentumsverhältnissen verbunden. Ein

Schwerpunkt der Forschung lag lange Zeit auf den Werken, die in den Jahren ab 1933 in die Sammlungen gelangten. In letzter Zeit ist mit Blick auf die Vorbereitungen für das Humboldt Forum auch die Erforschung der Herkunft der Objekte in den außereuropäischen Sammlungen in den Fokus gerückt. Die Erforschung dieser Sammlungsbestände gemeinsam mit den Herkunftsgemeinschaften wird die Stiftung auch in den nächsten Jahren intensiv voranbringen.

Nicht nur der Austausch und die Zusammenarbeit mit den Wissenschaftlerinnen und Wissenschaftlern der Herkunftsgesellschaften sind wichtig. Mit dem aus der Erforschung der Sammlungsbestände gewonnenen Know-how bringt sich die Stiftung auch in wichtige gesellschaftspolitische Diskurse ein: Über den Deutsch-Russischen Museumsdialog arbeitet die Stiftung mit ihren Partnern in Moskau und St. Petersburg. Im Syrian Heritage Archive Project werden die Grundlagen für den Wiederaufbau des kriegszerstörten Landes geschaffen oder in Ägypten wird bei Rettungsgrabungsprojekten geholfen.

Mit der Einrichtung und Eröffnung des Humboldt Forums bietet sich der Stiftung die Chance, den Museumsstandort Dahlem neu zu positionieren. Gemeinsam mit den Staatlichen Museen möchte die Stiftung das Areal zu einem Forschungscampus Dahlem entwickeln. Hier soll die Idee eines aktiven, interdisziplinären Forschungsverbundes mit der, genuin an der Schnittstelle zwischen Wissenschaft und Öffentlichkeit verorteten, Museumsarbeit zusammengebracht werden.

Wir möchten die Menschen dazu einladen, bei uns die Welt neu zu entdecken und besser zu begreifen – auf der Museumsinsel oder am Kulturforum, im Museum Berggruen am Standort Charlottenburg, im Geheimen Staatsarchiv in Dahlem, im Hamburger Bahnhof oder im Schloss Köpenick. Der Kosmos der Stiftung Preußischer Kulturbesitz ist hierfür nahezu unerschöpflich. Und dennoch muss sich gerade die größte deutsche Kultureinrichtung immer wieder auch selbst hinterfragen, wo sie besser werden und sich optimieren kann. Es geht nicht darum, zeitgeistig zu sein, aber unsere Angebote müssen zeitgemäß auf die Bedürfnisse einer sich stetig verändernden Gesellschaft ausgerichtet sein, damit wir unseren Bildungsauftrag bestmöglich erfüllen können.

Hartmut Dorgerloh
Humboldt Forum – In der Mitte der Hauptstadt für die Welt

»Harmonie sieht anders aus«, so das jüngste Fazit eines Beitrags im Deutschlandfunk und allgemeiner Tenor der Besucherinnen und Besucher, die anlässlich der Tage der offenen Baustelle am 25./26. August 2018 den neu errichteten und schon (fast) vollständig ausgerüsteten Schlüterhof des Humboldt Forums im Berliner Schloss besuchten – hin- und hergerissen zwischen Bewunderung und Irritation.

Harmonie geht wirklich anders! Aber geht sie überhaupt und ist sie denn gefragt – an diesem identitätsstiftenden, gesellschaftlich und politisch relevanten Ort in der Mitte Berlins, am Ende der Prachtstraße? An einem Ort, an den sich so viele Erwartungen knüpfen, der so vieles leisten soll?

Blickt man auf die ereignisreiche Geschichte des Ortes zurück, wird deutlich, dass dieser Platz als zentraler und konstitutiver Herrschaftsraum bislang nicht harmonisierte. Ganz im Gegenteil hat das Schloss und der Nachfolgebau Brüche, Differenzen und Konflikte auf sich vereint. Vom »Berliner Unwillen« 1440, den Märzunruhen 1848, der Generalmobilmachung 1914, der Novemberrevolution mit der Ausrufung der »freien sozialistischen Republik Deutschland«, bis hin zur Zerstörung des Hohenzollern-Schlosses bei einem Luftangriff Ende des Zweiten Weltkriegs und der anschließenden Sprengung der Ruine auf Ministerratsbeschluss der DDR im September 1950. Dem denkmalwerten Palast der Republik, der das Vakuum auf der Spreeinsel ab 1976 füllte und wo eine DDR präsentiert wurde, wie sie sie gerne sein wollte, war weit weniger Dauerhaftigkeit beschieden als dem Schloss. Nach der deutschen Vereinigung 1990 geschlossen, asbestsaniert und entkernt, dann als »Volkspalast« alternativ zwischengenutzt und schließlich zwischen 2006 und 2008 abgerissen, wurde er eine Komponente des genius loci, der das Unternehmen Humboldt Forum grundiert. Sowohl Bau und Sprengung des Schlosses als auch Bau und Abriss des Palastes und zuletzt die teilweise Rekonstruktion des Schlosses polarisieren. Die historische Spannweite möglicher Haltungen zwischen Pro und Contra reicht vom »grauen Kasten« zu »einem der bedeutendsten Baudenkmäler eines spezifisch norddeutschen Barock, der sich Michelangelos St. Peter in Rom, dem Louvre in Paris würdig zu Seite stellt« (Richard Hamann), von einem Berliner Schloss als »Denkmal der Reaktion und des Feudalismus, als Beispiel des imperialistischen Untergangs« (Gerhard Strauß), über den »Palazzo Prozzo« bis hin zu einem neu errichteten Humboldt Forum in der Kubatur des Schlosses, das sich als »herrschaftsfreier Diskursraum für eine multikulturelle Globalisierung« versteht. Das Schloss muss (ge-)fallen: Noch bewegen wir uns zwischen diesen beiden Polen.

Schon heute, noch vor der Fertigstellung und Eröffnung, ist der Verwirklichungsprozess des Humboldt Forums eine erstaunliche und aufschlussreiche Geschichte. So blickt diese »ambitionierte Kulturbaustelle« auf eine mehr als 26-jährige Geschichte zurück. Was geschah? Zwar gründete sich der private Förderverein Berliner Schloss e.V. bereits 1992 um den charismatischen Hamburger Unternehmer Wilhelm von Boddien; aber der eigentliche Schlüsselmoment war das Trompe-l'œil von 1993/94 – eine verblüffende Schlosssimulation, ein Raumgerüst in der Kubatur des Schlosses, behängt mit einer fotorealistisch gemalten, maßstabsgetreuen Fassadenplane, die den Palast der Republik für ihre Zwecke als Spiegel nutzte, um die ursprünglichen Dimensionen des Schlosses glaubhaft zu simulieren. Plötzlich war es da. Spätestens zu diesem Zeitpunkt nahm die Debatte um die Wiedererrichtung des Berliner Schlosses an Fahrt auf – und damit zwangsläufig die um den Abriss des Palastes miteingeschlossen.

Am 31. Oktober 2000 setzten Bundesregierung und Berliner Senat die »Internationale Expertenkommission Historische Mitte Berlin« ein, die zwei Jahre später unter Vorsitz des früheren Wiener Wohnbaustadtrates Hannes Swoboda ihren Abschlussbericht vorlegte. Die Mitglieder empfahlen aus städtebaulichen Gründen eine Orientierung des Neubaus an der Kubatur und dem äußeren Erscheinungsbild des Schlosses. Mit knapper Mehrheit plädierten sie für die Wiedererrichtung der barocken Fassaden nach Norden, Westen und Süden sowie im Schlüterhof. Zugleich entwickelte die Expertenkommission ein erstes Nutzungskonzept, orientiert am Wirken der Brüder Humboldt, an der großen Berliner Wissenschaftsgeschichte, aber auch an der »Faszination des kulturell Entfernten«. Sie waren es, die den Namen »Humboldt Forum« prägten.

Am 4. Juli 2002 stimmte im Deutschen Bundestag eine große, fraktionsübergreifende Mehrheit von 384 Parlamentsmitgliedern (bei 586 abgegebenen gültigen Stimmen) für die Alternative A, ein Museums-, Wissens- und Begegnungszentrum in der Kubatur und barocken Fassadengestaltung des Berliner Stadtschlosses. Genau fünf Jahre später genehmigte das Bundeskabinett für den Bund als Bauherrn das Konzept des Bundesministeriums für Verkehr, Bau und Stadtentwicklung. Im Ausschreibungstext des Architektenwettbewerbs, der Ende Dezember 2007 veröffentlicht wurde, heißt es, sowohl eine städtebauliche Neugestaltung des Platzes sei gewünscht als auch ein Beitrag zum internationalen kulturellen Dialog von Kunst und Wissenschaft. Bau und Inhalt waren als die beiden

Sphären definiert, zwischen denen das Projekt Humboldt Forum seither oszilliert. Das zeigt sich bis hin zu den ministeriellen Verantwortlichkeiten auf Bundesebene. Es war einerseits immer ein Leuchtturmprojekt des Bundesbauministeriums und andererseits von Anfang zentral für das vor 20 Jahren gegründete Amt der bzw. des Bundesbeauftragten für Kultur und Medien (BKM).

Unter dem Vorsitz von Vittorio Magnago Lampugnani (Mailand) entschied sich die Jury knapp ein Jahr später einstimmig für den Entwurf des Architekten Franco Stella (Vicenza), der neben den rekonstruierten Außenfassaden des Gebäudes auch eine getreue Nachbildung des Schlüterhofes und einen Nachbau der Stüler-Kuppel mitsamt der Schlosskapelle vorsah. Die Ostfassade zur Spree hin entwarf er als getrennten Block mit Loggien in strenger Rasterung in der Tradition des italienischen Razionalismo, durch eine Fuge vom historisierenden Neubau getrennt, ohne formalen Bezug zum ehemaligen Renaissanceflügel des Schlosses. In der Begründung der Entscheidung heißt es, Stella habe »einerseits das Historische wieder entstehen lassen und andererseits eine moderne Antwort« gefunden.

Parallel zur fortschreitenden Planung und Ausführung des Baus kam es zu Modifikationen im Nutzungskonzept als Konsequenz einer veränderten Zusammensetzung der kulturellen Partnerinstitutionen, die als Nutzer in das Humboldt Forum einziehen sollten. Das Land Berlin brachte das Grundstück in das Projekt ein und war dadurch von Anfang an als einer der Hauptnutzer gesetzt. Ein erstes Standortkonzept von 2001 sah eine gemeinsame Nutzung der Staatlichen Museen zu Berlin (SMB), der Humboldt-Universität zu Berlin (HU) und der Zentral- und Landesbibliothek (ZLB) vor. Unter den Leitbegriffen »Forschung«, »Erfahrung« und »Betrachtung« wurde die gemeinsame kulturelle Nutzung festgeschrieben. Die Archive der ZLB bildeten das Fundament, während die zusammengeführten Wissenschaftssammlungen der HU, von Ethnologica und Archaeologica bis hin zu Bild- und Tonarchiven, als komplementäre Ergänzungen der Museums- und Bibliothekssammlungen im Sinne eines Forums des Wissens gedacht waren. Auf einer dritten Ebene erhob sich das »Pantheon der Weltkunst« aus den außereuropäischen Sammlungsbeständen der SMB; eine dritte Raumebene war Wechselausstellungen vorbehalten.

2015 war ein entscheidendes Jahr: Im Berliner Senat fiel die Entscheidung, den Plan einer Nutzung der 4.000 m² durch die ZLB aufzugeben und auf dieser Fläche, in Ergänzung zu den anderen Nutzungen des Hauses durch HU und SMB, eine Ausstellung zu präsentieren, die sich mit der Entwicklung Berlins zur Metropole und seiner globalen Vernetzung befasst. Mit der Realisierung wurden die Kulturprojekte Berlin GmbH beauftragt. Im Sommer 2016 präsentierten der neue Direktor des Stadtmuseums, Paul Spies, und Moritz van Dülmen (Kulturprojekte Berlin) ein erstes gemeinsames Ausstellungskonzept.

Auch in diesem Zusammenhang wurde die Notwendigkeit offenkundig, die Gesamtkonzeption übergreifend weiterzuentwickeln und zu präzisieren. Kurz vor der Fertigstellung des Rohbaus berief Staatsministerin Monika Grütters, seit 2013

Bundesbeauftragte für Kultur und Medien, drei Gründungsintendanten. Ihnen kam ab Januar 2016 die Aufgabe zu, »die Ausrichtung und das Zusammenspiel der Sammlungen und Ideen, sowie strukturelle Aspekte« zu bündeln. Der britische Kunsthistoriker und Museumsexperte Neil MacGregor wurde Leiter der Gründungsintendanz, Unterstützung erhielt er vom Präsidenten der Stiftung Preußischer Kulturbesitz, dem Archäologen Hermann Parzinger sowie dem Kunsthistoriker Horst Bredekamp (HU).

Während in der ersten Realisierungsphase vorrangig der Bau und die Organisation der komplexen Bauabläufe im Fokus standen, ging es nun darum, intensiv und mit Hochdruck auch den kulturellen Betrieb vorzubereiten und dem Kulturprojekt eine konzise innere Struktur zu geben. Die überraschende Amtsniederlegung des Vorstandes und Sprechers der Stiftung Berliner Schloss, Manfred Rettig, zum 1. März 2016 war ein Signal für dieses sich verändernde Gefüge.

Ermöglicht durch Mittel des BKM konnte die Stiftung Humboldt Forum im Berliner Schloss (SHF) die Tochtergesellschaft Humboldt Forum Kultur GmbH (HFK) gründen, um die kulturelle und organisatorische Inbetriebnahme dieser komplexen Kulturinstitution unter der Leitung der Gründungsintendanz vorzubereiten. In seiner täglichen Arbeit erprobt ein engagiertes Team seither die inhaltliche Tragfähigkeit in der Kooperation mit den drei Akteuren (SMB, Stiftung Stadtmuseum/Kulturprojekte Berlin und HU) und das Zusammenwirken der drei zukünftigen Säulen des Humboldt Forums – Ausstellungen, Veranstaltungen und Vermittlung.

Anhand dieser Maßnahmen wird deutlich, wie entscheidend das Unternehmen »Humboldt Forum« geprägt ist von einer Stimmenvielfalt, die die Entscheidungen mittragen: neben Intendanz und Vorständen der SHF und Geschäftsführung der HFK sind es die drei Nutzerinstitutionen und Kooperationspartner, Ministerien, Politiker des Bundes und des Landes Berlin, die Generaldirektion der SMB und die Verwaltung der Stiftung Preußischer Kulturbesitz, aber auch die Wissenschaftler und Kuratorinnen in den Museen, das Kulturmanagement-Team der Humboldt Forum Kultur GmbH, die 2015 berufenen Internationalen Experten, der Programmbeirat und nicht zuletzt die Medien sowie ein breites öffentliches Interesse.

Und zugleich wird klar, welch eine Vielfalt an Impulsen und Ideen das Humboldt Forum in sich aufnehmen kann. So sind es nicht allein die komplexen Themen und selbstkritischen Hinterfragungen der außereuropäischen Sammlungen, die auf den Dauerausstellungsflächen im 2.und 3. OG gezeigt werden. Neben aktuellen, gesellschaftsrelevanten, weltumspannenden (kultur-)anthropologischen Themen und wissenschaftsgeschichtlichen Zugängen, ökologischen Aspekten, die auch für die Sonder- und Wechselausstellungen relevant sein werden, ist es Berlin als Katalysator, sind es die Impulse der Brüder Humboldt, die Auseinandersetzungen mit zeitgenössischer Kunst und die Spuren der Geschichte des Ortes, die dem Humboldt Forum ein thematisches Gerüst geben. Im internationalen Ideenaustausch lassen sich aktuelle Themen wie Migration, Religion und Globalisierung neu befragen. Dies sind die richtungsweisenden Aspekte für die zukünftigen Ausstellungs- und Programmformate des Humboldt Forums; hier entscheidet es sich, wie die Inhalte zukünftig gemeinsam erarbeitet werden. Die internationalen Kooperationen, mit Kuratoren, Wissenschaftlern, Künstlern, Communities und Menschen bzw. Institutionen aus den Herkunftsländern, machen das Humboldt Forum zu einem Prisma, zu einem mehrstimmigen Klangkörper, der sowohl dissonant wie konsonant gleichermaßen stimmig tönt.

Für die Realisierung des Vorschlags der Gründungsintendanz, die Dauerausstellungen des Hauses über den freien Eintritt kostenlos zugänglich zu machen, sind seitens der politischen Entscheidungsträger, voran die BKM, die entscheidenden Weichen gestellt. Dies ist für die bundesdeutsche Museumslandschaft ein Paradigmenwechsel und zugleich einmalige Chance. So wird im Koalitionsvertrag von 2018 vom »Modellversuch eines kostenfreien Eintritts zur Dauerausstellung im Humboldt Forum« gesprochen. Der kostenlose Eintritt und die Möglichkeiten der Partizipation gewährleisten einen barrierefreien Zugang für alle. Die Auswertung des Modellversuchs wird zeigen, welche Impulse vom Humboldt Forum für die Kulturpolitik in der Bundesrepublik ausgehen können.

Mit der Übertragung des Stiftungsratsvorsitzes vom für den Bau zuständigen Bundesministerium an die BKM und dem Beschluss der zukünftigen Governance für das Humboldt Forum begann im Frühjahr die finale Phase der Vorbereitung auf die Eröffnung Ende 2019. Die Umsetzung der Empfehlungen und Weiterführung der Ideen der drei Gründungsintendanten ist mit meiner Berufung seit dem 1. Juni 2018 auf den Generalintendanten übertragen worden. Die schwerpunktmäßige Ausrichtung auf den kulturellen Betrieb ist strukturell vorbereitet. Die SHF entwickelt sich immer mehr zu der Betreiberstiftung des Humboldt Forums, deren DNA die Organisation eines Kulturbetriebs, eines Wissenschaftsbetriebs und dem nachhaltigen Betreiben eines hochmodernen Gebäudekomplexes für die Öffentlichkeit enthält. Dies ist nicht nur eine massive Veränderung des Selbstverständnisses, sondern auch eine gewaltige Herausforderung für die Organisation von Verwaltungsprozessen.

Neben der inhaltlichen Gesamtausrichtung des kulturellen Programms stehen nun vor allem die Vorbereitungen für die komplexe Inbetriebnahme des Hauses im Mittelpunkt – angefangen von der baulichen Fertigstellung, der Überwachung des Ausstellungsbaus für 20.000 einziehende Objekte, über die Inbetriebnahme der Technischen Gebäudeausrüstung, die Klärung struktureller Fragen, wie die Durchsetzung einer Governance-Struktur oder das Anstoßen von bereichsübergreifenden Prozessen. Die konzeptionelle Planung der Humboldt Akademie als Zentrum für Bildung und Vermittlung, in Zusammenarbeit mit dem Partner Humboldt-Universität, wird im Fokus stehen. Es wird eine wichtige Aufgabe sein, die Zusammenarbeit der Akteure zu intensivieren und dafür die vertraglichen wie ideellen Rahmenbedingungen zu schaffen – die Erfahrung einer gleichberechtigten Kooperation unter einem Dach ist für alle Beteiligten vollkommen neu. Sie bedarf eines hohen Maßes an Übersetzungsleistung.

Das gilt auch für die besondere Rolle und Verantwortung, die das Humboldt Forum als Freistätte für Kunst und Wissenschaften in der politischen Debatte in Deutschland, in Europa und in der Welt übernehmen kann und will. Der Umgang mit Ethnologischen Sammlungen im postkolonialen Kontext, die Bedeutung von Kultur in der Außen- und Sicherheitspolitik, die Integrationsaufgaben in einer von Migration beeinflussten und veränderten Welt, das Verständnis von Heimat und Weltoffenheit, die Gefährdung des ohnehin schon fragilen ökologischen oder sozialen Gleichgewichts – wenn man Alexander von Humboldts Grundthese annimmt, dass im Weltenkosmos alles mit allem zusammenhängt, dann wird das Humboldt Forum ein Ort sein müssen, sich diesen und vielen weiteren Themen zu widmen. Und es muss dabei ein Platz sein, der nicht nur für die diversen Besucher und Besucherinnen in Berlin relevant ist, sondern für Menschen überall auf der Welt.

Wer also glaubt, dieser besondere Ort ließe sich mit Bauabschluss und Eröffnung Ende 2019 harmonisieren, wird auch in Zukunft eines Besseren belehrt. Die Frage wäre jedoch: Ist das Sichtbarmachen und der Umgang mit verschiedensten Disharmonien nicht sogar notwendig, ein Lernprozess, um mit diesem Ort umzugehen? Sollte uns nicht an einer dissonanten Brechung gelegen sein, um die wechselvolle Geschichte dieses Ortes neu zu kommentieren und zu ergänzen? Welche Aufgabe fällt dem Humboldt Forum zu?

So könnten die monumentalen metallenen Leuchtlettern »ZWEIFEL«, eine Installation des norwegischen Künstlers Lars Ø. Ramberg, die Debatte um Kreuz und Kuppel beleben, wenn sie in unmittelbarer Nähe des Humboldt Forums ihren Platz fänden. 2005 standen sie auf dem Dach des Palastes der Republik, kurz vor seinem Abriss. Damit sind sie nicht nur Teil der jüngeren Geschichte des Ortes. Der Zweifel ist ganz universell die Grundlage aller Forschung und allen Denkens. Die Multiperspektivität, die sich das Humboldt Forum zu eigen machen möchte, das gleichberechtigte Nebeneinander vieler Geschichten, könnte so ihren Ausdruck finden.

Um dieser Bestimmung gerecht zu werden, wird seine politische Unabhängigkeit zur absolut notwendigen Grundvoraussetzung – ob als Haus der außereuropäischen Kulturen, der multiperspektiven Blickwechsel, der Vielfalt und Variabilität oder als Plattform gesellschaftlicher Debatten. Zwei wichtige Priorisierungen der Brüder Humboldt werden zu Leitbildern: die Unabhängigkeit des Denkens und die gemeinschaftliche Teilhabe. Die Konzeption des Hauses als geistige Freistätte ist wahrscheinlich die anspruchsvollste Aufgabe. Nur so kann das Humboldt Forum dem Auftrag gerecht werden, wie er im Koalitionsvertrag verankert ist, sich weit über seine Museums- und Ausstellungsarbeit hinaus zu einer internationalen Dialogplattform für »globale kulturelle Ideen« zu entwickeln. Nicht alles muss verträglich, vereinbar und konsistent sein, aber alles darf Prozess sein – das Haus lebt es erfolgreich vor.

Günther Schauerte & Frank Frischmuth

Wissen für alle – Aktueller Stand und Perspektiven der Deutschen Digitalen Bibliothek

Idee und Anstoß für eine Deutsche Digitale Bibliothek (DDB) gehen auf einen gemeinsamen Brief von sechs europäischen Staats- und Regierungschefs an den Präsidenten der Europäischen Kommission aus dem Jahr 2005 zurück. Mit diesem politischen Signal regten die Verfasser (darunter der damalige Bundeskanzler Gerhard Schröder) an, mit dem Aufbau eines öffentlich getragenen Kultur- und Wissensportals, über das die gesamte Bandbreite und Qualität des europäischen Kulturerbes im Internet unentgeltlich und frei von Einflussnahme zugänglich gemacht werden kann, einen Gegenentwurf zu den vielfältigen privatwirtschaftlichen Aktivitäten in diesem Bereich zu schaffen. Dazu sollten auch nationaler Ebene vergleichbare, öffentlich finanzierte Portale entstehen, um dem europäischen Vorhaben, eine Europäische Digitale Bibliothek (Europeana) aufzubauen, zuzuarbeiten.

Als politischer Rahmen für eine Strategie wurden daraufhin in Deutschland von Bund, Ländern und Kommunen 2009 »Gemeinsame Eckpunkte zur Errichtung einer Deutschen Digitalen Bibliothek (DDB) als Beitrag zur Europäischen Digitalen Bibliothek« erarbeitet sowie in einem Verwaltungs- und Finanzabkommen der »Aufbau und Betrieb der Deutschen Digitalen Bibliothek (DDB) als deutscher Beitrag der europäischen Initiative zur Errichtung einer Europäischen Digitalen Bibliothek«, der Europeana, verbindlich festgelegt. Die Idee der DDB ist, den kulturellen und wissenschaftlichen Reichtum Deutschlands in seiner ganzen Vielfalt national und international zu präsentieren sowie einen wesentlichen Beitrag zur Förderung der Wissens- und Informationsgesellschaft zu leisten. Konkret wendet sich die DDB sowohl an die allgemeine Öffentlichkeit als auch an Wissenschaftler und Bildungsvermittler sowie an die Kultur- und Wissenseinrichtungen selbst.

Für die operative Umsetzung dieser Ziele wurde 2010 ein interdisziplinäres Netzwerk aus renommierten Kultur- und Wissenseinrichtungen in Deutschland eingesetzt. Das DDB Kompetenznetzwerk (KNW) ist Träger der DDB und hat den Auftrag, den Aufbau und den Betrieb des zentralen nationalen Zugangsportals zu organisieren und die Integration in die Europeana voranzutreiben. Zu diesem Auftrag gehören auch die Entwicklung technischer Werkzeuge für die Digitalisierung und Datenhaltung sowie zum erforderlichen Wissensmanagement, die Festlegung von Standards zur Sicherstellung der Kompatibilität und Interoperabilität, die Bereitstellung von allgemeinen Informationen sowie von Informationen zu Aus- und Fortbildungen sowie Fachveranstaltungen, die Beratung der Kultur- und Wissenseinrichtungen, die Öffentlichkeitsarbeit für die DDB sowie Kooperationen mit Entwicklern von technischen Werkzeugen für Zwecke des Wissensmanagements. In diesem Prozess war der bzw. die Beauftragte der Bundesregierung für Kultur und Medien immer treibende Kraft und hat auch auf finanzieller Seite sichergestellt, dass die erforderliche Grundfinanzierung für den Aufbau des Systems und der Kerninfrastrukturen vorhanden war.

Die DDB hat einen breiten kultur-, wissenschafts- und bildungspolitischen Auftrag, der sich auf vielfältige Bereiche erstreckt:

— Sie dient dem Ziel der gesellschaftlichen Teilhabe an Kultur und Wissen, indem sie zur Sichtbarkeit und Zugänglichmachung von Kultur- und Wissenserbe beiträgt, die Zugangshürden senkt und die Kontextualisierung der Objekte befördert.
— Die DDB bildet ein »Schaufenster« des deutschen Kultur- und Wissenserbes, das auch nach außen wirkt und Kultur und Wissen aus Deutschland international vermittelt. Sie ist der deutsche Beitrag zur europäischen digitalen Bibliothek Europeana, zu dem sich Deutschland innerhalb der Europäischen Union verpflichtet hat.
— Die elektronische Verfügbarkeit und Präsentation von Objekten aus dem Kultur- und Wissenserbe verbessert schließlich auch die Wahrnehmung und Aufmerksamkeit für die konventionellen (analogen) Angebote der Einrichtungen und macht diese für neue Zielgruppen erfahrbar. Sie verbessert die Möglichkeiten der Partizipation und ermöglicht ganz neue Formen der Kultur- und Wissensvermittlung.

Darüber hinaus stellt die DDB eine Basis-Infrastruktur dar, auf deren Grundlage mannigfaltige Anwendungen und Angebote aufsetzen können, die wiederum in spezielle Zielgruppen hineinwirken – etwa im Bereich einzelner Wissenschaftsdisziplinen (vor allem der Geistes- und Kulturwissenschaften) aber auch der schulischen und außerschulischen Bildung. Sie definiert damit auf der Agenda der BKM ein völlig neues Aufgabenfeld, das große Bedeutung in den Digital Humanities einnimmt, denn es handelt sich nicht nur um eine neue Kulturtechnik, sondern sie treibt den digitalen Wandel der Gesellschaft mit voran, der eine starke Reaktion der öffentlichen Seite gegenüber den privatwirtschaftlichen Aktivitäten erfordert und bekommen hat.

Auch in kultur- und wissenschaftspolitischer Sicht ist der bisherige Entwicklungsverlauf der DDB ein ausgezeichnetes Beispiel dafür, was die Arbeitsweise und die Strategieumsetzung eines föderal verfassten Projektes in Regie der öffentlichen Verwaltung bzw. von Einrichtungen, die mit öffentlichen Geldern getragen werden, zu leisten im Stande ist. Entsprechend sei an dieser Stelle Bund, Ländern, aber auch Kommunen für ihre nachhaltige Unterstützung gedankt, insbesondere Bund und Ländern für die Finanzierung und die kooperative und konstruktive Zusammenarbeit mit dem Kompetenznetzwerk. Der Dank gilt gleichermaßen der ideenreichen, zukunftsweisenden und nachgerade begeisternden Vorstands- und Gremienarbeit mit den Kolleginnen und Kollegen des KNW und der Geschäftsstelle, der Projektkoordination der Service- und der Fachstellen, schließlich den vielen datenliefernden Kooperationspartnern.

Aktueller Stand

Inzwischen hat die DDB ihre Aufbauphase erfolgreich durchlaufen. Das Projekt erreichte mit dem Beta-Launch der Webseite 2012 und mit der Vorstellung der ersten Vollversion 2014 wichtige Meilensteine. 2015 wurde – als Teilprojekt der DDB – das Archivportal-D freigeschaltet und nach der zweiten Projektphase 2017 in den dauerhaften Betrieb überführt. Das Archivportal-D bietet einen spartenspezifischen Zugang zu den in der DDB vorhandenen Daten. Hier werden Informationen über Archiveinrichtungen aus ganz Deutschland und archivische Erschließungsleistungen sowie digitalisiertes und digitales Archivgut für die Nutzung bereitgestellt. Weitere solcher spartenspezifischer Tochterportale sind geplant oder befinden sich bereits in der Projektierungsphase, etwa ein nationales Zeitungsportal, ein Museumsportal-D oder ein Denkmalportal. Außerdem hat sich die DDB 2017 an einem DFG-Antrag zum Aufbau einer Infrastruktur für einen sachthematischen Zugang am Beispiel des Themenkomplexes »Weimarer Republik« beteiligt. Dieses Vorhaben setzt auf dem Archivportal-D auf und realisiert für den genannten Themenkomplex eine neue Zugangsmöglichkeit, die auch von anderen Kultursparten nachgenutzt werden kann.

Ebenfalls 2017 konnte das durch das Bundesministerium des Innern geförderte Sonderprojekt zur Modernisierung der gesamten IT-Infrastruktur abgeschlossen werden, um die Zukunftsfähigkeit der DDB insgesamt zu verbessern. Das Hauptziel des Projekts bestand darin, die Gesamtarchitektur der DDB sowie einzelne Komponenten unter Ausnutzung vorhandener neuer technologische Möglichkeiten weiterzuentwickeln, die Leistung des Gesamtsystems zu verbessern und den Datendurchsatz (Transformation, Ingest, Indexierung) zu beschleunigen, um die stetig steigenden Objekt- und Vorgangszahlen abwickeln zu können und in regelmäßigen Abständen auch komplette Neu-Importe und Exporte der Daten zu ermöglichen. Darüber hinaus steht nun eine Administrationsoberfläche zur Verfügung, mit der Datensätze vereinfacht geprüft, bearbeitet und freigeschaltet werden können. Dadurch entfallen Doppelaufwände und zusätzliche Kommunikationswege. Das neue System befindet sich seit dem Frühjahr im Einsatz.

Schließlich haben sich Bund und Länder im Frühjahr 2018 auf die Verstetigung und dauerhafte Finanzierung der DDB einschließlich einer signifikanten Mittelerhöhung – verteilt über die nächsten Jahre – verständigt, sodass nun die bereits seit 2015 bestehenden Planungen für den weiteren Ausbau der DDB zügig umgesetzt werden können. Mit gegenwärtig über 4.300 registrierten Einrichtungen, rund 24 Millionen nachgewiesenen Inhalten von etwa 400 Datenpartnern aus allen Sparten, einer attraktiven Benutzeroberfläche und einer aktiven Lieferbeziehung zur Europeana hat die DDB außerdem ihre wesentlichen Gründungsziele umgesetzt. Bund, Länder und Kommunen wirkten dabei erfolgreich mit den beteiligten Kultur- und Wissenseinrichtungen zusammen, um deren vielfältiges digitales Angebot in einem integrierten Ansatz sicht- und nutzbar zu machen und damit das deutsche Kulturerbe sowohl an interessierte Laien wie an Experten in Deutschland und weltweit zu vermitteln. Die vielfältigen Vernetzungen und Kooperationen, welche die DDB in den letzten Jahren eingegangen ist, veranschaulichen, dass sich die DDB überdies zu einem in der Wissenschaft aber auch in der Öffentlichkeit immer deutlicher wahrgenommenen Angebot entwickelt hat.

Die stetig wachsenden Zahlen digitalisierter Objekte und Objektnachweise machen deutlich, dass die DDB, die in sie gesetzten Erwartungen, Antworten auf Suchanfragen zeitnah, umfangreich, ohne komplizierte Suchvorgänge, medien- sowie einrichtungsübergreifend erfüllen kann. Zusätzliche Dienste und Einstiegsmöglichkeiten, die neben den bestehenden Recherchemöglichkeiten entwickelt wurden – wie z. B. virtuelle Ausstellungen, Institutionen- und Personenseiten, Kalenderblatt, Favoritenlisten, Kulturlandkarte sowie die offene Programmierschnittstelle (API) – bieten vielfältige Möglichkeiten und machen die Nutzung und das Arbeiten mit der DDB attraktiv und interessant.

Die DDB ist heute ein spartenübergreifendes und interdisziplinäres Zugangsportal zu den digitalen Angeboten der deutschen Kultur- und Wissenseinrichtungen und macht Kultur und Wissen aus Deutschland national und global zugänglich, sichtbar und erfahrbar. Gleichzeitig vernetzt und kontextualisiert sie die Erschließungsinformationen und öffnet sie für vielfältige Möglichkeiten der Nachnutzung, Anreicherung und Erweiterung.

Nicht ausschließlich auf das Zusammenführen von Daten und das Zugänglichmachen von Inhalten fokussiert, fungiert die DDB dabei auch als Kollaborations- und Serviceplattform. Sie bildet die Infrastruktur für eine interaktive Partizipation auf den unterschiedlichsten Ebenen, vernetzt die Kultur- und Wissenseinrichtungen miteinander und dient der gegenseitigen Unterstützung und dem Austausch von Erfahrungen, Technologien und Diensten. Die DDB bringt innovative Entwicklungen im Bereich der Digitalisierung und Zugänglichmachung voran und trägt maßgeblich zur Standardisierung in diesem Feld bei.

Um die spartenübergreifende Sichtbarkeit digitaler Inhalte zu erhöhen und einen komfortablen und unmittelbaren Zugangsweg für die interessierte Öffentlichkeit und Wissenschaft zu den entsprechenden Beständen und Sammlungen zu weisen, folgt die DDB dem Ansatz, nicht nur digitale Objekte zu zeigen, sondern den Nutzern zusätzliche, darüber hinausweisende Informationen zu präsentieren, die zu vorhandenem, aber (noch) nicht digitalisiertem Kulturgut führen. Die DDB kann so auch übergreifende Nachweise bieten und nutzt die sich daraus ergebenden Potenziale einer umfassenden semantischen Vernetzung von Erschließungsinformationen. Sie bietet damit, etwa gegenüber der Europeana, die ausschließlich auf bereits digitalisierte Objekte verweist, einen echten Zusatznutzen, in dem Sie an zentralem Zugangsort bisher nur verteilt erreichbare Informationen zusammenführt, miteinander verknüpft und recherchierbar macht.

Kommende Aufgaben und Vorhaben

Die bisher gewonnenen Erfahrungen zeigen, dass die DDB wichtige gesellschaftliche Bedarfe befriedigt, den mit ihr kooperierenden Einrichtungen eine verbesserte öffentliche Sichtbarkeit verschafft und guten Zuspruch bei ihren Nutzern findet. Angesichts der inzwischen alle gesellschaftlichen Bereiche erfassenden digitalen Transformation gilt es nunmehr, den Aufbau der DDB weiter voranzutreiben – insbesondere was die gezielte Erweiterung der Inhalte angeht. Je mehr Objekte und Informationen in der DDB recherchiert werden können, desto attraktiver wird sie für ihre Nutzer und die an ihr beteiligten Kultur- und Wissenseinrichtungen werden. Und desto deutlicher werden auch die enormen Potenziale der Zusammenführung und semantischen Vernetzung heterogener Daten aus den unterschiedlichsten Kultur- und Wissenseinrichtungen sichtbar.

Derzeit ist mit den in der DDB nachgewiesenen Inhalten allerdings erst ein bescheidener Teil des Kultur-Wissenserbes über die DDB auffindbar. Dies ergibt sich einerseits aus der noch relativ geringen Digitalisierungsquote der Kultur- und Wissensschätze in Deutschland sowie aus den rechtlichen Hindernissen, insbesondere den Regelungen des geltenden Urheberrechts. Aber auch diejenigen Sammlungen, die digital vorliegen und aus urheberrechtlicher Sicht frei zugänglich gemacht werden könnten, sind bislang nur unvollständig Teil der DDB – etwa weil sie noch gar nicht erfasst wurden, ihre Bearbeitung aus technischen oder rechtlichen Gründen bzw. aufgrund begrenzter Ressourcen nicht möglich war oder sie nicht durch eine »klassische« Kultur- und Wissenseinrichtung bereitgestellt werden.

Geplante Digitalisierungsvorhaben bzw. laufende Digitalisierungsprojekte werden in Deutschland gegenwärtig nicht an zentralem Ort erfasst, sodass eine Übersicht über vorhandene oder in naher Zukunft für eine Integration in die DDB bereitstehende Inhalte derzeit praktisch unmöglich ist. Die DDB kann hier zum entscheidenden Treiber werden, erstmals digital vorliegende und kostenfrei zugängliche Sammlungen und Objekte des Kultur- und Wissenserbes zu identifizieren und entsprechende Digitalisierungsvorhaben systematisch zu erfassen, um sie in weiteren Schritten schließlich in die DDB integrieren zu können. Erhebungen dieser Art sind mit einem hohen Anfangsaufwand verbunden; dennoch wird sich dieser Aufwand auszahlen: denn mithilfe dieser erfassten Daten kann ein gezielter Bestandsaufbau vorgenommen, können Redundanzen und doppelte Arbeit vermieden werden, eine zuverlässige Planung hinsichtlich der notwendigen Ressourcen durchgeführt und die Integration wichtiger Sammlungen beschleunigt werden. Dabei muss die Auswahl und Priorisierung potenziell für die DDB relevanter Sammlungen erfolgen, auf transparenten Kriterien basierend und unter Berücksichtigung unterschiedlicher formaler sowie spartenspezifischer Kriterien.

Das Kultur- und Wissenserbe soll möglichst vollständig in der DDB nachgewiesen werden. Deshalb wird die Suche über die unmittelbar in der Deutschen Digitalen Bibliothek vorhandenen Daten erweitert bzw. auf alternative Angebote verwiesen und es werden zusätzlich andere Datenquellen (Such-Indizes und externe Datenbanken) integriert. Dies und die immer weiter zunehmende Anzahl an Datenlieferanten mit ihren individuellen Besonderheiten machen es zugleich notwendig, die Datenlieferungen an die DDB zweckmäßiger und effizienter zu gestalten. Vor diesem Hintergrund spielen die Datenaggregation, -anreicherung und -lieferung eine zunehmend wichtigere Rolle in der Diskussion um eine nachhaltige und leistungsfähige Infrastruktur.

In einem weiteren Schritt ist daher vorgesehen, mit dem Aufbau einer dezentralen Datenlieferinfrastruktur und einem Konzept zur Zusammenarbeit mit Datenaggregatoren, die vorhandene Infrastruktur zu skalieren und bereits digitalisierte Bestände und Sammlungen schneller und effizienter als bisher in die DDB einzubinden. Aggregatoren sind besonders geeignet, die Daten von kleineren und mittleren Einrichtungen zusammenzuführen, zu analysieren, zu harmonisieren, anzureichern und schließlich über definierte Schnittstellen an die DDB zu liefern. So werden die Aufwände für Bearbeitungen der Datenlieferungen und Ingest-Workflows durch die DDB reduziert und der Zuwachs an Daten beschleunigt. Mit einigen Partnern aus dem Kompetenznetzwerk hat die DDB bereits eine Zusammenarbeit aufgebaut, die einer Aggregatorenlösung entspricht.

Schließlich wird es für die DDB auch notwendig sein, Lizenzvereinbarungen (etwa mit den Verwertungsgesellschaften) abzuschließen, um derzeit nicht frei verfügbare Objekte bzw. Sammlungen – etwa der bildenden Kunst oder der Fotografie – für Anwender der DDB ebenfalls zugänglich machen zu können. Für die Nutzer der DDB ist es wesentlich, zu wissen, was Sie mit den gefundenen Inhalten tun dürfen und ob sie diese weiterverwenden können.

Ziel der DDB ist es daher, alle auffindbaren Inhalte mit einem Hinweis zu den weiteren Nutzungsmöglichkeiten zu versehen. Das Datenmodell sowohl der Europeana als auch der DDB sehen vor, dass der Rechtsstatus der digitalen Inhalte und aller Metadaten durchweg gekennzeichnet ist. Alle in der DDB auffindbaren digitalen Inhalte sollen möglichst in einer Version verfügbar sein, die für den Nutzer kostenfrei zugänglich ist und einen Hinweis zu den Nutzungsmöglichkeiten enthalten wird oder mit einer Creative-Commons-Lizenz ausgezeichnet ist, während die Nachweis- und Erschließungsinformationen grundsätzlich kostenfrei und in der Regel unter urheberrechtsfreien Bedingungen bereitgestellt werden.

Ausblick

Digitalisierung wird in den Kultureinrichtungen, insbesondere den Museen, noch immer häufig als Retrodigitalisierung von Sammlungen und Beständen betrachtet und verstanden und nicht als Transformationsprozess, der sämtliche Strukturen und Gliederungen sowie alle Arbeitsprozesse in den Kultur- und Wissenseinrichtungen berührt. Dieser Prozess durchdringt alle Infrastrukturen und Kommunikationsmittel und verändert diese vollständig; er betrifft nicht nur die Sammlungen selbst, sondern auch deren Erschließung, Aufbereitung, Präsentation, Vermittlung und dauerhafte Zugänglichmachung. Die Verwaltung der Einrichtungen ist davon ebenso berührt wie der Fortbildungsbedarf von Mitarbeiterinnen und Mitarbeitern.

Insbesondere mittlere und kleinere Institutionen tun sich aufgrund ihrer begrenzten personellen Ressourcen und fehlender fachlicher Expertise oft schwer, sich überhaupt mit dem Thema der Digitalisierung zu befassen. Werden Digitalisierungsprojekte dennoch gestartet, steht die Digitalisierung einzelner, herausragender Bestände im Vordergrund; es dominieren kosten- und personalintensive proprietäre Systemlösungen, die nicht auf bereits entwickelte Standards und Schnittstellen oder Thesauri und kontrollierte Vokabulare zurückgreifen. Die Nachhaltigkeit des Betriebs von Datenbanken und Webseiten sowie die dauerhafte Verfügbarkeit der Daten kann häufig nicht gewährleistet werden, denn: ist das Digitalisierungsprojekt beendet und die Projektgelder verbraucht, fehlen häufig die finanziellen Mittel und das Fachpersonal, die Datenbanken und Softwarelösungen zu betreiben und weiterzuentwickeln. Hinzu kommt, dass viele Einrichtungen die (urheber-)rechtlichen Auswirkungen der Digitalisierung nicht einschätzen können, weil ihnen dazu ebenfalls das entsprechende Personal fehlt.

Es besteht die dringende Notwendigkeit, jetzt die erforderlichen Rahmenbedingungen zu schaffen, um die Kultureinrichtungen an den digitalen Transformationsprozess heranzuführen und sie in die Lage zu versetzen, sich den daraus resultierenden Herausforderungen zu stellen. Wenn wir sichergehen wollen, dass unser kulturelles Erbe, unsere Traditionen und unser Wissen auch in Zukunft für alle Menschen zugänglich bleibt, besteht dringender Handlungsbedarf, die Einrichtungen bei dem Prozess des digitalen Wandels zu unterstützen, sie zu beraten und ihnen die Möglichkeit zu eröffnen, im Rahmen von Hilfestellungen wie Beratungs- und Schulungsangeboten an dieser Entwicklung teilzuhaben. Auf sich allein gestellt, durch einzelne Fördermaßnahmen sowie punktuelle Leuchtturmprojekte, kann es den Einrichtungen nicht gelingen, den Wandel erfolgreich zu gestalten. Es gilt, auf allen Ebenen Maßnahmen zu entwickeln und anzuwenden, die den Einrichtungen einen zusätzlichen und nachhaltigen Nutzen bieten und die den Digitalisierungsprozess optimieren und beschleunigen.

Wesentliche Hebel eines solchen Vorgehens sollten die Bündelung und Koordinierung bereits zur Verfügung stehender Expertise, die Schaffung von Kompetenz- bzw. Digitalisierungszentren auf Länderebene sowie die Kommunikation und übergreifende Vernetzung der Gedächtnisorganisationen untereinander sein. Vorhandenes Wissen muss stärker als bisher zusammengeführt, bereitgestellt und genutzt werden. Die bisherige Förderpraxis berücksichtigt dies in aller Regel nicht, denn die dabei gewonnenen Erfahrungen und Erkenntnisse stehen nicht für die Nachnutzung zur Verfügung oder gehen sogar häufig verloren. Nur wenn das bereits vorhandene Wissen für Kultureinrichtungen auch erreichbar und nachnutzbar ist, lassen sich künftig Mehrfachentwicklungen und proprietäre Systemlösungen, die nicht interoperabel sind, vermeiden.

Hierzu sollten alle maßgeblichen fachlichen und politischen Player gehört und beteiligt werden. Gleichzeitig steht außer Frage, dass nicht alle hierfür in Betracht kommenden Akteure unmittelbar an dem Prozess teilnehmen können, daher müssen Koordinierungsinstanzen gebildet und Verfahrensweisen gefunden werden, die jeweiligen Ausrichtungen und Interessen der einzelnen Handelnden angemessen zu repräsentieren, um konkrete Maßnahmen zielgenau auf den Weg zu bringen. Die DDB als Netzwerk und Infrastruktur könnte bei der digitalen Transformation im Bereich der Kultur- und Wissenseinrichtungen mit ihren etablierten Strukturen und dem vorhandenen Know-how eine zentrale Rolle einnehmen.

Charlotte Sieben
Kultur 3.0 – die Kulturveranstaltungen des Bundes in Berlin

Geboren aus föderalen Querelen, struktureller Unterfinanzierung und bundespolitischem Repräsentationswillen, als Zusammenschluss von Kulturinstitutionen, denen allein ihr temporäres Wirken in Festivals, Konferenzen und Ausstellungen, quasi das Vergängliche ihres Programms gemeinsam ist. Das klingt nach finanzpolitischer Notlösung und inhaltlich nach »ein Kessel Buntes«. Doch die Kulturveranstaltungen des Bundes in Berlin (KBB) GmbH mit ihren drei Geschäftsbereichen Berliner Festspiele, Internationale Filmfestspiele Berlin und Haus der Kulturen der Welt entwickelt sich seit 16 Jahren zum zukunftsfähigen Vorzeigemodell hauptstädtischer Kulturproduktion.

Der Erfolg spiegelt sich in den Zahlen. Seit der Gründung in 2002 haben sich die Einnahmen – wie die Besucherzahlen der Geschäftsbereiche enorm gesteigert: Fast eine Millionen Besucher sahen 2017 über 3.000 Veranstaltungen, die Veranstaltungserlöse lagen bei 15,3 Millionen Euro. Der Gesamtumsatz der KBB hat sich im gleichen Zeitraum von 35 auf 67 Millionen Euro gesteigert.[1]

Dabei kann man sich die Ausgangssituation gar nicht unattraktiv genug vorstellen. Die Wiedervereinigung hatte Berlin zwar einen neuen Reichtum an Kulturinstitutionen geschenkt, auch neue Aufmerksamkeit, ein vergrößertes Publikum, neue Aufgaben als Bundeshauptstadt. Allein: Zunächst gab es erst einmal jede Menge Streit. Zu wenig Geld. Zu unattraktive Programme. Kompetenzgerangel zwischen Bund, Berlin und den übrigen Bundesländern. Gegenseitige Vorwürfe wie »Nehmermentalität« und »Zentralismus« stehen im Raum. Michael Naumann, neu berufener Beauftragter für Kultur und Medien im Kanzleramt, wie auch die Berliner Kulturpolitiker sparen nicht an scharfen Worten. Und mittendrin: Berlins Kulturinstitutionen, die von lokalen Häusern plötzlich auf die grö-

---

[1] Zahlen → https://bit.ly/2DoNsiA

6. —— **Kulturförderpolitik**

ßere Bühne hauptstädtischer Kultur gehoben worden waren, ohne dafür finanziell ausreichend ausgestattet zu sein. Drei Opernhäuser, deren Programme in diversen Reform-Plänen zur Disposition standen. Neun Sinfonieorchester, die sich der Frage »Braucht man die alle?« stellen mussten. Theater vor allem im Westen der Stadt, denen das Publikum angesichts der schauspielerisch starken Traditionsbühnen im Ostteil wegblieb, und die eins nach dem anderen aufgeben mussten (Schließung des Schiller-Theaters 1993, Verkauf der Freien Volksbühne 1999). Berlin und seine Kultur waren zehn Jahre nach der Wiedervereinigung zum Dauer-Streitobjekt zwischen Bund und Ländern geworden.

Besonders hart traf das Institutionen, die auf West-Berliner Seite als repräsentative Schaufenster mit Blick nach Osten gegründet worden waren und nun plötzlich vor neuen Existenz- und Sinnfragen standen: Die Berliner Festspiele als Nachkriegs-Gründung von 1951, die mit den Berliner Festwochen Musik, Kunst und Theater von internationalem Rang in die Mauer-Stadt holen sollten und mit den Internationalen Filmfestspielen Berlin den Glamour Hollywoods und des europäischen Kinos importierten. Der Martin-Gropius-Bau, 1981 nach ruinösem Leerstand quasi im Rohbauzustand wiedereröffnet, ein Ausstellungshaus ohne eigene Sammlung und festen Träger, in dem sich zuletzt die Berliner Festspiele mit der Mega-Show »Sieben Hügel« finanziell überhoben hatten. Und das Haus der Kulturen der Welt, das als Nachfolger der Horizonte-Festivals seit 1989 den Anschluss an internationale Kulturdiskurse suchte.

Diese Institutionen sind es, auf die der Bund 2001 zugreift – um das finanziell überforderte Land Berlin zu entlasten, aber auch, um mit dem Argument »hauptstadtbedingter« Repräsentanz eine Bundeskultur frei von föderalen Mitsprachediskussionen zu etablieren.[1] Eine Alleinfinanzierung zur Vermeidung der konfliktträchtigen Bund-Berlin-Mischfinanzierung wird im Hauptstadtkulturvertrag festgeschrieben, 2007 im Hauptstadtfinanzierungsvertrag fortgesetzt und 2017 bei der Novellierung bestätigt, das Land Berlin löst eine Rücknahmeoption aus dem Hauptstadtkulturvertrag bis 2004 nicht ein. Inzwischen sind damalige No-Gos wie eine Kofinanzierung bei Staatsoper oder Berliner Philharmonikern zwar längst nicht mehr unmöglich. Die Einsicht von 2001, dass die international ausstrahlenden, auf gesamtstaatliche Repräsentation angelegten Akteure Berliner Festspiele, Berlinale und Haus der Kulturen der Welt keine Berliner Angelegenheit, sondern globale Player sind, steht unwidersprochen.

Die Neuausrichtung erfolgt ab 2002 in raschen Schritten: Die Berliner Festspiele bekommen ein Haus, die von Fritz Bornemann 1963 erbaute Freie Volksbühne, und einen neuen Intendanten, Joachim Sartorius, der aus dem Goethe-Institut nach Berlin wechselt und internationale Vernetzung mitbringt. Der Martin-Gropius-Bau, dem mit Gereon Sievernich ein langjähriger Kurator der Festspiele als Direktor vorsteht, wird unter das Dach der Berliner Festspiele auf-

---

[1] Vgl. Leber, F.: Kulturpolitik aus dem Kanzleramt: Die Kulturpolitik der Regierung Schröder 1998–2002, Tectum Wissenschaftsverlag 2011, S. 117 ff.

genommen und soll sein Programm in Zusammenarbeit mit den Staatlichen Museen zu Berlin und der Bundeskunsthalle in Bonn gestalten. Auch das Haus der Kulturen der Welt, seit 1989 in der 1957 von Hugh Stubbins errichteten ehemaligen Kongresshalle Berlins (»Schwangere Auster«) im Tiergarten angesiedelt, erhält mit Hans-Georg Knopp einen Goethe-geprägten Intendanten. Die Internationalen Filmfestspiele Berlin waren schon im Jahr 2000 aus ihren Quartieren rund um den Bahnhof Zoo an den neu bebauten Potsdamer Platz gezogen. 2002 fusionieren Berliner Festspiele, Haus der Kulturen der Welt und Berlinale, die bis dahin Teil der Berliner Festspiele war und unter Dieter Kosslick zum eigenständigen Bereich aufgewertet wird, unter dem Dach der neu gegründeten KBB. Mit dem Quartier in der Schöneberger Straße ist die Struktur 2003 etabliert und arbeitsfähig.

Die Entscheidung, die Abteilungen Kaufmännische Geschäftsführung, Finanzen, Personal, Organisation, IT und Technik in einer zentralen Verwaltung zusammenzufassen und die künstlerischen Entscheidungen frei in den jeweiligen, hier unabhängigen Geschäftsbereichen und bei ihren Intendanten zu belassen, schafft ein Novum im Bereich der Kulturproduktion: eine schlank und kostengünstig agierende Verwaltungsstruktur, die künstlerisches Handeln in großen Dimensionen und hoher Flexibilität ermöglicht. Sie sendet gleichzeitig Signale in Bereiche wie Klimaschutz, Nachhaltigkeit, kulturelle Bildung und Diversität. So nimmt die KBB 2011 am Projekt »Nachhaltigkeit in der Bundesverwaltung – Durchführung eines Konvoiverfahrens zur Einführung des europäischen Umweltmanagementsystems EMAS« teil und ist seitdem EMAS-zertifiziert. 2015 erarbeitet sie unter tätiger Mithilfe der Mitarbeiter ein Leitbild sowie Führungs- und Kommunikationsgrundsätze, die auf Diversität, Transparenz und Diskriminierungsfreiheit setzen.

Die Bündelung im Bereich Verwaltung und Technik bewährt sich auch, was die Sanierung der Häuser angeht. Denn zunächst gilt es ab 2002, die Spielstätten zu sichern und zu ertüchtigen. Weder die ehemalige Kongresshalle noch die Freie Volksbühne sind auf einen Festivalbetrieb nach internationalen Standards ausgerichtet. Auch die Kinos am Potsdamer Platz einschließlich des als Berlinale-Palast genutzten Musical-Theaters sind gerade erst spielbereit. Der Martin-Gropius-Bau wurde zwar 1981 grundsaniert, hat aber, was seine Nutzung als modernes Ausstellungshaus angeht, deutlich Reformbedarf. So werden 2010 Mittel des Konjunkturpakets II sowie des 120-Millionen-Programms zur Energieeinsparung des Bundes genutzt, um die Gebäude technisch und energetisch umfangreich zu sanieren.

Das Haus der Berliner Festspiele erhält eine multifunktionale Bühnentechnik, die es zum modernsten Theater Deutschlands macht. 2014 kann der Bund das bis dahin angemietete Gebäude erwerben, ab 2019 folgen Sanierungen des Dachbereichs und des Bürotrakts. Der Martin-Gropius-Bau erhält als deutschlandweit erstes Museum eine Fotovoltaik-Anlage auf dem Dach, saniert seine Fassade und baut das 2. Obergeschoss klimatechnisch aus. 2018 folgen weitere Sanierungen in Sachen Brandschutz und Beleuchtung. Auch das Haus der Kulturen der Welt wird 2006/2007 renoviert und erneuert Lüftung und Kühltechnik, Beleuchtung und Fensterisolierung, 2016 wird die Bespielbarkeit des Hauses weiter verbessert und in die Bereiche Akustik und Ausstellungstechnik investiert, ein Neubau für die Büros ist in Planung. Und die Berlinale träumt von einem Filmhaus neben dem Martin-Gropius-Bau an der Stresemannstraße.

Alles prima verwaltet also? Entscheidend für den Erfolg des Konstrukts KBB sind die inhaltlichen Impulse, die im Zusammenspiel der Geschäftsbereiche in Richtung Innovation und Entwicklung der Künste gesendet werden. Gerade die Vielfalt der Programme und Häuser, ihr Oszillieren zwischen Bühnenkunst und Bildender Kunst, Diskurs, Wissenschaft und Wirtschaft ermöglicht Programme, die in vergleichbarer Tiefe und Reichweite an keiner Einzelinstitution zu stemmen wären. Aus der regelmäßigen Abstimmung und Diskussion zwischen den drei Intendanten entsteht ein übergreifender Dialog, der politische Impulse der künstlerischen Arbeit in die Öffentlichkeit trägt und damit auch einem Bundesauftrag gerecht wird, ohne die künstlerische Freiheit zu verlieren.

So setzen die Berliner Festspiele, die erfolgreich Festivals wie das Theatertreffen, das Musikfest Berlin, die MaerzMusik und das Jazzfest Berlin veranstalten, unter der Intendanz von Thomas Oberender seit 2012 verstärkt auf Wechselwirkungen zwischen den Künsten und schlagen Gewinn daraus, dass sie über ein Theaterhaus (Haus der Berliner Festspiele) und ein Ausstellungshaus (Martin-Gropius-Bau) verfügen. Der Slogan »Eine Institution – zwei Häuser« meint mehr als nur eine topografische Besonderheit. Künstler wie William Kentridge, Susanne Kennedy, Philippe Parreno oder Ed Atkins nutzen die Möglichkeiten beider Häuser, um in ihren Programmen Grenzgänge zwischen den Künsten zu versuchen. Großprojekte wie »Immersion« (2016–2018) setzen auf neue technische Möglichkeiten wie Virtual reality, um die Frage nach dem Verhältnis zwischen Betrachter und Performance neu zu stellen.

Die Berlinale wird unter Dieter Kosslick konsequent um weitere Sparten ergänzt (2002: Perspektive Deutsches Kino, 2003: Berlinale Talent Campus, 2004: World Cinema Fund, Berlinale Special, 2006: Forum Expanded, 2007: Kulinarisches Kino, 2010: Berlinale Goes Kiez). Der European Film Market hat im Martin-Gropius-Bau eine Heimat gefunden und etabliert sich auch als Branchentreffpunkt der internationalen Filmindustrie und Schaufenster für junge Regisseure und unbekannte Filmländer. Und mit der frühzeitigen Einladung von Serienproduktionen zum Festival und der Öffnung der Filmkunst zu den bildenden Künsten stellen Kosslick und sein Team die Frage nach der Zukunft des Kinos immer wieder neu.

Das Haus der Kulturen der Welt ist mit Bernd Scherer zum Labor für zeitgenössische Debatten geworden. Manche sprechen gar von einer Institution des »wilden Denkens«. Die Themen und Wahrnehmungen des HKW reichen dabei weit über die Stadt hinaus. Künstlerische und theoretische Fragestellungen verbinden lokale mit planetarischen Perspektiven. Mit Programmen wie »Über Lebenskunst« (2009–2012), »Das Anthropozän-Projekt« (2013–2014) und zuletzt

»100 Jahre Gegenwart« (2015–2018) arbeitet das HKW in Zeiten kurzer Aufmerksamkeitsspannen nachhaltig an komplexen Themen und ist damit maßstabsetzend im internationalen Diskurs – dies schon zu Zeiten, als die Öffentlichkeit den Begriff Anthropozän gerade erst buchstabieren lernte. Damit spricht es ein internationales, junges, politisch engagiertes Publikum an – die Akteure von morgen.

So vereint die KBB drei Institutionen, die jenseits klassischer Ensemble-, Festival- oder Sammlungsstrukturen internationale Kooperationen und Produktionen mit mutigen, eigenständigen Künstlern, Wissenschaftlern und Kulturmachern ermöglichen und neue Veranstaltungsformate und Fragestellungen ausprobieren. Produzieren heißt im 21. Jahrhundert auch, anders mit dem Rezipienten als Ko-Produzenten zu interagieren und auf gesellschaftliche Veränderungen mit veränderten Produktionsformen zu antworten. Für diese Offenheit ist die flexible, dynamische, lernfähige Organisationsstruktur der KBB und ihrer Geschäftsbereiche ein Zukunftsmodell.

Sigrid Bias-Engels
Jubiläen – Wegmarken der Geschichte

Das Wort »Jubiläum« weckt bei den meisten Menschen zu Recht freudige Erwartungen. Spürt man der Herkunft des Wortes nach, so stößt man auf die lateinischen und hebräischen Ursprünge, die bis heute das Wort Jubiläum als »Jubel über die Wiederkehr eines frohen Ereignisses« definieren. Und der »frohen Ereignisse« gibt es viele, die Zahl kulturhistorischer und historischer Jubiläen ist Legion. Beschränken wir uns auf ganz wenige Beispiele in den letzten und den kommenden Jahren ohne jedweden Anspruch auf Vollständigkeit und Gewichtung: 25 Jahre Fall der Mauer (2014), 500-jähriges Jubiläum der Reformation (2017), 100 Jahre Ende des Ersten Weltkrieges (2018), 100 Jahre Bauhaus (2019), 250. Geburtstag von Ludwig van Beethoven (2020).

Jedes dieser Jubiläen ist eine markante Wegmarke der Geschichte, sie eröffnen Interpretationsmöglichkeiten der Geschichte vor und nach dem zu feiernden Ereignis, vor allem aber sind sie Anlass, im Lichte der Vergangenheit zu überlegen, was die historischen Ereignisse uns heute noch bedeuten und ob sie uns Inspiration sein können, Lehre oder Mahnung. Damit sind sie selbstverständlich auch von hohem kulturpolitischem Interesse, denn das Wissen über die eigene Geschichte gehört zu den Grundlagen jeder demokratischen Gesellschaft. Auf welcher kulturpolitischen Ebene sich dieses Interesse dann konkretisiert, hängt von der Strahlkraft des Jubiläums ab. Jetzt, anlässlich des 20. Geburtstages der Beauftragten der Bundesregierung für Kultur und Medien und in der Interimszeit zwischen Reformationsjubiläum 2017 und Bauhaus-Jubiläum 2019, lohnt sich ein Blick darauf, welche Bedeutung Jubiläen heute noch haben, welche Rolle dabei dem Bund, in diesem Fall vor allem der Kulturbeauftragten, zukommt und was aus Bundessicht absehbar dazu beitragen könnte, Jubiläen so zu gestalten, dass sie in Politik und Gesellschaft nachhaltige Resonanz finden.

Bei der Vielzahl der Jubiläen muss es Kriterien geben, welches man auf die eine oder andere Weise begehen möchte. Auf Bundesebene muss bei einem Jubiläum in jedem Fall ein »gesamtstaatliches Interesse« vorliegen. Das bedeutet: Ein historisches Ereignis und seine Folgewirkungen haben, ausgehend von

Deutschland, exemplarisch große nationale und internationale Strahlkraft entwickelt. Das Jubiläum gibt Veranlassung, sich als Kulturnation von Rang im In- und Ausland zu präsentieren. Dies ist, wie z. B. im Falle von Reformations- und Bauhaus-Jubiläum, bei Jubiläen von Weltgeltung anzunehmen. Es gibt ferner Jubiläen hervorragender Künstlerinnen und Künstler, die für ganz Deutschland und darüber hinaus von großer Bedeutung sind, wie zum Beispiel Richard Wagner (2013) oder Ludwig von Beethoven (2020), aber auch Jubiläen deutschlandweit bekannter Künstlerinnen und Künstler (z. B. Fontane 2019), bei deren Jubiläen der Bund einzelne (Bundes-)Länder und Kultureinrichtungen unterstützt. Und schließlich wären große historische Daten zu nennen, die zwar als »Jubiläen« bezeichnet werden, aber alles andere als »frohe Ereignisse« sind: Sie sind Meilensteine der Erinnerungskultur in Deutschland, die der Aufarbeitung des Nationalsozialismus und der SED-Diktatur dienen. Bei diesem zentralen Feld staatlicher Kulturpolitik, für das dem Bund aus gesamtstaatlicher Zuständigkeit eine ganz besondere Verantwortung obliegt, lohnt sich bei der Wortwahl eine große Sensibilität und Überprüfung, was man jeweils tatsächlich freudig zu feiern oder ernst zu gedenken beabsichtigt. Zusammengefasst mögen die Kriterien angreifbar sein, sie haben sich aber in der kulturpolitischen Praxis grundsätzlich bewährt.

Im Fall der Jubiläen zeigt sich der kooperative Kulturföderalismus von seiner besten Seite. Im föderalen Gefüge der Bundesrepublik Deutschland wird das Bundesengagement von den Ländern bei hervorragenden Jubiläen erwartet, gefordert und begrüßt, da besonders in diesen Fällen die Gestaltungskraft von einem oder mehreren Ländern nicht ausreicht. Nur zwei Beispiele: Beim Reformationsjubiläum 2017 bildeten die Länder Sachsen-Anhalt, Thüringen und der Freistaat Sachsen die Kernländer der Reformation. Die Bedeutung der Reformation greift aber weit über diese auf andere Länder der Bundesrepublik hinaus, sie strahlt auf Europa und sogar andere Erdteile aus. Das Gleiche gilt für das Bauhaus-Jubiläum: Das eigentliche Bauhaus bestand zwar nur zwischen 1919 und 1933 in Weimar, Dessau und Berlin, doch nachdem die Bauhäusler von den Nationalsozialisten vertrieben wurden, verbreiteten sich ihre Ideen von Europa über die USA bis nach Australien. Ohne Hilfe und Gestaltungswillen des Bundes konnte und kann es nicht gelingen, an die historischen Auswirkungen auch im internationalen Kontext zu erinnern. Nur in der engen Zusammenarbeit zwischen Bund und Ländern bei klarer Definition der Aufgaben- und Zuständigkeitsbereiche kann die Gestaltung eines Jubiläums zu einem gemeinsamen Erfolg werden. Diese Gemeinsamkeit von Bund und Ländern hat sich auf diesem, wie auf vielen anderen Feldern, bewährt.

Das Engagement des Bundes gestaltet sich bei Jubiläen je nach deren kulturpolitischer Bedeutung sehr unterschiedlich. Während man sich bei bestimmten Jubiläen mit einer Gedenkveranstaltung begnügt oder aus ohnehin vorhandenen Förderprogrammen nur einzelne Projekte unterstützt, werden besonders bei Jubiläen von Weltgeltung in der Regel große eigene Förderprogramme aufgelegt und Kulturprojekte unterschiedlicher Sparten gefördert, die ein Bundesinteresse rechtfertigen. Das kann auch, wie das Beispiel Bauhaus-Jubiläum zeigt, der Kulturstiftung des Bundes übertragen werden. Wo es sich anbietet, werden historische Bauten saniert bzw. auch Neubauten geschaffen, um den Einrichtungen anlässlich des Jubiläums und des zu erwartenden Besucherstroms aus dem In- und Ausland optimale Bedingungen zu eröffnen oder neue Erfahrungsräume zu schaffen. Als Beispiel seien hier die drei Museumsneubauten in Weimar, Dessau und Berlin genannt, die Kulturstaatsministerin Monika Grütters aus ihrem Kulturetat mit rund 52 Millionen Euro finanziert. Die Kofinanzierung erfolgt über die betroffenen Länder. Bei herausragenden Jubiläen arbeiten verschiedene Bundesressorts, in jüngster Zeit wiederholt koordiniert durch die Beauftragte der Bundesregierung für Kultur und Medien, arbeitsteilig eng zusammen. Zu nennen sind neben der Kulturbeauftragten vor allem das Bundesministerium des Innern, für Bau und Heimat mit der ihm nachgeordneten Bundeszentrale für politische Bildung, das Bundesministerium für Bildung und Forschung und besonders das Auswärtige Amt. Ein Programm der Bundesregierung zu einem herausragenden Jubiläum setzt sich in der Regel aus den spezifischen Beiträgen der einzelnen Ressorts zusammen.

Selbstverständlich bittet die Beauftragte der Bundesregierung für Kultur und Medien aber auch die von ihr (mit-)finanzierten Kultureinrichtungen, sich an den Feierlichkeiten zu einem Jubiläum zu beteiligen und es im Rahmen der eigenen Planungen zu berücksichtigen, sofern das Jubiläum zu dem Profil der Einrichtung passt. Bei manchen Einrichtungen liegt die Beteiligung auf der Hand, wie zum Beispiel beim Bauhaus-Jubiläum im Falle der Stiftung Bauhaus Dessau. Bei anderen vermögen Förderprogramme vielleicht Anreize zu bieten, um hervorragende Projekte zu entwickeln, die ohne die (zusätzliche) Bundesunterstützung nicht hätten realisiert werden können, im Jubiläumsjahr aber absehbar für öffentliche Resonanz sorgen dürften. In die Rechte und Autonomie der Kultureinrichtungen wird jedoch nicht eingegriffen, die Einrichtungen müssen selbst entscheiden, ob sie bereit und in der Lage sind, einen Beitrag zu einem Jubiläum beizusteuern. Und es erscheint so selbstverständlich, dass es eigentlich keiner Erwähnung bedarf: Bei den Ergebnissen liegt die Meinungs- und Deutungshoheit keinesfalls beim Staat, auch dies gehört allein in die Verantwortung der Einrichtungen.

Ein Patentrezept, wie man aus Bundessicht Jubiläen zum Erfolg führen kann, gibt es nicht. Aber vielleicht können folgende Erfahrungswerte weiterhelfen, um Jubiläen kulturpolitisch so zu gestalten, dass sie nicht wie Feuerwerke verglühen, sondern nachhaltig in Erinnerung bleiben:

1. Eine gute Zusammenarbeit von Bund und Ländern im Sinne des kooperativen Kulturföderalismus trägt zum Gelingen wichtiger Jubiläen entscheidend bei. Es ist politisch richtig und sinnvoll, solche Jubiläen gemeinsam für die Sanierung von Infrastruktur zu nutzen, neue investive Maßnahmen und Kulturprojekte auf den Weg zu bringen.

2. Beide Seiten sind gut beraten, weitere Partner wie die Wissenschaft und die Zivilgesellschaft zur Mitarbeit einzuladen, ihre Anregungen und eigenen Schwerpunkte aufzugreifen. So haben zum Beispiel der Wissenschaftliche Beirat, der das Kuratorium beriet, die Deutsche Stiftung Denkmalschutz, die Ostdeutsche Sparkassenstiftung und der Deutsche Kulturrat wesentliche Beiträge zum Reformationsjubiläum 2017 geleistet und damit zum Erfolg beigetragen.
3. Jubiläen sind kulturpolitische Leuchttürme, die viel über das Selbstverständnis eines Landes und seine Werte aussagen. Sie sind jedoch auch Bildungsangebote. Viele Menschen werden erst durch sie veranlasst, sich mit einem historischen Ereignis oder bedeutenden Persönlichkeiten der Kultur- und Zeitgeschichte zu befassen. Vielfach setzen erst abwechslungsreich und vielfältig konzipierte Festprogramme die Anreize, dabei zu sein und sich an einem großen Ereignis zu beteiligen. Die Inhalte lassen sich über die unterschiedlichsten Formate der Hoch- und Breitenkultur vermitteln, in jedem Fall gehören niedrigschwellige Angebote dazu. Ein Jubiläum, das die Menschen erreichen will, soll in der Regel vielen Vieles bieten. Ausstellungen haben sich als besonders probates Mittel erwiesen, über historische Sachverhalte zu informieren, verbunden mit einem attraktiven Begleitprogramm und kulturellen Bildungsangeboten.
4. Jubiläen lassen sich besonders gut über Personen vermitteln, das haben wir bei Martin Luther und dem Reformationsjubiläum erlebt, doch darf es bei der personalisierten Geschichtserzählung nicht sein Bewenden haben. Der Blick muss auf die historischen Umstände und die Folgewirkungen in der Geschichte gelenkt werden. Wo es um zentrale Persönlichkeiten geht, müssen ihre Verdienste selbstverständlich in angemessener Breite ausgeführt werden. Ein Jubiläum darf jedoch nicht dazu führen, dass sie unkritisch als Helden und Übermenschen gefeiert werden. Zur Ehrlichkeit gehört es auch, Helden vom Sockel zu holen, sich den Folgen ihres Wirkens und offensiv auch den dunklen Seiten der Geschichte zu stellen.
5. Ein Jubiläum von internationaler Strahlkraft bietet die einmalige Chance, auch auf internationaler Ebene das Einigende über das Trennende zu stellen. Es ist ein willkommener Anlass, die Welt in unser Land einzuladen, sich als Kulturnation zu präsentieren und ein positives Deutschlandbild im In- und Ausland zu vermitteln. Gleichzeitig sollte es außenpolitisch begleitet und gefördert werden, um sich gemeinsamer Wurzeln, gemeinsamer kulturpolitischer Interessen zu vergewissern und damit die Beziehungen zu intensivieren.

Im Rückblick wurden manche der in der Vergangenheit liegenden Jubiläen der letzten 20 Jahre zu großen Erfolgen, teilweise gab es aber auch Kritik: Vereinzelte Stimmen unterstellten gar eine geschichtspolitische Instrumentalisierung. Die Wissenschaft vermisste wissenschaftlichen Tiefgang und beklagte korrespondierend zu große Oberflächlichkeit, andere kritische Geister verteufelten eine allzu große Kommerzialisierung, manchem wurde schlicht der »Jubiläumstrubel« zu viel.

Nicht alles ist berechtigt: Der Vorwurf geschichtspolitischer Instrumentalisierung verkennt, dass staatliches Handeln ohne Rückbesinnung auf die Vergangenheit nicht denkbar ist. Die Kulturnation Deutschland kann und darf kulturpolitische Schwerpunkte setzen, die Entscheidung für ein Jubiläum ist nicht nur im Einzelfall historisch wohlbegründet, sie wird auch jeweils auf einer breiten Basis gefällt: So wurden bzw. werden Reformations-, Bauhaus- und Beethoven-Jubiläum nicht nur von der Bundesregierung, sondern auch von Bundestag und Bundesländern mitgetragen. Kulturpolitische Ziele und Absichten für ein Jubiläum werden zwar definiert, es wird aber kein festgefügtes Geschichts- und Wertebild verordnet, sondern vielmehr Chancen der kontroversen Interpretation und Diskussion eröffnet. Dabei ist der Staat nur ein Akteur unter anderen wie es sich für eine pluralistische Demokratie auch gehört. Die Politik ist grundsätzlich immer gut beraten, sich der Unterstützung der Wissenschaft zu vergewissern. Wenn allerdings der Anspruch hoher wissenschaftlicher Akkuratesse auf den politischen Willen stößt, geeignete Formate für eine breite Öffentlichkeit zu schaffen, so lässt sich dieser Anspruch tatsächlich nicht immer ganz einlösen. Hier gilt es dann, Kompromisse zu finden. Die Kommerzialisierung eines Jubiläums ist insofern zulässig, als man sich in der betreffenden Region wirtschaftliche, in der Regel touristische Effekte erhofft und zu Reisen nach Deutschland einlädt. Das sollte statthaft sein, ohne dabei den Vorrang des kulturpolitischen Interesses zu ignorieren. Für Luther-Socken und Luther-Tomaten, so anlässlich des Reformationsjubiläums, ist dem Staat allerdings keine Verantwortung aufzubürden, sie mögen als unvermeidliche Begleiterscheinungen mit Nachsicht gewertet werden. Und wer den Jubiläumstrubel beklagt, möge sich andererseits mit Respekt vor Augen führen, welch großer kultureller Reichtum unseres Landes und vielfältiges Engagement von Trägern damit verbunden, dass die Wahl schließlich sogar zur Qual wird.

Ja, die Zahl der kulturhistorischen und historischen Jubiläen ist Legion, aber gleichzeitig eröffnen sie großartige Möglichkeiten, mehr über Kunst und Kultur, mehr über die Geschichte unseres Landes und seiner Menschen zu erfahren. Sie sind und bleiben daher unverzichtbarer Bestandteil der Bundeskulturpolitik, der auch in Zukunft bei den Menschen zu Recht freudige Erwartungen wecken möge.

Stefan Rhein
So viel Reformation war nie!

Im September 2008 erschien in »Politik & Kultur« der erste Beitrag zum Thema Reformationsjubiläum 2017, der Beginn einer mehrjährigen Reihe von Kolumnen. Politiker, Wissenschaftler, Akteure aus Kirche, Kultur und Zivilgesellschaft kommentierten Themen der Reformation und begleiteten kritisch die Planungen. »Politik & Kultur« avancierte so zu einer wichtigen Plattform der Auseinandersetzung mit der Reformation, aber auch mit den Jubiläumsaktivitäten. Die Kolumnen sind in zwei Sammelbänden des Deutschen Kulturrats nachzulesen, der außerdem zwei einschlägige Dossiers mit den Titeln »Martin Luther Superstar« und »Die fantastischen Vier: Calvin, Melanchthon, Müntzer und Zwingli« herausgebracht hat.

Dieses Engagement erscheint ungewöhnlich – bei einem Ereignis, das auf den ersten Blick vor allem kirchlich formatiert ist. Doch auch das Reformationsjubiläum 2017 nimmt in der bundesrepublikanischen Festkultur einen außergewöhnlichen Platz ein. Das hat insbesondere mit der ihm vorgeschalteten Lutherdekade zu tun, die ab 2008 mit unterschiedlichen Themenjahren das Jubiläumsjahr vorbereitete und die »Reformation« fast ein Jahrzehnt in der öffentlichen Aufmerksamkeit hielt. Die Wahrnehmung war dabei allerdings ziemlich unterschiedlich, denn Themenjahre wie »Reformation und Musik« oder »Reformation und Kunst«, die sich an herausragende Jubiläen wie 2012 »700 Jahre Thomaner Leipzig« oder 2015 »500. Geburtstag Lucas Cranachs des Jüngeren« anknüpften, konnten weitaus mehr Resonanz verzeichnen als Jahre wie »Reformation und Toleranz« (2013) oder »Reformation und die eine Welt« (2016), die ihr interessiertes Publikum in Workshops, Seminaren, Vorträgen etc. fanden. Manchem kam die Lutherdekade »aufgebläht« vor, so kürzlich Gustav Seibt in der Mitteldeutschen Zeitung, doch hängt die Einschätzung – eine triviale Einsicht – vom Berufs- und Lebenskontext des Urteilenden ab. Aus der Perspektive der ostdeutschen Bundesländer war die Lutherdekade ein einmaliges Förderprogramm auf vielfältigen Gebieten. Profitiert haben vor allem die Reformationsstätten, die in ihre betriebliche und touristische Infrastruktur investieren und bauliche Defizite nachhaltig beheben konnten, sodass die museale und kirchliche Reformationslandschaft Mitteldeutschlands, von der Wartburg bis zu Schloss Hartenfels in Torgau, von Luthers Elternhaus in Mansfeld bis zur Schlosskirche Wittenberg, nunmehr einen Standard hat, der den Anspruch u. a. als UNESCO-Weltkulturerbe einlöst.

Der Deutsche Kulturrat, insbesondere sein Geschäftsführer, nahm seine Rolle, für die Zivilgesellschaft zu sprechen, auch bei der Begleitung des Reformationsjubiläums sehr ernst und diagnostizierte folgerichtig ein Defizit in der zivilgesellschaftlichen Partizipation. Der Berliner Blick kann allerdings zu Verzerrungen in der Wahrnehmung führen, denn tatsächlich entwickelten sich die Angebote zum Reformationsjubiläum als Graswurzelbewegung, sodass die Vielzahl der Aktivitäten in den Städten und Gemeinden (säkular und kirchlich) unübersehbar wurde. Daran kranken übrigens auch die Bilanzen, die in Text und Bild in erstaunlicher Dichte seit Ende des Reformationsjubiläums erscheinen. Sie konzentrieren sich auf die großen Gottesdienste und Festakte, sodass sich das Urteil einer Staat-Kirche-Mesalliance aufdrängt. Doch die Wirklichkeit vor Ort sah anders aus. In vielen Sonderausstellungen wurde gerade die lokale und regionale Geschichte der Frühen Neuzeit und der Reformation erforscht, erschlossen und präsentiert. Niemand hat bislang die Fülle der Ausstellungen zusammengefasst, denn es gab eben nicht nur die Nationalen Sonderausstellungen in Berlin, Wittenberg und auf der Wartburg (»Der Luther-Effekt. 500 Jahre Protestantismus in der Welt«, »Luther! 95 Schätze – 95 Menschen«, »Luther und die Deutschen«), sondern auch viele kleine Ausstellungen wie erstmals zu dem evangelischen Kirchenlieddichter und Reformator Kaspar Löner in seiner Geburtsstadt, dem fränkischen Markt Erlbach, oder – auch dies eine Premiere – eine reformationsgeschichtliche Ausstellung in der Benediktinerabtei Maria Laach. Mit solchen Ausstellungen war meist ein Begleitprogramm mit Vorträgen, Führungen, museumspädagogischen Angeboten etc. verknüpft, sodass im Format der Ausstellung das Reformationsjubiläum zu einem breit rezipierten Ereignis der Geschichtskultur avancierte.

Es wurde auch eifrig gesungen. Dass im Gottesdienst alle singen dürfen, ist eine Errungenschaft der Reformation. Ja, die Lizenz zum Singen markiert den Übergang zum neuen Glauben, wie eine Anekdote aus Lemgo illustriert: Der katholische Bürgermeister schickte Ratsdiener in die Kirchen, um evangelische Christen aufzuspüren. Die Diener meldeten: »Herr Bürgermeister, sie singen alle!« Darauf er: »Ei, es ist alles verloren!« Die Reformation ist eine Singebewegung und damit eine wichtige Etappe zur Teilhabe aller an der musikalischen Kultur – was die reiche Musiklandschaft des Reformationsjubiläums vom Pop-Oratorium über Chorauftritte bis zum Konzert mit Lutherliedern eindrücklich dokumentierte. Kurzum: Der Vorwurf eines Jubiläums ohne zivilgesellschaftliche Beteiligung geht ins Leere und kann nur ohne Kenntnisnahme der vielen Kulturveranstaltungen von Freiburg bis Stralsund aufrechterhalten werden.

Vielleicht gründete sich der Eindruck vom Ausschluss der Zivilgesellschaft durch die vermeintliche Phalanx aus Staat und Kirche, deren Vertreter sich bereits vor Beginn der Lutherdekade in paritätisch besetzten Gremien trafen und im Lauf der Jahre eine komplexe Gremienarchitektur aus Kuratorium, Lenkungsausschuss, Arbeitsgruppen, Geschäftsstellen und Beiräten entwickelten. Das erinnerte an die traditionelle Eintracht von deutschem Protestantismus und staatlicher Obrigkeit und provozierte nicht nur radikale Laizisten, sondern auch katholische Bischöfe zur Kritik. Die Zeit des landesherrlichen Kirchenregiments ist allerdings seit genau 100 Jahren vorbei (beendet 1918), sodass das Verhältnis von Staat und Kirche 2017 keine verordnete Einheit, sondern erstmals bei einem Reformationsjubiläum eine freiwillige, inhaltlich zu begründende Partnerschaft wurde. Die Begründung für die Zusammenarbeit wurde staatlicherseits durch eine Vorlage der CDU/CSU und SPD im Bundestag (beschlossen am 25. März 2009) gegeben, deren Titel programmatisch ist: »Reformationsjubiläum 2017 als welthistorisches Ereignis würdigen«. Während dieser Antrag bei Stimmenthaltung der Linken und von Bündnis 90/Die Grünen von CDU/CSU, SPD und FDP beschlossen wurde, erhielt der nächste einschlägige Antrag »Das Reformationsjubiläum im Jahre 2017 – Ein Ereignis von Weltrang« am 6. Juli 2011 die Stimmen aller Fraktionen, sogar der Linken, die bei der Antragstellung als einzige Fraktion ausgeschlossen war. Angeführt wurde der Beitrag der Reformation zur kulturellen Entwicklung Deutschlands in Musik, Kunst und Literatur, insbesondere die Bibelübersetzung als wichtige Etappe bei der Entwicklung und Verbreitung der deutschen Sprache, aber auch die europäischen Wirkungen. Effekte einer finanziellen Förderung erhoffte man sich für den denkmalpflegerischen Erhalt der Reformationsstätten, für ein attraktives Kulturprogramm und daraus folgend vor allem für das internationale Tourismusgeschäft, aber auch für den interreligiösen Dialog. Das Reformationsjubiläum machte das besondere Verhältnis von Staat und Kirche in Deutschland eindrücklich sichtbar. Das oft dezidiert protestantische Führungspersonal der Bundesrepublik (Joachim Gauck, Angela Merkel, Frank-Walter Steinmeier, Bodo Ramelow, Katrin Göring-Eckardt etc.) zeigte sich Seit an Seit mit den Würdenträgern der Evangelischen Kirche, eine Kirchenaffinität der Eliten, die den gesellschaftlichen Durchschnitt – zumindest in den ostdeutschen Kernlanden der Reformation – nicht mehr abbildet. Dieses Miteinander, das als eine »neue Nähe« empfunden wird, hat in der Kirche (wieder einmal) Diskussionen über die Selbst-Politisierung angefacht, die etwa im aktuellen Heft der evangelischen Zeitschrift »zeitzeichen« mit Bildern von den Feierlichkeiten am Reformationstag 2017 in Wittenberg illustriert werden (Ausgabe 9/2018).

Die Kooperation zwischen Staat und Kirche war hinter der Bühne der gemeinsamen Auftritte bei Festakten indessen nicht durchweg von Harmonie bestimmt, sondern zahlreichen Spannungen ausgesetzt. Dazu gehörte z. B. die Dachmarkenkampagne mit ihrem Label »Luther 2017 – 500 Jahre Reformation« und einem leicht verfremdeten Lutherporträt Cranachs. Sie wurde gemeinsam beschlossen und erhielt bundesweit (und darüber hinaus) eine starke Präsenz in der Öffentlichkeit, doch wurde sie von dem Durchführungsverein der EKD verlassen, um eine eigene Kampagne zu starten: »Reformation heißt, die Welt zu hinterfragen«, dekoriert mit einer eher kindlich anmutenden Bildersprache (tanzende Bibel, jonglierende Seehunde etc.). Staatliche und zivilgesellschaftliche Akteure und Veranstalter hielten an der Person Luthers fest, von deren Faszinationspotenzial sie sich eine größere Resonanz ihrer Angebote versprachen, während die Kirche in ihrer protestantischen Skepsis gegen Personalisierung auf die Attraktivität der gesellschaftspolitischen Diskurse, die durch die Reformation initiiert wurden, setzte. In all ihren Ambivalenzen (antijüdische Hasspolemik!) generierte die Persönlichkeit Luthers eine große Aufmerksamkeit, die zum Einstieg für viele Formate erinnerungskultureller Auseinandersetzung mit den Themen der Reformation genutzt werden konnte.

Gab es kulturpolitische Aufreger? Heftig debattiert wurde 2010 die Kunstaktion von Ottmar Hörl, als rund 800 kleine Kunststoff-Luthers in Blau, Grün, Gelb und Rot den Wittenberger Marktplatz bevölkerten und dadurch die »Verzwergung des Reformators« (Friedrich Schorlemmer) drohte – und im übrigen Wittenberg einen heiteren Sommer bescherten. Zur Bundestagswahl 2017 nutzte die NPD den Luther-Hype für eine Plakatkampagne mit dem Porträt Luthers samt Slogan: »Ich würde NPD wählen. Ich könnte nicht anders.« Denn der Kampf gegen Rom sei heute der Kampf gegen die »Brüsseler EU-Diktatur«. Unverständnis mit der Zurückhaltung vieler Kirchenhistoriker gegenüber den Aktivitäten rund um das Reformationsjubiläum artikulierte der Cheftheologe der EKD, Thies Gundlach, als er von einer »grummeligen Meckerstimmung« sprach, das Fachvertreter wiederum mit Vorwürfen der Banalisierung und einer theologischen Entkernung der Reformation durch die EKD (Thomas Kaufmann, Martin Laube) beantworteten. Das Auseinanderdriften von Fachwissenschaft und public history entlang der Dichotomie von Historisierung und Aktualisierung zeigte sich nicht nur in dieser Debatte, sondern auch in der Auseinandersetzung um das Plakatmotiv der drei nationalen Sonderausstellungen. Der stilisierte Hammer auf buntem Hintergrund, der Werbeclaim »Die volle Wucht der Reformation« und die Website »3xhammer.de« wurden heftig kritisiert und konnten auch dadurch ihr Marketingpotenzial voll entfalten. Die Differenz von Geschichtsforschung und Gedächtnisgeschichte machte Aleida Assmann in ihrem Beitrag »Was ist so schlimm an einem Hammer?« sichtbar und plädierte für das Ausstellen, Kommentieren und Diskutieren solcher wirkmächtiger Bilder.

Ist jetzt also das Thema »Reformation« ad acta gelegt, zumindest für die nächsten 100 Jahre? Mit 1517 beginnt die Zeit der Reformation, die mit Luthers Auftritt vor dem Wormser Reichstag (»Hier stehe ich, ich kann nicht anders«), der Bibelübersetzung und dem Bauernkrieg ihre nächsten Meilensteine erlebt. »Worms« dient oft als Metapher für die Zivilcourage des Einzelnen vor den Mächtigen, die Bibelübersetzung als Urdokument der deutschen Sprache. Beide laden gemeinsam ein, das Thema Sprache und dabei insbesondere die Mündigkeit des eigenen Sprechens in den Blick zu nehmen – mit »Feuereifer« und »Herzenslust«, um nur zwei Wortprägungen Luthers hier anzuführen (2021/22). Der Bauernkrieg setzt ein weiteres reformationsgeschichtliches Jubiläum (2024/25). Er verdient – jenseits der geschichtspolitischen Heroisierung und Instrumentalisierung in der DDR, die die Forderung Müntzers »Die Gewalt soll gegeben werden dem gemeinen Volk« mit sich verwirklicht sah, und andererseits der Dämonisierung und Damnatio memoriae des »Satans von Allstedt« in der Bundesrepublik – eine post-staatsideologische Auseinandersetzung, um nicht zuletzt die Forderung Gustav Heinemanns, den deutschen Bauernkrieg als eine der Freiheitsbewegungen, »die unsere heutige Demokratie vorbereitet haben, aus der Verdrängung hervorzuholen und mit unserer Gegenwart zu verknüpfen«, endlich – nach fast 50 Jahren! – einzulösen.

6. —— **Kulturförderpolitik**

Martin Maria Krüger
Musikfonds zur Förderung zeitgenössischer Musik

2003, im Jahr seines 50-jährigen Jubiläums, erfuhr der Deutsche Musikrat (DMR) eine grundlegende Erneuerung. Seine federführende Partnerin seitens der Bundesregierung war die fünf Jahre zuvor als Institution aus der Taufe gehobene Beauftragte des Bundes für Kultur und Medien in Person von Staatsministerin Prof. Dr. Christina Weiss. Sie begleitete und förderte die Verlagerung des Generalsekretariats dieses weltweit größten und umfassendsten zivilgesellschaftlichen Netzwerks der Musik auf nationaler Ebene von Bonn nach Berlin, unter gleichzeitiger Beibehaltung des Standortes der Tochtergesellschaft für die Förderprojekte im Bonner Haus der Kultur. Und sie war eine aufgeschlossene Ansprechpartnerin im Rahmen der rasch fortschreitenden Implementierung des damals noch gelegentlich bestaunten Begriffs »Musikpolitik« als gleichermaßen eigenständiger wie wesentlicher Bereich von Kultur- und Gesellschaftspolitik.

    Deutschland wird wesentlich geprägt durch eine Kultur des Dialogs zwischen Politik und Zivilgesellschaft, die im internationalen Vergleich ihresgleichen sucht. Diese äußert sich in der Förderung auch und gerade von Verbänden, die durchaus kritische Begleiter des politischen Geschehens sind. Mit seiner musikpolitischen Arbeit hat der Deutsche Musikrat seit der Eröffnung seines Generalsekretariats in Berlin wesentliche Impulse im musikpolitischen Diskurs gesetzt bzw. mit befördert. Dazu gehören u. a. die nachhaltige Unterstützung der UNESCO-Konvention zum Erhalt und zur Förderung der Vielfalt kultureller Ausdrucksformen als Berufungsgrundlage für bessere Rahmenbedingungen des Musiklebens auf allen föderalen Ebenen, eine nachhaltige musikalische Bildung und ein lebendiges Amateurmusizieren. Diese Dialogkultur manifestiert sich darüber hinaus in konkreten Projekten, die aus staatlichen Mitteln nachhaltig gefördert werden und auf ehrenamtlich begründeten, mit professioneller Infrastruktur ausgestatteten Organisationsformen, bevorzugt dem eingetragenen Verein, beruhen. Der Deutsche Musikrat ist hierfür geradezu prototypisch: Seine Projekte erhalten mit Ausnahme der durch das Bundesministerium für Familie, Senioren, Frauen und Jugend geförderten Projekte für den jugendlichen Nachwuchs – das prominenteste unter ihnen ist Jugend musiziert – sowie der länderfinanzierten Bundesauswahl Konzerte junger Künstler samt und sonders ihre Grundfinanzierung durch die BKM. Inhaltlich entwickelt und begleitet werden sie durch ehrenamtlich tätige Gremien. Grundlegende Entscheidungen treffen das Präsidium des DMR und die BKM in direkter Abstimmung wie auch im Aufsichtsrat als Entscheidungs- und Diskussionsplattform zwischen DMR, öffentlichen und privatrechtlichen Geldgebern.

Die Bandbreite der Projekte ist bemerkenswert: Das Deutsche Musikinformationszentrum – MIZ – ist die zentrale Anlaufstelle für gleichermaßen wissenschaftlich gestützte wie täglich aktualisierte Informationen über das Musikleben unseres Landes und dessen Dokumentation. Die Unterstützung der BKM ermöglichte die Einrichtung der neuen Portale »Musik und Integration« sowie »Kirchenmusik – Musik in Religionen«.

Nationaler Spitzenwettbewerb für klassische Interpreten ist der Deutsche Musikwettbewerb im Zusammenwirken mit der bereits erwähnten Bundesauswahl Konzerte junger Künstler, die mit der Vermittlung von jährlich über 200 Konzerten seit 60 Jahren nachhaltig den Karriere-Einstieg unterstützt. Zwei Coaching-Projekte ganz unterschiedlicher Art vervollständigen das Kaleidoskop der Spitzennachwuchsförderung: Ein außergewöhnliches, höchst erfolgreiches Förderinstrument für den Nachwuchs an hochbegabten Dirigentinnen und Dirigenten – in diesem traditionell männerdominierten »Gehege« müssen beide Geschlechter explizit genannt werden angesichts der aktuell bemerkenswerten Erfolge junger Künstlerinnen – stellt das Dirigentenforum dar. Es setzt eine in der früheren DDR begonnene Tradition hoch erfolgreich fort, diese für die erfolgreiche Arbeit der Orchester und Chöre unserer einmaligen Klangkörperlandschaft so bedeutsame Spezies künstlerischer Führungspersönlichkeiten regelmäßig mit ihrem »Instrument« zusammenzuführen. Das Pendant für den Bereich des Pop/Rock bildet Popcamp, ein umfassendes Coaching für hochkarätige Nachwuchsbands. Zeitgenössische Komponisten werden präsentiert in eindrucksvoll edierten, aufwändig produzierten CDs der Edition Zeitgenössische Musik. Aus der regelmäßigen Zusammenarbeit mit dem Warschauer Herbst ist der jährlich neu aus internationalen jungen Musikern gebildete European Workshop for Contemporary Music entstanden. Das in seiner Vielfalt einmalige Amateur- bzw. Laienmusizieren in Deutschland kulminiert in den im zweijährigen Wechsel ausgetragenen Begegnungen im Deutschen Chorwettbewerb bzw. Orchesterwettbewerb.

Es ist notwendig, sich dieses Kaleidoskop von Projekten ins Bewusstsein zu rufen, da in einer Zeit der Neigung zu Events die zuverlässige Förderung von auf Nachhaltigkeit angelegten Projekten eine politische Leistung darstellt, für welche der Beauftragten für Kultur und Medien hoher Dank gebührt. Prof. Bernd Neumann wurde für seine Verdienste als Staatsminister um das Musikleben unseres Landes die Ehrenmitgliedschaft des Deutschen Musikrates verliehen – wie auch dem unermüdlichen Mahner zur Bedeutung musikalischer Bildung, Bundestagspräsident a. D. Prof. Dr. Norbert Lammert.

Staatsministerin Prof. Monika Grütters hat mit der Errichtung des Musikfonds e.V. ein fulminantes Zeichen zur Förderung der zeitgenössischen Musik aller Sparten gesetzt. Vor nahezu einem Jahrzehnt hatte der Deutsche Musikrat, in der Folge unterstützt von weiteren Verbänden der Musikszene, seine Initiative für die Ergänzung der damals noch unter dem Dach der Kulturstiftung des Bundes bestehenden Palette von Kulturfonds des Bundes um einen Musikfonds gestartet. Erste Schritte waren die wohlwollende Entgegennahme eines Konzepts durch Bernd Neumann auf Vermittlung der heutigen Bundestagsabgeordneten Elisabeth Motschmann, die grundsätzliche Aufnahme in den Koalitionsvertrag 2013 und die parteiübergreifende Unterstützung durch die Abgeordneten Siegmund Ehrmann, Yvonne Magwas, Rüdiger Kruse und Johannes Kahrs gewesen.

Entscheidend war, dass Staatsministerin Grütters im September 2016 die Initiative ergriff und sieben Verbände und Institutionen – Deutscher Musikrat, Deutsche Gesellschaft für elektroakustische Musik, Deutscher Komponistenverband, Deutscher Tonkünstlerverband, Gesellschaft für Neue Musik, Initiative Musik und Union deutscher Jazzmusiker – einlud, einen Musikfonds e.V. zu gründen. Angesichts des enormen Erwartungsdrucks der musikalischen Szene wurde, noch vor der Eintragung des Vereins, innerhalb weniger Wochen ein Kuratorium als Jury bestellt und bereits zur Jahreswende 2017 eine erste Förderrunde ausgeschrieben. Der Gründungsvorstand und das Generalsekretariat des Deutschen Musikrates errichteten eine provisorische Struktur, um die 400 eingehenden Anträge zu bearbeiten. Anderthalb Jahre später kann festgestellt werden: Der Musikfonds hat sich als außerordentliches Erfolgsmodell und ideale Antwort auf einen drängenden Bedarf erwiesen. Über 1.200 Anträge mit einem Volumen von 22 Millionen Euro wurden eingereicht. 280 Anträge konnten mit einer Gesamtsumme von 2,8 Millionen Euro gefördert werden.

Einziger Kritikpunkt seitens der Geförderten war, dass von Beginn an häufig nur ein Bruchteil des beantragten Betrages zur Verfügung gestellt werden konnte. Es ist daher ein Glücksfall, dass im Juli 2018 im Zusammenwirken von Bundestag und BKM durch Erhöhung des Musikfonds-Budgets von 1,1 Millionen auf 2,0 Millionen Euro die zur Ausschüttung gelangenden Mittel noch im laufenden Haushaltsjahr de facto verdoppelt werden konnten, da die strukturellen Kosten nur sehr moderat steigen. Der Musikfonds und die durch ihn geförderten Kreativen, Künstler und für viele wunderbare Projekte Verantwortlichen danken!

Der Deutsche Musikrat gratuliert im Namen aller, die an der politischen und materiellen Förderung des Musiklebens durch die Beauftragte des Bundes für Kultur und Medien teilhaben, der Beauftragten des Bundes für Kultur und Medien sehr herzlich zum Geburtstag. Staatsministerin Monika Grütters dankt er für die nachhaltige Unterstützung und wünscht die Fortsetzung des so erfolgreichen Weges für den Erhalt und die Förderung der Kulturellen Vielfalt.

Barbara Seifen
Die Förderung von Denkmalschutz und Denkmalpflege als gemeinsame Aufgabe

Denkmalschutz und Denkmalpflege leisten einen wichtigen Beitrag zur Zukunftssicherung unserer Gesellschaft. Der Erhalt und die Pflege des gesamten denkmalwerten Bestandes trägt wesentlich zur Gestaltung einer humanen Umwelt bei und kann über den Bereich der kulturellen Vermittlung und Bildung den Aspekt Integration und Teilhabe für alle stärken. Denkmalpflege ist nachhaltig und schon vom Ansatz her ressourcenschonend und umweltfreundlich. Denkmalpflege sichert und schafft Arbeitsplätze in der jeweiligen Region insbesondere im Handwerksbereich. Laut einer Mitteilung des Zentralverbandes des Deutschen Handwerks aus dem Jahr 2010 werden 90 Prozent der Arbeiten, die in der Denkmalpflege anfallen, von Handwerksbetrieben übernommen.

Der Anteil an denkmalgeschützter Bausubstanz ist gemessen am gesamten Baubestand gering, bundesweit sind rund drei Prozent aller baulichen Anlagen denkmalgeschützt, der Großteil davon (rund 80 Prozent) ist in privatem Eigentum. Dieser besondere historische Bestand trägt wesentlich zum charakteristischen und individuellen Alleinstellungsmerkmal von Städten und Dörfern bei, prägt die Kulturlandschaft, steht für Heimat und macht Orte attraktiv für die dort lebenden Bürger ebenso wie für Touristen. Das baukulturelle Erbe kann Menschen aus anderen Heimaten dabei helfen, sich hier neu zu verorten. Es kann genauso den hier schon länger oder sehr lange Beheimateten verdeutlichen, dass Vielfalt seit jeher ihr eigenes Lebensumfeld und unsere Gesellschaft bestimmt.

Der Schutz, der Erhalt und die Pflege des kulturellen Erbes ist ein über Grenzen hinweg verbindender gesellschaftlicher Auftrag. »Mit unseren europäischen Nachbarländern teilen wir eine gemeinsame Vergangenheit und ein gemeinsames Erbe. [...] Denkmäler sind wichtige Reflexionsorte, die von der Entstehung eines humanistischen und demokratischen Europas zeugen«, so die Vereinigung der Landesdenkmalpfleger in der Bundesrepublik Deutschland.

Denkmalschutz und Denkmalpflege gehören in den Bereich der Kulturhoheit der Länder, jedes Bundesland hat ein eigenes Denkmalschutzgesetz und eigene Denkmalfach- und Denkmalschutzbehörden für den Erhalt der Bau-, Kunst-, Garten- und Bodendenkmäler. Die Bundesrepublik versteht sich als Kulturstaat, der Bund und damit die BKM sieht sich für den Erhalt von wichtigen nationalen Denkmalen verantwortlich und stellt für diese Aufgabe in unterschiedlichen Programmen deshalb seit vielen Jahren finanzielle Mittel zur Verfügung.

So heißt es im Koalitionsvertrag 2018: »Es soll ein Programm kultureller Denkmalschutz aufgelegt werden, das unter angemessener Kofinanzierung die Sanierung und Restaurierung von Gebäuden und Denkmälern in der Fläche weiterhin fördert. Den Erhalt des baukulturellen Erbes über die Förderung von Denkmalschutz und -pflege wollen wir im Zusammenwirken mit den Ländern und unter Einbezug von Stätten der Industriekultur fortsetzen und ausbauen, ebenso wie die Förderung der UNESCO-Welterbestätten im Inland sowie das Kulturerhalt-Programm im Ausland.«

Denkmalförderung

Für den Erhalt des denkmalgeschützten Erbes sind kontinuierlich finanzielle Anstrengungen erforderlich. Diese werden seit jeher größtenteils von den Denkmaleigentümern selbst getragen. Die vielfältige Denkmalförderung aus öffentlichen Mitteln oder durch Stiftungen ist eine willkommene Entlastung der Eigentümer für die zu erbringenden Gesamtkosten bei einer baulichen Erhaltungs- oder Sanierungsmaßnahme. Denkmalförderung ist immer eine Investition in die Zukunft für alle, für die nächsten Generationen – und so in jedem Fall gesamtgesellschaftlich von hohem Wert. Die Fördermittel tragen nur in sehr seltenen Fällen den Hauptanteil der notwendigen Finanzierung für die Sicherung, Erhaltung und Pflege der Baudenkmäler. Insbesondere für die vielfach ehrenamtlich aufgestellten Vereine und Initiativen, aber auch für die Privateigentümer, die sich dem Erhalt und der Pflege von nicht rentierlich nutzbaren Objekten wie technische Denkmäler, Industrieanlagen, Kapellen und Kirchen, Schlösser, Garten- und Parkanlagen oder unterschiedlich museal genutzten kleineren und größeren Denkmälern widmen, ist die Gewährung von Fördermitteln von zentraler Bedeutung.

Es kann gar nicht genug Anerkennung für das meistenteils sehr hohe Engagement der Denkmaleigentümer und der ehrenamtlich Aktiven ausgesprochen werden. Die Wertschätzung dafür drückt sich auch und sehr wirksam in der Gewährung von Fördermitteln aus. Gerade bei nichtrentierlichen Denkmalobjekten sind die in den vergangenen Jahren auf Länderebene vorgenommenen Kürzungen der öffentlichen Fördermittel in der Denkmalpflege deshalb von Nachteil.

Denkmalförderung des Bundes

Der Bund stellt in verschiedenen Programmen Fördermittel zur Unterstützung des Erhalts von Denkmälern und Kultureinrichtungen zur Verfügung. Die Beauftragte für Kultur und Medien ist auf der Ebene des Bundes seit 1998 für die Förderung von national wertvollen Kultureinrichtungen und Kulturprojekten zuständig.

Das Programm »National wertvolle Kulturdenkmäler« wurde 1950 zum ersten Mal aufgelegt und läuft nachhaltig. Die Bewertung eines Objektes als national wertvolles Kulturdenkmal wird durch eine Stellungnahme des Denkmalfachamtes des jeweiligen Bundeslandes dargelegt. Dieses Programm ist seit 1998 im Zuständigkeitsbereich der Beauftragten für Kultur und Medien. Von 1950 bis 2016 konnten mehr als 660 Kulturdenkmäler in ihrer Erhaltung und Restaurierung mit Mitteln aus Bundesförderprogrammen in einer Gesamthöhe von 370 Millionen Euro unterstützt werden. Die Mittel werden mehrjährig für das jeweilige Projekt zur Verfügung gestellt, über die Vergabe entscheidet eine eigens dafür eingesetzte Jury. In den letzten Jahren ist es gelungen, die Mittel für das Programm gegenüber früheren Zeiten erheblich weiter aufzustocken. Wünschenswert wäre es, eine noch verbesserte Transparenz zur Verteilung der Mittel herzustellen.

Im Jahr 2007 wurde von der BKM erstmals ein »Programm für besondere Maßnahmen« aufgelegt. Es ist mit rund 400 Millionen Euro bislang das größte Denkmalschutzprogramm des Bundes. Daraus wird unter anderem die Stiftung Weimarer Klassik gefördert, ebenso die Stiftung Preußische Schlösser und Gärten in Berlin und Potsdam sowie die Berliner Oper Unter den Linden. Außerhalb des Programms unterstützt die BKM noch einzelne besonders bedeutende Sanierungsvorhaben in Deutschland aus dem laufenden Etat und teilweise mit zusätzlichen Mitteln des Bundestages, dazu gehören für große Kultureinrichtungen auch die Baumaßnahmen der Stiftung Preußischer Kulturbesitz.

Ebenfalls beginnend 2007 wurde durch die BKM ein »Denkmalschutz-Sonderprogramm« eingeführt für Denkmäler im gesamten Bundesgebiet, die national bedeutsam sind oder das kulturelle Erbe mitprägen. Dieses Sonderprogramm konnte in den darauffolgenden Jahren mehrfach fortgesetzt werden, sodass darüber seitdem rund 250 Millionen Euro für Erhaltungs- und Sanierungsmaßnahmen an Baudenkmälern zur Verfügung standen.

In 2017 und 2018 wurde ein Programm zum »Erhalt historischer Orgeln« bereitgestellt mit insgesamt zehn Millionen Euro. Für das Jahr 2018 läuft das »Sonderprogramm VII«, in dem nun auch Maßnahmen an denkmalgeschützten Orgeln gefördert werden können. Die zugehörigen Förderkriterien sind jetzt klar und konsequent denkmalfachlich gefasst und damit erkennbar verbessert gegenüber den zurückliegenden Sonderprogrammen. Die beantragten Fördermaßnahmen müssen von den Denkmalfachämtern der Länder begutachtet und priorisiert werden, bevor über eine Bewilligung entschieden wird. Es muss sich in jedem Fall um ein denkmalgeschütztes Objekt handeln. Gefördert werden aus diesem Programm nur Maßnahmen, die der Substanzerhaltung und der Restaurierung im Sinne der Denkmalpflege dienen, so die Anforderungen aus den Förderkriterien.

Eine Förderung der BKM aus dem Sonderprogramm beträgt grundsätzlich bis zu 50 Prozent der zuwendungsfähigen Ausgaben und soll in der Regel durch Fördermittel des jeweiligen Bundeslandes in ähnlicher Höhe ergänzt werden. Die Kürzung von Denkmalmitteln auf Länderebene wirkt sich somit kontraproduktiv für die beantragten Förderobjekte aus, wenn der Landesanteil an der Förderung nicht zur Verfügung gestellt werden kann.

Das finanzielle Engagement des Bundes über die BKM ist im Hinblick auf die Förderung der Bau- und Bodendenkmalpflege in den vergangenen Jahren deutlich ausgebaut worden. Die einzelnen Programme bilden einen wichtigen Baustein im Zusammenspiel der verschiedenen Förderkulissen auf Bundes- und Länderebene und haben in zahlreichen Fällen entscheidend dazu beigetragen, dass dringend notwendige Erhaltungs- und Restaurierungsmaßnahmen zur Ausführung gelangen konnten. Diese Mittel sind eine wichtige und immer wieder gute und sinnvolle Investition in die Zukunft.

Denkmalförderung auf Länderebene

Die Ergebnisse des Spartenberichtes Baukultur, Denkmalschutz und Denkmalpflege, 2018 vom Statistischen Bundesamt vorgelegt, und einer aktuellen Abfrage der Vereinigung der Landesdenkmalpfleger nach den Fördermodalitäten in den einzelnen Bundesländern verdeutlichen große Unterschiede in der Bereitstellung der Mittel auf Länderebene: Das Thema Denkmalpflege wird in den einzelnen Bundesländern sehr uneinheitlich gewichtet. Die hohe Bereitstellung von Denkmalfördermitteln des Bundes bei der BKM sowie die große Nachfrage nach einer solchen Förderung, die sich in der jährlich zunehmenden Zahl der Antragstellungen bei der BKM widerspiegelt und wesentlich über die Höhe der dort zur Verfügung stehenden Mittel hinausgeht, zeigt, dass auf der Länderebene erkennbar zu wenig Fördermittel im Ansatz sind.

Zeitlich engbegrenzte Antragsfristen und manchmal recht kurze Bewilligungszeiträume machen die Bewirtschaftung dieser Mittel für die Akteure der Denkmalpflege nicht immer einfach. Die Realität eines Projektverlaufs und die bauliche Umsetzung von Planungen sind von vielen Faktoren bestimmt und nicht immer in starren zeitlichen Grenzen passend zu steuern. Das kann im Einzelfall für die Abwicklung der Fördermaßnahmen ein kaum zu überwindendes Hindernis sein.

Die Fördermittel müssen fachlich und sachlich sinnvoll und angemessen verteilt werden und in aktuelle Denkmalmaßnahmen zum richtigen Zeitpunkt fließen. Dazu kommt die Bedingung, dass mit den zu fördernden denkmalpflegerischen Maßnahmen erst begonnen werden kann, wenn eine Bewilligung vorliegt. Im begründeten Einzelfall kann ein vorzeitiger Maßnahmenbeginn erteilt werden. Es bedarf somit einer engen und guten Zusammenarbeit aller Partner, behördlicherseits auf Länder- und Bundesebene und insbesondere aller Partner und Unterstützer des Denkmalprojektes vor Ort, um die jeweilige Förderung in angemessener Höhe zu erlangen. Gute Vorbereitungen der Projekte, umsichtige Voruntersuchung und Konzeptfindung für die jeweilige Maßnahme und nicht zuletzt eine sorgfältige, materiell, handwerklich bzw. restauratorisch hochwertig ausgeführte Arbeit sind Grundbedingung für ein gutes Ergebnis und die angemessene Verwendung der Fördermittel. Das braucht ausreichend Zeit für die Umsetzung der Projekte, entsprechend langfristig und überjährig sollten die Bewilligungszeiträume für die Verwendung nicht nur der Mittel des Bundes über die BKM, sondern auch aller weiterer Fördermittel gesteckt sein.

Europäisches Kulturerbejahr 2018 – sharing heritage

Im Jahr des Europäischen Kulturerbes fördert die BKM aus einem weiteren Programm rund 80 Einzelprojekte aus Berlin und dem gesamten Bundesgebiet zum Themenbereich Kulturvermittlung. Diese Projekte sollen, so die Vorgaben, in die Breite wirken und sich insbesondere an Kinder und Jugendliche richten. Schon aus der Gesamtzahl lässt sich ablesen, dass eine Breitenwirkung in der ganzen Republik durch 80 Projekte wohl kaum erreicht werden kann. Unabhängig von einer Förderung durch das Programm der BKM haben jedoch zahlreiche weitere Einzelprojekte, beispielsweise die Projekte der Denkmalämter in den Bundesländern, überzeugende und anspruchsvolle Aktivitäten entfalten können. Eine sorgfältige Bilanz dieser Veranstaltungen zum Europäischen Kulturerbejahr nach dessen Abschluss wäre zu wünschen, um Ergebnisse und Erfahrungen nachzuvollziehen und für weitere Fortsetzungen und neue Projekte nutzbringend verwenden zu können.

Deutsches Nationalkomitee für Denkmalschutz

Bei der BKM ist die Geschäftsstelle des Deutschen Nationalkomitees für Denkmalschutz (DNK) angesiedelt und koordiniert die Aktivitäten dieses Komitees. Das 1973 gegründete DNK versteht sich als nationale Plattform für die Belange des Denkmalschutzes, der Baudenkmalpflege und der Bodendenkmalpflege. Im DNK versammeln sich Vertreter aus allen Bundesländern, aus Politik, Fachorganisationen, Verbänden, Gemeinden, Kirchen und privaten Bürgerinitiativen. Die Tätigkeit des DNK bezieht sich auf den Bereich Vermittlung von Themen aus Denkmalschutz und Denkmalpflege, im Rahmen von Tagungen und Publikationen werden ausgewählte Fragestellungen dazu behandelt. Der Deutsche Preis für Denkmalschutz, bundesweit die höchste Auszeichnung in der Denkmalpflege, wird jährlich vom DNK vergeben. Die Zusammenarbeit des DNK mit der Vereinigung der Landesdenkmalpfleger ist langjährig geübte Praxis und verdient von der Geschäftsstelle zuverlässig weitergepflegt und fortentwickelt zu werden.

Fazit

Die Bundesbeauftragte für Kultur und Medien ist für den Bereich Denkmalschutz und Denkmalpflege eine wichtige Partnerin der jeweiligen Denkmalakteure auf Länderebene. In Ergänzung zu den Fördermitteln für konkrete Denkmalprojekte wäre eine finanzielle Unterstützung des Bundes der Aktivitäten der Denkmalfachämter der Länder für die dringend notwendige bundesweite Erfassung des jüngeren Denkmalbestandes der 1960er bis 1980er Jahre und auch der technischen Objekte sehr zu wünschen.

Außerordentlich erfolgreich geben die Förderprogramme des Bundes wirksame Hilfen bei zahlreichen Denkmalprojekten und haben so im Positiven zu vermehrter politischer Aufmerksamkeit für den Bereich der Denkmalpflege beigetragen. Dies ist eine willkommene Stärkung für die Belange der Bau- und Bodendenkmalpflege, ebenso eine Anerkennung für die Denkmaleigentümer und die in der Denkmalpflege ehrenamtlich und beruflich handelnden Personen. Das Engagement des Bundes ist unter Beachtung der Kulturhoheit der Länder als ein wichtiges Signal für den Denkmalschutz und die Denkmalpflege unerlässlich und zeugt vom Verständnis einer Kulturnation.

7.

Kulturwirt-schaft

Tradition und Innovation

Wachgeküsst 20 Jahre
neue Kulturpolitik
des Bundes
1998——2018

Jan Ole Püschel
Traditionsreiche Branchen

Ähnlich wie kurz zuvor das popkulturelle Phänomen des Britpop schwappte in der Ära von Tony Blair der Begriff der »Culture Industries« von Großbritannien auf das europäische Festland. Seit über einem Jahrzehnt kommt man nun kultur- und wirtschaftspolitisch an der Kulturwirtschaft auch in Deutschland nicht mehr vorbei. Ob auf europäischer oder bundespolitischer Ebene, bei der kommunalen Planung von Kreativquartieren oder auch als Instrument der Außen- und Entwicklungspolitik. Überall finden sich heute Strategien, die entweder der originären Förderung der Kultur- und Kreativwirtschaft dienen oder aber sich ihrer Bedienen, um übergeordnete Ziele zu erreichen, wobei die Grenzen fließend sind. Die Kulturwirtschaft ist wahlweise in einem an Rohstoffen armen Europa die moderne Zukunftsbranche schlechthin, Garant für Wachstum und Beschäftigung, Innovationsmotor oder auch Gegenstand der internationalen Vernetzung und Auslandskommunikation.

Auf den ersten Blick ist indes die gesellschaftliche und politische Präsenz des Begriffs und der ihn noch immer umgebene Flair von Aufbruch und Innovation überraschend, da es sich zunächst nur um eine kollektive Bezeichnung für ein teilweise schwer zu greifendes, heterogenes Gemisch aus schon seit Langem selbständig existierenden Teilbranchen handelt. Die Spannbreite der zumindest begrifflich vereinigten Branchen geht von der Musikwirtschaft, über den Buchmarkt, die Architektur, die Filmwirtschaft oder auch die darstellenden Künste bis hin zur Designwirtschaft. Alles traditionsreiche Branchen, die zwar das kreative Element einen, aber die auch hinsichtlich ihrer Werke, deren Erschaffungsprozesse und gesellschaftlicher Rezeption durchaus Unterschiede aufweisen. Entsprechend kommen manche Teilbranchen in den Genuss eines seit Jahrzehnten etablierten Fördersystems auf Bundes- und Landesebene – die Filmbranche ist bestes Beispiel hierfür –, während andere Branchen der Kultur- und Kreativwirtschaft weitestgehend unter Marktbedingungen ohne staatliche Finanzhilfe agieren. Auch konnte zu Beginn der politischen Aufmerksamkeit für die Kulturwirtschaft durchaus noch beobachtet werden, dass die Auseinandersetzung mit wirtschaftlichen Aspekten des kulturellen Schaffens als Kommerzialisierung der Kultur missverstanden wurde – so als sei es verwerflich, ein relevantes Einkommen durch kreativ-schöpferische Arbeit zu erzielen. Vor einigen Jahren war es zudem noch vertretbar, es sei kulturpolitisch ungeschickt, das wirtschaftliche Moment der Kultur so explizit zu betonen, interessierte sich doch die Europäische Kommission zunehmend für die wettbewerbspolitische Dimension nationaler Kulturförderungen und ihre Vereinbarkeit mit den Prinzipien des europäischen Binnenmarktes. Ohne originärer Regelungskompetenz für die Kultur, dafür aber mit dem Kernauftrag der Sicherung des freien Wettbewerbs im Binnenmarkt versehen, kam der Europäischen Kommission die Bedeutung der wirtschaftlichen Dimension der Kultur durchaus gelegen, um eigenen Handlungsspielraum zu begründen.

Heute sind diese grundsätzlichen Bedenken nicht mehr relevant. Die Europäische Kommission hat der Kulturförderung der einzelnen Mitgliedsstaaten beihilferechtlich großen Spielraum eingeräumt. Die notwendige Doppelnatur der Kulturwirtschaft ist anerkannt und vermeidliche Widersprüche sind geklärt. So stellte das Bundesverfassungsgericht in seinem Urteil zum Filmförderungsgesetz im Jahr 2014 z. B. fest, dass es kein Widerspruch sei, Fördermaßnahmen in Brüssel als kulturelle Beihilfe von den Vorgaben des europäischen Wettbewerbsrechts freizustellen und sich national hinsichtlich der selben Maßnahme kompetenzrechtlich auf das Recht der Wirtschaft aus Art. 74 Abs. 1 Nr. 11 Grundgesetz zu stützen. Kultur und Wirtschaft schließen sich nicht gegenseitig aus, sondern sind oftmals zwei Seiten einer Medaille. In seiner Entscheidung zum Filmförderungsgesetz betonte das Bundesverfassungsgericht zudem, dass es einem Staat, der sich von Verfassungs wegen als Kulturstaat verstehe, nicht verwehrt sein könne, in der Wahrnehmung aller seiner Kompetenzen auch auf Schonung, Schutz und Förderung der Kultur Bedacht zu nehmen. Weder muss sich also der Bund auf eine reine Wirtschaftsförderung beschränken, noch sind die Länder auf eine enge kulturpolitische Sichtweise festgelegt. Vielmehr ist auch die Kulturwirtschaft ein gemeinsames Betätigungsfeld von Bund und Ländern, wobei sich der Bund auf solche Maßnahmen konzentriert, denen Bundesbedeutung zukommt.

Immer deutlicher ist zudem durch die Arbeit der letzten Jahre geworden, dass sich der Begriff der Kulturwirtschaft nicht in seinem strategischen Einsatz in der politischen Debatte erschöpft. Zwar hat es erheblich geholfen, auch statistisch die gesamtwirtschaftliche Bedeutung der Kulturwirtschaft herausstellen zu können und den Anliegen der Kreativen so zu deutlich mehr Gewicht und Sichtbarkeit zu verhelfen. Mindestens ebenso entscheidend ist aber, dass die spezifischen Brancheneigenschaften, Erfordernisse und Erfolgsfaktoren immer stärker auch bei denen in das Bewusstsein rückten, die die Rahmenbedingungen für kreatives Schaffen setzen. Auch förderpolitisch lohnt es sich, nicht allein in Teilbranchen zu denken, sondern solche Problemstellungen anzugehen, die die Kultur- und Kreativbranche als Ganzes betreffen. Denn trotz aller Diversität sind manche Herausforderungen wie z. B. das Auflösen tradierter Verwertungsketten durch die Digitalisierung doch identisch. Hierzu gehört auch, dass die Kulturwirtschaftsbranche typischerweise von Klein- und Kleinstunternehmen geprägt ist oder auch geeignete – private oder öffentliche – Finanzierungsinstrumente oftmals noch fehlen, zumal die Werke der Branche regelmäßig hinsichtlich der Kalkulierbarkeit ihres wirtschaftlichen Erfolges als »Risikoprodukte« einzustufen sind. Denn der Erfolg eines Buches oder eines Films, eines neuen Designs oder Songs ist eben nur schwer voraussagbar, auch wenn schon seit einiger Zeit an entsprechenden Algorithmen zur Optimierung der Erfolgschancen gearbeitet wird. Wie aufgrund des drohenden Verlustes an kultureller Vielfalt mit derart massenkompatibel optimierten Produktionen förderpolitisch umzugehen wäre, ist eine andere Frage. Kulturpolitisch bleibt es natürlich dabei, dass Kultur zuvorderst einen Selbstzweck erfüllt und sich aus diesem Grund nicht zwingend an wirtschaftlicher Rentabilität messen lassen muss. Im Bereich der kulturellen Filmförderung ist dies eine der wesentlichen Leitlinien der Beauftragten der Bundesregierung für Kultur und Medien (BKM).

In der praktischen Arbeit der Bundesregierung hat sich die herausgehobene Bedeutung der Kulturwirtschaft ebenfalls in festen Strukturen manifestiert. Bereits im Jahr 2007, als das Thema unter deutscher Ratspräsidentschaft auch ein Schwerpunkt der Arbeit in Brüssel gewesen ist, erfolgte die Gründung der Initiative Kultur- und Kreativwirtschaft der Bundesregierung unter gemeinsamer Federführung des Bundeswirtschaftsministeriums und der BKM. Konsequent trägt die Initiative der Doppelnatur der Kulturwirtschaft Rechnung – in dieser interministeriellen Ausprägung in Europa einzigartig. Durch die unter spezifischen Perspektiven der Häuser kann zum einen den unterschiedlichen Anforderungen der Branchen eher entsprochen und zugleich eine fachlich zu enge Herangehensweise vermieden werden. Denn es sind gerade Perspektivwechsel und Durchbrechungen etablierter Denkmuster, die branchenübergreifende Innovationen zulassen, für die die Kulturwirtschaft beinahe ein Synonym geworden ist. Die kreative Ökonomie und deren Innovationen kann also als echtes Querschnittsthema an der Schnittstelle zur traditionellen Wirtschaft und den neuen Herausforderungen unserer Gesellschaft verortet werden.

Um dies zu unterstützen, wurde im Zuge der Initiative u. a. das Kompetenzzentrum Kultur- und Kreativwirtschaft gegründet. Es beschreibt seine Aufgabe zutreffend damit, die disziplinübergreifenden Potenziale der Kultur- und Kreativwirtschaft für Wirtschaft, Gesellschaft und Politik vermitteln und gemeinsam mit den Akteuren Lösungsansätze für branchenbetreffende Herausforderungen entwickeln zu wollen. Insbesondere hat das Kompetenzzentrum in den ersten Jahren seines Bestehens die Beratung unternehmerischer Gründungen im Bereich der Kultur- und Kreativbranche professionalisiert und Aufmerksamkeit für die Anliegen und Chancen dieser Branche deutschlandweit in die Fläche getragen. So wurden z. B. die vor Ort mit regionalen Kooperationspartnern durchgeführten Beratungsangebote ihrer zugedachten Impulsfunktion mehr als gerecht. In fast allen Bundesländern gibt es mittlerweile eigene Kompetenzzentren und Beratungsangebote für die kreative Gründerszene – ein real gelebtes Land der Ideen. Aktuell konzentriert sich die Initiative der Bundesregierung vor allem auf eine noch stärkere Vernetzung der Branche, Modellprojekte und das neue Kompetenzzentrum in Berlin als Ort der Begegnung für die gesamte Kultur- und Kreativwirtschaft.

Die fortgesetzte – auch politische – Aufmerksamkeit für die Kultur- und Kreativwirtschaft lohnt sich, denn sie wird auch weiterhin und durchaus stärker als andere Wirtschafsbranchen ein wichtiger Partner für Zukunftsthemen bleiben. Ihr Potenzial, kreative Lösungen zu entwickeln, ist groß und Aufgabe des Staates wird es sein, hierfür optimale Rahmenbedingungen bereitzuhalten, um auch gesamtgesellschaftlich zu profitieren. Weniger sind hiermit also kreative Software-Lösungen der Automobilindustrie zur Manipulation von Abgaswerten gemeint, sondern z. B. kreative Ansätze zur Stärkung der Medienkompetenz und des Umgangs mit Fake News, kreative Lösungen zur Bewältigung des globalen Plastikmüll-Dilemmas oder aber auch besonders energieeffiziente Ansätze des Smart-Livings. So gehört die deutsche Theaterbühnentechnik zur Weltspitze und ist seit jeher wichtiger Innovationstreiber für technische Entwicklungen. Das künstlerische Bestreben, Neues zu erschaffen und zukunftsweisenden Konzepten den Weg zu bereiten, offenbart sich als Treibriemen künstlerischen Handelns auf der Bühne auch in den technischen Voraussetzungen. Vom Gaslicht bis zur Erfindung der elektrischen Lampe, in Theatern kamen die Prototypen zum Einsatz. Gleiches gilt heute für den Einsatz digitaler Bühnentechnik. Die hier entwickelte und erprobte digitalisierte Haus- und Betriebstechnik ist beispielgebend für das smarte Haus der Zukunft. Oftmals sind es hierbei auch öffentlich finanzierte Kulturbetriebe, deren kreatives Arbeiten Ansätze für wirtschaftliche Problemlösungen bieten kann. Kulturförderung ist daher zwar nicht an erster Stelle Ausdruck wirtschaftspolitischer Investition, sondern kulturpolitischer Ausdruck unseres gesellschaftlichen Selbstverständnisses, als Bekenntnis zu Offenheit, Vielfalt und Experimentierfreude. Gerade der hiermit verbundene Freiraum ist es aber, der am Ende auch wirtschaftliche Innovationen ermöglicht. Diese Freiräume werden auch durch stabile Rahmenbedingungen gewährleistet und müssen sich immer wieder neu erkämpft werden, z. B. durch ein effektives europäisches Urheberrecht für das digitale Zeitalter, durch eine funktionierende Künstlersozialversicherung oder auch stärkere Geschlechtergerechtigkeit. Die Kultur- und Kreativbranche ist in diesen Kämpfen nicht erfolglos. Und oftmals gibt ihr rückblickend auch der wirtschaftliche Erfolg Recht.

Heike Raab
Medien sind mehr als Radio, TV und der Rundfunkbeitrag

Vielfalt und Qualität sind Markenzeichen unserer Medienlandschaft. Im europaweiten aber auch weltweiten Benchmarking würde Deutschland zweifelsohne eine Spitzenposition einnehmen. Wollen wir diese erhalten, dürfen wir nicht ruhen und diese Medienlandschaft einfach genießen oder konsumieren. Sie wird bedroht von mehreren Seiten. Im politischen Spektrum erleben wir Angriffe auf die Presse- und Rundfunkfreiheit und auf Journalisten, Kameraleute oder Reporter. Die Dominanz der zumeist US-amerikanischen Plattformen beeinflusst den Medienkonsum und die bunte Welt des Internets unterscheidet kaum noch zwischen ordentlich recherchierten Fakten und persönlichen Meinungsäußerungen.

Gerade mit Blick auf die vielen neuen Angebote im Netz wird oft die Frage gestellt: Wieso braucht es bei einer solch vielfältigen Medienlandschaft überhaupt noch staatliche Regulierung oder Einrichtungen wie den öffentlich-rechtlichen Rundfunk? Meine kurze Antwort lautet: Unsere Medienlandschaft ist nicht trotz, sondern gerade wegen ihrer Regeln so vielfältig und qualitativ hochwertig. Regeln zur Sicherstellung eindeutiger Verantwortlichkeiten, zum Schutz der Persönlichkeitsrechte, zur Einhaltung wichtiger Standards, wie Menschenwürde, Jugend- und Verbraucherschutz, zur Sicherstellung von Angebotsvielfalt und zur Verhinderung vorherrschender Meinungsmacht durch einzelne Gruppen – all das macht unser freiheitliches und demokratisches Mediensystem seit jeher aus.

Aber die mediale und gesellschaftliche Kommunikation wandelt sich. Smart-TVs, OTT, Streaming, Let's Plays oder user-generated-content sind nur einige Begriffe, die diesen Wandel beschreiben. Vor allem das Internet hat die Art, wie wir Medien nutzen, ganz grundlegend verändert. Früher bewegten wir uns ausschließlich im Dreiklang aus Fernsehen, Radio und Zeitung. Das Internet hat hier Grenzen geöffnet und völlig neue Angebote und auch Akteure hervorgebracht: es war noch nie so einfach, am gesellschaftlichen Diskurs aktiv teilzunehmen. Heute kann jeder mit nur wenigen Klicks »Fernsehen machen«. Für die Meinungsvielfalt ist das ein durchaus positiver Befund – nicht nur bei uns, sondern weltweit; insbesondere mit Blick auf autokratisch und diktatorisch geführte Staaten.

Auf der anderen Seite beobachten wir einen wachsenden Einfluss und den Verdrängungswettbewerb gerade durch US-amerikanische Plattformen und Anbieter. Meinungsmacht und Marktmacht fallen immer häufiger zusammen. Fragen der Konzentration von Meinungsmacht erhalten inzwischen regelmäßig auch eine wirtschaftliche Dimension und umgekehrt. Hinzu kommt, dass heute nicht mehr nur diejenigen den öffentlichen Diskurs prägen und beeinflussen, die Inhalte produzieren. Die Kontrolle über den Zugang zu Inhalten und auch über Infrastrukturen erfordert ganz neue Antworten. Hinzu kommen Wahlkampfmanipulation durch Social Bots, Fake News oder Datenmissbrauchsskandale wie bei Facebook.

Klimaveränderung ist in Deutschland aktuell nicht nur wegen der heißen Sommermonate oder bei Starkregenereignissen spürbar: Es besteht ein Zustand allgemeiner Verunsicherung. Wie muss man sich inhaltlich entwickeln, damit Vorwürfe wie »Lügenpresse« ins Leere laufen, anstatt die so Bezeichneten in die Defensive zu drängen? Es geht darum, Journalistinnen und Journalisten und deren Arbeit gesellschaftlichen Respekt und Anerkennung entgegenzubringen. Und weiter: Wie bleiben die Angebote der Qualitätsmedien so relevant, dass sie auch bei verändertem Mediennutzungsverhalten in der digitalen Welt konsumiert werden? Und wie schaffen wir Akzeptanz dafür, dass Qualitätsjournalismus wertvolle Arbeit ist, die nicht zum Nulltarif angeboten werden kann?

Eine Langzeitumfrage des Instituts für Publizistik der Johannes Gutenberg-Universität Mainz, die Ende Januar 2018 veröffentlich wurde, kommt zu dem Ergebnis, dass die Bürgerinnen und Bürger in Deutschland wieder stärker auf die etablierten Qualitätsmedien vertrauen. Dieser Befund stimmt mich positiv. Gleichzeitig zeigen uns Studien aber auch, dass vor allem jüngere Menschen die Angebote dieser Qualitätsmedien immer weniger nutzen. Was für die Verleger schon seit Längerem spürbar ist, gilt zunehmend auch für das Fernsehen: Auch wenn selbiges in weiten Teilen der Bevölkerung immer noch das »Leitmedium« ist, findet ein beträchtlicher Teil des öffentlichen Diskurses inzwischen woanders statt: Gerade junge Menschen konsumieren Medieninhalte immer mehr zu selbst bestimmbaren Zeitpunkten, also auf Abruf und unterwegs auf ihren Smartphones. Bereits heute ist das Netz für sie die Hauptnachrichtenquelle.

Auf diese Entwicklung müssen alle Akteure Antworten finden – egal ob öffentlich-rechtlich oder privat organisiert. Für die privaten Anbieter steht dabei vor allem die Frage im Mittelpunkt, wie sie in diesem neuen Umfeld tragfähige Geschäftsmodelle entwickeln können. ARD, ZDF und Deutschlandradio stehen hier vor einer anderen, aber keineswegs einfacheren Aufgabe: Der Auftrag des öffentlich-rechtlichen Rundfunks bezieht sich auf alle Bevölkerungsgruppen, auf Männer und Frauen, auf jung und alt. Ihr umfassender Auftrag verpflichtet ARD, ZDF und Deutschlandradio dazu, Information, Kultur und Unterhaltung in der ganzen Bandbreite zwischen Internationalität und Regionalität anzubieten. Das ist es, was das Bundesverfassungsgericht mit dem Begriff der »Grundversorgung« umschreibt. Jeden einzelnen Menschen in einer immer diverseren Gesellschaft erreichen zu müssen, ist eine bedeutende Verantwortung und Herausforderung.

Die Werte unseres Mediensystems sind universell. Wir dürfen nicht alle Regeln über Bord werfen, nur weil wir uns im Internet bewegen. Denn der rechtliche Rahmen für unsere Medienlandschaft ist kein Selbstzweck, er ist Richtschnur und gibt zugleich Halt. Das Regelwerk muss aber auch mit der Zeit gehen, die Herausforderungen der Konvergenz aufnehmen. Oder als Frage formuliert: Wie schaffen wir es, die genannten, universellen Werte in die neue Welt zu überführen und ihnen auch hier die Geltung zu verschaffen, die sie in den Augen der ganz überwiegenden Zahl der Menschen auch weiterhin haben sollen.

Medienpolitik ist daher heute mehr als Radio, TV und Rundfunkbeitrag. Für uns als Gesetzgeber muss das Ziel sein, Vielfalt online wie offline zu erhalten und weiter aktiv zu fördern. Gerade bei der Vielzahl unterschiedlicher Angebote im Netz bedeutet dies immer auch einen Spagat: wir müssen einerseits die Einhaltung bestimmter Standards sichern – beispielsweise im Jugendschutz – wollen andererseits aber auch den nötigen Raum schaffen für die kreative Energie der Netzgemeinde. Dort, wo wir Überregulierung vorfinden, ist über Veränderungen und Vereinfachungen der geltenden Rechtslage nachzudenken. Dies insbesondere, wenn so unnötige Hürden für die Anbieter beseitigt werden können. In Bereichen wie dem Jugendmedienschutz schätze ich deshalb die Einrichtungen der freiwilligen Selbstkontrolle. Sie sichern mit der nötigen Staatsferne und mit Augenmaß, dass die unterschiedlichen Belange Berücksichtigung finden.

Dies ist aber nur eine Seite der Medaille. Die Sicherstellung einer adäquaten Infrastruktur für die Verbreitung und Rezeption der vielen Medienangebote ist und bleibt ebenfalls eine zentrale medienpolitische Herausforderung der Zukunft. Neben dem Breitbandausbau – Glasfaser, LTE und 5G – sind die Erhaltung bestehender und die Entwicklung neuer Verbreitungswege, wie auch DAB+, wichtig. Ich plädiere stets dafür, dass alle Menschen die neuen Dienste zu angemessenen Preisen und diskriminierungsfrei gleichermaßen nutzen können. Dabei ist auch die Wahrung der Netzneutralität entscheidend.

Medienpolitik erfordert noch deutlich mehr als früher den permanenten Austausch zwischen allen Beteiligten: Medienschaffende, Industrie, Nutzerinnen und Nutzer, Wissenschaft und gerade auch zwischen Ländern und Bund. Denn hinter dem, was dann am Ende in Paragrafen formatiert wird, stecken ganz oft sehr komplexe Fragestellungen – wirtschaftlich, gesellschaftlich und technisch. »Smart Regulation« bedeutet für mich das »ständige Fragen nach Ursache und Wirkung«. Nur wenn wir zum Beispiel verstehen, wie Mediennutzung (gerade auch bei Kindern und Jugendlichen) funktioniert, kann Regulierung die gesetzten Ziele erreichen.

Im Verhältnis von Ländern und Bund haben wir – im Rahmen unserer jeweiligen Kompetenzen – zunehmend eine gemeinsame Verantwortung für unsere Medienordnung und in der Folge einen ebenso intensiven Austausch. Ein Meilenstein auf dem Weg zu einer solchen verstärkten Zusammenarbeit stellt sicher die im Jahr 2014 von der Bundeskanzlerin sowie den Regierungschefinnen und Regierungschefs der Länder beschlossene, »gemeinsame Steuerungsgruppe auf politischer Ebene« dar, die sogenannte »Bund-Länder-Kommission zur Medienkonvergenz«. In ihr wurden Vorschläge für eine der Medienkonvergenz angemessene Medienordnung auf nationaler und internationaler Ebene erarbeitet. Über zwei Jahre diskutierten dabei Vertreter aus allen Ländern und aus verschiedenen Bundesressorts mit Sachverständigen, Verbänden, Institutionen und Unternehmen.

Die Gespräche waren zeitintensiv und nicht immer einfach, manchmal prallten auch sehr unterschiedliche Sichtweisen aufeinander. Aber Reibung erzeugt Wärme und somit Energie. Vielleicht hat gerade dies für die nötigen Impulse gesorgt. Gemeinsam haben wir konkrete Vorschläge und Arbeitsaufträge in den Bereichen Audiovisuelle Mediendienste-Richtlinie, Jugendmedienschutz, Kartellrecht/Vielfaltssicherung, Plattformregulierung und Intermediäre konsentiert, an deren Umsetzung Bund und Länder noch heute arbeiten. Die 2016 abgeschlossene Überarbeitung des Jugendmedienschutzstaatsvertrags (JMStV) fußt beispielsweise auf den Vereinbarungen im Rahmen der Bund-Länder-Kommission und wird heute auch in der Industrie als erfolgreiches Beispiel dafür bewertet, wie man moderne und gute Regulierung, gerade auch im Dialog mit der Branche, schaffen kann. Und auch bei den Themen Plattformregulierung und Intermediäre sind die Länder nicht stehen geblieben: Im Sommer 2018 haben wir ganz konkrete Vorschläge zu diesen Bereichen online zur Diskussion gestellt, gepaart mit neuen Vorschlägen für eine Reform der Zulassungsregeln für Rundfunkprogramme und Streamingangebote. Die Resonanz hierauf war überwältigend: Allein in der ersten Woche hatten bereits über 300 Bürgerinnen und Bürger Stellung zu den Vorschlägen genommen.

Dieses Beteiligungsverfahren ist ein Erkenntnisgewinn: Unser Mediensystem ist den Menschen nicht gleichgültig. Im Gegenteil: Es beschäftigt die Menschen, es ist ihnen wichtig. Deshalb bin ich sicher: Es lohnt sich, zu kämpfen und zu streiten für unsere demokratische und vielfältige, duale Medienordnung, damit sie auch in der digitalen Welt gedeihen kann. Dabei hat ein Vorschlag, der aus dem Bauch heraus erfolgt, die gleiche Berechtigung wie eine juristisch fein differenzierte Stellungnahme. Ich kann daher nur jeden ermutigen, sich einzubringen. Denn eines ist klar: Die Art und Weise, wie wir die Rundfunk-, Presse-, und Meinungsfreiheit gestalten und verteidigen, wird die Zukunft unserer Gesellschaft, unserer Kultur und unserer Demokratie ganz entscheidend prägen.

Jan-Ole Püschel
Welt am Draht – Medienpolitik des Bundes in Zeiten der Konvergenz

Zum Zuständigkeitsbereich der Beauftragten der Bundesregierung für Kultur und Medien (BKM) zählen seit Gründung und entsprechend der seitdem geltenden Amtsbezeichnung auch die Medien. Aufgrund der sich für beide Politikbereiche zentral aus Art. 5 Grundgesetz ergebenen verfassungsrechtlichen Vorgaben und einem sowohl im Medien- als auch Kulturbereich besonderen Aufgaben- und Kompetenzverhältnis zu den Ländern, ist die Bündelung beider Bereiche bei der BKM folgerichtig. Sowohl die Kultur als auch die Medien sind wesentliche Säulen unserer demokratischen Gesellschaft. Ihnen Freiheit und Unabhängigkeit zu garantieren sowie vielfältige Formen der Entfaltung zu ermöglichen, ist eine der vornehmsten Aufgaben eines Verfassungsstaates, der sich zugleich als Kulturstaat versteht.

Angesichts der rasanten Entwicklung der Medienlandschaft ist die Bandbreite der Themen, mit denen BKM heute befasst ist, seit der Gründung stetig gewachsen. Eine der zentralen Aufgaben ist es, bei der Entwicklung eines zeitgemäßen Ordnungsrahmens darauf hinzuwirken, dass alle Medien – private wie öffentlich-rechtliche – auf einem zunehmend globalisierten Markt bestehen können, um ihrer besonderen Bedeutung mit Blick auf Meinungsbildung und Demokratie auch in digitalen Zeiten gerecht werden zu können. Ein besonderes Anliegen der BKM ist zudem, die Interessen der Autoren, Komponisten und Filmemacher zu vertreten, die Urheber kultureller Leistungen sind und von denen eine lange Wertschöpfungskette profitiert. Die medienpolitischen Verantwortungsbereiche liegen jedoch nicht bei der BKM allein. Zentrale weitere Akteure sind die Länder, die EU-Institutionen und andere Bundesressorts. Die Länder gestalten den Bereich der Medien aufgrund ihrer aus der Verfassung zugewiesenen Kompetenzen maßgeblich zum Beispiel über Rundfunkstaatsverträge und Landespressegesetze mit. Die EU nimmt zunehmend Einfluss auf medienpolitische Fragen und entwickelt hierzu Regelungen etwa zur Vollendung eines digitalen Binnenmarktes, die bei der nationalen Gesetzgebung berücksichtigt werden müssen. Aber auch auf Bundesebene werden zahlreiche Themenbereiche mit medienpolitischer Relevanz außerhalb des Aufgabenportfolios der BKM verantwortet. Hierzu zählen zum Beispiel das Datenschutzrecht, das Telekommunikationsrecht, das Urheberrecht, aber auch das Buchpreisbindungsgesetz, das Telemediengesetz oder seit Kurzem das Netzwerkdurchsetzungsgesetz. Alles medienrelevante Themengebiete, die zwar intensiv durch die BKM mitberaten, aber federführend von anderen Bundesressorts, wie zum Beispiel dem Bundeswirtschaftsministerium oder dem Bundesjustizministerium, verantwortet werden. Diese Gesetze haben ihren Ausgangspunkt vorrangig nicht in der Sicherung von Meinungs- und Medienpluralität, sondern zum Beispiel in dem Ziel, einen effektiven Verbraucherschutz zu gewährleisten. Im Sinne einer »Medienverträglichkeitsprüfung« bringt BKM die medienpolitischen Belange in die Gesetzesvorhaben auf Bundesebene ein. Dabei ist es wichtiges Anliegen, dass neben der Diskussion über die technologischen und wirtschaftlichen Aspekte des Medienwandels auch darauf geachtet wird, dass die Frage nach Qualität und Vielfalt der Medieninhalte nicht in den Hintergrund gerät. Denn trotz aller Marktveränderungen bleibt eines immer gleich, und das ist die herausgehobene Funktion, die eine vielfältige, freie und qualitativ hochwertige Medienlandschaft für die Demokratie einnimmt.

Die Medien nehmen als »Vierte Gewalt« nicht nur eine öffentliche Aufgabe war, sondern sind regelmäßig auch wirtschaftliche Wettbewerber. Einen Bedeutungszuwachs angesichts des gestiegenen Wettbewerbsdrucks durch Digitalisierung und global agierende Internetkonzerne haben daher für den Medienbereich auch die allgemeinen Vorgaben für einen fairen Wettbewerb erfahren. Vor allem über das Kartell- und Wettbewerbsrecht, für das der Bund gem. Art. 74 Abs. 1 Nr. 11 Grundgesetz (GG, Recht der Wirtschaft) die Gesetzgebungskompetenz hat, können für die Medienwirtschaft sehr wesentliche Entscheidungen getroffen werden. Die Prüfung und anschließende Untersagung großer Zusammenschlüsse von deutschen Medienunternehmen oder auch eines gebündelten Video-on-Demand Angebots öffentlich-rechtlicher Rundfunkanstalten sind Beispiele hierfür. Sie illustrieren, dass es oftmals nicht allein die medienspezifischen und auf eine Sicherung der Meinungspluralität und Medienvielfalt ausgerichteten Regelungen der Länder sind, die über zentrale Weichenstellungen im Medienbereich entscheiden. Vielmehr sind die Verhinderung des Missbrauchs von Marktmacht und die Gewährleistung eines fairen Leistungswettbewerbs zwar nicht ausreichende, aber oftmals entscheidende Faktoren. Die engere Verzahnung der vielfaltssichernden Medienregulierung der Länder und des Wirtschaftsrechts des Bundes ist daher wesentlicher Erfolgsfaktor für den Medienstandort Deutschland, wenn wirtschaftlicher Freiraum und Medienvielfalt gleichermaßen zu gewährleisten sind. Die verstärkte Zusammenarbeit zum Beispiel des Bundeskartellamts und der Kommission zur Ermittlung der Konzentration im Medienbereich (KEK) war ein naheliegender erster Schritt und ein Ergebnis der Arbeit einer gemeinsamen Kommission aus Bund und Ländern zur Medienkonvergenz. In der 9. Novelle des Gesetzes gegen Wettbewerbsbeschränkungen (GWB) wurde der Kommissionsvorschlag durch den Bundesgesetzgeber aufgenommen.

Welche Rolle aber nimmt die BKM im Bereich der Medienpolitik auf Bundesebene und im Verhältnis zu den Ländern ein? Diese Frage lässt sich am besten mit einem konkreten Beispiel beantworten. In den zurückliegenden Monaten wurde in Brüssel intensiv die Novellierung der Audiovisuellen Mediendienste-Richtlinie (AVMD-RL) diskutiert und um die Ausweitung ihres Anwendungsbereiches sowie die Normierung konkreter Pflichten für Anbieter audiovisueller Medien gerungen. Die federführende Zuständigkeit für diese Richtlinie liegt innerhalb der Bundesregierung bei der BKM. Verhandelt wurde die Richtlinie in Brüssel in der Ratsarbeitsgruppe Audiovisuelles, für die ebenfalls auf Bundesebene die BKM federführend ist. Die Verhandlungsführung übten aber ausnahmsweise die Länder aus. Denn gemäß Art. 23 Abs. 6 GG i.V.m. § 6 Absatz 2 EUZBLG überträgt die Bundesregierung die Verhandlungsführung in den Beratungsgremien der Kommission und des Rates und bei Ratstagungen in der Zusammensetzung der Minister auf einen Vertreter der Länder, wenn im Schwerpunkt ausschließliche Gesetzgebungsbefugnisse der Länder auf den Gebieten der schulischen Bildung, der Kultur oder des Rundfunks betroffen sind. So eindeutig, wie der Gesetzeswortlaut die Voraussetzungen darlegt, war die Frage der Verhandlungsführung allerdings nicht. Für die Umsetzung der Richtlinie in nationales Recht kommt vielmehr – zumindest für Teilbereiche – das Telemediengesetz des Bundes in Betracht, verantwortet durch das Bundeswirtschaftsministerium und für die rundfunkspezifischen Aspekte auf Länderebene die Rundfunkstaatsverträge. Aufgrund zahlreicher Regelungen zum Jugendschutz und zur Werbung sind aber zum Beispiel auch das Bundesfamilienministerium (BMFSFJ) oder auch das Bundesgesundheitsministerium (BMG) betroffen.

In früheren Jahren und bis zur Neufassung im Jahr 2007 lief die AVMD-Richtlinie unter der Bezeichnung »Fernsehen ohne Grenzen«, womit auch der damalige enge rundfunkpolitische Bezug zum Ausdruck gekommen ist. Dienste, die auf individuellen Abruf übermittelt wurden (non-linear), waren vom Anwendungsbereich ausgenommen. Eine schwerpunktmäßige Betroffenheit der Länder in ihren ausschließlichen Gesetzgebungskompetenzen (Rundfunk) und damit die Verhandlungsführung durch die Länder in Brüssel waren unstreitig.

Für die 2018 final verhandelte Neufassung der AVMD-Richtlinie trifft dies in dieser Klarheit nicht mehr zu. Denn sie öffnet ihren Anwendungsbereich konsequent noch stärker als bisher für die Regulierung auch solcher audiovisuellen Inhalte, die nicht als klassischer Rundfunk, sondern non-linear über Plattformen wie Youtube oder soziale Netzwerke an die Rezipienten verbreitet werden. Hier wird also auf EU-Ebene regulatorisch der Konvergenz der Medien und einer politischen Kernforderung auch der deutschen Medienbranche Rechnung getragen: Gleiche Regeln auf dem gemeinsamen Spielfeld für alle Akteure, um einen fairen Wettbewerb – auch publizistisch – zu ermöglichen. Gerade die Angebote auf Plattformen oder durch sogenannte Intermediäre sind es also, die eine trennscharfe Zuordnung in die Zuständigkeit des Bundes oder der Länder nicht mehr zulassen. Der Übergang zwischen Rundfunk und Telemedien ist fließend, auch zwischen einer technischen und einer eher inhaltsbezogenen Regulierung lässt sich immer weniger trennen. Technische Einstellungen z. B. zur Strukturierung der Bedienungsoberfläche von Smart-TVs haben sehr reale Folgen auch für die Auffindbarkeit von Programmangeboten. In einem Zeitalter, in dem es immer zentraler geworden ist, dass nicht nur qualitätsvolle Medienangebote bereitgestellt, sondern auch vom Rezipienten gefunden werden, kann eine technikbezogene Regulierung also nicht mehr von ihrer Bedeutung für Inhalte getrennt werden. Aktuell wird dies besonders deutlich in der Debatte über die sogenannte »Plattformregulierung«. Hier wird es nur dann ein überzeugendes Konzept geben können, wenn sich Bund und Länder auf einen gemeinsamen Ansatz einigen, der auch für europäische Entwicklungen offen ist.

Die Rolle der BKM im diesem föderalen Geflecht ist in einem ersten Schritt die Koordinierung der Bundesinteressen und Erarbeitung einer entsprechenden Position und in einem zweiten Schritt das Zusammenführen von Bund und Ländern, um in Brüssel eine gemeinsame deutsche Haltung in die Verhandlungen einbringen zu können. Das ist oftmals nicht ganz einfach, zumal an der Schnittstelle zwischen Medien- und Wirtschaftsrecht zwei unterschiedliche Regulierungsansätze aufeinanderstoßen. Das Bundesverfassungsgericht hat wiederholt betont, dass es notwendig ist, vorherrschende Meinungsmacht bereits am Entstehen zu hindern, weshalb die Länder einen regulatorischen Rahmen verantworten, der im Vorfeld solcher Entwicklungen auf der Grundlage einer Risikoeinschätzung ansetzt. Das Wettbewerbsrecht des Bundes wiederum ist typischerweise reaktiv konzipiert. Es verhindert z. B. bislang nicht das Entstehen von marktbeherrschenden Unternehmen, sondern durch Sanktionsandrohung nur den Missbrauch dieser Position. Zwischen diesen beiden Ansätzen gemeinsame Linien von Bund und Ländern zu entwickeln z. B. bei der Frage, in welchem Umfang auch Intermediäre (z. B. Suchmaschinen und soziale Netzwerke) eine Relevanz für die Meinungsbildung zukommt und auch aus diesem Grund einer (präventiven) Regulierung bedürfen, ist Aufgabe der moderierenden Rolle der BKM. Herausforderung ist hierbei die Konzeption eines Ordnungsrahmens, der Meinungs- und Medienvielfalt sichert, zugleich aber die wirtschaftlichen Bedingungen, unter denen sich neue innovative Angebote und Unternehmen entwickeln, nicht durch Überregulierung behindert. Hierbei hilft für einen Brückenschlag zwischen Bund und Ländern, dass die BKM aufgrund ihrer weiteren Zuständigkeiten z. B. für die kulturelle und wirtschaftliche Filmförderung zunächst eine von den Inhalten und Künstlern kommende Perspektive einnimmt und es ihr auch gelingt, diese in entscheidenden Debatten durchzusetzen, wie zum Beispiel in den Verhandlungen einer Kabel- und Satelliten-Verordnung der EU (SatCab). Dass die jüngsten Vorschläge aus der Wissenschaft für neue Wettbewerbsregeln im GWB nun durch ein Absenken der Interventionsschwelle ebenfalls regulatorisch eingreifen wollen, schon bevor zu viel Marktmacht digitaler Plattformen entstanden ist, zeigt die Offenheit der Systeme für gemeinsame Lösungsansätze. Dort, wo u. a. aufgrund von Marktmacht, Netzwerk- und Log-In-Effekten kein fairer ökonomischer Wettbewerb besteht, ist auch ein für unsere Demokratie wesentlicher publizistischer Wettbewerb nur schwer möglich.

Am Ende ist eine sachorientierte Medienpolitik also eine kompetenzrechtliche Querschnittsaufgabe von Bund und Ländern. Bei einem spekulativen Blick in die medienpolitische Zukunft wird dies noch deutlicher. Geht man davon aus, dass der klassische Rundfunk in seiner herkömmlichen Art und einfachgesetzlichen Konzeption mittelfristig kein ausreichendes Konzept mehr sein wird, um den aus der Rundfunkfreiheit abgeleiteten verfassungsrechtlichen Funktionsauftrag zur umfassenden Meinungsbildung zu erfüllen, so entfällt auch ein zentrales Abgrenzungskriterium für die Aufgabenteilung zwischen Bund und Ländern. Die vielschichtigen Informations- und Kommunikationsnetzwerke bedingen an ihren Schnittstellen den Bedarf an neuen Funktionen öffentlich-rechtlicher Angebote, die weniger durch eigene Inhalte und stärker als bisher durch Orientierungshilfen oder Angebote zur Medienkompetenz geprägt sein könnten.

Auch die internationale Verbreitung von Inhalten der Rundfunkanbieter wird zunehmen und damit eine weitere klassische Grenzziehung zwischen Bundes- und Länderkompetenz obsolet werden. Gilt bislang, dass der Bund für den Auslandsrundfunk (Deutsche Welle) und die Länder für den Inlandsrundfunk zuständig sind, so zeigt sich schon heute, dass eine Beschränkung von ARD und ZDF auf das Sendegebiet Deutschland beim Zugriff auf die Angebote der öffentlich-rechtlichen Mediatheken faktisch aufgehoben ist. Alles andere wäre Rezipienten, die es gewohnt sind, über das Internet weltweit auf alle Angebote zuzugreifen, nur schwer vermittelbar. In Zeiten, in denen in ganz Europa der öffentlich-rechtliche Rundfunk mit Akzeptanzproblemen zu kämpfen hat, wäre eine solche Beschneidung auch ein fatales Signal der Rückständigkeit. Zugleich kann dies aber nicht bedeuten, dass die Aufgabe des Auslandfunks entfällt. Im Gegenteil. In Zeiten der digitalen Entgrenzung und auch ganz realer Zuwanderung wäre zu überlegen, das fremdsprachige Angebot der Deutschen Welle auch innerhalb Deutschlands gezielter auszustrahlen. Nicht nur in der Kulturpolitik ist also ein stärkeres Zusammenwirken von Innen und Außen erforderlich. Auch für die Medienpolitik muss dies gelten.

Wer zu Recht politisches Tätigwerden einfordert, um in Zeiten des Internets unsere gesellschaftlichen Werte und daraus resultierend auch unsere bewährte Medienordnung aufrecht zu erhalten, der muss auch eine weitere Stärkung der Entscheidungskompetenzen Brüssels anerkennen. Nationalstaatliche Insellösungen helfen angesichts der globalen Vernetzung und auch medialer Wirkungszusammenhänge nicht mehr weiter. Nationalstaatlich werden weder befriedigende Lösungen für Steuer- und Abgabeoasen gefunden, noch verbindliche Verantwortlichkeitsmaßstäbe für große Plattformen tatsächlich durchgesetzt. Es wird nur europäisch wenn nicht sogar im noch größeren Rahmen gelingen, taugliche Lösungen für eine zukünftige Medienordnung zu entwickeln, die auch die wirtschaftlichen Kräfte der globalen Akteure ausreichend berücksichtigt. Voraussetzung hierfür ist, dass innerhalb Europas Einigkeit über diese Ziele besteht und sie nicht durch nationale Alleingänge z. B. im Steuerrecht konterkariert werden. Die auch medienpolitische Chance Europas ist es, als Wertegemeinschaft die entscheidenden Impulse für eine Weiterentwicklung zu setzen. Der Datenschutz ist ein Bereich, wo dies bereits gelingt. Dies bedeutet nicht, dass in einer erneuten Föderalismusreform die Zuständigkeitsverteilung zwischen Bund und Ländern im Bereich der Medien unmittelbar aufgemacht werden müsste. Aber eine weitere Institutionalisierung gemeinsamer Verfahren, die über eine nur temporäre Rücksichtnahme bei sich überschneidenden Kompetenzen hinausgeht, wäre wünschenswert.

Dieter Gorny
Initiative Musik – Dialogplattform und kulturelle Infrastruktur für Rock, Pop & Jazz

Mit der Initiative Musik ist für die zeitgenössische Rock-, Pop- und Jazzmusik erstmals der Versuch geglückt, eine bundesweite Institution zu gründen und zu etablieren, deren Notwendigkeit nie zur Debatte stand. Ihre Entstehung geht mit einem neuen Kulturverständnis für Pop, Rock und Jazz in Deutschland einher, für das die Initiative Musik ein maßgeblicher Motor ist. Die Förderinstitution trägt durch ihre kontinuierliche Tätigkeit in Deutschland maßgeblich zum Erhalt und zur Entwicklung der kulturellen Infrastruktur für Rock, Pop und Jazz bei. Die Initiative Musik schafft so eine Basis für spannende neue Musik.

Historische Einordnung – fehlende Popförderstrukturen in Deutschland

Analysiert man die Geschichte der Popmusikförderung in Deutschland, so muss man festhalten, dass es bis zur Gründung der Initiative Musik im Jahr 2007 auf Bundesebene keine ausgeprägten Fördertraditionen für zeitgenössische Rock-, Pop- und Jazzmusik gab, insbesondere im Vergleich zu anderen europäischen Ländern, wie z. B. Frankreich, Schweden oder den Niederlanden. Die zentralistisch geprägte französische Musikförderpraxis unterschied bereits zu dieser Zeit nicht zwischen U- und E-Musik. Noch weiter ging man in den Niederlanden, wo die einzelnen Kunstgattungen nicht strikt getrennt betrachtet gefördert wurden und werden. In diesem Kontext ist es aber wichtig zu ergänzen, dass in Deutschland einzelne professionelle Pop-, Rock- und Jazzförderstrukturen gerade auf kommunaler und auf Landesebene zum Teil bereits gegeben waren. Die späten 1970er und frühen 1980er Jahre waren in den alten Bundesländern und Westberlin insbesondere durch die Gründung von Rockbüros und Musikinitiativen gekennzeichnet, die eine professionelle Förderung anstrebten. So boten z. B. die in den 1980er und in den 1990er Jahren durchaus beliebten Rockwettbewerbe den teilnehmenden Musiker und Musikerinnen überregionales Prestige und für diese Zeit durchaus beachtliche Preisgelder. So unterstützte z. B. der Berliner Senatsrockwettbewerb – mit bis zu 10.000 DM Preisgeld – einige beachtliche Karrieren, wie Rainbirds (1986) und Die Ärzte (1984).

Es handelte sich um erste professionelle, kulturwirtschaftlich ausgerichtete Förderstrukturen, die parallel zu einer Tonträgerwirtschaft (Recorded Music) existierten, die kurz darauf mit Einführung der CD ihre kommerziellen Rekordjahre erlebte. So initiierte beispielsweise das in Wuppertal gegründete »Rockbüro NRW« 1989 im Düsseldorfer Musikclub ZAKK die Musikmesse Popkomm. Einige dieser Rockbüros, Initiativen und ihre Wettbewerbe bestehen auch heute noch weiter.

Zur Jahrtausendwende gab es allerdings weder durchgängige kommunale Förderstrukturen noch ein ausgeprägtes Selbstverständnis für die Pop-, Rock- und Jazzmusik als Kulturgut. Die Akteure der Branche hatten es noch nicht gelernt, ihre Bedeutung für die kulturelle Vielfalt in Deutschland gegenüber Zivilgesellschaft und insbesondere der Kulturpolitik zu artikulieren. In anderen europäischen Ländern war man im Hinblick auf diese Lobbyarbeit und die Strukturen, wie eingangs erwähnt, längst viel weiter. 2003 wurde dann als erster Versuch auf Bundesebene – übrigens in den Jahren der stärksten Umsatzkrise am Tonträgermarkt – das Exportbüro »German Sounds« gegründet. Dieses stellte nach Auslaufen der staatlichen Anschubfinanzierung Ende 2006 seine Aktivitäten wieder ein. Das kulturpolitische Klima für die Popmusik verbesserte sich in dieser Zeit jedoch Stück für Stück. So startete z. B. im Jahr 2003 in Mannheim mit der Popakademie Baden-Württemberg (University Of Popular Music And Music Business) die erste staatliche Hochschuleinrichtung, für eine umfassende Ausbildung für populäre Musik und Musikwirtschaft in Deutschland. Weiter veranstalteten öffentliche Theaterhäuser, wie z. B. die Berliner Volksbühne, regelmäßig Konzertreihen mit experimenteller Pop-, Rock- und Jazzmusik. Der Einzug dieser Musikangebote in den traditionellen Stätten der »Hochkultur«, der insbesondere in den Jahren zwischen 2000 und 2010 in den Kulturredaktionen und der lokalen Kulturpolitik zum Teil heftig diskutiert wurde, ist heutzutage selbstverständlich.

Initiative Musik – Förderstrukturen für eine lebendige Musikszene von Pop bis Jazz

In dieser historisch spannenden Ausgangslage wurde 2007 die Initiative Musik gegründet, mit dem Ziel, endlich eine Bundesstruktur aufzubauen, die in die Länder und Kommunen hineinwirkt. Es ging dabei von Beginn an darum, gemeinsam mit einer vielfältigen Kultur- und Kreativwirtschaftsbranche Konzepte zu entwickeln und durch den inneren Diskurs, ein selbstlernendes kulturpolitisches System aufzusetzen.

Gesellschafter waren im Gegensatz zu »German Sounds« nicht gleich elf Verbände und Institutionen aus der Musikwirtschaft, sondern »nur« die Gesellschaft zur Verwertung von Leistungsschutzrechten (GVL) und der Deutsche Musikrat. Die Grundfinanzierung der Geschäftsstelle erfolgt seitdem durch die Verwertungsgesellschaften GVL und die Gesellschaft für musikalische Aufführungs- und mechanische Vervielfältigungsrechte (GEMA), als Institutionen und Förderer aus der Musikwirtschaft.

Die Vielfalt der einzelnen Musikwirtschaftsverbände und ihre Persönlichkeiten spiegelten sich nicht mehr in der organisatorischen Gesellschafterstruktur wie bei »German Sounds«, sondern nur noch im Aufsichtsrat wider, der in den ersten Jahren auch die Aufgabe der Jury für die Künstler- und Infrastrukturförderung wahrnahm. Dabei ist die Initiative Musik von Beginn an mehr als ein reiner Förderer von Musikprojekten. Die Fördereinrichtung initiierte und unterstützte insbesondere in den Anfangsjahren aktiv strukturentwickelnde Konzepte. So wurden internationale Förderstrukturen analysiert und für Deutschland in dessen Folge die Beteiligung am European Music Office (EMO) von der GEMA übernommen. Hier schlossen sich die Musikexportbüros von zwölf europäischen Ländern als strategische Partner zusammen. Eine Verbindung und Ausweitung auf inzwischen 18 Partnerländer unter dem Namen EMEE (European Music Exporters Exchange), die Erfolgsprojekte wie das European Talent Exchange Programme (ETEP, EU gefördert) u. a. hervorbrachten und bis heute als Nukleus für Musikförderungen auf Europäischer Ebene wirkt.

Vor allem der Vergleich zu den europäischen Förderpraxen offenbarte die Notwendigkeit für Reisekostenzuschüsse für Künstler und Künstlerinnen aus Deutschland zu internationalen Events. Daraus entstand die Kurztourförderung als Eigenprojekt der Initiative Musik. Hier werden seit 2010 jährlich um die 80 bis 100 Künstler und Künstlerinnen unterstützt, internationale Auftrittsangebote wahrzunehmen, die aus professioneller Perspektive eine außergewöhnliche Chance zum Markteintritt sowie zu weiterer Etablierung in neue Territorien bieten.

Ein ganz besonderer strategische Startschuss für neue Partnerschaften und Aktionen war die von der Initiative Musik eingeführte Popförderkonferenz PlanPop! (2009 und 2012). Hieraus entwickelte sich die gesamte Förderung des Livemarktes – vor allem der Clubs. Dazu zählen die Pilotprojekte zur Spielstättenförderung in Bayern, Nordrhein-Westfalen, der Region Stuttgart und in Berlin ebenso wie das gemeinsame Bund-Länder-Projekt »Spielstättenportrait«, welches die Bedarfe der Clubmacher verdeutliche und so entscheidende Erkenntnisse für die kommenden Clubförderprojekte schaffte. Hierzu gehört auch in Folge die Gründung der Live Musik Kommission, Verband der Musikspielstätten in Deutschland e.V. (kurz LiveKomm), die im Rahmen des Programms zur Infrastrukturförderung eine Anschubfinanzierung erhielt.

Eine weitere Folge aus PlanPop!, dieser Clubentwicklungen und in Zusammenarbeit mit der Bundeskonferenz Jazz stellt der Spielstättenprogrammpreis Rock, Pop und Jazz der Beauftragten der Bundesregierung für Kultur und Medien im Jahr 2013 dar. Der höchstdotierte Bundesmusikpreis trägt mittlerweile den Namen »APPLAUS – Auszeichnung der Programmplanung unabhängiger Spielstätten«. Mit einem Volumen von inzwischen jährlich zwei Millionen Euro zielt er auf eine Verbesserung der kulturellen Infrastruktur für Rock-, Pop- und Jazzmusik ab, denn die Musikclubs prägen unser Kulturleben, sowohl in den urbanen als auch in ländlichen Räumen. Sie sind abseits von durchsubventionierten Strukturen – wie kommunale Schauspiel- und klassische Konzerthäuser – die lokalen Livemusikanbieter, die hochgradig zur kulturellen Vielfalt beitragen. Dazu sind sie Entwicklungsstätten für eine Musikszene, die wiederum auch durch die Künstlerförderung der Initiative Musik flankiert wird. Der APPLAUS schafft mehr öffentliche Aufmerksamkeit für die Belange der Programmmacher und Wertschätzung für ihre so wichtigen Konzertangebote. Die weiteren Clubförderungen, wie die Digitalisierungsförderung und das Programm für technische Erneuerungs- und Sanierungsbedarfe, flankieren seit 2016 den Förderpreis. Beide Förderprogramme wurden von der LiveKomm in Kooperation mit der Initiative Musik entwickelt und in Folge umgesetzt.

In den ersten 10 Jahren konnten insgesamt 2.800 Projekte gefördert werden. Bis Mitte 2013, also in den ersten fünf Jahren, hatte die Initiative Musik ca. 800 Projekte bezuschusst. In den folgenden fünf Jahren waren es schon 2.000 weitere Projekte, ein Wachstum, was mit einer stetig steigenden Anzahl an Förderanträgen einherging. Die verantwortungsvolle Aufgabe der Auswahlentscheidungen wurde dabei vom Aufsichtsrat an Förderjurys übertragen, denn je größer die Förderbudgets werden, umso wichtiger sind unabhängige Entscheidungsmechanismen.

Die Initiative Musik konnte sich dabei in kürzester Zeit zu einer zuverlässigen öffentlichen Einrichtung zur professionellen Newcomerförderung entwickeln. Dabei ist sie eben kein Verband, sondern eine übergeordnete wie unabhängige Förder- und Dialogplattform. Dies unterstreichen gemeinsame Projekte, wie die vom Tagesspiegel Verlag und der Initiative Musik veranstaltete Konferenz Agenda Musikwirtschaft im Sommer 2018. Bei der Konferenz, die vom Bundesverband der Veranstaltungswirtschaft bdv initiiert wurde, wirkten 15 Verbände und Institutionen der Musikwirtschaft mit, die erstmals gemeinschaftlich Herausforderungen und Lösungsvorschläge gegenüber der Bundesregierung, Opposition und Öffentlichkeit präsentierten.

Gleichzeitig war und ist die Initiative Musik ein ganz wichtiger Impulsgeber hin zu einer Denkweise, dass es bei der Förderung der kulturellen Vielfalt auch darum gehen muss, die ökonomische Wertstellung der Kulturmachenden einzubeziehen, sofern diese nicht in einer durchsubventionierten staatlichen oder kommunalen Einrichtung tätig sind. Es geht darum, dass eine popkulturelle Vielfalt hier nur im Kontext der ökonomischen Rahmenbedingungen möglich ist, in denen die Künstlerinnen und Künstler und die musikwirtschaftlichen Kleinunternehmer agieren, selbst im Jazz, wo es Musikerinnen und Musiker und Clubs am Markt besonders schwer haben.

Hauptfördergeberin ist die Beauftragte der Bundesregierung für Kultur und Medien, mit deren Mitteln insbesondere Förderangebote für Künstlerinnen und Künstler und Musikclubs realisiert werden. Dazu erhält die Initiative Musik Projektgelder vom Bundesministerium für Wirtschaft und Energie, für das sie seit 2010 für die Initiative Kultur- und Kreativwirtschaft (KuK) und das Auslandsmesseprogramm mit unterschiedlichen Bundesländerpartnern den deutschen Gemeinschaftsauftritt zur South by Southwest (SXSW) im texanischen Austin koordiniert. Das zehntägige Event mit Messe, Konferenzen und Festivals für Musik, Film und Technologie zählt zu den weltweit führenden Kultur- und Kreativwirtschaftsveranstaltungen. »WUNDERBAR – Germany at SXSW« gilt dabei als eines der Leuchtturm-Projekte der KuK.

Darüber hinaus ist die Initiative Musik neben dem Goethe-Institut seit 2010 der Projektpartner für kultur- und musikwirtschaftliche Themenreisen im Rahmen des Besucherprogramms der Bundesrepublik Deutschland. Das vom Auswärtigen Amt koordinierte diplomatische Programm ermöglicht pro Reise bis zu 20 ausländischen Meinungsmultiplikatoren – insbesondere hochkarätige Festivaldirektoren und Journalisten – sich durch eigenes Erleben und gezielte Informationen ein authentisches und differenziertes Bild von Deutschland zu machen. In Folge der vorangegangenen Themenreisen wurden zahlreiche deutsche Newcomerbands, insbesondere Jazz-Ensembles, zu internationalen Auftritten eingeladen.

Perspektive – als übergeordnete Struktur unentwegt im Sinne der Künstlerinnen und Künstler agieren

Die Initiative Musik hat sich in relativ kurzer Zeit zu einer ausgelagerten »öffentlichen Einrichtung« des Bundes und der Musikwirtschaft entwickelt, die für eine aktivierende Kulturpolitik für Rock, Pop und Jazz steht. Dies passierte von Beginn an unter Einbeziehung der Musikwirtschaft als Antragspartner der Künstlerinnen und Künstler und zahlreicher Persönlichkeiten der unterschiedlichen Verbände in den Gremien, wie Aufsichtsrat und Förderjurys.

Offensichtlich ist, dass eine öffentliche Institution von dieser Bedeutung das Thema Popförderung weiter aktiv diskutierend nach vorne bringen muss, um den wachsenden Förderaufgaben gerecht zu werden. Die Initiative Musik ist dabei keine Lobbyeinheit wie die Verbände, die aktiv für bestimmte Bereiche der Musikwirtschaft eintreten. Sie ist vielmehr eine neutrale Plattform, die als übergeordnete Struktur stets im Sinne der Künstlerinnen und Künstler agieren sollte. Dabei gilt es, weiterhin sowohl die jeweiligen Verbände als auch die regionalen Popförderbüros aktiv in Förderprojekte und Strukturbildungen einzubinden.

Zusammengefasst zeigt die Erfahrung der ersten 10 Jahre, dass erfolgreiche Projekte zur Förderung von Rock, Pop und Jazz in Deutschland mittlerweile beachtliche Chancen zur Verstetigung haben, wenn diese Erfolgsgeschichten auch aktiv gegenüber der Politik (Land, Bund und EU) und Öffentlichkeit kommuniziert werden. Dabei gilt es, weiter mit unterschiedlichen Partnern konkrete Bedarfe für Künstlerinnen und Künstler sowie Musikschaffende zu analysieren und kreativ neue Projekte und Förderinstrumente zu initiieren und diese im Sinne und Dialog mit den Musikerinnen und Musikern und viel Leidenschaft für die Musik umzusetzen.

Felix Falk
Computerspiele und die Kulturpolitik des Bundes

Wie hat sich die Kulturpolitik der Bundesregierung in den vergangenen 20 Jahren mit Blick auf Computer- und Videospiele verändert? Schauen wir einmal zurück und wagen ein kleines spielerisches Experiment. Stellen wir uns die folgende Szene im Jahr 1998 vor, also vor 20 Jahren: Der noch neue Bundeskanzler Gerhard Schröder empfängt erstmals den damaligen US-Präsidenten Bill Clinton. Zu jedem Staatsbesuch, erst recht mit einer solchen Bedeutung, gehört ein symbolstarkes Begrüßungsgeschenk. Gesucht wäre also am besten ein Symbol, das die große Kulturnation Deutschland repräsentiert. Doch was wählt man hier aus? Werke von Goethe, Wagner oder Grass? In unserem spielerischen Experiment entscheidet sich Gerhard Schröder für kein Werk dieser drei Künstler, sondern für ein Computerspiel aus Deutschland.

Eine kaum vorstellbare Szene für die damalige Zeit. Welchen Aufschrei hätte es wohl gegeben? Wie hätten die Kulturszene und Kulturpolitiker in Deutschland auf eine solche Wahl reagiert? Sehr wahrscheinlich hätte es ordentlich Kritik gehagelt. Allerdings hat sich eine solche Szene vor ein paar Jahren in unserem Nachbarland Polen genauso abgespielt: 2011 überreichte Premierminister Donald Tusk dem US-Präsidenten Barack Obama ein Computerspiel als Begrüßungsgeschenk. Es handelte sich um das Rollenspiel »The Witcher 2«, der Welterfolg vom polnischen Entwickler CD Project Red. In der Spielwelt und der Geschichte wird unter anderem die reiche Sagenkultur des Landes thematisiert. Ein Computerspiel als Geschenk bei einem Treffen von Spitzenpolitikern – und das ganz voller Stolz und ohne öffentliche Entrüstung. 20 Jahre neue Kulturpolitik der Bundesregierung – das ist mit Blick auf Games eine ganz besondere Perspektive: Denn in diesen Zeitraum fallen nicht nur die ersten Diskussionen um das verhältnismäßig junge Medium auf bundespolitischer Ebene. Auch hat sich der Blick auf Computer- und Videospiele in den vergangenen 20 Jahren maßgeblich verändert.

Die ersten Jahre: Games im Fokus der Kritik

Das spielerische Gedankenexperiment wirkt auch deswegen so unrealistisch, weil Computer- und Videospiele bei der Einsetzung der Beauftragten der Bundesregierung für Kultur und Medien, kurz BKM, vor 20 Jahren kaum wahrgenommen wurden. Zwar spielten auch schon damals Millionen Menschen in Deutschland regelmäßig auf ihrem Computer oder ihrer Spielekonsole und doch wurden Games eher als wenig ernst zu nehmendes Jugendmedium wahrgenommen denn als Kulturmedium.

Der Blick zurück auf die Wahrnehmung von Games als Kulturmedium ist aber auch für mich persönlich besonders spannend. Denn spätestens seit 2004 ist mein beruflicher Werdegang eng mit dieser Entwicklung verwoben. Daher erlaube ich mir für diesen Rückblick auch eine persönliche Perspektive.

In den ersten Jahren des BKM spielte das junge Medium keine Rolle. Erst um die Jahrtausendwende änderte sich das. Nach dem schrecklichen Amoklauf 2002 in Erfurt rückten Computer- und Videospiele erstmals verstärkt in den Fokus der Bundespolitik. Auf der Suche nach Erklärungen für die unvorstellbare Tat, wurde immer wieder sehr laut und teilweise auch schrill auf den Medienkonsum des Attentäters verwiesen: Dieser war unter anderem Spieler des Taktik-Shooters »Counter-Strike«. In die mediale und politische Debatte trat immer stärker die simple These, dass es einen direkten, unmittelbaren Zusammenhang zwischen dem Spielen von Titeln wie »Counter-Strike« und Amokläufen gäbe. Der Begriff der »Killerspiele« wurde dabei maßgeblich vom damaligen bayerischen Innenminister Günter Beckstein geprägt. Eine Folge war das 2003 novellierte Jugendschutzgesetz, in das z. B. die gesetzliche Kennzeichnung von Spielen durch die Unterhaltungssoftware Selbstkontrolle (USK) aufgenommen wurde. Damals lief die Diskussion jedoch weitestgehend ohne eine kulturpolitische Beteiligung ab.

Statt die vielen unterschiedlichen Facetten von Computer- und Videospielen zu diskutieren, bestimmte auch in den Folgejahren weiter die »Killerspiel«-Debatte den Diskurs. Im Mittelpunkt standen fast ausschließlich vermeintliche Gefahren, aber kaum die Chancen des Mediums. 2005 nach dem Amoklauf von Winnenden verstärkte sich abermals die Debatte um den negativen Einfluss von Ego-Shootern auf die Spieler. Die damalige Berichterstattung glich eher einer Kampagne gegen Computer- und Videospiele, als dass man sich ausgewogen mit dem neuen Medium beschäftigte. Auf die damaligen Diskussionen folgte Ende 2005 sogar ein geplantes »Verbot von Killerspielen« im Koalitionsvertrag von CDU, CSU und SPD.

In der Debatte gab es im Wesentlichen nun schon zwei Lager im Deutschen Bundestag: Auf der einen Seite standen die Familienpolitiker, die Games häufig pauschal kritisierten. Besonders die damalige Familienministerin Ursula von der Leyen setzte sich vehement für ein Verbot der sogenannten »Killerspiele« ein. Auf der anderen Seite meldeten sich zunehmend Medien- und Kulturpolitiker zu Wort, unter denen sich einige Mutige für die Anerkennung des Mediums aussprachen und damit gegen die pauschale Verteufelung sowie die medial und politisch vorherrschende Meinung kämpften. Hierzu gehörten unter anderem Monika Griefahn, deren Büroleiter ich damals war, Dorothee Bär, Grietje Bettin oder Jörg Tauss.

Die Auseinandersetzung führte damals zu zwei Ergebnissen, die heute noch Bestand haben: Zum einen wurde unter Bundesfamilienministerin von der Leyen das Jugendschutzgesetz damals erneut überarbeitet. Dabei wurden die Alterskennzeichen vergrößert und Indizierungstatbestände erweitert. Beide Änderungen waren eine direkte Folge der Verbotsdebatte. Tatsächlich blieben die Erweiterungen in den Indizierungstatbeständen bis heute ungenutzt. Die gesetzlichen Vorgaben waren zuvor schon so strikt, dass gewaltverherrlichende Computer- und Videospiele in Deutschland ohnehin nicht auf den Markt kamen. Damals wie heute hat Deutschland weltweit eines der strengsten Jugendschutzsysteme. Die damalige Reform war eher Symbol und Aktionismus, um politisch auf die Gräuel und die Unvorhersehbarkeit von Amokläufen zu reagieren. Das zweite Ergebnis der damaligen Debatte war ein Aufbruch der bis dato herrschenden Erzählung über Computer- und Videospiele, die einzig und allein auf vermeintliche Gefahren reduziert wurden. Immer häufiger kam jetzt die Forderung auf, nicht pauschal über ein ganzes Medium zu urteilen und Games auch als Kulturmedium zu betrachten.

Die Gründung des Deutschen Computerspielpreises

Diese Debatte, Games doch auch als Kulturmedium zu verstehen, war ein wichtiger Schritt. Denn schon damals zeigte sich die unglaubliche Vielfalt des Mediums. Es gab und gibt unzählige wunderbare Titel, die sich auch komplexen und schwierigen Themen auf unterschiedlichste Art und Weise nähern. Die Interaktivität von Games eröffnet einen ganzen Kosmos neuer Erzähltechniken und schafft es gleichzeitig, zu motivieren und anzuregen. Auch gab und gibt es immer mehr Kunstwerke unter den vielen Computer- und Videospielen. Aus dieser Kulturdebatte heraus entstand die Idee des Deutschen Computerspielpreises, also einer Auszeichnung der Bundesregierung für besonders gelungene Titel aus Deutschland. 2007, zwei Jahre nachdem ein Verbot der sogenannten Killerspiele in den Koalitionsvertrag aufgenommen wurde, verabschiedete der Deutsche Bundestag nach viel Überzeugungsarbeit den Antrag zur Einrichtung des Deutschen Computerspielpreises. Der damalige Kulturstaatsminister Bernd Neumann stand dem neuen Preis zwar skeptisch gegenüber, nahm ihn aber in seinem Haus auf.

Die Einrichtung des Deutschen Computerspielpreises war ein starkes Signal. Die Kultur- und Medienpolitiker schafften es dadurch, die öffentliche Debatte in Politik und Medien über Games deutlich zu versachlichen. Die bis dato häufig einseitig negative Perspektive wurde jetzt durch die Anerkennung der positiven Aspekte des Mediums ergänzt. Ganz wesentlich zu dieser Perspektiv-Verschiebung und der Anerkennung von Games als Kulturgut trugen Olaf Zimmermann und der Deutsche Kulturrat bei, die sich sehr engagiert in die Debatte einbrachten und sich dabei gegen sehr viele interne und externe Kritiker durchsetzen mussten. Hinzu kamen zahlreiche Mitstreiter in der Games-Branche, in Kultur, Politik und Gesellschaft, deren Engagement an dieser Stelle mit gewürdigt sein muss.

2009 wechselte ich selbst vom Bundestag zur USK. Zur damaligen Zeit galt es, den Jugendschutz weiterzuentwickeln und die USK als Organisation zu professionalisieren. Die erste Verleihung des Computerspielpreises fand 2009 statt und half der zunehmend ausgewogeneren Debatte um Games. Doch auch wenn weniger laut und pauschalisierend über das Medium diskutiert wurde, ging es weiter hoch her. Bei den Jury-Sitzungen zum Deutschen Computerspielpreis konnten sich die beiden Seiten nur schwer über die Preisträger einigen. Für die Folgejahre sollten daher eindeutige Kriterien her, die ich gemeinsam mit Benjamin Rostalski bei der USK, heute Projektmanager bei der Stiftung Digitale Spielekultur, entwerfen durfte. Zwar halfen die Kriterien in den Folgejahren sich eher in den Jury-Sitzungen auf die Gewinner-Titel zu einigen. Doch sobald es um die Darstellung von Gewalt in Spielen ging, wurden weiterhin heftige Diskussionen entfacht.

Höhepunkt dieser Entwicklung war 2012 die Jury-Sitzung, bei der »Crysis«, ein Ego-Shooter mit einer USK-Alterseinstufung ab 18 Jahren vom Frankfurter Spiele-Entwickler Crytek, zum besten Deutschen Spiel gewählt wurde. Gerade auch die Kultur- und Medienpolitiker in der Jury hatten sich für die Auszeichnung dieses Titels trotz der Gewaltdarstellungen eingesetzt. Den Erzählungen nach war unter anderem eine wütende Vorladung in das BKM die Folge.

Auch öffentlich wurde deutlich, dass Kulturstaatsminister Bernd Neumann kein Freund der Jury-Entscheidung war. Der kulturpolitische Sprecher der Unionsfraktion Wolfgang Börnsen war schnell wieder bei alten Kampfbegriffen und hielt es für »unvertretbar, ein sogenanntes Killerspiel zu nominieren«. Zwar kam Kulturstaatsminister Neumann zur Verleihung des Preises und hielt dort zu Beginn eine kritische Rede. Doch die eigentlich ihm gebührende Laudatio zum Hauptpreis lehnte er ab. Zu meiner Überraschung wurde ich gebeten, an seiner statt die Rede zu halten, was ich gerne tat: »Computerspiele haben das Recht auf einen vorurteilsfreien Blick wie alle anderen Medien auch. Diesen Blick können wir gerade in Deutschland wagen: Denn wo Jugendschutz funktioniert, da können wir uns auch über hochwertige Inhalte für Erwachsene freuen« – diese Sätze meiner Rede sind mir noch immer gut im Gedächtnis. Und auch wenn diese Auszeichnung die Debatte in Teilen der Politik wieder entfachte, so blieb der große Eklat doch aus.

Ein Kulturmedium im Verkehrsministerium

Es war recht offensichtlich, dass die Auseinandersetzungen rund um den Deutschen Computerspielepreis dessen Beliebtheit im BKM nicht gerade steigen ließen. 2013 gab die Nachfolgerin von Bernd Neumann, Monika Grütters, die Zuständigkeit für den Preis an das Ministerium für Verkehr und digitale Infrastruktur von Alexander Dobrindt ab: Ein Kulturmedium war damit ab sofort im Verkehrsministerium angesiedelt. Die deutsche Games-Branche reagierte auf die Entscheidung mit großem Unverständnis und auch der Deutsche Kulturrat übte deutliche Kritik.

Doch das Verkehrsministerium stellte sich als alles andere als ein Abstellgleis heraus: Dorothee Bär, bereits zuvor schon im Bundestag eine deutliche Fürsprecherin von Games, war als Parlamentarische Staatssekretärin im Ministerium für Verkehr und digitale Infrastruktur für den Deutschen Computerspielpreis mit verantwortlich. Und so konnten einige bedeutende Schritte bei der Weiterentwicklung unternommen werden. Die Kriterien etwa, nach denen ein Spiel auszeichnungswürdig ist, konnten endlich mutig überarbeitet werden. Games mussten von nun an nicht mehr pädagogisch und kulturell wertvoll sein, um beim Deutschen Computerspielpreis ausgezeichnet zu werden, denn an die Stelle des »und« wurde ein »oder« gesetzt. Noch weitreichender war die Aufnahme der neuen Kriterien »innovativ« und »Spielspaß«. Endlich konnte auch formal anerkannt werden, wenn Spiele aus Deutschland besonders gute Unterhaltung boten. Zu dieser Zeit wurden noch weitere wichtige Weichenstellungen für den Deutschen Computerspielpreis unternommen: Die Preisgelder wurden aufgestockt und auch die Gala wurde deutlich aufgewertet.

Bereits 2011 wurde zudem die Stiftung Digitale Spielekultur gegründet. Sie geht auf eine Initiative zwischen dem BKM, dem Deutschen Bundestag, den damals noch zwei Verbänden der deutschen Games-Branche, BIU und GAME, sowie der USK zurück. Nach Peter Tscherne leitet seit 2018 Çiğdem Uzunoğlu die Arbeit der Stiftung, die als zentrale Institution viele wichtige Projekte in den Bereichen Bildung, Kultur und Forschung durchführt. Dazu gehört auch die Leitung des Award-Büros des Deutschen Computerspielpreises.

Nach der Bundestagswahl 2017 hat der Deutsche Computerspielpreis nun abermals eine neue politische Heimat erhalten. Nachdem in früheren Zeiten eher der Eindruck von Abwehrkämpfen entstanden war, vermittelten die Koalitionsverhandlungen 2018 eher den entgegengesetzten Eindruck. Mit Verantwortlichen aus den Bereichen Digitales, Kultur, Verkehr und Wirtschaft warben gleich mehrere Seiten um die Verortung von Games in ihrem Ministerium. Letztendlich bleibt Dorothee Bär nun als Staatsministerin für Digitalisierung im Bundeskanzleramt für den Deutschen Computerspielpreis zuständig. Damit kehren Games zwar nicht in das BKM zurück, sind aber doch wieder im Bundeskanzleramt angekommen. Die Games-Förderung wird dagegen im Verkehrsministerium verantwortet. Doch nicht zuletzt über Projekte mit der Stiftung Digitale Spielekultur nutzen mittlerweile zahlreiche Ministerien die großen Potenziale von Games. Das BKM macht Game-Jams und ermöglichte zusammen mit dem Wirtschaftsministerium die Studie zur Games-Industrie in Deutschland, das Verkehrsministerium finanzierte eine Studie zu Verkehr und Applied Interactive Technologies, das Ministerium für Bildung und Forschung unterstützt die Arbeit mit Games bei »Kultur macht stark«.

Gegenwart und Zukunft: Wie unterstützt die Bundesregierung Games in Zukunft?

Seit 2017 bin ich Geschäftsführer des mittlerweile zusammengeschlossenen game – Verband der deutschen Games-Branche. Bereits wenige Monate später ist uns ein weiterer Meilenstein für die Anerkennung von Games als Kulturgut in Deutschland gelungen: Bundeskanzlerin Dr. Angela Merkel hat 2017 nicht nur erstmals die gamescom, das weltweit größte Event rund um Computer- und Videospiele eröffnet, sondern in ihrer Rede auch die große Relevanz von Games herausgehoben: »Computer- und Videospiele sind als Kulturgut, als Innovationsmotor und als Wirtschaftsfaktor von allergrößter Bedeutung und deshalb bin ich heute auch sehr gerne nach Köln gekommen, um dieser sich entwickelnden Branche meine Referenz zu erweisen.« Ihr Besuch sowie der von 150 weiteren Politikern aller Parteien auf der gamescom war ein weiterer Meilenstein für das Kulturmedium Computer- und Videospiel in Deutschland und hat, dies merkt man auch noch Monate danach, die Diskussion rund um Games noch stärker auf die großen Potenziale gelenkt.

Als Verband setzen wir uns weiterhin für unser Kulturmedium ein – mit Erfolg: Im Sommer 2018 ist es gelungen, dass auch Computer- und Videospiele von der Sozialadäquanzklausel Gebrauch machen dürfen und damit auch verfassungswidrige Symbole im Einzelfall in Spielen verwendet werden können, wenn diese in einem entsprechenden künstlerischen, wissenschaftlichen oder zeitgeschichtlichen Kontext vorkommen. Mit dieser Entscheidung der Obersten Landesjugendbehörde, auf die wir seit vielen Jahren hingearbeitet haben, sind Computer- und Videospiele endlich anderen Medien wie Film und Musik gleichgestellt.

Sind damit nun alle Schlachten um die Anerkennung des Mediums geschlagen? Müssen sich Games jetzt damit abfinden, Teil des kulturellen Establishments zu sein, normalisiert und schon bald angestaubt und wieder vergessen? Zum Glück nicht! Denn jetzt, wo Games nicht nur politisch, gesellschaftlich, medial und wirtschaftlich weithin anerkannt sind, sondern das Interesse und die Erwartung an der Nutzung der großen Chancen des Mediums im Vordergrund stehen, da fangen die spannendsten Entwicklungen erst an.

Blicken wir allein auf die kulturellen Chancen: Zwar sind wir ein Land mit einer unermesslich reichen Tradition des Geschichtenerzählens und auch des Spielens. Dennoch spielen Games aus Deutschland weder hierzulande noch international eine große Rolle. Dabei hätten wir ausgerechnet in diesen Zeiten, in denen demokratische Werte von vielen Seiten angegriffen werden und Ausgrenzungen und Ressentiments zunehmen, einen wichtigen Beitrag zu leisten. Insbesondere Games schaffen es als einziges interaktives Medium in besonderem Maße, Empathie zu erzeugen und erreichen hierbei eben auch die jüngeren Generationen problemlos. Derzeit können wir diese Potenziale aber aufgrund der schwierigen Rahmenbedingungen für die Entwicklung von Computer- und Videospielen kaum nutzen.

Wer Computer- und Videospiele als Kulturmedium ernst nimmt, muss ihnen auch Schaffensräume bieten. Mit besseren Rahmenbedingungen, durch die mehr Spiele in Deutschland entwickelt werden, ermöglichen wir auch darüber die Reise unserer Kultur in die Welt. Wir müssen die Möglichkeiten verbessern, mit denen junge Kreative hierzulande interaktive Welten und Geschichten erschaffen können. Wenn wir Games als Kulturmedium ernst nehmen und durch Maßnahmen wie den im Regierungsprogramm verankerten Games Fonds das Potenzial des Mediums noch besser nutzen, dann bin ich sehr zuversichtlich, dass schon in wenigen Jahren unser Gastgeschenk aus Deutschland für bedeutende Staatsbesuche ein Computerspiel aus Deutschland sein könnte.

8.

Erinnerungs-kultur

Erinnerungs-politik

Wachgeküsst 20 Jahre
neue Kulturpolitik
des Bundes
1998——2018

Maria Bering
Erinnerung als Grundlage für Zukunft

»Wer aber vor der Vergangenheit die Augen verschließt, wird blind für die Gegenwart.« Richard von Weizsäcker im Deutschen Bundestag am 8. Mai 1985

Die Auseinandersetzung mit der eigenen Geschichte hat sich als integraler Bestandteil der Kulturpolitik des Bundes etabliert, wobei immer wieder betont werden muss, dass es nicht um die Vermittlung eines einheitlichen, staatlich verordneten Geschichtsbildes, sondern um die Unterstützung eigenverantwortlicher Reflexion geht.

Die Beauftragte der Bundesregierung für Kultur und Medien (BKM) trägt somit folgerichtig die Verantwortung für die großen historischen Museen in der Bundesrepublik – insbesondere das Deutsche Historische Museum in Berlin und das Haus der Geschichte in Bonn mit dem Zeitgeschichtlichen Forum Leipzig –, die jährlich zusammen mehr als 1,9 Millionen Besucherinnen und Besucher aus dem In- und Ausland anziehen. Sowohl mit den Dauerausstellungen, aber auch mit temporär präsentierten Sonderausstellungen werden geschichtliche Themen aufbereitet, die regelmäßig auch Denkanstöße für wichtige gesellschaftspolitische Diskussionen geben.

In der Arbeit der Gedenkstätten steht neben Information und Aufklärung das Gedenken an die Opfer von Gewalt und Terrorherrschaft an zentraler Stelle. Die Auseinandersetzung mit dem verbrecherischen System der Nationalsozialisten und dem singulären Zivilisationsbruch des Holocaust hat die Geschichte der Bundesrepublik Deutschland in jeder Phase maßgeblich geprägt. Unsere Verfassung – das Fundament unserer stabilen rechtsstaatlichen, die Freiheits- und Menschenrechte jedes Einzelnen schützenden Ordnung – wurde unter dem noch ganz unbewältigten und tief einschneidenden Eindruck dieser Menschheitsverbrechen geschrieben. Es folgten das Aufbegehren gegen Verdrängen und Verharmlosung bis hin zu den 1968er Revolten und eine sich immer mehr verbreitende zivilgesellschaftliche Bewegung, die darauf drängte, an den authentischen Orten der NS-Geschichte das Gedenken der Opfer zu wahren und aus der

Geschichte zu lernen. Bis heute erscheint die Bereitschaft, sich der grauenvollen deutschen Geschichte der Nazizeit zu stellen, als Indikator dafür, wie wehrhaft die Gesellschaft sich für die Werte unserer heutigen Demokratie einsetzt.

Mit der Gedenkstättenkonzeption des Bundes von 1999 und deren Fortschreibung aus dem Jahr 2008 trägt die Bundesregierung der Verantwortung des Gesamtstaates Rechnung, gemeinsam mit den Ländern für geeignete Rahmenbedingungen der Gedenkstättenarbeit zu sorgen. Die Konzeption bezieht sich auf die NS-Terrorherrschaft und auf die SED-Diktatur. Ihr Ziel ist es, den antitotalitären Konsens in der Gesellschaft zu festigen und das Bewusstsein für den Wert der freiheitlichen Demokratie und der Menschenrechte zu stärken. Das Gedenken soll die Opfer vor allem am Ort ihrer Leiden in angemessener Weise würdigen und Wissen über die historischen Zusammenhänge vermitteln. Der dezentrale und plurale Charakter der Gedenkstättenlandschaft soll ausdrücklich gefestigt, das autonome und von jeder politischen Einflussnahme freie Wirken der Gedenkstätten ist Leitidee jeder staatlichen Förderung.

In den Anfangsjahren der Konzeption standen der Erhalt der authentischen baulichen Relikte aus der NS-Zeit, die Markierung der Topographie ehemaliger Lager, aber auch der Täterorte sowie die Entwicklung guter wissenschaftsbasierter Dauerausstellungen im Vordergrund; auch um das in der DDR einseitig geprägte Geschichtsbild zu pluralisieren. Heute gilt es, die zunehmend multikulturell zusammengesetzten Besuchergruppen, aber auch Menschen mit anderen Geschichtsbildern, Voreinstellungen und auch persönlichen Diktatur- und Terrorerfahrungen individuell anzusprechen. Der wieder aufflammende Antisemitismus und Antiziganimus sowie antidemokratische und nationalistische Parolen bis hinein in die Parlamente fordern dazu heraus, dass die Gedenkstätten in ihrer Bildungsarbeit vermehrt bei den aktuellen Bezügen der Geschichte ansetzen. Ein Instrument, um auf diese neuen Herausforderungen zu reagieren, ist das im aktuellen Koalitionsvertrag vereinbarte Programm »Jugend erinnert«, das im kommenden Jahr starten soll.

Die Washingtoner Konferenz über Holocaust-Vermögen im Dezember 1998 war ein entscheidender Wendepunkt in der Geschichte der Aufarbeitung des NS-Kulturgutraubs. Die dort verabschiedete »Washingtoner Erklärung« legte das Fundament für die systematische Provenienzforschung zur Auffindung von vor allem jüdischen Bürgerinnen und Bürgern geraubten Kulturgütern mit dem Ziel, gerechte und faire Lösungen zu finden. Mit ihrer »Gemeinsamen Erklärung« vom Dezember 1999 haben sich Bund, Länder und kommunale Spitzenverbände zur Verwirklichung der Washingtoner Erklärung bekannt.

Die Aufklärung des nationalsozialistischen Kulturgutraubs und die Auseinandersetzung mit den Schicksalen der überwiegend jüdischen Opfer sind nach wie vor gesamtgesellschaftliche Aufgaben von immenser Bedeutung und daher ein Schwerpunkt der kulturpolitischen Arbeit der BKM. Eine wesentliche Initiative der BKM war auf diesem Gebiet die 2015 erfolgte Errichtung des Deutschen Zentrums Kulturgutverluste gemeinsam mit den Ländern und den kommunalen

Spitzenverbänden. Das bundesfinanzierte Zentrum hat als zentraler Ansprechpartner für die Umsetzung der Washingtoner Prinzipien die Aufgabe, insbesondere die Provenienzforschung zu NS-Raubgut zu stärken, zu bündeln und auszubauen. Mit der 2003 eingerichteten und 2016 weiterentwickelten Beratenden Kommission wurde ein Mediationsangebot etabliert, das bei Differenzen in Restitutionsangelegenheiten genutzt werden soll.

Der Bund hat die Mittel für die Provenienzforschung in den letzten Jahren kontinuierlich und deutlich erhöht. Die Aufarbeitung des nationalsozialistischen Kulturgutraubes steht dabei im Mittelpunkt der Anstrengungen. Daneben gehören kriegsbedingt verbrachte Kulturgüter und Kulturgutverluste in der ehemaligen sowjetischen Besatzungszone/DDR zu den Handlungsfeldern. Als weitere, im Koalitionsvertrag verankerte kulturpolitische Aufgabe hat die Aufarbeitung der Provenienzen von Kulturgut aus kolonialen Kontexten besondere Aktualität erlangt. Das Deutsche Zentrum Kulturgutverluste erweitert sein Aufgabengebiet entsprechend und fördert ab 2019 die Provenienz- und Grundlagenforschung zu diesem Sammlungsgut. Die Stärkung der Provenienzforschung ist der entscheidende Beitrag, unser Wissen um diese Bestände zu erweitern und auf dieser Grundlage einen angemessenen Umgang mit den betreffenden Objekten zu finden. Dem Dialog mit den Herkunftsgesellschaften und -staaten kommt hierfür eine besondere Bedeutung zu.

Zu den drei großen Sparten der Gedächtniseinrichtungen gehören neben den Museen die Archive und Bibliotheken. Beide bewahren unser schriftliches Kulturerbe, dessen physischer Erhalt eine große Herausforderung für die aktuelle Kulturpolitik ist. BKM hat unter Beteiligung der Länder 2011 bei der Staatsbibliothek zu Berlin eine Koordinierungsstelle zum Erhalt des schriftlichen Kulturguts initiiert und fördert seit 2017 zusätzlich in einem Sonderprogramm entsprechende Maßnahmen auf Bundes-, Landes- und kommunaler Ebene.

Zu den Archiven, die Teil des BKM-Geschäftsbereichs sind oder von BKM gefördert werden, gehört das Bundesarchiv als »Gedächtnis des Staates«. Die Erhaltung, Erschließung und Nutzung des dort aufbewahrten zentralstaatlichen Archivguts ist für unsere nationale Identität und die historische Meinungsbildung unverzichtbar. Die Archivalien spiegeln die wechselvolle deutsche und europäische Geschichte der vergangenen zwei Jahrhunderte authentisch in Schrift-, Bild-, Film- und Tondokumenten wider. Die grundlegende Neufassung des Bundesarchivgesetzes von 2017 trägt den Bedürfnissen der Informationsgesellschaft Rechnung, indem es die Zugangsrechte verbessert und Regelungen zum Umgang mit elektronischen Dokumenten trifft. Das Bundesarchiv entspricht den steigenden Erwartungen an digitale Verfügbarkeit und Online-Stellung auch mit virtuellen Ausstellungen und Online-Portalen, aktuell z. B. mit einem Quellenportal zur Weimarer Republik.

Die Deutsche Nationalbibliothek (DNB) an den Standorten Leipzig und Frankfurt a. M. ist als Pflichtexemplarbibliothek zentrale Archivbibliothek und nationalbibliografisches Informationszentrum der Bundesrepublik Deutschland.

Seit 1913 sammelt und bewahrt die DNB alle sogenannten körperlichen Medienwerke wie Bücher, Zeitschriften und Tonträger mit Deutschlandbezug und macht sie für heutige Nutzerinnen und Nutzer ebenso wie für nachfolgende Generationen verfügbar. Mit dem Gesetz über die Deutsche Nationalbibliothek aus dem Jahr 2006 wurde ihr Sammelauftrag auf unkörperliche Medienwerke, also digitale Publikationen oder Veröffentlichungen im Netz, erstreckt und damit wesentlich erweitert. Ebenso wie das Bundesarchiv nutzt die DNB ihre Materialien für eigene Beiträge wie das virtuelle Museum »Künste im Exil« und das Deutsche Exilarchiv.

Die Kultur- und Wissenschaftsförderung der BKM auf der Grundlage des gesetzlichen Auftrags nach § 96 Bundesvertriebenengesetz zielt darauf ab, die bedeutenden historischen Provinzen und ehemals deutschen Siedlungsgebiete des östlichen Europas durch museale Präsentationen, wissenschaftliche Forschungen und kulturelle Vermittlungsarbeit besonders auch in grenzüberschreitender Zusammenarbeit zu erschließen. Dazu finanziert die BKM dauerhaft 19 Einrichtungen – darunter Museen, Bibliotheken und Forschungsinstitute – sowie neun Kulturreferate. Die BKM hat die Förderkonzeption im Jahr 2016 mit dem Ziel verstärkter europäischer Integration weiterentwickelt. Diese trägt dem langsamen Verschwinden der Erlebnisgeneration und der zentralen Bedeutung der Digitalisierung in Kultur und Wissenschaft Rechnung. Auch Spätaussiedler und deutsche Minderheiten werden in der Konzeption gewürdigt.

Die museale Präsentation erfolgt gemeinsam mit den Bundesländern durch die kontinuierliche Förderung von sechs historisch-landeskundlich ausgerichteten Museen wie dem Pommerschen Landesmuseum in Greifswald, dem Schlesischen Museum zu Görlitz oder dem Ostpreußischen Landesmuseum in Lüneburg. Das künstlerische Wirken der deutschen Bevölkerungsgruppen im östlichen Europa präsentiert das Kunstforum Ostdeutsche Galerie in Regensburg. Mit dem Haus Schlesien in Königswinter und dem Kulturzentrum Ostpreußen in Ellingen fördert die BKM weitere Einrichtungen musealen Charakters. Der Adalbert-Stifter-Verein in München vermittelt Geschichte und vor allem die deutschsprachige Literatur Böhmens, Mährens und Sudetenschlesiens und fördert den deutsch-tschechischen Kulturaustausch.

Über die neun Kulturreferate werden vornehmlich jüngere Zielgruppen und Multiplikatoren aus ihren Bezugsregionen und aus Deutschland angesprochen. Sie sind damit wichtige Ansprech- und Kooperationspartner der Organisationen der deutschen Heimatvertriebenen. Projektbezogen arbeiten die Kulturreferate mit den Selbstorganisationen der deutschen Minderheiten im östlichen Europa zusammen.

Aus dem Etat der BKM werden drei Forschungsinstitute, das Herder-Institut für historische Ostmitteleuropaforschung – Institut der Leibniz-Gemeinschaft in Marburg, das Nordost-Institut in Lüneburg und das Institut für deutsche Kultur und Geschichte Südosteuropas in München, sowie die Ressortforschungseinrichtung Bundesinstitut für Kultur und Geschichte der Deutschen im östlichen Europa in Oldenburg finanziert. Das Akademische Förderprogramm initiiert zahlreiche Forschungsprojekte, zuletzt u. a. mit dem Schwerpunkt deutsch-jüdische Lebenswelten im östlichen Europa sowie derzeit drei Juniorprofessuren in Berlin, Osnabrück und München. Die Stärkung des Nachwuchses bildet einen besonderen Schwerpunkt, so wurde der traditionsreiche Dehio-Preis 2017 um einen Förderpreis für besonders innovative Leistungen ergänzt und die Richtlinien des Immanuel-Kant-Stipendiums durchgreifend modernisiert, um die Chancengleichheit zu verbessern. Die Martin-Opitz-Bibliothek in Herne mit ihrem »Elektronischen Lesesaal« ist Partnerin der Deutschen Digitalen Bibliothek, während das Deutsche Kulturforum östliches Europa in Potsdam mit zuletzt 240 Veranstaltungen im Jahr 2017 im ganzen Bundesgebiet und in den östlichen Nachbarländern den Dialog über die Gegenwart und die Zukunft unseres gemeinsamen Kulturerbes auf eine breite Basis stellt. Im Rahmen der Projektförderung werden jährlich über 50 befristete wissenschaftliche Einzelprojekte unterstützt. Ein wichtiger Akzent liegt derzeit auf der langfristigen Vorbereitung des 300. Geburtstags Immanuel Kants im Jahr 2024.

Das Europäische Netzwerk Erinnerung und Solidarität mit den Mitgliedern Polen, Ungarn, Slowakei und Rumänien ist europaweit eine der wenigen Initiativen, die sich durch wissenschaftliche Veranstaltungen, mit Jugend- und Vermittlungsprojekten und Publikationen um eine gemeinsame Sicht auf die unterschiedlichen Geschichtserfahrungen des 20. Jahrhunderts bemüht. Dies ist von besonderer Bedeutung in Zeiten, in denen eine rein nationalistische Sicht auf die eigene Geschichte auch den Nährboden für Populismus und Ausgrenzung schafft. Die Bundesregierung wird die Arbeit des Europäischen Netzwerks Erinnerung und Solidarität weiter stärken und die deutsche Förderung dafür im nächsten Jahr deutlich erhöhen.

Als zentrales erinnerungspolitisches Vorhaben der Bundesregierung wird von der BKM die Bundesstiftung Flucht, Vertreibung, Versöhnung gefördert. Mit dem Stiftungsauftrag, »im Geiste der Versöhnung die Erinnerung und das Gedenken an Flucht und Vertreibung im 20. Jahrhundert im historischen Kontext des Zweiten Weltkrieges und der nationalsozialistischen Expansions- und Vernichtungspolitik und ihrer Folgen wachzuhalten«, entsteht in Berlin ein modernes Ausstellungs-, Dokumentations- und Informationszentrum.

Durch die Auseinandersetzung mit der Vergangenheit im europäischen Rahmen und mit Respekt für die Perspektive der Anderen legt die Stiftung ihren Fokus explizit auf die Aussöhnung und Verständigung mit den östlichen Nachbarn. Dies entspricht in besonderer Weise dem Ziel der Bundesregierung, aktiv Beiträge zu einer verstärkten europäischen Integration zu leisten. So entsteht ein deutschlandweit einzigartiger Lern- und Erinnerungsort, der nach neuesten museumspädagogischen Konzepten Ursachen, Ablauf und Folgen von Vertreibungen präsentieren und vermitteln wird.

Auch fast 30 Jahre nach der Wiedergewinnung der Deutschen Einheit bleibt die Aufarbeitung der SED-Diktatur in der DDR eine herausragende Aufgabe für Staat und Gesellschaft. Einen Schlussstrich kann und wird es nicht geben. In den vergangenen 20 Jahren konnten eine Reihe von Einrichtungen in diesem Sinne ertüchtigt werden, um ihren Kernauftrag der Aufklärung und Erinnerung an die Opfer noch besser gerecht zu werden. Es sei nur auf die neuen Dauerausstellungen in der Gedenkstätte Berlin-Hohenschönhausen, in Haus 1 (dem ehemaligen Dienstsitz von Erich Mielke) und auf dem Hof der früheren Stasi-Zentrale in der Berliner Normannenstraße oder die Forschungsergebnisse zu den Toten an der Berliner Mauer und der innerdeutschen Grenze verwiesen. Eine Stärkung der Vermittlungsarbeit wurde mit dem Beginn der aktuellen Legislaturperiode bereits angeschoben. Die Umsetzung weiterer Vorhaben aus dem Koalitionsvertrag wird gewährleistet, dass die SED-Diktatur auch in Zukunft eine bedeutende Rolle in der deutschen Erinnerungskultur einnimmt. Daran werden die vom Bund getragenen bzw. mitfinanzierten Einrichtungen entscheidend mitwirken, also zum Beispiel der Bundesbeauftragte für die Stasi-Unterlagen, die Stiftung zur Aufarbeitung der SED-Diktatur oder die Stiftung Berliner Mauer. Die anstehenden Jahrestage zu 30 Jahren Friedlicher Revolution in der DDR werden bei der Programmgestaltung der kommenden Jahre angemessene Berücksichtigung finden.

Die Verantwortung der BKM für Geschichte und Erinnerung basiert auf der Förderung und Unterstützung einer Vielzahl von Einrichtungen, sei es dauerhaft oder temporär. Die Arbeit ist gekennzeichnet durch Pluralität in Perspektiven und Methoden, aber auch durch Gedenken an Opfer von Diktatur und Gewaltherrschaft ebenso wie die Erinnerung an freudige Ereignisse der deutschen Geschichte und die Bewahrung identifikationsstiftender Orte der Demokratie. Erinnerung ist insofern nicht nur die Grundlage für die Zukunft, sondern auch für das hier und heute.

Matthias Weber
Vielstimmigkeit europäischer Erinnerungen

1. Im östlichen Europa liegen Orte der deutschen Geschichte, die zugleich Orte der Geschichte Polens, Tschechiens, der Slowakei, Ungarns, Rumäniens, der baltischen Republiken oder der Nachfolgestaaten der Sowjetunion sind. Im Mittelalter hatten sich Deutsche im Raum zwischen Ostsee und Adria angesiedelt: im Baltikum, an der Oder in Schlesien, in Böhmen und Mähren oder im Karpatenbecken. Warum? Sie hofften auf ein besseres Leben, das ihnen die dort einheimischen Landesherren in Aussicht stellten, indem sie Privilegien für die wirtschaftliche und militärische Erschließung ihrer Gebiete zusicherten, wenn sie nur kommen würden. Eine zweite Wanderung gab es im 18. und 19. Jahrhundert. Diesmal waren es die Habsburger sowie die russischen Zaren, die ihre Untertanenzahl vergrößern wollten und Kolonisten aus Bayern, Schwaben, aus der Pfalz und vom Oberrhein einluden. Viele fuhren mit den bekannten »Ulmer Schachteln« donauabwärts und ließen sich zwischen Wien und Belgrad oder in Russland nieder.

Der vom nationalsozialistischen Deutschland begonnene Zweite Weltkrieg brachte unendliches Leid für zahllose Menschen, die ihre angestammte Heimat verloren. Er beendete auch die Jahrhunderte während Präsenz der meisten Deutschen im östlichen Europa. Auch sie waren von Zwangsumsiedlungen (»Heim ins Reich«) sowie Flucht, Vertreibung und Deportation betroffen. Etwa zwölf Millionen Menschen fanden im geteilten Deutschland Aufnahme: Die Integration der Vertriebenen und Flüchtlinge war eine der größten Herausforderungen für die junge Bundesrepublik Deutschland; in der DDR wurden deren Erfahrungen staatlicherseits weitgehend ausgeblendet und ignoriert. Seit ihrer Gründung hat die Bundesrepublik zusätzlich etwa 4,5 Millionen Aussiedler und Spätaussiedler aus Polen, Ungarn, Rumänien oder den Nachfolgestaaten der Sowjetunion aufgenommen, darunter sind 2,5 Millionen Russlanddeutsche, die nach 1987 ausreisen konnten. Deutschland ist in vieler Hinsicht – wirtschaftlich, konfessionell, kulturell – bis heute von dieser östlichen Geschichtsdimension mitgeprägt – Namen wie Ferdinand Porsche, Heinz Erhardt, Günter Grass, Herta Müller oder Hanna Schygulla bringen das in Erinnerung.

2. Dieser zugegebenermaßen etwas kursorische Einstieg sollte die Vielschichtigkeit der Vergangenheit andeuten. Das östliche Europa war über Jahrhunderte stärker als die meisten anderen Teile des Kontinents von der Begegnung der Völker und damit von inspirierenden Austauschprozessen in Kultur, Wissenschaft, Wirtschaft oder Politik geprägt, aber auch von Spannungen zwischen den Ethnien und Konfessionen. In Regionen wie Schlesien oder Böhmen lebten lange Zeit Deutsche, Polen und Tschechen zusammen. Noch höher war die Dichte unterschiedlicher Sprachgruppen in der Bukowina oder in Siebenbürgen. Früher als andernorts, lange vor der Aufklärung, arrangierten sich hier katholische, protestantische und orthodoxe Christen sowie Juden und entwickelten ausgesprochen interessante Formen religiöser Koexistenz und sogar Toleranz. Sich international über die vielgestaltige Kultur solcher Regionen auszutauschen, Geschichten vom Glanz und Alltag vergangener Zeiten ebenso wie von Unterdrückung und Verlust zu erzählen, bedeutet Grundfragen von nationaler oder europäischer Identität anzusprechen. Es sind sehr viele und sehr unterschiedliche Stimmen, die über ihre Erlebniswelten erzählen und besonders über ihre Erfahrungen im 20. Jahrhundert. Die gemeinsame Beschäftigung mit Austausch und Abgrenzung, Kompromiss und Konfrontation, mit dem Gelingen und Scheitern des Zusammenlebens von Kulturen ist eine Voraussetzung für die Errichtung eines vereinten und freien Europas.

 Gegenwärtig beschäftigt uns kaum ein Thema mehr als die Zuwanderung von Fremden. Auch die Geschichte der im östlichen Europa lebenden Deutschen ist in gewisser Hinsicht eine Migrationsgeschichte: am Anfang die Ansiedlung in der Fremde oft unter abenteuerlichen Begleitumständen, am Ende Zwangsumsiedlung, Flucht, Vertreibung oder freiwillige Aussiedlung und Integration – als »Volk auf dem Weg« charakterisieren sich die Deutschen aus Russland selbst. Diese Vergangenheit mit den aktuellen Herausforderungen durch Zuwanderung, Ankunft, Fremdheit und Integration zu vergleichen – nicht gleichzusetzen – kann bei deren Lösung helfen. Sicher kann man daraus keine direkten Handlungsanweisungen ableiten, aber Muster sind zu erkennen und Schlussfolgerungen zu ziehen. In große zeitliche und regionale Kontexte eingeordnet, stellt sich manches Problem in neuem Licht dar.

3. Die Förderung der Erforschung und Vermittlung deutscher Kultur und Geschichte im östlichen Europa ist im § 96 des Bundesvertriebenengesetzes (BVFG) geregelt, der Bund und Länder verpflichtet, das Kulturgut der Gebiete, in denen früher Deutsche gewohnt haben oder heute noch wohnen, im »Bewusstsein der Vertriebenen und Flüchtlinge, des gesamten deutschen Volkes und des Auslandes« zu erhalten. Diese Aufgabe ging 1998 vom Bundesministerium des Innern (BMI) in die Verantwortung des neuen Kulturstaatsministers über. Schon früher hatten die Bundesregierungen in Förderkonzeptionen Prioritäten und fachliche Akzente festgelegt, etwa mit dem »Aktionsprogramm« des BMI für die Jahre 1994 bis 1999. Es betraf einen Zeitraum, in dem sich die Vernetzung und Verflechtung

Deutschlands mit seinen östlichen Nachbarn in vielen Lebensbereichen und gerade auf dem Feld der Geschichts- und Kulturwissenschaften in ungeahnter Weise entwickelt hatte. Kooperationen zwischen Fachleuten und Einrichtungen, der Dialog über die schwierige gemeinsame Vergangenheit erreichten eine bis dahin nicht gekannte Qualität und Dichte – auch deshalb, weil sich die Menschen vor Ort in Danzig, Schlesien oder Siebenbürgen zunehmend für die deutsche Dimension »ihrer« Umgebung interessierten. Daran knüpfte die Förderkonzeption an. Die vom BKM gesetzten Akzente lassen sich mit den Stichworten »Professionalisierung«, »Vernetzung mit der Scientific Community« und »Ausbau internationaler Kooperation« zusammenfassen. Nach Auslaufen des alten BMI-Aktionsprogramms wurde die BKM-Konzeption im Jahr 2000 verabschiedet.

Nun wurden die Regionalmuseen zu Ostpreußen, Westpreußen, Pommern, Schlesien, Siebenbürgen oder zu den Donauschwaben sowie der Adalbert Stifter Verein und das Kunstforum Ostdeutsche Galerie als zentrale Bausteine einer regional neu geordneten Struktur verstärkt gefördert, besonders deren Kontakte in die Bezugsregionen. Nach und nach kamen neue Standards und formale Zertifizierungen zum Zuge. Die bisher weitgehend von den Landsmannschaften geleistete kulturelle Breitenarbeit wurde stärker mit den Museen verknüpft, an denen BKM-finanzierte Kulturreferentinnen und -referenten etabliert wurden. Zur Professionalisierung gehörte auch, dass die bisherigen »Kulturwerke« zur Geschichte der Deutschen im südöstlichen und im nordöstlichen Europa in Lüneburg und München zu eng mit Universitäten kooperierenden und nach wissenschaftlichen Standards arbeitenden Forschungseinrichtungen, sogenannten »An-Instituten«, umgestaltet wurden. Als zentrale Einrichtung der Vermittlung entstand in Potsdam das »Deutsche Kulturforum östliches Europa«. Zugleich wurde die Förderung langjährig finanzierter Einrichtungen reduziert oder ganz beendet. So brachte die »Konzeption 2000« schmerzliche Einschnitte für die Landsmannschaften mit sich und wurde deshalb vor allem vonseiten der Vertriebenenorganisationen kritisiert – auch weil unter dem Strich ein insgesamt deutlich reduziertes Finanzvolumen stand; in den vergangenen Jahren konnte es wieder auf das frühere Niveau angehoben werden.

Mit der nun verstärkt beziehungsgeschichtlich und transkulturell angelegten Förderung ging eine Veränderung der Terminologie einher: Weil der Begriff »Ostdeutschland« längst als Bezeichnung des Gebiets der ehemaligen DDR üblich geworden war, wurden für die historischen, von Deutschen (mit-)geprägten Regionen östlich von Oder und Neiße nun Umschreibungen gewählt: das Oldenburger Bundesinstitut hieß nun »für Kultur und Geschichte der Deutschen im östlichen Europa« – eine Wendung, die sich allmählich durchgesetzt hat. Dementsprechend schließt »östliches Europa« Ostmittel-, Südost- und Osteuropa ein.

Die Neuausrichtung der Arbeit ging schon im Vorfeld der 2004 und 2007 erfolgenden EU-Beitritte der Staaten des östlichen Europas mit einer dynamischen europäischen Entwicklung einher, die die grenzübergreifende Zusammenarbeit zusätzlich beflügelte.

Damals entfaltete eine neue Initiative eine überraschende Dynamik: Der Bund der Vertriebenen (BdV) verfolgte schon seit 1999 den Plan zur Gründung eines »Zentrums gegen Vertreibungen« in Berlin. Er löste damit eine geschichtspolitische Kontroverse in Deutschland, aber auch zwischen Deutschland und Polen aus, die bis in die Tagespolitik hinein Wellen schlug. Während es dem BdV in erster Linie um eine gesellschaftliche Würdigung und Aufarbeitung der Leiderfahrungen der deutschen Flüchtlinge und Vertriebenen ging, sahen Kritiker eine einseitige Viktimisierungstendenz und befürchteten eine Loslösung der Geschehnisse vom historischen Kontext und sogar ein Umschreiben der Geschichte; die Debatte verlief ziemlich emotional. Die Bundesregierung unter Federführung der BKM arbeitete an einem fachlich und politisch vertretbaren Ausgleich, dachte über verschiedene Konzeptionen, Standorte und Alternativen nach, unter anderem über die Gründung eines dezentral strukturierten »Netzwerks gegen Vertreibungen«. Im Koalitionsvertrag von 2005 vereinbarten die Parteien, in Berlin ein »Sichtbares Zeichen« zu errichten, »um an das Unrecht von Vertreibungen zu erinnern und Vertreibung für immer zu ächten«. Die inhaltliche Gestaltung dieses Grundkonsenses war keine leichte Aufgabe. Die BKM erreichte schließlich eine Lösung in Form der 2008 ins Leben gerufenen staatlichen »Stiftung Flucht, Vertreibung, Versöhnung«; es dauerte aber noch mehrere Jahre, bis unter Federführung der BKM eine multiperspektivische, im In- und Ausland akzeptierte Konzeption verabschiedet werden konnte. Aus dem vorgeschlagenen »Netzwerk gegen Vertreibungen« wurde ein ebenfalls von der BKM initiiertes und geleitetes multilaterales »Europäisches Netzwerk Erinnerung und Solidarität« entwickelt, dessen Auftrag sich auf das von Kriegen und totalitären Regimen geprägte 20. Jahrhundert in Europa bezog und dessen Sekretariat in Warschau angesiedelt wurde.

An den Diskussionen hatten sich auch die Regierungschefs und Staatsoberhäupter beteiligt – die östliche Dimension der deutschen Geschichte war aktueller denn je. Zum Ausdruck kam dies auch dadurch, dass die Förderung nach § 96 BVFG, die Stiftung Flucht, Vertreibung, Versöhnung und das Europäische Netzwerk Erinnerung und Solidarität seit 2005 in jedem Koalitionsvertrag der deutschen Regierungsparteien vertreten sind und dass auch die Enquête-Kommission »Kultur in Deutschland« des Deutschen Bundestags feststellte, dass hier ein »wichtiges kulturpolitisches Handlungsfeld« vorliegt.

4. Neben der institutionellen Förderung bildete die flexible Reaktionen auf fachliche oder gesellschaftliche Entwicklungen ermöglichende Projektförderung ein wichtiges Arbeitsfeld mit unterschiedlichen Facetten: In Kooperation mit den Denkmalschutzbehörden vor Ort wurden beispielsweise die Restaurierung der Fassade des Königsberger Doms, mittelalterlicher Kirchenburgen in Siebenbürgen, der Mikwe in der Synagoge »Zum Weißen Storch« in Breslau und vieler weiterer Kulturdenkmäler mitfinanziert. Die Förderung der kulturellen Breitenarbeit erstreckte sich auf Vorhaben der Landsmannschaften und anderer Vertriebenenorganisationen ebenso wie zahlreicher weiterer Träger. Für die ständige Ak-

tualisierung und Neuerschließung von Themen ist wissenschaftliche Forschung unverzichtbar. Hier wurden neue Projektformate realisiert, etwa wettbewerblich ausgeschriebene »Akademische Förderprogramme« und »BKM-Juniorprofessuren« für Universitäten. Diese dienten, ebenso wie das bewährte Immanuel-Kant-Promotionsstipendium, auch der Gewinnung des akademischen Nachwuchses. Die bundesweit knapp 500 Heimatsammlungen der Vertriebenen und Flüchtlinge wurden erstmals dokumentiert, ein umfassendes »Online-Lexikon zur Kultur und Geschichte der Deutschen im östlichen Europa« auf den Weg gebracht. Mehrere positiv verlaufene Evaluationen des Wissenschaftsrats haben gezeigt, dass die hier stattfindende Arbeit den nationalen und internationalen Vergleich nicht zu scheuen braucht.

5. Die Aufgaben der Forschung und Kulturvermittlung verändern sich laufend mit den immer neuen, von der Gesellschaft an sie herangetragenen Fragen. Gerade in den letzten Jahren gab es rasante (kultur-)historische Entwicklungen: Weltweite Vernetzung und Globalisierung und zugleich gegenläufige Rückbesinnung auf Nation, Region und Heimat, Erweiterung der Europäischen Union und Krise, Migration in neuen Dimensionen, neue Standards setzende Digitalisierung – auf all das musste die BKM reagieren, um den in § 96 BVFG enthaltenen Auftrag auch in der Zukunft erfolgreich erfüllen zu können.

   Nach über eineinhalb Jahrzehnten wurde deshalb eine Aktualisierung und Fortschreibung der Konzeption 2000 vorgelegt, die das Bundeskabinett 2016 beschlossen hat: »Erinnerung bewahren, Brücken bauen, Zukunft gestalten« – so lautet ihr Motto. Sie führt fort, was sich bewährt hat, vollzieht eingetretene Entwicklungen nach, setzt aber vor allem innovative Impulse, nicht zuletzt, um neue Zielgruppen zu gewinnen. Größeres Gewicht erhielten über die Zäsur des Jahres 1945 hinausreichende zeitgeschichtliche und gegenwartsbezogene Themen, das deutsch-jüdische Kulturerbe und insgesamt das gemeinsame Kulturerbe der Deutschen und ihrer östlichen Nachbarn – für sie sind Regionalgeschichte, Archive und Bibliotheken, Kirchen, Schlösser und Denkmäler längst zu einem Teil ihrer kulturellen Identität geworden. Nun wurden auch ausdrücklich die heute noch in Polen, Ungarn, Rumänien oder den Nachfolgestaaten der Sowjetunion lebenden deutschen Minderheiten als Partner angesprochen. Die institutionellen Strukturen wurden gestärkt: Das Museum für russlanddeutsche Kulturgeschichte in Detmold erhielt eine fünfjährige Förderung, Kulturreferentenstellen für Oberschlesien, Siebenbürgen und die Russlanddeutschen wurden geschaffen, die »digital humanities« bei der Martin Opitz Bibliothek und beim Herder-Institut, wo ein zentrales »Onlineportal Geschichte und kulturelles Erbe östliches Europa« entsteht, ausgebaut.

6. All diesen Aktivitäten liegt eine Herausforderung zugrunde: Die Bewahrung der Erinnerung. Wie müssen Strukturen gestaltet werden, um das geistige und materielle Erbe weiterzuentwickeln, wenn die sogenannte Erlebnisgeneration nicht

mehr befragt werden kann? Welche Schwerpunkte müssen gewählt werden, um die Erfahrungen der Vergangenheit in der Zukunft nutzen zu können? In den vergangenen beiden Jahrzehnten wurden Antworten auf diese Fragen gegeben. Es wurden die Voraussetzungen dafür geschaffen, dass das historische Erbe der Deutschen im östlichen Europa auch künftig zu einem besseren Verständnis der Geschichte Deutschlands und Europas beitragen kann – im Dienste der Versöhnung, gegen aufkeimende nationalistische Tendenzen und als Paradigma für die vielgestaltige und vielstimmige europäische Kultur.

Uwe Neumärker
Denkmal für die ermordeten Juden Europas

Als der AfD-Rechtsaußenpolitiker und in Hessen verbeamtete Gymnasiallehrer für Sport und Geschichte Bernd Höcke Anfang 2017 verkündete: »Wir Deutschen […] sind das einzige Volk der Welt, das sich ein Denkmal der Schande in das Herz seiner Hauptstadt gepflanzt hat«, wusste jeder in Deutschland, was gemeint war: das Denkmal für die ermordeten Juden Europas, kurz: Holocaust-Mahnmal. Zugleich begegnete Höcke ein Sturm der Empörung, da er mit seiner bewusst zweideutigen Formulierung ein Fundament der deutschen Demokratie angriff: das Bekenntnis zu den nationalsozialistischen Verbrechen und deren Opfern, insbesondere das Gedenken an die sechs Millionen ermordeten jüdischen Kinder, Frauen und Männer Europas.

Bei einer Erhebung der beliebtesten Sehenswürdigkeiten in Deutschland im Frühjahr 2017 landete das »Mahnmal« nach Reichstag und Brandenburger Tor auf Platz drei. Wie selbstverständlich ist Peter Eisenmans Stelenfeld Teil eines jeden Berlinbesuches. Das war nicht immer so – und in keiner Weise vorhersehbar nach einer Debatte, die fast zwei Jahrzehnte in Anspruch nahm.

In den späten 1980er Jahren kam es in Westberlin wie im Bundesgebiet zu nicht jüdischen Bürgerinitiativen für eine Erinnerung an die deportierten, verschollenen und ermordeten Juden, die unter anderem zur sogenannten Spiegelwand in Steglitz und zum Mahnmal »Gleis 17« im Grunewald führten. Auch eine weitere Forderung von bewegten Bürgern entstammt dieser Zeit: die Errichtung eines »sichtbaren Zeichens als Bekenntnis zur Tat«, dem Holocaust in seiner europäischen Dimension. Ein Förderkreis mit der Publizistin Lea Rosh und dem Historiker Prof. Dr. Eberhard Jäckel an der Spitze begann einen – letztlich 17 Jahre währenden – Kampf.

Zunächst fiel die Mauer am 9. November 1989, die beiden deutschen Staaten feierten am 3. Oktober 1990 ihre Wiedervereinigung, Berlin wurde wieder gesamtdeutsche Hauptstadt und durch einen Beschluss des Deutschen Bundestages vom 20. Juni 1991 erneut Parlaments- sowie Regierungssitz. Eine Diskussion über das nationale Selbst- und Geschichtsverständnis dieser Berliner Republik entbrannte. Teil des Findungsprozesses war die Debatte über ein Denkmal für die bis zu sechs Millionen Holocaustopfer mitten in der Hauptstadt und damit über den Umgang mit dem nationalsozialistischen Terrorregime wie auch die Frage der Aufarbeitung der SED-Diktatur und ihren Hinterlassenschaften. Es ging also um die Auseinandersetzung mit dem schwierigen Erbe zweier totalitärer Herrschaften auf deutschem Boden. Zur selben Zeit ließ der damalige Bundeskanzler Dr. Helmut Kohl die Neue Wache am Boulevard Unter den Linden, ein Werk Karl Friedrich Schinkels, praktisch im Alleingang zur zentralen Gedenkstätte des wiedervereinigten Deutschland umgestalten. In der Weimarer Zeit ein Ehrenmal für die Gefallenen des Ersten Weltkrieges, unter den Nationalsozialisten als Reichsehrenmal Ort für Paraden und Heldenehrungen, zu DDR-Zeiten zentrale Gedenkstätte für die Opfer »des Faschismus und Militarismus«, wurde sie am Volkstrauertag 1993 mit der Widmung »Den Opfern von Krieg und Gewaltherrschaft« eingeweiht. Diese erntete harsche Kritik, insbesondere seitens der jüdischen Gemeinschaft in Deutschland, die eine Gleichsetzung von Opfern und Tätern, von Nationalsozialismus und DDR-Sozialismus befürchteten. Die Auseinandersetzungen führten einerseits zum Versprechen, ein eigenes Holocaust-Mahnmal zu errichten, und andererseits zu einer ergänzenden Tafel, die die verschiedenen Opfergruppen nationalsozialistischer Verfolgungs- und Mordpolitik, die Gefallenen des Krieges, Flüchtlinge und Vertriebene sowie die Opfer totalitärer Herrschaft nach 1945 aufzählt, derer zu gedenken sei. Auch wenn die Neue Wache in ihrer Funktion öffentlich kaum wahrgenommen wird, soll sie ein Denkmal für alle sein. Letztendlich ist sie jedoch ein Denkmal für keine der Opfergruppen, sondern Touristenattraktion und Ort eines jährlichen staatlichen Trauerrituals.

Über das Denkmal für die ermordeten Juden Europas, das Ob, das Wie und seine ausschließliche Widmung wurde über Jahre in ungewohnter Heftigkeit gestritten. Ist es überhaupt legitim, zur Wende des 21. Jahrhunderts ein Denkmal zu errichten, also einer Erinnerungsform zu folgen, die ihre Glanzzeiten im 19. Jahrhundert erlebte? Steht es den Deutschen überhaupt zu, sich empathisch den Opfern zuzuwenden, wo doch in vielen Familien über die Tatbeteiligung der Väter und Mütter, Großväter und Großmütter geschwiegen wird? Dient das Mahnmal am Ende dazu, einen erinnerungspolitischen Schlussstrich zu ziehen oder Deutschlands Aufstieg als strategische Macht in Europa zu flankieren? Zwei Architekturwettbewerbe begleiteten die Auseinandersetzung. Im Herbst 1998 wurde Kohl nach 16-jähriger Regentschaft abgewählt. Die neue Rot-Grüne Regierungskoalition legte bereits in ihrem Koalitionsvertrag fest, dass eine Entscheidung über das Denkmal für die ermordeten Juden Europas der Deutsche Bundestag treffen müsse. Das tat er am 25. Juni 1999 während einer seiner letzten Sitzungen in der früheren Westhauptstadt Bonn: Eine fraktionsübergreifende Mehrheit beschloss, das Denkmal in Trägerschaft des Bundes nach dem Entwurf des New Yorker Architekten Peter Eisenman zu errichten und durch einen »Ort der Information über die zu ehrenden Opfer und die authentischen Stätten des Gedenkens« zu ergänzen. Zugleich ging das Parlament für Deutschland die

Selbstverpflichtung ein, »der anderen Opfer des Nationalsozialismus würdig zu gedenken«. Die Anfang 2000 gegründete bundesunmittelbare Trägerstiftung erhielt den Auftrag, »die Erinnerung an alle Opfer des Nationalsozialismus und ihre Würdigung in geeigneter Weise sicherzustellen«, und wurde der neu geschaffenen Behörde eines Beauftragten der Bundesregierung für Kultur und Medien zugeordnet. Per Gesetz ist der Präsident des Deutschen Bundestages der Vorsitzende des Kuratoriums der Stiftung Denkmal für die ermordeten Juden Europas. Drei Jahre später begann der Bau, am 10. Mai 2005 wurde das Holocaust-Mahnmal der Öffentlichkeit übergeben.

Das Denkmal besteht aus zwei Teilen: dem oberirdischen Stelenfeld – eine 19.000 m² große, Tag und Nacht frei zugängliche und begehbare Plastik – ein Gegendenkmal zu klassischen Denkmalkonzepten, aber als abstraktes Kunstwerk ohne jedweden Hinweis auf seine Widmung – und dem unter der Erde angelegten Ort der Information, den das Nachrichtenmagazin »Der Spiegel« damals als »Sinn aus der Tiefe« bezeichnete. Wenngleich das Stelenfeld als Postkarten- und Werbemotiv das Bild vom Denkmal prägt, ist der unterirdische Ort der Information eine der meist besuchten Ausstellungen Berlins. Jährlich kommen knapp eine halbe Million Gäste.

Das Denkmal liegt im Nordteil der ehemaligen Ministergärten und auf dem früheren Todesstreifen der Berliner Mauer, in der Nähe des Brandenburger Tores, aber nicht – wie ursprünglich gefordert – auf dem Gelände des Reichssicherheitshauptamtes oder der Neuen Reichskanzlei. Es befindet sich also nicht an einem mit dem Nationalsozialismus verbundenen historischen Ort der Opfer oder der Täter. Der gewählte Standort unterscheidet sich somit von den Lagergedenkstätten in der Bundesrepublik und im Ausland. Auch pädagogisch gesehen, handelt es sich beim Ort der Information um eine völlig andere Ausgangslage für das Lernen als in Gedenkstätten und Einrichtungen, die an historische Orte erinnern. Der symbolische Standort erwies sich als Vorteil, da man sich eben nicht der Darstellung der Geschichte eines bestimmten Orts – etwa eines Konzentrationslagers – widmen muss. Das bot die Möglichkeit, Europa in den Blick zu nehmen. Dies ist umso notwendiger, als die historischen Orte vorwiegend nicht in Deutschland, sondern im Osten lagen und die Vernichtung daher nur in eingeschränktem Maße in Gedenkstätten auf deutschem Boden dargestellt werden kann. Diese Ausgangslage führte zur bewussten Entscheidung, gar nicht erst den Anschein von Authentizität erwecken zu wollen und daher zum Verzicht auf Objekte bzw. Artefakte. Deshalb fehlt der vielerorts praktizierte, nur scheinbar unvermeidliche Parcours reich gefüllter Vitrinen, der eher Aushängeschild der jeweiligen Gedenkstättensammlungen denn benutzerfreundlich ist. Zugleich machten die Ausstellungsgestalter des Orts der Information aus der Not des geringen Platzes (und des oft beschränkten Zeitkontingents der Besucher) insofern eine Tugend, als sie einerseits auf jegliche Vertiefungshilfsmittel wie Schubkästen verzichteten und andererseits die Inhalte auf exemplarische Einblicke und das Wesentliche reduzierten. Denn nicht die Größe eines Raumes oder die Vielzahl von Objekten bringt ein Mehr an Vermittlung, sondern die bewusste Entscheidung, bestimmte Themen aufzugreifen und nachvollziehbar darzustellen. Der Anspruch an das Holocaustdenkmal, einen über Kunst vermittelten Zugang zur Unvorstellbarkeit des Völkermords zu eröffnen, fand für die historischen Inhalte eine Umsetzung, die ein Lernen auf Augenhöhe erfolgreich ermöglicht. Kombiniert wurde die an sich unvorstellbare wie auch unvorstellbar komplexe Geschichte des Mordes an den europäischen Juden mit einem weiteren Prinzip: Im Ort der Information sollen die Opfer des Holocaust ihre menschlichen Gesichter zurückbekommen. Seine zentrale Funktion besteht also in der »Personalisierung und Individualisierung des mit dem Holocaust verbundenen Schreckens«, der Ermordung von sechs Millionen Juden aus ganz Europa, vor allem aus dem Osten. Das hat vor allem für deutsche Besucher eine besondere Bedeutung. Viele Jahrzehnte waren die Mehrheitsgesellschaften der beiden deutschen Nachkriegsstaaten nur eingeschränkt in der Lage oder bereit, sich mit dem Schicksal der jüdischen Opfer auseinanderzusetzen – sei es, weil sie sich selbst als die eigentlichen Opfer (des Zweiten Weltkrieges oder einer verbrecherischen Nazielite) sahen, – sei es, weil sie sich mit einem staatlich verordneten Antifaschismus gegen das Mitgefühl für eine einzelne Opfergruppe immunisierten.

Die Erinnerungslandschaft Berlins ist breit gefächert. Die Arbeit der Stiftung erfolgt daher im Kontext und in der Zusammenarbeit mit den historischen Orten – etwa dem Dokumentationszentrum Topographie des Terrors. Widmet sich die Stiftung Denkmal dem Andenken an die Opfer, fragt die Topographie nach Tätern und Urhebern des nationalsozialistischen Terrors. Die Vielzahl gemeinsamer Ausstellungsprojekte beider Institutionen folgt diesen Prinzipien. Neben der Topographie ist die Stiftung Denkmal auch mit anderen »authentischen« Orten – der Gedenk- und Bildungsstätte Haus der Wannsee-Konferenz, der Gedenkstätte und dem Museum Sachsenhausen sowie der Gedenkstätte Deutscher Widerstand – seit 2009 in der von BKM angeregten und geförderten Ständigen Konferenz der Leiter der NS-Gedenkorte im Berliner Raum verbunden.

Die staatliche Unterstützung für das Holocaustdenkmal und das Bekenntnis zur fortwährenden Notwendigkeit von Erinnerung in Gegenwart und Zukunft war das Signal für einzelne andere Gruppen, eigene Gedenkorte einzufordern. Wenngleich das individuelle Trauern der Betroffenen weiterhin an den historischen Orten stattfindet, hat das Vorhandensein eines nationalen Denkmals in der Mitte der Hauptstadt höchste symbolische Bedeutung. Und so unterschiedlich die jeweiligen Schicksale und Hintergründe auch sein mögen, es darf keine Opfer »zweiter Klasse« geben. Daher griffen Parlament und Bundesregierung entsprechende Initiativen auf und errichteten im Herzen der Hauptstadt ein Denkmal für die im Nationalsozialismus verfolgten Homosexuellen (2008), ein Denkmal für die im Nationalsozialismus ermordeten Sinti und Roma Europas (2012) sowie den Gedenk- und Informationsort für die Opfer der nationalsozialistischen »Euthanasie«-Morde (2014). Sie alle werden von der Bundesstiftung Denkmal für die ermordeten Juden Europas betreut und repräsentieren staatliche Erinnerungskultur an die Opfer des Nationalsozialismus. Es gibt weitere Initiativen – etwa für einen Gedenkort für die Opfer des deutschen Vernichtungskrieges im Osten – und den Passus in der Koalitionsvereinbarung von CDU/CSU und SPD vom Februar 2018: »Bisher weniger beachtete Opfergruppen des Nationalsozialismus wollen wir anerkennen und ihre Geschichte aufarbeiten.« Deutschland bekennt sich zu seiner Vergangenheit – auch oder gerade über 70 Jahre nach dem Ende des Zweiten Weltkrieges.

Höcke forderte in besagter Rede eine erinnerungspolitische 180-Grad-Wende. Diese Äußerungen zeigen einmal mehr, dass die Errichtung von Denkmälern – so wichtig sie als Symbole auch sein mögen – allein nicht ausreicht. Die Verantwortung für die Vergangenheit erfordert aktives Handeln in der Gegenwart. Demokratie und Erinnerung sind nicht statisch, sie bedürfen der ständigen Pflege und Erneuerung. Die tägliche Arbeit der Stiftung trägt dieser Notwendigkeit Rechnung.

Gilbert Lupfer
20 Jahre BKM – 20 Jahre Provenienzforschung

Wenn man auf 20 Jahre Kulturpolitik des Bundes zurückschaut, auf 20 Jahre des Wirkens der Bundesbeauftragten für Kultur und Medien (BKM), dann kristallisieren sich schnell einige Schwerpunkte heraus. Einer dieser Schwerpunkte war und ist zweifellos die engagierte Förderung der Provenienzforschung nach Kunstwerken und anderen Kulturgütern sein, die von 1933 bis 1945 ihren jüdischen Eigentümern (und in geringerem Ausmaße anderen verfolgten Sammlern) entzogen, abgepresst oder geraubt wurden.

Auf diesem politisch, rechtlich, wissenschaftlich und nicht zuletzt auch moralisch ungemein brisanten, wichtigen Gebiet ist 2018 ebenfalls ein 20-jähriges Jubiläum zu begehen. Im November 1998 fand in der amerikanischen Bundeshauptstadt die nach ihrem Tagungsort benannte »Washingtoner Konferenz« statt, deren wichtigste Ergebnisse und Forderungen in den »Washingtoner Prinzipien« niedergelegt sind. Diese bilden, so kann man aus der heutigen Rückschau konstatieren, ein fundamentales kulturpolitisches Dokument für das ausgehende 20. und beginnende 21. Jahrhundert. Die »Washingtoner Prinzipien« setzten die Folgen des NS-Kunst- und Kulturgutraubes, die – außer bei den Leidtragenden und ihren Nachfahren – damals fast in Vergessenheit geraten waren, wieder fest auf die Tagesordnung der Kulturgut sammelnden und bewahrenden Institutionen in Deutschland, Österreich und weit darüber hinaus. Die Aufforderungen zu einer Intensivierung der Suche nach diesem Raubgut in den Beständen der öffentlichen Institutionen, nach freiem Zugang zu Archiven und Quellen, nach Dokumentation und Transparenz, und schließlich nach – so ein Schlüsselbegriff – »gerechten und fairen Lösungen«, sollte solches Raubgut identifiziert worden sein, haben bis heute ihre Aktualität nicht verloren. Die Bundesrepublik Deutschland als Teilnehmerstaat der »Washingtoner Konferenz« und Hauptadressat verpflichtete sich Ende 1999 in einer gemeinsamen Erklärung Gemeinsamen Erklärung (»Erklärung der Bundesregierung, der Länder und der kommunalen Spitzenverbände zur Auffindung und zur Rückgabe NS-verfolgungsbedingt entzogenen Kulturgutes, insbesondere aus jüdischem Besitz«) zusammen mit den Bundesländern und den kommunalen Spitzenverbänden zur Umsetzung der »Washingtoner Prinzipien«.

Daraufhin passierte in Deutschland einige Jahre lang – leider nur ziemlich wenig. Zu dem Wenigen (und nicht Unwichtigen), das aber doch kurzfristig in die Wege geleitet wurde, gehörte vor allem im Jahr 2000, die Einrichtung der Datenbank www.lostart.de als offen zugängliches, nicht kostenpflichtiges Such- und Dokumentationsinstrument für Kulturgüter, bei denen ein Entzugskontext festgestellt worden war oder vermutet wurde. Betreiber wurde die seit 1998 in Magdeburg ansässige, von Bund, Ländern und Kommunen getragene »Koordinierungsstelle für Kulturgutverluste«, die zunächst ihren Schwerpunkt im Bereich der Kriegsverluste gehabt hatte. Wesentlich war weiterhin 2003 die Etablierung der »Beratenden Kommission für die Rückgabe NS-verfolgungsbedingt entzogener Kulturgüter, insbesondere aus jüdischem Besitz«, die nach ihrer ersten Vorsitzenden, Jutta Limbach, als »Limbach-Kommission« bekannt wurde: ein in Streitfällen beratendes und schlichtendes, jedoch nicht entscheidendes und in seinen Empfehlungen rechtlich nicht bindendes Gremium.

An den Orten allerdings, die Kulturgüter sammeln, verwahren und somit – ob gewollt oder ungewollt – auch zu Verwahrern von Raubgut geworden sein könnten, tat sich zunächst relativ wenig. In den Museen, Bibliotheken, Archiven und bei den für sie zuständigen Trägern hatte man zunächst kein Geld, keine Zeit, keine Kompetenz, keinen Sinn für Provenienzforschung. Oder man fand vielleicht auch, dass diese Dinge doch am besten im Museum aufgehoben wären, wo sie den Verwertungsinteressen des (Kunst-)Marktes entzogen sind. Natürlich gab es lobenswerte Ausnahmen, gab es Museen und Bibliotheken, die schon Anfang der 2000er Jahre ihre Verpflichtungen wahrnahmen, gab es bald die ersten hauptberuflichen Provenienzforscherinnen (die weibliche Form ist hier bewusst gewählt), die sich zunächst in einem informellen Rahmen trafen, aus dem später der Arbeitskreis Provenienzforschung e.V. hervorging. Doch in der Summe waren es zunächst nur wenige »Leuchttürme« auf einer Deutschlandkarte. Die Datenbank www.lostart.de wurde von Museen zwar mit ihren Kriegsverlusten gefüllt, doch die Fundmeldungen, also die Hinweise auf potentielles NS-Raubgut, blieben spärlich. Die oben genannten Hemmnisse, oder zumindest einige von ihnen, waren allerdings durchaus ernst zu nehmen: die meisten Museen und Bibliotheken hatten tatsächlich weder Zeit noch Geld noch Kompetenz, um systematische, professionelle Provenienzforschung zu betreiben. Mit bloßen Postulationen politischer und moralischer Notwendigkeiten würde es also offensichtlich nicht gelingen, den »Washingtoner Prinzipien« und der »Gemeinsamen Erklärung« wirklich gerecht zu werden. Auf Initiative der BKM und der Kulturstiftung der Länder, beraten von Praktikerinnen der Provenienzforschung, entwickelte sich die Idee einer »Arbeitsstelle für Provenienzforschung«, die dezentral Provenienzforschung finanziell fördern sowie die geförderten Projekte inhaltlich beraten und vernetzen sollten. 2008 wurde diese Arbeitsstelle an das Institut für Museumsforschung der Stiftung Preußischer Kulturbesitz angegliedert. Dieser Ansatz erwies sich bald als der richtige. Nun begannen immer mehr Museen und Bibliotheken potentiell problematische Bestände systematisch zu untersuchen. Mag das zunächst in der einen oder anderen Institution noch nicht aus voller Überzeugung erfolgt sein, so ließ sich jedoch bald erkennen, dass es zu einem grundsätzlichen, unumkehrbaren Bewusstseinswandel gekommen war. Provenienzforschung wurde mehr und mehr zur Selbstverständlichkeit in Deutschland und der Verdacht, deutsche Institutionen würden Raubgut verstecken, verlor glücklicherweise an Berechtigung.

Ein nächster markanter Einschnitt erfolgte Ende 2013: durch Medienberichte wurde der »Fall Gurlitt« oder auch »Schwabinger Kunstfund« bekannt. Zufällig war entdeckt worden, dass der Sohn des in das NS-Kunstraubsystem verwickelten Kunsthändlers Hildebrand Gurlitt ein eremitisches Leben inmitten der Sammlung seines Vaters geführt hatte – einer Sammlung, von der man zunächst annehmen musste, sie würde zu wesentlichen Teilen aus Raubgut bestehen. Die dramatischen Ereignisse, von der Beschlagnahmung der Sammlung durch die Staatsanwaltschaft wegen des Verdachts eines Steuervergehens über die Veröffentlichung bis zum Tod von Cornelius Gurlitt und seinem Testament können hier nicht referiert werden: sie würden inzwischen ein eigenes Buch füllen. Die BKM sah jedenfalls sofortigen Handlungsbedarf und installierte kurzfristig die »Task Force Gurlitt«, die auch namhafte internationale Experten umfasste und die Aufgabe hatte, diesen mythenumwobenen Fall möglichst umfassend zu erforschen und vor allem NS-Raubkunst zu identifizieren. Die »Task Force« konnte zwar die medialen Erwartungen nach einer schnellen Lösung aller Fälle nicht erfüllen, gescheitert ist sie aber deshalb nicht, denn Fachleute hatten genau diese Langwierigkeit und Mühseligkeit der Recherchen erwartet. 2016 übernahm dann »Projekt Provenienzrecherche Gurlitt« die Aufgabe. Nur in relativ wenigen Fällen ließ sich bisher der eindeutige Nachweis für Raubkunst erbringen, doch daran kann die jahrelang intensive Recherchearbeit nicht alleine gemessen werden. Der »Fall Gurlitt« schärfte ungemein das öffentliche Interesse an der Provenienzforschung und ihrer Aufgabe, den NS-Raub aufzuklären – auch als moralischer Verpflichtung der ganzen Gesellschaft. Die große Aufmerksamkeit für den aus den Forschungen hervor gegangenen Ausstellungsreigen mit Präsentationen in Bonn, Bern und Berlin bewies dies.

Die Einrichtung der »Task Force« war nicht die einzige politische Antwort auf den »Fall Gurlitt«. Vielmehr wurde bald erkannt, dass die Provenienzforschung an deutschen Institutionen – trotz aller Erfolge seit 2008 – weiter gestärkt werden musste. Eine fundamentale strukturelle Konsequenz war Anfang 2015 die Bündelung der Kräfte durch die Einrichtung des »Deutschen Zentrums Kulturgutverluste«, einer Stiftung privaten Rechts mit Sitz in Magdeburg. In ihr gingen sowohl die Magdeburger »Koordinierungsstelle«, als auch die Berliner

»Arbeitsstelle für Provenienzforschung« auf. Die BKM ist Vorsitzende des Stiftungsrates, in dem ansonsten Vertreter des Bundes, der Länder und der kommunalen Spitzenverbände vertreten sind.

Das »Deutsche Zentrum Kulturgutverluste« ist national und international der zentrale Ansprechpartner zu Fragen unrechtmäßiger Entziehung von Kulturgut. Das Hauptaugenmerk gilt dem im Nationalsozialismus verfolgungsbedingt entzogenen Kulturgut insbesondere aus jüdischem Besitz (sog. NS-Raubgut). Hier wirkt es forschungsanregend, koordinierend und vor allem auch in beträchtlichem Ausmaß finanziell fördernd, indem Mittel des Bundes gezielt zur Projektförderung eingesetzt werden. Die Bilanz dieser Förderung ist eindrucksvoll: von 2008 bis Frühjahr 2018 konnten durch das »Zentrum« und seine Vorgängerinstitution, die »Arbeitsstelle für Provenienzforschung«, insgesamt 273 Projekte mit Mitteln in Höhe von rund 24,5 Millionen Euro gefördert werden. Neben öffentlichen Institutionen können seit 2017 auch – sofern sie sich auf die »Washingtoner Prinzipien« verpflichten – private Einrichtungen und Privatpersonen bei der Recherche in ihren Sammlungen unterstützt werden.

Daneben zählen kriegsbedingt verlagerte Kulturgüter (sogenannte Beutekunst), wie sie auch in der Datenbank www.lostart.de dokumentiert sind, zu den Handlungsfeldern. Als neues Tätigkeitsfeld wurde dem »Zentrum« die Aufarbeitung des Entzugs von Kulturgütern in der Sowjetischen Besatzungszone von 1945 bis 1949 und in der DDR seit 1949 übertragen. Dies betrifft beispielsweise die sogenannte Schlossbergung, also die Enteignung von Adelssitzen samt ihrem Inventar im Rahmen der Bodenreform 1945/46, die Beschlagnahmung von Kunstwerken aus dem Eigentum sogenannter Republikflüchtlinge, die Kriminalisierung von Kunstsammlern sowie nicht zuletzt die dubiosen Aktivitäten der »Kommerziellen Koordinierung« und der »Kunst und Antiquitäten GmbH«, die auf die Gewinnung von Devisen durch den Verkauf von Kulturgütern ins westliche Ausland ausgerichtet waren. Für die juristische Aufarbeitung dieser Entzugskontexte der Nachkriegszeit existieren mit dem »Gesetz zur Regelung offener Vermögensfragen« und mit dem »Entschädigungs- und Ausgleichsleistungsgesetz« präzise gesetzliche Grundlagen, sodass die Situation nicht mit der bei NS-Raubgut gleichgesetzt werden kann. Für das »Zentrum« geht es hier vorrangig um die Schaffung einer wissenschaftlichen Basis, denn der Kenntnisstand zu allen diesen Fallkonstellationen ist noch bemerkenswert gering. So stehen zunächst Kooperationsprojekte zur Grundlagenforschung mit Partnerinstitutionen wie beispielsweise dem »Hannah-Arendt-Institut für Totalitarismusforschung« oder dem »Bundesbeauftragten für die Unterlagen des Staatssicherheitsdienstes der ehemaligen DDR (BStU)« an, auf die dann mittelfristig eine Förderstrategie aufbauen kann.

2019 wird das »Zentrum« eine weitere, herausfordernde Aufgabe übernehmen: die Förderung von Grundlagen- und Provenienzforschung zu sogenannten kolonialen Kontexten. Die kontroversen Debatten im Zusammenhang mit der Gründung, Einrichtung und Ausstattung des Humboldt Forums in Berlin, aber auch aktuelle politische Entwicklungen in Frankreich haben deutlich gemacht, dass die Aufarbeitung der deutschen Kolonialgeschichte und ihrer materiellen Spuren in ethnologischen, archäologischen, naturkundlichen und anderen Museen noch stark unterentwickelt ist. Die BKM identifizierte hier frühzeitig und weitblickend großen Handlungsbedarf. So wird nun das »Zentrum« mit Mitteln für die einschlägige Forschungsförderung sowie der dafür notwendigen Infrastruktur ausgestattet. Die Maxime dabei ist allerdings, dass dieses neue Aufgabenfeld keinesfalls auf Kosten der weiterhin intensiv betriebenen Aufklärung des NS-Raubes gehen darf; die notwendigen personellen und finanziellen Voraussetzungen, damit keine Konkurrenz entstehen kann, wurden von der BKM geschaffen.

In der Summe spiegelt die von der BKM begleitete und forcierte Entwicklung und Ausdehnung der Aufgaben für die Provenienzforschung geradezu idealtypisch zwei Jahrzehnte einer neuen, profilierten Kulturpolitik des Bundes. Wenn gelegentlich moniert wird, dass noch viel zu tun bleibe, dass die Förderung noch intensiver ausfallen könne, dass dieser oder jener Bereich noch nicht genügend im Fokus stünde, so ist das weniger als Kritik an der aktuellen Kulturpolitik auf diesem Feld zu verstehen, sondern eher als Kritik an vielen Versäumnissen der Vergangenheit. Doch der Blick sollte in die Zukunft gerichtet sein. Auf die Provenienzforschung werden mehr und mehr Verpflichtungen im Rahmen der gesamtgesellschaftlichen Erinnerung und Verantwortung zukommen. Je weniger Zeitzeugen des Holocaust über ihre Erlebnisse reden können, desto wichtiger wird es werden, die materiellen Zeugnisse, zu denen beispielsweise geraubte Kunstwerke gehören, zum Sprechen zu bringen. Zu dieser Zukunftsstrategie gehört schließlich auch die stärkere Verankerung der Provenienzforschung in der universitären Lehre, z. B. durch Stiftungsprofessuren, sowie durch vielfältige Weiterbildungsangebote.

In diesem Sinne sind 20 Jahre neuer Kulturpolitik und 20 Jahre Provenienzforschung im Sinne der »Washingtoner Prinzipien« nicht nur ein Anlass, zurück, sondern auch voraus zu blicken.

Barbara Schneider-Kempf
Zwei 20. Geburtstage, eng miteinander verzahnt

Zwei Dinge jähren sich im Herbst des Jahres 2018 zum 20. Mal: die Gründung nämlich einer neuen Kulturinstanz auf Bundesebene, der heutigen »Beauftragten der Bundesregierung für Kultur und Medien« (BKM) und die Verabschiedung der sogenannten Washingtoner Erklärung,[1] mit der das Thema des NS-verfolgungsbedingten Bücherraubes nach Jahrzehnten eines überwiegenden kollektiven Desinteresses überhaupt erst Einzug in das deutsche Bibliothekswesen fand.

In anderen Bibliotheken setzten spätestens Ende der 1990er Jahre sehr ernsthafte Bemühungen ein, NS-Raubgut zunächst zu ermitteln und dann nach Möglichkeit auch an die Eigentümer oder an deren Erben zu restituieren. Die Prioritäten der Staatsbibliothek zu Berlin – Preußischer Kulturbesitz lagen damals jedoch noch auf einem anderen Gebiet und konzentrierten sich mit großer Energie darauf, die Krakauer »Berlinka« und andere nach Ost- und Ostmitteleuropa verlagerte eigene Sammlungsteile nach Berlin heimzuholen. Hierüber geriet eine wirklich vertiefte und der historischen Bedeutung angemessene Recherche nach NS-Raubgut in unseren Beständen leider über Jahre hinweg ins Hintertreffen.

Die Staatsbibliothek zu Berlin hat eine lange und zumeist auch ruhmvolle Vergangenheit – den teilweise verschatteten Seiten ihrer Vergangenheit hat sie sich aber erst mit einiger Verzögerung gewidmet. Ich spreche von den Jahren nach 1933, als Einzelstücke wie auch ganze Sammlungen oder Teilsammlungen aus nunmehr politisch missliebigen Quellen Einzug in die Magazine und die

---

[1] Grundsätze der Washingtoner Konferenz in Bezug auf Kunstwerke, die von den Nationalsozialisten beschlagnahmt wurden (Washington Principles); veröffentlicht im Zusammenhang mit der Washingtoner Konferenz über Vermögenswerte aus der Zeit des Holocaust, Washington D. C., 03.12.1998 → https://bit.ly/2Q3iHS1

Kataloge der Preußischen Staatsbibliothek fanden. Die Wahrscheinlichkeit war hoch, dass jüdische Bücher wie auch Bücher der politischen Linken oder solche, die den Nationalsozialisten aus anderen Gründen verbotswürdig erschienen, von unserer Vorgängereinrichtung guten Gewissens übernommen wurden. Guten Gewissens? Ja, das bibliothekarische Ethos jener Jahre verlangte danach, auch die Schriften der von NS-Regime Verfolgten zu sichern, denn andernfalls wären Bücher und Handschriften der Vernichtung anheimgefallen. Man wähnte sich als Retter von Kulturgut. Was jedoch damals als rechtmäßig und geboten galt, gilt heute, 80 Jahre später, bei weitem nicht mehr als rechtmäßig, sondern als widerrechtliche Aneignung fremden Eigentums.

Es war vor allem Klaus-Dieter Lehmann, der in seiner Eigenschaft als Präsident der Stiftung Preußischer Kulturbesitz die Staatsbibliothek in den späten 1990er Jahren immer wieder gemahnt und motiviert hat, sich ihrer Vergangenheit mitsamt ihren unrühmlichen Abschnitten zu stellen; ihm gebührt heute rückblickend ein besonderer Dank für sein Insistieren. Es muss mit aller Deutlichkeit unterschieden werden zwischen Büchern, die wir zu Recht besitzen und solchen, die nur in unseren Sammlungen sind, weil andere sie verfolgungsbedingt verloren haben. Oder, noch drastischer formuliert: ich duldete es von Anbeginn meiner Amtszeit als Generaldirektorin der Staatsbibliothek nicht, dass sich gestohlene Bücher in den Sammlungen der Staatsbibliothek zu Berlin befinden.

Ich habe in den vergangenen 15 Jahren auf verschiedenen Tagungen im In- und Ausland über Raubgut, Restitution und die besondere Rolle der Staatsbibliothek zu Berlin berichtet. Die Resonanz und die stets interessierten Nachfragen haben mir rasch und immer wieder neu bewiesen, dass die deutsche und die internationale Öffentlichkeit aufgrund unserer Verantwortung vor der Geschichte ein sehr offensives Vorgehen der Staatsbibliothek dringend erwarteten.

Erste Erfolge stellten sich, wie wir sahen, alsbald ein. Aber es handelte sich um Zufallsfunde, die nur ergänzend eine Bedeutung besaßen. Notwendig wurde vielmehr eine systematische und bedingungslose Herangehensweise,[1] da die Preußische Staatsbibliothek nicht eine Bibliothek unter vielen, sondern die erste Bibliothek im Staate war und ihr eine eminent wichtige Rolle als bibliothekarischer Schaltstelle zukam. Es ging mir als Generaldirektorin der Staatsbibliothek weder um eine pauschale Schuldzuweisung an unsere bibliothekarischen Vorväter, noch darum, einen Schlussstrich unter Verfehlungen zu ziehen, sondern einzig darum, die Tradition unserer Einrichtung sauber aufzuarbeiten. »Die Tradition zu pflegen«, so heißt es bei Gustav Mahler, »bedeutet nicht, die Asche anzubeten, sondern die Flamme zu erhalten.« Eben in diesem Sinne stellte die Tra-

---

[1] Die verschiedenen Einzelprojekte, u. a. auch zu den Aspekten »Reichstauschstelle« und »Zentralstelle für wissenschaftliche Altbestände« können an dieser Stelle nicht eingehender beschrieben werden; stattdessen sei verwiesen auf die entsprechenden Seiten der Abteilung Historische Drucke
→ https://bit.ly/2xyKjYq

dition der Staatsbibliothek für mich nicht ein Ruhekissen der Selbstgefälligkeit dar, sondern eine Verpflichtung, unser Erbe kritisch gegenüber uns selbst und kritisch gegenüber unseren Vorgängern im Amte zu bewahren.

Die Preußische Staatsbibliothek hat in der Zeit des Nationalsozialismus als größte wissenschaftliche Bibliothek Deutschlands zahlreiche Zuweisungen geraubter Bücher erhalten. In der Nachkriegszeit aber geschah hier wie auch in den meisten anderen Bibliotheken nur wenig. Bücher standen jahrzehntelang kaum im Fokus von Provenienzrecherchen und Restitutionen. Diese Jahre der Lethargie sind lange passé. Als Rechtsnachfolger der Preußischen Staatsbibliothek ist sich die Staatsbibliothek zu Berlin ihrer Verantwortung bewusst und arbeitet seit nunmehr langen Jahren intensiv an der Aufarbeitung der Problematik von NS-verfolgungsbedingt entzogenem Kulturgut in ihren Sammlungen. Seit dem Jahr 2007 befasst sich ein speziell eingerichteter Aufgabenbereich mit der systematischen Prüfung des rund drei Millionen Bände umfassenden historischen Druckschriftenbestandes hinsichtlich der entdeckten Verdachtsfälle. Die Abteilung Historische Drucke hat für die Bearbeitung von NS-Raubgut im Bereich der Druckschriften spezielle Geschäftsgänge entwickelt, die sich an dem »Leitfaden für die Ermittlung von NS-verfolgungsbedingt entzogenem Kulturgut in Bibliotheken« (2005) und den Weimarer »Empfehlungen zur Provenienzverzeichnung« orientieren.

Großen Wert legt die Staatsbibliothek bei der Provenienzforschung auf die nachhaltige Dokumentation der Recherche- und Erschließungsergebnisse. Alle Verdachtsfälle auf NS-Raubgut werden mit sämtlichen Provenienzspuren zeitnah und umfassend im Online-Katalog der Staatsbibliothek (StaBiKat) und in der Internet-Datenbank Lost Art der Koordinierungsstelle Magdeburg dokumentiert. Wenn sich der Verdacht der Beschlagnahme, Enteignung oder eines Notverkaufes bestätigt und das Exemplar eindeutig identifiziert werden kann, werden die Rechercheergebnisse einschließlich des Sachverhaltes »NS-Raubgut« mittels vertiefter Provenienzerschließung im Online-Katalog StaBiKat dokumentiert. Dabei werden die in den Büchern vorhandenen Provenienzspuren (Stempel, Exlibris, handschriftliche Besitzeinträge) sowie die Angaben aus den Zugangsbüchern und gegebenenfalls den Akten über die Herkunft der Bände (Lieferanten), mögliche Vorbesitzer, den Zeitpunkt und die Art der Erwerbung erfasst, sodass die gesamte Exemplarhistorie im elektronischen Katalog der Staatsbibliothek recherchierbar ist. Ebenso wird im Falle der Restitution oder auch bei Restitutionsverzicht durch den Eigentümer oder seinen Rechtsnachfolger die Sachlage unter Angabe des Zeitpunktes der Rückübertragung bzw. des Datums der Verzichterklärung im Katalog nachgewiesen.

Nach Auswertung der erfassten Besitzvermerke werden präsumtive Berechtigte bzw. deren Rechtsnachfolger ermittelt und bei nach Einschätzung der Staatsbibliothek eindeutiger Faktenlage dem Justiziariat der Stiftung Preußischer Kulturbesitz zur Prüfung der Rechtslage und zur Vorbereitung der Entscheidung über die Restitution durch den Präsidenten der Stiftung zugeleitet.

Abschließend seien einige erfolgreich verlaufene Restitutionsfälle beschrieben.[1]

— Spektakulär war der Fund von 17 Büchern und Broschüren aus der verschollenen Privatbibliothek des Rabbiners Leo Baeck in einem jahrzehntelang unbearbeiteten Restbestand der Orientabteilung. Diese Werke konnten im April 2006 an Marianne C. Dreyfuss, eine Tochter von Ruth Baeck und Hermann Berlak, restituiert werden.

— Schon wenige Tage später, Anfang Mai, wurde eine aus 71 Positionen bestehende Sammlung von Musikalien aus dem Besitz des Pianisten Arthur Rubinstein an dessen in New York lebende Kinder übergeben. Der 1887 im polnischen Lodz geborene weltbekannte Pianist war schon 1939 aus Paris in die USA emigriert. Seine dort zurückgelassene Bibliothek wurde im Juni 1940 vom Einsatzstab Reichsleiter Rosenberg konfisziert und nach Berlin verschleppt. Was dort die alliierten Bombardements überstanden hatte, gelangte über die Trophäenkommission der Roten Armee zunächst in die Sowjetunion und wurde von dort Ende der 1950er Jahre an die DDR übergeben, wo sie jahrelang in der Musikabteilung der Deutschen Staatsbibliothek unbearbeitet blieben.

— In den Beständen der Staatsbibliothek wurden im Jahr 2007 Bücher aus dem vormaligen Privatbesitz des renommierten deutsch-jüdischen Schriftstellers und Theaterkritikers Alfred Kerr entdeckt. Kerr, am 15. Februar 1933 über die Schweiz nach Frankreich geflohen, verkaufte später Teile seiner Privatbibliothek an die Preußische Staatsbibliothek. Mehr als 80 dieser Bücher konnten identifiziert werden; im Einvernehmen mit der in London lebenden Judith Kerr, der als Schriftstellerin (»When Hitler stole pink rabbit«) bekannten Tochter Kerrs, wurden die Bücher, die teilweise mit handschriftlichen Widmungen an Alfred Kerr versehen sind, dem Alfred-Kerr-Archiv der Berliner Akademie der Künste übergeben.

— Ein weiterer Restitutionsfall glückte bald darauf. Die Stiftung Preußischer Kulturbesitz gab im November 2008 zehn Autografe aus dem Nachlass des Komponisten und Musikschriftstellers Edwin Geist an dessen Erben zurück. Die Unterlagen befinden sich heute im National Holocaust Memorial Museum in Washington D. C. – Geist wurde 1902 in Berlin geboren. 1938 floh der Komponist, der einen jüdischen Vater besaß, aus Deutschland und nahm in Litauen seinen Wohnsitz. 1942 ermordeten ihn die Nationalsozialisten im litauischen Kaunas. Kurz danach nahm sich seine jüdische Ehefrau unter dem Eindruck der Verfolgung und aus Verzweiflung das Leben. In ihrer Wohnung befanden sich zu diesem Zeitpunkt Autografen der Kompositionen von Geist. Unbekannte entfernten den Nachlass anschließend ohne Beteiligung der Familie aus der versiegelten Wohnung des Ehepaars. Einen Teil seiner Autografe hatte die Deutsche Staatsbibliothek (Berlin-Ost) 1964 durch eine Schenkung der Gesellschaft für deutsch-sowjetische Freundschaft erhalten.

---

[1] Die verschiedenen Einzelprojekte, u. a. auch zu den Aspekten »Reichstauschstelle« und »Zentralstelle für wissenschaftliche Altbestände« können an dieser Stelle nicht eingehender beschrieben werden; stattdessen sei verwiesen auf die entsprechenden Seiten der Abteilung Historische Drucke → https://bit.ly/2xyKjYq

— In den Jahren 2010 bis 2012 restituierten wir mehr als 350 Bände aus ehemaligen Bibliotheksbeständen der Berliner »Gesellschaft zur Beförderung des Christentums unter den Juden« an den Rechtsnachfolger, das Berliner Missionswerk der Evangelischen Kirche Berlin-Brandenburg-schlesische Oberlausitz. Die Gesellschaft zur Beförderung des Christentums unter den Juden musste im Januar 1941 ihre Tätigkeit einstellen, ihre Bibliothek wurde von der Gestapo beschlagnahmt. Die nun restituierten Bücher wurden größtenteils erst nach dem Krieg im Zuge der Aufarbeitung von Geschäftsgangsresten 1951/52 als »alter Bestand« inventarisiert. Auch wenn die sogenannte »Judenmission« heute an sich sehr kritisch gesehen wird, ist doch auch die Befassung mit diesen Vorgängen bedeutsam.

— 2013 gaben wir drei Bücher aus dem ehemaligen Eigentum des jüdischen Apothekers Leopold Scheyer an seine in London lebende Enkelin Dr. Edith Rosenberger zurück. Leopold Scheyer, geb. am 26. April 1867 in Kempen (Posen), besaß in der Berliner Alexanderstraße die Alexander-Apotheke, die er 1936 aufgrund der Verfolgung durch die Nationalsozialisten zwangsverkaufen musste. Zudem musste er, um Deutschland verlassen zu können, seinen Hausrat und seine Privatbibliothek unter Wert veräußern. Im August 1939 emigrierte Scheyer in die Niederlande, wo er sich angesichts der drohenden Deportation am 9. März 1943 das Leben nahm. Einzelne Bände seiner Bibliothek konnten in den letzten Jahren anhand der sich in den Büchern befindlichen Besitzeinträge in verschiedenen Berliner Bibliotheken identifiziert werden. Wie die nun restituierten Exemplare in die Staatsbibliothek gelangt sind, ist ungewiss. Sie wurden nach 1945, wahrscheinlich Anfang der 1950er Jahre, in den Bestand übernommen.

— Im Dezember 2014 wurden 13 Bände aus dem Bestand der Staatsbibliothek zu Berlin an die Israelitische Kultusgemeinde Wien (IKG) restituiert. Es handelt sich um Druckschriften, die zwischen 1840 und 1914 erschienen sind. Die Herkunft der Bücher hatte die Staatsbibliothek zu Berlin im Rahmen ihres seinerzeit soeben abgeschlossenen Forschungsprojektes »Transparenz schaffen« geklärt.[1] Insgesamt wurden dabei rund 11.000 besonders verdächtige Druckschriften aus dem historischen Bestand der Staatsbibliothek überprüft. Aufgrund der im Katalog der Staatsbibliothek verfügbaren Informationen wandte sich die IKG Wien mit der Bitte um Rückgabe einiger identifizierter Bücher an die Stiftung Preußischer Kulturbesitz. Schließlich konnten nicht nur die vier Bände aus der Bibliothek der IKG Wien, sondern auch neun Bücher aus drei weiteren, heute nicht mehr existierenden jüdischen Organisationen in Wien an die IKG als Rechtsnachfolger übergeben werden. Schwierig war die Identifizierung der Stempel vor allem bei einem Band aus dem Eigentum des »Vereins Jüdisches Museum Wien«. In diesem Band waren alle Stempel mit schwarzer Farbe überstrichen, um sie unkenntlich zu machen. Mithilfe von UV-Licht konnten dennoch Teile der Stempelschrift entziffert und so die Frage nach der Herkunft des Bandes eindeutig beantwortet werden.

---

1 → https://bit.ly/2xDNuxP

— NS-verfolgungsbedingter Entzug beschränkt sich nicht allein auf Bücher deutscher und europäischer Juden, sondern betraf auch nach 1933 missliebige politische Einrichtungen wie das Frankfurter Institut für Sozialforschung, das erst vor wenigen Wochen 500 Bücher aus Berlin zurückübereignet bekam,[1] oder Freimaurerlogen. 2016 konnte ich dem Mitglied des Vorstandes der Johannisloge »Teutonia zur Weisheit« in Potsdam, Matthias Bohn, 384 Bände (von einst über 2.000 Büchern) aus der ehemaligen Bibliothek der Freimaurerloge übergeben. Die Bücher konnten in der Staatsbibliothek zu Berlin als NS-verfolgungsbedingter Verlust der Loge identifiziert werden. Sie beinhalten allgemeine Literatur zum Freimaurertum, Instruktionen, Statuten, naturwissenschaftliche Texte, Lieder, Zeitschriften und zahlreiche Monografien aus dem 18. bis frühen 20. Jahrhundert. Die Loge wird die Bände weiterhin der Forschung zur Verfügung stellen. Bücher, so wurde einmal mehr deutlich, sind ein Teil der Identität einer Institution – und Rückgaben sind somit mehr als reine Bestandsvermehrungen, wie Bohn freudig hervorhob. Denn als sich im Jahr 1935 unter dem Druck der Nationalsozialisten alle Freimaurerlogen auflösten, wurde ihr jeweiliges Eigentum verschleppt, zerstreut oder unwiederbringlich zerstört.

Auch Bibliotheken waren Opfer des Zweiten Weltkriegs – aber sie waren zugleich auch Täter. Dass auch aus deutschen Bibliotheken jene Mitarbeiter, die den Rassekriterien des NS-Staates nicht entsprachen, entfernt wurden, ist in den vergangenen Jahren erfreulicherweise ebenfalls zum Thema der Bibliotheksgeschichte geworden. Ebenso wurde das Raubgut in deutschen Bibliotheken einer späten, wenn auch zu späten Recherche unterzogen: die Rückgabe kann kaum jemals mehr an die rechtmäßigen Eigentümer erfolgen, sondern besitzt häufig nur noch symbolischen Charakter gegenüber Erben und Rechtsnachfolgern.

Die Suche und Restitution von NS-verfolgungsbedingt entzogenen Kulturgütern ist eine aufwendige Angelegenheit. Sie erfordert hohen Einsatz aller Beteiligten, Geduld und Genauigkeit. Bei allem erforderlichen Aufwand wird aber immer spürbar, dass dieses Verfahren dazu beiträgt, den Opfern des Nationalsozialismus späte Gerechtigkeit widerfahren zu lassen und ihnen einen Teil ihrer Würde zurückzugeben.

Tatsächlich haben 20 Jahre Washingtoner Erklärung und 20 Jahre BKM doch mehr miteinander zu tun, als man eingangs noch vermuten mochte. Denn ist die Befassung mit NS-Raubgut auch eine allumfassende Verpflichtung für Gedächtniseinrichtungen auf kommunaler, Länder- wie auch Bundesebene, so sind doch die Impulse des bzw. der BKM, nämlich der ideelle Rückhalt und die stetig erhöhte finanzielle Unterstützung, sehr beträchtlich und dankenswert. Ohne die hohe Priorität, mit der momentan ein »Zentrum für Provenienzforschung der Stiftung

---

[1] Vgl. Hannah Betke: Späte Wiedergutmachung. Die Berliner Staatsbibliothek Preußischer Kulturbesitz hat 537 Bücher entdeckt, die von den Nationalsozialisten geraubt wurden. Nun werden sie dem Frankfurter Institut für Sozialforschung zurückgegeben. In: Frankfurter Allgemeine Zeitung, 19.07.2018, Nr. 165, S. 11

Preußischer Kulturbesitz« vorbereitet wird und vonseiten der BKM hoffentlich auch adäquat personell ausgestattet wird, wären konsequente umfassende Recherchen und juristische Prüfungen à la longue gar nicht möglich.

9.

Politik für Vielfalt und Diversität

Wachgeküsst 20 Jahre
neue Kulturpolitik
des Bundes
1998——2018

Kathrin Hahne
Im Spannungsfeld von Vielfalt und Einheit

»Vielfalt, die sich nicht zur Einheit ordnet, ist Verwirrung. Einheit, die sich nicht zur Vielfalt gliedert, ist Tyrannei.« Blaise Pascal (1623–1662)

Kulturpolitik im Spannungsfeld von Vielfalt und Einheit

Fragen von Vielfalt und Diversität bewegen, das zeigt das Zitat des französischen Philosophen Blaise Pascal, schon immer Geister und Gemüter. Gesellschaftliche Veränderungsprozesse gehen, da Neues neben Vorhandenes tritt, mit Vielfalt einher. Die Anerkennung der bereichernden Wirkung von Vielfalt, mindestens aber die Akzeptanz des Vorhandenseins von Vielfalt ist deshalb die Basis für die Gestaltung gesellschaftlichen Lebens. Aber die Gestaltung von Vielfalt erfordert »ordnende« Rahmenbedingungen. Ohne Leitbilder und Werte – »Einheit« in den Worten von Pascal – fehlt der Kompass zur Gestaltung gesellschaftlicher Prozesse.

Das Spannungsfeld von Vielfalt und Einheit findet sich in allen Politikfeldern. Der Europäischen Union dient es seit dem Lissaboner Vertrag als Leitgedanke – »in Vielfalt geeint«. In der Kulturpolitik existiert es in besonderem Maße. Denn die Kultur wirkt sich mit ihrer Vielzahl und Vielfältigkeit der Ausdrucksformen durch die Ansprache aller Sinne in besonderem Maße auf die Persönlichkeit der Menschen und den gesellschaftlichen Zusammenhalt aus. Die Begegnung und Auseinandersetzung mit Kunst und Kultur sind für jeden Menschen von prägender Bedeutung. Sie beeinflussen die sinnliche Wahrnehmung, die kreativen Fertigkeiten und die Ausdrucksfähigkeit. Sie ermöglichen einen Zugang zur Geschichte, zu den Traditionen, Werten und kulturellen Leistungen in Deutschland, Europa und der Welt. Und sie vermitteln Zugehörigkeit zur hiesigen Gesellschaft. Kunst und Kultur sind Spiegel und Motor unseres gesellschaftlichen Zusammenlebens. Wie hat in den letzten 20 Jahren die deutsche Kulturpolitik auf die zunehmende Vielfalt der Gesellschaft reagiert? Dies zeichnet dieser Beitrag anhand der auf Bundesebene geschlossenen Koalitionsverträge nach. Anhand von Programmen der Beauftragten der Bundesregierung für Kultur und Medien (BKM) vertieft der Artikel anschließend, wie die gegenwärtige Bundeskulturpolitik mit dem Spannungsfeld von Vielfalt und Einheit umgeht.

Die zunehmende Vielfalt im Spiegel der Koalitionsverträge auf Bundesebene

Der Dialog der Kulturen, die gesellschaftliche Diversität und Teilhabemöglichkeiten standen in den letzten 20 Jahren immer auf der kulturpolitischen Agenda der jeweiligen Bundesregierung. Ging es 1998 noch recht abstrakt formuliert um »Verständigung über kulturelle Unterschiede hinweg«, um einen »offenen interkulturellen Dialog auf breiter Grundlage [...], mit dem Ziel, Feindbilder zurückzudrängen«, wurde der Koalitionsvertrag von 2002 bereits konkreter: »Kultur ist elementare Voraussetzung einer offenen, gerechten und zukunftsfähigen Gesellschaft. Sie wird für das Zusammenleben in einer sozial und ethnisch divergierenden Gesellschaft immer wichtiger.« Im Koalitionsvertrag von 2005 versprechen die Koalitionspartner, dass sie »bei der Wahrnehmung der Aufgaben des Bundes den Aspekt der Teilhabe – insbesondere von Kindern und Jugendlichen – an Kulturangeboten (berücksichtigen)«. Dieses Postulat spezifiziert sich sodann im Koalitionsvertrag von 2009 – zwei Jahre nach dem Abschlussbericht der Enquête-Kommission »Kultur in Deutschland« des Deutschen Bundestages, der in der kulturellen Bildung einen Meilenstein setzte – noch weiter: »Wir wollen gemeinsam mit den Ländern den Zugang zu kulturellen Angeboten unabhängig von finanzieller Lage und sozialer Herkunft erleichtern und die Aktivitäten im Bereich der kulturellen Bildung verstärken; kulturelle Bildung ist auch ein Mittel der Integration.« Im Koalitionsvertrag 2013 mündet dieses über die Jahre gewachsene Bewusstsein für das verbindende Potenzial von Kunst und Kultur innerhalb der Gesellschaft in ein klares Bekenntnis zur »identitätsstiftenden Wirkung von Kunst und Kultur« mit konkreten Handlungsaufträgen: »Die Koalition bekennt sich zu dem Ziel, jedem Einzelnen unabhängig von seiner sozialen Lage und ethnischen Herkunft gleiche kulturelle Teilhabe in allen Lebensphasen zu ermöglichen. Kultur für alle umfasst Inklusion, Geschlechtergerechtigkeit sowie interkulturelle Öffnung. Diese Grundsätze sind auch auf die vom Bund geförderten Einrichtungen und Programme zu übertragen«.

Fazit: Teilhabe zu ermöglichen, ist immer mehr zu einer zentralen Aufgabe für den gesamten Kulturbereich geworden. Die Koalitionsverträge, die auch 20 Jahre Kulturpolitik der BKM prägten, sprechen diese Sprache von Mal zu Mal lauter. Kultur ist lebendig – sie soll und will die gesellschaftliche Vielfalt und Vitalität Deutschlands in all ihren Ausprägungen repräsentieren.

Damit hat sich in der Bundeskulturpolitik eine Forderung durchgesetzt, die bereits in den 1970er Jahren entwickelt und gelebt wurde. Sie prägt die Soziokultur bis heute. Die Soziokultur ist denn auch heute allenthalben ein hochgeschätzter Motor und Impulsgeber – sei es für Stadtentwicklungsprojekte oder die

Integrationspolitik. Mit Wolfgang Zacharias und Hilmar Hoffmann hat die Kulturpolitik in Deutschland in diesem Jahr herausragende Vordenker und Praktiker verloren. Sie waren Pioniere der kulturellen Vermittlung und Pädagogik, die um die Kraft der Kunst, um ihre Bedeutsamkeit für die Entfaltung junger Menschen und um ihre prägende Rolle für den gesellschaftlichen Zusammenhalt wussten. Hilmar Hoffmanns Diktum »Kultur für alle« ist heute nicht mehr in nur einem bestimmten politischen Milieu verwurzelt, sondern parteiübergreifend Konsens und Teil des etablierten Diskurses. Womöglich hat dazu ein Scherflein auch das Amt der Beauftragten der Bundesregierung für Kultur und Medien beigetragen.

Die heutige Kulturpolitik im Spannungsfeld von Vielfalt und Einheit

Wenn 31 Prozent der 15- bis 20-Jährigen in Deutschland einen Migrationshintergrund haben, wenn es immer mehr »rüstige« Seniorinnen und Senioren gibt und wenn sich generell die Milieus ausdifferenzieren, muss es Aufgabe von Kultureinrichtungen sein, diese Menschen anzusprechen und einzubeziehen.

Politik und Kulturverwaltung, Einrichtungen und Praxis sind sich dieser Herausforderungen bewusst. Kulturelle Vielfalt und gesellschaftlicher Zusammenhalt stehen daher auch ganz besonders im Vordergrund des Kulturkapitels im aktuellen Koalitionsvertrag von CDU, CSU und SPD in der 19. Legislaturperiode des Deutschen Bundestages. Das Kapitel leitet damit ein, dass »Kunst und Kultur [...] Ausdruck des menschlichen Daseins [sind]. In ihrer Freiheit und Vielfalt bereichern sie unser Leben, prägen unsere kulturelle Identität, leisten einen Beitrag zu gesellschaftlichem Zusammenhalt und zur Integration und schaffen Freiräume für kritischen Diskurs.«

Kulturpolitisches Ziel ist es, dass möglichst viele Menschen an Kunst und Kultur sowie Medien aktiv teilhaben können. Hierzu soll in Deutschland ein möglichst breites und vielfältiges kulturelles Angebot in allen Sparten verfügbar sein. Möglichst allen Bevölkerungsgruppen sollen Zugänge zu kulturellen Angeboten vermittelt und damit die Rezeption von Kunst und Kultur entsprechend persönlicher Interessen und passend zu den eigenen Lebenswelten ermöglicht werden. Dies gilt grundsätzlich für jede und jeden Einzelnen unabhängig von Geschlecht, Alter, Herkunft, Religion und sozialer Lage – in urbanen Gebieten ebenso wie in ländlichen Regionen und unabhängig von Bildung, Einkommen oder Herkunft.

Die zahlreichen Kultureinrichtungen, Gedenkstätten, aber auch medialen Akteure in Deutschland mit ihren breit gefächerten Angeboten tragen maßgeblich dazu bei, dass der Zusammenhalt in Vielfalt gelingt. Angesichts der genannten gesellschaftlichen Herausforderungen müssen sie mehr denn je auch Bildungs- und Vermittlungseinrichtungen sein. Unsere Kultureinrichtungen sind sich ihrer Verantwortung im gesamtgesellschaftlichen Kontext sehr bewusst. Es entstehen immer mehr faszinierende Initiativen, Programme und Projekte, die die Vielfalt unserer Gesellschaft abbilden und die die Menschen unmittelbar in ihren Lebenswelten ansprechen.

Die Beauftragte der Bundesregierung für Kultur und Medien verstärkt und unterstützt dieses Engagement nachdrücklich. Aktueller Aufhänger hierfür ist die kulturpolitische Forderung des geltenden Koalitionsvertrages 2018, wonach »die vom Bund geförderten Kultureinrichtungen [...] das Ziel umfassender kultureller Teilhabe als Kern- und Querschnittsaufgabe in der Organisationsstruktur verankern und nach Möglichkeit in den Bereichen Gremien und Personal, Ansprache des Publikums, Programmgestaltung und Zugänglichkeit ihrer Angebote berücksichtigen (sollen).«

Mit Gründung des BKM-Referats »Kulturelle Bildung und Integration« vor zehn Jahren hat die BKM das Bewusstsein für das Thema der kulturellen Bildung, Vermittlung und Integration geschärft und gemeinsam mit Partnern die inhaltlichen Grundlagen für stärkere Vermittlungs- und Diversitätsansätze geschaffen. In wissenschaftlichen Studien, Expertendialogen und Netzwerken wurden relevante Themen identifiziert und deren Praxisrelevanz herausgearbeitet. Nach dieser Dekade ist das Thema selbstverständlicher Bestandteil der BKM-Politik und wichtige Meilensteine sind erreicht, wie die Schaffung des Netzwerks kulturelle Bildung und Integration, die Auslobung des BKM-Preises kulturelle Bildung und das stetige Förderprogramm für gesamtstaatliche relevante Modellprojekte der kulturellen Vermittlung.

Nun geht die BKM weitere Schritte. Die Diversitätsentwicklung in Kunst und Kultur steht ganz oben auf der Agenda strategischer Überlegungen für eine Kulturpolitik von morgen. Es geht dabei heute nicht mehr um das »Ob«, sondern um das »Wie« konkreter Maßnahmen für mehr Teilhabe. Ziel ist es, von der Theorie in die Praxis und vom Einzelprojekt hin zu nachhaltigen Strukturen zu kommen. Auch die großen etablierten Kultureinrichtungen stehen heute vor der Frage, wie sie jenseits der klassischen Museums- und Opernbesucher vermehrt Menschen erreichen, die bislang wenig oder selten Museen, Bibliotheken oder Theater besuchen. Die BKM unterstützt und stärkt sie in der Organisationsentwicklung hin zur kulturellen Bildungs- und zeitgemäßen Vermittlungsarbeit. Nur so können Menschen für Kultur begeistert werden, die, aus welchen Gründen auch immer, bisher nur selten oder auch gar nicht davon Gebrauch machen. Menschen jeden Alters, im ländlichen Raum oder in Metropolen, mit und ohne Zuwanderungsgeschichte oder körperlichen Einschränkungen: sie alle sollen regelmäßig Gelegenheit haben, sich in spannenden und attraktiven Vermittlungsangeboten mit Kunst und Kultur vertraut zu machen.

Das Förderprogramm »Kulturelle Vermittlung und Integration« ist im Bundeshaushalt 2018 mit sechs Millionen Euro ausgestattet. Dies stellt eine Vervierfachung des bisherigen Ansatzes dar. Hiervon werden zahlreiche Projekte und Initiativen, die sich der Vermittlung von Kunst und Kultur widmen, gefördert. Die vom Bund geförderten Kultureinrichtungen sollen noch intensiver als bisher die kulturellen Teilhabemöglichkeiten möglichst Vieler berücksichtigen. Gegenstand der Förderung sind Vorhaben mit gesamtstaatlicher Relevanz im Bereich der Vermittlung, Integration und Diversitätsentwicklung. Dazu gehören z.B. die kulturelle Bildung für junge Menschen, die Inklusion für Menschen mit Behinderung, die Integration und die interkulturelle Öffnung, die Vermittlung in ländlichen Räumen sowie Maßnahmen zur Verwirklichung von Geschlechtergerechtigkeit. Die Bundesregierung verstärkt mit der 2016 verabschiedeten »Strategie zur Extremismusprävention und Demokratieförderung« das Engagement gegen islamistischen Extremismus. Auch der Kulturbereich kann zu wirksamer Präventionsarbeit einen Baustein leisten, weshalb die BKM am Nationalen Präventionsprogramm partizipiert. Eine wirksame Präventionsarbeit setzt an den Ursachen an, bevor Radikalisierungsprozesse in eine reale Gefahr umschlagen. Ursachen der Radikalisierung junger Menschen sind laut aktueller Forschung unter anderem Marginalisierung, Mangel an Identifikation und doppelte Entwurzelung von der Herkunfts- und der Aufnahmekultur. Ziel der BKM-Maßnahmen ist es, der Zielgruppe von Heranwachsenden muslimischen Glaubens ein alternatives Narrativ zu islamistischen Positionen in Form kulturell-religiöser Bildung an der Schnittstelle Museum-Schule-Sozialarbeit, kulturelle Brücken zwischen islamischem Kulturraum und westlicher Welt, positive Identifikationsmöglichkeiten, Anerkennung und Zugehörigkeit zu unserer Gesellschaft zu vermitteln.

Auf Erfahrungen mit Vorläuferprojekten wird dabei zurückgegriffen. Ein besonderes Erfolgsprojekt war »Multaka: Treffpunkt Museum – Geflüchtete als Guides in Berliner Museen«. Syrische und irakische Geflüchtete werden zu Museums-Guides fortgebildet, damit sie selbst Museumsführungen für arabisch-sprachige Geflüchtete in ihrer Muttersprache anbieten können. »Multaka« (arabisch: »Treffpunkt«) steht dabei auch für den Austausch verschiedener kultureller und historischer Erfahrungen. In Zusammenarbeit der Staatlichen Museen zu Berlin und des Deutschen Historischen Museums wurde ein inhaltliches und methodisch-didaktisches Training für die Guides ausgearbeitet, welches sich an Jugendliche und junge Erwachsene, aber auch ältere Personen in gemischten Gruppen richtet.

Die Aufgaben Diversitätsentwicklung und Vermittlungsarbeit sollen als Kern- und Querschnittsaufgabe in der gesamten Organisationsstruktur einer Kultureinrichtung, bei der Gremienarbeit und der Personalentwicklung mitgedacht werden und regelmäßig in den Aufsichtsgremien thematisiert werden. Sie sollen in der Ansprache der Besucherinnen und Besucher und in der Programmgestaltung ihren Niederschlag finden. Ein BKM-Anliegen ist es zudem, bundesgeförderte Kultureinrichtungen durch die Bundesakademie für kulturelle Bildung Wolfenbüttel zu Fragen der Vermittlung, der Diversität und der Integration konkret und praxisnah beraten zu lassen. Diese Vor-Ort-Beratung wird flankiert von der Expertise des »Kompetenzverbundes Kulturelle Integration und Wissenstransfer« (KIWiT) an der Bundesakademie für kulturelle Bildung e.V. in Wolfenbüttel. Gefördert 2017 und 2018 durch die BKM verbindet er die Bundesakademie, die Stiftung Genshagen, das Haus der Kulturen der Welt, das Netzwerk Junge Ohren und den Bundesverband Netzwerke von Migrantenorganisationen (NeMO). Ziel sind der Informations- und Erfahrungsaustausch einerseits sowie die Beratung von Kultureinrichtungen zur kulturellen Bildung und Integration. Die BKM-Initiative »Kultur öffnet Welten« ist Teil von KIWit. Unter dem Dach von »Kultur öffnet Welten« hatte die BKM zusammen mit den Ländern, Kommunen, künstlerischen Dachverbänden und vielen zivilgesellschaftlichen Akteuren seit 2016 kulturpolitisches Engagement, Angebote und Veranstaltungen zur kulturellen Vielfalt gebündelt sowie Impulse für weitere partizipative Aktivitäten mit anderen öffentlichen und zivilgesellschaftlichen Akteuren gesetzt.

Ausblick

Kultur und Kulturpolitik sind auf einem guten Weg, die gesellschaftlichen Veränderungen gemeinsam anzunehmen und jedem einzelnen Besucher, jeder einzelnen Besucherin spezifische Teilhabeangebote zu machen. Aber die diversitätsorientierte Öffnung von Kultureinrichtungen ist ein andauernder, längerfristiger Prozess, der einiges an Bewusstseinsbildung und auch Bewusstseinswandel benötigt. Sie erfordert vom Einzelnen und vom politischen System die Bereitschaft, neugierig auf andere Perspektiven zu sein, Seh- und Denkgewohnheiten sowie stereotype Rollenbilder kritisch zu hinterfragen und offen für Veränderungsprozesse zu sein.

Gleichzeitig bedarf es einer Debatte, welches die kulturellen Orientierungen des 21. Jahrhunderts sein sollen, die die gesamte Gesellschaft verbinden und damit ein Stück weit zusammenhalten. Dabei ist die Debatte mindestens so wichtig wie die Ergebnisse, die an ihrem Ende stehen. Die BKM hat sich bereits aktiv in diese beginnende Debatte mit eingebracht. Unter dem Dach der Initiative Kulturelle Integration, die vom Deutschen Kulturrat moderiert und von der BKM finanziell unterstützt wird, haben seit Ende 2016 neben den betroffenen Ressorts der Bundesregierung 22 Mitglieder aus Zivilgesellschaft, Kirchen und Religionsgemeinschaften, Medien, kommunalen Spitzenverbänden und Sozialpartnern eine Verständigung darüber unternommen, welchen Beitrag Kultur zum gesellschaftlichen Zusammenhalt im Angesicht von Vielfalt und Diversität leisten kann und wie sich die Mitglieder der für den gesellschaftlichen Zusammenhalt bereits heute und in Zukunft engagieren werden. Ein erster Diskussionsbeitrag sind 15 Thesen zur kulturellen Integration, auf die sich die Initiative verständigt hat und die in den nächsten Jahren Ausgangspunkt für weiteres Engagement und Verbreitung sein werden.

In Bezug auf die Ergebnisse der notwendigen gesellschaftlichen Verständigung ist nur so viel klar: Nur »Goethe« geht nicht, aber ganz ohne »Goethe« geht es auch nicht. Und schon Goethe wusste: »Was Du ererbt von deinen Vätern, erwirb es, um es zu besitzen.« Das Europäische Kulturerbejahr 2018 führt uns einmal mehr vor Augen: Kultur ist ein Prozess der Aneignung des Erbes und seiner Erneuerung, ein Geben und Nehmen über Grenzen hinweg – nie ein feststehender Kanon und kein geschlossener Raum mit immer gleichen Nutzerinnen und Nutzern, Teilnehmerinnen und Teilnehmern. Kultur und die ihr innewohnende Kreativität leben vom Wechselspiel zwischen Bekanntem und Unbekanntem, zwischen Normalität und Mode, Abweichung und Verschiedenartigkeit. Kultur gewinnt durch das Einlassen auf zunächst einmal Fremdes. Alles Weitere werden die Aushandlungs- und Gestaltungsprozesse im Sinne des Spannungsfeldes von Vielfalt und Einheit zeigen.

Christian Höppner
Kulturelle Vielfalt – verankert in der DNA unseres Landes

Bereits vor der Einrichtung eines Beauftragten für Kultur und Medien (BKM) beim Bundeskanzler gab es eine Bundeskulturpolitik, auch wenn sie so nicht heißen durfte. Kulturpolitisches Handeln war und ist in Deutschland, mit Ausnahme der nationalsozialistischen Gewaltherrschaft, von der Idee der Kulturellen Vielfalt geprägt gewesen. Kulturelle Vielfalt ist in der DNA unseres Landes tief verankert, was sich heute in der konstitutionellen Verfassung der Bundesrepublik und einer immer noch vielfältigen Kulturlandschaft widerspiegelt. Der rote Faden Kultureller Vielfalt, ausgehend von den 300 Staaten im Heiligen Römischen Reich bis zu unserem föderalen System, hat, mit Unterbrechungen, bis heute gehalten.

Welche Rolle spielt das Thema Kulturelle Vielfalt in der Politik der BKM?

Das Thema der Kulturellen Vielfalt nimmt seit Bestehen der BKM mehr und mehr Raum in der kulturpolitischen Diskussion ein. Bei der Einrichtung eines Beauftragten für Kultur und Medien 1998 durch Bundeskanzler Gerhard Schröder war mit Staatsminister Michael Naumann ein Kosmopolit im Amt, der dieses Thema nicht nur in seiner Biografie, sondern auch in seinem kulturpolitischen Denken und Handeln verkörperte, ohne es explizit so zu benennen. Seine Nachfolger im Amt, Julian Nida-Rümelin und Christina Weiss unterstützen, mit unterschiedlichen Schwerpunkten, ebenfalls die Idee einer offenen und vielfältigen Kulturlandschaft.

Die Verabschiedung der UNESCO-Konvention zum Schutz und zur Förderung der Vielfalt kultureller Ausdrucksformen, kurz UNESCO-Konvention Kulturelle Vielfalt, im Oktober 2005 nach nur zwei Jahren internationaler Verhandlungen, dem Jahr des Amtsantritts von Kulturstaatsminister Bernd Neumann, bildete eine Zäsur für nationale Kulturpolitiken. Zum ersten Mal in der Geschichte der UNESCO hatte die internationale Staatengemeinschaft eine völkerrechtsverbindliche Konvention verabschiedet, die sich unmittelbar mit dem Schutz und der Förderung der Kulturellen Vielfalt befasste.

Ich hatte in Paris die Gelegenheit, einen kleinen Ausschnitt der Verhandlungen mitzuerleben. Die Intensität und teilweise Emotionalität der Verhandlungen im Ringen um Punkt, Komma oder einzelne Worte zeigten deutlich, wie groß der Einigungsdruck und wie hoch die Erwartungen an die zu verabschiedende Konvention Kulturelle Vielfalt waren. Erwartungen, die u. a. auch aus den Erfahrungen der gescheiterten DOHA-Runde und der zunehmenden Ökonomisierung nahezu aller Lebensbereiche gespeist wurden. Der Doppelcharakter von kulturellen und audiovisuellen Dienstleistungen als Kultur- und als Wirtschaftsgut, das Recht aller Staaten auf eine eigenständige Kulturpolitik und die Beteiligung der Zivilgesellschaft als »cultural watch dog« sind einige Kernthemen dieser Konvention. Die drei Grundsäulen der Konvention sind der Schutz und die Förderung des kulturellen Erbes, der zeitgenössischen künstlerischen Ausdrucksformen und der inter- bzw. transkulturelle Bereich. Die Ratifizierungsprozesse erfolgten ebenfalls im Rekordtempo, sodass die Konvention im März 2007 in Kraft trat. 146 Staaten und die Europäische Union als Staatengemeinschaft haben die UNESCO-Konvention Kulturelle Vielfalt bis heute ratifiziert.

In die Amtszeit von Kulturstaatsminister Bernd Neumann, von 2005 bis 2013, fiel die Verabschiedung (2005) und – nach dem erreichten Mindestquorum der Ratifizierungen durch die Mitgliedsstaaten – das Inkrafttreten der Konvention im Jahr 2007. Die Tatsache, dass nicht nur der Deutsche Bundestag, sondern zum ersten Mal in ihrer Geschichte die Europäische Union als Staatengemeinschaft diese Konvention ratifiziert hatte, war ein starkes Signal für die Zivilgesellschaft und den Staat in ihrem Engagement für den Schutz und die Förderung der Kulturellen Vielfalt.

Bernd Neumann hat eine der zentralen Botschaften der Konvention, dass Kulturpolitik Gesellschaftspolitik ist, mit der ganzen Bandbreite, die diese der Bundeskanzlerin zugeordnete oberste Bundesbehörde für die Kultur zulässt, in seiner achtjährigen Amtszeit immer wieder sichtbar werden lassen. Viele der kulturpolitischen Themen wie zum Beispiel die »exception culturelle«, dem Schutz der Kultur vor den Marktmechanismen im Freihandelsabkommen mit den Vereinigten Staaten, waren geprägt vom Geist und den Umsetzungsfolgerungen aus der Konvention, auch wenn nicht immer »Kulturelle Vielfalt« auf dem Etikett stand. Mit seinem Positionspapier »Ohne Urheber keine kulturelle Vielfalt« Ende 2010 hat er den »Schutz des geistigen Eigentums in der digitalen Welt als die größte kulturpolitische Herausforderung« bezeichnet.

Die Themen der UNESCO-Konvention Kulturelle Vielfalt finden sich an etlichen Stellen des Abschlussberichtes der Enquête-Kommission des deutschen Bundestags »Kultur in Deutschland« vom Dezember 2007 mit seinen knapp 500 Handlungsempfehlungen, von denen viele noch nicht abgearbeitet sind, wieder. Dieser Enquête-Bericht hat die Arbeit von Bernd Neumann ebenfalls geprägt.

Seit dem Amtsantritt von Kulturstaatsministerin Monika Grütters als Beauftragte für Kultur und Medien bei der Bundeskanzlerin im Jahr 2013 wird durch das kontinuierlich wachsende Aufgabenspektrum und die damit verbundene inhaltliche Profilerweiterung die zentrale Rolle kultureller Fragen für nahezu alle gesellschaftlichen Bereiche so deutlich wie noch nie. Die nahezu Verdopplung des Etats der BKM von ihrer Gründung bis heute unterstreicht in Zahlen, welche Bedeutung und Wirkmächtigkeit diese kulturpolitische Arbeit für unsere Gesellschaft hat – faktisch die Arbeit eines Bundesministeriums, ohne die damit verbundenen Mitwirkungsmöglichkeiten, wie zum Beispiel das Stimmrecht im Kabinett, einsetzen zu können. Umso größer gilt der Dank den Persönlichkeiten, die sich von Anfang an bis heute für Kultur- und Medienpolitik in diesem Amt erfolgreich engagiert haben bzw. engagieren.

Die Bedeutung des Schutzes und der Förderung der Kulturellen Vielfalt für den gesellschaftlichen Zusammenhalt – und damit weit über ein lebendiges Kulturleben hinaus – haben insbesondere Bernd Neumann und Monika Grütters profiliert. Die kultur- und medienpolitischen Impulse, die Profilschärfe der Förderpolitik, die Kooperationsbereitschaft mit den Ländern und die gesellschaftspolitischen Themen, die Monika Grütters mit ihrem Haus in der öffentlichen Debatte gesetzt hat, sind im Sinne der UNESCO-Konvention Kulturelle Vielfalt beispielhaft. Dazu gehört auch die deutliche Stärkung der Deutschen Welle, die in ihrem dem Deutschen Bundestag zugeleiteten Entwurf zur Aufgabenplanung sich bereits zum zweiten Mal »in ihrer programmatischen Grundausrichtung an der UNESCO-Konvention zum Schutz und zur Förderung der kulturellen Vielfalt« orientiert.

Mit diesen erfreulichen Entwicklungen eröffnet sich die Chance, den begonnenen Weg einer kulturpolitischen Gesellschaftsoffensive zu der Frage, wie wir zusammenleben wollen, intensiver fortzusetzen. Die Voraussetzungen dafür sind günstiger denn je: das Engagement der Zivilgesellschaft in der Zusammenarbeit mit dem Staat, wie zum Beispiel in der Initiative Kulturelle Integration und die Kooperation des Deutschen Kulturrates mit der Deutschen UNESCO-Kommission.

Die Diskussion, welche Rolle Kulturelle Vielfalt für den gesellschaftlichen Zusammenhalt spielen soll und kann, wird von immer stärker auseinanderdriftenden Positionen bestimmt. Das Wort Vielfalt ist zwar im Sprachgebrauch bis hin zur Werbung präsent wie nie, aber – überspitzt formuliert – jeder versteht etwas anderes darunter. Der Deutsche Kulturrat hat sich ausgehend von der UNESCO-Konvention Kulturelle Vielfalt auf die folgende Formulierung verständigt:

— »Kulturelle Vielfalt umfasst das kulturelle Erbe, die zeitgenössischen künstlerischen Ausdrucksformen einschließlich der Jugendkulturen und andere Herkunftskulturen.
— Kulturelle Vielfalt steht für die Summe kultureller Identitäten und ihrer Beziehungen zueinander und beschreibt einen Prozess in der Entwicklung unterschiedlicher kultureller Ausdrucksformen.
— Kulturelle Vielfalt setzt kulturelle Teilhabe voraus.«

Die Botschaften und Wirkungsmöglichkeiten der Konvention Kulturelle Vielfalt weisen weit über die dort benannten Themenfelder hinaus. Wenn es denn gelingt, die jedem Menschen angeborene Neugierde wachzuhalten, die Bandbreite Kultureller Vielfalt im Sinne der UNESCO-Konvention gerade in den prägenden jungen Jahren erlebbar zu machen, die Neugierde auf das Andere, das Unbekannte, das Fremde zu wecken und zu befördern und die Voraussetzungen geschaffen werden, die je eigenen Kreativpotenziale selbstbestimmt entfalten zu können, dann kann eine der zentralen Herausforderungen in unserer Gesellschaft besser als bisher angegangen werden: Ängste in Neugierde zu verwandeln. In diesem Sinne ist die Konvention Kulturelle Vielfalt eine ausgezeichnete Berufungs- und vor allem Handlungsgrundlage. Unsere Gesellschaft hat weniger ein Erkenntnisproblem, sondern mehr ein Umsetzungsproblem, gesellschaftlichen Wandel gemeinsam zu gestalten.

Gesellschaftliche Entwicklungen sind kulturell grundiert. Die Frage, wie wir zusammenleben wollen, ist eine zutiefst kulturelle Frage – über alle Ressortzuständigkeiten hinweg. Für den weiteren Weg der Beauftragten für Kultur und Medien seien die folgenden fünf Impulse gestattet:

1. Kulturelle Vielfalt und gesellschaftlichen Zusammenhalt vor Ort erfahrbar machen.

Der Zusammenhang von Kultureller Vielfalt und gesellschaftlichem Zusammenhalt wird in der Koalitionsvereinbarung benannt und mit Zielsetzungen und einem umfänglichen Maßnahmenkatalog hinterlegt. Leider fehlt ein Bundesprogramm zur kulturellen Integration, das angesichts der bundesweiten Entwicklungen in den gesellschaftspolitischen Auseinandersetzungen genauso dringend wäre, wie die Absicht, Kultur vor Ort zu stärken. Projekte und Förderprogramme können wegweisende Impulse setzen, aber nicht die auf Nachhaltigkeit angelegten Strukturen in Bildung, Kultur und Wissenschaft ersetzen. Für das Erleben Kultureller Vielfalt vor Ort ist eine kontinuierliche und qualifiziert vermittelte Bildung im formalen und nonformalen Bereich genauso notwendig, wie ein erreichbares und bezahlbares Kulturangebot und die Anregungen durch Projekte. Der vor Jahren vom damaligen Bundestagspräsidenten Norbert Lammert festgestellte »lausige Zustand« kultureller Bildung von Kindern und Jugendlichen hat sich leider nicht verbessert. Hier bedarf es einer deutlich verstärkten Zusammenarbeit im Sinne eines kooperativen Föderalismus zwischen Bund, Ländern und Kommunen.

2. Appell an die Länder, die ausgestreckte Hand des Bundes zu einem kooperativen Föderalismus zu ergreifen

Kulturelle Vielfalt erfahrbar zu machen, von Anfang an und ein Leben lang, ist eine gesamtstaatliche Verantwortung. Dieser Verantwortung wird unser Land angesichts der Defizite, wie zum Beispiel bis zu 80 Prozent ausfallender Musik-

und Kunstunterricht in der Grundschule und eklatanten Fehlplanungen im Bildungsbereich mit den gefährlichen Versuchen, den Fachlehrermangel durch Quer- und Seiteneinsteiger auszugleichen, nicht hinreichend gerecht. Gerade vor dem Hintergrund der seit Jahren anhaltenden ausgezeichneten Wirtschaftslage muss es der viertstärksten Industrienation der Welt in einem Gemeinschaftspakt von Bund, Ländern und Gemeinden gelingen, dieses für unsere Gesellschaft zukunftsgefährdende Defizit zu beseitigen. Unter Beachtung der vom Grundgesetz vorgegebenen Verantwortlichkeiten und Zuständigkeiten ist schon heute der Einsatz von zweckgebundenen Mitteln für die kulturelle Bildung ohne Eingriff in die inhaltliche Gestaltungshoheit der Länder möglich. In dem für die Bundesregierung federführenden Zusammenwirken von der BKM und dem Bundesministerium für Bildung und Forschung könnte in der Zusammenarbeit mit den Ländern und den Kommunen ein Weg aus dieser auch international wahrgenommenen Misere bestehen.

3. Die Koalitionsvereinbarung der Bundesregierung für eine verstärkte interministerielle Zusammenarbeit nutzen

Die Kultur ist sowohl im Koalitionsvertrag wie im Ressortzuschnitt der Ministerien beispielhaft gut aufgestellt. Das strategisch aufgestellte Zusammenwirken, beispielsweise zwischen BKM und Auswärtigem Amt, ist gerade vor dem vollzogenen Paradigmenwechsel einer dialogorientierten auswärtigen Bildungs- und Kulturpolitik, die nach außen und innen wirkt, derzeit noch nicht hinreichend erkennbar. Die Chancen und Herausforderungen des Digitalen Zeitalters sind zuerst ein kulturelles Thema und erst in zweiter Linie eine technologische Frage. Eine stärkere Rolle der BKM zu dem Kulturthema Digitalisierung innerhalb der Bundesregierung wie auch in der öffentlichen Meinungsbildung wäre angesichts der tiefgreifenden Veränderungen für unsere Gesellschaft essentiell.

4. Bewusstseinsarbeit für den Wert Kultureller Vielfalt und den weiten Kulturbegriff intensivieren

Bewusstsein schafft Ressourcen – im Denken und Handeln. Menschen anzuregen, sich mit der Frage auseinanderzusetzen, welchen Wert Kulturelle Vielfalt für sich und für andere hat bzw. haben könnte, kann der zunehmenden Fragmentierung gesellschaftlicher Wahrnehmungs- und Meinungsbildungsprozesse entgegenwirken. Der Kulturbegriff verengt sich zunehmend in Teilen unserer Gesellschaft und könnte am Ende des Tages die durch unser Grundgesetz geschützte Kunstfreiheit gefährden. Nicht nur deshalb wäre das Werben für den weiten Kulturbegriff, wie ihn die UNESCO in ihrer Erklärung von Mexico-City 1982 formuliert hat, wieder einmal an der Zeit. Ich wünsche der BKM weitere und noch mehr Erfolge auf diesem Weg der Bewusstseinsarbeit.

5. Kultur – Natur – Heimat: Zusammendenken

Kultur, Natur und Heimat gehören zum Fundament Kultureller Vielfalt. Diesen Zusammenhängen im persönlichen Erleben jedes einzelnen Menschen Raum zu verschaffen, erfordert die Erfahrung, zu verstehen und verstanden zu werden.

Das Aufgabenfeld der Beauftragten für Kultur und Medien ist in seiner inhaltlichen Bandbreite und der Bedeutung für den gesellschaftlichen Zusammenhalt dem eines Bundesministeriums mit Querschnittsfunktion vergleichbar. Ich beglückwünsche Staatsministerin Monika Grütters und ihre Mitarbeiterinnen und Mitarbeiter zu dieser erfolgreichen Arbeit und wünsche der BKM weiterhin die Wirkungskraft für die gesellschaftlichen Zukunftsthemen, die nahezu auch immer kulturelle Themen sind.

Susanne Keuchel
Inklusion und Kulturpolitik

Um direkt zu Beginn mit einem Missverständnis aufzuräumen: Inklusion bedeutet nicht Teilhabe von Menschen mit Behinderung, sondern die von Menschen mit unterschiedlichen Fertigkeiten und Hintergründen. Das mit diesem Begriff vor allem Menschen mit Behinderungen assoziiert werden, liegt an der Historie des Begriffs, der sich in den 1970er Jahren in der Elternbewegung in den USA zu Integration von Schülern mit Behinderungen in Regelschulen etablierte.

»Kultur für alle« forderte Hilmar Hoffmann schon 1979. Jedoch hat der Slogan bis heute nicht dazu geführt, dass Menschen mit Behinderung in der Kulturpolitik ein vorrangiges Thema sind. Daher konzentriert sich dieser Beitrag explizit auf Fragen zur Inklusion von Menschen mit Behinderung: Was ist vonnöten, um inklusive Kulturpolitik voranzubringen?

»Betroffene« – Die eigentlichen »Helden« und Pioniere der inklusiven Kulturarbeit

Mit Hilmar Hoffmanns Forderung wurde die Geburtsstunde der Soziokultur eingeläutet, mit dem Ziel, Angebote für und mit Menschen unterschiedlichster Herkunft zu ermöglichen. Trotz des hehren Anspruchs hat es auch die Soziokultur bis heute nicht geschafft, gleichberechtigte Teilhabe für Menschen mit Behinderungen umzusetzen. Sie ist jedoch immer wieder eine Plattform für Experimente inklusiver Kulturarbeit gewesen. Zu nennen ist hier vor allem der Fonds Soziokultur e.V., der von der Beauftragten der Bundesregierung für Kultur und Medien (BKM) gefördert wird und nach eigenen Aussagen allein von 2011 bis 2014 rund 40 inklusive Projekte bezuschusste.

Natürlich gab und gibt es immer wieder Einzelpersonen und Ensembles, die sich in der inklusiven Kulturarbeit engagierten, wie der Kunstprofessor Siegfried Neuenhausen oder die Musikprofessorin Irmgard Merkt. Es sind aber vor allem Betroffene und betroffene Familienangehörige, die die inklusive Kulturarbeit gemeinsam mit engagierten Künstlern und Kulturpädagogen vorantrieben und Strukturen nicht nur für sich, das eigene betroffene Kind, sondern auch für andere Betroffene aufbauten. Zu nennen sind hier beispielsweise das Blaumeier Atelier in Bremen, das Theater RambaZamba oder Netzwerke wie Eucrea.

Dass es Ausnahmekünstler wie Thomas Quasthoff, Peter Radtke oder Gerda König auf die Bühne schafften, trotz fehlender Infrastrukturen in der künstlerischen Ausbildung, ist neben dem Engagement von Familienangehörigen oft auch der Eigeninitiative zu verdanken, neue Strukturen zu etablieren, die die eigene künstlerische Arbeit überhaupt ermöglichen, wie z. B. die Gründung von Ensembles wie das Münchner Crüppel Cabaret oder Tanzensemble DIN A 13.

Inklusive Kulturarbeit bedarf besonderer Förderperspektiven

Fragen der gesellschaftlichen Verantwortung haben dazu geführt, dass sich auch Klassische Kultureinrichtungen kritisch mit der Reichweite des eigenen Publikums auseinandersetzen. Dennoch ist zu beobachten, dass weder in Besucherumfragen noch im sich parallel entwickelten Fachdiskurs Menschen mit Behinderung als Zielgruppe eine wesentliche Rolle spielen.

Zu Beginn dieses Fachdiskurses standen, nicht zuletzt aufgrund der Sorge um das Kulturpublikum von Morgen, junge Menschen im Fokus, flankiert von Studien wie dem Jugend-KulturBarometer und einer Vielzahl bundesweiter kultureller Bildungsprogramme wie »Kinder zum Olymp« oder »Kultur macht stark«. Im weiteren Verlauf richtete sich der Blick verstärkt auf migrantische Bevölkerungsgruppen. Hervorzuheben ist hier das vom BKM 2012 geförderte InterKulturBarometer sowie die von der BKM gegründete Initiative »Kultur öffnet Welten«.

Eine systematische Förderung von Programmen zur Einbindung von Menschen mit Behinderung steht noch aus. Es können bisher nur einzelne Maßnahmen beobachtet werden, wie das von der BKM geförderte Pilotprojekt in der Kunst- und Ausstellungshalle der Bundesrepublik Deutschland, in dem inklusive multisensorische Ausstellungskonzepte erprobt werden, wie z. B. Tastausstellungen, oder der von der BKM geförderte Leitfaden »Das inklusive Museum« zur Unterstützung von Museen bei der Umsetzung von Barrierefreiheit und Inklusion.

Als systematische Maßnahme mit sehr positiver Reichweite ist das seit 2017 geänderte Filmförderungsgesetz (FFG) hervorzuheben, das die Zugänglichkeit barrierefreier Fassungen in angemessenem Umfang für die Gewährung von Kino- und Verleih-Förderung voraussetzt.

Auch ermöglichte die BKM erstmals eine Bestandsaufnahme von Förderern und Akteuren inklusiver Kulturarbeit. Daraus resultierte die Gründung des von der BKM geförderten Netzwerks Kultur und Inklusion, dessen Trägerschaft die Akademie der Kulturellen Bildung des Bundes und des Landes NRW in Kooperation mit dem Verein InTakt e. V. übernommen hat. Das Netzwerk fördert den Dialog zwischen den Pionieren inklusiver Kulturarbeit und Kulturschaffenden auf Augenhöhe und trägt so bestehende Expertise inklusiver Kulturarbeit in die kulturelle Praxis hinein. Die Experten der inklusiven Kulturarbeit nehmen dabei nicht nur das Publikum in den Blick, sondern den gesamten Kulturbetrieb, also beispielsweise auch die künstlerische Aus- und Weiterbildung sowie den Arbeitsmarkt. Zugleich konnte das Netzwerk mit Unterstützung der BKM erstmals im Nationalen Aktionsplan 2.0 der Bundesregierung den Anspruch auf künstlerische Produktion, also nicht nur der Rezeption, verankern. Damit wird erstmals der Anspruch junger Menschen mit Behinderungen beispielsweise auf das Erlernen eines Musikinstruments oder das Theaterspielen auch politisch gefestigt.

Eine Zwischenbilanz: Empfehlungen zum Ausbau einer inklusiven Kulturpolitik

Die vorausgehende Betrachtung verdeutlicht den Beitrag, den die BKM bisher zum Ausbau einer inklusiven Kulturpolitik geleistet hat. Es bedarf nun parallel zur Zielgruppenerschließung im Bereich Gender oder Migration weiterer mutiger Schritte, um Inklusion für Menschen mit Behinderung in der Kulturpolitik zu gewährleisten. Entscheidend wird es dabei sein, sich mit den Zuständigen zur Umsetzung der UN-Behindertenrechtskonvention zusammenzuschließen, um die Finanzierung notwendiger Maßnahmen auf breite Füße zu stellen. Neben weiterem Experimentierraum für neue Formate, hier insbesondere in der künstlerischen Aus- und Weiterbildung, bedarf es auch praxisorientierter Forschung und Bestandsaufnahmen, um bestehende gut funktionierende Praxis im Feld sichtbar zu machen.

Um diese in die Fläche zu tragen, braucht es systematische Förderansätze, die die Inklusion von Menschen mit Behinderung im Kultur- und Medienbetrieb in den Blick nehmen, bis diese selbstverständlicher Bestandteil des Kulturlebens sind. Zur Erreichung einer angemessenen Präsenz haben sich insbesondere in der Genderförderung begleitend Bestandsaufnahmen zum Status Quo, wie z. B. die Studie Frauen im Kultur- und Medienbetrieb des Deutschen Kulturates, bewährt. Das Einnehmen einer ganzheitlichen Bundesperspektive ist dabei sicherlich mitentscheidend, kulturelle Teilhabe von Menschen mit Behinderung »vor, hinter und auf der Bühne« zu ermöglichen.

Max Fuchs
Kulturelle Bildung und Kulturpolitik

Wenn man in einer Internet-Suchmaschine die Stichworte »Kulturelle Bildung und die Bundesregierung« eingibt, erhält man nicht nur eine lange Liste von weiterführenden Hinweisen: Auch die Überschriften dieser Links sind aufschlussreich. Denn sie erfassen ein breites Feld aktueller gesellschaftlicher Problemlagen, die mithilfe von kultureller Bildungsarbeit möglicherweise nicht vollständig gelöst, aber zumindest bearbeitet werden sollen: Integration, Teilhabe, sozialer Zusammenhalt, Inklusion. Weitere Stichworte informieren darüber, mit welchen Arbeitsformen diese Probleme angegangen werden sollen: Die Rede ist etwa von Netzwerken wie »Kulturelle Bildung und Integration« oder »Kulturelle Bildung und Inklusion«. Es ist von dem BKM-Preis Kulturelle Bildung sowie von Modellprojekten die Rede, mit denen – so heißt es – Kultureinrichtungen die Diversität bei Personal, Programm und Publikum und die Vermittlungen in Bildung weiter stärken.

Bereits dieser kurze Blick auf eine leicht öffentlich zugängliche Informationsquelle ist also in mehrfacher Hinsicht interessant. So beziehen sich alle Angaben auf Projekte und Förder-Aktivitäten der Beauftragten der Bundesregierung für Kultur und Medien (BKM). Aufschlussreich ist dies im Hinblick darauf, was nicht erwähnt wird. Nicht erwähnt wird etwa das Bundesbildungsministerium mit seinem mehrjährigen und finanziell hochdotierten Programm »Kultur macht stark«. Nicht erwähnt wird das Programm »Kulturelle Bildung« im Kinder- und Jugendplan des Bundes (KJP), einem Haushaltstitel des Bundesjugendministeriums. Damit werden zwei wichtige Förderer kultureller Bildung auf Bundesebene nicht genannt, die eine längere, nämlich jahrzehntelange Tradition in diesem Bereich aufweisen.

Dies entspricht allerdings einer verbreiteten Unsitte im kulturpolitischen Kontext, in dem man zwar durchaus die Förderaktivitäten des Bundesbildungsministeriums mit seinen wichtigen Modellprojekten zur Kenntnis nimmt und zu schätzen weiß, in der Regel jedoch das Engagement des Bundesjugendministeriums verschweigt und vermutlich zum Teil noch nicht einmal kennt.

Dies ist aus einem entscheidenden Grund von hoher Relevanz. Denn die Funde der Internetrecherche beziehen sich im Wesentlichen auf die Vergabe eines Preises und auf die Förderung von Projekten, nicht aber auf die Förderung von Infrastrukturen. Es werden vielmehr oftmals solche Infrastrukturen bei der Förderung von Kulturprojekten benutzt, die ihre Existenzsicherung der jugendpolitischen Förderung verdanken. Denn kulturelle Bildung war immer schon anerkannter Teil der Jugendarbeit und ist im Kinder- und Jugendhilfegesetz (KJHG) gesetzlich verankert.

Dies ist deshalb wichtig, weil es eine entsprechende gesetzliche Absicherung außerhalb der Jugendpolitik kaum gibt. Daher lautet ein immer wieder von den Trägern kultureller Bildung vorgetragener Appell: »Von Projekten zu Strukturen!«, da bei allen Chancen und Verdiensten einer guten Projektförderung Nachhaltigkeit nur durch die Förderung einer stabilen Infrastruktur erreicht werden kann. Immerhin gibt es die verbindliche Aufforderung der BKM an die von ihr geförderten Institutionen (Museen, Bibliotheken und Archive), den Aspekt der kulturellen Bildung in ihrer Tätigkeit zu berücksichtigen und entsprechende Nachweise zu erbringen.

Von zentraler Bedeutung ist auch die Unterstützung der selbstverwalteten Fonds, deren Grundidee darin besteht, dass die betroffenen Kulturakteure selbst am besten entscheiden können, welche Projekte und Initiativen in ihrem jeweiligen Feld eine Förderung verdient haben.

Nicht zuletzt ist die Förderung des ersten umfassenden Handbuchs Kulturelle Bildung hervorzuheben. Dieses Handbuch erfasst Theorie und Praxis der kulturellen Bildung in ihrer Komplexität und beschreibt zudem politische Rahmenbedingungen kulturpädagogischen Handelns. Inzwischen wird das Handbuch als (kostenfreie) Wissensplattform im Internet mit sich ständig erweiterndem Umfang fortgeführt, allerdings nunmehr in der Förderung des Bundesbildungsministeriums.

Ein zweiter Aspekt betrifft die inhaltliche Ausrichtung der Projekte. Hier ist die Programmatik auf der Höhe der kultur- und bildungspolitischen Diskussion, wenn etwa das Problem der Teilhabe geradezu im Mittelpunkt der entsprechenden Hinweise steht. Dieser Eindruck verstärkt sich noch, wenn man auf die Homepage der Staatsministerin geht. Das programmatische Leitmotiv ist entsprechend dem Slogan der UNESCO »Kulturelle Bildung für alle!«, es geht um Chancengleichheit und um Teilhabe. Dabei wird der Schwerpunkt eindeutig auf solche Menschen gelegt, die nicht unmittelbar einen Zugang zu den in Deutschland reichhaltig vorhandenen Kulturangeboten haben. Hierbei spielen insbesondere auch gesellschaftliche Probleme wie etwa die Gefahr eines bedrohten Zusammenhalts in der Gesellschaft eine wichtige Rolle.

Der Begriff der Teilhabe kann dabei als der international am besten begründete und legitimierte Zielbegriff politischen Handelns verstanden werden. Teilhabe ist der Kernbegriff aller völkerrechtlich relevanten Konventionen, wobei man hierbei politische, soziale, ökonomische und kulturelle Teilhabe unterscheiden kann. Diese Unterscheidung ist wichtig, um die Möglichkeiten, aber auch die Grenzen kultureller Bildungsarbeit und von Kulturpolitik insgesamt zu erkennen. Denn natürlich ist es wichtig, im Rahmen einer kulturell-ästhetischen Praxis Selbstwirksamkeit zu erfahren, Fähigkeiten zu entdecken und weiterzuentwickeln, einen Umgang mit Fremdem nicht bloß zu erlernen, sondern das zunächst Fremde sogar als Bereicherung wahrzunehmen.

Doch muss man sehen, dass ohne eine ökonomische und politische Absicherung der Menschen kulturelle Initiativen leicht zu bloßen Alibiveranstaltungen verkommen. Daher ist es richtig und wichtig, dass die neue Bundes-Initiative zur kulturellen Integration nicht bloß Organisationen und Akteure aus dem Bereich der Gesellschafts- und Kulturpolitik erfasst, sondern auch solche Akteure wie Ministerien, die in den genannten Feldern Gestaltungskompetenz haben. Es ist allerdings darauf zu achten, dass diese auch im Sinne der Initiative genutzt wird. Dazu gehört aus meiner Sicht auch, selbstkritisch mit solchen politischen Interventionen aus dem Mitgliederbereich der Initiative umzugehen, die dem Integrationsanliegen schaden.

Neben der unmittelbaren Förderung kultureller Bildung durch die Staatsministerin fließen erhebliche Haushaltsmittel aus ihrem Etat in die Bundeskulturstiftung. Während man in der Anfangszeit dieser Bundeskulturstiftung eher ein distanziertes Verhältnis zu Fragen kultureller Bildung hatte, sind entsprechende Förderinitiativen heute geradezu im Mittelpunkt der Stiftungsaktivitäten. Ich nenne hier nur das Programm »Kulturagenten für kreative Schulen«, das die Bundeskulturstiftung zusammen mit der Stiftung Mercator und einer wachsenden Zahl von Bundesländern unter Beteiligung weiterer Stiftungen und Verbände ins Leben gerufen hat und unterstützt.

Kulturelle Bildung kann sich auf Bundesebene auf viele qualifizierte Dokumente stützen. So gibt es den Schlussbericht der Enquête-Kommission »Kultur in Deutschland« mit einem großen und aussagekräftigen Kapitel zur kulturellen Bildung und einem dazugehörigen Forderungskatalog. Kulturelle Bildung war Schwerpunktthema im Bundesbildungsbericht und wird auch im Nationalen Integrationsplan angesprochen. Auch im Koalitionsvertrag der derzeitigen Bundesregierung hat kulturelle Bildung einen hohen Stellenwert, wobei in den meisten dieser Grundlagenpapiere kulturelle Bildung in den verschiedenen Politikfeldern (Bildung-, Jugend-, Senioren- und Kulturpolitik) thematisiert wird.

Vorausgegangen waren bereits in den 1990er Jahren Große und Kleine Anfragen zur kulturellen Bildung im Deutschen Bundestag und eine Vielzahl von Modellprojekten, meist in der Zusammenarbeit des Bildungsministeriums mit der (inzwischen aufgelösten) Bund-Länder-Kommission für Bildungsplanung und Forschungsförderung (BLK).

Vor diesem Hintergrund kann man nunmehr den Eindruck bekommen, dass auf Bundesebene in der Kulturpolitik immer schon das realisiert wurde, was inzwischen als Standard kulturpolitischer Förderung gilt: nämlich die Berücksichtigung der drei Säulen Erhaltung des Kulturerbes, Künstlerförderung und kulturelle Bildung. Dies allerdings trifft nicht zu. Die Kulturpolitik des Bundes hat vielmehr sehr spät kulturelle Bildung als eigenen Arbeitsauftrag erkannt. Der erste Kulturstaatsminister hat dem Amt durch sein zum Teil unorthodoxes Auftreten Profil und Anerkennung verschafft, kulturelle Bildung tauchte jedoch in seiner Amtszeit nicht in seinem Zuständigkeitsbereich auf. Sein Nachfolger, ein anerkannter Philosoph und erfahrener kommunaler Kulturpolitiker, hat zwar nach seiner Amtszeit und verstärkt in der jüngsten Vergangenheit das Bildungsthema für sich entdeckt und damit eine Tradition fortgesetzt. Denn in früheren Zeiten galt Pädagogik als Teil der praktischen Philosophie, so wie es etwa von Immanuel Kant in seinen bis heute gut lesbaren und relevanten Texten zur Pädagogik zu erkennen ist. Aber auch er interessierte sich in seiner Amtszeit kaum für kulturelle Bildung. Dasselbe gilt auch für seine Nachfolgerin. Erst mit Bernd Neumann rückte das Thema kulturelle Bildung immer mehr in den Vordergrund, zunächst betreut von einem engagierten Mitarbeiter eines Fachreferates, später in einem eigenständigen Fachreferat und mittlerweile – wie oben gezeigt – geradezu als Kernbereich der Aktivitäten der Bundesbeauftragten.

Man kann sich daher fragen, wieso es zu einer solchen Schwerpunktverlagerung und einer beachtlichen Konjunktur kultureller Bildung gekommen ist. Sicherlich ist es zum einen das Unbehagen an einer missglückten Bildungs- und Wissenschaftspolitik und den in diesem Zusammenhang umgesetzten technokratischen Reformmaßnahmen (Stichworte sind Bologna und PISA und eine einseitige Schwerpunktsetzung auf die sogenannten MINT-Fächer), sodass man offenbar die Notwendigkeit einer Kompensation sah. Im Bereich der Kulturpolitik spielt sicherlich auch das Problem einer prekären Teilhabe eine Rolle, sodass kulturelle Bildung hier als Instrument gesehen wird, sich dem nach wie vor gültigen kulturpolitischen Slogan einer »Kultur für alle« zumindest anzunähern. In diesem Kontext sind Aktivitäten im Bereich der kulturellen Bildung und der Kulturvermittlung auch eine Möglichkeit, die Legitimität der öffentlichen Kulturförderung zu steigern.

Diesen Fragestellungen nachzugehen, wäre durchaus eine interessante kulturpolitische Forschungsaufgabe. In einer pragmatischen Perspektive und aus der Sicht der Praxis der kulturellen Bildung ist eine solche Motivationsforschung allerdings weniger interessant, da es letztlich darum geht, die Aussage von Monika Grütters ernst zu nehmen, die sie dem Informationsflyer ihres Hauses vorangestellt hat: »Teilhabe am Kulturleben ist eine grundlegende Voraussetzung dafür, unser gesellschaftliches Leben mitzugestalten. Daher muss der Zugang zu Kunst und Kultur jedem Einzelnen möglich sein, unabhängig von sozialer Lage und ethnischer Herkunft.«

Dem ist an dieser Stelle nichts hinzuzufügen. Es bleibt lediglich der Wunsch, dass die Mittel für kulturelle Bildung eine analoge Steigerung erfahren wie der Gesamthaushalt des BKM.

9. —— **Politik für Vielfalt und Diversität**

10.

Innen und Außen

Außen und Innen

Wachgeküsst — 20 Jahre neue Kulturpolitik des Bundes 1998——2018

Michelle Müntefering
Acht gute Gründe, warum BKM eine ausgezeichnete Idee war

1. Zur rechten Zeit

»Alle Arbeitslosen in den Wolfgangsee – wir fluten Kohls Urlaubsparadies« propagierte der Künstler Christoph Schlingensief vor der Jahrhundertwende und rief nach 16 Jahren Kohl auch zu einem politischen Wechsel auf. Rot/Grün wollte 1998, nach Jahren des Stillstands, das Haus Bundesrepublik abstauben und frische Luft durch die Fenster lassen – mithelfen sollten dabei auch die Zivilgesellschaft und Künstlerinnen und Künstler, mit ihrer Einmischung in politische Diskussionen und einem kritischen Blick auf die Zeit. Mich haben sie politisch aufgeweckt.

2. Ein kultureller Aufbruch

Gerhard Schröder wollte unter einer sozialdemokratisch geführten Regierung beweisen, dass es nicht nur um einen Regierungswechsel, sondern auch um ein modernes Regierungsverständnis ging. Die Schaffung von BKM war Teil dieses kulturellen Aufbruchs – und zugleich ein politisches Angebot. Die Kulturpolitik erhielt mehr Gewicht innerhalb der Bundesregierung, nicht zuletzt aufgrund des Kabinettsranges von BKM.

3. Impulsgeber und Ansprechpartner

Mit dem ersten Kulturstaatsminister, dem Publizisten und Verleger Michael Naumann, erhielt die Bundeskulturpolitik Erkennbarkeit und Stimme, auch in Europa. Seine Funktion wurde schnell erkennbar: Als nationaler Ansprechpartner, Impulsgeber für Debatten und zuständig für die Schaffung von Ordnungsrahmen. In ganz Deutschland übernahm BKM kulturpolitische Verantwortung für gesamtstaatlich bedeutende Kultureinrichtungen und Projekte mit nationaler und internationaler Ausstrahlung.

4. Freiheit und soziale Sicherheit gehen Hand in Hand – Anwalt der Interessen von Künstlern

Künstlerische Freiheit und kreative Ideen brauchen Freiraum, eine wirtschaftliche Basis und die passende soziale Absicherung. Unter anderem die Buchpreisbindung, die soziale Absicherung bis hin zum »Arbeitsrecht« der Kreativen, dem Urheberrecht, bestimmen das Entstehen, aber auch die Verwertung und den Zugang zu Kunst und Kultur. Mit BKM gab es nun auf Bundesebene erstmals einen Anwalt für die Interessen der Künstler und Kreativen, aber auch der Produzenten und Verwerter, um diese Rahmenbedingungen auszugestalten.

5. Neue Strukturen für ein modernes Land

Um die Aufgaben von nationaler Bedeutung, aber auch die Förderung zeitgenössischer Kunst und Kultur mit internationaler Ausstrahlung deutlicher herauszustellen, brauchte es neue Formen der Kooperation zwischen Bund, Ländern und Kommunen. Dazu mussten die Förderstrukturen in der Kulturpolitik angepasst und modernisiert werden – die Kulturstiftung des Bundes oder auch das Gedenkstättenkonzept des Bundes wirken bis heute erfolgreich.

6. Der Bevölkerung: Eine neue Hauptstadt

Wenige Kunstprojekte illustrieren den kulturellen Wandel und die Suche nach einem offenen Identitätsbegriff, der mit dem Umzug in die neue Hauptstadt Berlin einherging, so wie das partizipatorische Kunstprojekt »Der Bevölkerung« von Hans Haacke im neuen Bundestag. Als Reaktion auf die Inschrift auf dem alten Reichstag »Dem Deutschen Volke« wurde die neue zusätzliche Inschrift im Innenhof des Bundestages zum Ausdruck der demokratischen Beteiligung und einer offenen Debattenkultur. Das wiedervereinte Berlin sollte mit dem Wandel zur Hauptstadt auch das kulturelle Herz der Bundesrepublik werden.

7. Das kulturelle Europa

Das Ende der Geschichte trat nach dem Zusammenfall der Sowjetunion und mit dem Ende des kalten Krieges nicht ein, wie Francis Fukuyama vorhergesagt hatte. Im Gegenteil. In der Erwartung, dass die Vertiefung der europäischen Integration immer weiter voranschreiten würde, ging auch Deutschland in Europa neue Wege. Neben der über Jahrzehnte des Friedens in Europa gewachsenen Partnerschaft zu den westeuropäischen Nachbarn galt es nun, die kulturellen Beziehungen auch zu Osteuropa in einem europäischen Verständnis weiter zu entwickeln, vor allem bezogen auf erinnerungspolitische Fragen – wie etwa die Förderung der Bundesvertriebenenkultur.

8. Für den Wandel in der Welt

Kunst, Kultur, Ideen und Wissen machen an nationalen Grenzen nicht halt. Die globalen Herausforderungen verlangen Antworten jenseits des nationalen Schneckenhauses. Ralf Dahrendorf sprach schon früh von einer »Außenpolitik der Gesellschaften«, die die Begegnung der Zivilgesellschaften stützt und neben der Diplomatie Verständigung ermöglicht. Bei der Einrichtung von BKM bestand die Kulturabteilung des Auswärtigen Amtes, die auch Willy Brandt schon als dritte Säule deutscher Außenpolitik beschrieb, schon fast acht Jahrzehnte. BKM schaffte letztlich die noch fehlende Verbindung zwischen Innen, den Ländern, und dem Außen, den internationalen Kulturbeziehungen. Heute, 20 Jahre später, sehen wir, wie Deutschlands Rolle in der Welt sich gewandelt hat und wie sehr eben diese Grenzen in der globalisierten Welt verschwimmen.

Wolfgang Schneider
Außenkulturpolitik in der Veränderung

Bundeskulturpolitik, das war früher in erster Linie Auswärtige Kulturpolitik (AKP). Denn in Art. 32 Abs. 1 des Grundgesetzes der Bundesrepublik Deutschland heißt es: »Die Pflege der Beziehungen zu auswärtigen Staaten ist Sache des Bundes« – kulturelle Beziehungen inklusive. Und alles Weitere war Angelegenheit der Länder und Kommunen. Mit der Rot-Grünen Regierung 1998 kam alles anders. Am Anfang war der Beauftragte der Bundesregierung für Kultur und Medien im Kanzleramt (BMK), 20 Jahre später gesellt sich eine weitere Staatsministerin dazu, nämlich die für internationale Kulturpolitik. Da scheint sich etwas bewegt zu haben zwischen Innen und Außen, in der kulturpolitischen Entwicklung unseres Landes. Doch der Reihe nach, kursorisch, selektiv und pointiert: Meilensteine der AKP anlässlich des 20-jährigen Bestehens der BKM.

Die dritte Säule

Konzeptionelle Überlegungen zur Kulturpolitik, insbesondere zum Kulturaustausch, hat es schon viele gegeben. Auch in der alten Bundesrepublik Deutschland. Zu erinnern wäre an die Leitsätze des Auswärtigen Amtes vom Dezember 1970: »Die Auswärtige Kulturpolitik wird sich künftig intensiver als bisher mit den kulturellen und zivilisatorischen Gegenwartsproblemen befassen. Der Kulturbegriff muss daher weiter gefasst werden.« Zu verweisen wäre zudem auf die rund 300 Feststellungen und mehr als 100 Empfehlungen der Enquête-Kommission des Deutschen Bundestages von 1975, in dem unter anderem ausführlich dargelegt wird, dass die Auswärtige Kulturpolitik nicht mehr auf einseitigen Kulturexport beschränkt bleiben kann, sondern sich den kulturellen Wechselbeziehungen und der partnerschaftlichen Zusammenarbeit öffnen müsse. Zu konkretisieren wäre Willy Brandts legendäres Diktum, AKP sei neben der Diplomatie und der Außenwirtschaftsförderung die dritte Säule der Außenpolitik. Und zu zitieren wäre Hildegard Hamm-Brücher, die 1982 in ihren zehn Thesen zur kulturellen Begegnung und Zusammenarbeit mit Ländern der Dritten Welt als allgemeine Prinzipien die Gegenseitigkeit von Kulturbeziehungen, die Gleichwertigkeit der Kulturen, die Integration aller Bereiche zwischenmenschlicher Lebensgestaltung und Kommunikation sowie die Ermutigung und den Ausbau der Zusammenarbeit mit nicht staatlichen Trägern anmahnt (Schneider 2008).

Die Konzeption 2000

Die Praxis der Kulturdiplomatie war nach der Wiedervereinigung der beiden deutschen Staaten nach wie vor sehr stark geprägt von der Repräsentation. Der Export deutscher Kultur, vornehmlich Produktionen und Exponate der Institutionen der Kunst, sollte als Soft Power wirken, die das Schöne, Wahre und Gute verbreitet und mehr oder weniger direkt nationales Interesse im internationalen Kontext vertritt. Auch das änderte sich. Mit dem politischen Versagen, insbesondere der Europäischen Union, den Krieg in Jugoslawien zu verhindern, kam es zum Umdenken in der AKP. In der Konzeption 2000 ging es erstmals um die Rolle der Menschenrechte im kulturellen Austausch, als neue Ziele wurden Friedenssicherung und Konfliktprävention propagiert.

Menschen bewegen

Mit welchen Kernbotschaften soll sich die Kulturnation Deutschland im Ausland präsentieren? Auf der Konferenz »Menschen bewegen – Kultur und Bildung in der deutschen Außenpolitik«, die am 26. Oktober 2006 im Auswärtigen Amt stattgefunden hat, kam auch dieser Sachverhalt zur Sprache. Es ging auch um eine Kulturpolitik im Spiegel des gesellschaftlichen Wandels, es ging um weltweite Netzwerke, es ging um den berühmt-berüchtigten Dialog der Kulturen in einer globalisierten Welt. Der Außenminister hatte eingeladen und rund 500 Experten aus Politik, Kunst und Kultur waren gekommen – »ein Ballungsraum der Kulturelite«, wie der Berliner Tagesspiegel zwei Tage später vermeldete.

Der kulturelle Dialog stand also hoch oben auf der Agenda von Frank-Walter Steinmeier. Und selbst die, die sich mehr versprochen hatten, sich kleinere Arbeitsgruppen wünschten, intensiveren Streit, konkretere Worte oder mehr Zeit für Gespräche, sehen nach langer Abstinenz des Außenministeriums, Auswärtige Kulturpolitik zur Diskussion zu stellen. Zudem wurde in Aussicht gestellt, die kulturelle Infrastruktur z. B. der Goethe-Institute (GI) zu verbessern; denn das sollte uns »so viel wert sein wie 12 bis 15 Kilometer Autobahn in Deutschland« (Steinmeier 2006). Ein schöner Vergleich, aber schon bei den wenige Tage später stattgefundenen Haushaltsentscheidungen im Deutschen Bundestag blieben nur ein paar Meter mehr – rund 15 Millionen Euro für 2007 – übrig. Behauptet wird immer mal wieder, die Auswärtige Kulturpolitik sei integraler und gleichberechtigter Bestandteil in den Säulen der deutschen Außenpolitik. Die Budgets sprechen eine andere Sprache, Anspruch und Wirklichkeit der AKP klaffen bis heute auseinander.

Kultur und Entwicklung

Mit einem Reviewing-Prozess hat 2014 eine neue Phase der Auswärtigen Kulturpolitik begonnen, die die Relevanz von Kunst und Kultur respektiert. Denn die Macht der Kultur besteht in ihrer künstlerischen Komplexität – in der Tatsache, dass sie mit den menschlichen Empfindsamkeiten spielt, die Wirklichkeit widerspiegelt und Fragen zum gesellschaftlichen Leben diskutiert. Um dies leisten zu können, sollte der Kunst in der internationalen Politik Vorrang eingeräumt werden. Und es wäre eine Debatte darüber anzustrengen, wie dies mit dem dualen Charakter von Nachhaltigkeit zur ökologischen und kulturellen Entwicklung beitragen könnte. Es geht um Rahmenbedingungen, Infrastruktur und Wertschätzung von Kunst, Künstlern sowie Kulturvermittlern. Das hat auch das Goethe-Institut (GI) erkannt: »Kultur und Entwicklung« nennt sich eine Initiative, die seit 2011 neue Programme möglich macht.

Partnerschaften der Transformation

Überlegungen zufolge, wie sie in der Konzeptionen 2000 und mit dem Reviewing-Prozess 2014 angestoßen wurden, soll AKP eine zunehmende Relevanz im Feld der Demokratieförderung beigemessen werden. Da das GI zwar eigenverantwortlich, aber im Auftrag des Auswärtigen Amtes handelt, ist es auch von der politischen Einbindung der AKP in die Außenpolitik geprägt, wie die Transformationspartnerschaften zwischen Deutschland und Ägypten sowie Deutschland und Tunesien deutlich machen. Die Mittlerorganisation orientiert sich bei ihrer Arbeit in Tunesien seit dem »Arabischen Frühling« am neu formulierten Leitmotiv der AKP »Transformation und Partnerschaft«.

Ein Kulturinstitut für Europa?

Ein Modell zukünftiger AKP entwickelte sich insbesondere in den europäischen Metropolen im Zusammenspiel nationaler Kulturpolitik. In Luxemburg gibt es ein trinationales Kulturinstitut, in Kiew zogen das GI und das British Council in ein gemeinsames Haus, in Ramallah waren es GI und Institute Français und in Genua entstand ein multinationales Kulturzentrum. Weitere Beispiele für die transnationale Zusammenarbeit von Kulturinstituten folgten und es entstand ein Netzwerk europäischer Kulturinstitute, das eine wirkungsvolle Kulturpolitik durch europaweite Zusammenarbeit anzustreben gedenkt.

2006 tagten bereits Kulturinstitutionen aus 24 europäischen Staaten im Auswärtigen Amt in Berlin und vereinigten sich zur European Union of National Institutions for Culture. EUNIC soll Kultur als wirkungsvolles Mittel zur Findung einer gemeinsamen Identität und gemeinsamer Werte nutzen. Während die bisherigen Debatten um eine europäische Kulturpolitik allzu sehr um die Frage kreisten: Was kann Europa für die Kultur tun? scheint sich mit der Etablierung von EUNIC ein Paradigmenwechsel anzukündigen. Nach mehr als zehn Jahren Praxis sollte aber neu justiert und aktuell gefragt werden: Was muss die Kultur für Europa tun?

More Europe!

»Cultural Diplomacy or Cultural Relations« lautet der Titel eines »Advocacy Papers« der zivilgesellschaftlichen Initiative »More Europe«. Es ist der Versuch, AKP auf EU-Ebene zu denken, um den Prozess zu begleiten, den Frederica Mogherini als Außenbeauftragte ihrerseits mit einer Strategie für internationale Kulturbeziehungen angestoßen hat. Das Parlament der Europäischen Union verabschiedete 2017 eine Entschließung, die unter Hinweis auf Art. 167 der Lissaboner Verfassung feststellt, dass die EU in internationalen Beziehungen ein zunehmend wichtiger Akteur sei und zusätzliche Ressourcen zur Förderung der gemeinsamen Kultur, des kulturellen Erbes, des künstlerischen Schaffens und der Innovation im Rahmen regionaler Vielfalt zur Verfügung zu stellen wären.

Ausbau und Öffnung

Ab Seite 153 geht es um Kultur (und um Außenwirtschaftspolitik!) im Koalitionsvertrag vom 13. März 2018. AKP soll »wichtige Aufgabe« für Deutschlands »Ansehen und Einfluss in der Welt« werden. Die Mittel in dieser Legislaturperiode für die AKP wollen CDU/CSU und SPD erhöhen. »Das Netzwerk des Goethe-Instituts soll insbesondere in deutsch-französischer Zusammenarbeit ausgebaut, im digitalen Bereich modernisiert und durch eine Öffnung gegenüber neuen Kooperationsformen weiterentwickelt werden«, heißt es im Regierungsprogramm. Zumindest die finanzielle Ausstattung scheint bei prosperierender Wirtschaft nicht gefährdet zu sein, die inhaltlichen Überlegungen sind eher rudimentär ausgefallen. Doch die Akteure wissen es besser, sie sind bereits involviert in den Prozess einer neuen Konzeption zur AKP im Jahre 2020.

Fair Cooperation als Kriterium

AKP setzt auf den Austausch der Künstler, propagiert den Dialog und ermöglicht Koproduktionen. In der Theorie liest sich das alles sehr eindrucksvoll; von der Gleichberechtigung der Kulturen ist da die Rede, von der Zweibahnigkeit der internationalen Beziehungen. Aber wie ist die Praxis, wie viel Zusammenarbeit ist möglich, wie schafft man Augenhöhe und wie nachhaltig ist das künstlerische Kooperieren? Annika Hampel hat sich in ihrem Buch »Fair Cooperation« der partnerschaftlichen Zusammenarbeit angenommen, Kunst, Kooperation und Kulturpolitik zu untersuchen, um Antworten auf die Frage zu finden, wie denn ein Kulturaustausch gelingen kann, welche Kriterien Voraussetzung sind, um Verständigungs- und Gestaltungsprozesse für beide Seiten fruchtbar zu machen.

Internationale Koproduktionen stehen beispielhaft für die partnerschaftliche und dialogische Zusammenarbeit. Das GI will mit dem seit 2016 aufgelegten Koproduktionsfonds neue kollaborative Arbeitsprozesse und innovative Produktionen im internationalen Kulturaustausch anregen, um die Entstehung neuer Netzwerke und Arbeitsformen in globalen Zusammenhängen zu unterstützen und um neue Wege der interkulturellen Zusammenarbeit zu erproben.

Künstlerresidenzen als kulturpolitisches Instrument

Die nationalstaatlichen Außenkulturpolitiken stehen vor der Aufgabe, sich in den sich verändernden globalen Verhältnissen neu zu positionieren. Diese haben neue Arbeitsfelder zur Folge, die über das klassische Profil der Mittlerorganisationen hinausgehen. Mehr und mehr gilt es, mit kulturellen Netzwerken auf unterschiedlichen Ebenen zu kooperieren und zu flexibleren und zugleich effektiveren Strukturen überzugehen, um Synergien, gegebenenfalls in zwischennationalen Kooperationen, zu nutzen. Der Auftrag ist, den Künstleraustausch, der gesellschaftliche Entwicklungen und interkulturelle Kommunikation stärker berücksichtigt, über die bisherigen Formate hinausgehend zu qualifizieren.

Das GI hat seit Jahren sein Programm mit Künstlerresidenzen ausgebaut. Best-Practice-Beispiel ist die »bangaloREsidency« des GI Max Mueller Bhavan Bangalore, das jedes Jahr bis zu 15 Künstlern aus Deutschland ermöglicht, für vier bis zwölf Wochen in der indischen Metropole zu arbeiten. Das Programm hebt sich aufgrund seines dezentralen Aufbaus von anderen Residenzen ab: Die Künstler werden nicht – wie sonst üblich – in einer zentralen Residenz untergebracht, sondern auf unterschiedlichen Kulturorganisationen Bangalores, den sogenannten hosts, verteilt und von diesen mitbetreut. Dieses Modell soll eine engere Anbindung an die lokale Kulturszene fördern und somit nachhaltiger wirken können.

Arts Rights Justice

Wieso leben Künstler gefährlich? Offensichtlich gestalten sie mit der Kraft der Kreativität gesellschaftliche Selbstverständigungen, die eine kritische Sicht möglich machen. Die wird in autokratischen Systemen und durch antidemokratische Tendenzen sowie nationalistische und rassistische Entwicklungen zum Problem einer öffentlichen Kommunikation, bei der Fragen aufgeworfen, aber nur einfache Antworten propagiert werden; die Diversität pflegen, wo Leitkultur angesagt ist; die von Offenheit zeugen, wo Abgrenzungen wieder oder immer noch die politische Agenda bestimmen.

Wo werden Künstler verfolgt oder sind gefährdet? Was sind die Ursachen? Wie ist die Gesetzeslage vor Ort? Wie werden Verletzungen dokumentiert? Wie können Bedrohungen künstlerisches Schaffen beeinflussen? Was bedeutet es, sie zu schützen? Das Institut für Kulturpolitik der Universität Hildesheim startete hierzu 2017 das Programm »Arts Rights Justice« und rückt damit das Schicksal verfolgter Künstler sowie das Recht auf künstlerische Freiheit in den Fokus. Das Auswärtige Amt und das »International Cities of Refuge Network« unterstützen die Arbeit des am UNESCO-Chair in Cultural Policy for the Arts in Development angesiedelten Forschungsprojekts.

In Deutschland formieren sich zudem Plattformen, die sich der Freiheit der Kunst widmen: Persönlichkeiten der Darstellenden und bildenden Künste haben einen Aufruf an die Bundesregierung zur Schaffung eines Programms für verfolgte Künstler unterzeichnet; das Internationale Theaterinstitut hat bereits 2011 ein Aktionskomitee für Künstlerrechte gegründet und macht regelmäßig Zensurfälle und staatliche Übergriffe öffentlich; »Art of Freedom. Freedom of Art« nennt sich ein Projekt der Deutschen Welle, das den besonderen Schutz der Kunst in Deutschland reflektiert und mit Beiträgen Künstler aus allen Kontinenten zu Wort kommen lässt, wie sie ihre freie persönliche Entfaltung gesellschaftlich nutzen.

(Außen-)Kulturstaatsministerin trifft (Innen-)Kulturstaatsministerin

Parallel zur internationalen Entwicklung der Konvention steuert die Deutsche UNESCO-Kommission den Prozess zur Erstellung des dritten deutschen Staatenberichts zur Kulturellen Vielfalt in 2020. Der Auftrag ist, Auskunft zu geben, was sich kulturpolitisch bei den Vertragspartnern tut. Eine Chance für die AKP mit dem BKM und selbstverständlich den Ländern und Kommunen, aber ausdrücklich auch mit der Zivilgesellschaft zusammenzuarbeiten. Innen und Außen, im Kontext der UNESCO steckt das Potenzial, zusammenzudenken, was zusammengehört; eine Kulturpolitik aus einem Guss, in zwei getrennten Aufgabenbereichen. Die neue Staatsministerin für internationale Kulturpolitik im Auswärtigen Amt trifft die Kulturstaatsministerin aus dem Bundeskanzleramt; irgendwie auch eine Art Bundeskulturministerium.

Literatur

— Hampel, A.: Fair Cooperation. Partnerschaftliche Zusammenarbeit in der Auswärtigen Kulturpolitik. Wiesbaden 2015, S. 329
— Koalitionsvertrag zwischen CDU, CSU und SPD. Ein neuer Aufbruch für Europa. Eine neue Dynamik für Deutschland. Ein neuer Zusammenhalt für unser Land. Berlin 2018, S. 154
— Schneider, W. (Hg.): Auswärtige Kulturpolitik. Dialog als Auftrag – Partnerschaft als Prinzip. Essen 2008
— Steinmeier, F.-W.: Eröffnungsrede zur Konferenz »Menschen bewegen – Kultur und Bildung in der deutschen Außenpolitik« am 25. Oktober 2006, In: Auswärtiges Amt (Hg.): Menschen bewegen – Kultur und Bildung in der deutschen Außenpolitik. Berlin 2006, S. 12

Karl Jüsten

20 Jahre BKM – Die Deutsche Welle heute mit neuer Wertschätzung

Mit starken Worten würdigte Kulturstaatsministerin Monika Grütters Anfang Juni 2018 die Deutsche Welle (DW): Der Sender sei »als weltweiter Garant für Presse- und Meinungsfreiheit unverzichtbar«. Die Deutsche Welle leiste »großartige Arbeit« und genieße daher breite Unterstützung durch die Bundesregierung und den Deutschen Bundestag. »Wir schätzen die große Professionalität und Unabhängigkeit der Deutschen Welle«, hob sie hervor. In Zeiten weltweit zunehmender Einschränkung von Meinungs- und Pressefreit sei die Deutsche Welle eine weltweite Stimme des Qualitätsjournalismus.[1]

Dass dies mehr als nur goldene Worte anlässlich des 65-jährigen Bestehens des deutschen Auslandsrundfunks waren, zeigte sich, als die Beauftragte der Bundesregierung für Kultur und Medien (BKM) wenig später verkündete: »Die Mittel für die Deutsche Welle sollen – zusätzlich zu der bereits im Regierungsentwurf vorgesehenen Steigerung um fast 28 Millionen Euro – um bis zu weitere sieben Millionen Euro unter anderem für den Ausbau des türkischsprachigen Angebots erhöht werden.«[2]

Eine signifikante Stärkung, die aber auch erforderlich ist, damit die Deutsche Welle ihren Aufgaben angesichts gewachsener Anforderungen nachkommen kann und die daher vonseiten des Rundfunkrates große Zustimmung erfährt.

Die Zuständigkeit für die Deutsche Welle lag zunächst im Bundesministerium des Innern. Nach dem Wahlsieg von SPD und Bündnis 90/Die Grünen 1998 hatte die neue Bundesregierung eines ihrer Wahlversprechen eingelöst und im Kanzleramt die kultur- und medienpolitischen Aktivitäten des Bundes in einer eigenen Einheit gebündelt. In der Folge ging die Zuständigkeit für die Deutsche

---

[1] → https://bit.ly/2QS5EUy
[2] Monika Grütters, 28.06.2018 → https://bit.ly/2IFsEAP

Welle vom Bundesinnenministerium in das neu geschaffene BKM über. Dort bildet sie seither mit fast einem Drittel den größten Posten im Etat. Zwar sah die Koalitionsvereinbarung aus dem Jahr 1998 eine Verbesserung der medialen Außenrepräsentanz vor, doch anstelle der noch von der vorigen Bundesregierung vorgesehenen moderaten Etatsteigerung um rund fünf Millionen Euro kürzte die neue Koalition den Deutsche Welle-Etat seinerzeit um mehr als 20 Millionen Euro.

Mehr als 15 Jahre prägt der damalige Einschnitt, bei weiter steigenden Gehältern und Kosten, Arbeit und Möglichkeiten der Deutschen Welle – und nicht zuletzt ihrer Aufsichtsgremien. Ich gehöre dem Rundfunkrat seit 2003 an, davon seit 2014 als Vorsitzender, und kann aus eigenem Erleben sagen: In vielen Sitzungen von Rundfunkrat und Verwaltungsrat drehte es sich vor allem um die Frage: Wie kann die Deutsche Welle ihren gesetzlichen Aufgaben und Zielen nachkommen, ihren Programmauftrag erfüllen und am Jahresende einen ausgeglichenen Haushalt vorlegen – bei gleichzeitig immer neuen Anforderungen. Ob es der rasante technologische Wandel war, den die Deutsche Welle durch die Digitalisierung zu bewältigen hatte, oder der Auf- und Ausbau fremdsprachiger Angebote durch politische Entwicklungen in den Senderegionen.

Die Deutschen Welle soll nach dem Deutsche Welle-Gesetz durch Rundfunk (Hörfunk, Fernsehen) und Telemedien Deutschland im Ausland als europäisch gewachsene Kulturnation und freiheitlich verfassten, demokratischen Rechtsstaat verständlich machen, deutschen, europäischen und anderen Sichtweisen international ein Forum geben und die deutsche Sprache fördern.

Hierzu bedarf es zweifelsohne einer angemessenen Finanzausstattung. Die Deutsche Welle erhält ihren Etat aus dem Haushalt der BKM und ist damit steuerfinanziert, die Mittelkürzung seinerzeit erheblich. Die Gremienmitglieder des Rundfunkrats sind den Interessen der Allgemeinheit bei der Wahrnehmung ihrer Aufgaben verpflichtet. Der Rundfunkrat ist plural zusammengesetzt, von seinen 17 Mitgliedern werden zehn von gesellschaftlichen Gruppen benannt, je zwei Mitglieder werden vom Deutschen Bundestag und vom Bundesrat gewählt, drei Mitglieder von der Bundesregierung benannt. Der Rundfunkrat wirkt auf die Erfüllung des Programmauftrages hin, berät den Intendanten in allgemeinen Programmangelegenheiten oder beschließt über Fragen grundsätzlicher Bedeutung für die Deutsche Welle und ihre Aufgabenplanung. Bei der Erfüllung dieser Aufgaben hat er die Interessen der Allgemeinheit zu vertreten, die sich nicht zuletzt auch in den erwähnten Aufgaben und Zielen der Deutsche Welle widerspiegeln, für die sie entsprechende Finanzmittel benötigt.

Bei allen zermürbenden Finanzproblemen der Deutschen Welle mussten aber auch notwendige Einschnitte erkannt werden, die in den Gremien viel diskutiert und letztlich mit programmlichen und strukturellen Reformen verknüpft wurden. Es wurden zahlreiche Fremdsprachenangebote eingestellt, die Kurzwellenübertragung drastisch reduziert und fast 1.000 Planstellen abgebaut. Gleichzeitig kamen neue Aufgaben hinzu, wurden Fernsehen und Online ausgebaut, die Digitalisierung vorangetrieben, die innere Struktur verschlankt.

Schon Ende des Jahres 2000 betonte der damalige Vorsitzende des Verwaltungsrates Franz Schoser bei einem Strategie-Symposium, das Intendant und Gremien nach den Kürzungsbeschlüssen der Bundesregierung ausrichteten: »Die Deutsche Welle [...] ist beileibe kein orientierungs- oder konzeptionsloser Sanierungsfall. Im Gegenteil. Dennoch ist öffentliches Nachdenken über Strategien und Szenarien des Auslandsrundfunks im 21. Jahrhundert geboten. Zwei Entwicklungen sind hierfür ausschlaggebend: Zum einen die Globalisierung und die immer rasantere Entwicklung der Informations- und Kommunikationstechnologie. Positionsbestimmungen und – wenn nötig – Kurskorrekturen werden so in immer kürzeren Zeitabständen notwendig.«

Diese Analyse hat nichts von ihrer Aktualität verloren. In den vergangenen zwei Jahrzehnten haben die Gremien der Deutschen Welle nicht nur mit den Intendanten – ab 2001 Erik Bettermann, ab 2013 Peter Limbourg – die Entwicklung der Deutschen Welle einschließlich des dafür notwendigen Finanzrahmens diskutiert und gestaltet, sondern auch mit den jeweiligen Kulturstaatsministern: Julian Nida-Rümelin (2001–2002), Christina Weiss (2002–2005), Bernd Neumann (2005–2013) und aktuell mit Monika Grütters, die sich von Beginn an kraftvoll für einen starken, wettbewerbsfähigen Auslandsrundfunk einsetzte.

Unter der Ägide von Christina Weiss wurde das Deutsche Welle-Gesetz novelliert und 2004 verabschiedet. Kernpunkte sind ein zeitgemäßer Programmauftrag, die Verankerung von »Telemedien« als drittes mediales Standbein neben Fernsehen und Hörfunk, und ein modernes Beteiligungsverfahren, bei dem die Deutsche Welle sich im Dialog mit Politik und interessierter Öffentlichkeit jährlich über ihre Ziele und Aufgaben verständigt. Demokratieförderung, Dialog und Verständigung prägen seither die journalistischen Angebote der Deutschen Welle und die Arbeit der Deutschen Welle Akademie. Das Ergebnis der Gesetzesnovelle, freute sich Intendant Bettermann damals, »stärkt die Unabhängigkeit des Senders – und dessen Bedeutung«. Tatsächlich bietet das Deutsche Welle-Gesetz seither auch aus Sicht des Rundfunkrates einen guten Rahmen, innerhalb dessen die Deutsche Welle frei und in eigener Verantwortung flexibel auf Veränderungen reagieren kann.

Die zu Beginn geäußerte Sorge, das neue »Konstrukt« BKM könne die journalistische Freiheit der DW gefährden, hatte zu keiner Zeit eine Grundlage. Beide Seiten kennen – und respektieren – ihre Rollen. Der Rundfunkrat hatte in 20 Jahren nie Anlass, Einflussnahmen der Politik auf die Berichterstattung des Senders abzuwehren. Dass die Deutsche Welle die deutsche Regierung und das Parlament in ihren 30 Sprachangeboten kritisch begleitet, trägt zu der hohen Akzeptanz bei, die sie weltweit genießt: 96 Prozent ihrer Nutzer sprechen der Deutschen Welle hohe oder sehr hohe Glaubwürdigkeit zu. Der Rückhalt der Deutschen Welle in der Politik ist in den vergangenen fünf Jahren stark gewachsen. Dies ist eine sehr erfreuliche Entwicklung und hat neben den programmlichen und strukturellen Reformen sicherlich auch damit zu tun, dass die veränderte politische Großwetterlage Politik und Öffentlichkeit nochmals die Augen geöffnet hat, welchen Wert ein Sender wie die Deutsche Welle für Deutschland hat. Die Krisen und Konflikte in der arabischen Welt, die aggressive Politik Russlands, die unberechenbaren transatlantischen Beziehungen, wachsender Nationalismus und Populismus in Europa, die Erosion der EU und ihres Werteverständnisses und die Flüchtlingsthematik: Auf diesen und vielen anderen Politikfeldern ist Deutschland gefragt. Die Deutsche Welle kann zudem Erfolge auf den internationalen Medienmärkten ins Feld führen: Die Zahl der regelmäßigen wöchentlichen Nutzer stieg von 101 Millionen im Jahr 2013 auf heute mehr als 157 Millionen. Mehrere Tausend Partnersender und Plattformbetreiber übernehmen täglich Inhalte der Deutschen Welle in ihre Angebote und bringen sie so direkt an die Menschen.

Ein großer und wichtiger Schritt der letzten Jahre war der Umbau des englischsprachigen TV-Programms zum Breaking-News-fähigen, international wettbewerbsfähigen News-Kanal. Potenzielle Zielgruppen können so besser erschlossen und die Wettbewerbsfähigkeit der Deutschen Welle gewährleistet werden. Dabei sind von den Mitarbeiterinnen und Mitarbeitern auch Herausforderungen bei der Vermittlung der Inhalte zu meistern. Die Profilierung anderer Fremdsprachenangebote, vor allem Arabisch, sind hervorzuheben wie die Entwicklung einer konsistenten Digitalstrategie und der Ausbau der Mobil- und Social-Media-Angebote. Die Deutsche Welle vermittelt ihrem Publikum weltweit, wie unser Land denkt und handelt, erläutert politische und gesellschaftliche Debatten – und macht Perspektiven in den Zielgebieten auf deutsche und europäische Politik auch hierzulande zugänglich.

2017 ist das deutsche TV-Programm als Kulturkanal neu gestartet. Die Bundesregierung hat im Juni dieses Jahres in ihrer Stellungnahme zur Aufgabenplanung der Deutschen Welle für die Jahre 2018 bis 2021 zu Recht die Erwartung geäußert, dass die Verbreitung der deutschen Sprache mit Blick auf den internationalen Wettbewerb der Sprachen und auf den gesetzlichen Auftrag der Deutschen Welle weiterhin ein Schwerpunkt im Angebot des Senders sein müsse. Der Rundfunkrat wird die Entwicklung und Ausgestaltung des deutschen TV-Programms auch vor diesem Hintergrund weiter im Blick behalten.

Wie sehr die kritische Begleitung durch die Gremien notwendig ist, zeigte sich auch bei der Diskussion um den Erhalt des deutschsprachigen Programms. Bei dieser Diskussion gelang es, alle von der Bedeutung der Deutschen Sprache für die diversen redaktionellen Angebote aller Programme zu überzeugen. Das Geschehen in der Welt muss aus deutscher Perspektive eingeordnet werden.

Regierung und Parlament haben den Wert erkannt, den ein leistungsfähiger, vor allem auch unabhängiger Auslandssender für eine Orientierungsmacht wie Deutschland hat. Die verfassungsmäßig garantierte Unabhängigkeit ist ein Markenzeichen der Deutschen Welle und hebt sie ab von den vielen staatlich gelenkten Angeboten auf den internationalen Medienmärkten. Sie wird auch durch die Gremien der Deutschen Welle garantiert, die erforderlichenfalls Einflussnahmen der Politik programmlicher Art abwehren und eine angemessene Finanzausstattung einfordern.

Weitgehend unbeachtet von einer breiteren Öffentlichkeit in den westlichen Ländern haben China, Russland und Iran die Instrumente ihrer Auslandskommunikation professionalisiert, ausgebaut und ideologisch in Stellung gebracht. Hier gilt es, nicht den Anschluss zu verlieren und den Propagandastimmen umfassende, sachliche Aufklärung auf der Grundlage journalistischer Werte und Qualitätsstandards entgegenzusetzen. Mit dem Austritt Großbritanniens aus der Europäischen Union wird das Gewicht der Deutschen Welle als Stimme aus der Europäischen Union in der Welt nochmal wachsen.

Es ist daher zu begrüßen, dass die Regierungsfraktionen im Koalitionsvertrag vereinbart haben, das Budget der Deutschen Welle auf das Niveau vergleichbarer europäischer Auslandssender anzuheben und dies nun auch gemeinsam angehen.

Beim Festakt zum 65-jährigen Bestehen hat die Bundeskanzlerin Angela Merkel die Bedeutung der Deutschen Welle unterstrichen: »Denn wir alle erleben, wie wichtig eine solche Stimme in einer Zeit ist, in der wir Verfälschungen in einer Weise kennenlernen, wie wir sie uns nicht hätten träumen lassen.«[1] Sie wies in ihrer Ansprache darauf hin, die Deutsche Welle gebe »jenen eine Stimme, die aufgrund der Unfreiheit in ihrer Heimat zu verstummen drohen«. Angesichts zunehmender Desinformation und gezielter Falschmeldungen wachse die Bedeutung der Deutschen Welle als glaubwürdige Informationsquelle. Die Deutsche Welle sei »auch heute noch für viele ein Stachel«, so Merkel. Die Vermittlung von Medienkompetenz durch die Deutsche Welle Akademie sei »Arbeit für die Freiheit, für die Demokratie.« Und die Deutsche Welle-Angebote zur Vermittlung der deutschen Sprache seien – auch vor dem Hintergrund der Zuwanderung – von großer Bedeutung.

Die Ansiedlung der Deutschen Welle bei der BKM erweist sich im Rückblick als auch inhaltlich sinnvoll. Im Hinblick auf den Auftrag der Deutschen Welle, Deutschland als europäisch gewachsene Kulturnation zu vermitteln, bestehen auch diesbezüglich viele Bezugspunkte. Im Frühjahr 2019 wird die Deutsche Welle über die Stiftung Preußischer Kulturbesitz den Dokumentarfilm »Schatzkammer Berlin« in Arabisch, Deutsch, Englisch und Spanisch weltweit ausstrahlen und sie begleitet die Ausstrahlung auf dw.com und in den Sozialen Medien. Mit Angeboten wie diesen fördert die Deutsche Welle den Dialog der Kulturen, stärkt die Freiheit der Kunst, bringt Menschen miteinander in Verbindung – und trägt so über Sprachgrenzen hinweg zum besseren Verständnis zwischen Völkern und Kulturen bei. Nicht zuletzt drückt sich auch in der Neuausrichtung des deutschen TV-Programms als Kulturkanal der hohe Stellenwert der Kultur aus. Dabei zeigen sich Kultur und Deutsche Welle als Vermittler von Weltoffenheit und Dialog.

---

1 → https://bit.ly/2OLfgil

10. —— Innen und Außen – Außen und Innen

11.

Gegenüber

Das Parlament

20 Jahre
neue Kulturpolitik
des Bundes
Wachgeküsst   1998——2018

Elisabeth Motschmann
Es gibt viele gute Gründe zum Gratulieren

Als das Amt des Bundesbeauftragten für Kultur und Medien im Kanzleramt 1998 ins Leben gerufen wurde, gab es deutlich mehr kritische als positive Stimmen. Die im Grundgesetz garantierte Kulturhoheit liege schließlich bei den Ländern. Der Bund dürfe sich nicht in die Kulturpolitik einmischen, lautete der Vorwurf. Tatsächlich beruht unser einzigartiger kultureller Reichtum auf dem föderalen System. Regionale Besonderheiten und Traditionen, unser reiches immaterielles Kulturerbe, sind ein wesentlicher Teil unserer persönlichen kulturellen Identität.

Für den Erhalt der kulturellen Vielfalt und künstlerischen Freiheit optimale Rahmenbedingungen zu schaffen, trägt aber der Staat Verantwortung. Nach Schaffung eines Kulturverantwortlichen in der Bundesregierung musste zunächst ein Grundvertrauen in die Zuständigkeiten zwischen dem Bund und den Ländern geschaffen werden. Mit großem Erfolg! Inzwischen sind Länder und Gemeinden für Bundesmittel am richtigen Ort sehr dankbar. Zu Recht! Lange wurde dabei verkannt, dass der Erhalt des kulturellen Lebens in der Fläche in Summe auch von nationaler Bedeutung ist. Hier gibt es noch großes Potenzial. In über 500.000 Vereinen engagieren sich Ehrenamtliche für unsere Gesellschaft.

Leuchtturmprojekte bleiben wichtig, aber die Menschen außerhalb von Ballungszentren haben auch das Recht auf eine kulturelle Grundversorgung. Diese leistet einen wertvollen Beitrag zur Angleichung von Lebensverhältnissen und zur Integration.

Seit Amtsantritt von Kulturstaatsministerin Prof. Monika Grütters 2013 findet zwischen allen politischen Ebenen ein regelmäßiger Austausch statt. Und derweil gibt es nicht nur vonseiten des Deutschen Kulturrates sogar die Forderung nach einem Bundeskulturministerium. Soweit sind wir noch nicht, aber es ist gut, dass die Kultur im Kanzleramt Chefinnensache ist. Im Übrigen freuen wir uns, dass die Kulturpolitik erheblich an Bedeutung gewonnen hat. Nicht nur in der öffentlichen Wahrnehmung, sondern auch im konkreten Verantwortungsbereich. 1998 gab es zum Beispiel noch keine Kulturstiftung des Bundes, keine Bundesfilmförderung, kein Denkmalschutzsonderprogramm. Da wo heute das kulturpolitische Großprojekt Humboldt Forum entsteht, stand noch der Palast der Republik. Bis zum Jahr 2005 lag die Zuständigkeit für die Stasiunterlagenbehörde noch beim Bundesinnenministerium. Die Erinnerungskultur muss als ein Pfeiler der Kulturpolitik in Zukunft noch gestärkt werden. Er ist wichtig für die Kulturpolitik und die Gesellschaft. Die grundlegende Vermittlung unserer Geschichte an die jüngere Generation ist ein politischer Kernauftrag. Über 50 Gedenkstätten, die deutschlandweit bereits mit Bundesmitteln gefördert werden, leisten dafür tagtäglich wichtige Arbeit, deren Bedeutung mit zeitlicher Distanz noch wächst.

In 20 Jahren ist die Zahl der vom Bund geförderten national bedeutsamen Kultureinrichtungen in unserem Land auf über 100 angestiegen. Bei der Projektförderung gibt es keine Sparte mehr, die nicht auch von Bundesgeldern profitieren kann. Ob Musik, Theater, Literatur, Tanz, Kunst, Soziokultur – alle sind »an Bord« der Bundesbeauftragten für Kultur und Medien. Dies spiegelt sich auch deutlich in den Kulturausgaben des Bundes wieder, die mit großer politischer Unterstützung seit 2005 deutlich gewachsen sind und sich mittlerweile auf jährlich 1,7 Milliarden Euro verdoppelt (!) haben. Im Jahr der Finanzkrise 2007 hat der damalige Kulturstaatsminister Bernd Neumann allein zusätzlich 400 Millionen Euro im Konjunkturprogramm II für die Kultur bereitgestellt. Ein klares Signal, auch an die Länder und Gemeinden, die mit 86 Prozent immer noch den finanziellen Löwenanteil der Kulturförderung tragen.

Es gibt viele gute Gründe zum Gratulieren. Die Bundeskulturpolitik hat sich durch das Amt des Bundesbeauftragten und die ihn tragenden Persönlichkeiten zu einem gleichwertigen Politikfeld entwickelt. In den letzten Jahren sind auch Themen wie Kreativwirtschaft, Frauenförderung oder Digitalisierung in den Mittelpunkt gerückt. Der Ausschuss für Kultur und Medien, der zeitgleich mit dem Amt als eigenständiger Ausschuss im Deutschen Bundestag geschaffen wurde, hat diese Entwicklung immer produktiv begleitet und unterstützt. Ich freue mich sehr darauf, in den kommenden Jahren daran aktiv mitzuwirken.

Martin Rabanus
Ohne die SPD kein BKM

Den kulturellen Aufbruch gestalten

Die Kulturpolitik in Deutschland wurde von der SPD aus dem Dornröschenschlaf wachgeküsst. Das große Interesse von Gerhard Schröder an Kunst und Kultur, sein regelmäßiger Austausch mit vielen Intellektuellen, aber auch die Einsicht in die Notwendigkeit einer Weiterentwicklung der Kulturpolitik des Bundes nach der deutschen Wiedervereinigung hatten den Weg bereitet: Kultur und damit die Frage, wie wir zusammenleben wollen, bekam eine klar erkennbare Rolle im Bundeskabinett.

Das geschah unter dem Protest der Union und vieler Länder. Bayern drohte mit Verfassungsklage, das Gespenst eines neuen Kulturkampfes ging um. Die Kultur- und Medienpolitik des Bundes aber bekam mit dem ersten Kulturstaatsminister Michael Naumann einen streitbaren Impulsgeber und Ansprechpartner, der die Interessen der Kultur unbeirrbar verfolgte. Diese konsequente Kulturpolitik wurde in der Rot-Grünen Regierungszeit mit Julian Nida-Rümelin und Christina Weiss fortgesetzt. Schon nach kurzer Zeit zeigten sich deutliche Bewegungen im Verhältnis des Bundes zu den Ländern und ihrer verfassungsmäßigen Zuständigkeit für die Kultur. Es waren die erkennbar innovativen politischen Impulse, die bessere Sichtbarkeit der Vielfältigkeit der Kultur in Deutschland und der damit verbundene gesellschaftliche Umbruch, die dieses Amt zu einer Erfolgsgeschichte machten.

Dieser Aufbruch ermöglichte den direkten Austausch zwischen Kultur und Politik mit der offenen Debatte über den Wert und die Bedeutung von Kunst, Kultur und Medien in der Gesellschaft. Dem folgt der sozialdemokratische Anspruch an Kulturpolitik. Kunst und Kultur sind Ausdruck des menschlichen Daseins, bereichern unser Leben in all ihrer Verschiedenheit und steten Fortentwicklung, stellen dabei Gewohntes infrage und können einen Beitrag zum gesellschaftlichen Zusammenhalt leisten. Kultur ist daher aus Sicht der Sozialdemokratie ein öffentliches Gut, zu dem alle unabhängig vom Geldbeutel einen Zugang haben sollen, nicht nur rezeptiv, sondern auch partizipativ. Daher muss unser Motto von der »Kultur für alle« (Hilmar Hoffmann) erweitert werden zu einem »Kultur für alle von allen«.

Gesellschaftliche Herausforderungen annehmen

In der globalisierten, digitalisierten Welt ändert sich unsere Lebenswirklichkeit in atemberaubender Geschwindigkeit und hohem Ausmaß. Die Angst vor Verlust der eigenen Lebenswelt zusammen mit Abstiegsängsten wird von Populisten kräftig befeuert, die durch kulturellen Austausch und Migration unsere Identität in Gefahr sehen. Wir erleben eine »Kulturalisierung« der Gesellschaft, die auf der einen Seite eine kosmopolitische, individualistische Ausprägung beschreibt. Auf der anderen Seite steht eine Ausformung von Kultur als Gemeinschaft, die von partikulären Identitätsgemeinschaften bis zu radikalem Nationalismus rangieren. »America first« findet sich hier ebenso wieder wie die AfD. Dabei kann Kultur nie etwas Abgeschlossenes oder Fertiges sein. Sie entwickelt sich und besteht aus mannigfachen Facetten der Lebenswirklichkeiten der Gesellschaft und all ihrer Bürgerinnen und Bürger. Wenn es also um die Form unserer Kultur geht, dann hat Kulturpolitik ein herausragendes Mandat, verhandelt sie doch die Art und Weise unseres Zusammenlebens.

Dieses gesamtgesellschaftlich eingebettete Kulturverständnis spiegelt sich in vielen Strukturentscheidungen wieder, die von sozialdemokratischen Kulturstaatsministern getroffen wurden. Herausragendes Beispiel ist die Gründung der Kulturstiftung des Bundes, die politikfern Akzente und Impulse setzt. Dazu kommt die klare Beschreibung der kulturpolitischen Verantwortung des Bundes für Berlin mit einem Hauptstadtfinanzierungsvertrag samt Hauptstadtkulturfonds, der kleinteilig die vielfältige Berliner Kultur unterstützt. Zudem sei noch die zukunftsgerichtete Erinnerungspolitik des Bundes mit der neuen Gedenkstättenkonzeption angeführt, um nur drei bis heute wirkende Entscheidungen hervorzuheben.

Kulturpolitik des Bundes gestalten und fortentwickeln

Später konnten CDU-Kulturstaatsminister auf diesen Grundlagen aufbauen, versäumten es aber, eigene neue Impulse zu setzen. Allein die stete und natürlich erfreuliche Aufstockung des Kuluretats kennzeichnet ihre Bilanz. Zunehmend fehlt eine gestaltende und konzeptorientierte Kulturpolitik, die auch dem verstärkten Ruf nach einer kultur- und medienpolitischen Gestaltung des Bundes mit den Ländern angesichts wachsender Herausforderungen Ausdruck verleiht. Mit dem aktuellen Koalitionsvertrag haben wir auf wesentliches Betreiben der SPD hierzu einen großen Schritt getan. Mit der »Agenda für Kultur und Zukunft« wollen wir die Kulturförderung in Deutschland im Sinne eines kooperativen Kulturföderalismus ausbauen und modernisieren. Jetzt erwägen die Länder sogar die Einrichtung einer Kulturministerkonferenz.

Zugleich schauen wir nach vorn. Kultur, der kulturelle Austausch und die Inspiration durch kulturelle Vielfalt lassen sich nicht allein auf nationale Grenzen beschränken. Kultur lebt vom Austausch, jede kulturelle Ausdrucksform ist Austausch. Deshalb betonen wir im Koalitionsvertrag die Verbindung zwischen dem Innen und dem Außen gerade auch in der Kulturpolitik. In diesem Verständnis und als logische Weiterentwicklung der Kulturpolitik des Bundes, 20 Jahre nach Schaffung des BKM, hat die SPD das Amt einer Staatsministerin für Internationale Kulturpolitik im Auswärtigen Amt geschaffen. Mit Michelle Müntefering haben wir eine neue starke sozialdemokratische Stimme zur Stärkung der kulturellen Beziehungen und der Kulturpolitik Deutschlands gewonnen. Angesichts der oben beschriebenen gesamtgesellschaftlichen Herausforderungen, aber auch im Kampf und im Wettstreit um die kulturelle Hegemonie, der aus meiner Sicht vielmehr ein gemeinsames Ringen um eine Kultur der Anerkennung zum Ziel haben sollte, ist dieses Engagement ein deutliches Zeichen. Ein bewusstes Zeichen, dass die Sozialdemokratie unverbrüchlich für die offene, vielfältige und soziale Gesellschaft kämpft.

Marc Jongen
Der Kuss der Ideologie

Im Nachgang zur deutschen Einheit drängte es Bundesregierung und Bundestag, – nunmehr beide in Berlin residierend –, vermehrt kulturpolitische Kompetenzen an sich zu ziehen. Der Kulturföderalismus, der in Deutschland Verfassungsrang genießt, sollte »Berlin« nicht länger hindern, Einfluss auf die Kultur im nationalen Maßstab zu nehmen. Im Jahr 1998 richtete die Rot-Grüne Bundesregierung unter Kanzler Schröder das Amt des Beauftragten der Bundesregierung für Kultur und Medien (BKM) ein, im selben Jahr wurde ein ständiger Bundestagsausschuss für Kultur und Medien (wieder) eingesetzt und eine deutsche Nationalstiftung auf den Weg gebracht, die 2002 als Kulturstiftung des Bundes Gestalt annahm. Die 2003 eingesetzte Enquête-Kommission »Kultur in Deutschland« charakterisierte die Kulturpolitik als »eine zentrale Querschnittsaufgabe der Innen- und Außenpolitik«.

Die damit eingeläutete »Neue Kulturpolitik« spiegelt nicht nur den gewachsenen Gestaltungswillen des Bundes im Hinblick auf die Kultur wider, sondern steht auch für einen inhaltlichen Paradigmenwechsel. Stand in den 1950er und 1960er Jahren noch die »Kulturpflege« im Mittelpunkt und damit das Bestreben, das kulturelle Erbe im Sinne bürgerlicher »Hochkultur« zu erhalten, so griff im Nachgang zu »1968« eine Ideologisierung der Kulturpolitik Raum. Sie nahm in den 1970er Jahren Fahrt auf, stagnierte in den 1980er Jahren scheinbar, um ab Ende der 1990er Jahre diejenige Erziehungs- und Gängelungsanstalt Rot-Grüner Couleur herauszubilden, als die sich Kulturpolitik in Deutschland heute weitgehend präsentiert.

Voraussetzung dieser bedauerlichen Entwicklung war eine an sich begrüßenswerte und jedenfalls unvermeidliche Erweiterung des Kulturbegriffs, die Kultur nicht mehr ausschließlich mit den Institutionen der Hochkultur, den Theatern und Museen verband. Anstatt nun aber den kulturellen Faktor in allen anderen gesellschaftlichen und politischen Bereichen zu erkennen, begann man umgekehrt, Kunst und Kultur politisch aufzuladen und zu überfrachten. Kunst und Kultur sollten selbst ein Stück Politik sein und einen umfassenden »Emanzipationsprozess« nach linken Vorstellungen befördern. Mit dem Resultat, dass das aktuelle Programm der Kulturstiftung des Bundes sich liest wie ein in einzelne Projekte gepacktes Kompendium der politischen Korrektheit. Wer die Massenmigration nicht mit den Mitteln der Kunst feiert oder der Genderideologie nicht huldigt, gilt nicht als förderungswürdig. Teil der »Neuen Kulturpolitik« ist auch eine Erinnerungskultur, die sich fast ausschließlich auf das Unrecht der NS-Zeit konzentriert und den daraus resultierenden Schuld-und-Sühne-Diskurs als wichtigen Kulturexport Deutschlands in alle Welt begreift. Die Erinnerung an das Unrecht der Vertreibung der Deutschen aus ihren angestammten Siedlungsgebieten, das ebenfalls Teil der Erinnerungskultur sein sollte, ist demgegenüber weitgehend in den Hintergrund getreten.

Der Spitzenverband der deutschen Kulturverbände, der Deutsche Kulturrat, bildet leider kein Korrektiv gegen diese Tendenzen. Im Gegenteil: In allen seinen Initiativen und Verlautbarungen zeigt er sich damit einverstanden, dass die Förderung von Kunst und Kultur in Deutschland übergeordnete politische Zielvorgaben verfolgt. So sieht er seine Aufgabe unter anderem darin, »Zeichen der Vielfalt« zu setzen und »Geschlechtergerechtigkeit« zu fördern. Den alternativen kulturpolitischen Ansatz der AfD bekämpft der langjährige Geschäftsführer des Deutschen Kulturrats, Olaf Zimmermann, aktiv in Petitionen, Unterschriftenaktionen und Pressemitteilungen. Er heizt damit einen Kulturkampf an, der infolge der erwähnten Ideologisierung – und im Widerstand dagegen – in Gang gekommen ist.

In jüngster Zeit dient Kulturpolitik zunehmend der Rechtfertigung der Massenmigration, die immer mehr Zuwanderer aus kulturfremden Teilen der Erde nach Deutschland bringt und das Land damit zusehends destabilisiert. Der Nationale Aktionsplan Integration der Bundesregierung aus dem Jahr 2012 will beispielsweise, »die kulturelle Integration als Kern- und Querschnittsaufgabe in der Organisationsstruktur in den vom Bund geförderten Kultureinrichtungen [...] verankern«. Ziel sei ein »gesellschaftliches Mainstreaming des Themas Diversity«. Unverhüllter kann die politische Indienstnahme der Kulturpolitik, die auf eine gravierende Veränderung der kulturellen Identität der »Deutschen ohne Migrationshintergrund« hinausläuft, nicht zum Ausdruck gebracht werden.

Die AfD versteht es als ihre Aufgabe, diesen Entwicklungen Widerstand zu leisten und eine Entideologisierung der Kultur- und Medienpolitik in Gang zu bringen. Nicht um zu vergangenen Kulturbegriffen zurückzukehren, sondern um Deutschland als Kulturnation vor dem Verschwinden zu bewahren.

Hartmut Ebbing
Eine kritische Perspektive auf 20 Jahre Bundeskulturpolitik

Als Gegenentwurf zum Dritten Reich und um der historisch gewachsenen regionalen Struktur Deutschlands gerecht zu werden, knüpften die Gründungsväter der Bundesrepublik 1949 an die Tradition des Föderalismus im Kaiserreich und in der Weimarer Republik an und verankerten die Kulturhoheit der Länder in Art. 30 des Grundgesetzes. Im Zuge der deutschen Wiedervereinigung im Jahre 1990 kam es jedoch zu einem radikalen Wandel der deutschen Kulturpolitik. Nun ging es nicht mehr nur um die Aufarbeitung einer, sondern zweier deutscher Diktaturen im 20. Jahrhundert. Darüber hinaus konnten die neuen Bundesländer, deren Etats deutlich unter denen der alten Länder lagen, mit der Finanzierung der Kulturpolitik nicht allein gelassen werden. Daher war ein stärkeres Engagement des Bundes in der deutschen Kulturpolitik unausweichlich.

Der Hauptfokus der Bundeskulturpolitik lag fortan auf der angemessenen Aufarbeitung der beiden deutschen Diktaturen. Während die Auseinandersetzung mit dem politischen und gesellschaftlichen Erbe der Deutschen Demokratischen Republik für alle Bürger unbekanntes Terrain bedeutete, gab es in der Erinnerungspolitik bezüglich des Dritten Reichs eklatante Unterschiede zwischen den beiden wiedervereinten deutschen Staaten. Im Zuge der Ausschwitzprozesse und der Ostpolitik der SPD und FDP war es in Westdeutschland zu einer deutlichen, wenn auch nicht systematischen Auseinandersetzung mit dem verbrecherischen Erbe des Nationalsozialismus gekommen. In der DDR, die sich von Beginn an als antifaschistischer Gegenentwurf zum Dritten Reich betrachtet hatte, war diese Thematik hingegen völlig ausgeklammert worden.

Umso beeindruckender ist es, dass das wiedervereinigte Deutschland sich in den kommenden Jahren gemeinschaftlich seinem historischen Erbe sowie seiner Verantwortung gestellt hat und beide deutschen Diktaturen nicht nur wissenschaftlich, sondern auch gesellschaftlich systematisch aufgearbeitet hat. Bedeutende Beispiele hierfür sind die Errichtung des Holocaust Mahnmals im Zentrum Berlins, die Gedenkstätten in ehemaligen Konzentrationslagern wie Buchenwald, Sachsenhausen oder Dachau sowie die Einrichtung des Entschädigungsfonds für ehemalige NS-Zwangsarbeiter. Auch der enorme Bedeutungsgewinn des Gedenktages zu Ehren der Opfer des militärischen Widerstands am 20. Juli zeigt, wie sehr sich das Bewusstsein der Deutschen in Bezug auf das Dritte Reich seit der Wiedervereinigung verändert hat.

Aufgrund der zeitlichen Nähe gestaltete sich die Auseinandersetzung mit dem sozio-politischen Erbe der DDR natürlich besonders delikat. Doch auch bei diesem Thema gab es enorme Fortschritte. Die Einrichtung der Stasiunterlagenbehörde unter der Führung des ehemaligen Bundespräsidenten Joachim Gauck, der systematische Wiederaufbau bedeutender Kulturstätten Ostdeutschlands sowie die gezielte Förderung ostdeutscher Kulturprojekte haben viel dazu beigetragen, dass es neben der politischen Wiedervereinigung auch zu einer erfolgreichen gesellschaftlichen Zusammenführung der ehemals getrennten deutschen Staaten kam.

Insofern war die Bundeskulturpolitik der letzten 20 Jahre durchaus erfolgreich. Vor allem die Einsetzung eines Bundesbeauftragten für Kultur und Medien als Schaltstelle für diese eigenständige Kulturpolitik des Bundes im Jahre 1998 war rückblickend die richtige Entscheidung. Erhebliche Mängel gibt es jedoch in der Auswahl der Förderprojekte. Allzu oft kommt es vor, dass eher Projekte gefördert werden, die besondere mediale Aufmerksamkeit garantieren als Projekte deren Förderung durch den Bund für diese überlebensnotwendig wäre. Völlig unzureichend ist auch das Engagement der Bundesregierung bei der Rückgabe jüdischen Eigentums aus öffentlichen Beständen. Die Anerkennung der Washingtoner Prinzipien und die Einsetzung einer Beratenden Kommission zur Rückgabe von NS-Raubkunst waren zwar honorige Gesten, wurden der Größe und Bedeutung dieser Sache jedoch zu keiner Zeit gerecht. Darüber hinaus besteht auch erheblicher Nachholbedarf bei der Rückgabe unrechtmäßig enteigneten Eigentums zu Zeiten der DDR. Hier befinden sich noch bedeutende Bestände privaten Eigentums, die aufgrund von Republikflucht oder Untersuchungshaft entzogen wurden, im Besitz der öffentlichen Hand. Enorme Verwirrung wurde mit dem äußerst unausgewogenen Kulturgutschutzgesetz gestiftet. Dieses führt nicht nur zu erheblichem bürokratischen Mehraufwand sondern auch, aufgrund zum Großteil nicht erfüllbarer Sorgfaltspflichten, zu deutlichen Einschränkungen des privaten Kunsthandels.

Nichtsdestotrotz wäre eine Erhöhung der Bundeskulturförderung durchaus wünschenswert. Zusätzlich sollte der Staat jedoch Anreize für verstärktes Engagement privater Kulturförderer schaffen indem er zum Beispiel das Gemeinnützigkeitsrecht und das Stiftungsrecht vereinfacht. Auch das Urheberrecht muss gestärkt werden. Kulturschaffende müssen in die Lage versetzt werden, von den Erlösen ihrer Werke ein anständiges Leben führen zu können. All diese Punkte sind unerlässlich, um die Bundeskulturpolitik auch in Zukunft erfolgreich zu gestalten.

Simone Barrientos
Der Gestaltungswille ist sichtbar

Die Spuren der Sparpolitik im Kulturbetrieb seit der deutschen Wiedervereinigung sind bis heute sichtbar, obwohl im Einigungsvertrag von 1990 das Selbstverständnis der Bundesrepublik als »Kulturstaat« hervorgehoben wurde (Art. 35). Seit den 1990er Jahren wurde viel an kultureller Infrastruktur systematisch abgebaut, zahlreiche Kommunen mussten ihre Mittel für Kulturprojekte kürzen, und auch die Länder strichen Gelder in ihrer Zuständigkeit für eine vielfältige Kultur- und Bildungslandschaft.

Die Einrichtung eines Beauftragten der Bundesregierung für Kultur und Medien (BKM) vor 20 Jahren sollte deshalb ein wichtiges Signal senden: Die Bundesregierung lässt die Länder nicht im Stich und übernimmt Verantwortung für Kultur- und Medienpolitik, so hieß die Botschaft. Die kontinuierliche Steigerung dieses Postens im Bundeshaushalt und die Erschließung weiterer Befugnisse und Themenbereiche ist der Arbeit aller bisherigen fünf Beauftragten der Bundesregierung für Kultur und Medien zu verdanken, unter ihnen Monika Grütters, die als zweite Frau in der Riege der Kulturstaatsminister nunmehr viele Jahre nicht ohne Erfolge agiert. Monika Grütters hat sich unter anderem der sozialen Frage angenommen, und mit großer Eigeninitiative setzt sie sich auch für die Förderung von Frauen in Kultur und Medien ein.

Doch hier zeigt sich ein strukturelles Problem, denn das Engagement einer Einzelnen allein genügt nicht. Monika Grütters kann durch ein bestehendes Mentoring-Programm für Frauen und überschaubaren Einfluss bei Jurybesetzungen an der Oberfläche kratzen, für tiefer greifende Veränderungen indes fehlen ihr die Befugnisse, die Zuständigkeit und die Verantwortung liegt oft in anderen Ministerien bzw. müssen mit ihnen geteilt werden, wie die Bereiche Kulturwirtschaft und die gerade heute so wichtige kulturelle Bildung beweisen.

Kulturpolitik sollte zeitgemäß in ihrer Verschränkung mit anderen Politikfeldern und kultur-und medienwirtschaftlichen Belangen betrachtet werden und durch die Einrichtung eines Bundesministeriums für Kultur und Medien endlich den ihr gebührenden Stellenwert bekommen. Damit würde nicht nur gegenüber Kulturschaffenden und nationalen Institutionen, sondern auch in der internationalen Wahrnehmung ein weithin sichtbares Zeichen gesetzt. Kultur ist eine gesamtstaatliche Aufgabe, die als Gemeinschaftsaufgabe und Staatsziel ins Grundgesetz gehört und der die im Koalitionsvertrag angekündigte Orientierungsdebatte im Bundestag zur Lage von Kunst und Kultur vorausgehen sollte. Aktuell wird aus vielen Richtungen an der Kultur gezurrt. Eigentlich aber kämpfen da nicht Kulturen gegeneinander, vielmehr gibt es einen ernst zu nehmenden Angriff auf unsere Kultur, auf deren Vielfalt. Und immer wieder wird dabei der Ruf laut, Kunst soll integrieren, die Nation stärken, dem Volk dienen u.s.w. Doch was für manche Kulturpolitiker schwer zu akzeptieren und dennoch elementar bleibt: Kunst und Kultur können viel, müssen aber nichts!

Ich selbst sehe meinen politischen Auftrag darin, Kunst und Kultur den Rücken freizuhalten. Das heißt vor allem, die Arbeitsbedingungen für Kulturschaffende und ihrer Entwicklungsmöglichkeiten zu verbessern und Kulturinstitutionen und -projekte in der Breite zu stärken. Mit diesen Aufgaben sind Kommunen und Länder häufig überfordert, denn es fehlt ihnen wie bereits bekannt – an finanziellen Mitteln. Auch eine verbesserte Teilhabe für alle Menschen, also z.B. freier Eintritt in Museen und stärkere kulturelle Bildung an Schulen sind gerade in der Gegenwart, in der wir einen europaweiten Rechtsruck erleben, unverzichtbarer Teil von Kultur. Dabei ist eine Mannigfaltigkeit bei Personal, Programm und Publikum nicht nur in Kulturbetrieben der öffentlichen Hand, sondern auch in der Freien Szene gefragt, was für alle Akteure und Beteiligten eine große Herausforderung darstellt. Daran möchte ich mitwirken und bin dankbar für diese Aufgaben – mit oder ohne ein »Bundeskulturministerium«.

Erhard Grundl
Für die Freiheit der Kunst

Was darf die Kunst? Diese Frage wird wieder intensiv diskutiert. Wann geht sie zu weit? Kunst ist dort unterwegs, wo Wege nicht markiert sind, schreibt der französische Philosoph François Jullien. Sie überschreitet immer schon Grenzen zwischen Schönheit und Zumutung – und das mit ungewissem Ausgang. Dieses Risiko muss sie eingehen, um andere Perspektiven einzunehmen und uns mit diesen zu konfrontieren. Grüne Kulturpolitik sieht sich in diesem Sinn als Plädoyer für Kunstfreiheit, mit allen Risiken und Nebenwirkungen.

Vor 20 Jahren entstand eine neue Debattenkultur. Bei allen Unterschieden zwischen den Parteien besteht der gemeinsame Wille, die »Kulturlandschaft Deutschlands und die Vielfalt des kulturellen Lebens zu erhalten und zu verteidigen« wie im Schlussbericht der Enquête-Kommission »Kultur in Deutschland« zu lesen ist. Zudem macht die Kommission deutlich: Kunst ist nicht Ornament, sondern Fundament einer lebendigen Demokratie.

Auch strukturell betrat man damals Neuland. 1998, unter Rot-Grün, werden das Amt des/der Kulturbeauftragten im Bundeskanzleramt und ein vollwertiger Ausschuss für Kultur und Medien im Bundestag geschaffen. Kulturhoheit bleibt Ländersache, der Bund fördert weiter Kultureinrichtungen, Erinnerungsstätten und Projekte von nationaler Bedeutung, sowie Leuchtturmprojekte zusammen mit den Ländern. 2002 wird die Kulturstiftung des Bundes gegründet, um innovative Projekte und Programme im internationalen Kontext zu fördern. Ihr Beitrag zur deutschen Kulturlandschaft kann nicht genug gewürdigt werden.

Einiges wurde erreicht, viel bleibt weiter zu tun, für den Musik- und Filmstandort Deutschland, das Filmerbe oder Barrierefreiheit in Kultureinrichtungen. Vor allem bleibt ein Versprechen unerfüllt: die »Kultur für alle«, wie sie Hilmar Hoffmann propagiert hat. Das Kulturpublikum bleibt ein Abiturpublikum. Zwar gibt es mehr Besuche in Kultureinrichtungen, aber nicht unbedingt mehr Besucher. Kulturelle Teilhabe hängt weiter ab von Bildung, familiärer Sozialisation und Herkunftsmilieu. Es bleibt eine Zukunftsaufgabe mehr Menschen einzuladen, Kultur als Bereicherung und Selbstbestimmung anzunehmen. Hierfür muss bspw. die Soziokultur als Zugang zu kultureller Praxis auch im ländlichen Raum gestärkt werden. Kulturförderung schafft Freiräume abseits der reinen Marktlogik. Doch für viele Kreative sind prekäre Beschäftigung und Zukunftssorgen

Realität. Aber, wenn wir meinen, Kunst ist mehr als das repräsentative Aushängeschild einer Kulturnation, nämlich Medium der Selbstreflektion, der Identifikation und der Erneuerung, dann müssen wir Voraussetzungen dafür schaffen, dass sie entstehen kann – also Künstlerinnen und Künstler besser sozial absichern. Das bedeutet die Künstlersozialversicherung weiterzuentwickeln und die Einbindung in die soziale Sicherung zu verbessern. Denn Not macht vielleicht erfinderisch, aber nicht unbedingt frei und kreativ. Um von Kunst leben zu können, in Zeiten digitaler Verfügbarkeit muss der Urheberschutz im Sinne der Kreativen verbessert werden. Und da Intendanzen, Dirigate und Programmdirektionen weiter in Männerhand sind, brauchen wir transparente, gendergerechte Kulturfördergrundsätzen des Bundes.

In der Erinnerungskultur stehen wir vor einer Zäsur. Derzeit finden die letzten Strafprozesse gegen NS-Straftäter statt. Zeitzeugen stehen bald nicht mehr zur Verfügung, um von den Menschheitsverbrechen des Nationalsozialismus zu berichten. Erinnerung braucht aber reale Orte und Begegnungen, auch für die Aufarbeitung der DDR-Geschichte. Umso zwingender ist es, verdrängte Opfergruppen jetzt anzuerkennen, die Orte des Gedenkens, der Archivierung und Forschung zu stärken und endlich das Gedenkstättenkonzept weiterzuentwickeln. Auch eine systematische Aufarbeitung der Kolonialgeschichte steht weiter aus.

Die Kulturpolitik der letzten 20 Jahre hat unsere Gesellschaft offener und bunter werden lassen. Noch trägt der kulturpolitische Konsens unter Demokraten. Aber auch hier sind wir gefordert, Erreichtes gegen die Feinde der Demokratie und der Kunstfreiheit zu verteidigen. Wer Angst schürt vor kultureller Fremdbestimmung verkennt die Fähigkeit unserer Kultur sich zu erneuern und stärkt seine kulturelle Heimat nicht. Kultur auf eine fiktive deutsche »Leitkultur« zu verpflichten, bedeutet ihr Wesen zu missachten – und sie zu banalisieren.

12.

Spannungsvoll

BKM und die Länder

Wachgeküsst — 20 Jahre neue Kulturpolitik des Bundes 1998——2018

Udo Michallik
Kulturförderung in Deutschland

20 Jahre Beauftragte der Bundesregierung für Kultur und Medien (BKM), 20 Jahre institutionalisierte Kulturpolitik im Spannungsfeld zwischen der Kulturhoheit der Länder und einer (notwendigen) Kulturförderung des Bundes. Ein breiter Konsens über die Notwendigkeit einer staatlichen Kultur- und Kunstförderung – so könnten wir das Jubiläum auch beschreiben.

Nach Art. 30 Grundgesetz fallen die kulturellen Angelegenheiten hauptsächlich in die Zuständigkeit der Länder, wir sprechen daher von der »Kulturhoheit der Länder«. Zusammen mit der Zuständigkeit für das Schul- und Hochschulwesen ist die Förderung von Kunst und Kultur durch die Länder das »Herzstück« der föderalen Eigenstaatlichkeit. Der Schwerpunkt der kulturpolitischen Entscheidungen liegt daher überwiegend bei den einzelnen Ländern. Sie fördern die Kunst und Kultur durch Gesetzgebung und Verwaltung. Daneben nimmt der Bund kulturelle Aufgaben von gesamtstaatlicher Bedeutung wahr. Hier wie auch bei der Förderung von Kultureinrichtungen und Projekten von nationaler Bedeutung ergeben sich Berührungspunkte und Schnittstellen, die Abstimmungsprozesse und gemeinsames Handeln von Bund und Ländern erfordern. Dass die Ausgestaltung und Wahrnehmung, aber insbesondere die Abgrenzung der Handlungsfelder zwischen Bund und Ländern in der Kulturpolitik von Anfang an eine zentrale Herausforderung darstellen sollte, das liegt auf der Hand.

Die Liste der Aufgaben der Länder im länderübergreifenden Zusammenwirken ist lang und wird in der Kultusministerkonferenz (KMK) nahezu geräuschlos abgearbeitet. Den Ergebnissen wird bundesweit mit Respekt und Anerkennung begegnet. Dass die Kulturministerinnen und Kulturminister der Länder künftig auch innerhalb der KMK mit mehr Vehemenz und kulturpolitischem Bewusstsein Themen aufgreifen, bearbeiten und gegenüber der Beauftragten des Bundes vertreten werden, zeigt das neue Selbstbewusstsein der Länder, ihre Verantwortung in der Kulturpolitik sichtbarer wahrzunehmen. Es ist unter anderem ein Ausdruck aktueller gesellschaftlicher Entwicklungen.

Die Förderung ausgewählter Projekte mit Geldern des Bundes ist ein Zeichen aktiver Kulturpolitik. Das Verständnis von Kulturpolitik sowohl als identitätsstiftendem Element für die Menschen, die in den Ländern und Kommunen leben, als auch als verbindendes Element von Kultur und Kunst, um eine heterogener werdende Gesellschaft zusammenzuhalten, verbindet die Kulturverantwortlichen als alltägliche Aufgabe. Kultur und Kunst sind nicht nur Glanz und Glamour, verkörpert durch herausragende Solisten und Ensembles der darstellenden Kunst, der Architektur, der Musik oder des Films. Die Soziokultur in den Kommunen, die kulturelle Bildung an Schulen, die kleine Galerie um die Ecke – der Mix aus Hochkultur und Breitenkultur ist letztlich die beste Legitimation für die Kulturhoheit der Länder als auch für die Kulturförderung der Bundes.

Das Ausbalancieren und damit die Erhaltung der Breite und Attraktivität von Kultur und Kunst manifestiert sich auch in der Zusammenarbeit zwischen den Ländern und dem Bund als gewachsener Bestandteil des kooperativen Föderalismus. Beispielhaft für diese konstruktive Kooperation seien hier Vereinbarungen zur gemeinsam betriebenen Deutschen Digitalen Bibliothek, die Errichtung des Deutschen Zentrums Kulturgutverluste oder die Novellierung des Kulturgutschutzes genannt.

Zusätzlich hat sich seit 2014 die Gesprächsreihe der kulturpolitischen Spitzengespräche von Kultusministerkonferenz, der Beauftragten der Bundesregierung für Kultur und Medien und den kommunalen Spitzenverbänden etabliert. Vor dem Hintergrund der gemeinsamen Verantwortung von Bund, Ländern und Kommunen für Kultur in Deutschland fungieren jeweils wechselnd KMK und BKM zwei Mal im Jahr als Gastgeber eines Informationsaustausches und strategischen Diskurses zu kulturpolitischen Fragestellungen von gesamtstaatlichen Interesse. Diese Gesprächsreihe, die inzwischen als gute Tradition begriffen wird – dabei mehr als ein Routineberichtswesen aus den Ländern darstellt – und deren Fortführung und -entwicklung Eingang in den Koalitionsvertrag der Bundesregierung gefunden hat, kann sich als sehr fruchtbar für die Ausgestaltung von Kultur und ihrer Förderung erweisen. Mit der neuen Form des Zusammenwirkens der Länder in der Kulturpolitik wird sich diese Institution weiterentwickeln.

Kulturpolitik in Deutschland ist Ausdruck eines lebendigen kooperativen Föderalismus – Bund, Länder und Kommunen setzen sich sowohl im Rahmen ihrer jeweiligen Zuständigkeiten als auch in gemeinsamer Verantwortung für die Erhaltung des kulturellen Erbes, die Schaffung günstiger Rahmenbedingungen für Kunst und Kulturschaffende und die Gewährleistung des Zugangs zu Kultur für alle ein.

Carsten Brosda
Gemeinsame Verantwortung

Als die Schriftstellerin Sidonie Grünwald-Zerkowitz ein Gedicht über die »politische Gesinnung des Kusses« schrieb, hatte sie nicht den kooperativen Föderalismus, sondern Leidenschaft im Sinn. Kunst und Kultur aller Sparten sind ohne Leidenschaft kaum denkbar. Der Kuss ist also eine gut gewählte Metapher für politischen Aufbruch und vertrauensvolle Zusammenarbeit zwischen Bund und Ländern in der Kulturpolitik.

Die Kulturhoheit der Länder hat in unserem Land eine lange Tradition. Im 1871 gegründeten Nationalstaat des Deutschen Kaiserreiches befand man den Föderalismus für ebenso plausibel wie in der demokratischen Weimarer Republik ab 1919. Nach dem brutalem Missbrauch von Kunst und Kultur durch die Nationalsozialisten gingen die beiden deutschen Staaten unterschiedlichen Strategien nach: Die BRD kehrte zurück zur föderativen Struktur und zur verfassungsrechtlich geschützten Kunstfreiheit, die DDR wählte den Zentralismus und die staatlich-ideologische Indienstnahme auch der Künste. 1990 waren die Wiedervereinigung und die Ausdehnung der Ordnung des Grundgesetzes auf ganz Deutschland. Seit 1998 haben wir auf Bundesebene einen Beauftragten der Bundesregierung für Kultur und Medien – geprägt und konturiert durch höchst unterschiedliche Persönlichkeiten im Amt, deren Wirken in der öffentlichen Wahrnehmung bisweilen die grundlegenden Rahmenbedingungen zu verstellen droht. Aber genau die sind wichtig.

An der verfassungsrechtlichen Ordnung hat sich durch das neue Amt nämlich zunächst einmal nichts geändert. Die Kulturhoheit der Länder gilt. Sie tragen gemeinsam mit den Kommunen die Verantwortung für den weitaus größten Teil der Kulturangebote in unserem Land. Die Vielfalt der Theater und Museen, die produktive Kraft von Künstlerinnen und Kreativen in den Metropolen ebenso wie in ländlichen Gebieten wären ohne eine dezidiert dezentrale Organisation kaum denkbar. Qualität und Vielfalt in den Regionen zu stärken und zu erhalten – dafür sind nach wie vor die Länder und Kommunen zuständig.

Der Bund hingegen verantwortet angesichts der technologischen und sozialen Entwicklung zunehmend die notwendigen rechtlichen Rahmenbedingungen. Darüber hinaus ist er zuständig für die Förderung von Projekten und Einrichtungen mit nationaler Bedeutung und für die kulturelle Repräsentation des Gesamtstaates, die sich zunehmend weniger ausschließlich auf Berlin fokussieren wird. Eine besondere Stellung der Bundeshauptstadt in der gesamtdeutschen Kulturförderlandschaft ist sinnvoll, beispielsweise im Hinblick auf die Wirkung nach außen. Hinterfragt werden könnte sie jedoch nicht nur im Hinblick auf die Lebenswirklichkeit der Bürgerinnen und Bürger in allen Teilen unseres Landes, sondern auch bezogen auf die Angemessenheit einer solchen Zentralperspektive angesichts der über Jahrhunderte gewachsenen vielfältigen Kulturtraditionen, die erst in der Gesamtschau die Vielfalt der Kultur der Bundesrepublik konstituiert. Dezentrale Kulturpolitik erfüllt eine wichtige Aufgabe – wir können Gemeinschaft und Gemeinsinn in einer offenen und demokratischen Gesellschaft nicht über Repräsentation herstellen. Dazu braucht es gelebte und lebendige Kunst und Kultur – und die Möglichkeit der aktiven Teilhabe. Überall und jederzeit.

Dezentrale Kulturpolitik fördert aber nicht nur Vielfalt, sondern auch Qualität in der künstlerischen Produktion. Mit zwei scheinbar gegenläufigen Strategien – Wettbewerb auf der einen und Kooperation auf der anderen Seite – wird Innovation beflügelt. Die entscheidende Aufgabe der Zukunft wird es daher sein, die gezielten Allianzen zwischen Ländern und Bund zu stärken und zu vertiefen, ohne dabei die bewährte Kompetenzverteilung infrage zu stellen. Die Debatte darüber, was der Bund in der Kultur- und Medienpolitik darf, ist älter als das Amt des Beauftragten. Sie ist durch die Verfassung beantwortet und wird doch durch die bisweilen faktische Handlungs- und Gestaltungsmacht des Bundes gegenüber der föderalen Vielfalt immer wieder aufs Neue virulent.

Deshalb kristallisiert es sich als dialektischer Gewinn der Arbeit des Bundes heraus, dass auch die Länder zunehmend eine gesamtstaatliche Dimension ihres Wirkens in den Blick nehmen. Im Fokus steht dabei insbesondere das Eruieren der unterschiedlichen Bedarfe und Visionen – auf Länderebene untereinander sowie mit dem Bund. Erst das ermöglicht einerseits konzertierte Aktionen auf Feldern, die für alle bedeutsam sind, und verhindert andererseits Stolpersteine, wenn es um das leidige, aber notwendige Thema Geld geht.

Die Vielzahl der Akteure und ihre unterschiedlichen Perspektiven sind dabei ein Gewinn. Und sie sind Ausdruck von Demokratie, denn Demokratie ist ein pluralistisches Gebilde. Seine Kraft entfaltet es am besten, wenn sich die Verantwortlichen auf den verschiedenen staatlichen Ebenen sowohl horizontal als auch vertikal als Partnerinnen und Partner in gemeinsamer Verantwortung sehen.

Angesichts der zunehmenden ökonomischen und politischen Friktionen unserer Gesellschaft rücken schließlich nicht nur Fragen sozialer Kohäsion, sondern zunehmend auch Fragen kultureller Kohärenz in den Mittelpunkt demokratischer Diskurse. Dies bedeutet, dass kulturpolitische Debatten auch in der allgemeinen Öffentlichkeit an Bedeutung gewinnen. Ihre rationale Bewältigung zu fördern, ist eine Aufgabe von Kulturpolitik, der sich alle staatlichen Ebenen stellen müssen. Kontroverse, aber zugleich sachliche Debatten führen zu fruchtbaren Erkenntnissen und Ergebnissen. Sie sind Ausdruck von Leidenschaft für die Sache und Vernunft im Handeln.

Benjamin-Immanuel Hoff
Die Länder haben Spielräume gelassen

Dass sich gerade im 70. Gründungsjahr der Kultusministerkonferenz (KMK) auf Initiative der Kulturminister aus Thüringen und Rheinland-Pfalz, Benjamin-Immanuel Hoff und Konrad Wolf, inzwischen Kulturpolitiker und -politikerinnen von der CSU bis zur LINKEN zusammengefunden haben, um einen politischen Zusammenschluss der für Kultur zuständigen Kabinettsmitglieder der Länder zu initiieren, gehört zu den unbeabsichtigten Koinzidenzen.

Denn Ausgangspunkt der Initiative zur Gründung einer »Kultur-MK« unter dem Dach der KMK ist vorrangig die weitere Ausgestaltung des »kooperativen Kulturföderalismus«. Gleichzeitig schärft ein solcher Zusammenschluss der Kulturpolitiker und -politikerinnen auch das Profil der ältesten und wohl auch einflussreichsten Fachminister- und -ministerinnenkonferenz, die freilich bisher vor allem als für Bildung und insbesondere Schule zuständig angesehen wird.

Der Begriff des »kooperativen Kulturföderalismus« wird seit nunmehr rund zehn Jahren in der kulturpolitischen Debatte ventiliert. Obwohl inzwischen Gegenstand von zwei Koalitionsverträgen schwarz-roter Bundesregierungen, ist er bisher blass geblieben. Sinnvoll ausgefüllt kann er nur, wenn dem Bund nicht die Summe von 16 kulturpolitischen Einzelinteressen gegenübertritt, die zudem noch in Stadtstaaten und Flächenländer, ost- und westdeutsche Länder mit ihren jeweiligen Spezifika ausdifferenziert sind.

Dass der Bund heute zunehmend häufiger als Agenda-Setter bundesdeutscher Kulturpolitik auftreten kann, ist zweierlei geschuldet. Zum einen nutzt er Terrain, das die Länder freiwillig – insbesondere durch Vernachlässigung einer adäquaten Kulturfinanzierung – zuvor haben freiwerden lassen. So wurde die Kulturstiftung des Bundes zu einer der finanziell und diskursiv wirkungsmächtigsten Kulturförderinstitutionen Deutschlands. Zum anderen lag es nahe, dass die vor 20 Jahren geschaffene Institution des »Staatsministers für Kultur und Medien« in Verbindung mit der korrespondierenden Einsetzung des Bundestagsausschusses für Kultur und Medien die föderale kulturpolitische Waage zwischen Bund und Ländern verändern wird. Jede Behörde sucht sich ihre Aufgabenfelder und Legitimationen. In der Kulturpolitik gab es sowohl das Interesse der Bundespolitik als auch die Bereitschaft der Länder, entsprechenden Spielraum zu gewähren. Zurückgegriffen konnte dabei auf die seit 1990 gesammelten Erfahrungen. Denn Art. 35 des Einigungsvertrages verpflichtete erstmals den Bund zum aktiven kulturpolitischen Handeln in Form der Erhaltung der kulturellen Substanz von nationaler Bedeutung in den ostdeutschen Bundesländern.

Seither nimmt der Bund nicht nur Verantwortung für Kultur im föderalen Bundesstaat wahr. Er ist – und dies sollte nicht vergessen werden – ein Partner und intellektueller Anreger geworden. Über die Gedenkstättenkonzeption wurden die in den Ländern gesammelten Erfahrungen in der Geschichts- und Erinnerungspolitik gebündelt und systematisiert. Der Bund trug dazu bei, dass die in Ostdeutschland seit jeher bestehenden NS-Gedenkstätten auch in Westdeutschland einen Bedeutungszuwachs erhielten, aus dem institutionellen Schatten heraustraten. Dies war ein kulturpolitischer Beitrag zur Deutschen Einheit.

Die Bildung einer »Kultur-MK«, in der sich die Länder und der Bund auf Augenhöhe begegnen, wird künftig dazu beitragen, die seit Jahren angemahnte Debatte darüber, was »national bedeutsam« in der Kulturförderung ist und was nicht, klärend zu beenden. Eingehegt werden damit nicht zuletzt die teilweise überraschenden Ergebnisse der sogenannten Teppichhändlerrunden der Koalitionsfraktionen vor der Festlegung des Bundeshaushaltes.

Wenn 30 Jahre nach der Deutschen Einheit erfolgreiche Förderinstrumente wie das Programm »Invest Ost« gesamtdeutsch ausgerichtet werden soll, dann bedeutet dies zunächst, die bisher für Ostdeutschland zur Verfügung stehenden Mittel um den erforderlichen Betrag der zehn westdeutschen Länder zu erhöhen und zugleich das »Blaubuch Kulturelle Leuchttürme« anzupassen. Dies geht nur in Partnerschaft von Ländern und dem Bund.

Gleichzeitig stehen Bund und Länder jenseits der Ausgestaltung föderaler Kulturfinanzierung, in der übrigens mit 45,4 Prozent die Städte und Gemeinden die Hauptlast tragen und dann erst die Länder mit 41 Prozent und der Bund mit immerhin 13,6 Prozent der rund zehn Milliarden Euro beteiligt sind, einer Vielzahl von inhaltlichen Herausforderungen gegenüber.

Dazu gehören neben vielen anderen die Ausgestaltung der Gedenkstättenarbeit nach dem Ableben der Zeitzeuginnen und Zeitzeugen in einer zunehmend diverser werdenden Gesellschaft. Aber auch die Digitalisierung nicht allein des Kulturguts, sondern der Kulturbetriebe jedweder Art. Oder die Frage, wie Bund, Länder und Gemeinden die bisher gesammelten Erfahrungen mit freiem Eintritt in Museen systematisieren und verallgemeinern.

Gleichzeitig bedeutet kooperativer Kulturföderalismus, dass die Länder sich in ihren ureigenen Handlungsfeldern der kommunalen und Landeskulturpolitik im Rahmen der »Kultur-MK« gemeinsam mit ihrem erfolgreichen Instrument länderübergreifender Zusammenarbeit, der Kulturstiftung der Länder, selbst verständigen. Kooperativer Kulturföderalismus ist in diesem Sinne deutlich mehr als ein Kulturfö(r)deralismus, auf den er zu oft reduziert wird. Er soll zu sinnvollem kompetitivem Handeln anregen, von dem letztlich die Kulturinstitutionen profitieren sollen. Die beabsichtigte Gründung der Kultur-MK ist dafür eine wichtige Weichenstellung.

Isabel Pfeiffer-Poensgen
Kräftespiel der föderalen Ebenen

Beim Blick zurück fallen zwei bemerkenswerte Ereignisse ins Auge, deren Zusammentreffen das Jahr 1998 zu einem wichtigen Datum für die Kulturpolitik in der Bundesrepublik Deutschland machen. Zum einen wurde vor 20 Jahren wieder auf Bundesebene ein ständiger Ausschuss für Kultur und Medien eingerichtet und mit dem Publizisten, Journalisten und Verleger Michael Naumann erstmals ein »Beauftragter für Kultur und Medien der Bundesrepublik Deutschland« berufen. Im gleichen Jahr feierte die Kultusministerkonferenz ihr 50-jähriges Jubiläum. Schon 1948 – noch vor Gründung der Bundesrepublik – waren die Kultusminister der Länder zusammengekommen, um einen Rahmen für ihre Arbeit und deren Koordination in Bildungs-, Wissenschafts- und Kulturpolitik zu begründen. Insofern markiert das Jahr 1998 Kontinuität und Weiterentwicklung der kulturpolitischen Beziehungen zwischen Bund, Ländern und Kommunen.

20 Jahre sind für Institutionen in der Regel keine lange Zeit. Aber selbst für diejenigen, die sich noch an die leidenschaftlichen Debatten und mühsamen Prozesse erinnern, in denen um einen neuen »kooperativen Kulturföderalismus« gerungen wurde, scheinen diese inzwischen weit zurückzuliegen. Gerade deshalb ist es wichtig, heute daran zu erinnern.

Die kulturpolitischen Auseinandersetzungen fanden vor dem Hintergrund einer umfassenden Föderalismusreform statt, die die »bundesstaatliche Ordnung« von Aufgaben-, Ausgaben- und Einnahmenverteilung modernisieren wollte und damit zur Dynamik nicht unwesentlich beitrug.

Im Kreis der Bundesländer wie der Kommunen wurde die Stärkung des kulturpolitischen Gewichts des Bundes zunächst vor allem misstrauisch betrachtet. Es gab in den Ländern starke Stimmen, die Kompetenzen von Bund und Ländern im Kulturbereich neu zu ordnen und die Zuständigkeit des Bundes auf wenige Handlungsfelder, etwa Auswärtige Kulturpolitik, Förderung von Berlin und Bonn sowie Gedenkstättenarbeit zu beschränken. Noch eindeutiger formulierte der damalige Vorsitzende des Kulturausschusses des Deutschen Städtetags, Volker Plagemann, Senatsdirektor der Kulturbehörde der Freien und Hansestadt Hamburg, mit Verweis auf die »gleichgeschaltete und zentralisierte« Kultur des Nationalsozialismus: »Es gibt keine Kulturkompetenz des Bundes oder gar die Kompetenz einer einzigen politischen Person, eines Bundeskulturministers. Vielmehr ist die Kulturkompetenz der verschiedenen Ebenen, des Bundes, der Länder, der Städte unmissverständlich begrenzt« (Kulturpolitische Mitteilungen Nr. 80 I/98, Seite 20).

Allerdings teilten nicht alle kommunalen Akteure diese Haltung. Wie auf der Seite der Länder gab es auch in den Städten Befürworterinnen und Befürworter einer Stärkung der kulturellen Kompetenz am Kabinettstisch in Berlin, weil man »vor Ort« positive Impulse erwartete – etwa bei Fragen des Denkmalschutzes, des Steuerrechts oder bei Angelegenheiten der Europäischen Union.

Das Interesse für das – nicht einfache – Thema war beträchtlich. So diskutierten am 22. Juni 1998 nicht weniger als 14 Persönlichkeiten aus der Kulturpolitik viereinhalb Stunden öffentlich, konzentriert und kontrovers die Frage: »Brauchen wir eine neue Verantwortung des Bundes?« Veranstaltet von der Kulturpolitischen Gesellschaft, dem Deutschen Kulturrat und dem Haus der Geschichte wurde die Tagung auch in den Medien breit rezipiert. Es ist bemerkenswert, dass die Diskussion nicht in Berlin geführt wurde, sondern in Bonn und zudem von den Bundesländern, vor allem Nordrhein-Westfalen, angestoßen worden war.

Als ich 2004 von der Position der kommunalen Beigeordneten der Stadt Aachen für Kultur und Soziales in das Amt als Generalsekretärin der Kulturstiftung der Länder (KSL) wechselte, hatte die Debatte die KSL längst erreicht. Das große Thema war die Fusion mit der im Jahr 2002 gegründeten Kulturstiftung des Bundes – nicht nur auf den ersten Blick das Gegenteil einer »Entflechtung«, die Mischfinanzierungen vermeiden sollte. Nach zwei turbulenten Jahren wurden die Verhandlungen (vorläufig) beendet und der Weg wurde frei, die Kooperation der Kulturstiftungen des Bundes und der Länder konstruktiv auszubauen. Insbesondere rund um das Thema Kulturerbe – etwa beim Schutz und Erhalt sowie in der Erforschung der Provenienz von Kulturgütern, bei der Restaurierung oder der Vermittlung an Kinder und Jugendliche – engagieren sich Bund und Länder mittlerweile gemeinsam und setzen ein klares Zeichen geteilter Verantwortung.

Insgesamt wurde das föderale Miteinander unaufgeregter, konkreter, alltagstauglicher. Austausch und Absprachen sind heute selbstverständlich. Auf Einladung der Staatsministerin für Kultur und Medien treffen sich die Kulturministerinnen und -minister der Länder sowie Vertreterinnen und Vertreter der Kommunen seit einigen Jahren regelmäßig zu Kulturpolitischen Spitzengesprächen.

Die damaligen Befürchtungen, dass der Bund den Ländern die Kulturhoheit streitig machen würde, haben sich als unbegründet erwiesen. Davon unabhängig ist es wichtig, dass die Bundesländer sich kulturpolitisch – bei allem gegenseitigen Respekt gegenüber der Vielstimmigkeit – gemeinsam deutlich wahrnehmbar artikulieren. Wie das künftig aussehen kann, wird gegenwärtig in den Gremien der Kultusministerkonferenz diskutiert.

Man mag die engagierten Debatten vor 20 Jahren für überwunden halten oder vermissen – dass das Kräftespiel der föderalen Ebenen immer wieder neu auszutarieren ist, hat letztlich Kunst und Kultur immer gestärkt.

Markus Hilgert
Kultur ist Vielfalt

Im Jahr 2018 sind es gleich zwei bedeutende Institutionen der deutschen Kulturpolitik, die einen runden Geburtstag begehen: das Amt des/der Beauftragten der Bunderegierung für Kultur und Medien wird 20 Jahre alt, während die Kulturstiftung der Länder auf ihr 30-jähriges Bestehen zurückblicken kann. Schon sehr bald, im März 2022, feiert dann auch die Kulturstiftung des Bundes ihr 20-jähriges Gründungsjubiläum.

Es ist gewiss kein Zufall, dass Kulturpolitik und öffentliche Kulturförderung in Deutschland in den letzten drei Jahrzehnten diese signifikante strukturelle Stärkung und strategische Neuausrichtung erfahren haben. Während in der Zeit unmittelbar nach dem Zweiten Weltkrieg das politische Bewusstsein insbesondere von der Schutzbedürftigkeit von Kultur und Kulturgütern in Konflikt- und Krisensituationen national wie international sehr hoch war, setzte sich in der zweiten Hälfte des 20. Jahrhunderts die Erkenntnis durch, dass Kultur auch in Friedenszeiten und im Wohlstand einer besonderen politischen Aufmerksamkeit und gezielter Förderung bedarf. Bis heute hat sich an diesem Sachverhalt nichts geändert – ganz im Gegenteil. Kultur avanciert zu einem wichtigen Bestandteil innovativer Strategien im Bereich der Entwicklungs- und Sozialpolitik sowie der Außen- und Sicherheitspolitik. Dass Kultur, Wissenschaft und Bildung nicht getrennt voneinander gedacht werden können, ist zwar seit langem bekannt, jedoch in der politischen Praxis nicht immer mit der gebotenen Stringenz berücksichtigt.

Klar ist, dass es im kooperativen Kulturföderalismus der Bundesrepublik Deutschland seit jeher des gemeinsamen Engagements der Länder und des Bundes bedurft hat, um mit den politischen Herausforderungen im Kulturbereich sowie mit den gesellschaftlichen Anforderungen an Kultur konstruktiv und lösungsorientiert umzugehen. Die Vielfalt der Sichtweisen und Handlungsmodelle, die in diesem Kulturföderalismus begründet liegt, ist dabei keineswegs – wie immer wieder behauptet wird – eine Last, der man sich leichthin entledigen sollte, sondern nichts weniger als die Voraussetzung dafür, dass Kultur und Kulturpolitik die Aufgaben erfüllen können, die sich ihnen stellen und in Zukunft mit zunehmender Dringlichkeit stellen werden. Denn Kultur ist Vielfalt, Kultur wird immer durch bestimmte Menschen an einem bestimmten Ort und zu einer bestimmten Zeit hervorgebracht. Kultur kann nur dann kraftvoll sein, wenn sie in die Praxis des Alltags organisch integriert ist und auf Menschen und Gegebenheiten vor Ort Bezug nimmt. Kultur kann also weder »zentralisiert« noch »verordnet« werden. Dies wäre ein Widerspruch in sich.

Es ist diese kulturpolitische Grundüberzeugung, die die Partnerschaft zwischen der/dem Beauftragten der Bundesregierung für Kultur und Medien und der Kulturstiftung der Länder in den vergangenen 20 Jahren geprägt hat. Wichtige Meilensteine des gemeinsamen Weges waren dabei etwa die Gründung der Arbeitsstelle für Provenienzforschung im Jahr 2008, die 2015 im Deutschen Zentrum Kulturgutverluste aufging, sowie die Einrichtung der Koordinierungsstelle für die Erhaltung schriftlichen Kulturguts im Jahr 2011. Zu nennen sind weiterhin das gemeinsame Engagement im Bund-Länder-Stipendienprogramm, der Schulterschluss bei der institutionellen Förderung von Kultureinrichtungen mit gesamtstaatlicher Bedeutung sowie die zahlreichen erfolgreichen Kooperationen zwischen der Kulturstiftung des Bundes und der Kulturstiftung der Länder.

Damit bestehen die besten Voraussetzungen für einen Ausbau der Zusammenarbeit zwischen beiden Häusern, ein Ausbau, der nicht nur wünschenswert, sondern auch dringend notwendig ist. Denn die Herausforderungen, vor denen die Kulturpolitik in Deutschland steht, sind enorm: Wie kann kulturelle Bildung und Teilhabe für möglichst Viele in unserer Gesellschaft erreicht werden? Wie schützen wir bedeutende materielle Kulturgüter vor der Abwanderung ins Ausland oder vor Zerstörung in Krisen- und Konfliktsituationen? Wie fördern wir die digitale Transformation von Kultureinrichtungen und erhöhen so ihre Präsenz und Sichtbarkeit im Internet sowie in Sozialen Medien? Wie gehen wir mit den Nachlässen von Künstlerinnen und Künstlern um? Wie stärken wir diejenigen Kultureinrichtungen, die die Geschichte ihrer Sammlungen vorbehaltlos aufarbeiten und der Öffentlichkeit zugänglich machen wollen?

Alle diese Fragen sind deswegen auf eine enge Zusammenarbeit zwischen Bund und Ländern angewiesen, weil derzeit in vielen Fällen nicht einmal die Wege offenbar sind, die langfristig zu guten Antworten führen können. Worauf es daher jetzt ankommt, sind der Austausch und die Dokumentation von bestehenden Erfahrungen, die systematische Auswertung bereits geförderter Pilotprojekte sowie die Schaffung von Anreizen für institutionelle Reformen im Kulturbereich. Voraussetzung für den Erfolg dieser Bemühungen wird ein kontinuierliches Aushandeln von gemeinsamen Zielsetzungen und Prioritäten zwischen Bund und Ländern sein. Wie bisher wird die Kulturstiftung der Länder diesen Aushandlungsprozess mit Interesse und Engagement begleiten und dabei selbstverständlich auch der Jubilarin mit Rat und Tat zur Seite stehen.

440/441

13.

Die Kommunen

―

Im Zentrum des Kulturgeschehens

Wachgeküsst 20 Jahre
neue Kulturpolitik
des Bundes
1998――2018

Klaus Hebborn
20 Jahre BKM – Rückblick und Ausblick aus kommunaler Sicht

Die Schaffung des Amtes des Beauftragten der Bundesregierung für Kultur und Medien (BKM) durch die Regierung Schröder im Jahr 1998 markiert eine Zäsur in der Kulturpolitik in Deutschland. Der Bund machte damit nicht nur deutlich, sich künftig stärker im Bereich der Kultur engagieren zu wollen. Das Amt rückte die Kultur bzw. die Kulturpolitik insgesamt stärker in den Fokus von Politik. Die Schaffung eines Bundeskulturbeauftragten hat gleichwohl auch Probleme aufgeworfen. Diese erstrecken sich beispielsweise auf Fragen der Einordnung der Bundeskulturpolitik in das föderale Gesamtgefüge des Staates, das Kulturpolitik als originäre Länderaufgabe vorsieht sowie auf die Abstimmung und Koordinierung der Kulturförderung zwischen den verschiedenen Ebenen.

Bedeutungszuwachs des Bundes in der Kultur infolge der Deutschen Einheit

Die Verwirklichung der Deutschen Einheit hat die Kulturpolitik in Deutschland maßgeblich verändert. Der »Kulturartikel« (§ 35) des Einigungsvertrages markiert den Beginn eines stärkeren Bundesengagements zunächst in der Kultur in Ostdeutschland, später zunehmend auch in den westdeutschen Ländern und Kommunen. Nach 1990 hat sich eine Bundeskulturpolitik entwickelt, wie sie vorher nicht denkbar gewesen wäre. Die Schaffung des Amtes des BKM ist in diesem Kontext zu sehen. Zugespitzt könnte man es auch so formulieren: Ohne die Deutsche Einheit gäbe es heute dieses Amt vermutlich nicht, jedenfalls nicht in dieser Form.

Das Amt des BKM war von Anfang an durch zwei Besonderheiten geprägt: Zum einen sollte bzw. durfte es angesichts der verfassungsrechtlich geregelten Kulturhoheit der Länder kein Bundeskulturministerium sein. Der/die Beauftragte ist Staatsminister im Bundeskanzleramt, im eigentlichen Sinne nicht im Ministerrang und ohne Stimmrecht im Bundeskabinett. Zum anderen genießt das Amt durch die unmittelbare Ansiedlung im Kanzleramt jedoch einem besonderen Status. Zu den Aufgaben gehören insbesondere die Förderung von kulturellen Einrichtungen und Projekten von überregionaler, nationaler Bedeutung, die Weiterentwicklung und Modernisierung der rechtlichen Grundlagen und Rahmenbedingungen künstlerischen Schaffens sowie die Sicherung einer freien und pluralistischen Medienlandschaft. Seit der Installierung des BKM sind die Kulturetats des Bundes als einzige der staatlichen Ebenen Jahr für Jahr gewachsen. Wenngleich ein Großteil der Bundeskulturförderung in die Hauptstadt Berlin fließt, ist dies gleichwohl ein weiteres Indiz für die gesteigerte Bedeutung und Wertschätzung der Kultur auf der Bundesebene.

Im Zuge des verstärkten Engagements in der Kultur baute der Bund seine politisch-administrative Infrastruktur für Kulturpolitik aus: Neben dem Amt des BKM richtete der Deutsche Bundestag einen eigenen Ausschuss für Kultur und Medien ein und setzte einige Jahre später eine Enquête-Kommission »Kultur in Deutschland« ein, die 2007 ihren umfangreichen und viel beachteten Bericht mit einer Analyse der gesamtdeutschen Kultur sowie Empfehlungen veröffentlichte. Ebenfalls in diesem Kontext zu nennen ist die Gründung der Kulturstiftung des Bundes (KSB) im Jahre 2003.

Impulse und Unterstützung für die kommunale Kulturpolitik

Die Schaffung des Amtes des BKM und die Entwicklung einer »neuen« Kulturpolitik des Bundes seit 1998 ist nicht nur kulturpolitisch, sondern auch aus kommunaler Sicht zu begrüßen. Das Amt hat die Kultur auf allen Ebenen aufgewertet und überdies deutlich gemacht, dass Kulturförderung eine gesamtstaatliche Angelegenheit ist, die von Bund, Ländern und Kommunen gemeinsam zu erfüllen und zu gestalten ist. Ein aus kommunaler Sicht äußerst wichtiges Instrument ist dabei die Institutionalisierung der »Kulturpolitischen Spitzengespräche« durch die amtierende Staatsministerin Monika Grütters. Während diese Gespräche in früheren Jahren ausschließlich und unregelmäßig zwischen Ländern und Bund geführt wurden, sind nunmehr auch die Kommunen beteiligt. Und dies zu Recht: Die Städte und Gemeinden tragen mit ca. 45 Prozent den größten Anteil der Kulturausgaben in Deutschland. Die Spitzengespräche sind ein geeignetes Forum für Abstimmung und Koordinierung einerseits und das gemeinsame Nachdenken über die Weiterentwicklung der Kulturpolitik in Deutschland andererseits.

Über diese kulturpolitisch und strukturell positiven Entwicklungen hinaus hat die Bundeskulturpolitik auch unmittelbare Wirkungen in den Kommunen entfaltet. In diesem Zusammenhang sind beispielhaft zu nennen:

Die zahlreichen Substanzerhaltungsprogramme haben in Ostdeutschland wichtige kulturelle Substanz erhalten und modernisiert. Man mag kritisch sehen, dass mit den Programmen vor allem das baulich-kulturelle Erbe – vielleicht mit Blick auf den Tourismus und das Stadtmarketing – erhalten wurde, andere kulturelle Infrastruktur aber verloren ging. Fakt ist jedoch, dass die ostdeutschen Städte heute über zahlreiche Kultureinrichtungen und -stätten von nationalem und internationalem Rang verfügen. Insofern ist eine Angleichung der beiden Teile Deutschlands in der Kultur erreicht worden. Auch in den westdeutschen Städten haben insbesondere verschiedene Denkmalschutzprogramme positive Wirkungen entfaltet und viel für das kulturelle Erbe im Erscheinungsbild der Städte geleistet.

Das stetig angewachsene Bundesengagement im Bereich der Provenienzforschung nach der Washingtoner Erklärung (1998) und das dafür gegründete Deutsche Zentrum für Kulturgutverluste unterstützen kommunale Museen und Einrichtungen in ihren Bemühungen, Provenienzen zu klären und »faire und gerechte Lösungen« im Sinne des Washingtoner Abkommens zu finden. Das Thema dürfte in den nächsten Jahren zunehmende Bedeutung mit Blick auf den Umgang mit Kunst aus kolonialen Kontexten gewinnen.

Zu nennen sind auch die vielfältigen zukunftsweisenden Projekte der Bundeskulturstiftung (KSB), mit denen kulturpolitische Entwicklungen auch und gerade in den Kommunen angestoßen wurden und werden. Das vom Bundesbildungsministerium geförderte Projekt »Kultur macht stark« zeigt, dass die Förderung der Kultur bzw. der kulturellen Bildung auch in anderen Ressorts einen hohen Stellenwert hat. Schließlich hat das Bundesengagement für die Kultur in und für Berlin die Hauptstadt als Aushängeschild weltweit positioniert.

Ausblick

20 Jahre BKM haben viel bewegt in der Kulturpolitik in Deutschland. Gleichwohl bleibt einiges zu tun: Kulturpolitische Initiativen und Programme müssen stärker abgestimmt und koordiniert werden. Dies gilt zum einen innerhalb der Bundesregierung für die verschiedenen Ressorts, zum anderen für die Zusammenarbeit von Bund, Ländern und Kommunen. Neben den kulturpolitischen Spitzengesprächen sollte überlegt werden, ein Forum für Koordinierung und Abstimmung einzurichten. Mehr Nachhaltigkeit der Bundesprogramme sollte künftig das Ziel sein. Bereits bei der Implementierung von Programmen muss über deren mögliche Fortführung im Erfolgsfall nachgedacht werden. Die Kulturpolitikforschung in Deutschland sollte seitens des Bundes gefördert werden, als Basis mit Daten und Fakten für die Weiterentwicklung der Kultur in Deutschland. Schließlich: Die Möglichkeiten des Bundes, sich kulturpolitisch zu engagieren, sollten erweitert werden. Das vielfach hinderliche Kooperationsverbot sollte im Sinne eines »Kooperativen Föderalismus« weiter gelockert oder möglichst vollständig abgeschafft werden.

Uwe Lübking
Kooperativer Kulturföderalismus ist ein Erfolgsmodell

Kunst- und Kulturförderung wird heute zu Recht als Gemeinschaftsaufgabe von Bund, Ländern und Kommunen begriffen. Dieser kooperative Kulturföderalismus in Deutschland hat sich bewährt und sollte weder in die eine, noch in die andere Richtung infrage gestellt werden. Die Zuständigkeiten für kulturelle Angelegenheiten fallen gemeinsam mit dem Schul- und Hochschulwesen unter dem Begriff der »Kulturhoheit« in die vorrangige Kulturkompetenz der Länder. Für die Städte und Gemeinden ist die Kulturhoheit in dem Selbstverwaltungsrecht aus Art. 28 Abs. 2 GG verankert. Die »Kulturhoheit der Länder« wird durch verschiedene Zuständigkeiten des Bundes eingeschränkt. Der Kulturföderalismus ist Folge der deutschen Geschichte. Die Bundesregierung hat gleichwohl erstmalig im Jahr 1998 das Amt des Beauftragten der Bundesregierung für Kultur und Medien eingerichtet und damit auf Bundesebene einen zentralen Ansprechpartner für Kultur geschaffen. Dies war umstritten und führte zu Auseinandersetzungen mit den Bundesländern. Die Länder akzeptierten den schleichenden Kompetenzzuwachs des Bundes anfangs nur zögerlich. Es sind weiterhin auch andere Bundesministerien mit Kulturangelegenheiten befasst, wie das Familien- und Jugendministerium oder das Bildungsministerium (kulturelle Jugendbildung), ebenso das Justizministerium (Urheberrecht unter anderem) oder das Sozialministerium (Künstlersozialversicherungsgesetz) sowie das Auswärtige Amt für die auswärtige Kulturpolitik. Die Bundeskulturpolitik ist damit beileibe kein, wie zum Teil kritisiert wird, Provisorium. So gibt es Forderungen, durch die Einrichtung eines Bundeskulturministeriums die Kulturpolitik zu stärken. Dies sind Scheindebatten. Es wird niemals eine Bündelung aller kulturellen Angelegenheiten in einem Ministerium geben. Wichtiger ist die inhaltliche Diskussion, wie die Kulturpolitik ausgestaltet wird. Es gibt nur wenige Staaten, die für Kunst und Kultur so viele Finanzmittel einsetzen wie Kommunen, Länder und Bund. Kulturstaatsministerin Prof. Monika Grütters hat darüber hinaus zu Beginn ihrer Amtszeit Länder und kommunale Spitzenverbände sowie die Kulturstiftungen der Länder und des Bundes zu regelmäßigen Gesprächen eingeladen. Zwischenzeitlich gab es bereits acht kulturpolitische Spitzengespräche. Das Format soll noch stärker dazu genutzt werden, gemeinsame inhaltliche Linien zu entwickeln und diese in die kulturpolitische Praxis umzusetzen. Die Spitzengespräche könnten sich so zu einer Plattform für Kulturdebatten entwickeln und zu einem Dialog für Fragen z. B. der zukünftigen Erinnerungskultur und der Kunst- und Kulturförderung. Gut wäre ein eigenständiges Beratungsgremium für Kulturpolitik unter Beteiligung der kommunalen Spitzenverbände. Der kooperative Kulturföderalismus würde noch weiter vorangetrieben. Hier könnten sich andere Ministerien ein Beispiel nehmen oder z. B. die Kultusministerkonferenz in Bezug auf die Bildungsthemen.

Auch sonst werden die kommunalen Spitzenverbände eng in Abstimmungen eingebunden. Beispiele sind nicht nur die Provenienzforschung oder der Preis für kulturelle Bildung, mit dem erfolgversprechende Vorhaben der kulturellen Bildung ausgezeichnet werden. Teilhabegerechtigkeit hängt wesentlich von Kultur und Bildung ab. Gerechtigkeitspolitik muss heute auch Kulturpolitik sein, sonst wird sie keinen Erfolg haben. Die Kulturstaatsministerin hat in Abstimmung und Unterstützung der kommunalen Spitzenverbände die Initiative »Kultur öffnet Welten« ins Leben gerufen. Die vielfältigen Projekte zeigen, wie kulturelle Vielfalt das Zusammenleben in einer Zuwanderungsgesellschaft bereichern kann. Die Förderung der Kulturen von Migranten und interkultureller Bildung müssen selbstverständlicher Teil von öffentlicher Kulturförderung sein. Es geht dabei um demokratische Werte, um die Freiheit des Denkens, des Gewissens und Glaubens. Bei aller Vielfalt muss es eine Verständigung darüber geben, was die Mitglieder einer Gesellschaft an gemeinsamem kulturellen Wissen, an Beständen kulturellen und geschichtlichen Gedächtnisses miteinander teilen müssen.

Ein weiteres Beispiel ist die im März 2002 gegründete Kulturstiftung des Bundes. Auch hier waren die kommunalen Spitzenverbände von Anfang an mit Sitz und Stimme vertreten. Die Stiftung hat in den 16 Jahren ihres Bestehens viele gute Projekte in den Kommunen angeschoben, seien es die Programme »Kulturagenten für kreative Schulen« oder »Jedem Kind ein Instrument«, die Stärkung der Vermittlungsarbeit in Museen oder aktuell ein Projekt zur Stärkung der Stadtbibliotheken und das Programm »TRAFO – Modelle für Kultur im Wandel«, dass sich gezielt an ländliche Regionen und kleinere Gemeinden mit ihrem Kulturangebot richtet.

Deutschland verfügt über einen Reichtum an kulturellen Gütern. Museen, Theater, Volkshochschulen, Musikschulen, Stadtbibliotheken, Orchester usw. machen die Lebensqualität unserer Städte und Gemeinden aus. Wenn einzelne Kultureinrichtungen aufgrund der Finanzlage von Schließung bedroht sind, wird gern nach dem Bund gerufen.

Dies insbesondere dann, wenn aufgrund der Haushaltslage der Kommunen nicht so viele Finanzmittel in die Kultur fließen, wie von den Kulturschaffenden gewünscht wird oder wenn einzelne Kultureinrichtungen von Kürzungen oder Schließungen bedroht sind. Dies ist aber kein Grund, am Kulturföderalismus zu rütteln. Die kulturelle Infrastruktur wird von den Kommunen und den Ländern finanziert, sie haben die Verantwortung. Diskutiert werden könnte aber darüber, inwieweit der Bund Kulturangebote von nationalem Interesse bundesweit nach dem Beispiel des »Blaubuches Ost« stärker fördert. Die Länder müssen aber auch ihrer Verantwortung nachkommen. Es ist gut, dass der Bund die kulturelle Bildung unterstützt. Kulturelle Bildung in Kindergärten, Schulen, der Jugendarbeit und Berufsbildung sind Türöffner zu allen Formen der Kultur. Der schulische Ausfall von Fächern wie Kunst, Musik und Darstellendem Spiel (Theater) sowie Deutsch und Fremdsprachen mit ihren literatur- und kunstgeschichtlichen Anteilen sind Beispiele für die Unterfinanzierung des Bildungssystems und hier sind und bleiben die Länder gefordert.

Jörg Freese
Ländlicher Raum im Fokus der Bundeskultur-politik?

Die Zeit der deutschen Kleinstaaterei ist auch eine Blütezeit von Kunst und Kultur in den deutschen Landen gewesen. Ein Johann Wolfgang von Goethe war in verschiedensten Funktionen Diener unterschiedlicher Herren, die gerade durch die Förderung von Wissenschaft, Kunst und Kultur ihre eigene Bedeutung und die Bedeutung ihres jeweiligen Gemeinwesens im Konzert der Fürstentümer, Herzogtümer und Königreiche in Deutschland untermauern wollten. Insoweit kann ich dem heutzutage politisch zumeist als Schmähbegriff benutzten Wort »Kleinstaaterei« eigentlich wenig Negatives abgewinnen.

Politisch wie gesellschaftlich hat Deutschland aus dieser Zeit der vielen kleinen staatlichen Einheiten heraus eine starke föderale Tradition. Das ermöglicht es, die unterschiedlichen landsmannschaftlichen Traditionen und kulturellen Eigenheiten zu bewahren und zu pflegen und zugleich auch in den Ländern und Kommunen zusammenzuführen, ohne dass die Vorteile der großen Nation und gesamtstaatlicher Verantwortung in Deutschland dabei verloren gehen. Dieser Gedanke stand auch den viel gerühmten Müttern und Vätern des Grundgesetzes vor Augen, als sie die Kulturhoheit der Länder im Grundgesetz verankert haben.

Kultur ist qua Verfassung aber auch durch gelebte politische Realität einer der Mittelpunkte der Eigenstaatlichkeit der Länder. Ergänzend zur Kultur sind es nur noch Schule und Wissenschaft, die die wirklichen Unterschiede zwischen den Ländern ausmachen. Das können die anderen zentralen Kompetenzen, bspw. das Polizei- und Ordnungsrecht, nicht leisten, auch wenn sich einige Länder in solchen Themen durchaus Mühe geben, ihre Besonderheit zu betonen. Zentralismus liegt Deutschland fern, im Gegensatz zu anderen mitteleuropäischen Ländern, die eine starke zentralstaatliche Tradition haben, und bei denen es umgekehrt nicht denkbar ist, sich stärker föderal aufzustellen. In Deutschland muss man daher auf die Stärkung der Kräfte »vor Ort« setzen – und ist damit bisher sehr gut gefahren.

Dies alles führt gerade in den ländlichen Räumen und in den sie in starkem Maße prägenden Landkreisen zu einer gewissen Skepsis gegenüber einer zu hohen Kompetenz des Bundes für Fragen der Kultur und der Kulturförderung. Die Begeisterung des Deutschen Landkreistages hielt sich daher in Grenzen, als 1998 zum ersten Mal ein Staatsminister als Beauftragter der Bundesregierung für Kultur und Medien ins Amt kam. Er und alle seine Nachfolger bis hin zur amtierenden Staatsministerin Prof. Grütters haben allerdings ihr Amt weise und mit der notwendigen Zurückhaltung gegenüber allzu zentralstaatlich-direktiven Verhaltensweisen ausgeübt. Dabei haben sie – durchaus in unterschiedlicher Weise und Intensität – den ländlichen Raum im Blick gehabt. Durch die insbesondere in den Anfangsjahren erfolgende Fokussierung des Bundes (naturgemäß) auf bundes- und europaweit, vielleicht sogar darüber hinaus bedeutsame kulturelle Einrichtungen ist es nur natürlich, dass Institutionen in Landkreisen im Verhältnis zu großstädtischen Einrichtungen deutlich seltener von Bundesförderung oder gar Bundesträgerschaft profitieren. Aber es gibt sie auch, und das ist auch gut so.

Gerade die ländlichen Räume sind aber bei der Gestaltung und Pflege ihrer Kulturlandschaft und der Förderung der Kultur viel stärker auf die Zusammenarbeit mit den Ländern angewiesen als dies wohl in den Ballungsräumen der Fall ist. Daher setzen wir unverändert auf die Kompetenz und Zuständigkeit der Länder. Ein Bundeskulturministerium, wie es der Deutsche Kulturrat seit geraumer Zeit fordert, würde an der inzwischen bewährten Aufgabenverteilung zwischen Bund und Ländern mittelfristig deutliche Änderungen zulasten der Länder und Kommunen herbeiführen. Dem stehen wir daher kritisch gegenüber. Dies liegt auch daran, dass jedes Engagement des Bundes im Ergebnis langfristig zu Rückzugserscheinungen von Ländern und gegebenenfalls auch von Kommunen führt. Ein Mehr für die Kultur ist damit leider nicht immer verbunden, auch wenn dies wünschenswert wäre.

Die Landkreise wünschen sich kraftvolle kulturpolitische Agenden aller Länder einschließlich der hierfür notwendigen Finanzierung. Und sie brauchen selbst auch einen ausreichenden finanziellen Spielraum für kulturelle Vielfalt – nicht nur, aber auch im ländlichen Raum. Hier ist es wie bei den Großstädten auch: In einer durchaus nennenswerten Zahl von Landkreisen ist dieser Spielraum vorhanden, aber leider ist die Schere zwischen arm und reich auch bei den Landkreisen weit auseinandergegangen. Hier gilt es für die Zukunft dringend anzusetzen. Insgesamt erwarten wir vom Bund und der zuständigen Beauftragten der Bundesregierung für Kultur und Medien weiterhin gezielte Unterstützung, Finanzierung von »Leuchttürmen«, Erprobung von Neuem und Hilfe bei allen Aktivitäten, die durch Kultur und kulturelle Bildung den gesellschaftlichen Zusammenhalt in Deutschland aktiv unterstützen.

Unser Fazit nach 20 Jahren Beauftragten der Bundesregierung für Kultur und Medien ist: Das Experiment des ersten Kabinetts Schröder ist gut gegangen. Lasst uns auf dem eingeschlagenen Weg mit Achtsamkeit weitergehen!

13. —— Die Kommunen – Im Zentrum des Kulturgeschehens

14.

Kultur und Religion

Religion und Kultur

Wachgeküsst 20 Jahre
neue Kulturpolitik
des Bundes
1998——2018

Johann Hinrich Claussen
Über die Grenzen der eigenen Institution hinaus

Wenn jemand, den man schätzt, einen runden Geburtstag begeht, wünscht man ihm Glück und Segen. Vor allem aber freut man sich, dass es ihn gibt. Sein bloßes Dasein ist Grund zum Feiern genug. Das gilt auch für den bzw. die Beauftragte der Bundesregierung für Kultur und Medien. Wer hätte es vor einem Vierteljahrhundert für möglich gehalten, dass diese Institution 2018 ihren 20. Geburtstag feiern würde? Aber jetzt ist die BKM da, hat ihre Sinnhaftigkeit schon mehrfach bewiesen und inmitten gegenwärtiger Kulturdebatten noch einmal an Bedeutung gewonnen.

Zum Glückwunsch gehört der Dank. Und die Evangelische Kirche in Deutschland hat allen Grund, der BKM zu danken. Die intensive Zusammenarbeit während der Reformationsdekade, besonders 2012 mit dem Themen-Jahr »Reformation und Musik« und dem bundesweiten Projekt »366+1, Kirche klingt 2012« sowie die großzügige Förderung der vielfältigen Aktivitäten zum Reformationsjubiläum selbst bleiben unvergessen. Doch »2017« war kein Sonderereignis. Was hier im Großen unternommen wurde, wurde und wird auch in kleineren Portionen versucht. Die BKM ist für die Evangelische Kirche die zentrale Ansprechinstanz, wenn es darum geht, ins Gespräch mit der Kultur der Gegenwart einzutreten. Dabei geht es nicht allein darum, finanzielle Förderungen zu beantragen (dies natürlich gelegentlich auch). Viel wichtiger für uns ist es, in der Kooperation mit der BKM über die Grenzen unserer eigenen Institutionen und Milieus hinaus zu arbeiten. Dies öffnet unseren Sinn für die Weite der kulturellen Welt. Es gibt uns Impulse, auf dem kulturellen Feld professioneller zu agieren. Es stößt uns auf kulturpolitische Debatten, die auch uns beschäftigen sollten. So haben wir in 20 Jahren – und nicht nur von 1998 bis 2017 – von der BKM vieles gelernt, was unserer Arbeit zugutekommt. Nicht zuletzt hat es unser Bewusstsein gefördert, dass wir selbst eine kulturelle Kraft sind und eine kulturelle Verantwortung haben.

Danksagungen haben es meist an sich, dass sie unvermittelt in neue Bitten münden. Die Evangelische Kirche wünscht sich, die – im europäischen Vergleich ziemlich einmalige – Zusammenarbeit mit der BKM fortzuführen. Dabei ist sie keine bloße Bittstellerin, sondern hat auch etwas zu bieten. Sie pflegt ein für Deutschland und Europa wesentliches Kulturerbe und dies an sehr unterschiedlichen Orten, mit sehr verschiedenen Menschen, in den vielfältigsten Formen. Gelegentlich begegnet man im Kulturbetrieb und den dazu gehörenden Milieus einer gewissen Religionsignoranz. Menschen, die keine eigenen Erfahrungen mit den guten Seiten der Religion gemacht haben, neigen dazu, das evangelische Christentum entweder als etwas eigentlich Überwundenes und Abständiges oder als etwas Gefährliches und zu Bekämpfendes anzusehen. Dabei steht die Evangelische Kirche, nicht zuletzt mit ihrer kulturellen Breitenarbeit, für ein grundlegendes Prinzip der deutschen Gesellschaft ein.

Dieses wurde im vergangenen Jahr von der »Initiative kulturelle Integration«, die ebenfalls der BKM viel zu verdanken hat, so formuliert: »Religion gehört auch in den öffentlichen Raum. In Deutschland sind Staat und Religion klar voneinander unterschieden, aber auch aufeinander bezogen. Den Religionen wird die Möglichkeit gegeben, in der Öffentlichkeit sichtbar aufzutreten und aktiv am gesellschaftlichen Leben mitzuwirken. Zugleich aber unterliegen sie den geltenden rechtsstaatlichen Regeln und einem öffentlichen Diskurs. Dieses Verhältnis von Staat und Religion hat sich in Deutschland bewährt.« Die Zusammenarbeit zwischen der Evangelischen Kirche und der BKM ist ein unverzichtbarer Beitrag, um das wertvolle Erbe der traditionell liberalen Religionskultur in Deutschland in die Zukunft zu führen.

Zum Schluss: Für rechtschaffene Protestanten gehört es sich, in jede Festfreude einen Schuss Kritik und Krisenbewusstsein zu gießen. So möchte ich darauf hinweisen, dass man in der so erfreulichen Kooperation von BKM und Evangelischer Kirche auch ein Problem sehen kann. Angesichts der Tatsache, dass es bewährte Institutionen in der »Gesellschaft der Singularitäten« immer schwerer haben, genügt es nicht, dass sich die Repräsentanten einer alten Ordnung unterhaken und gegenseitig in administrativ gesteuerter Sicherheit wiegen. Vielmehr müssen beide, Evangelische Kirche wie BKM, sich bewusst sein, dass sie als Institutionen zwar hochbedeutsam sind – aber nur, wenn sie sich als für die Sache nützlich erweisen. Es ist eine Grundeinsicht evangelischer Theologie, dass die Kirche nur eine Funktion ist. Sie hat einen Wert nur insofern, als sie ihre Aufgaben erfüllt. Ähnliches ließe sich für staatliche Institutionen sagen. Deshalb haben Evangelische Kirche wie BKM gegenüber der Kultur in Deutschland eine dienende Rolle. Dass Kunst und Kultur leben, gedeihen und Frucht bringen, können sie weder garantieren oder gar anordnen. Aber sie können dabei helfen, wichtige Voraussetzungen dafür zu schaffen. Und darin schon liegt ein großes Glück.

Johannes Jakob Koch
Kultur + Kultus = Kirchenkulturpolitik

Kultur und Kultus: keine Zwillinge, aber gute Nachbarn

Eine seriöse Kulturpolitik hat den wesentlichen Unterschied von Kultur und Kultus, von Sinnfrage und Religion zu vergewissern und zugleich deren gemeinsame Wurzel, d. h. ihr Synergie-Potential zu identifizieren. Künste in der Kirche wollen die erweiterte Wirklichkeitsebene der Kommunikation zwischen Gott und den Menschen sinnlich erfahrbar machen. Kern der ästhetischen Gestalten des Kultus – ob Kirchenmusik, sakrale bildende Kunst, Kirchenarchitektur, geistliche Dichtung oder religiöses Schauspiel – ist aber nicht die »techné«, die Kunstfertigkeit, sondern der Glaube.

Sofern Kultus zu reiner Kultur, Ritus zu Kulturerbe, Kultgegenstände zu bloßen Kulturgütern deklariert werden, geraten die Subjekte des Kultes zu bloßen Kulturpflegern. Der Kultus mit seinen musisch-ästhetischen Erscheinungsformen wird dann nicht selten zum exotischen Erlebnis, zum Standortfaktor, mitunter auch zum Spektakel.

Dennoch gibt es etwas wesentlich Verbindendes zwischen Kultur und Kultus, nämlich die Schaffung und Bewahrung eines Schutzraums des »Übernützlichen« (Thomas Mann). Während das Augenmerk des kognitiven Materialismus in Wirtschaft und Technik nur den effizienzmaximierten »Human resources« gilt, wollen Kultur und Kultus das »gute Leben« in geglückter, sinnerfüllter menschlicher Gemeinschaft. So wenig Kultur und Kultus identisch sind, so sehr befinden sie sich doch in fruchtbarer Nachbarschaft. Deshalb ist der Kirche auch am säkularen musisch-ästhetischen Angebot sehr viel gelegen; die Kirche hat ein vitales Interesse an einem funktionierenden, reichhaltigen, diversen und inklusiven kulturellen Leben in Deutschland!

Kirche als stärkster Kulturträger Deutschlands

Wie der Kulturpolitikwissenschaftler Matthias Theodor Vogt im Auftrag der Enquête-Kommission des Deutschen Bundestags »Kultur in Deutschland« (2003–2007) herausgefunden hat, investieren die beiden Kirchen Jahr für Jahr rund vier Milliarden Euro für Kunst und Kultur. Sie sind damit der stärkste Kulturakteur gleichauf mit den Gemeinden, noch vor den Ländern und lange vor dem Bund. Die Mitglieder der Enquête-Kommission haben in ihrem Schlussbericht parteiübergreifend festgestellt: »Der Staat hat ein hohes Eigeninteresse an der Fortsetzung der kirchlichen Kulturarbeit« und: »Für die Ausformung einer europäischen Identität können die Kirchen mit ihrem Erfahrungsschatz einen wesentlichen Beitrag leisten.« Das Vogt-Gutachten stellt valide dar, dass kirchliche Kulturangebote werteorientiert, nichtkommerziell und partizipativ sind. Herzstück kirchlicher Kulturarbeit ist demnach der ehrenamtliche Einsatz von Millionen von Christinnen und Christen. Das ermöglicht es, kirchliche Kultur-Angebote günstig anzubieten. Vor allem im ländlichen Raum stellt die Kulturarbeit der Kirchengemeinden eine der ganz wenigen Möglichkeiten dar, aktiv am kulturellen Leben teilzunehmen. Die Kirche trägt Verantwortung für Erhalt und Pflege eines jahrtausendealten Kulturerbes. Das verpflichtet sie aber nicht nur zu konservatorischer Professionalität, sondern auch zur geistigen Erschließung dieses Erbes. Damit leistet sie einen Beitrag für das »kulturelle Gedächtnis« Europas, von dem alle Mitglieder der Gesellschaft profitieren. Gotthard Fuchs hat hierfür den Begriff »Kulturelle Diakonie« geprägt, der – über Konfessionsgrenzen hinweg – zum Synonym christlichen Kulturengagements schlechthin geworden ist.

Während sich die Operative der kirchlichen Kulturarbeit in den Einrichtungen der Diözesen und Orden vollzieht, nimmt die Deutsche Bischofskonferenz kirchenkulturpolitisch eine Koordinations-, Scharnier-, Netzwerks- und Repräsentationsfunktion wahr. Sie erstellt Arbeitshilfen und Dossiers, entsendet Delegationen und Repräsentationen in bundespolitische Zusammenhänge und in säkulare Dachgremien (z. B. UNESCO-Kommission, Deutsches Nationalkomitee für Denkmalschutz etc.), steuert die Erstellung von Rahmenordnungen (z. B. Studium Kirchenmusik oder Kunst in der Priesterbildung) und ist erste Ansprechpartnerin für Anfragen oberster Behörden (z. B. Glockenwesen, Kulturgüterausfuhr). Insofern ist die Deutsche Bischofskonferenz mit ihren Behörden in Bonn und Berlin auch der Kontakt, wenn es um kulturpolitische Abstimmungen und Kooperationen mit der Bundesregierung geht – sei es im Bereich des Inneren oder des Auswärtigen.

Die katholische Kirche und die neue Kulturpolitik des Bundes

Als vor 20 Jahren das Amt des Beauftragten der Bundesregierung für Kultur und Medien (BKM) im Kanzleramt geschaffen wurde, war folglich klar, dass sich hier nun in etlichen Belangen – vor allem Memorialkultur, Denkmal-/Kulturgutschutz und kulturelle Bildung – eine Kommunikationsschiene auch zu den Kirchen bilden würde. Es bedurfte jedoch erst der mehrjährigen Arbeit einer Kulturenquete, bis auf Ebene des BKM die bundespolitische Relevanz der kirchlichen Kulturarbeit auf den Schirm kam. Erst seit dem vierten Amtsinhaber, Bernd Neumann, kann von einer verstetigten Kommunikation die Rede sein. Neben alltäglichen Fachangelegenheiten der beiden Administrationen etwa in Fragen des Denkmal- und Kulturgutschutzes erstreckt sich diese über die Mitwirkung der BKM an katholischen Kunst-Jurys und kirchenkulturpolitischen Diskussionsforen über die Kooperation bei Aktionsbündnissen (z. B. »Initiative Kulturelle Integration«) bis hin zur erfolgreichen Beteiligung der katholischen Kirche an Ausschreibungen der BKM wie z. B. zum Europäischen Kulturerbejahr (ECHY 2018). Gesamtgesellschaftlich bedeutsame Aktionen der katholischen Kirche – wie 2015 das Kunstprojekt zum Konzilsjubiläum »Freude und Hoffnung, Trauer und Angst« – werden in die Projektförderung der BKM aufgenommen. Dass Monika Grütters dieses Amt nun in zweiter Legislaturperiode bekleidet, ist für die Kirchen ein glücklicher Umstand.

Es gibt viel zu tun – packen wir es an(?)

Perspektivisch können folgende kulturpolitische Problemfelder im Spannungsfeld von Kirche und Staat identifiziert werden:

— Wie soll der Schutz und Unterhalt der Weltkulturerbestätten, von denen viele in kirchlichem Besitz stehen, künftig gefördert werden? Wird sich der Bund hier finanziell engagieren? Die Kosten für den Denkmalschutz ganz allgemein sind vielerorts kaum aus Kirchensteuermitteln allein zu schultern.
— Was geschieht mit den zahlreichen, davon alleine 570 katholischen, Kirchen, die aufgrund von Kirchenmitgliedsschwund und Infrastrukturwandel nicht mehr liturgisch genutzt werden? Das überwältigende öffentliche Interesse an dieser Frage belegt, dass dies ein gesamtgesellschaftlich (und somit auch bundeskulturpolitisch) zu lösendes Problem ist.
— Die Kulturenquete hat dem Deutschen Bundestag empfohlen, »eine Ermäßigung des Umsatzsteuersatzes auf denkmalpflegerische Leistungen in und an gegenwärtigen oder ehemaligen Sakralbauten einzuführen. Dabei sollte es sich nicht um eine auf Gewerke bezogene, sondern um eine objektbezogene Ermäßigung handeln, um Abgrenzungsprobleme zu vermeiden.« Diese Empfehlung harrt nach wie vor ihrer Umsetzung.
— Die 120 katholischen Auslandsgemeinden in 57 Ländern weltweit bieten nicht nur Gottesdienste und Seelsorge an, sondern betreiben mit ihren vielfältigen musisch-ästhetischen Angeboten auch wirksames »Cross-Cultural bridging«, sind also gleichsam »kleine Goethe-Institute«. Das Auswärtige Amt unterstützt seit vielen Jahren finanziell diese kulturelle Vermittlungsleistung der Kirche, die schwerpunktmäßig in Projekten und der Bereit-

stellung deutschsprachiger Literatur erfolgt. Als ein noch unbefriedigend gelöstes Problem erweist sich dabei, dass die Vorgaben des Bundes sich nur schwer in den Auslandsgemeinden umsetzen lassen, sodass manches interessante Kulturprojekt nicht realisiert werden kann. Hier wäre eine größere Flexibilisierung wünschenswert. Böte nicht das neu zugeschnittene Amt der »Staatsministerin für internationale Kulturpolitik« eine gute Gelegenheit, die kirchlich-staatlich gemeinsame Außendarstellung der Kulturnation Deutschland zu optimieren?

Der Titel des vorliegenden Sammelbandes trägt den Titel »Wachgeküsst«. Es gibt schöne und lohnende Projekte einer partnerschaftlichen Kulturpolitik zwischen Kultur und Kultus, die eines rettenden Dornröschen-Kusses noch harren. Zum Glück gehen Geschichten nicht nur im Märchen gut aus.

Aiman Mazyek
Ein weltoffenes Land, das den Dialog schätzt

20 Jahre Beauftragte der Bundesregierung für Angelegenheiten der Kultur und Medien – dieses Jubiläum bietet natürlich eine gute Gelegenheit, ein Amt zu würdigen, das sich auf besondere Weise um Kunst und Kultur in unserem Land verdient gemacht hat.

Eine große Kulturnation, zu der Deutschland zählt, zeichnet sich durch Offenheit und Respekt gegenüber anderen Kulturen aus. Das hält sie lebendig und frisch. Das wusste der bibelfeste Goethe genauso wie sein Kollege Herder, Rückert oder der Aufklärer Lessing, um nur einige zu nennen. Sie waren sich übrigens auch bewusst, dass die drei monotheistischen Religionen gleichen Ursprungs sind und allesamt aus dem Morgenland stammen.

So wie ein weltoffenes Deutschland, das die Interkulturalität und den Dialog der Kulturen schätzen gelernt hat. Ich bin bikulturell erzogen worden. Dieses Spielen mit verschiedenen Bildern und Erfahrungen, mit Traditionen, die meine persönliche biografische Kultur ausmachen, speist sich aus einem großen Reichtum und schärft den Blick für echte Überzeugungen und herablassende Überheblichkeit, egal, ob christlicher oder muslimischer, deutscher oder arabischer Herkunft. So habe ich zuerst als Kind die Grimm'schen Märchen geliebt, die mir meine Mutter und Großmutter erzählt oder vorgelesen haben; viel später kamen die Erzählungen aus 1001 Nacht hinzu. Je mehr ich aus den verschiedenen Kulturen gelernt habe, desto deutlicher sind mir die Ähnlichkeiten, die Verbindungen geworden. Das gilt für die Geschichte und die in ihnen festgeschriebene, zutiefst menschliche Hoffnung, dass alles gut ausgeht, aber auch für die Geschichten rund um das Weihnachts- oder das Ramadanfest. Auch wenn sich der religiöse Hintergrund unterscheidet.

Nur der Dialog der Kulturen wird letztlich dazu führen, die Welt auch mit den Augen des Anderen zu sehen, dessen Perspektive in das eigene Denken einzubeziehen und gemeinsame Lösungswege für die Zukunftsprobleme der Weltgesellschaft zu finden. Mit einem gehaltvollen Dialog, den sich viele Intellektuelle, Künstler, besonnene Politiker und Kulturschaffende sowie nicht zuletzt viele

Muslime wünschen und der so wichtig und fundamental für unsere Gesellschaft ist, damit wird sich weiter die Beauftragte der Bundesregierung für Angelegenheiten der Kultur und Medien beschäftigen.

Tausende engagieren sich bei der Integration und Verständigung zwischen den Kulturen und Religionen. Ihnen eine Stimme geben und sie stärken, gehört zu den vornehmsten Aufgaben in unserem Land, gerade vor dem weiteren Aufkommen des Populismus, Nationalismus und Isolationismus. Die Losung könnte lauten: Wir lassen es nicht zu, dass Hass und Zwietracht zwischen den Bevölkerungsgruppen gesät werden, dass mittels billiger Vorurteile und Ressentiments, Antisemitismus und Islamfeindlichkeit und Ängste geschürt, Minderheiten kriminalisiert und als Sündenböcke missbraucht werden. Hier kommt übrigens den Religionen eine besondere Verantwortung zu und das könnte zukünftig in der Arbeit der Kulturbeauftragten deutlicher akzentuiert werden. Denn Thora, Evangelium, die humanistischen Traditionen und der Koran, sie alle sprechen von der Würde des Menschen – jedes Menschen –, die es zu achten und zu verteidigen gilt. Das ist ein hohes Gut unserer freiheitlich-demokratischen Ordnung, deshalb ziert es auch unsere Präambel im Grundgesetz. Werte der Demokratie, der Rechtsstaatlichkeit, der Gerechtigkeit und Menschenrechte müssen stets aufs Neue erkämpft und verteidigt werden gegen jede Art von Rassismus, religiösem Extremismus, politischem Fundamentalismus. Muslime haben hier ein vitales Interesse, dass religiöser Extremismus in ihren eigenen Reihen erkannt, ihm vorgebeugt und er bekämpft wird.

Und wie geht das? Auch und gerade indem die großen kulturellen Traditionen der Muslime in Europa nachgezeichnet und weiterentwickelt werden. Und dies funktioniert erfolgsversprechend mit muslimischen Partnern zusammen, zudem sich der Zentralrat der Muslime in Wort und Tat stets bekennt. Nicht funktionieren wird dies mit dem von Populisten und Nationalisten beschriebenen sogenannten »Konservativen Wende«, die nichts anderes ist als »Ausschließeritis« und damit dem Geist und der Kultur eines starken, freien und weltoffenen Deutschland zuwiderläuft.

Was z. B. nicht sein darf, wie es Navid Kermani in einem seiner Bücher trefflich formuliert, dass die muslimische Kultur in Andalusien (Europa) zweimal endet; einmal mit Vertreibung und Inquisition und ein zweites Mal in den Geschichtsbüchern, als diese Epoche aus der europäischen Geschichte ausgetragen wurde, indem man eine Phase der Fremdherrschaft daraus machte. Auf diese Weise entsteht ein Konstrukt über einen »Mechanismus des Ausschlusses«. Das wäre auch das Ende der Kulturpolitik.

14. —— **Kultur und Religion – Religion und Kultur**

Autorinnen und Autoren

Wachgeküsst 20 Jahre
neue Kulturpolitik
des Bundes
1998—2018

Simone Barrientos —— geboren 1963 in Eisleben. Facharbeiterabschluss als Elektrikerin und Gebrauchswerberin; ab 1990 freiberuflich tätig als Bauzeichnerin, Dolmetscherin (spanisch), Mitinhaberin eines Besetzungsbüros, Aufnahmeleiterin Filmwirtschaft; seit 2008 Verlegerin; Sängerin, Sprecherin, Moderatorin; jetziger Beruf: Kulturpolitische Sprecherin DIE LINKE im Deutschen Bundestag, ehrenamtlich engagiert in der Flüchtlingshilfe und feministischen Initiativen; Mitglied der Gewerkschaft Ver.di, seit 2018 Obfrau im Ausschuss für Kultur und Medien des Deutschen Bundestags.

Gerhart R. Baum —— geboren 1932 in Dresden, wohnt seit 1950 in Köln. Hier Abitur und Jura-Studium sowie Beginn seiner anwaltlichen und politischen Tätigkeit. Seit 1954 ist er Mitglied der FDP. Er war Bundesvorsitzender der Jungdemokraten, Kommunalpolitiker in Köln, 30 Jahre Mitglied des FDP-Bundesvorstandes – davon neun Jahre als Stellvertretender Bundesvorsitzender. Von 1972 bis 1994 war er Mitglied des Deutschen Bundestages und gehörte von 1972 bis 1982 – erst als parlamentarischer Staatssekretär und ab 1978 als Bundesinnenminister – der sozialliberalen Regierung erst unter Brandt, dann unter Schmidt an. Seit 1994 engagiert Baum sich in der internationalen Menschenrechtspolitik und ist seitdem auch wieder als Anwalt tätig. Sein Engagement galt stets auch der Kultur. Heute ist er u. a. Vorsitzender des Kulturrates NRW. Baum erhielt 2008 den Theodor-Heuss-Preis, 2009 den Erich-Fromm-Preis, 2010 den Giesberts-Lewin-Preis der Kölnischen Gesellschaft für Christlich-Jüdische Zusammenarbeit, 2012 die Silberne Stimmgabel des Landesmusikrates NRW und den Preis der Arnold Freymuth-Gesellschaft, 2014 den Ehrenring des Rheinlandes und 2017 den Verdienstorden des Landes NRW.

Gabriele Beger —— geboren 1952 in Berlin. Bibliothekarin und Juristin. 1991 bis 2005 Direktorin der Berliner Stadtbibliothek, seit 1995 Stiftung Zentral- und Landesbibliothek Berlin, 2005 bis 2018 leitende Direktorin der Staats- und Universitätsbibliothek Hamburg. Lehraufträge Informations- und Medienrecht Universität Hamburg, Humboldt-Universität zu Berlin, FHS Potsdam. Mehrere Ehrenämter u. a. Präsidentin der Deutschem Gesellschaft für Informationswissenschaft und Informationspraxis (2003–2009), Vorsitzende des Deutschen Bibliotheksverbandes (2007–2010), Vorsitzende des Fachausschusses Urheberrecht im Deutschen Kulturrat (2010–2017). Zahlreiche Publikationen zum Urheberrecht und Management. Trägerin des Bundesverdienstkreuzes 1. Klasse (2018).

Frithjof Berger —— leitet bei Der Beauftragten der Bundesregierung für Kultur und Medien (BKM) das Referat, das den Gesetzentwurf für die Kulturgutschutznovelle 2016 erarbeitet und im parlamentarischen Verfahren begleitet hat.

Maria Bering —— geboren 1963. Absolvierte den Magister in Musikwissenschaft, Romanistik und Germanistik in Berlin und Frankfurt am Main. Sie arbeitete als Leiterin der Abteilung Wissenschaft in der Senatskanzlei Berlin sowie in verschiedenen Funktionen in den Bereichen Kultur und Wissenschaft des Landes Berlin. Seit Juni 2017 ist sie Gruppenleiterin K 4 »Geschichte; Erinnerung« bei Der Beauftragten der Bundesregierung für Kultur und Medien.

Sigrid Bias-Engels —— geboren 1956 in Aachen. Erstes und Zweites Staatsexamen für das Lehramt an Gymnasien, MdB-Mitarbeiterin und Referentin in der SPD-Bundestagsfraktion, seit dem 1. November 1998 bei Der Beauftragten der Bundesregierung für Kultur und Medien, aktuell ist sie Leiterin der Gruppe K 2 (Kunst- und Kulturförderung).

Carsten Brosda —— geboren 1974 in Gelsenkirchen. Studium der Journalistik und Politikwissenschaft an der Universität Dortmund, Promotion über »Diskursiven Journalismus«. 2000–2005 Pressereferent und Redakteur im SPD-Parteivorstand. 2008 bis 2009 stellvertretender Leiter des Leitungs- und Planungsstabes im Bundesministerium für Arbeit und Soziales. 2010 bis 2011 Abteilungsleiter Kommunikation beim SPD-Parteivorstand. Juni 2011 bis Februar 2016 Leitung des Amtes Medien in der Hamburger Senatskanzlei, ab 2013 außerdem Bevollmächtigter des Senats für Medien. März 2016 bis Januar 2017 Staatsrat der Kulturbehörde, Staatsrat in der Senatskanzlei für die Bereiche Medien und Digitalisierung. Seit 2017 Senator der Behörde für Kultur und Medien der Freien und Hansestadt Hamburg.

Johann Hinrich Claussen —— geboren 1964 in Hamburg. Studium der Evangelischen Theologie in Tübingen, Hamburg und London, anschließend Promotion und Habilitation in Systematischer Theologie. Nach Stationen als Pastor, dann als Propst und Hauptpastor in Hamburg ist Dr. Johann Hinrich Claussen seit dem 1. Februar 2016 Kulturbeauftragter des Rates der Evangelischen Kirche in Deutschland, Kulturbüro der EKD in Berlin. Zahlreiche publizistische Arbeiten, letzte Buchveröffentlichung: »Das Buch der Flucht. Die Bibel in 40 Stationen« (C. H. Beck, München 2018).

Gitta Connemann —— geboren 1964 in Leer. Absolvierte eine Ausbildung zur Verkäuferin und studierte anschließend Rechtswissenschaften in Osnabrück und Mainz bis 1993. Seit 2002 Mitglied des Deutschen Bundestages und seit Januar 2015 stellvertretende Vorsitzende der CDU/CSU-Bundestagsfraktion. Gitta Connemann ist u. a. Vizepräsidentin der Deutsch-Israelischen Gesellschaft; Kuratorium Aktion Sühnezeichen Friedensdienste; Vorstandsmitglied der Stiftung Diakonie im Landkreis Leer; Vorstandsmitglied der Kinder- und Jugendstiftung der Hiltruper Herz-Jesu-Missionare im Emsland; Ehrenpräsidentin des Verbandes niedersächsischer Musikschulen.

D

Hartmut Dorgerloh —— geboren 1962 in Potsdam. Von 1982 bis 1987 studierte er Kunstgeschichte und Klassische Archäologie an der Humboldt-Universität zu Berlin und promovierte 1997 ebenda. Bis 2002 arbeitete Hartmut Dorgerloh als Referatsleiter Denkmalschutz im Ministerium für Wissenschaft, Forschung und Kultur des Landes Brandenburg (MWFK), dem folgte seine Ernennung als Generaldirektor der Stiftung Preußische Schlösser und Gärten. Hartmut Dorgerloh arbeitet zudem als Honorarprofessor an der Humboldt-Universität und ist Mitglied in verschiedenen Gremien und Institutionen, die sich dem Erhalt der Parks und Gärten, der Architektur und Bewahrung kulturellen Erbes widmen. Seit Juni 2018 ist er Generalintendant des Humboldt Forums.

E

Hartmut Ebbing —— geboren 1956 in Berlin-Lankwitz und dort aufgewachsen. Abitur am Beethoven-Gymnasium, Bankausbildung, Studium der Betriebswirtschaft an der TU Berlin und University of Illinois, USA. Diplom-Kaufmann. Längere Aufenthalte in Israel und USA. 1984 bis 1991 bei der Wirtschaftsprüfungsgesellschaft KPMG Peat Marwick in Frankfurt/Main, Hamburg und Berlin. Ablegung des Steuerberater- und Wirtschaftsprüfer-Examen. Seit 1992 selbstständig in Berlin und seit 2018 Kulturpolitischer Sprecher der FDP-Bundestagsfraktion.

F

Felix Falk —— geboren 1979 in Wismar. Magister der Musikwissenschaften, Politikwissenschaften, Publizistik- und Kommunikationswissenschaften in Berlin und Liverpool. 2004–2009 Büroleiter im Deutschen Bundestag. 2009–2016 Geschäftsführer der USK. Seit 2017 Geschäftsführer von game – Verband der deutschen Games-Branche.

Alexander Farenholtz —— geboren 1954 in Helmstedt. Studierter Verwaltungswissenschaftler. Ab 1989 Geschäftsführer der documenta in Kassel. Ab 1993 verschiedene Tätigkeiten in Landesministerien in Baden-Württemberg. Unterbrochen durch Tätigkeit bei der EXPO 2000 Hannover GmbH, ab 1997 Gesamtprokurist. Seit März 2002 als Vorstand und Verwaltungsdirektor der Kulturstiftung des Bundes tätig.

Jörg Freese —— geboren 1964, ist Diplom-Verwaltungswirt (FH). Nach dem Studium arbeitete er zunächst bei der Landeshauptstadt Kiel, bevor er im November 1991 zum Landkreistag Mecklenburg-Vorpommern wechselte. Dort war er als Stellvertretender Geschäftsführer zuständig für Soziales, Kinder- und Jugendhilfe, Schule und Kultur sowie Aus- und Fortbildung. Seit 2008 ist Freese Beigeordneter beim Deutschen Landkreistag und verantwortet dort neben der Kinder- und Jugendhilfe die Themen Schule und Kultur sowie Gesundheit. Jörg Freese ist Mitglied verschiedener Gremien auf Bundesebene, u. a. im Deutschen Verein für öffentliche und private Fürsorge, der Arbeitsgemeinschaft für Kinder- und Jugendhilfe – AGJ, im Deutschen Kulturrat und in der Deutschen Krankenhausgesellschaft.

Frank Frischmuth —— geboren 1961, ist Geschäftsführer der Deutschen Digitalen Bibliothek und für die Geschäftsfelder Finanzen, Recht, Kommunikation verantwortlich. Er leitet die Geschäftsstelle der Deutschen Digitalen Bibliothek in Berlin. Frischmuth war bis 2013 als General Manager der Ullstein GmbH für die Fotoagentur ullstein bild tätig. Der studierte Historiker und Literaturwissenschaftler ist ein ausgewiesener Kenner historischer Foto- und Pressebildarchive und hat langjährige Erfahrung in der Vermarktung dieser Kulturgüter. Über ein Jahrzehnt war Frischmuth Vorstandsmitglied im Branchenverband der Fotoagenturen und Pressebildarchive (BVPA) und ist Mitglied der DGPh.

Max Fuchs —— Studium der Mathematik und Wirtschaftswissenschaften (Dipl.-Math.) sowie der Erziehungswissenschaften und Soziologie (M. A., Dr. phil.). Von 1988 bis 2013 Direktor der Akademie Remscheid sowie Präsident des Deutschen Kulturrates (2001–2013). Fuchs ist Ehrenvorsitzender der Bundesvereinigung Kulturelle Kinder- und Jugendbildung, Ehrenvorsitzender des Instituts für Bildung und Kultur, Mitglied des Kuratoriums des Instituts für Kulturpolitik der Kulturpolitischen Gesellschaft. Lehrt Allgemeine Erziehungswissenschaft an der Universität Duisburg-Essen und Kunsttheorie und Ästhetik an der Universität Basel.

Katharina Görder —— geboren 1978 in Lippe. Studium der Rechtswissenschaften in Osnabrück, Abschluss Zweites Juristisches Staatsexamen. Absolvierte das Referendariat in Bielefeld und Münster. Katharina Görder ist seit April 2009 Juristin bei der Künstlersozialkasse, Abteilungsleiterin Außenprüfung mit den Schwerpunkten Ausgleichsvereinigungen und Betriebsprüfungen.

Dieter Gorny —— geboren 1953 in Soest. Er ist Aufsichtsratsvorsitzender der Initiative Musik, Geschäftsführer des european centre for creative economy (ecce GmbH) und Professor für Kultur- und Medienwissenschaften an der Hochschule Düsseldorf. 2007 bis 2011 war er Künstlerischer Direktor der Kulturhauptstadt Europas RUHR. Im Jahr 2015 wurde Prof. Dieter Gorny zum »Beauftragten für Kreative und Digitale Ökonomie« des Bundesministeriums für Wirtschaft und Energie berufen. Seit 2000 ist er Präsidiumsmitglied des Deutschen Musikrats, von 2007 bis 2017 war er Vorstandsvorsitzender des Bundesverbands Musikindustrie e.V. und ist seit 2007 Aufsichtsratsvorsitzender der Initiative Musik. Er wurde 1997 mit dem Adolf Grimme Preis und 1992 mit dem Echo als »Medienmann des Jahres« ausgezeichnet. 1993 wurde er Geschäftsführer der VIVA Fernsehen GmbH; ab 2000 Vorstandsvorsitzender der VIVA Media AG und war von 2004 bis 2007 Executive Vice President für MTV Networks Europe.

Monika Griefahn —— geboren 1954. Diplom-Soziologin, Mitbegründerin von Greenpeace Deutschland und erste Frau im internationalen Vorstand von Greenpeace (1983–1990). Umweltministerin in Niedersachsen (1990–1998) und Bundestagsabgeordnete (1998–2009). Im Bundestag war sie Mitglied im Ausschuss für Kultur und Medien (von 2000–2005 Vorsitzende), davor und danach Sprecherin der SPD-Fraktion für Kultur und Medien sowie Auswärtige Kultur- und Bildungspolitik und Mitglied im Auswärtigen Ausschuss. Seit 2012 ist sie Geschäftsführerin des Instituts für Medien Umwelt Kultur. Dr. Monika Griefahn ist vielfältig ehrenamtlich tätig, unter anderem als Vorsitzende der Right Livelihood Award Stiftung (»Alternativer Nobelpreis«) und des Cradle to Cradle e.V.

Erhard Grundl —— geboren 1963 in Mallersdorf. Studierte Sozialpädagogik an der Universität Bamberg (1985–1987). Grundl ist seit 2004 Mitglied der Partei Bündnis 90/Die Grünen und aktuell Sprecher für Kulturpolitik der Bundestagsfraktion Bündnis 90/Die Grünen, Obmann im Ausschuss für Kultur und Medien sowie Vollmitglied im Sportausschuss des Deutschen Bundestages. Im Sommer 2018 initiierte er zusammen mit Claudia Roth die »Brüsseler Erklärung für die Freiheit der Kunst«.

Monika Grütters —— geboren 1962 in Münster/Westfalen. 1982 bis 1989 Studium der Germanistik, Kunstgeschichte und Politikwissenschaft an den Universitäten Münster und Bonn. Seit 2005 Mitglied des Deutschen Bundestages in der CDU/CSU-Fraktion über die CDU-Landesliste Berlin und hielt seitdem diverse Funktionen inne, u. a. also Vorsitzende des Kulturausschusses (2009–2013). Seit Dezember 2013 ist Prof. Monika Grütters Staatsministerin bei der Bundeskanzlerin, Beauftragte der Bundesregierung für Kultur und Medien.

Kathrin Hahne —— Studium der Rechtswissenschaften, Forschungsaufenthalte sowie Promotion an den Universitäten Münster, Poitiers und Oxford; Zweite juristische Staatsprüfung. Langjährige Mitarbeiterin an den Instituten für Umwelt- und Planungsrecht sowie für Informations-, Telekommunikations- und Medienrecht (öffentlich-rechtliche Abteilung) der Westfälischen Wilhelms-Universität Münster. Seit 2003 Mitarbeiterin bei der/dem Beauftragten der Bundesregierung für Kultur und Medien (BKM), zunächst im Bereich Rundfunk und Internationale Zusammenarbeit im Medienbereich; zeitweise Abordnung zur EU-Kommission (Generaldirektion Wettbewerb). Später Referentin im Leitungsstab sowie Leiterin Referat Planung und Analyse bei der BKM. 2012 bis 2016 Leiterin der Referate Förderung ostdeutscher Kultureinrichtungen, Denkmalschutz und Baukultur. Seit Juni 2016 Leiterin der Gruppe Grundsatzfragen der Kulturpolitik, Denkmal- und Kulturgutschutz bei der Beauftragten der Bundesregierung für Kultur und Medien.

Hans Gerhard Hannesen —— geboren 1952. Studium der Kunstgeschichte, Geschichte und Italienisch in Berlin. Ab 1984 wissenschaftlicher Assistent bei den Staatlichen Museen Stiftung Preußischer Kulturbesitz. Ab 1986 Mitarbeiter im Innenministerium zur Planung des Deutschen Historischen Museums, ab 1987 Mitarbeit im Museum selbst. Von 1993 bis zum Ruhestand 2018 war er Präsidialsekretär der Akademie der Künste.

Klaus Hebborn —— geboren 1956. Assessor des Lehramtes, Diplom-Sportwissenschaftler. 1993 bis 2006 Hauptreferent für Schule und Bildung. Seit 2006 Kulturdezernent und Beigeordneter für Bildung, Kultur, Sport und Gleichstellung des Deutschen Städtetages. Mitglied in den Stiftungsräten der Kulturstiftung des Bundes, des Deutschen Zentrums für Kulturgutverluste und im Verwaltungsrat des Deutschen Bühnenvereins sowie in weiteren Gremien von öffentlichen Institutionen, Organisationen und Stiftungen; Herausgeber und Autor von Publikationen im Bildungs- und Kulturbereich.

Markus Hilgert —— geboren 1969. Altorientalist und seit 1. Juni 2018 Generalsekretär der Kulturstiftung der Länder. Von 2014 bis 2018 Direktor des Vorderasiatischen Museums im Pergamonmuseum der Stiftung Preußischer Kulturbesitz. Engagiert sich als Wissenschaftler auf den Gebieten der Theorie, Dokumentation und Interpretation von materiellen Kulturgütern. Zudem diverse ehrenamtliche Funktionen, u. a. als Mitglied im Vorstand der Deutschen UNESCO-Kommission e. V. (seit 2018). Derzeit als Honorarprofessor an der Universität Heidelberg, der Universität Marburg sowie der Freien Universität Berlin tätig.

Benjamin-Immanuel Hoff —— geboren 1976 in Berlin. Studierte Sozialwissenschaften an der Humboldt-Universität zu Berlin. Seit 2014 ist Hoff Minister für Kultur, Bundes- und Europaangelegenheiten sowie Chef der Staatskanzlei im Freistaat Thüringen. Er ist Honorarprofessor an der Alice-Salomon-Hochschule Berlin und Fellow am Sussex Centre for the Study of Corruption.

Christian Höppner —— geboren 1956. Erhielt eine Ausbildung zum Instrumentallehrer, Musikpädagogen und Cellisten mit anschließendem Dirigierstudium. Seit 2013 ist er Präsident des Deutschen Kulturrates. Er ist außerdem Generalsekretär des Deutschen Musikrates, dessen Präsidiumsmitglied bzw. Vizepräsident er war (2000 bis 2004). Seit 1986 unterrichtet er Violoncello an der Universität der Künste Berlin. Höppner engagiert sich ehrenamtlich in vielfältiger Weise in nationalen und internationalen Organisationen, u. a. vertritt er den Deutschen Kulturrat in der Deutschen UNESCO-Kommission, ist Mitglied des Rundfunkrates der Deutschen Welle, Haushaltsberichterstatter für den Rundfunkrat und stellvertretender Vorsitzender des Ausschusses der DW-Akademie, Chefredakteur des Magazins Musikforum und Kuratoriumsmitglied des Frankfurter Musikpreises. Für sein Engagement um das Berliner Musikleben wurde er im Jahr 2001 von Bundespräsident Johannes Rau mit dem Bundesverdienstkreuz ausgezeichnet.

J

Hans Jessen —— geboren 1949 in Barsinghausen. Arbeitete in Bremen als Reporter, Moderator und Chef vom Dienst des regionalen Fernsehmagazins »buten un binnen«. Seit Januar 2010 erneut vom Radio Bremen als Fernsehkorrespondent in die Gemeinschaftsredaktion des ARD – Hauptstadtstudios in Berlin abgeordnet. Er arbeitete als Reporter für die Nachrichtensendungen der ARD und als Chef vom Dienst für den »Bericht aus Berlin«. Seine Arbeitsschwerpunkte sind: Außenpolitik, Entwicklungszusammenarbeit, Bildungs- und Umweltpolitik. Als Mitglied eines Internationalen Trainerteams hat er in den vergangenen Jahren zahlreiche Trainingskurse für Fernsehjournalisten in West- und Osteuropa geleitet, seit 2004 moderiert er vielfältige Veranstaltungen zur Entwicklungszusammenarbeit und Globalisierung.

Marc Jongen —— geboren 1968 in Meran. Studium der Philosophie, Volkswirtschaft, Geschichte und Indologie an der Universität Wien (Abschluss Mag. phil.); Promotion zum Dr. phil. an der Staatlichen Hochschule für Gestaltung (HfG) Karlsruhe. Seit 2003 Wissenschaftlicher Mitarbeiter für Philosophie und Ästhetik daselbst, bis 2015 auch Assistent des Rektors. Im April 2013 in die AfD eingetreten. Seit damals im Landesvorstand der AfD Baden-Württemberg. Seit März 2017 einer von zwei gleichberechtigten Landesvorsitzenden; Mitglied der Bundesprogrammkommission. Im Bundestag kulturpolitischer Sprecher der AfD-Fraktion; Mitglied im Ausschuss für Kultur und Medien sowie im Ausschuss für Bildung, Forschung und Technikfolgenabschätzung.

Karl Jüsten —— Leiter des Kommissariats der deutschen Bischöfe – Katholisches Büro in Berlin. Nach dem Studium der Katholischen Theologie in Freiburg, Innsbruck und Bonn promovierte er 1999 mit dem Thema »Ethik und Ethos in der Demokratie«. 1987 wurde er zum Priester geweiht. Prälat Jüsten war bis 1990 Kaplan in zwei Kölner Pfarreien, bis 1994 Präfekt am Erzbischöflichen Priesterseminar in Köln, von 1996 bis 2000 Stellvertretender Hauptabteilungsleiter der Abteilung Seelsorge-Personal im Erzbistum Köln. Seither leitet er das Kommissariat der deutschen Bischöfe (Verbindungsstelle der Deutschen Bischofskonferenz zu den Organen des Bundes und der Europäischen Union). Er nimmt diverse Funktionen in der kirchlichen Entwicklungszusammenarbeit wahr, unter anderem als Vorsitzender der Katholischen Zentralstelle für Entwicklungshilfe und Co-Vorsitzender der Gemeinsamen Konferenz Kirche und Entwicklung. Seit März 2014 ist er Vorsitzender des Rundfunkrates der Deutschen Welle.

Susanne Keuchel —— geboren 1966. Soziologin und Musikwissenschaftlerin, ehemalige Direktorin des Zentrums für Kulturforschung (bis 2013), Honorarprofessorin am Institut für Kulturpolitik der Universität Hildesheim sowie Dozentin an der Hochschule für Musik und Darstellende Kunst in Hamburg. Arbeitsschwerpunkte und Publikationsthemen: empirische Kulturforschung, Anwendung Neuer Technologien im Kulturbereich, speziell audiovisuelle Medien, Kulturelle und Interkulturelle Bildung. Aktuell ist Professor Keuchel Direktorin der Akademie der Kulturellen Bildung des Bundes und des Landes NRW e.V.

Jakob Johannes Koch —— geboren 1969. Studium der Katholischen Theologie und Musik (Absolvent der Meisterklasse Dietrich Fischer-Dieskau) sowie Promotion mit einer Dissertation zu einem Thema der Kirchenmusik. Seit 2000 ist er Kulturreferent im Sekretariat der Deutschen Bischofskonferenz in Bonn. Initiierung und Begleitung zahlreicher Projekte auf dem interdisziplinären Begegnungsfeld Kirche/Religion-Kunst-Ästhetik.

Martin Maria Krüger —— geboren 1954 in Solingen. Studierte Gitarre bei Siegfried Behrend und Dieter Kirsch sowie Schlagzeug bei Siegfried Fink an der Hochschule für Musik Würzburg. Zunächst internationale Konzerttätigkeit. 1982 Direktor des Hermann-Zilcher-Konservatoriums Würzburg, 1987 des Richard-Strauss-Konservatoriums München – beide später integriert in die jeweiligen Musikhochschulen. Seit 2008 Honorarprofessor für Gitarre und Kulturpolitik an der Hochschule für Musik und Theater München. Seit 2003 Präsident des Deutschen Musikrates. Seit dessen Gründung 2016 Vorsitzender des Musikfonds e.V.

Klaus-Dieter Lehmann —— geboren 1940 in Breslau. Studierte Mathematik und Physik (Diplomphysiker) und anschließend Bibliothekswissenschaft. Er war von 1988 bis 1990 Generaldirektor der Deutschen Bibliothek und anschließend bis 1998 Generaldirektor der vereinigten Deutsche Bücherei und Deutsche Bibliothek, anschließend bis 2008 Präsident der Stiftung Preußischer Kulturbesitz. Seit 2008 ist er der Präsident des Goethe-Instituts. Klaus-Dieter Lehmann ist Mitglied der Akademie der Wissenschaften und Literatur Mainz sowie der Berlin-Brandenburgischen Akademie der Wissenschaft. Er ist Honorarprofessor für Wirtschaftsinformatik an der Universität Frankfurt am Main und für Bibliotheks- und Informationswissenschaft an der Humboldt-Universität Berlin. Die Ludwig-Maximilians-Universität München verlieh ihm im Jahr 2001 die Ehrendoktorwürde.

Melanie List —— Referentin in dem Referat bei der Beauftragten der Bundesregierung für Kultur und Medien (BKM), das den Gesetzentwurf für die Kulturgutschutznovelle 2016 erarbeitet und im parlamentarischen Verfahren begleitet hat.

Uwe Lübking —— studierte Rechtswissenschaften an der Universität Bielefeld. Ab 1985 Referent für Recht und Verfassung beim Nordrhein-Westfälischen Städte- und Gemeindebund. Ab 1990 Hauptreferent für Jugend und Soziales. 1997 Wahl zum Beigeordneten des Deutschen Städte- und Gemeindebundes (DStGB). Seit 1998 Leiter des Dezernates für Recht, Personal und Organisation, Sozial- und Jugendpolitik, Bildung, Kultur und Sport des DStGB. Mitverfasser zahlreicher Dokumentationen des DStGB sowie Autor von kommunalrechtlichen Lehrbüchern und kommunalpolitischen Themenstellungen. Seit 2002 Mitglied des Bundesjugendkuratoriums sowie seit Juni 2005 ehrenamtlicher Richter am Bundessozialgericht, Vorsitzender des Kuratoriums des Deutschen Jugendinstitutes und Vizepräsident des Deutschen Vereins für öffentliche und private Fürsorge.

Gilbert Lupfer —— geboren in Stuttgart. Promotion in Kunstgeschichte 1995 an der Eberhard-Karls-Universität Tübingen. Habilitation 2002 an der TU Dresden. 1993–2002 wissenschaftlicher Assistent an der TU Dresden, seit 2007 ebenda apl. Professor für Kunstgeschichte. Seit 2002 Mitarbeiter der Staatlichen Kunstsammlungen Dresden, seit 2008 Leiter des Provenienzforschungs-, Erfassungs- und Inventurprojekts »Daphne«, seit 2013 Leiter der Abteilung Forschung und wissenschaftliche Kooperation. Seit 2017 wissenschaftlicher Vorstand des Deutschen Zentrum Kulturgutverluste; Mitglied im Beirat der Kustodie der TU Dresden.

Aiman Mazyek —— geboren 1969 in Aachen. Studium der Arabistik in Kairo und der Politischen Wissenschaften in Aachen. Seit 1994 Mitglied im Zentralrat der Muslime in Deutschland (ZMD) und seit 2010 dessen Vorsitzender. 2003 Gründung der Hilfsorganisation »Grünhelme e.V.« (mit Rupert Neudeck). Mitglied der Christlich-Islamischen Gesellschaft. Verschiedene politische und journalistische Tätigkeiten, zuletzt erschien von ihm im Bertelsmann Verlag das Buch: »Was machen Muslime an Weihnachten?«. Mitglied in der staatlichen »Deutschen Islamkonferenz«.

Udo Michallik —— geboren 1968 in Waren (Müritz). Studium der Geschichte, Politikwissenschaften sowie Soziologie (M. A.) und arbeitete als Forschungsassistenz am Center for Atlantic Studies an der Arizona State University. Ab 1995 tätig bei der CDU, u. a. als wissenschaftlicher Mitarbeiter der CDU-Landtagsfraktion Mecklenburg-Vorpommern für Bildung, Wissenschaft und Kultur und Leiter des wissenschaftlichen Dienstes der CDU-Landtagsfraktion Mecklenburg-Vorpommern. Michallik war Staatssekretär im Ministerium für Bildung, Wissenschaft und Kultur, Mecklenburg-Vorpommern (2006–2009). Seit Oktober 2010 ist er Generalsekretär der Kultusministerkonferenz.

Regine Möbius —— geboren 1943 in Chemnitz. Absolvierte ein Abendstudium »Chemische Verfahrenstechnik« an der Ingenieurschule Köthen und ein Hochschulfernstudium am Institut für Literatur »Johannes R. Becher« Leipzig. Ab 1990 arbeitete sie als Honorardozentin an der Fachschule für Soziokultur Meißen, von 1990 bis 1997 als Korrespondentin am Börsenblatt für den deutschen Buchhandel und leitete seit 1987 kontinuierlich literarischen Workshops im deutschsprachigen Raum. Von 1994 bis 2007 war sie Landesvorsitzende (Sachsen) des Verbandes deutscher Schriftsteller (VS) in der IG Medien und in ver.di, seit 1996 ist sie Stellvertretende Vorsitzende des Kulturwerks deutscher Schriftsteller in Sachsen e.V., seit 1997 Stellvertretende Bundesvorsitzende des Verbandes deutscher Schriftstellerinnen und Schriftsteller (VS). Seit 2007 engagiert sie sich als Bundesbeauftragte für Kunst und Kultur der ver.di und ist seit 2011 Vizepräsidentin des Deutschen Kulturrats. Zudem organisiert sie den »Leipziger Literarischen Herbst« und ist seit 2014 Mitglied des Arbeitskreises gesellschaftliche Gruppen der Stiftung »Haus der Geschichte der Bundesrepublik Deutschland«.

Elisabeth Motschmann —— geboren 1952 in Lübeck. Studium der Theologie, Romanistik und Pädagogik in Kiel und Hamburg. Arbeitete als freie Mitarbeiterin u. a. beim Axel Springer Verlag, Norddeutscher Rundfunk NDR und veröffentlichte zahlreiche Bücher zu familien- und frauenpolitischen Themen sowie Reportagen über Kinderarmut. 1976 Eintritt in die CDU Schleswig-Holstein und arbeitet seitdem in diversen Gremien mit, u. a. Landesvorsitzende der CDU Bremen sowie Staatsrätin für Kultur in Bremen. Seit 2010 Landesvorsitzende des Evangelischen Arbeitskreises der CDU (EAK) Bremen und Mitglied im Bundesvorstand des EAK. Zudem ist sie seit 2012 Landesvorsitzende der Frauen Union (FU) Bremen und Mitglied im Bundesvorstand der CDU Deutschlands. Seit 2018 kulturpolitische Sprecherin der CDU/CSU-Bundestagsfraktion.

Michelle Müntefering —— geboren 1980. Ausbildung zur Kinderpflegerin während der Schulzeit, nach dem Abitur Studium der Journalistik. Danach wissenschaftliche Mitarbeiterin im Deutschen Bundestag, nach einem Zeitungsvolontariat Tätigkeit als freie Journalistin. Seit 2013 direkt gewähltes Mitglied des Deutschen Bundestags. In der 18. Wahlperiode Sprecherin der SPD-Bundestagsfraktion für Auswärtige Kultur- und Bildungspolitik. Seit März 2018 Staatsministerin für internationale Kultur- und Bildungspolitik beim Bundesminister des Auswärtigen.

Michael Naumann —— geboren 1941 in Köthen. Studierte Politische Wissenschaft, Philosophie und Geschichte in Marburg und München, promovierte 1969 mit einer Arbeit über Karl Kraus und habilitierte sich nach einem Studienaufenthalt am Queen's College, Oxford (1976–1978) mit einer Studie über den »Strukturwandel des Heroismus« Nach seiner Arbeit als Redakteur der Zeit und des Spiegels wurde er Leiter der Rowohlt Verlage (1985–1995) und von Henry Holt in New York (1995–1998). Bundeskanzler Gerhard Schröder berief ihn zum ersten Staatsminister für Kultur (1998–2000). Von 2001 bis 2010 war er Chefredakteur, später Herausgeber der Zeit, dann, bis 2012, Chefredakteur der Zeitschrift Cicero. Naumann ist Honorarprofessor an der Humboldt-Universität in Berlin und Rektor der Barenboim-Said-Akademie in Berlin.

Bernd Neumann —— geboren 1942 in Elbing/Westpreußen. Studium der Pädagogik in Bremen anschließend Tätigkeit als Lehrer. Trat 1971 der Bremischen Bürgerschaft bei. Seit 1979 Landesvorsitzender der CDU Bremen, seit 2008 Ehrenvorsitzender. Er war von 1987 bis 2013 Mitglied des Deutschen Bundestages und hielt verschiedene Positionen inne, u. a. Parlamentarischer Staatssekretär beim Bundesminister für Bildung, Forschung und Technologie, Obmann der CDU/CSU-Fraktion im Ausschuss des Bundestags für Kultur und Medien sowie Staatsminister für Kultur und Medien bei der Bundeskanzlerin (2005–2013). Seit 2014 ist er Vorsitzender der Filmförderungsanstalt (FFA).

Uwe Neumärker —— geboren 1970 in Berlin. 1997/98 Arbeit im Ch. Links Verlag. Ab 2000 Kulturmanager des Instituts für Auslandsbeziehungen Stuttgart für die deutsche Minderheit im Memelland. Seit 2002 bei der Stiftung Denkmal für die ermordeten Juden Europas. Erst wissenschaftlicher Mitarbeiter, ab 2003 Presse, ab 2005 Geschäftsführer, seit 2009 Direktor. Zudem Interimsleiter der Stiftung Flucht, Vertreibung, Versöhnung 2015/16. Nebenbei tätig als Mitglied im Beirat der Bundesstiftung Magnus Hirschfeld, der KZ-Gedenkstätte Flossenbürg und der Stiftung Gedenkstätte Lindenstraße, im Kuratorium der Ursula-Lachnit-Fixon-Stiftung sowie im Vorstand des Bildungs- und Dokumentationszentrums Prora e.V.

Knut Nevermann —— geboren 1944 in Hamburg. Studium der Rechtswissenschaften in Hamburg, München und Berlin. Arbeitete zunächst beim Deutschen Bildungsrat und nach dem Zweiten Staatsexamen am Max-Planck-Institut für Bildungsforschung in Berlin. Nach einer juristischen Promotion 1981 habilitierte sich Nevermann 1986 in Berlin für Politikwissenschaft. Nevermann engagiert sich seither in der Bildungspolitik der Berliner SPD. 1998 bis 2006 war er Amtschef und Abteilungsleiter der Beauftragten der Bundesregierung für Kultur und Medien im Bundeskanzleramt. Im April 2006 wurde er zum Staatssekretär im Sächsischen Wissenschafts- und Kunstministerium berufen. Von November 2010 bis Dezember 2014 war er Staatssekretär für Wissenschaft in der Berliner Senatsverwaltung für Bildung, Wissenschaft und Forschung. Seit Januar 2017 ist er ehrenamtliches Vorstandsmitglied der neuen, öffentlich-rechtlichen Bundeskanzler-Helmut-Schmidt-Stiftung.

Julian Nida-Rümelin —— geboren 1954 in München. Studierte Philosophie, Physik, Mathematik und Politikwissenschaft. Er ist Autor zahlreicher Sachbücher und populärwissenschaftlicher Werke. Nida-Rümelin hatte zahlreiche Professuren und Gastprofessuren inne. Julian Nida-Rümelin war Staatsminister für Kultur und Medien im ersten Kabinett Schröder. Seit 2004 ist er Professor für Philosophie und politische Theorie an der Ludwig-Maximilians-Universität München.

Autorinnen und Autoren

O

Hans-Joachim Otto —— geboren 1952, Rechtsanwalt und Notar, war Mitglied des Ausschusses für Kultur und Medien des Deutschen Bundestages von 1998 bis 2009, davon die letzten vier Jahre dessen Vorsitzender. Als Parlamentarischer Staatssekretär im Bundeswirtschaftsministerium war er bis 2013 verantwortlich für die Kultur- und Kreativwirtschaft. Er vertrat die FDP in der Enquête-Kommission des Deutschen Bundestags »Kultur in Deutschland«. Von 2012 bis 2017 vertrat er den Deutschen Bundestag im Stiftungsrat der Kulturstiftung des Bundes. Er ist Mitglied des FDP-Bundesvorstandes.

P

Hermann Parzinger —— geboren 1959 in München. Studium der Vor- und Frühgeschichte, Mittelalterlichen Geschichte und Provinzialrömischen Archäologie. Parzinger ist einer der führenden Prähistoriker unserer Zeit und einer der profiliertesten Archäologen der Welt. Für seine weltweiten Ausgrabungs- und Forschungsprojekte, z. B. in Spanien, im Irak und in Sibirien, hat er zahlreiche nationale sowie internationale Preise erhalten, so u. a. den Orden Pour le mérite für Wissenschaften und Künste. Hermann Parzinger ist seit 2008 Präsident der Stiftung Preußischer Kulturbesitz. Zuvor war er bereits als Präsident des Deutschen Archäologischen Instituts sowie als Professor an der Freien Universität Berlin tätig.

Isabell Pfeiffer-Poensgen —— geboren 1954 in Aachen. Studium der Rechtswissenschaften und Geschichte. Ab 1985 Referentin der Wissenschaftsbehörde Hamburg, ab 1989 Kanzlerin der Hochschule für Musik Köln, ab 1999 Kulturbeigeordnete der Stadt Aachen, ab 2004 Generalsekretärin der Kulturstiftung der Länder. Seit 2017 ist sie Ministerin für Kultur und Wissenschaft des Landes Nordrhein-Westfalen.

Gerhard Pfennig —— Rechtsanwalt. 1973–1988 Geschäftsführer des Bundesverbandes Bildender Künstler. Zudem langjährig Geschäftsführer der Verwertungsgesellschaft Bild Kunst (1978–2011) und der Stiftung Kunstfonds (1980–2010). Seit 2012 Sprecher der Initiative Urheberrecht. Zudem Honorarprofessor, Mitglied im Beirat Künstlersozialkasse, Mitglied in diversen Arbeitsgruppen beim Deutschen Kulturrat. Seit 2001 Träger des Bundesverdienstkreuzes am Bande.

Jan Ole Püschel —— geboren 1973 in Hamburg. Studium der Rechtswissenschaften und Promotion zum Thema »Informationen des Staates als Wirtschaftsgut«. 2001–2004 wissenschaftlicher Mitarbeiter am Hans-Bredow-Institut für Medienforschung. Von 2007 bis 2009 Referent beim BKM. Von 2010 bis 2013 Leiter des Büros des Staatsministers für Kultur und Medien im Bundeskanzleramt. Seit 2014 Leiter der Gruppe K3, Medien, Film, Internationales beim BKM.

Wachgeküsst

Heike Raab —— geboren 1965 in Cochem an der Mosel. Absolvierte eine Ausbildung als Krankengymnastin in Aachen und studierte anschließend Politikwissenschaften, Rechtswissenschaft und Spanisch. Seit 1991 Politische und gesellschaftliche Funktionen bei der SPD, u. a. Generalsekretärin der SPD in Rheinland-Pfalz. Seit 2011 ist Heike Raab Staatssekretärin in Rheinland-Pfalz und seit 2015 Bevollmächtigte beim Bund und für Europa, Medien und Digitales. Zudem ist sie Koordinatorin der Rundfunkkommission für die Vorsitzende, Ministerpräsidentin Malu Dreyer.

Martin Rabanus —— geboren 1971 in Fulda. Studium der Politologie, Rechtswissenschaften, Soziologie und Geschichtswissenschaften an der Johann-Wolfgang-Goethe-Universität Frankfurt am Main. Ab 1994 in verschiedene Position tätig bei der SPD, u. a. Referent der SPD-Fraktion im Hessischen Landtag. Seit 2013 Mitglied des Deutschen Bundestages und aktuell kultur- und medienpolitischer Sprecher der SPD-Bundestagsfraktion. Zudem engagiert Martin Rabanus sich ehrenamtlich als Mitglied im Kreistag des Rheingau-Taunus-Kreises sowie im Bundesvorstand der Arbeitsgemeinschaft für Bildung in der SPD (AfB).

Stefan Rhein —— geboren 1958. Nach der Dissertation über »Philologie und Dichtung. Melanchthons griechische Gedichte« war er von 1988 bis 1997 Kustos am Melanchthonhaus in Bretten, zudem seit 1994 im Nebenamt Leiter der Reuchlin-Forschungsstelle der Heidelberger Akademie der Wissenschaften. 1998 wurde er Vorstand und Direktor der Stiftung Luthergedenkstätten in Sachsen-Anhalt. Seit dem Jahr 2000 ist Stefan Rhein außerdem Vorsitzender der kulturtouristischen Initiative »Wege zu Luther« e. V., in der die wichtigsten Lutherstätten der neuen Bundesländer zusammenarbeiten. Ab 2007 baute er die staatliche Geschäftsstelle »Luther 2017« zur Koordination der bundesweiten Aktivitäten des Reformationsjubiläums auf.

Claudia Roth —— geboren 1955 in Ulm. Studium der Theaterwissenschaften an der Ludwig-Maximilian-Universität in München, arbeitete zunächst als Dramaturgin. Wechselte 1985 in die Politik als Pressesprecherin der ersten grünen Fraktion im Deutschen Bundestag. 1998 zog sie erstmalig in den Deutschen Bundestag ein. Seit 2005 durchgehend Mitglied des Deutschen Bundestages und Mitglied verschiedener Ausschüsse wie dem Auswärtigen Ausschuss, dem Ausschuss für wirtschaftliche Zusammenarbeit und Entwicklung sowie Obfrau im Ausschuss für Auswärtige Kultur- und Bildungspolitik. Sie war Parteivorsitzende von Bündnis 90/Die Grünen und ist seit 2013 Vizepräsidentin des Deutschen Bundestages. Ihr besonderes Engagement galt und gilt den Menschen- und Bürgerrechten, dem Klimaschutz, entwicklungspolitischen Fragen, dem Anti-Rassismus und der Kultur.

Günther Schauerte —— geboren 1954 in Fredeburg. Studium der klassischen Archäologie, Alten Geschichte, Gräzistik, Ur- und Frühgeschichte an der Westfälischen Wilhelms-Universität Münster und der Freien Universität Berlin, Promotion 1983. Er ist Ko-Kurator verschiedener Ausstellungen und Mitglied in diversen Beiräten und Gremien: u. a. Mitglied des Senats der Leibniz Gemeinschaft, Sachverständiger des Ausschusses für Kultur und Medien des Deutschen Bundestages zur Einführung der UNESCO-Konvention von 1970, Mitgliedschaft in Beiräten verschiedener Museen. Seit 2011 Vizepräsident der Stiftung Preußischer Kulturbesitz.

Oliver Scheytt —— geboren 1958 in Köln. Studium der Musik an der Folkwang Hochschule in Essen und Rechtswissenschaften an der Ruhr-Universität in Bochum. Gilt als Vordenker der Kulturpolitik und des Kulturmanagements in Deutschland. Mehr als 25 Jahre wirkte er in Führungspositionen der öffentlichen Verwaltung sowie von Großprojekten der Stadt- und Regionalentwicklung. Von 1993 bis 2009 war Oliver Scheytt Kulturdezernent der Stadt Essen sowie viele Jahre auch Beigeordneter für Bildung und Jugend. Von 2003 bis 2007 Mitglied der Enquête-Kommission »Kultur in Deutschland« des Deutschen Bundestages. Seit 1997 Präsident der Kulturpolitischen Gesellschaft e.V. und seit 2007 Professor für Kulturpolitik an der Hochschule für Musik und Theater Hamburg. Scheytt ist Inhaber der Personal- und Strategieberatung Kulturexperten GmbH.

Wolfgang Schneider —— geboren 1954 in Mainz. Studium der Germanistik und der Politischen Wissenschaft in Frankfurt am Main, Doktor der Philosophie. Lehrbeauftragter an diversen Universitäten. Von 2003 bis 2007 Sachverständiges Mitglied der Enquête-Kommission »Kultur in Deutschland« des Deutschen Bundestages. Professor Schneider ist seit 1997 Gründungsdirektor des Instituts für Kulturpolitik der Universität Hildesheim und seit 2012 Inhaber des UNESCO Chair in Cultural Policy for the Arts in Developement.

Barbara Schneider-Kempf —— geboren 1954 in Trier. Studium der Architektur, Ausbildung für den höheren Bibliotheksdienst und bibliothekarische Tätigkeit in Hannover und Duisburg. Seit 2004 Generaldirektorin der Staatsbibliothek zu Berlin – Preußischer Kulturbesitz. Vormalige bzw. derzeitige Mitwirkung in zahlreichen fachspezifischen und anverwandten kulturwissenschaftlichen Leitungsgremien: u. a. Deutsches Bibliotheksinstitut, Vorsitz des Bibliotheksausschusses der Deutschen Forschungsgemeinschaft, Sprecherin der Allianz Schriftliches Kulturgut Erhalten, Beiratsmitglied des FrauenMediaTurms in Köln, Beirat Information und Bibliothek des Präsidiums des Goethe-Instituts, Vorsitzende des Beirats der Deutschen Nationalbibliothek, seit 2010 Präsidentin der Brandenburgischen Bach-Gesellschaft e.V., seit 2011 Mitglied des Beirats des Vorstandes der Mendelssohn-Gesellschaft e.V. und Mitherausgeberin der Zeitschrift für Bibliothekswesen und Bibliographie.

Barbara Seifen —— geboren 1956. Architekturstudium und Promotion an der Universität Hannover. Seit 1989 Gebietsreferentin in der Denkmalpflege in Westfalen. Seit 2016 Leiterin des Referates Praktische Denkmalpflege im LWL-Denkmalpflege, Landschafts- und Baukultur. Für die Vereinigung der Landesdenkmalpfleger ist Barbara Seifen Mitglied im Rat für Baukultur und Denkmalkultur, Mitglied im Sprecherrat des Deutschen Kulturrates und Vorsitzende des Fachausschusses Kulturerbe.

Charlotte Sieben —— geboren 1969. Studierte Rechtswissenschaften an der Johann-Wolfgang-Goethe Universität in Frankfurt am Main. Nach Abschluss der Staatsexamina und Auslandsaufenthalten in England und Frankreich absolvierte sie an der London School of Economics ihren Master of Law. Seit 2005 tätig bei den Kulturveranstaltungen des Bundes in Berlin (KBB) GmbH, deren Kaufmännische Geschäftsführerin sie seit 2010 ist. Die KBB vereint unter ihrem Dach die Internationalen Filmfestspiele Berlin, die Berliner Festspiele mit dem Martin-Gropius-Bau sowie das Haus der Kulturen der Welt. Charlotte Sieben ist seit 2016 als Vorsitzende der Gruppe der außerordentlichen Mitglieder Teil des Präsidiums des Deutschen Bühnenvereins.

Norbert Sievers —— geboren 1954. Studium der Soziologie in Bielefeld. Seit 1982 erst Sekretär, dann Geschäftsführer und Hauptgeschäftsführer der Kulturpolitischen Gesellschaft e.V. (KuPoGe). 2013 übernahm er die Leitung des Instituts für Kulturpolitik der KuPoGe. Zudem ist er seit 1987 ehrenamtlicher Geschäftsführer des Fonds Soziokultur e.V. und ständiger Gast im Kulturausschuss des Deutschen Städtetages.

Robert Staats —— geboren 1963 in Berlin. Studium der Rechtswissenschaft in Bonn und Freiburg im Breisgau. Wurde mit einer urheberrechtlichen Arbeit promoviert. 1994–2008 tätig als Richter und Beamter im Justizdienst des Landes Brandenburg. Seit Januar 2009 ist er geschäftsführendes Vorstandsmitglied der VG Wort. Staats ist Stellvertretender Sprecher der Deutschen Literaturkonferenz im Sprecherrat des Deutschen Kulturrates. Er ist Mitglied im Vorstand des Deutschen Literaturfonds, Mitglied verschiedener Gremien im Bereich des Urheberrecht, Mitherausgeber der Zeitschrift für Urheber und Medienrecht (ZUM) und Lehrbeauftragter an der Humboldt-Universität zu Berlin.

Rupert Graf Strachwitz —— geboren 1947. Studierte Politikwissenschaft in den USA und München. Er befasst sich seit mehr als 30 Jahren ehren- und hauptamtlich, praktisch, beratend, forschend und lehrend mit dem gemeinnützigen Bereich, heute meist Zivilgesellschaft genannt. 1989 gründete er die Maecenata Management GmbH, München, als spezialisierte Dienstleistungs- und Beratungsgesellschaft für diesen Sektor und blieb bis 2011 dessen geschäftsführender Gesellschafter. 1997 wurde er auch Direktor des heutigen Maecenata Instituts für Philanthropie und Zivilgesellschaft, Berlin. Seit 2010 ist er auch Vorstand der Maecenata Stiftung, Rechtsträgerin des Instituts.

T

Wolfgang Thierse —— geboren 1943 in Breslau. Nach dem Abitur Lehre und Arbeit als Schriftsetzer in Weimar. 1964 Studium in Berlin an der Humboldt-Universität, anschließend wissenschaftlicher Assistent im Bereich Kulturtheorie/Ästhetik der Berliner Universität. 1975 bis 1976 Mitarbeiter im Ministerium für Kultur der DDR. Anfang Januar 1990 Eintritt in die in der DDR neu gegründete SPD sowie deren Vorsitzender. Wolfgang Thierse war viele Jahre Vorsitzender der SPD-Grundwertekommission und des Kulturforums der Sozialdemokratie. Von 1990 bis 2013 Mitglied des Bundestages sowie Präsident des Deutschen Bundestages (1998–2005).

Isabel Tillmann —— geboren 1976. Referatsleiterin bei der Beauftragten der Bundesregierung für Kultur und Medien.

V

Matthias Theodor Vogt —— geboren 1959 in Rom, Italien. Leitet das Institut für kulturelle Infrastruktur Sachsen. Er forscht zur Kulturpolitik in einer Vielzahl von Ländern, zuletzt in Kamerun, der Mongolei und auf den Färöern. Studierte Theater- und Musikwissenschaften, wurde von Carl Dahlhaus promoviert, habilitierte sich in Urbanistik und ist Ehrendoktor der Rechte. Vogt war von 1992 bis 1995 verantwortlich für Konzeption, Durchsetzung und Umsetzung des Sächsischen Kulturraumgesetzes vom 20. Januar 1994 unter Staatsminister Hans-Joachim Meyer. Für die Enquête-Kommission »Kultur in Deutschland« des Deutschen Bundestages erstellte er die Studie »Beitrag der Religionsgemeinschaften zur Kultur in Deutschland«.

Hortensia Völckers —— geboren 1957 in Buenos Aires, Argentinien. Studium der Kunstgeschichte und Politologie in München. Ab 1981 Galerieassistentin. 1986 bis 2002 breit gestreute Tätigkeiten in Konzeption, Organisation und Kuration diverser künstlerischer Programme mit dem Schwerpunkt Tanz. Seit 2002 Vorstand und Kulturdirektorin der Kulturstiftung des Bundes in Halle/Saale.

Matthias Weber —— geboren 1961 in Ludwigsburg. Studium der Germanistik und Geschichte in Stuttgart, 1985 Staatsexamen und 1989 Promotion in Geschichte. 1996 habilitiere er über »Neuere Geschichte und Deutsche Landesgeschichte« an der Universität Oldenburg, Seit 1990 wissenschaftlicher Mitarbeiter im Bundesinstitut für Kultur und Geschichte der Deutschen im östlichen Europa und seit 2004 dessen Direktor.

Christina Weiss —— geboren 1953 in St. Ingbert/Saar. Studium der Vergleichenden Literaturwissenschaft, Germanistik, Italienischen Philologie und Kunstgeschichte an der Universität des Saarlandes, Saarbrücken. 1982 Promotion an der Philosophischen Fakultät der Universität des Saarlandes im Fach Vergleichende Literaturwissenschaft. Seit 1979 diverse Tätigkeiten als Literatur- und Kunstkritikerin tätig, u. a. für die Süddeutsche Zeitung, die Zeit und den Deutschlandfunk. Von 2002 bis 2005 war sie Staatsministerin beim Bundeskanzler, Beauftragte der Bundesregierung für Kultur und Medien.

Günter Winands —— 1956 geboren. Studium der Rechtswissenschaft und der Verwaltungswissenschaft. Zuerst Tätigkeit als Wissenschaftlicher Mitarbeiter der CDU/CSU-Bundestagsfraktion, 1990 Wechsel ins Bundeskanzleramt, von 1991 bis 1998 Leiter des Kabinetts- und Parlamentsreferats und Ständiger Protokollführer des Bundeskabinetts. 1999 bis 2005 in unterschiedlichen Funktionen im BKM, zuletzt als Ministerialdirigent für Grundsatzfragen. Er war u. a. Leiter des Aufbaustabes der Kulturstiftung des Bundes (2002/2003) und Verhandlungsführer des Bundes in der Bund-Länder-Arbeitsgruppe zur Systematisierung der Kulturförderung in Deutschland (2001–2005). Von 2005 bis 2010 Staatssekretär im Ministerium für Schule und Weiterbildung des Landes Nordrhein-Westfalen. Seit 2011 ist er erneut beim BKM, zunächst als Leiter der Gruppe Medien und Film, Internationales, seit 2013 als Amtschef und als Abteilungsleiter für Kultur und Medien im Bundeskanzleramt.

Olaf Zimmermann —— geboren 1961. Volksschule, Hauptschule, Berufsfachschule, Fachoberschule, Zivildienst, Volontariat zum Kunsthändler, Kunsthändler, Geschäftsführer verschiedener Galerien, 1987–1997 Führung einer eigenen Galerie für zeitgenössische Kunst in Köln und Mönchengladbach. Seit 1997 Geschäftsführer des Deutschen Kulturrates. Gründer (2002), gemeinsam mit Theo Geißler, Herausgeber und zusätzlich Chefredakteur der Zeitung des Deutschen Kulturrates »Politik & Kultur«. Mitglied des Stiftungsbeirates der Kulturstiftung des Bundes. Mitglied des Beirates des Kompetenzzentrums Kultur- und Kreativwirtschaft des Bundes. Vorsitzender der Hauptjury des Deutschen Computerspielpreises. Mitglied der Landessynode der Evangelischen Kirche Berlin-Brandenburg-schlesische Oberlausitz (EKBO). In der 14. Legislaturperiode (1998–2002) Mitglied der Enquête-Kommissionen »Zukunft der Bürgerschaftlichen Engagements« des Deutschen Bundestages. In der 15. Legislaturperiode (2003–2005) und 16. Legislaturperiode (2006–2007) Mitglied der Enquête-Kommission »Kultur in Deutschland« des Deutschen Bundestages. Seit Dezember 2016 außerdem Koordinator und Moderator der Initiative kulturelle Integration.

Personen-
register

Das Register bezieht sich nur auf
Nennungen im Text. Personen in Fußnoten oder
in Literaturhinweisen sind nicht erfasst.

Wachgeküsst 20 Jahre
neue Kulturpolitik
des Bundes
1998——2018

A

Ackermann, Manfred
→ 154
Ade, Maren
→ 256
Akin, Fatih
→ 256
Atef, Emily
→ 256
Atkins, Ed
→ 296

B

Bach, Johann Sebastian
→ 148
Baeck, Leo & Ruth
→ 372
Bär, Dorothee
→ 341, 343
Barrientos, Simone
→ 088
Berben, Iris
→ 181
Berger, Senta
→ 126
Bergsdorf, Wolfgang
→ 031
Berlak, Hermann
→ 372
Bettermann, Erik
→ 410
Bettin, Grietje
→ 341
Beuys, Joseph
→ 148
Blair, Tony
→ 219, 319

Boddien, Wilhelm von
→ 280
Bohn, Matthias
→ 374
Böhrnsen, Jens
→ 228
Böll, Heinrich
→ 016, 138
Bornemann, Fritz
→ 294
Börnsen, Wolfgang
→ 227, 342
Brandt, Willy
→ 028, 104, 108, 261, 401, 402
Bredekamp, Horst
→ 132, 282
Breuer, Rolf E.
→ 271
Bürsch, Michael
→ 042
Bush, George W.
→ 222

C

Calvin, Johannes
→ 303
Chatrian, Carlo
→ 257
Clement, Wolfgang
→ 112
Clinton, Bill
→ 339
Connemann, Gitta
→ 227
Cranach, Lucas
→ 303, 305

Personenregister

D

Däubler-Gmelin, Herta
→ 112, 238
de Maizière, Thomas
→ 088
Dietrich, Marlene
→ 255
Dobrindt, Alexander
→ 343
Dreyfuss, Marianne C.
→ 372
Dülmen, Moritz van
→ 281
Dümling, Albrecht
→ 019
Duve, Freimut
→ 102, 154

E

Ehrmann, Siegmund
→ 229, 310
Eichel, Hans
→ 106
Eisenmann, Susanne
→ 189
Erhardt, Heinz
→ 353
Everding, August
→ 031, 154

F

Fink, Heinrich
→ 042
Fischer, Joschka
→ 060, 116, 182
Flierl, Thomas
→ 271
Fohrbeck, Karla
→ 032
Fukuyama, Francis
→ 220, 400

G

Gabriel, Sigmar
→ 055
Gauck, Joachim
→ 305, 423
Geist, Edwin
→ 372
Giacometti, Alberto
→ 103
Giddens, Anthony
→ 203, 219
Glaser, Hermann
→ 015
Goethe, Johann Wolfgang von
→ 148
Göring-Eckardt, Katrin
→ 305
Grass, Günter
→ 108, 181, 261, 262, 339, 353
Griefahn, Monika
→ 007, 042, 048, 341
Grünwald-Zerkowitz, Sidonie
→ 431

Grütters, Monika
→ 055, 076, 082, 083, 085, 087, 088, 093, 123, 127, 128, 176, 177, 184, 189, 190, 198, 202, 215, 231, 235, 255, 262, 281, 300, 310, 342, 385, 386, 389, 396, 408, 410, 415, 424, 444, 446, 450, 457

Gurlitt, Cornelius
→ 130, 131, 366

Gurlitt, Hildebrand
→ 366

Güttler, Ludwig
→ 154

Gysi, Gregor
→ 126

Haacke, Hans
→ 181, 400

Haase, Jürgen
→ 026

Häberle, Peter
→ 145

Hamann, Richard
→ 280

Hamm-Brücher, Hildegard
→ 025, 402

Hampel, Annika
→ 405

Hebborn, Klaus
→ 189

Heinemann, Gustav
→ 307

Heisig, Johannes
→ 026

Hesse, Konrad
→ 153

Hirschman, Albert O.
→ 220

Höcke, Bernd
→ 359, 363

Hoff, Benjamin-Immanuel
→ 433

Hoffmann, Hilmar
→ 015, 032, 142, 143, 379, 390, 417, 426

Hörl, Ottmar
→ 306

Humboldt, Alexander von
→ 284

Jäckel, Eberhard
→ 359

Jens, Walter
→ 267, 268

Kahrs, Johannes
→ 156, 310

Kanther, Manfred
→ 031

Kaufmann, Thomas
→ 306

Personenregister

L

Kennedy, Susanne
→ 296

Kentridge, William
→ 296

Kermani, Navid
→ 460

Kerr, Alfred
→ 372

Kerr, Judith
→ 372

Klee, Paul
→ 248

Klimpel, Paul
→ 103

Knopp, Hans-Georg
→ 295

Koch, Roland
→ 057, 182

Köckritz, Sieghardt von
→ 032, 138, 154, 169

Kohl, Helmut
→ 015, 017, 026, 028, 029, 030, 031, 046, 065, 154, 155, 156, 161, 167, 180, 269, 360, 399

Köhler, Horst
→ 272

König, Gerda
→ 391

Konrád, György
→ 270

Kosslick, Dieter
→ 295, 296

Köstlin, Thomas
→ 156

Krumwiede, Agnes
→ 086

Kruse, Rüdiger
→ 310

Lafontaine, Oskar
→ 031, 032

Lammert, Norbert
→ 031, 042, 065, 122, 262, 265, 309, 387

Lang, Jaques
→ 180

Lattmann, Dieter
→ 225

Laube, Martin
→ 306

Lauder, Ronald
→ 131

Laurin, Hanna-Renate
→ 025

Lehmann, Klaus-Dieter
→ 102, 116, 370

Leonhard, Elke
→ 042, 048, 181

Leyen, Ursula von der
→ 340, 341

Limbach, Jutta
→ 365

Limbourg, Peter
→ 410

Links, Christoph
→ 026

Loeffelholz, Bernhard Freiherr von
→ 220

Loest, Erich
→ 200

Luther, Martin
→ 029, 301, 303, 304, 305, 306, 307

M

Maas, Heiko
→ 084, 235

MacGregor, Neil
→ 132, 282

Magwas, Yvonne
→ 310

Mahler, Gustav
→ 370

Mangold, Klaus
→ 271

Masur, Kurt
→ 154

Melanchthon, Philip
→ 303

Merkel, Angela
→ 072, 089, 112, 122, 135, 183, 263, 344, 412

Merkt, Irmgard
→ 390

Meyer, Hans Joachim
→ 156

Miert, Karel van
→ 101

Mogherini, Frederica
→ 405

Möbius, Regine
→ 026

Mölders, Werner
→ 103

Motschmann, Elisabeth
→ 310

Müller, Heiner
→ 268

Müller, Herta
→ 353

Müller, Werner
→ 112

Müntzer, Thomas
→ 303, 307

Muschter, Gabriele
→ 155

N

Naumann, Michael
→ 039, 040, 041, 042, 045, 048, 064, 065, 076, 102, 103, 108, 111, 115, 122, 129, 139, 154, 159, 175, 180, 184, 200, 221, 261, 293, 384, 399, 417, 436

Negt, Oskar
→ 181

Neumann, Bernd
→ 031, 064, 065, 067, 072, 073, 075, 076, 078, 080, 082, 122, 126, 129, 161, 176, 177, 184, 201, 227, 228, 231, 237, 255, 262, 309, 310, 341, 342, 384, 385, 386, 396, 410, 416, 457

Nida-Rümelin, Julian
→ 042, 045, 048, 064, 065, 109, 110, 115, 122, 129, 148, 184, 191, 201, 221, 222, 261, 262, 270, 384, 410, 417

O

Obama, Barack
→ 339

Otto, Hans-Joachim
→ 042, 072

Personenregister

P

Parreno, Philippe
→ 296
Parzinger, Hermann
→ 129, 132, 133, 282
Pascal, Blaise
→ 377
Pfeifer, Anton
→ 015, 028, 030, 065
Pfennig, Gerhard
→ 223
Picasso, Pablo
→ 103
Pieper, Cornelia
→ 072
Plagemann, Volker
→ 436
Pleitgen, Fritz
→ 053, 101
Porsche, Ferdinand
→ 353

Q

Quasthoff, Thomas
→ 391

R

Raabe, Paul
→ 116, 171
Radtke, Peter
→ 391
Rakete, Jim
→ 181
Ramberg, Lars Ø.
→ 284
Ramelow, Bodo
→ 305
Reckwitz, Andreas
→ 206, 209
Rettig, Manfred
→ 282
Reuter, Edzard
→ 266
Rohe, Mies van der
→ 133, 162
Rosh, Lea
→ 359
Rubinstein, Arthur
→ 372

S

Sauberzweig, Dieter
→ 015, 171
Scharoun, Hans
→ 133
Scharping, Rudolf
→ 103
Schäuble, Wolfgang
→ 024, 025, 026, 128, 161

Schauws, Ulle
→ 086
Scherer, Bernd
→ 296
Scheyer, Leopold
→ 373
Scheytt, Oliver
→ 142, 189
Schily, Otto
→ 116
Schimmel, Wolfgang
→ 226
Schinkel, Karl Friedrich
→ 162, 275, 360
Schlingensief, Christoph
→ 399
Schmidt, Renate
→ 032
Scholz, Olaf
→ 128, 228
Schorlemmer, Friedrich
→ 306
Schoser, Franz
→ 410
Schröder, Gerhard
→ 032, 039, 050, 058, 065, 102, 103, 106, 110, 111, 112, 113, 115, 116, 127, 139, 163, 167, 180, 200, 218, 249, 269, 271, 272, 285, 339, 384, 399, 417, 420
Schulz, Gabriele
→ 031, 082, 086, 087
Schuster, Peter-Klaus
→ 116, 163
Schygulla, Hanna
→ 353

Seibt, Gustav
→ 303
Sievernich, Gereon
→ 294
Sievers, Norbert
→ 142, 204
Spaenle, Ludwig
→ 177
Spies, Paul
→ 281
Staeck, Klaus
→ 181
Steinbach, Erika
→ 184
Steinbrück, Peer
→ 057, 117, 182
Steinmeier, Frank-Walter
→ 067, 126, 182, 305, 403
Stella, Franco
→ 281
Stoiber, Edmund
→ 127, 194
Stölzl, Christoph
→ 103
Strauß, Gerhard
→ 280
Stubbins, Hugh
→ 295
Stüler, August
→ 133
Swoboda, Hannes
→ 280

Personenregister

T

Tauss, Jörg
→ 341
Thierse, Wolfgang
→ 032, 262
Trump, Donald
→ 185
Tscherne, Peter
→ 343
Tykwer, Tom
→ 255

U

Ude, Christian
→ 110
Ulbricht, Walter
→ 181

V

Valentin, Karl
→ 179
Vogt, Matthias Theodor
→ 456
Vollmer, Antje
→ 042, 219, 220, 262

W

Waigel, Theo
→ 200
Weiss, Christina
→ 048, 050, 057, 064, 105, 113, 115, 122, 129, 161, 184, 191, 194, 195, 196, 197, 201, 222, 262, 270, 271, 308, 384, 410, 417
Weizsäcker, Richard von
→ 111, 347
Werner, Hans-Jürgen
→ 228, 229
Wiesand, Andreas Johannes
→ 032
Wolf, Christa
→ 201
Wolf, Konrad
→ 433

Z

Zacharias, Wolfgang
→ 379
Zehetmair, Hans
→ 108, 175
Zimmermann, Olaf
→ 082, 204, 222, 341, 421
Zimmermann, Reiner
→ 156
Zimmermann, Udo
→ 154
Zwingli, Huldrych
→ 303